王建华 主编

中国产学研合作促进会
China Industry-University-Research Institute Collaboration Association

创新 使命 担当
——中国产学研百佳科技创新团队

企业管理出版社
ENTERPRISE MANAGEMENT PUBLISHING HOUSE

图书在版编目（CIP）数据

创新　使命　担当：中国产学研百佳科技创新团队／王建华主编．—北京：企业管理出版社，2024.9

ISBN 978-7-5164-3028-6

Ⅰ．①创…　Ⅱ．①王…　Ⅲ．①产学研一体化－研究－中国　Ⅳ．① G640

中国国家版本馆 CIP 数据核字（2024）第 027241 号

书　　名：	创新　使命　担当——中国产学研百佳科技创新团队
书　　号：	ISBN 978-7-5164-3028-6
作　　者：	王建华
责任编辑：	尤　颖　徐金凤　黄　爽
出版发行：	企业管理出版社
经　　销：	新华书店
地　　址：	北京市海淀区紫竹院南路 17 号　　邮　编：100048
网　　址：	http://www.emph.cn　　电子信箱：emph001@163.com
电　　话：	编辑部（010）68701638　　发行部（010）68414644
印　　刷：	河北宝昌佳彩印刷有限公司
版　　次：	2024 年 9 月第 1 版
印　　次：	2024 年 9 月第 1 次印刷
开　　本：	787 毫米 ×1092 毫米　1/16
印　　张：	36.75
字　　数：	740 千字
定　　价：	268.00 元

版权所有　翻印必究　·　印装有误　负责调换

《创新 使命 担当——中国产学研百佳科技创新团队》

编 委 会

主　编　王建华

编　委　（按姓氏笔画排序）

　　　　丁玉贤　毕海滨　成路明　刘洪海

　　　　刘琦岩　孙海鹰　李德明　杨伊静

　　　　赵毅峰　徐华西　植万禄　鲁　刚

　　　　雷朝滋

编委办公室

主　任　周　詹

成　员　（按姓氏笔画排序）

　　　　白　静　冯翔慧　许　恬　苏　楠

　　　　杨云帆　肖桂华　周　烨　郝　雨

　　　　韩　羽　蒋向利　翟万江　魏　巍

序　言

　　发挥举国体制优势，打造规模宏大、结构合理、素质优良的科技创新队伍，是全面激发科技创新活力、强化科技创新战略支撑、建设世界科技强国的迫切需求。

　　当前和今后一个时期是以中国式现代化全面推进强国建设、民族复兴伟业的关键时期。中国式现代化要靠科技现代化作支撑。科技创新团队是国家创新发展的主要力量，是国家核心竞争力的重要标志。科技创新团队的发展直接关系到国家的经济发展和产业升级，影响着国家的综合国力乃至国家安全。

　　新时期，广大科技创新团队与时俱进、革故鼎新、坚韧不拔，面向世界科技前沿、面向经济主战场、面向国家重大需求、面向人民生命健康，引领我国科技创新快速发展，"嫦娥"揽月、"天和"驻空、"天问"探火、"地壳一号"挺进地球深处、第一颗6G卫星发射成功、北斗导航提供全球精准服务、国产大飞机实现商飞、高铁技术树起国际标杆、二氧化碳人工合成淀粉实现"技术造物"、新一代国产超算"天河星逸"、人体免疫系统发育图谱、新款忆阻器存算一体芯片、全球首座第四代核电站等一系列重大科技成果的涌现，彰显了中国科技创新团队的磅礴伟力。

　　产学研合作是实施科教兴国、人才强国、创新驱动发展战略的关键环节。发挥企业、高校、科研院所等各方面的积极性，打造爱党报国、敬业奉献、技术创新能力突出、善于解决复杂工程难题的科技创新团队，围绕国家重点领域、薄弱环节，瞄准未来科技和产业发展制高点，进行协同攻关，推动产学研融通创新，是实现更多"从0到1"突破的根本途径。中国产学研合作促进会围绕"四个面向"，支持建立产学研用一体化的协同创新平台，在引领科技创新团队、开展有组织科研、推进教育科技人才一体发展，构筑人才竞争优势，实现高水平科技自立自强、加速形成新质生产力等方面做了有益的探索，并取得了显著的成效。

在贯彻落实习近平总书记关于科技创新的重要论述过程中，中国产学研合作促进会在产学研界遴选了100个具有创新性、代表性、引领性的科技创新团队，编纂了《创新 使命 担当——中国产学研百佳科技创新团队》一书，以树标杆、作示范、讲故事等形式，精选了两院院士、科学家和企业家科技创新团队在推进我国科技自立自强和高质量发展中的典型案例，展现给科技界、教育界、产业界广大同仁。本书视角独特、案例生动、人物鲜活，相信对引领广大科技创新团队锚定2035年建成科技强国的战略目标，开拓创新勇担重任、发挥先行探路引领示范，加快实现高水平科技自立自强可资借鉴。

让我们紧密地团结在以习近平同志为核心的党中央周围，凝心聚力、奋发进取，为全面建成社会主义现代化强国、实现第二个百年奋斗目标，以中国式现代化全面推进中华民族伟大复兴做出新的贡献。

二〇二四年九月

编者的话

科技创新团队是支撑我国高水平科技自立自强、建设创新型国家的一支重要力量。培养和打造一批一流的科技领军人才和创新团队是实施科教兴国、人才强国、创新驱动发展战略的关键环节。产学研界在建设世界科技强国的进程中肩负着重要使命和担当。

习近平总书记在全国科技大会上强调："要推动科技创新和产业创新深度融合，助力发展新质生产力。"值此中华人民共和国成立75周年之际，我们从全国高校、企业、科研院所的科技创新团队中，遴选出100个在科技创新和产学研合作中取得突出成效的不同学科、不同领域、不同层面的科技创新团队，精心编纂了《创新 使命 担当——中国产学研百佳科技创新团队》一书，这是继中国共产党建党100周年之际编辑出版《创新 使命 担当——中国产学研合作百佳示范企业》的又一新作。

本书汇聚了以60位两院院士为带头人的科技创新团队和产学研界遴选出的创新团队。他们在生命科学、物质科学、空间科学、航空航天、集成电路、新一代信息技术、人工智能、智能制造、量子科技、新能源、新材料、生物医药、农业科技等多个领域取得了重要成果。其中，国家最高科学技术奖获得者薛其坤院士带领的创新团队，在低维纳米结构控制生长与量子现象研究、量子反常霍尔效应与拓扑量子计算、低维高温超导等凝聚态物理前沿研究等领域取得的多项原创性基础研究重要成果，受到国内外同行的广泛关注……

书中的百佳科技创新团队，在新一轮科技革命和产业变革的时代浪潮中，勇攀科技高峰，突破关键技术瓶颈，通过科技创新催生新产业、新模式、新动能，为发展新质生产力和科技强国建设注入了新动能。一个个鲜活的案例不仅是科技创新和产业创新的生动实践，更是对科学家精神、团队精神和家国情怀的诠释。

全国人大常委会原副委员长、两院院士、中国产学研合作促进会第二届理事会会长路甬祥同志对本书的编撰予以充分肯定并寄予期望，他在为本书所作序中，殷切勉励产学研各界的科技创新团队，面向世界科技前沿、面向经济主战场、面向国家重大需求、面向人民生命健康，肩负起新时代的使命和担当，不断向科学技术的深度和广度进军，勇攀科技高峰，实现"从0到1"的突破，为推进高水平科技自立自强、建成社会主义现代化强国做出新的贡献。

本书在编辑出版过程中，得到了中国科学院、中国工程院、中国科协、国务院国资委、中国企业联合会、《中国科技产业》杂志社和产学研协同创新平台等相关部门的大力支持。

入选的科技创新团队以高度的责任感，积极配合并提供相关案例素材。编委丁玉贤、雷朝滋、徐华西、刘琦岩、毕海滨、赵毅峰、植万禄、李德明、鲁刚、杨伊静、孙海鹰、刘洪海、成路明等做了大量编审工作；周詹、蒋向利、韩羽、肖桂华、冯翔慧、翟万江、周烨、许恬、白静、杨云帆、郝雨、魏巍、苏楠等在本书编撰中付出了辛勤努力；企业管理出版社高效负责地保障了本书的出版发行。对大家做出的努力和奉献，深表谢意！

因篇幅所限，未能入选此书的科技创新团队及优秀案例，中国产学研合作促进会将通过其他方式予以宣传报道。

本书涉及面广，在编辑出版过程中虽然克服了很多困难，仍难免疏漏，不当之处，望广大读者不吝指正。

二〇二四年九月

目　　录

两院院士科技创新团队（按姓氏笔画排序）

轻氢之镁　国之大者　创新栽培　引领未来
——中国工程院院士丁文江科技创新团队　/　3

创建机器人化智能制造理论体系　为重大工程提供重要技术支撑
——中国科学院院士丁汉科技创新团队　/　9

胸怀强国梦想　不负使命担当　有力支撑新材料产业创新发展
——中国工程院院士干勇科技创新团队　/　15

以国为重　追光前行
——中国科学院院士王立军科技创新团队　/　21

坚守资源报国初心　勇攀矿业科技高峰
——中国工程院院士王运敏科技创新团队　/　28

协同创新　产教融合　推动我国钢铁高水平科技自立自强
——中国工程院院士王国栋科技创新团队　/　34

创新科技助水利　一流碧水映丹心
——中国工程院院士王浩科技创新团队　/　40

秉承"找矿增储"初心　抢占成矿理论与找矿示范制高点
——中国工程院院士毛景文科技创新团队　/　46

勇攀网安技术高地　守护国家人民安全
——中国工程院院士方滨兴科技创新团队　/　50

立足国家和行业发展需求　下好光电材料领域先手棋
——中国科学院院士叶志镇科技创新团队　/　56

科技报国　持续引领轨道交通空气动力与碰撞安全技术发展
——中国工程院院士田红旗科技创新团队　/　61

面向卒中科技前沿　服务健康中国战略
——中国工程院院士吉训明科技创新团队　/　66

立足数字底座　推动智慧地下基础设施蓬勃发展
——中国工程院院士朱合华科技创新团队　/　71

守护生命起源　为全面推进中华民族伟大复兴提供"源动力"
——中国工程院院士乔杰科技创新团队　/　79

保持"一丝不苟"科研心境　突破测量领域科技难题
——中国工程院院士庄松林科技创新团队　/　85

心系民生难题　实现餐厨垃圾处置技术的颠覆性创新
——中国工程院院士刘人怀科技创新团队　/　90

多学科产学研融合创新　提升能源与水协同安全
——中国工程院院士刘合科技创新团队　/　96

用创新技术打造民族品牌的高端生物材料
——中国科学院院士刘昌胜科技创新团队　/　103

用算法夯实中国粮食信息安全的根基
——中国科学院院士汤涛科技创新团队　/　108

凝心聚力谋小麦种业发展　守正创新谱农业历史新篇
——中国工程院院士孙其信科技创新团队　/　112

聚焦油气开发重大科学问题　致力中国钻井事业赶超国际先进
——中国工程院院士孙金声科技创新团队　/　117

为传统酿造食品业插上科技腾飞翅膀
——中国工程院院士孙宝国科技创新团队　/　123

目 录

立足军民融合发展　深耕电子功能薄膜材料与器件技术
——中国工程院院士李言荣科技创新团队 / **130**

扫清自主设计"拦路虎"　给盾构设备装上"中国心"
——中国工程院院士杨华勇科技创新团队 / **135**

打破"卡脖子"技术的国际垄断　领航人造板绿色环保节能产业升级
——中国工程院院士吴义强科技创新团队 / **140**

用科学技术为煤炭安全开采保驾护航
——中国科学院院士何满潮科技创新团队 / **145**

用非常规理论技术引领支撑非常规油气革命
——中国科学院院士邹才能科技创新团队 / **150**

创新育种技术　引领辣椒产业高质量发展
——中国工程院院士邹学校科技创新团队 / **155**

抢占生物材料科学与产业制高点　助力健康中国建设
——中国工程院院士张兴栋科技创新团队 / **161**

秉承"科技强国"初心　争做网络体系创新引领者
——中国工程院院士张宏科科技创新团队 / **167**

创制超级疫苗　护航公共卫生
——中国工程院院士张改平科技创新团队 / **172**

创新作物栽培技术　力扛粮食安全重任
——中国工程院院士张洪程科技创新团队 / **177**

为鱼类种业提供强大科技支撑
——中国工程院院士陈松林科技创新团队 / **182**

牢记"资源报国"使命担当　保障国家矿产资源总体安全
——中国工程院院士陈毓川科技创新团队 / **187**

锚定"源头创新"　打造安全矿山
——中国工程院院士武强科技创新团队 / **193**

扎根制造工程一线　勇担科技报国使命
——中国工程院院士林忠钦科技创新团队　/　198

投身新能源汽车与新能源革命　引领新能源科技与创新创业
——中国科学院院士欧阳明高科技创新团队　/　203

攻关智能农机新装备　描绘现代农业新图景
——中国工程院院士罗锡文科技创新团队　/　208

肩负高端医疗设备自主创新使命　勇闯科技"无人区"
——中国科学院院士郑海荣科技创新团队　/　214

瞄准先进制造技术装备　赋能制造业高质量发展
——中国工程院院士单忠德科技创新团队　/　220

独具特色的新概念传感器和分子材料研究
——中国科学院院士房喻科技创新团队　/　225

将虚拟照进现实　开创VR智慧医疗新征程
——中国工程院院士赵沁平科技创新团队　/　231

突破光电信息关键共性技术　勇攀学术创新高峰
——中国工程院院士姜会林科技创新团队　/　237

"三网融合"推动激光技术实现产业化
——中国科学院院士姚建铨科技创新团队　/　241

深耕煤矿生产一线　全面推动煤炭清洁高效利用
——中国工程院院士袁亮科技创新团队　/　247

十年磨一剑　从实验室走出的软磁复合材料头部企业
——中国科学院院士都有为科技创新团队　/　252

深耕设计创新　打造智能制造新质生产力
——中国工程院院士凌文科技创新团队　/　258

科技创新赋能美丽中国建设　产学研协同助推绿色发展
——中国工程院院士高翔科技创新团队　/　264

传染病防控领域的国家"护卫队"
——中国科学院院士高福科技创新团队 / 270

引领高性能制造前沿　服务国家大战略需要
——中国工程院院士郭东明科技创新团队 / 278

坚守"能源强国"初心　引领能源有序转化新革命
——中国科学院院士郭烈锦科技创新团队 / 284

打好柔性电子关键核心技术攻坚战　践行"从0到1"的颠覆性科技创新
——中国科学院院士黄维科技创新团队 / 290

恪守"隧通天下"初心　勇攀建造技术前沿高地
——中国工程院院士梁文灏科技创新团队 / 298

坚持三链融合发展　以玻璃自立自强助推科技自立自强
——中国工程院院士彭寿科技创新团队 / 304

倾力投身黄河流域灾害研究　保障国家重大工程地质安全
——中国科学院院士彭建兵科技创新团队 / 310

发展健康产业　助推食品营养科技自立自强
——中国工程院院士谢明勇科技创新团队 / 316

秉承"材料强国"初心　抢占高端关键材料技术领域制高点
——中国工程院院士谢建新科技创新团队 / 321

设计成就梦想　支撑中国创造
——中国工程院院士谭建荣科技创新团队 / 327

创制镁基新材料　为节能减排和能源转型开拓新途径
——中国工程院院士潘复生科技创新团队 / 333

追求极致　不负使命
——中国科学院院士薛其坤科技创新团队 / 339

产学研界领军人物科技创新团队（按姓氏笔画排序）

深耕数字地球领域　筑梦美丽中国愿景
——中国地质大学（武汉）王力哲科技创新团队　/　347

创新实践引领海上风电　国产化带动产业高质量发展
——中国长江三峡集团有限公司王良友科技创新团队　/　352

面向场景应用　以大联合激发 AI 源头创新
——科大讯飞股份有限公司方明科技创新团队　/　358

减少出生缺陷　助力健康中国
——深圳华大基因科技有限公司尹烨科技创新团队　/　365

打造"国之大材"　构建多功能复合材料创新基石
——沈阳航空航天大学卢少微科技创新团队　/　372

数字化、网络化、智能化并行推进　赋能机器人与数字智造高质量发展
——中国科学院深圳先进技术研究院冯伟科技创新团队　/　378

以混合所有制激发自主创新　产学研一体化实现重点跨越
——宝银特种钢管有限公司庄建新科技创新团队　/　383

秉承"强核报国"信念　打造核级高温管道蠕变分析新力量
——中国核电工程有限公司刘诗华科技创新团队　/　387

自主精研核工程安装先进工艺　系统推进主力军装备革命
——中国核工业二三建设有限公司刘海珂科技创新团队　/　392

泥沙利害细权衡　清淤利用求多赢
——黄河水利科学研究院江恩慧科技创新团队　/　397

深耕传动与能源领域　构建引领性新能源产业链
——传孚科技（厦门）有限公司许水电科技创新团队　/　403

数据创造价值　创新驱动未来
——贵州大学李少波科技创新团队　/　**408**

破解科学本源与核心关键技术　多维协同共创绿色智能新未来
——青岛理工大学李长河科技创新团队　/　**414**

立足建设海绵城市　开拓创新雨水管理
——北京建筑大学李俊奇科技创新团队　/　**420**

守正创新　"追光"前行
——福建福光股份有限公司何文波科技创新团队　/　**426**

深耕零能耗零碳建筑　助力建筑"双碳"目标实现
——中国建筑科学研究院有限公司张时聪科技创新团队　/　**432**

文绿融合　新旧共生　产学研协同保护中国城市
——清华大学张杰科技创新团队　/　**437**

挑战矿产资源输送"科研盲区"　为"一带一路"送去中国方案
——力博重工科技股份有限公司张媛科技创新团队　/　**443**

自主创新　解决核电站泵技术"卡脖子"难题
——上海阿波罗机械股份有限公司陆金琪科技创新团队　/　**449**

洪涝共治谱水治理新篇　全流域协同筑水安全网
——珠江水利科学研究院陈文龙科技创新团队　/　**454**

聚焦生命健康科创高地　推进中药产业高质量发展
——浙江工业大学陈素红科技创新团队　/　**460**

瞄准国家重点科技攻关　勇当风电自主创新排头兵
——运达能源科技集团股份有限公司陈棋科技创新团队　/　**464**

挂帅争先报国防　明德精工攀高峰
——北京理工大学林德福科技创新团队　/　**470**

破解沙改土力学"密码"　创造"绿进沙退"人间奇迹
——重庆交通大学易志坚科技创新团队　/　**475**

致力杀菌剂生物学研究　确保粮食安全
——南京农业大学周明国科技创新团队　/　**480**

打破视频行业国际垄断　勇立民族视频行业潮头
——北京新奥特集团有限公司郑福双科技创新团队　/　**486**

秉承"交通强国"初心　打造跨海大桥国家名片
——中交公路规划设计院有限公司孟凡超科技创新团队　/　**492**

牢记"交通强国"使命　突破复杂山区铁路勘察技术瓶颈
——中铁第一勘察设计院集团有限公司孟祥连科技创新团队　/　**499**

不负韶华守初心　铸造电力最强芯
——北京智芯微电子科技有限公司赵东艳科技创新团队　/　**505**

建设电力装备制造强国　抢占电力开关装备领域国际制高点
——西安交通大学荣命哲科技创新团队　/　**511**

聚焦肉牛种业"卡脖子"技术　甘做科技创新"拓荒牛"
——西北农林科技大学昝林森科技创新团队　/　**517**

坚守科技创新初心　勇担泵业报国使命
——南通大学施卫东科技创新团队　/　**524**

响应健康中国与体育强国战略　提出运动医学发展中国方案
——北京大学第三医院敖英芳科技创新团队　/　**530**

面向海洋强国建设　攻关水下观测难题
——大连海事大学徐敏义科技创新团队　/　**534**

41年潜心"15克"　造就"世界透明质酸之都"
——国家糖工程技术研究中心凌沛学科技创新团队　/　**539**

国际标准 ISO 22859 制定者　间充质干细胞技术领跑者
——圣释（北京）生物工程有限公司郭镭科技创新团队　/　**544**

攻克永磁电机系统技术　为高端装备打造强大"中国心"
——湖南大学黄守道科技创新团队　/　**549**

聚焦老年共病　助力"健康中国"建设
——解放军总医院曹丰科技创新团队　/　**555**

技术创新引领电气行业智能化转型　智能用电赋能千行百业高质量发展
——盛隆电气集团有限公司谢洪潮科技创新团队　/　**561**

破解超软土地基处理工程难题　助推建筑废弃物利用可持续发展
——浙江工业大学蔡袁强科技创新团队　/　**566**

两院院士
科技创新团队

轻氢之镁　国之大者　创新栽培　引领未来
——中国工程院院士丁文江科技创新团队

中国工程院院士丁文江科技创新团队（以下简称团队）依托轻合金精密成型国家工程研究中心和上海市氢科学重点实验室，40多年来，始终坚持"四个面向"，心怀"国之大者"，围绕科研报国和教书育人，勇担起时代赋予的使命与责任，为强国建设和新时代发展做出了杰出贡献，2022年入选教育部第二批"全国高校黄大年式教师团队"。

团队和带头人简介

丁文江，中国工程院院士，轻合金精密成型国家工程研究中心主任，上海市氢科学重点实验室主任，上海市氢科学技术研究会理事长。曾任上海交通大学副校长、上海市科委副主任、上海市科协副主席、上海科普教育发展基金会理事长。丁文江院士长期从事先进镁合金材料及加工方面研究，在镁合金结构材料和功能材料的研究及工程化应用上做出重要贡献，使镁材料在国防、航空航天、能源、医疗、农业等领域大放异彩。先后创制了多种世界上性能最优、质量最轻的镁稀土合金，其中5种合金列入国家标准，2种进入国际标准，使中国占据了镁合金的国际话语权。在SCI（科学引文索引）、EI（工程索引）源期刊上发表论文600余篇，申请发明专利200余项。研究成果曾获"国家技术发明奖"一等奖、二等奖,"国防技术发明奖"一等奖、二等奖,"国家科学技术进步奖"二等奖等。累计培养了300余名优秀研究生奔赴国家建设主战场。曾获"全国先进工作者""全国优秀科技工作者""上海市劳动模范""何梁何利基金科学与技术进步奖""上海市科技功臣""最美科技工作者""全国创新争先奖"等荣誉称号。为我国镁氢材料的自立自强做出了重要贡献。

丁文江院士

团队现有教职工43人,研究生181人,拥有国家级人才12项,在丁文江院士"寓精于料,料要成材,材要成器,器要好用"的科研思想的指引下,团队将力量凝聚成一股绳,心往一处想,劲往一处使,形成了一支年龄结构合理、基础与应用研究并重的优质队伍,并通过不断探索新的研究方向和技术,为国家科技事业的发展做出重要贡献。

团队重视科学研究与实际应用相结合,首次提出的新型镁稀土合金的微结构调控与深度纯净化的科学思想,发展了新一代"高强度、高耐热、长寿命"的高性能镁稀土合金材料,建立了具有中国自主知识产权的镁稀土合金技术体系,突破了镁合金大型主承力结构件应用的瓶颈,实现了一代材料支撑一代装备的目标。全球首创镁基固态储氢材料大批量低成本制备技术,并积极开展镁基固态大规模储氢技术在多应用场景下的耦合匹配示范应用,为保障我国能源安全、推动我国绿色能源转型升级做出重要贡献。团队不但开辟了镁合金的功能材料应用研究方向、拓展了镁合金应用的可能性,而且积极开展镁氢材料科技的科学普及工作,惠及受众累计达几千万人次。

教书树人,创新模式厚植家国情怀

团队把提升学生学习质量作为本职工作,引导学生求真学问、练真本领。团队提出了"技术原理认知+理论体系学习+科研案例分析+综合实践创新"的新工科培养模式,培养学生解决复杂问题的能力。团队负责的"材料加工原理"获评2020年教育部首批国家一流本科课程一等奖。参与建成中国大学MOOC慕课在线课程,形成了"线上与线下"和"基础与前沿"相结合的特色教学方法,荣获2020年"上海交通大学教学成果奖"特等奖。

团队倾力实现教育报国。立足国家重大需求,组织师生开展相关课题;同时选派博士生兼任孵化企业技术副总，负责相关产品的创新研发，成效显著。邀请国际学术大师来校进行学术交流，选送研究生和青年教师到著名研究机构和企业开展合作，营造浓厚的学术氛围。累计为祖国培养了数百名优秀研究生，奔赴国防工业和国民经济建设主战场，成为行业骨干力量，其中近30位获评"长江学者"、杰青和"万人计划"领军人才等荣誉称号。

中国"镁"梦，研究成果领跑世界

丁文江带领团队，面向国家重大需求，秉持原创高端材料信念，提出将中国的优势资源稀土与镁相结合来研制具有中国特色的高性能镁合金，采用中间合金共电解的方法，让水火不容的镁和稀土相溶混合，创制了世界上性能最优、质量最轻的高强耐热镁稀土合金，实现了镁合金主承力结构件应用跨越，在我国新一代"大国重器"研制中发挥了不可替代的作用。

团队经过数十年的努力，攻克了镁合金强度低、耐热差、寿命短等瓶颈，形成了基础研究、技术开发、工程应用的全流程创新体系。突破材料开发、熔体处理与部件成型等关键工艺与技术难题，率先实现了镁合金从非承力结构件至主承力结构件应用的颠覆性跨越。研制出50余种、3000余件大型复杂国防关重部件，应用于20多种国防重点装备的研制和批产，相对于铝合金减重达25%以上，装备实现自主可控。

直升机轻量化　　　　　　　　高端武器轻量化

团队研究成果使中国占据了镁合金的国际话语权，让许多响当当的国际巨头，求助中国"镁"。如美国通用汽车37套模芯组成的全镁V6发动机缸体、日立公司实现减重30%的耐热镁合金活塞、波音公司的座椅骨架高强镁型材等。近年来，团队将高性能镁合金材料、集成优化设计与高致密度压铸技术相结合，首次成功研发了镁合金副车架和镁合金减震塔。副车架最大壁厚与最小壁厚之比为5.5∶1，采用AE45V镁合金和高真空压铸成型，与原钢件相比减重率高达53%；镁合金减震塔在确保零件刚度及功能性的前提下，实现"以镁代钢""五合一"集成设计，最薄壁厚小于2.5

毫米，减重率超过35%，代表了当前大型、复杂、薄壁镁合金轻量化汽车结构件压铸生产工艺的最高水平。

勇闯无人区，不断开拓"镁"的边界

深其一点，触类旁通，丁文江院士带领团队勇闯无人区，充分利用镁活泼的"缺点"和良好生物相容性的"优点"，开启了可降解镁人体植入器件的新时代；突破性地利用镁蒸汽与氢原位反应创制镁基储氢材料，攻克镁基储氢材料批量制备技术，让镁在能源、医学和农业领域大放异彩，实现了金属镁从结构材料到功能材料的跨越。

丁文江带领团队，面向世界科技前沿，攻克了高容量、长寿命、低成本镁基固态储氢材料大规模批量化制备技术。于2023年4月全球首发吨级镁基固态储运氢装置，该装置为40尺集装箱大小，箱体总重32.5吨，最大储氢量1.03吨，是目前主流20兆帕高压长管拖车的3倍以上，且可常温低压运输氢气，具有安全性高、储存运输量大、成本低的特点，可用于加氢站、氢冶金、氢化工、储能等领域的氢气储存与运输。通过前沿技术研发和产业创新，团队开发了具有自主知识产权的核心材料和关键零部件，提升了创新策源能力，为实现"双碳"目标及推动国家可持续的能源结构转型奠定了坚实基础。

全球首台吨级镁基固态储运氢车首次亮相

全降解镁合金生物医用植入材料

团队开发了国际领先的骨内植物器械和心血管支架原型，被英国皇家学术媒体作为研究亮点专题报道，形成了医用领域国际影响力，开发的可降解镁合金接骨螺钉，已完成50余例研究者发起型临床试验，2年随访结果良好，产品注册的多中心临床试验于2023年11月开展；相关研究成果获批上市后，可以在受损骨组织完成修复后降解吸收，不需要二次手术取出，能够显著减少患者痛苦和治疗成本，预计每年将有几百万骨折患者从中获益。

全降解镁合金骨钉　　　　　　　　　　全降解镁合金血管支架

促成果转化，实现产业兴邦国富民强

团队始终将满足国家战略需求视为己任，积极推进科研成果产业化示范应用，在上海临港、安徽凤阳、河南洛阳、江苏海门建立了中试基地。

建成了吨级高性能镁合金精密砂铸、锻造等中试线，技术转移到15家企业，直接孵化了8家高新技术企业，带动就业超千人。与波音、空客、宝钢、上汽、华为和国内多家军工单位建立了实质性合作关系。系列技术已在多家企业实现产业化，包括汽车座椅骨架、变速箱壳体、汽缸头、活塞、发动机缸体、纺织机械部件等。不仅促进了高速交通工具、纺织机械、优势资源镁及稀土产业发展，还带动了铸造、压力加工、机加工、模具等行业发展。据不完全统计，相关企业近三年新增销售额8亿元、利润2亿元。

建成了生产固态储氢材料及配套供氢装置的中试线，产品包括镁基循环储氢合金、高纯氢化镁粉末、低纯氢化镁粉末。镁基循环储氢合金产品主要应用于氢冶金、氢化工、氢储运、氢气供应等有廉价热源的工业场景。氢化镁粉末主要应用于军用备用电源、无人机、农业、健康等领域。目前氢化镁粉末年产能可达3吨，镁基循环储氢合金年产能可达125吨。团队已于2021年启动浙江海宁工厂建设，预计2024年投产，主要生产氢化镁粉末，一期项目产能预计达30吨。随着镁基固态储氢材料产能的提升和规模化优势的逐步体现，其在氢冶金、氢化工、氢能源等国家重点行业的应用场景将更加广阔，为推动相关行业的绿色转型和可持续发展、实现"碳达峰、碳中和"目标提供有力支持。

建成了5600平方米的医用可降解镁合金植物物研发及生产中心，包含镁合金骨科植入物生产线1条、血管支架用镁合金管材生产线1条、镁合金缆索生产线1条。其中10万级洁净车间及3套万级微生物实验室均已通过上海市药包材测试所验收。该孵化企业近年来先后承担了上海市科委生物材料领域的科技攻关项目、国际合作项目，上海市经信委的工业强基项目和"十四五"国家重点研发专项课题"可降解镁合金骨折内固定螺钉产品研发"的任务。团队力争"十四五"期间能获得3～5项可降解镁合金III类医疗器械注册证，可避免二次手术取出植入物，造福广大患者，减轻医疗系统负担。

投身社会服务，助推科创与科普"两翼齐飞"

团队坚持"四个面向"、立足"四个服务"，围绕以材料为支撑的氢科学学科，瞄准氢科学的共性关键问题，整合团队国际领先技术内容，开展系列前沿性基础及应用研究的科技服务和科学普及，不仅在科技发展上释放自立自强澎湃动能，还通过社会映照知识创新希望之光。

团队长期为超过80家重点军工单位和民营企业提供技术培训和咨询服务，受到企业广泛好评。累计向社会输出专业技术60余项，培训专业人才近千人。

团队主动承担科普项目，主持多项国家级、省部级科普项目，累计组织开展科普活动100余场，出版科普图书2本，建设科普系列慕课6部，自主研制科普展教具10余项，累计受益人次超千万，覆盖中小学生、大学生、政企员工等多年龄段、多层次人群。

丁文江院士团队通过各类科技服务形式，在材料强国建设、民族复兴的新征程上不断努力，为加强国家科普能力建设和广泛传播科学知识、弘扬科学精神和科学家精神、促进全民科学素质的提高、实现高水平科技自立自强做出卓越贡献。

结 语

久久为功，多年以来，团队长期致力于人才培养、科研攻关、社会服务和文化传承等方面，做高等教育一线的耕耘者和奋斗者，为党和国家的需要做出重要贡献。作为全球镁合金研究最有影响力的团队之一，始终走在世界科技前沿，为国家重大需求持续提供先进战略力量，为实现中华民族伟大复兴添砖加瓦。

创建机器人化智能制造理论体系
为重大工程提供重要技术支撑

——中国科学院院士丁汉科技创新团队

进入新时代，加快建设制造强国，加快发展先进制造业成为我国的国家战略。走自主创新之路，掌握自主可控的先进制造技术、工艺、装备与软件是解决我国战略性领域关键零部件制造受制于人、实现我国制造业向高端跨越的必经之路。中国科学院院士丁汉科技创新团队（以下简称团队）以解决行业痛点为首要目标，在基础研究、技术开发、工程应用和成果产业化多环节开展产学研合作，不断探索机器人、数字化制造领域的深层次科学问题，深入了解和发现行业的"痛点"，"十年如一日"开展产业核心技术攻关，推动科研成果在企业验证和应用，打通科技成果转化"最后一公里"，在科技创新与产业转型大潮中，攻克皇冠技术，服务高端制造，打造新时代产学研用合作新标杆。

团队和带头人简介

团队依托华中科技大学机械工程 A+ 学科和华中科技大学无锡研究院的政产学研一体化平台，以数字制造、机器人化智能制造作为主攻方向，围绕航空航天、能源交通、高端装备等战略领域，开展数字化、智能化技术与装备相关的应用基础研究、核心技术攻关和科研成果转化。团队在基础工艺、机器人、装备及其自动化、工业软件等领域形成了多个优势方向，包括国产两机复杂曲面数控加工 CAM（计算机辅助制造）工业软件、全自主复杂零件高精度三坐标测量机、大型结构件多机器人协同加工系统、大型结构件移动机器人高精度测量系统等一系列创新成果、填补了国内空白、替代了国外垄断产品，深入服务于中国航发、中航工业、中国商飞、中车集团、中船重工等大型央企的国家重大装备；相关技术孵化出中车时代智能、集萃华科、黎曼机器人等一批专精特新、高新技术企业，实现了技术成果就地产业化；研究成果在航空、航天、能源和汽车等领域得到重要应用，取得了很好的经济效益和社会价值。团队荣获"国家自然科学奖"二等奖 1 项，"高等教育国家级教学成果奖"一等奖 1 项，"国家科学技术进步奖"二等奖 2 项、三等奖 1 项，"中国机械工业科学技术奖技术发明类"特等奖 1 项，中国智能制造十大科技进展 2 项、日内瓦国际发明展金奖 2 项，"江苏省科学技术奖"一等奖 2 项，"湖北省科学技术奖"一等奖 2 项。

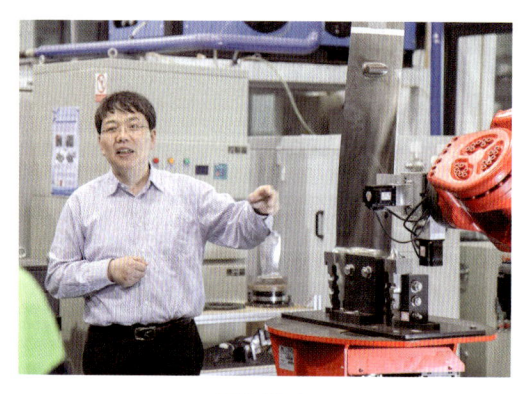

创新团队带头人丁汉教授，1963 年生人，1989 年获华中科技大学博士学位，1993 年受德国洪堡基金会资助赴德国斯图加特大学进行客座研究，1997 年获国家杰出青年基金资助，2001 年受聘教育部"长江学者"特聘教授，2005 年和 2011 年两任国家"973 计划"[①] 首席科学家，2013 年当选中国科学院院士。现任华中科技大学校学术委员会主任，国家数字化设计与制造创新中心主任、智能制造装备与技术全国重点实验室主任、华中科技大学无锡研究院院长，国家自然科学基金重大研究计划"共融机器人的基础理论与关键技术研究"指导专家组组长。

丁汉院士

基础研究是科技创新的"源头活水"

2021 年 12 月，"机器人化智能制造"基础科学中心获批立项，成为华中科技大

---

① 国家重点基础研究发展计划，简称"973 计划"或"973 项目"。

学首个、机械学科和制造领域首个立项的基础科学中心。丁汉教授是基础科学中心的首席科学家，带领团队开展机器人化复杂曲面制造、机器人化大型构件制造、机器人化功能结构制造三个方向的研究工作，创建机器人化智能制造理论体系，开辟机器人化智能制造国际学术新前沿，形成自主可控的核心工艺软件、关键技术和重大装备，为我国航空、航天、航海等领域的重大工程提供重要技术支撑。

早在1986年，丁汉开始跟随导师开展机器人方向的研究工作。承担了中国科学院基金"手—眼系统"，1995年研究成果"基于微机的机器人离线编程系统HOLPS"获得了"国家科学技术进步奖"三等奖；1997年，丁汉获国家杰出青年基金资助，开展智能4M（建模、加工、测量、机器操作）系统的基础理论与实践研究；2001年开始，丁汉团队开发出20余套工业机器人作业系统，广泛应用于焊接、装配、码垛和机械加工等领域，研究成果"工业机器人作业系统的关键技术研究、开发与应用"获得了"国家科学技术进步奖"二等奖；2016年，丁汉担任国家自然科学基金重大研究计划"共融机器人基础理论与关键技术研究"指导专家组组长，在国际上率先开展共融机器人基础理论与关键技术研究。

2005年，丁汉开始从事数字化制造的基础研究，主持了数字化制造领域首个国家重点基础研究发展计划（973计划）项目并获得滚动支持；2012年，丁汉团队的研究成果"复杂曲面数字化制造的几何推理理论与方法"获得"国家自然科学奖"二等奖。2012年前后，丁汉敏锐地察觉到机器人化制造具备广阔的发展前景，

大型复杂曲面机器人加工关键技术及应用场景

开始将机器人与数字化制造技术相融合，开拓了机器人化智能制造新方向，推动了"铁打的机床，流水的工件"到"铁打的工件，流水的机床"制造模式的变革。2017年丁汉主持国家重点研发计划项目"大型风电叶片机器人智能磨抛技术与系统"，其研究成果"大型构件多机器人智能磨抛加工技术"入选2018中国智能制造十大科技进展，"大型复杂曲面机器人加工关键技术及应用"获2022年度"中国机械工业科学技术奖技术发明奖"特等奖，机器人与智能制造的交叉融合得到学术界和产业界的高度认可。

核心技术攻关要面向需求"久久为功"

基础研究是为了更好地解决实际工程问题。丁汉无论是作为两期国家"973计

划"项目的首席科学家,还是担任国家自然科学基金委员会重大、重点项目负责人,他都坚持以行业需求为导向,以解决行业痛点为首要目标。航空发动机叶轮叶片和航空结构件等大型复杂曲面零件一直是高端制造领域的"明珠",这类零件通常具有尺寸大、结构复杂、薄壁结构、材料难加工、材料去除量非均匀等特点,其制造能力与研发水平代表着国家制造业的核心竞争力,属于国家重大战略需求。针对此类零件高品质加工所面临的瓶颈问题,丁汉将机器人学和制造技术相结合,建立了复杂曲面宽行加工理论,揭示了刀具"空间运动—包络成形—加工误差"间的微分传递规律。他还提出高速加工稳定性分析的全离散法,突破了叶轮叶片数字化、智能化加工技术瓶颈,开发自主知识产权的工艺软件 TurboWorks,形成了叶盘叶片高效高精加工成套工艺解决方案,在中国航空发动机集团所属多家企业得到成功应用。

基础研究到产业化应用的过程中,最难攻克的是"最后一公里"的工程化。在这个过程中,需要"以终为始",以产业客户的最终需求和要求为唯一的评判标准,因此,哪怕差 0.1 都不行。以试制我国民用大涵道比涡扇发动机整体静子叶环为例,该产品规格尺寸大(直径超过 1000 毫米)、结构复杂(综合了叶片、整体叶盘和机匣的加工特征)、尺寸精度要求严苛(我国自主的创新叶型)、加工周期要求短,实施难度非常大。此外,最大的困难是目前国内主流的整体叶盘专用机床由于尺寸限制无法高效加工如此大尺寸的整体静子叶环(最大直线加工行程 800 毫米)。为了克服加工行程不足和国外通用 CAM 软件无法支持编程的难题,团队在强大的理论和工程实践基础上,创新性地调整了机床工件轴设置位置,项目技术负责人代星从理论推导到数十万行编程代码,甚至三次晕倒在工作岗位上,最终成就 CAM 软件 TurboWorks 正式发布,该工业软件集成了团队十余年的研究成果,面向"两机"关键零部件制造,解决了极限尺寸加工难题,实现了在行程约束下的刀路规划及刀轴优化功能,并大幅提升了加工效率,服务国家战略领域需求。

两机叶片高效智能加工关键技术研发与应用场景

政产学研用合力打造新型研发大平台

2012 年，华中科技大学和无锡市、惠山区共建华中科技大学无锡研究院，丁汉担任研究院院长。十年来，丁汉院士带领团队实现了新研机构从政府输血向自我造血的进化，科技成果从文章专利向产品服务的跨越，科研院所从事业单位向企业化双制融合的探索，科研人员从按学历资历分配向按绩效成果分配的转变，用10年时间探索解决传统产学研模式的堵点痛点，在无锡走出了一条产学研用深度融合发展的特色道路。

研究院立足地方产业需求，积极融入国家、省市创新体系。目前，已拥有两机制造、智能控制、机器人技术等20余个研发团队，建成5个国家级、10个省部级、5个市级等科技服务平台；与德国罗斯勒、中国航发主机厂、透平叶片、润和机械、无锡华润等20余家行业龙头企业共建了先进制造表面处理技术联合创新中心、机器人与智能制造装备联合研发中心、智能制造技术研发中心、江苏省集成电路可靠性技术及检测系统工程研究中心等一批实验室、工程中心、研发中心、创新中心和示范基地，并牵头发起、参与建设省级以上产业技术创新联盟10个。

团队始终坚持把重大共性关键技术和应用示范相结合，开展数字化设计与制造、机器人集成应用、智能制造、工业大数据等领域的关键技术突破、成果转移转化和科技公共服务，形成了一批应用基础研究的原创性成果，开发提供了复杂零件数字化加工工艺服务、锂电池超声无损检测分析仪、机器人磨抛柔性力控装置、环保型精8K不锈钢数字化抛光产线、晶圆形貌数字化测量仪、ALD原子层沉积工艺装备、机器人系统集成加工制造产线等众多数字化、智能化技术和产品，解决一批关键核心技术难题，广泛服务了地方汽车零部件、高端装备零部件、新能源、半导体封测等行业的中小企业，为地区高质量发展提供了坚强的科技支撑和服务。

团队始终秉持地方引进的初心和使命，以服务地方产业企业需求为牵引，以市场化合同科研服务＋公益性诊断咨询为模式，累计为地方提供公益性智改数转诊断咨询超200家，提供交流对接、技术培训、人才培养等服务近3000家次；被评为2022年"科创中国"融通创新组织、"江苏省科技创新发展奖先进单位"、连续五年江苏省科技服务业"百强"机构、江苏省智能制造领军服务机构、连续四年江苏省智能制造先进单位、"无锡市腾飞奖"、无锡市十大杰出创新创业团队等荣誉。

创新机制跨越成果转化"死亡之谷"

一项新科技成果能够获得落地应用必然要经过成果转化阶段，如何解决高校科技成果走通产业化"最后一公里"是产学研工作者的共同命题。丁汉院士带领团队从创新链协同产业链角度深度挖掘行业需求，推动知识产权与学科凝练深度融合，创新成果转移转化机制体制，推进高质量专利培育，加强校地院企合作，最大程度释放科技成果产业化的活力。"大型复杂构件机器人智能磨抛加工技术与装备"项目便是这样一个典型的案例。2015年8月，中车株洲所为突破大型风电叶片打磨技术瓶颈，在了解到团队在这一方面的技术优势后，决定组建机器人加工、机器视觉、大数据工艺等技术领域团队攻克这一技术难题，并商定随着技术的成熟逐步将其产业化。基于多年的累积和经过近两年的攻关，团队形成了10余项高价值的专利包，研制出国内首套大型风电叶片机器人磨抛系统，填补了国内该领域技术装备空白。技术成果以市场化评估2100万的价格成功转让至中国中车集团，并联合中车株洲所成立无锡中车时代智能装备科技有限公司，实现了技术成果的就地产业化，开创了院士强强联合与产学研用合作的新篇章，为打通高校科研成果转化的"最后一公里"探索出了一条行之有效的新途径。

研究院高度重视高价值专利培育和知识产权运营服务体系建设，联合第三方专业机构，引入天使、VC（风险投资）、PE（私募股权投资）等金融资源，形成完善的科技资源支撑服务体系，加快科研成果从样品到成品再到商品的转化，助力硬科技创新创业。研究院累计申请知识产权400余项，获授权250余项；完成了国家04专项、工业和信息化部智能制造专项、国家重点研发计划、国家自然科学基金项目等近50项重点技术攻关任务，多项研究成果打破了国外技术垄断；实现自身知识产权和专有技术转让、许可近200项，专利转移转化收益超6000万元，构建了"知识产权—成果转化—激励创新"的良性转移转化运营管理机制。衍生孵化出中车时代、集萃华科、尚实电子、黎曼机器人、超通智能、领声科技等一批高科技企业，获评高新技术、专精特新、雏鹰、瞪羚企业等荣誉，成为地方优秀科创企业的生力军。

结 语

"关键核心技术是要不来、买不来、讨不来的"，唯有"潜心研究，面向未来"方能把握时代机遇，掌握核心技术，锻造大国重器。丁汉院士将继续带领团队，面向学科发展开辟智能制造国际学术新前沿、面向国家重大需求提供自主可控技术装备新支撑、面向经济主战场形成科技成果转移转化新速度、面向高端技术打开应用研发新局面，为建设制造强国提供有力支撑，为我国经济社会高质量发展贡献力量。

胸怀强国梦想　不负使命担当
有力支撑新材料产业创新发展

——中国工程院院士干勇科技创新团队

新材料产业是战略性、基础性产业，是新一轮科技革命和产业变革的关键领域，是大国竞争的焦点领域，也是培育发展新质生产力的前沿领域。2022年我国新材料产业总值约6.8万亿元，产业增速连续十年保持较快增长态势。截至目前，我国在新材料领域培育7个先进制造业产业集群、45个原创技术策源地、248家单项冠军企业和1972家专精特新"小巨人"企业，为国民经济建设和国防安全提供了重要保障。

中国工程院院士干勇科技创新团队（以下简称团队）多年来从事新材料领域发展战略研究及国家科技创新体制机制研究工作，在开展新材料领域重大问题研究、为国家有关部门提供政策论证和咨询决策建议、承担部委第三方评估任务中发挥了重要的智库作用。

团队和带头人简介

干勇院士

干勇，中国工程院院士，教授，博士生导师，中国工程院原副院长，国家新材料产业发展专家咨询委员会主任，中国金属学会理事长，中国科协先进材料学会联合体主席。曾任中国共产党十六大代表、主席团成员，中国共产党十七大代表，十二届全国政协人口资源环境委员会副主任，中国稀土行业协会会长等。

干勇院士是我国冶金行业技术带头人之一，长期奋斗在科研第一线。他带领团队经30余年科技攻关和成果转化，推动我国钢铁连铸比从不足10%提升到99%以上，处于世界领先水平。作为项目负责人完成中宽度薄板坯连铸技术、高速高效连铸技术、熔融还原技术、新一代可循环钢铁流程工艺技术等科技攻关项目，获"国家科学技术进步奖"二等奖2项及省部级科技进步一等奖5项。

干勇院士是我国材料领域学术领头人之一，致力于国家材料科技和产业发展的顶层设计。他主持制定国家新材料领域技术路线图；主持论证"十四五"原材料产业发展规划、国家新材料生产应用示范平台、测试评价平台、资源共享平台等重大政策文件和平台方案；作为专家组组长主持科技创新2030新材料重大项目实施方案编制工作。

干勇院士在中国经济大讲堂

干勇院士是工程科技战略科学家，研究涉及材料、矿产资源、绿色智能制造、科技创新、国家产业体系、标准等方向。他作为负责人主持完成中国工程院"新材料强国2035战略研究""国家关键矿产及其材料产业供应链高质量发展战略研究"等重大及重点咨询项目50余项，多项咨询成果建议被有关部门采纳，为制定国家科技和产业政策提供了有力的决策依据，具有重要参考价值。

干勇院士团队在重大战略研究、重大项目方案编制、重大政策论证和评估工作中，坚持以习近平新时代中国特色社会主义思想为指导，以国家重大战略需求为导向，以产业发展实际为出发点，团结各方面专家协同合作，取得了一系列成果。

坚持"四个面向"，聚焦重点领域重大问题研究，支撑相关部门推动产业创新发展

干勇院士带领研究团队围绕新一代信息技术、新能源、高端装备、生物医药等我国实现科技强国、制造强国的战略必争领域，研究提升新材料作为"基盘技术"的支撑保障能力。他负责完成"新材料强国2035战略研究""新材料产业战略研究""提升新材料产业基础能力战略研究"等咨询项目研究，提出了建设材料强国的阶段目标、技术路线和重点方向，成果纳入《中国制造业重点领域技术创新绿皮书——技术路线图（2023）》，并在"十四五"原材料产业规划等国家指导性文件中采纳体现。干勇院士开展的"材料领域国家战略科技力量与产业融合案例研究""面向2035的材料科技创新体系战略综合研究""重点新材料研发及组织模式研究"等重大课题，提出了我国材料科技创新体系建设思路、重点任务和实施路径，为材料领域国家实验室、全国重点实验室等各类科技创新基地与平台建设布局提供重要参考。

在国际形势变化加剧，重点产业链供应链安全性问题凸显的背景下，干勇院士牵头开展"我国关键矿产及其材料产业供应链高质量发展战略"重大咨询项目研究。项目着眼于为国家经济社会高质量发展、为中华民族伟大复兴提供高水平的原材料支撑。项目聚焦国家战略性矿产资源，立足我国矿产资源禀赋条件和材料产业发展现状，系统厘定关键矿产及其下游冶炼、材料制备、回收利用链条，梳理每一环节的产品及其供应状况，在此基础上分析我国关键矿产及其材料产业发展面临形势、问题和战略需求。研究涵盖资源勘查、采选、冶炼、加工、制造和回收利用等矿产原材料供给全链条的产业体系，提出资源端、冶炼端、产品制造端和循环利用端四大环节全链条的高质量发展战略。同时，该项目首次将矿产资源与材料产业串联，开展跨学科、跨领域战略研究，从保障供应链安全、畅通产业链条、促进国内大循环和国内国际双循环的角度系统提出有关发展战略。研究成果得到了国家领导的指示批示，推动了新

一轮找矿突破战略行动等重点任务的启动实施。

干勇院士负责的"新时期制造业产业体系分析研究"等项目提出"十四五"时期我国产业结构调整、传统产业升级和培育新兴产业的战略举措，被国家发展和改革委员会纳入《"十四五"规划战略研究》。"工业强基战略研究共性技术创新体系建设""制造业技术创新体系建设研究""提升制造业创新能力"等项目提出我国创新体系构建和布局思路，对促进创新平台优化布局、提升承担重大任务能力具有重要的现实意义。干勇院士负责完成的"支撑高质量发展标准体系战略研究"课题（系"中国标准2035"项目课题之一）研究制定了涵盖一、二、三产业和生态文明建设、国家质量基础设施的国家标准体系框架和标准化战略，有力支撑了《国家标准化发展纲要》的制定和实施。

坚持统筹协调，通力合作，有力保障高效完成重大任务

新材料具有种类多、学科分散与交叉、迭代升级快等特点。干勇院士在组织重大课题研究、重大项目实施方案编制过程中，以"四个面向"、国家重大需求为指引，坚持统筹协调的工作原则，组织国内外重点方向熟悉产业、熟悉科技、熟悉政策的众多专家团队，形成系统性开放式工作模式，确保研究工作完整、准确、全面贯彻国家战略需求，与国际领先水平精准对标寻找差距，有力保障重大战略研究和重大项目实施方案编制工作顺利完成。

干勇院士在上海洋山港调研

以"新材料强国2035战略研究"为例，项目组组织20余名院士、200余名专家体系化梳理了94大类近千种材料。系统分析了国内外新材料产业发展现状、趋势以及存在问题，梳理了国内外新材料产业政策，围绕未来新材料发展战略需求，研究提出新材料强国战略总体发展思路、强国特征和发展目标；聚焦先进基础材料、关键战略材料、前沿新材料及新材料评价、表征、标准平台建设等重点领域研究梳理重点发展方向；从构建新材料自主创新体系，建设新材料数字化研发平台、生产应用示范平台、资源共享平台，完善新材料标准、测试、表征、评价体系，培育与新材料产业发展相适应的人才队伍等方面提出政策措施建议，为我国新材料产业发展和政府有关部门提供决策参考。

干勇院士是科技创新2030新材料重大项目实施方案编制专家组组长，百余名权威专家参与方案编制工作。该项工作历时多年，组织讨论活动200余场。干勇院士充分听取各方向、各层级专家意见，紧密跟踪国内外最新研究动态，从量大面广的材料中遴选国家迫切需求的重点方向，团结专家队伍坚守初心完成国家任务。

遵循科学规律，坚持应用导向，促进创新成果在产学研深度融合中获得发展壮大

干勇院士团队始终坚持战略研究要遵循科学发展规律的基本原则，密切关注全球科技前沿动态，力求研究成果具有较强的科学预见性和实践指导性。2019年在组织对新材料领域技术路线图进行修订时，在充分研究论证的基础上，预判未来纺织功能材料将会迎来技术突破和产业发展新局面，将纺织功能材料方向重点攻关任务进行细化补充。2020年突发全球新冠疫情公共安全事件，医用功能纺织新材料成为国家重要战略防护物资，印证了技术路线的重要性。

团队承担了《重点新材料首批次应用示范指导目录（2024年版）》修订工作，该目录在工业和信息化部网站公示。首批次政策实施期间，国家累计为近300余家新材料企业提供超过1000亿元风险保障，有力推动了一大批新材料产业走向市场获得实际应用。该目录也成为各行业、各企业推动新材料产品结构升级、推动开拓新材料应用场景的重要参考。特别是，多个省市在该目录的基础上，根据自身产业发展实际，研究制定了本省市的重点新材料产品目录并出台相关优惠政策，形成了全国新材料产业发展"一盘棋"的良好格局。

在重大项目实施方案编制中，团队始终坚持"料要成材、材要成器、器要好用"的工作思路。团队组织专家围绕新一代信息技术、高档数控机床和机器人、航空航天装备、海洋工程装备及高技术船舶、先进轨道交通装备、节能与新能源汽车、电力装备、

民生健康 8 大领域 30 余个应用系统对关键材料的重要需求，梳理形成重点任务系统布局，以实现产品产业化和应用规模化为目标，推动构建系统性、全方位的保障能力。

干勇院士带领团队赴企业调研

结 语

当前我国新材料发展已从"以解决有无问题为主"的规模扩张阶段，进入以满足国家重大战略需求、提升国际竞争力为主的高质量发展阶段，新材料对重点领域的支撑保障能力不断提升。同时，我国新材料产业仍面临关键核心技术受制于人、原始创新能力亟待提升、统筹协调和协同推进仍需加强等重要问题。在推动新型工业化、加快培育发展新质生产力的大背景下，干勇院士将带领团队继续围绕新材料产业发展和国家科技创新能力提升开展工作，团结各领域优秀专家一起担负使命、共同合作，为我国实现新材料强国、制造强国、科技强国而奋斗，为全面建成社会主义现代化强国，以中国式现代化全面推进中华民族伟大复兴进程贡献力量。

以国为重　追光前行

——中国科学院院士王立军科技创新团队

针对国内激光芯片严重依赖进口，且国外在高端半导体激光芯片和技术方面对国内严格管控的现状，1995年，王立军院士从美国归来，组建大功率半导体激光团队，以大功率半导体激光创新研究为核心，以国防装备及工业工程化应用为目标，在国内率先攻克无铝长寿命半导体激光（1998年国内首次实现40瓦激光模块连续工作一万小时）、高功率激光合束装备（2007年国内首次实现1500W激光叠阵模块）、垂直腔面发射激光器（2004年、2011年、2014年分别实现1.95W单管、92W单管、210W阵列的国际记录指标）等关键核心技术。多年来团队始终以引领国家半导体激光产业发展，保障产业链安全自主可控为使命，突破制约我国半导体激光产业长远发展的关键技术瓶颈，解决半导体激光芯片"卡脖子"难题，为我国光通信、智能感知、先进制造和国防安全领域高质量发展贡献科技力量。

团队和带头人简介

中国科学院长春光学精密机械与物理研究所是国内最早研制出半导体激光器和固体激光器的单位，是国内最早开发出激光加工设备、激光医疗产品和激光显示样机的单位之一，是最早开展激光国防应用的单位之一。中国科学院院士王立军科技创新团队（大功率半导体激光团队）（以下简称团队）依托发光学及应用国家重点实验室（重组为特种发光科学与技术重点实验室），以大功率半导体激光创新研究为核心，以国防装备及工业工程化应用为目标，在大功率半导体激光器、面发射半导体激光器、量子点半导体激光器、激光合束和激光应用等方面开展了深入的研究，并取得一系列突破性成果和奖励，荣获"国家技术发明"二等奖、"国家科学技术进步奖"二等奖、"吉林省技术发明"一等奖、"吉林省科技进步"一等奖3项、"中国科学院科技促进发展奖"、"军队科技进步"一等奖、"科技部创新团队"、"长白山领军团队"等。发表学术论文超过400篇，其中SCI论文130篇。授权发明专利115项，其中35项专利转化股权超过10亿元，孵化高技术企业4家，其中依托吉光半导体科技有限公司正在筹建国家半导体激光技术创新中心。

团队带头人王立军，1946年7月13日出生于吉林省舒兰市。激光与光电子技术专家，中国科学院院士，中国科学院长春光学精密机械与物理研究所研究员，博士研究生导师。2011年全国优秀科技工作者，吉林省十大杰出英才，2017年何梁何利基金奖获得者，获得"2011年国家技术发明奖"二等奖（排名第一）、"2007年国家科学技术进步奖"二等奖（排名第一）。

王立军院士

王立军院士于1970年6月进入吉林大学半导体系半导体器件专业学习，1973年8月从吉林大学半导体系毕业后留校任教，先后担任吉林大学电子科学系助教、讲师（至1986年5月）；1979年10月，考上吉林大学电子科学系半导体物理与器件物理硕士，1982年2月获得吉林大学硕士学位；1986年5月进入中国科学院长春物理所工作，先后担任助理研究员、副研究员、研究员；1986年5月至1999年8月担任中国科学院长春物理所研究室主任；1988年5月至1989年6月作为访问学者前往瑞士邮政电报电话公司学习，1993年2月至1995年6月，作为高级访问学者，前往美国西北大学量子器件研究中心；1999年8月光学精密器械所与长春物理所合并整合，成立中国科学院长春光学精密机械与物理研究所（以下简称中国科学院长春光机所），王立军担任研究员；2013年12月当选中国科学院院士。

突破大功率半导体激光研究，服务国家光电产业高质量发展

创新点一：高密度集成、高光束质量激光合束高功率半导体激光关键技术及应用

半导体激光器具有体积小、重量轻、寿命长、效率高等优点，其效率高达70%，

寿命可达几万小时，已被广泛应用于激光通信、智能感知、量子科技、激光农业、激光检测、医疗、激光显示和国防安全等领域。特别是在国防安全领域，半导体激光器是激光引信、激光测距、激光制导、激光雷达等的核心光源和支撑技术之一。20 世纪 90 年代，美国商务部出口管理规定，对连续功率超过 20 瓦/条的激光器实行禁运，严重影响我国国家安全。1995 年，王立军院士从国外回国，在长春光学精密器械所建立了科研团队，提出采用无铝新材料提高半导体激光器寿命。经过 3 年不懈努力，在国内首次提出 InGaAsP/GaAs 无铝量子阱新材料结构，开发出 40 瓦大功率激光线阵，寿命突破万小时（11732 小时）（传统的 GaAlAs/GaAs 激光器寿命 6000 小时）。

半导体激光器存在的缺点是单元功率小，一般很难超过 10 瓦，光束质量差，发散角大，功率密度低，一般在千万/平方厘米的量级，因此它不能作为千瓦、万瓦级直接光源实现在激光加工、国防等领域的应用。美国、德国等发达国家早已将上述难题列入国家级重大计划，通过激光集成、合束等技术进行攻克。高光束质量密集光谱合束技术的突破，产生了新一代千瓦至万瓦级高效节能激光光源，在国防领域实现了小型、轻量的车载、机载和弹载的激光武器。比如德国采用激光合束技术开发出新一代高效节能系列激光加工设备，美国采用该技术已开发出 1 万瓦激光武器光源和 10 万瓦以上小型轻量战术激光武器。近年来中国科学院长春光机所在国家"863 计划"[①] 等 9 项重大、重点项目支持下，率先攻克了激光合束、高密度集成等技术，彻底打破了国际禁运，满足了国家需求，在激光合束、高效散热和高密度集成方面做了原始创新。

（1）高光束质量激光合束技术。

团队发明了三种大功率半导体激光合束方法。第一种：发明了一种偏振激光合束方法，提出 1/4 波片和偏振棱镜一体化偏振激光合束技术，使激光功率密度提高两倍。在国内首次开发出 2600 瓦高效节能、新一代激光加工机。在国际上首次研制出 880 纳米 1 千瓦新一代对抗武器光源，用于总装某重点型号任务。第二种：发明了一种偏振合束与波长合束相结合的激光合束方法，在偏振合束的基础上，提出二向分色镜波长合束技术，将激光功率密度提高 4 倍。在国际上首次研制出 808 纳米、870 纳米双波段连续输出 1030 瓦的半导体激光对抗武器光源，光束质量达到 23mm·mrad。第三种发明了基于衍射光栅技术的波长合束方法与装置。该发明使参与合束的波长数量由国外方法的 6 个增加到 15 个以上，显著提高激光功率和功率密度。研制出超高功率密度（2.8×10^5 瓦/平方厘米）半导体激光点火系统，成功应用于国家某重大国防型号项目。

（2）千瓦级大功率半导体激光器散热技术。

散热是各种大功率激光器的瓶颈技术。由于半导体激光器体积小，散热问题显得更加突出。下图是一个光功率 1500 瓦激光叠阵模块，它体积约为手机的一半，它电

---

① 国家高技术研究发展计划，简称"863 计划"。

光效率为50%，单位时间内它将产生1500瓦废热并需及时散出，散热技术难度非常大。该发明是在大通道散热器中嵌入微通道散热结构，使热交换面积增加3倍，散热能力提高两倍。满足560瓦/列阵的散热，开发出总功率5万瓦半导体激光头泵浦源系列产品，用于国防重点、总装支撑及"863计划"重点项目。团队提出了将高导热材料和金属化绝缘材料复合为一体的无水冷的散热方法，发明了一种大功率激光器复合热沉结构，解决了42层6700瓦激光叠阵的散热问题，成功应用于国家重大核能源专项"神光III"激光核聚变前置预放大项目中。

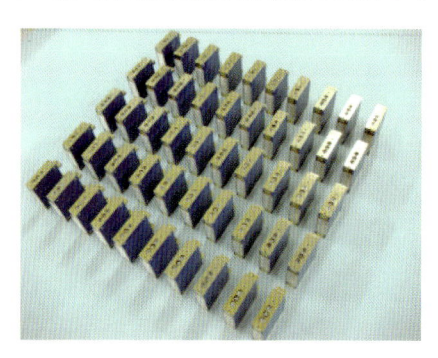

1500瓦激光叠阵模块

（3）半导体激光器高密度集成技术。

发明了两种偏振控制的垂直腔面发射激光结构和激光器制备方法，在国际上研制出最高集成度的大功率激光面阵，申请单位集成度64.0个/平方毫米，美国集成度37个/平方毫米。针对大功率垂直腔面发射激光面阵低电压（4伏，大电流50～500安培）驱动难的问题，团队发明了一种面阵混合封装结构及其制备方法，研制出510瓦激光二维面阵。在国际上首次提出并实现了激光面阵与微透镜面阵单片二维集成，使发散角由14.8°降低到6.6°，提高了激光面阵的光束质量。边发射激光通过混合集成技术实现高功率，准连续输出功率6700瓦，连续输出功率1600瓦。

（4）高光束质量大功率垂直腔面发射激光关键技术。

垂直腔面发射激光器（Vertical-Cavity Surface-Emitting Laser，VCSEL）具有低功耗、小体积、圆形对称光斑及高可靠性等优点，广泛应用于通信、传感、打印、数据传输和其他领域。团队自2002年开始研发高功率VCSEL激光芯片，于2004年在国际上首次报道了输出功率达1.95瓦以上的VCSEL芯片；2010年报道了在衬底表面集成微透镜的低发散角VCSEL芯片；2011年报道了脉冲输出功率达92瓦的980纳米VCSEL芯片，被 *Laser Focus Word* 和 *Semiconductor Today* 评价为"世界纪录输出水平"；2013年在国内首次研制成功芯片级原子传感用高温工作795纳米VCSEL，输出功率0.2瓦（@65℃，2毫安泵浦电流）；2014年开发出利用4个高功率VCSEL单管串接形成的百瓦级980纳米高功率准列阵模块，模块尺寸仅有2.2平方毫米，输出功率高达 210 瓦，这是迄今为止所报道的单管 VCSEL 模块最高功率指标，并得到 Semiconductor Today 的关注；2018 年报道了面向激光雷达应用的 905 纳米百瓦级高功率 VCSEL 芯片；2022 年报道了量子陀螺专用芯片国际领先的研究成果，以及国内首个 1550 纳米人眼安全波段 VCSEL 器件，采用高增益应变量子阱，在国内首次研发出光功率达到毫瓦量级的单模 1550 纳米 VCSEL。在温控设定在 15℃时最高激光功率达到 2.6 毫瓦，边模抑制比（SMSR）最高达到 35 分贝，并具有良好的温度适应性。该项研究以《1550nm 毫瓦级单横模垂直腔面发射半导体激光器》发表于《物理学报》，并被选为"编辑推荐"论文。

创新点二：全固态激光雷达芯片及关键技术

激光雷达是采用激光对目标的位置、速度等特征进行高精度测量的雷达系统，它是智能监控平台和智能移动平台的眼睛。激光雷达应用范围十分广泛，在消费电子、智能驾驶、工业领域、国防和安全领域都有重要应用。当前，随着智能驾驶领域的飞速发展，未来市场规模将突破千亿元。激光雷达经历了机械式、混合固态式和固态式的发展历程，早在 2016 年，当时市场上普遍还是以体积庞大、成本高昂的机械式激光雷达为主，从成本和安全性上无法满足车载应用。王立军院士高瞻远瞩，跳过混合固态式激光雷达，直接带领团队开展芯片式全固态激光雷达的研发。

近年来，在国家自然科学基金重大项目、国家重点研发计划重点专项、吉林省重大科技专项的支持下，团队率先在增益耦合 DFB 激光器方面实现突破。针对传统 DFB 激光器工艺难度大、需要二次外延、成品率低的难题，团队在芯片 P 面制备高阶周期性金属电极和刻蚀高掺杂高导电性盖层，在有源区内部形成周期性的电流分布，相当于周期性的调制有效折射率虚部，并采用普通光刻技术在多个波段实现增益耦合 DFB（分布反馈），大幅提升产品良率和性能。采用反射式半导体光放大器和氮化硅双微环非对称 MZI 结构实现硅基大范围可调谐窄线宽激光输出，调谐范围达到 78 纳米，线宽 1.8 千赫兹。采用双级集成大光腔结构研制了高功率半导体光放大器，结合相干合束技术，单模输出功率突破 1 瓦。基于以上激光芯片研究基础，团队与吉林大学合作，研制出光学相控阵调频连续波、相位调制连续波激光雷达，均实现 100 米以上的探测距离，为未来车载应用打下坚实的基础。

以半导体激光创新技术研发为核心使命，筹建"国家半导体激光技术创新中心"

2019 年 4 月，在华为遭遇"卡脖子"大背景下，13 位知名两院院士联名向国务院递交关于突破光电子材料芯片瓶颈，支撑5G和AI产业发展，构建光电子产业集群的建议信，建议建设国家级创新中心。国务院高度重视，批示科技部、工业和信息化部认真研究。2019年6月，中国工程院重大咨询项目组组织专家论证，专家建议由中国科学院长春光机所牵头，产业相关研究机构、科研院所和企业联合组建国家级技术创新中心，建议中心名称为"国家半导体激光技术创新中心"。

2020年，依托于团队30项专利成果，吉林省长春市经开区投入7.25亿元，成立了吉光半导体科技有限公司，建筑面积2.8万平方米，现已购设备1.94亿元，一期洁净室厂房3500平方米，在2021年12月建成投入运行。

创新中心以国家半导体激光产业发展重大需求为导向，聚焦光通信、智能感知、先进制造领域的关键半导体激光芯片技术。重点围绕半导体激光产业发展急需的激光芯片环节部署关键技术攻关方向，突破技术瓶颈，形成半导体激光高端技术持续创新供给能力，主动引导创新技术产业化发展，支撑我国半导体激光产业向中高端迈进。

创新中心明确定位于半导体激光源头技术创新，有机衔接国家重点实验室、国家产业创新中心和制造业创新中心等国家创新力量，明确定位于促进半导体激光技术创新和产业化，以研发为产业，以技术为产品，紧密对接企业和产业，通过半导体激光芯片源头技术开发、新技术中试和成果转化，为中小企业群体提供技术支撑与科技创新服务，引领带动半导体激光产业创新发展。

创新中心充分利用国内外创新资源，开辟多元化合作渠道，优化整合创新力量，强化创新伙伴关系，激活存量资源，实现创新资源面向半导体激光产业和企业深度开放与共享。

创新中心将在运营管理、研发投入、人才集聚等方面改革创新。坚持创新是第一动力、人才是创新的第一资源原则，优化人才激励、成果转化机制等政策措施，构建风险共担、收益共享、多元主体的协同创新共同体，为创新中心高水平成果产出、高效运行提供支撑保障。

打造激光农业创新高地，助力吉林省"千亿斤粮食"工程

激光技术广泛应用于国防、工业、通信、医疗等领域。激光技术在农业领域的研究始于20世纪70年代，在作物栽培、育种育苗、病虫害防治、农产品检测、农机导航等方面取得很好的效果，因成本高，没能规模推广。

近年来随着半导体激光技术快速发展，激光芯片价格呈指数级趋势下降，配套技术成本大幅降低，使激光规模化用于农业成为可能。自2019年开始，王立军院士带领团队与吉林农业大学、吉林省农科院、中国科学院水稻所、浙江长芯光电等单位合作，

开展了激光技术应用于主粮、果蔬、食药用菌、中草药等农产品增产提质的科研试验及推广示范，效果显著。

激光农业是指利用激光的能量、信号、时空等物理特性和效应，基于激光的方向性、单色性和相干性优良及能量集中的优势，可促进光合作用、激发生物活性、提高能量利用效率，实现作物快速生长和增产提质。随着激光促光合作用效应的发现，日本、美国、荷兰、沙特和埃及等国家进行了广泛的激光农业试验研究，在种子处理、育苗、补光生长、果蔬保鲜等方面取得良好效果，并正在逐步开展示范应用。通过文献检索可知，激光在科学研究和产业化试验示范热度方面仅次于基因工程。

吉林省主粮生产遵循"土、肥、水、种、密、保、管、工"八字方针，多年稳产，为国家粮食安全做出重要贡献。但因光照不可控，仍然存在靠天吃饭的问题。前期试验表明：作物生长关键时期可控辐照是打破农业增产瓶颈的最优路径，是打破主粮产量天花板的利器。

经试验，激光辐照可以有效解决品质和能耗之间的难题，草莓、番茄、油豆角、水果黄瓜、樱桃等主要经济作物的品质可提升一至两个等级，售价提升20%～30%，和LED等传统光源对比，经济作物的产量提升一倍，能耗降低95%，有效降低农产品的生产成本并增加农民收入。

光电和农业是吉林省重点优势产业，通过激光与栽培技术融合，可以快速提升农业产业水平。中国科学院长春光机所等单位筹建吉林省光农业重点实验室，设立了光学农业与工程学科，具备先发优势。与国外高强度激光扫描照射技术路线不同，团队掌握了激光促进植物光合作用机理，采用均匀的低剂量激光辐照模式，取得了显著的增产提质效果。

结 语

随着技术的不断创新，半导体激光技术在材料加工领域的应用前景也将越来越广阔。未来，团队将面向国家重大战略需求、国民经济主战场和半导体激光技术前沿，以半导体激光创新技术研发为核心使命，突破制约我国半导体激光产业长远发展的高端激光芯片关键技术瓶颈，为支撑我国光通信、智能感知、先进制造等产业向中高端迈进、实现高质量发展发挥战略引领作用。

坚守资源报国初心　勇攀矿业科技高峰

——中国工程院院士王运敏科技创新团队

矿产资源作为工业的"粮食"和"血液"，一直是国民经济发展的中流砥柱，为中国在全球地位的提升和中华民族的崛起起到至关重要的作用，只有保障了资源安全，保障了我们经济社会发展的基础原料，才能有总体的安全。然而，我国主要战略金属矿产资源禀赋和品质差、分散，大矿少，矿石类型复杂，以贫矿为主，富矿很少，共（伴）生组分多等特点，开发利用难度大、成本高。王运敏院士怀着"国家缺什么，国家需要什么，我就钻研什么"的情怀，带领团队聚焦资源供给的国家重大需求，勇拓创新，形成诸多原创性科技成果，并通过深度产学研合作与成果转化，有力推动了行业的科技进步和高质量发展。

团队和带头人简介

中国工程院院士王运敏科技创新团队（以下简称团队），由国家"百千万人才工程"入选专家、国务院政府特殊津贴专家、科技部科学技术奖励评审专家、国家和省级安全生产专家、安徽省"特支"计划人才、安徽省学术技术带头人、安徽省战略性新兴产业领军人才等高素质研发人才组成，是知识结构合理、理论功底深厚、实践经验丰富的高层次人才队伍。团队高度聚焦我国金属矿产资源开发利用的重大科技需求，开展深度产学研合作，将实验室创新同生产一线的技术难题紧密结合在一起，为实践创新、为需求创新，将科技成果转化为实实在在的现实生产力。团队始终实践着"爱国奉献、攻坚克难、务实创新、孜孜求索、勇攀高峰、传承育人"的科学家精神。

团队带头人王运敏院士，多年来，一直致力于金属矿山的安全、高效、绿色开采技术研究，他或只身一人或带领团队，踏遍马钢南山铁矿、武钢大冶铁矿、太钢峨口和尖山铁矿、海南铁矿等全国40多个大中型矿山，在大山深处现场勘探，获取第一手资料。他主持了包括国家科技攻关、国家科技支撑、国家重点研发计划、工程院战略咨询项目等40余项国家科研项目，开发了陡坡铁路运输系统，构建了陡帮开采设计方法，提出了露天地下三阶段开采设计原理，创建了深凹露天矿生态绿色开发新模式，成功解决了陡坡铁路、陡帮开采和露天转地下开采等重大工程技术难题，研发成果在我国金属矿山得到广泛应用，产生巨大经济效益，为我

王运敏院士

国金属矿开采技术进步做出重大贡献。获得"国家科学技术进步奖"二等奖3项，省部、行业特等奖2项、一等奖7项，获"第九届光华工程科技奖""钢铁工业科技成就奖""全国优秀科技工作者""国家工程研究中心先进工作者""全国创新标兵""安徽省突出贡献奖"等；获授权发明专利33项，参与制定国家、行业标准7部；出版专著4部；主编专业手册2部。创建了"金属矿山安全与健康国家重点实验室"和"金属矿产资源高效循环利用国家工程研究中心""国家金属矿山固体废物处理与处置工程技术研究中心""国家环境保护矿山固体废物处理与处置工程技术研究中心""非煤固体矿山安全工程技术研究中心"等国家工程中心。1993年起享受国务院政府特殊津贴，2006年被安徽省委评选为省优秀党员，2007年被安徽省政府评为省劳动模范，2008年被安徽省建设厅、省人事厅授予省工程勘察设计大师。先后被评为"全国优秀科技工作者""省学术技术带头人""国家工程研究中心先进工作者""全国创新标兵"。2019年当选为中国工程院院士。2020年荣获第三届"省突出贡献人才奖"，并被中国钢铁工业协会、中国金属学会授予"中国钢铁工业协会终身成就奖"。2022年获"中国产学研合作促进奖"。

聚焦资源开发提产增效，破解规模化开采技术瓶颈

矿产资源作为经济社会发展的重要物质基础，随着我国现代化建设的迅速发展，其需求量增速迅猛，而且随着"中国制造2025"、新基建等的不断推进和新一代信息技术、智能制造等战略性新兴产业的快速布局与发展，我国战略性矿产的需求尚未达到峰值，未来十余年间的需求将持续旺盛。面对资源供给需求迅猛增长和传统矿山开采产能供给之间的突出矛盾，在王运敏院士的带领下，团队聚焦我国金属露天矿山的开采，研发出的组合台阶式轮流作业陡帮安全高效开采技术及设计方法，攻克了露天矿缓帮开采前期投资大、成本高、采剥失衡的难题，使生产剥采比下降40%～60%。该技术已成为我国露天矿强化开采的主体技术，此项成果使露天工作帮坡角提高至20°以上，创造了巨大经济效益。该成果被载入采矿设计手册、高校教科书，现已在我国金属露天矿山教学、设计、建设、生产中普遍应用，是我国露天矿开采技术的一项重大突破。团队研发出的深延矿床露天、露天转地下，与地下三阶段开采设计方法和工程配套技术，解决了露天转地下时大幅减产或停产的重大技术难题，实现了矿山生产安全、有序、可持续开发，大幅提升了矿山产能，为金属矿山的提产增效起到巨大的推动作用。

王运敏院士团队开展露天矿连续运输系统布置讨论

践行生态文明发展理念，构建全域化绿色开发模式

"既要金山银山，又要绿水青山"。王运敏和他的科研团队已经将这句口号化作一股精神，融进了实验室，撒在了矿山上。"我们的科研目标是既要多采矿，又要保

护环境。"团队积极践行"两山"理念,将生态文明贯穿矿产资源开发技术协同全域。团队聚焦矿产资源绿色开发与综合利用,重点与高校、科研院所合作从顶层设计角度提供资源绿色开发与综合利用攻关,开展绿色开发技术体系研究,为政府决策和行业发展提供科学化支撑。针对目前矿业发展存在矿产资源—社会经济—生态环境发展的耦合协调性欠佳、空间发展不协调、协调发展评价缺乏科学支撑等的问题,团队以矿产资源聚集度高和发展较快的长江经济带为具体落脚点,经过实地踏勘、资料收集与技术攻关,在全国范围内首次构建了基于时空数据矿产—经济—环境大数据平台,实现长江经济带各类型矿产—经济—环境数据时空查询,并自动计算矿产—经济—环境耦合协调程度;构建了省级尺度下的耦合协调度评价体系,将矿产资源与区域经济、生态环境三个系统进行两两关联,构建了资源集中尺度的耦合协调度评价体系,体现矿产的自然属性与集中资源的分布,突出矿业空间结构差异,形成了矿产资源持续度—经济贡献度—环境友好性耦合度核心计算模型;创建了矿产资源绿色发展监测体系与预警机制,为实现金属矿产资源的"绿色、安全、高效"开发提供了科学指导。

挺进深地资源开发利用,延伸基础性理论问题研究

随着浅部资源的逐渐耗尽,资源开发利用迈进"三深"是必然的趋势,但深部资源开采的很多关键技术性问题还没能解决,如"四高一扰动"(高应力、高地温、高井深、高岩溶水压、开采扰动)的突出问题,深井高压、开采扰动岩爆严重威胁人员设备安全,开采过程面临破裂破坏机理不清、损伤评价难以量化、灾害防控系统性差等关键问题,极易诱发片帮、冒顶、岩爆等灾害,严重制约了深部金属矿产资源的安全高效协同开采。面临新的发展态势,团队积极寻求从技术创新到理论创新的突破口,重点就高应力金属矿井开采过程灾害防控进行集中攻关,形成了以"岩石破裂机制—岩体损伤评价—深井灾害防控—安全高效开采"为核心的理论技术体系,构建了适用于高应力条件的岩石强度理论,为高应力岩体破裂损伤评估奠定了理论基础。团队研制了可视化三轴压缩伺服控制试验系统,实现了岩石径向变形的360º实时动态观测,明确了高应力岩石脆性破裂机制,构建了岩石起裂应力的侧向应变响应求解新方法,提出了mi-围压负指数模型,解决了传统H-B模型无法适用于高应力的难题,保障了深部高应力岩体稳定性评价的合理性。高应力岩体损伤演化宏细观多尺度定量评价方法,为岩体高应力灾害防控技术研发提供手段支撑,从基础层面构建了矿物尺度精细化表征的岩体损伤演化数值仿真技术,实现了高应力作用下岩体细观裂纹、宏观损伤的跨尺度动态可视化观测,提出了岩体初始微裂纹损伤的裂纹闭合应变宏观评

价模型，构建了岩体损伤演化的穿晶裂纹衍生细观评价方法，实现了岩体损伤的准确表征与评价。团队总结出深部矿井锚固支护灾害防控技术体系，为深部矿产资源安全高效开采提供技术支持，研发出适用于高应力破碎围岩的中空螺旋注浆加固锚杆，以及适用于深井高承压破碎岩层超前诱导预注浆加固技术，建立了地下矿山极其松散破碎巷道支护结构与支护方法，显著提高了深部采场的整体稳定性，有效节约了注浆与支护加固成本，综合生产成本降低15.2%以上。

融合跨学科专业体系，开发形成智慧矿山管控系统

智慧矿山建设正在给矿业行业的科技创新方向和运营管理模式带来颠覆性的变革，其主要的目的是将人工智能、物联网、云计算、大数据、地理信息技术、虚拟现实、智能机器人、轨道交通技术、无限通信技术、自动控制、计算机软件、移动互联网、高端装备制造等高新技术应用于矿山生产的各个作业环节，实现矿山全流程、全生命周期的数字化与智能化，大幅提高生产效率，大幅降低生产成本。针对国内智慧矿山建设的突出需求，王运敏院士团队决定组建由矿业工程科技人才和计算机、软件开发、大数据、通信等领域人才组成的智慧矿山技术团队，探索跨学科、跨专业的高效协同融合。经过团队无数次的摸索和大胆创新，开发建立了一套集"采—装—运"作业链全流程时空协同数智化数据可视集成与综合管控平台，打通了矿山开采各工艺环节和流程节点的数据孤岛，实现矿山开采全流程立体化综合数据的共享、集成、管控，大幅提升跨工艺流程的数据协同管控效率。目前，团队正在全流程时空协同数智化数据可视集成与综合管控平台的基础上，探索开展矿山开采全流程的数据模型构建和深度机器学习，旨在形成基于工艺和流程要素的专家模型，实现矿山开采作业链管控的智能化决策。

典型案例

案例一：解决露天—地下互适应大规模绿色开采技术难题

目前我国矿山开采逐渐由浅部转向深部，针对崩落法矿山，深部开采面临一系列难题，高地压致使岩体易发生变形破坏，严重影响矿山开采安全。如何掌握深部岩体应力及变形规律、对地压灾害进行有效监测预警；如何选取与深部开采相适应的采矿凿岩爆破参数，在提高回收率的同时降低生产成本；如何有效掌握岩移及地表塌陷规律，采取有效手段治理塌陷坑；这些都是深部大规模崩落法开采需要解决的难题。

面对以上难题，团队成员迎难而上，以玉溪大红山铁矿（特点是大埋深、大规模、多区段矿体、高频高强度、露天—地下多采区并行开采的典型特大型深部开采矿山）作为主要研究对象，开展了露天—地下互适应大规模绿色开采技术研究与示范，和玉溪大红山铁矿科技人员开展深度的产学研合作，开发了露天—地下多区段多种采矿工艺高效并行协同开采技术、基于露天塌陷坑回填治理的露天开采无废绿色循环工艺，解决了包括深部开采过程中露天—地下各采区相互影响地压问题显现、崩落法无底柱结构参数国内最大爆破参数待优化、地表塌陷坑破坏环境动态变化极易产生地质灾害、露天剥离废石无处排放等关键技术难题。研究成果确保了大红山铁矿深部多采区大规模高强度开采的安全顺利进行，未发生一起地压灾害事故，使矿山连续几年的原矿生产规模都超过千万吨，位于地下冶金矿山前列。

案例二：以专业知识把握未来工程科技发展

我国正在从制造大国、工程大国向制造强国、工程强国转变发展，把握并引领未来工程科技创新，对实现国家高水平的科技自立自强至关重要。团队深耕行业主要领域和层面，洞察世界科技发展大势和行业发展趋势，经过大量的咨询和资料收集分析，以深厚的专业知识积淀，积极研判我国金属矿业领域的未来工程科技态势，将国家战略方向、行业基础、世界科技信息、行业发展趋势等因素进行耦合研判，提出我国非能源矿业领域的2040年的重大工程科技目标和选项，旨在加强行业科技自立自强布局和引领行业未来发展。同时，聚焦我国"双碳"目标，结合行业发展现状、科技减碳等因素和技术手段，提出我国非能源矿业节能减排目标、技术路径与重大工程，为高层决策提供政策支持，助力"双碳"行动在非能源矿业领域的落实落地。

结　语

"国家缺什么，国家需要什么，我就钻研什么"，王运敏院士始终将这句话践行在祖国的战略性矿产资源供给保障上，带领团队持续落实并服务国家矿产资源保障战略。

协同创新　产教融合
推动我国钢铁高水平科技自立自强

——中国工程院院士王国栋科技创新团队

钢铁，工业之粮食，大国之筋骨。作为制造业最重要的基础原材料，钢铁产业支撑着国民经济的快速发展。中国工程院院士王国栋科技创新团队（东北大学钢铁共性技术协同创新团队）（以下简称团队），以中国工程院院士王国栋为学术带头人，坚持理论联系实际，坚持"四个面向"，从钢铁行业高质量发展需求出发，集中力量开展原创性、引领性科技攻关，持之以恒打造钢铁关键共性技术策源地，奋力锻造国家战略科技钢铁力量，为我国钢铁行业的绿色低碳创新发展，为培养钢铁英才做出了突出贡献。

团队和带头人简介

王国栋院士带领团队围绕钢铁工业绿色化、高质化、数字化、强链化四大主题，坚持"四个面向"，把企业的问题和需求作为创新的主攻方向和突破口，把协同创新当作科研工作的超级引擎，以学科交叉促成内部协同，以产学研用深度融合推动外部协同，内外联动服务钢铁行业绿色智能转型，聚焦产业技术难点、痛点与堵点问题，全流程一体化解决行业共性问题，强化产学研用融通和协同创新，坚持把论文写在钢

协同创新 产教融合 推动我国钢铁高水平科技自立自强

铁生产线上，推动我国钢铁领域实现"基础研究、技术创新、成果转化、产业应用"四位一体创新突破。为持续推动产业关键技术协同创新攻关，他与团队提出"理论—工艺—装备—产品—应用"一体化的"R&DES"创新新机制，采用"四维汇聚"（在学科交叉、产学研深度融合、行业协同、R&DES 四个维度有机结合），构建产学研深度融合的技术创新体系，坚持全流程一体化创新，为钢铁领域的原始理论创新与关键共性技术突破奠定了坚实基础。

团队带头人王国栋院士，1942年出生，1966年毕业于原东北工学院，1978年10月至1981年12月在北京钢铁研究总院攻读硕士学位，毕业后到东北大学任教。他长期从事钢铁材料轧制理论、工艺、自动化等领域的应用基础和工程技术研究，先后主持和完成多项国家重大基础研究计划项目（"973计划"）、高技术项目（"863计划"）、自然科学基金重大项目等，取得了以"超级钢"和"新一代控轧控冷"等为代表的多项创新性成果，先后获得多项国家科技奖励和省部级科技奖项。

王国栋院士

问题导向，学科交叉，让国之重器不再受制于人

问题是创新的原点，需求是创新的动力。科技创新是推动钢铁行业高质量发展的核心驱动力，也是钢铁材料助力制造业迈向产业链中高端的有力支撑。团队坚持以习近平新时代中国特色社会主义思想为指导，围绕国家重大战略需求，让科研成果真正应用于国民经济主战场。

王国栋院士结合钢铁行业工序复杂、涉及学科行业众多等特点，依托东北大学优势学科群，协同外部合作伙伴，满腔热忱地组织起覆盖"选矿、冶炼、热轧、冷轧、产品、服务"钢铁产业全流程的团队，打通科技成果工程转化瓶颈，围绕产业链部署创新链，围绕创新链布局产业链，确立"实干、实绩、实效"的评价机制，构建形成完整的协同创新体系，以团结奋斗的精神，研发出一系列挺起中国钢铁脊梁、让国之重器不再受制于人的钢铁工艺、装备和产品。

由东北大学牵头的"2011"计划——钢铁共性技术协同创新中心，是融汇学校多个优势特色学科的集成创新平台。团队以重大项目牵引带动，在平台上携手前进。

生产 C919 大飞机起落架所用世界最大的 8 万吨模锻压机支座，所用的电渣特厚板，正是团队自主研发的大型板坯电渣重熔技术。

"热轧钢材新一代控轧控冷技术"，是资源节约型、节能减排型绿色钢铁制造的代表。目前，该技术已应用于热轧板、带、管、型、棒、线材等产品和宝武等大型钢企50 余条产线，在国际竞争中居于领先地位，促进我国钢材由中低端向中高端的升级换代。

团队研发的中厚板辊式淬火成套装备、先进热处理工艺技术和高端中厚板热处理产品，解决了高等级钢板淬火过程可控性、均匀性和板形控制的热处理难题，打破了国外对该领域的装备垄断和技术封锁。尤其是 3mm～10mm 薄规格中厚板淬火工艺及产品的成功开发，大幅降低了国内工程机械领域高端产品的市场价格，填补了多项国内空白。该技术目前在国内市场占有率近 70%，采用该装备技术所生产的钢铁产品已批量出口至美国、英国等 15 个国家。近年来，该装备因其技术先进性，成为钢铁企业的首选装备，引领了国际高品质特种钢板热处理技术的发展。

团队将高品质微合金钢高效连铸新技术输出至韩国现代钢铁和意大利达涅利等国际知名企业；"冷—温变形中试实验轧机"在高端原创性中试科研仪器装备技术研发方面获得重要突破，并成功将装备输出到日本冶金工业株式会社（NYK）；悬浮磁化焙烧技术输出阿尔及利亚、摩洛哥、伊朗等，为"一带一路"倡议提供技术服务；同时超快冷、淬火机等技术装备也推广应用至共建"一带一路"国家，在国际舞台上展示出了中国钢铁的技术实力。

团队的科研成果应用于第三、第四代核电站，"蓝鲸一号"超深水钻井平台，港珠澳大桥、白鹤滩水电站等国之重器、超级工程，为中国式现代化贡献钢铁力量。

进入数字化时代，团队以工业互联网为载体，以生产线数据感知和精准执行为基础，以生产过程数字孪生化和信息物理系统化为核心，以数据驱动的云平台为支撑，构建了钢铁企业创新基础设施，即企业创新的数字化底座，数字换脑，模型换代，推动工控型生成式 AI 大模型系统落地。目前已完成宝钢梅钢 4700m³ 高炉系统、河钢承钢 200t 转炉全流程、湖南钢铁涟钢 2250 热连轧机系统、鞍钢鲅鱼圈 5500 中厚板轧机系统、鞍钢 2300 冷连轧厂 5 机架冷连轧机、鞍钢 3 炼钢—连铸—1500HSM-1500TCM 硅钢产线等 5+ 个单元数字化转型样板上线运行,推进钢铁行业新型工业化建设。

团队结合全球废钢行业发展现状,预测了我国粗钢产量和废钢资源量的变化趋势,提出了 2060 年左右可能存在的全废钢冶炼中国特色问题,创新提出了废钢资源"四全五化"高质循环利用新模式,清晰给出了组织框架和实施策略方案,即面向未来全废钢时代,从钢铁材料全生命周期、全生产流程、全产业链("四全")协同贯彻生产者责任延伸制度(EPR),实现废钢资源的科学分类管理、循环和再利用,同时加强全流程生产管理的数字化、信息化、标识化、网络化,并逐渐过渡到优质废钢拆解回收机器人化("五化")。

以上两项技术以院士建议的形式,通过中国工程院上报中共中央办公厅,未来将对中国钢铁工业数字化转型与全废钢时代到来提供理论依据与技术支撑。

以企业为主体,产学研深度融合,由"项目式"协同转向"平台式"协同,加速成果落地转化

东北大学钢铁共性技术协同创新中心(以下简称中心)面向国民经济主战场,大力推进科研组织模式创新,形成四类科技成果转化模式:一是将科技创新成果推介至企业;二是同企业联合成立科技创新研究院;三是自主创立研究院和中试基地;四是技术支持孵化成立生产企业。近年来,团队已与 200 余家钢铁企业、50 余条生产线开展协同创新,解决了长期困扰企业的痛点、难点等实际问题,促进了钢铁行业的高质量发展,更赋予了冶金学科新的内涵。

中心与河钢集团联合组建河钢东大产业技术研究院,世界首创 300mm 级特厚板辊式淬火机和连铸坯重压下等两套工艺装备;16 项新产品研发课题,为河钢培育了一批细分领域的"单打冠军"和"拳头产品";开发的高级别海工钢、高端特厚容器钢等 6 个产品填补了国内空白;挖掘机刀板耐磨钢等 8 个产品替代进口。这些成果在产线落地的同时,获得国家、省部级科技进步奖 28 项。

东北大学沈抚工业技术研究院,由中心组织筹建,现已建成我国首条具有自主知识产权的、基于氢冶金和绿色电炉超低碳排放的特殊钢短流程中试生产线,用于生产超纯、超均质特殊钢和特种合金的"卡脖子"产品,助力国家重大工程和重大装备建设。基于装备和工艺突破,研究院建立了世界首条加压双联冶炼示范线,为哈轴等近 10 家单位提供了系列高氮钢材料,用于研发新一代航空发动机主轴承、电磁炮的炮弹壳体、卫星陀螺转子轴承,填补了我国加压冶金领域的空白。

团队与朝阳天马企业（集团）有限公司联合成立朝阳东大矿冶研究院，为矿冶领域科技成果转化搭建直通桥梁。研究院成功开发出难选铁矿悬浮磁化焙烧和氢基矿相转化技术及装备，完成宝武资源、鞍钢矿业、阿尔及利亚GARA铁矿等国内外著名矿山企业委托的准工业试验30余项，取得了显著的经济、社会和环境效益。

由团队技术孵化的育材堂（苏州）材料科技有限公司，引领了汽车轻量化用钢产品技术进步，结合激光拼焊一体化热冲压技术，减少30%～40%的材料应用，实现对车辆运行中能耗的降低。该技术已在多家汽车企业中实现规模应用，打破了国外钢铁巨头公司的技术和专利垄断，解决了国内汽车产业链的"卡脖子"难题，降低了汽车行业钢材采购成本的20%～30%，单车降本200～400元，为我国汽车轻量化技术创新做出重大贡献。

团队共牵头获得"国家科学技术进步奖"5项，其中"国家科学技术进步奖"一等奖1项，二等奖4项；获"冶金科技特等奖"1项；省部级一等奖44项、二等奖49项；牵头承担国家"十三五"项目7项、参加63项；NSFC（国家自然科学基金）重大项目2项、重点项目28项、面上项目42项；各级、各类纵向科研经费4.9亿元。团队与企业合作重大科研项目（大于500万元）103项，承担企业合作项目626项，成功将25项成果转让，企业合作经费22.55亿元。

协同育人，"沉浸式科研"，把论文写在祖国的钢铁生产线上

团队用协同创新平台支撑卓越人才的培养，特别强调师生要深入企业大平台，结合承担的重大科研工程项目，深入一线与生产实际，进行课题和论文研究工作。强化跨学科选课、教学和实验，倡导研究交叉性课题，开阔学生的视野，激发创新思维，带领学生从"学院派"转向"实战派"。建立协同育人机制，以实践教学、学科交叉为核心，以互联网、物联网连接学校与工业化系统的大数据平台，开展教学实验、课程设计、学生实习等实战项目。团队90%以上的博士学位论文结合现场科研题目展开，已毕业博士生70%以上的成果已经在生产一线应用。

结合钢铁领域科技创新特点，团队提出合作→学习→创新→竞争→领跑的国际合作与竞争机制。通过"111"引智基地、国家留学基金委"创新型人才国际合作培养项目"及科技部外专项目等，团队以"无界讲堂"、科研项目、学术交流等形式与国外知名高校与企业开展国际合作，学习国际先进经验，掌握科技前沿发展趋势。团队同德国弗赖贝格工业大学、荷兰代尔夫特理工大学、澳大利亚伍伦贡大学等知名高校长期保持着紧密的合作关系。

团队与国外著名钢企积极开展高水平科技合作，联合德国SMS-Siemag公司、日

本 TMEIC 公司及瑞士 ABB 公司共同承担了国家发展改革委重点专项，完成中厚板轧制—冷却—矫直关键工艺装备，自动化控制系统的成套集成、调试和工艺产品开发工作，与韩国 POSCO 针对汽车用热冲压成型钢及中锰 TRIP 钢强韧性优化开展国际合作研究。

团队集结形成的《钢铁绿色制造协同创新顶层设计》，主要内容在《世界金属导报》上连载发布，吸引了志同道合的企业到团队中来，共同推进协同创新。

2021 年，由王国栋院士担任主编、业内多位院士担任顾问的"钢铁工业协同创新关键共性技术丛书"正式出版，全套丛书总计 23 部，1060 万字，凝练出各团队协同创新相关重大科技成果的重要创新进展，涵盖整个钢铁制造全流程关键共性技术领域。

系列丛书出版后，得到了业内和社会各界的高度评价。国外施普林格·自然集团主动联系团队寻求合作，以英文版图书的形式，将该套学术著作推向世界。

团队联合国内钢铁领域相关单位共同编写发布《数字钢铁白皮书》。近年来，团队在冶金工业出版社、《世界金属导报》、《钢铁研究学报》等出版 15 本专著、连载技术成果 100 余篇；在国内外期刊发表论文 2815 篇，其中 SCI 收录 1641 篇；团队主编的"数字钢铁关键技术丛书"（40 本）获得"国家出版基金计划"资助，并入选"十四五"国家重点出版物出版规划；冶金学科融媒体教材（研究的关键共性技术融入其中）第一批 11 部正在编制。团队将继续推进文化传承，将创新关键共性技术送到钢厂里、课堂上。

结　语

团队开发出了一系列的创新工艺及创新生产装备，推动了"企业为主体，市场为导向，产学研深度融合"技术创新体系的建设，加速了高校成果转化，为我国技术创新体系建设和钢铁行业绿色转型发展做出了重大贡献；以实干、实绩、实效为导向的人才评价激励机制，打造了一支求真务实的队伍，推动了我国冶金行业特色高校内涵式发展和冶金及相关学科群建设，为钢铁行业培养了一大批建设者和接班人。

展望未来，团队将继续推进产学研协同创新、产教融合、科教融合，加强关键共性技术、前沿引领技术、颠覆性创新技术的研究，推动钢铁行业的绿色化、数字化、高质化、强链化，培育新一代创新型、复合型、应用型人才，为建设国际领先的钢铁工业集群做出新的更大贡献！

创新科技助水利　一流碧水映丹心

——中国工程院院士王浩科技创新团队

水利水电技术关乎国计民生，在社会发展和城市建设等方面起着举足轻重的作用。近年来，中国工程院院士王浩科技创新团队（以下简称团队）着力推动水资源节约、保护与管理理论技术方法的创新，为我国一系列重大水资源公共政策制定与实施提供了强有力的支撑。

团队和带头人简介

团队由长期以来活跃在水文水资源前沿研究领域且取得了显著科研业绩的中青年科研骨干组成，以中国水利水电科学研究院流域水循环模拟与调控国家重点实验室为依托，以流域水循环及其伴生过程的模拟与调控为研究主线，聚焦节水与水资源保护、水利信息化与水资源综合管理等重大前沿问题，并在传统水文水资源研究基础上进行扩展，形成流域水循环模拟与调控研究领域的有机整体。

多年来，团队主持完成国家"973计划"项目2项、课题11项；国家"863计划"课题2项；国家重点研发计划项目15项、课题26项；国家自然科学基金项目126项，包括重大和重点基金14项。发表SCI论文1200余篇，出版专著200余部，授权发明专利超千项，主编制定国家和行业标准规范近百部。多次荣获"国家科学技术进步奖"特等奖、一等奖、二等奖等各类奖励，并获得"全国专业技术人才先进集体""全国水利系统先进集体"等多项集体荣誉。团队骨干成员20余人次入选各类国家级人才计划，包括6人入选"国家特支人才计划"，3人获国家杰出青年基金，4人获国家优秀青年基金。此外，获省部级以上个人奖励和荣誉称号百余次，包括光华工程科技奖、何梁何利奖、全国优秀科技工作者等。团队提出的关于梯级水库大坝群安全、东北地区地下水超采、京津冀水资源保障、南水北调规划管理、污水资源化利用等建议推动重大政策实施和规划管理完善。

团队学术带头人王浩，中国工程院院士，流域水循环模拟与调控国家重点实验室主任，中国水利水电科学研究院水资源所名誉所长，享受国务院政府特殊津贴。兼任中国可持续发展研究会理事长、中国水资源战略研究会常务副理事长、全球水伙伴（中国）副主席等，获得"何梁何利基金科学与技术进步奖""全国创新争先奖状""刘光文科技成就奖""全球人居环境绿色技术奖"，被授予"全国先进工作者"、"全国杰出专业技术人才"、中央国家机关"五一劳动奖章"等荣誉。王浩院士是国家"973计划"项目首席科学家和国家自然科学基金创新群体学术带头人，受聘为国家"十三五""水资源高效开发利用"重点研发计划立项专家组组长。出版专著

王浩院士

50部，发表学术论文800篇，Google学术引用次数超过2万次，H指数（高引用次数）为70。获"国家科学技术进步奖"一等奖1项，"国家科学技术进步奖"二等奖7项，省部级特等奖3项、一等奖25项，省部级其他奖励16项。

对祖国山河的热爱是创新的最强动力

基于高强度人类活动对流域水循环影响的深入系统研究，团队在20世纪末就原创性地提出"自然—人工"二元水循环模式，并逐步发展形成流域"自然—社会"二元水循环理论。二元水循环理论是流域水循环在自然与社会双重驱动力影响下的循环结构、循环参数、功能属性、演变效应系统认知的理论体系，创新发展了陆地水循环的"实测—分离—耦合—建模—调控"二元动态学科范式，解决了尺度转换难题。团队基于这个理论研发的流域水循环及其伴生过程的综合模拟与预测平

台（NADUWA3E），实现了受高强度人类活动影响的水循环过程模拟，为水文过程非一致性条件下的水资源动态评价、规划和管理提供支撑。该理论突破了流域水资源的静态评价，实现了全口径层次化水资源动态评价；考虑水资源的环境、生态、经济和社会的多维属性，通过多目标均衡效应的分析，实现水资源利用效率从低效向高效转化，支撑流域水资源多维临界整体调控和流域综合治理。二元水循环理论不仅在我国水安全保障中发挥了重要科技支撑作用，为变化环境下水资源演变认知提供了科学范式与工具，而且成为国际研究热点，使中国的水资源基础理论引领世界。2013 年，国际水文科学协会（IAHS）国际水文十年计划 Panta Rhei 将"处于变化中的水文科学与社会系统"确定为未来十年的研究主题。2022 年美国地质调查局（USGS）更新了使用 20 余年的水循环示意图，将人类活动对水循环的影响进行了显式表征。

海河流域"自然—社会"二元水循环通量解析

团队始终将水资源配置和调度理论技术方法创新发展作为重要工作方向，支撑了近 30 年来我国水资源规划实践和重大工程运行调度等工作。"八五"期间团队就创建了基于宏观经济的水资源配置理论方法，研发了华北地区水资源优化配置决策支持系统，形成了水与经济发展协调关系下的配置模式，实现了水资源和宏观经济系统有机结合，支撑了全国范围水资源合理配置规划与管理实践。"九五"期间，针对我国西北地区日益突出的生态问题，团队创新提出了面向生态的水资源配置理论方法，统一权衡和度量生态环境价值和国民经济价值，科学确定国民经济和生态系统的合理用水比例，全面应用于西北水资源规划、内陆河流域综合治理等重大生产实践，为西部大开发战略的实施提供了有力支撑。21 世纪初，针对南水北调工程总体规划实践需求，团队创新建立先节水、再挖潜、后调水的"三次平衡"水资源配置理论方法，支撑南水北调东中线合理调水规模与配置方案，成为我国调水工程水资源规划的通用方法，并服务于一系列重大调水工程的规划论证。"十五"期间，团队提出广义水资源配置理论方法，在需求侧建立生态需水类型划分准则，形成符合我国实际的生态需水理论方法体系，在供给侧将有效降水、土壤水和再生水纳入水源范围，提出基于耗水控制的优化配置方法，实现以降水通量为基础、耗水控制为目标的全口径水资源合理配置。近年来，团队进一步提出了水资源"量—效—质"一体化配置理论方法，创新形成水资源配置多维均衡调控决策机制，为国家最严格水资源管理制度系统的设计提供了理论基础。

进入新世纪，团队负责天津、南水北调受水区等一系列国家级节水型社会建设试点方案和规划编制，主持北京"绿色奥运"水资源循环利用评估技术工作，植根于国家节水型社会建设实践，将节水从供用环节拓展至社会水循环全过程，创立了基于社会水循环全过程效率提升的节水型社会建设理论方法。该理论被评价为"形成了节水型社会建设思想库蓝本和实践导论"，应用于"十一五"以来的全国节水型社会建设规划及《国家节水行动方案》编制，以及全国100个国家级试点、200个省级试点和逾5000个单元载体建设，推动全国用水总量进入微增长阶段。基于水资源开发利用外部性及其调控路径的研究，团队提出了"自然—社会"水循环交互界面的"取—耗—排"通量红线管控思路与方法，成为国家最严格水资源管理制度"三条红线"顶层设计的理论依据。团队深度参与国家实行最严格水资源管理制度的文件及2011年"中央一号文件"关于实行最严格水资源管理制度的解读材料的起草，负责全国首个最严格水资源管理试点（深圳）实施方案的编制，主持"三条红线"指标监测、统计、考核的系统设计及技术方法研究，创编《全国水资源动态月报》，主持用水统计技术规程编制，推动了用水统计调查制度的建立，为我国实行最严格水资源管理做出了突出贡献。团队立足水资源多维属性及承载机理，提出包括水量、水质、水域空间、水流连通性、水生生物五维要素的自然水系统综合保护模式与技术方法，在河湖生态流量科学机理和管控阈值方面取得创新突破。

为促进城市水循环系统健康、科学防范化解城市水风险，团队创新发展了海绵城市建设、城市水系统调度和水污染治理技术，在基础理论、关键技术、应用支撑等方面形成一系列创新性成果，引领城市水安全保障重大实践应用。一是提出了城市水循环系统耦合平衡理论，从城市化区域水循环本质内涵出发，提出涝水平衡、污水平衡、用水平衡不同尺度三项耦合平衡；二是针对城市一二维水动力连接的垂向耦合等关键难题，研发城市水循环模型，改进城市水文—水动力、一二维"垂向连接"的模式和连接方程，提出基于方程联立求解的城市一二维水动力学动态紧密耦合算法；三是研发基于物联网的海绵设施水文、水质、水动力要素全过程监测技术，开发了基于系统监测和水文水动力耦合模拟的智慧管控平台，实现海绵设施的智慧管控，在同等投入下提高了海绵设施的综合效能；四是研发年径流总量控制率目标分解技术、多海绵水循环立体缓释调控技术、海绵设施空间布局优化技术，对提升海绵城市规划设计发挥了重要的指导作用。目前，各项研究成果在北京城市副中心水系规划、北京大兴国际机场雨水管控系统等国家海绵城市试点建设中发挥了科技支撑和引领作用。

让祖国更加美丽是创新的最大成就

团队秉承并践行"忠诚、干净、担当、科学、求实、创新"的水利精神，面向国家重大现实需求，立足流域水循环系统整体性研究，瞄准学科前沿，在学科引领、基础创新、实践支撑等方面取得一系列突破，推动国家水网工程与南水北调、国家节水行动等重大工程与政策实施，为我国水资源规划与管理体系完善提供强力支撑。

南水北调工程是国家水网的主骨架和大动脉，是优化水资源配置、保障群众饮水安全、复苏河湖生态环境、畅通南北经济循环的生命线，事关战略全局、事关长远发展、事关人民福祉。团队围绕南水北调工程面临的关键科学问题和技术难题，开展了数十年的理论研究与技术攻关。在水资源配置方面，团队研发了面向生态和宏观经济的水资源配置理论与模型，提出了系统性南水北调工程水资源优化配置方案，有力支撑了南水北调工程的规划设计。在工程运行调度方面，团队提出了长距离明渠调水工程多目标水力调控、大型泵站群调水工程水量水力协同调控技术，解决了南水北调工程运行调度面临的感知不明、决策不清、管控低效等关键技术难题。团队研发南水北调东、中线工程调度运行决策支持系统并业务化运行，为南水北调工程安全运行提供实时支撑保障和调度决策支撑，实现经济、社会、生态效益同步增长。

南水北调水资源调度技术开发与应用

深圳坪山河干流综合整治及水质提升工程是深圳市治水提质重点工程。团队为工程建设提供了全方位咨询、规划与设计服务，首次提出面向全链条—全要素—全过程的综合治理基础理论与技术思路；构建了坪山河水环境治理"精准截污、分散调蓄、分布处理、就地回用"技术模式，突破治水技术困局；研发了以长效稳定达标为目标的流域水环境模拟与调控技术，揭示了流域水循环及其伴生过程的机理，构建了流域综合治理全要素多过程模拟系统，提出坪山河水环境治理的优化布局方案；团队利用物联网、云计算、大数据技术，建设多元立体监测体系、多维信息服务平台、智慧调度平台及支撑保障环境体系，研发并建立了"智能监控—智慧应用—支撑保障"坪山河流域智慧管理与服务平台。团队的努力和成果有力支撑了坪山河综合治理，2020年坪山河全年平均水质达到Ⅲ类，水质考核排名全市第一，被打造成为深圳东部的"生态长廊"，树立了全国河道流域综合整治的标杆，获2020—2021年度"国家优质工程奖"、2023年"中国土木工程詹天佑奖"、2023年"中国水利工程优质（大禹）奖"。

坪山河干流综合整治及水质提升新模式

20年来，团队研究成果支撑引领国家节水型社会建设、南水北调等重大规划工作和工程建设，为长江经济带建设、黄河流域生态保护、雄安新区规划建设等国家重大战略提供坚实科技支撑。未来，团队将一如既往地全身心投入建设美丽中国的事业中，用赤子之心让国家水更清、景更美、人民更幸福！

坪山河荔景南路下游鹭鸟栖居

秉承"找矿增储"初心
抢占成矿理论与找矿示范制高点

——中国工程院院士毛景文科技创新团队

团队和带头人简介

中国工程院院士毛景文科技创新团队（中国地质科学院矿产资源研究所成矿规律与找矿示范创新团队）（以下简称团队），以毛景文院士为学术带头人、中青年科技骨干为主体，围绕矿床学和矿产勘查的国际前沿，聚焦大宗紧缺战略性矿产等重大战略需求，以"理论指导、技术创新、示范突破"为基本思路，立足国内，放眼全球，选择找矿潜力大的地区为实验区，查明成矿元素富集的动力学过程，揭示成矿规律，建立矿床模型，开展找矿示范，指导我国找矿实践取得重大突破，有力支撑国家资源能源安全。团队曾获"国家科学技术进步奖"二等奖 2 项和三等奖 1 项、"国家自然科学奖"二等奖 2 项、省部级科技成果一等奖 10 余项和"国际矿床成因协会库汀纳—斯米尔诺夫（Kutina-Smirnov）杰出成就奖"。

团队学术带头人毛景文教授，1958年12月出生，博士生导师。1988年获中国地质科学院博士学位。1988年进入中国地质科学院矿产资源研究所至今，2017年当选中国工程院院士。现任自然资源部成矿作用与资源评价重点实验室主任、国际矿床成因协会第一副主席、国际SCI检索刊物 Ore Geology Reviews 副主编、国内核心期刊《矿床地质》主编、中国矿物岩石地球化学学会副理事长、中国地质学会矿床地质专业委员会主任和中国稀土学会矿产地质与勘查专业委员会主任；曾任中国地质科学院矿产资源研究所副所长、国际矿床成因协会（IAGOD）主席（2012—2016年）、国际经济地质学家学会（SEG）理事（2013—2016年）、国际应用矿床地质学会（SGA）理事（2002—2009年），以及国际对比计划IGCP-373和IGCP-473项目副组长。

毛景文院士

面向国际科技前沿和国家重大战略需求，敢于源头创新，建立板内成矿动力学模型

自20世纪中期以来，随着板块构造学说的兴起，引发了成矿学研究的一场革命，导致板块边缘成矿研究持续取得新进展。但对于板内大爆发成矿现象却难以解释，中国东部板内燕山期金属矿床的成矿规律和动力学模型依然是尚未解决的科学难题。毛景文院士团队坚持科学研究要面向世界科技前沿和国家重大战略需求，针对这一难题，开展了十余年的深入研究，取得了一系列创新成果。

已知全球板内环境成矿规模小，通常与裂谷和地幔柱构造有关。但中国东部燕山期既未见裂谷和地幔柱构造环境，也不是以"沟弧盆"为特征的板缘狭长成矿带，而是宽达1000多千米的大面积爆发式板内成矿。毛景文院士团队突破了板内成矿动力来自板内的传统认识，发现东部板内燕山期成矿受控于板缘块体之间的相互作用，揭示中国东部中生代主要矿床的时空分布规律和成矿作用，建立燕山期板内成矿动力学模型。

中国东部燕山期板内大爆发成矿具有多阶段性和物质多来源性：①华南与华北成矿时限基本一致，为中晚侏罗世至早白垩世（165±5 Ma～135 Ma）(以下简称早阶段）和早白垩世晚期至晚白垩世早期（135 Ma～80 Ma）(以下简称晚阶段）两个阶段。发现早阶段形成于挤压构造体制，受控于古太平洋板块低角度斜向大陆俯冲，在大陆内部沿不同块体结合带发育斑岩铜矿成矿系统，与板片撕裂诱发形成的壳幔混源岩浆有关；在大陆边缘弧后伸展区发育钨锡钼铅锌多金属成矿系统，与软流圈地幔岩浆底侵诱发的壳源花岗岩相关，控矿构造为东西与北东向断裂的复合部位。晚阶段形成于伸展构造体制，与古太平洋板块沿北北东向走滑及后俯冲岩石圈减薄有关，成矿类型具有多样性，巨量矿产形成于伸展盆地。东北地区 180 Ma～165 Ma 成矿事件响应于鄂霍茨克洋板块向东南俯冲和碰撞。②多种来源成矿物质聚集。查明成矿物质来源有幔源或壳幔混源或壳源，在空间上成矿物质来源有分区性和分带性，还发现部分矿床的形成过程有地幔流体参与。发现大型矿集区在成矿区带面积约占 5%，拥有资源量却达 95%，而这些矿集区出现于上述构造有利部位。

以上成果丰富了成矿理论，有力地推动了找矿勘查实现重大突破，获得"国家自然科学技术"二等奖。相关论文得到国内外学者广泛关注和应用，如国际矿床成因协会副主席、*Ore Geology Reviews* 主编 Franco Pirajno 教授在 2013 年 Springer（施普林格出版社）出版的重要专著有 56 页正面引用本代表性成果，将华北及邻区、胶东地区成矿模型统称为 Mao's 成矿动力学模型。中国地质调查局运用成矿规律和成矿动力学模型开展找矿部署，实现了铜多金属矿产找矿重大突破。

坚持可持续产学研合作，促进成果转化，建立矿床模型，实现找矿重大突破

矿床模型研究是矿产资源勘查评价的基础和关键，开展新类型矿床、矿集区内新鉴别出成矿构造环境内的矿床组合的系统研究，建立普适性的矿床模型，是一个长期探索的研究方向。如何快速、有效、精准评价成矿区带的找矿潜力和如何精准定位隐伏大、富矿床（体），成为找矿模型研究的重要科学问题。针对这一难题，团队以我国特色成矿系统为对象，建立矿床模型，与地勘单位和矿山企业合作，开展找矿示范，实现找矿重大突破。

前人建立了中国东部的单个矿床模型，取得了重要进展，但对矿集区尺度的矿床组合模型的系统研究不多。团队以典型和代表性矿集区为对象，厘定矿集区内部的成矿时空结构，发现在同一矿集区内存在时间一致、空间分带和成因联系密切的矿床组合，构成一个自然成矿系统，这些不同矿床互为找矿指示。通过系统的解剖研究，建立了 8 个矿集区的矿床模型，用于指导找矿勘查。例如，自然资源部矿产勘查技术指导中心运用矿集区矿床模型在已知矿山深部和外围发现大批新矿产资源；基于毛景文和谢桂青的新发现，河南省地质调查院探明了鱼库超大型钼矿，估算钼金属量 171 万吨，相当于 17 个大型钼矿床，达到超大型规模。

以往研究主要集中于华南陆块燕山期矿床，而对加里东期、印支期矿床的研究较

少。团队以钨铜金锑等战略性矿产为研究对象，鉴别出华南新的三期大规模成矿事件，厘定出侏罗纪斑岩铜矿、三叠纪低温金锑矿+斑岩－矽卡岩钨矿，以及与志留纪花岗岩有关的钨矿的三大成矿系统，建立三大成矿系统的矿床模型，拓宽了华南新的找矿空间，推动覆盖区和已知矿山深边部的隐伏矿找矿重大突破，新增资源量相当于3个大型和4个中型钨铜金锑矿床。相关成果获得"2022年度中国有色金属工业科学技术"一等奖。

2011年，毛景文院士在亚洲最大钼矿床（安徽沙坪沟）考察　　**2023年，毛景文院士在长江中下游斑岩—矽卡岩矿床考察**

富铁矿是我国最紧缺的大宗战略性矿产资源，长期以来对外依存度居高不下。团队开展我国主要类型富铁矿成矿理论创新，提出沉积变质型、矽卡岩型和岩浆型富铁矿床是贫矿经去硅富铁、去杂富铁、铁质活化再富集等多期次—多阶段复合叠加改造的结果，建立了三类铁矿床的矿床模型，推动富铁矿的找矿突破。例如，根据岩浆型铁矿的成矿模式，河北地矿局第四地质大队在大庙—黑山区域一带部署铁矿深部找矿工作，经工程验证新增铁矿石资源量3878.9万吨，根据物探地磁异常推测深部可新增资源量在2亿吨以上，相当于2个大型铁矿床。相关部分成果获得"2019年度国土资源科学技术"一等奖。

结　语

面对国家战略需求，团队加快科技成果应用转化，把论文写在祖国的大地上。团队已在产学研合作、促进科技成果转化的道路上取得很好的成绩，未来将继续面向国际科技前沿和国家重大需求，聚焦基础性、关键性、前瞻性重大科技问题，从新一轮找矿突破战略行动重大科技需求方面凝练提出关键科学问题，始终坚持源头创新，建立全方位、全流程、可持续的产学研合作机制，以科技创新推动找矿重大突破，以科技支撑新一轮找矿突破战略行动高质量完成，为我国经济社会高质量发展贡献力量，为加快建设教育强国、科技强国、人才强国提供有力支撑。

勇攀网安技术高地　守护国家人民安全
——中国工程院院士方滨兴科技创新团队

中国工程院院士方滨兴科技创新团队（方滨兴鹏城网安创新团队）（以下简称团队）面向国家网络空间安全重大需求，积极主导和参与国家部委（科技部、工业和信息化部、国家发展改革委等）重大科技项目立项和规划制定工作，积极承担相关重大、重点项目的研发工作。团队主要研究方向广泛，涵盖信息安全基础设施、网络舆情分析、网络空间安全态势分析、网络开源情报分析、网络靶场、根域名安全、大数据安全、物联网安全及人工智能安全等领域。通过深入研究和创新，团队致力于推动网络安全领域的进步、确保网络信息的安全传输和存储、识别和应对潜在的网络威胁，以及保护互联网根域名系统的稳定性和安全性，为国家网络安全事业的繁荣发展不懈努力。

团队和带头人简介

团队以方滨兴院士为带头人，中青年科技骨干为主体，核心团队成员共计32人，其中教授20人，副教授5人，助理研究员5人，工程师2人，博士占比100%。核心团队成员包括贾焰教授（合格院士候选人）、张伟哲教授（"长江学者"）、田志宏教授（"长江学者"）和张彦春教授（国家千人），还有珠江人才2人，香江学者1人，国家政府特殊津贴人才和省市级人才8人。近20年来，团队共计承担项目135项，其中国家级项目112项，省部级项目18项，其他项目5项。获国家二等奖9项，军队/省部级奖28项（一等奖10项，二等奖18项），行业协会奖7项（一等奖5项，二等奖 2 项），其他 4 项（其中国际奖 1 项）。发表重要论文共计 1104 篇，其中 SCI 共计 522 篇，EI 共计 582 篇，其中 6 篇论文影响因子超过 10，影响因子最高 19.118。获授权发明专利 307 项，获得软件著作权 185 项，牵头制定技术标准 47 项，其中行业标准 37 项（发布 14 项、完成报批稿 20 项、送审稿 3 项），军标 2 项（已发布），团体标准 11 项（已发布）。

方滨兴，中国工程院院士，鹏城实验室新型网络研究部主任，中国电子信息产业集团资深首席科学家，广州大学网络空间安全学院名誉院长，哈尔滨工业大学兼职教授，信息内容安全国家工程研究中心主任。中国中文信息学会理事长，中国网络空间新兴技术安全创新论坛理事长，中国网络空间安全人才教育论坛理事长，中国通信标准化协会网络与数据安全技术工作委员会主席，中国电子学会网络空间安全专家委员会主任。曾任北京邮电大学校长、CNCERT 主任、中国网络空间安全协会首任理事长。先后获得"国家科学技术进步奖"一、二等奖共 7 次，完成著作 5 本，文章 400 余篇。目前主要从事网络安全对抗、网络靶场、网络空间新技术安全等研究工作，同时创建了"方滨兴研究生班"。

方滨兴院士

突破在线社交网络大数据分析难题，推动产学研科技创新

以微博、博客、论坛、维基、微信等为代表的在线社交网络类应用迅猛发展，对人们的政治、经济、思想、工作和生活等产生了重大影响。在线社交网络分析基于大数据分析技术，可获取民意、传播观点、分析舆情和社会化营销等，具有重要的经济效益和社会意义。团队研究的该项成果受科技部、自然科学基金及国家发展改革委系列项目支持开展研究。

在线社交网络大数据分析面临 PB 级数据管理、百亿节点间关系层叠、数据碎片化且需秒级处理、数亿级用户相互作用下的群体交互等技术挑战。针对这些需求与挑战，方滨兴院士带领团队突破了时空交互、多维综合的用户影响力及群体行为分析，面向具规模层叠网络结构的虚拟社区发现与演化分析，面向碎片、动态短文本的话题发现与演化分析，以及基于超图数据划分和物化流立方的大数据分析支撑等关键技术，成功研制了在线社交网络分析系统 YH-SNAS。

通过与湖南蚁坊软件股份有限公司、任子行网络技术股份有限公司等单位合作，团队成功实现了成果转化和应用推广。该成果在网宣、军队、安全、公安、教育、企业六大职能部门和行业成功应用，全国省、市、区县的覆盖率达 90% 以上。在"保障十八大网络信息安全""香港占中事件"等多项国家重大专项任务中发挥了重要的作用。成果产业化新增销售总额达到 71933 万元。

科技创新捍卫国家安全

在面对网络空间安全事件频发、危害巨大的挑战时，团队攻坚克难通过大规模网络安全态势分析取得了显著的成就。这项成果基于大数据采集和存储管理技术，采用数据分析、挖掘和智能推演等方法，成功实现了准确发现安全事件、评估其危害并预测其发展，为网络安全保卫提供了坚实的基础和前提。

团队在这一领域取得了一系列创新性的成就，包括融合内存计算、分布计算和流计算的大数据实时分析平台，多维度、多层次威胁检测的全要素信息采集方法，大规模网络安全知识表示和管理超知识图谱技术，以及多层次、多粒度和多维度的网络安全指标体系构建和计算方法。

基于以上关键技术，团队成功研制了大规模网络安全态势分析系统 YHSAS，该系统经过第三方测试及由多位院士组成的鉴定委员会的一致认可，被认为在整体水平上达到国际领先，关键技术指标位居世界前列。

这一成果已经成功应用于政府、公安、安全、电信、金融等各个行业，以及 CNCERT/CC（国家计算机网络应急技术处理协调中心）、国家信息中心、国家防病毒中心等政府部门。团队多次首次发现了重大安全事件，并积极参与了包括"十八大安保""十九大安保""抗战胜利 70 周年活动安保""G20 峰会安保""北京奥运安保"等 20 余次重大专项行动，发挥了重要的作用。近三年来，这一成果直接带来的经济效益超过 10 亿元，新增利润达到 43699 万元。

突破大数据智能分析技术，创新新一代搜索引擎

基于互联网的公开信息大搜索系统利用大数据分析、自然语言处理和人工智能等技术对互联网大数据进行智能分析处理，获取其中蕴含的有价值的信息和知识，支持泛在网络空间对人、物、知识的搜索，是具有突破性创新的新一代搜索引擎。团队 10 余年来，在国家科技部"863 计划"重点、国家科技支撑和国家信息安全专项等项目的支持下开展了大数据智能分析技术研究。

团队成功应对了互联网公开信息知识快速准确搜索的全球性难题，首次提出支持时空属性和知识动态演化的 MDATA 模型，支持超过十亿节点、千亿条知识、100PB级规模的知识图谱的表示和计算。团队创新性地提出了多种结合时空属性的知识抽取和推演方法，实现了知识的高效自动获取，提出了基于用户偏好、时空特性、上下文，以及文本、手势、图像和视音频等在内的多模态信息融合处理方法，实现了用户意图准确理解。在搜索效率方面，团队引入了时空属性索引、时空剪枝、反向搜索等技术，突破了大数据知识在线查询难题。此外，团队还提出了"雾云算"方法，基于数据流与控制流协同并行计算，实现了毫秒级查询响应时间。这些技术和创新促成了基于互联网的公开信息大搜索系统"天箭"的成功研制。第三方测试和 9 位院士组成的鉴定委员会一致认为系统处于国际先进水平，关键技术水平世界领先。

本成果已成功应用于政府、公安、安全、军队、企业等多个领域。为政府政策的智能决策，企业对行业发展趋势的动态分析，以及国家关键职能部门的高价值情报信息提供了支持。这一成果在全国范围内推广应用，近三年直接经济效益 7.1 亿元，新增利润 1.5 亿元。

攻坚克难，搭建网络安全创新平台推动产业持续发展

网络安全领域的研究因其技术的特殊性，往往需要一个大规模网络仿真验证平台，例如网络攻击的复现、网络安全攻防演练、网络新技术的验证等，如果在真实的互联网上进行，有可能会对互联网安全造成严重干扰，甚至导致重大损失。网络仿真验证平台（又称网络靶场），已成为网络空间安全领域研究的大型科学装置。它为网络安全技术研究、网络安全能力评测、攻防技术演练（人才培养）和网络新技术验证等国家重大需求提供服务，是世界各国在网络空间安全领域竞争激烈的技术高地。

在方滨兴院士的带领下，团队历时 10 余年致力于建立基于有限的软硬件和网络资源的网络仿真验证平台，该平台能够极大程度地模拟复杂且无边界的互联网环境。团队成功实现了全面、准确、实时检测网络靶场上高并发种类繁多（上亿种）的网络攻击，并科学评估网络攻防效能，解决了两大世界难题。通过突破大四维互通目标网络极大化构建技术，联邦式分布异构目标网络协同高效互联技术，基于 MDATA 多维关联认知模型的有效网络攻击检测技术及基于攻击技术实战型评测体系的攻防效果评估关键技术，团队成功研制了国内首个联邦靶场系统。联邦靶场已覆盖全国 29 个省份、40 个地市；行业覆盖汽车（所有国有车厂）、通信（三大运营商）、电力（发电和输电）、金融（中国银行、工商银行等）、能源等关键信息基础设施。第三方测试表明和由 9 位院士组成的鉴定委员会一致认为该成果整体水平国际先进，关键技术指

标世界领先。2022年"大规模网络仿真验证平台（鹏城靶场）关键技术与系统"获"广东省科技进步奖"一等奖；2023年"多维关联认知模型（MDATA）基础理论"获"国防技术发明奖"一等奖；2023年"超大规模多领域融合联邦靶场（鹏城网络靶场）关键技术及系统"获"国家科学技术进步奖"二等奖。

这一成果获得广泛成功应用，有效保障了冬奥会、国庆70周年、APEC、G20、两会、"一带一路"等国家重大活动信息系统的安全。团队首创了基于靶场的护网、护银和护车等安全专项行动，保障了国家的重大基础设施安全。同时，团队研制的该项成果有效地支撑了天地一体化网络、未来网、根域名新技术安全性验证，为新技术研究保驾护航。该成果近三年直接经济效益102.6亿元，新增利润37.8亿元。

勇担时代使命，首创"创新根"域名体系

当前互联网域名系统"根"的管理和服务由西方所控制，我国互联网面临"停服断网"的重大风险。团队在中央网信办、科技部、工业和信息化部，以及广东省的大力支持下，首创性地构建了"创新根"域名体系，实现了与当前全球根体系完全兼容的、常态运行的、可支撑应急的域名保障能力，对于维护我国网络空间主权具有重要作用。

首创了以"兼容、自主、共识"为理念，由"本域根+联盟根"构成的"创新根"域名体系。"本域根"实现国内常态化的域名根服务，构建域名解析内循环；"联盟根"实现各盟员国家与地区的"本域根"互联，构建域名解析可信联盟外循环，形成"创新根"命运共同体。辅以"保全服务"，为国内重要域名提供防篡改服务。

在技术创新方面，首创了基于区块链的域名系统根区管理技术。提出了顶级域授权与资源记录更新相分离的根区管理架构，破解了名字空间去中心化的Zooko三角难题，化解了当前根域名体系中域名空间统一与顶级域自主可控之间的矛盾，技术上支撑了网络空间命运共同体的理念。

团队自主研制的"创新根"系统已部署在4个国家的20个站点，其中11个站点接入"联盟根"。与国内域名服务提供商开展实网用户域名请求流量测试，日均解析量约38亿次。在国内某城市完成了覆盖高等教育行业的大规模、持续性、常态化的实网试验，验证了本域根在实网环境下具备提供稳定、可靠、用户无感的域名解析服务能力。与中国澳门地区、巴基斯坦合作开展"联盟根"跨境试验，验证了域名解析可信联盟外循环的能力。团队工作得到了国家领导人的高度肯定。

创新教育模式，培养高水平网安人才

团队创立了旨在培养高层次网安人才、探索网安人才素质教育培养模式的研究生实验班（简称方班），2018年开始依托广州大学培养硕士研究生，先后招生5期共478人，已培养了2届94名毕业生。广州大学方班4年多实践探索，形成了硕士自然班（非掐尖式的二次选拔）机制和校企协同课堂机制，提出了以学生为主体、教师为主导、兴趣为驱动、问题为引领的培养模式，创造性地设计了方班研讨厅和方班演武堂，并向全国高校开放。其中，方班研讨厅采取学生演讲顶级会议论文，学生、教师与演讲者互动，质疑演讲内容，院士、千人等顶尖学者进行点评的模式，以启发研究生的学习与思辨能力，先后已有北航、南开、东南大学、武大、川大、中科大、中山大学、哈工大、上海交大、华中科大、复旦大学、山东大学、国科大、电子科大、湖南大学、北邮、西电、澳城大等26所高校数百名学生参与方班研讨厅的教学；方班演武堂采用"分析演练"教学方式，把企业专家与高校教师聚到同一课堂，用真实工程项目和实际攻防任务训练学生分析问题和攻防对抗能力，同时以冬奥会、广交会、文博会、"粤盾"等大型网络安保任务作为背景，组织学生在真实环境下进行实操演练，既锻炼了学生的动手能力，又为相关系统的安全检测提供了支撑；先后已有国内40余所高校1000多名学生参与了实操演练环节。广大方班学生先后在天府杯、IJCAI、DataCon、"互联网+"大创等国际国内大赛中取得冠亚军，获各类学科竞赛省部级二等奖及以上百余项；发现的软件漏洞被阿里巴巴和360报道并评为9.8分（总分10分）；挖掘出系统级漏洞在微软"2021全球Top 100榜单"位列57位；成立5支创新团队并成立创业公司，产品应用于多个地市安全部门，合同额近千万元；方班毕业生就业/深造率百分之百。实践证明，"方班模式"行之有效，得到了国内网安教育和企业界的广泛关注和认可，产生了引领和示范作用。

结 语

现代社会，网络已经渗透到国家的方方面面，涵盖了政府、军事、金融、通信、能源、医疗、交通等各个关键领域。国家的政府机构、军事力量、金融体系、关键基础设施和国民的个人信息都储存在数字空间中，网络安全已成为国家安全不可或缺的一部分。方滨兴院士团队深刻认识到"没有网络安全，就没有国家安全"的紧迫性，践行着以学铸魂、以学增智、以学正风、以学促干的实践要求，坚守网络空间安全技术的前沿，不断攀登学术和技术高峰，积极探索网络空间安全领域的新方法和新理论，守护国家的安全和稳定。

立足国家和行业发展需求
下好光电材料领域先手棋

——中国科学院院士叶志镇科技创新团队

叶志镇院士说："中国的科学家搞科研，不能只想着实验室出成果就可以了，不能只想着发表论文。那样对中国的科技进步推动作用是不够的。我们要想的是不仅走好第一步，更要把之后的几步走好，把整条产业链捋顺，这样我们在国际上才有竞争力。"在这种理念的指导下，浙江大学先进半导体薄膜课题组聚焦光电领域基础科学问题和行业技术难题，持之以恒推进技术产业融合，突破基础研究到产业转化的壁垒，为科研成果转化提供了良好示范。

团队和带头人简介

中国科学院院士叶志镇科技创新团队（浙江大学先进半导体薄膜课题组）（以下简称团队）以叶志镇院士为学术带头人，打造了一支院士领衔、百人计划研究员等优秀中青年学者为骨干的高水平研究队伍。团队聚焦光电信息、能源、环保等万亿级大产业所需的先进半导体材料，围绕新型显示、绿色节能、透明导电、储能电池、智能传感等应用，重点开展氧化物、氮化物、钙钛矿、锌基液流储能电池等低维结构材料可控制备机制和关键技术问题研究，包括 Micro-LED（微型发光二极管）关键科学技术、氧化锌紫外光源关键技术、透明电子技术与薄膜晶体管应用、钙钛矿发光材料与

立足国家和行业发展需求　下好光电材料领域先手棋

显示、低维材料与传感环境应用和储能电池材料及其应用等。团队面向领域前沿基础科学问题和重大技术难点，积极探索从技术到服务的整体解决方案，依托产学研合作推进科研成果高效转化，孵化多家产业化公司，取得系列创新成果和光电产业协同提升。团队荣获科技奖 10 余项，包括"国家自然科学奖"二等奖 1 项，"全国首届优秀教材奖" 1 项，省部科技一等奖 5 项。

团队带头人叶志镇，浙江大学材料学院教授、博士生导师、中国科学院院士，浙江大学求是特聘教授，浙江省特级专家。现任浙江大学材料学院学术委员会主任、浙江大学温州研究院院长，兼任第八届教育部科技委量子科学与柔性电子专门委员会和材料学部委员、中国材料研究学会第八届理事常务理事、中国电子学会理事和电子材料分会主任等职务。

叶志镇院士

坚持原始创新，"科研成果不能藏在山洞里"

宽禁带半导体基的电力电子器件，比传统的硅材料器件能耐受更高的电压，具有更优异的导热性能和耐辐射能力。氧化锌是其中一种宽禁带半导体材料，性能优势突出，用途非常广泛。开发氧化锌作为宽禁带半导体电发光材料来使用，是一种全新的应用方向，有许多科学难题亟待解决。氧化锌二极管电发光的首要前提是形成 P-N 结。

而材料特性导致高空穴浓度稳定的氧化锌 P 型掺杂是国际公认的科学难题。因此曾有科学家预言，研发 P 型氧化锌是不可能完成的任务。

团队经过 30 余年的努力，原创性地提出了不同离子尺寸的杂质共掺和应变补偿与电子态杂化的两种元素共掺原理及其方法，将氧化锌空穴浓度的国际水平提高了 2 个数量级，同时稳定性比单掺提高了 5 倍。在此基础上，率先实现了氧化锌 P-N 结的室温激子紫外发光，并将氧化锌多量子阱结构的内量子光效从 28% 提高至 61%，打破了"不可完成"的预言。叶志镇院士研究的二元共掺原理与技术研究创新成果，丰富与发展了半导体掺杂理论，获得了"国家自然科学奖"二等奖，并且得到国际同行的肯定与应用，不仅对氧化锌研究推进有重要意义，也对其他宽禁带半导体掺杂有借鉴意义。

解决科学难题形成的重要突破成果，使氧化锌在若干新领域有了用武之地。"氧化锌在量子通讯、透明电子、传感压电器件等方面具有众多应用前景，是 5G 时代的重要材料。"而且它所发出的紫外光用途很多，不但可以做白光高效发光，还能运用于各种消毒。2019 年，全球已有 24 个国家 117 个单位跟进研究，通过共掺技术制备

P 型氧化锌的工作成为国际光电 ZnO 研究的一个主流方向。

物理学常识认为，透明的物体不导电，导电的物体不透明。1985 年，叶志镇院士在研究氧化锌时，就在"怎么可能"的质疑声中提出掺铟制备透明导电薄膜，最终这个项目于 1988 年获得了浙江省科技进步三等奖。随着研究的深入，科研工作者发现氧化锌和氮化镓有着极为相似的特性，而且还具有氮化镓所不具备的优势，例如物产丰富、原料价格低，环境友好不易造成污染等。于是，叶志镇院士萌发了用氧化锌来做 LED 芯片用透明电极材料的念头。为了解决氧化锌的导电率难题，叶志镇院士团队发明了氧化锌的 N 型铝掺杂技术，透射率高达 90%，大幅提高 LED 光效，性能达到国际领先，并增大出光角提高外量子效率，为千亿 LED 产业进步做出重要贡献。通过团队与国际第二大 LED 芯片企业深度合作，实现了规模生产应用，产品出口欧美国家，直接产出百亿元，经济效益显著。

叶志镇院士和团队的努力，让科研成果不再成为深埋在山洞里的宝藏。

显示产业技术革新，"科研成果不能藏在实验室里"

钙钛矿发光量子点是下一代万亿显示产业关键半导体发光材料，是国家急需发展的战略性材料。它在生活中的应用非常广泛，可以让屏幕色彩更鲜艳、更逼真、更清晰，可用于电视机、各种液晶显示器、平板电脑、手机等显示电子产品的性能提升。

量子点、OLED（有机发光二极管）和 Micro-LED（微型发光二极管）一直被誉为下一代显示技术的三大技术路线，量子点材料不仅可以助力 LCD（液晶显示）产业进行技术升级，同时可作为关键材料搭载上述 LED 显示技术。未来更有可能实现大面积彩色显示屏打印颠覆性技术，在大屏幕、柔性屏幕、车载显示屏广泛应用，前景十分广阔。

团队在浙江省重点研发计划和温州市领军型创业人才项目等支持下，首创高温合成、过程可控全固态生产技术，首创双重包覆构成"石榴结构"制造技术，首创钙钛矿量子点高性能发光母粒及光扩散板制造技术，创新结构与维度可控制备技术，连续解决工程应用耐温国际难题，克服稳定性国际难题，提升色域值超目前水平 80% 以上，发光效率 4 次刷新世界纪录，成本仅为现商用量子点 50%，并可在液晶电视产品上直接应用，多项指标国际领先。

立足国家和行业发展需求　下好光电材料领域先手棋

叶志镇院士坚持的"新技术、新发明不能仅产生于实验室里，更重要的是它要进入生活，要得到真正的认可和应用"研究理念，让这项新技术迅速转化为新产品。

团队在温州建立了全球首条全固态量子点生产线，制造出首批量产的钙钛矿量子点光扩散板。产品在液晶显示屏上一经应用，就将现有液晶显示色域从72%提升到131%，大幅提高显示屏的色彩丰富度和还原度，且实现了成本降低和环保减排。国际首条钙钛矿量子点及光扩散板产线被评为"浙江省重大科技创新成果"，引领我国未来千亿先进显示产业发展，为中国年产2亿台彩电升级换代提供强有力的浙江技术保障，为我国下一代新型手机、车载显示、可穿戴设备显示等万亿新型发光微显示产业科技自主创新提供重要新材料技术支撑。

为了更好地推动技术产业转化，叶志镇院士将新科技到产业化分为5大步。他说，科研新发现可以算作0到1的突破，这一点是至关重要的，绝大部分的研究室、实验室工作都属于这一阶段；1～10是第二阶段，是将新发现技术化；制造出新产品是10～100的第三阶段；新产品占领市场，是100～1000的突破，属于第四阶段；最后形成新产业，那就是1000～10000的突破，属于第五阶段。钙钛矿量子点发光技术正走在100～1000的第四阶段。而未来，我们要去争取1000～10000这个阶段，建立起完整的产业链。

聚焦储能产业，锌溴液流电池助力碳中和

在"双碳"目标的指引下，储能技术成为新能源产业发展的重要锚点，加快新型储能技术的规模化应用也被列入"十四五"规划，成为2035年的远景目标。《储能产业研究白皮书》统计数据显示，到2026年，中国新型储能累计装机规模将达到

48.5GW，在安全、成本、使用寿命和可持续性方面展现出较大潜力的液流电池作为国家重点着力发展的一项技术，预计新增装机量达 5GW。

为达成"双碳"目标，实现绿色能源的大规模普及，替代性的储能电池技术研发刻不容缓。叶志镇院士团队初步锁定锌溴液流电池作为储能电池产业化的解决方案。锌溴液流电池作为被普遍认为具有较高潜力的储能电池，具有高安全、低成本、长寿命、易集成、易运维的特点。据介绍，锌溴液流电池的材料成本仅是锂离子电池的 20% 至 30%，其运行方式也决定了液流电池在安全性方面具有独特的优势。

然而锌溴液流电池目前在国际上还处于发展阶段，其在技术应用层面还远达不到产业化水平，并且存在着大量技术难题有待分析并解决。锌溴液流电池的电极与电解液需要发展新材料，以及在大尺寸电池场景下，电堆系统也面临着压降大、效率损失高、电极内部传质较差等难题需要突破。只有对电堆系统的流动和传质结构做出协同优化，使流道和电极结构共同作用于离子传递和电解液压降，才能系统性解决现阶段技术瓶颈问题。

在"我们要真正做一个能够实现大规模、长时储能应用的产业，安全、绿色、低成本要协同发展"的背景下，团队在温州成立了产业化公司，聚焦双极板、隔膜、电解液、电池设计、组装集成等产品化与产业化关键问题，发明投料、覆膜与厚度自动精控双极板制造技术，调节锌负极表面能以强化离子传输，攻克锌枝晶国际难题，新发展高一致性超细孔径（10nm）隔膜技术，有效阻挡溴离子穿梭，低电阻、高阻溴性能国际领先，创新发展三大电解液固溴技术，正极克服溴穿梭，负极平滑锌镀层性能国际领先，首创基于旁路电流模型的优化技术，解决电堆规模化串联升压难题，创新发展流道—电极协同优化技术，解决大系统流场均匀性难题，首创一体化封装技术，解决外漏难题，激光焊接解决内漏问题。为了验证技术突破的实际效果，团队建设了锌溴液流电池中试产线，进一步推动锌溴液流电池的发展与产业化应用，探索出具有温州特色的新能源发展模式，力争在中国万亿储能刚需市场占据龙头地位，在国际上给出"新能源＋储能"中国解决方案！

结 语

祖国现代化建设已经迈进新发展阶段，新一轮区域发展格局正在加速重构，科技创新就是其中的一个关键变量。要坚持把科技创新摆在国家发展全局的核心位置，面向世界科技前沿、面向经济主战场、面向国家重大需求、面向人民生命健康，完善国家创新体系，加快建设科技强国，实现高水平科技自立自强。在这样的坚定信念的引领下，叶志镇院士团队守正创新，坚持"承担国家重大课题做顶天立地人，突破产学研瓶颈做攻坚克难事"，为高水平国家科技自立自强贡献出浙江大学全部的智慧与力量。

科技报国　持续引领轨道交通空气动力与碰撞安全技术发展

——中国工程院院士田红旗科技创新团队

高速铁路是国家创新驱动发展的大国重器。我国特有的超大规模高速铁路网、复杂地理气候环境、长距离持续高速运营工况，使高铁建设和装备研制面临空气动力制约高铁发展、大风危及行车安全、列车碰撞安全等前所未有的挑战。中国工程院院士田红旗科技创新团队（以下简称团队）对接国家发展高铁重大需求，聚焦国际前沿，开拓我国轨道交通空气动力学、列车撞击动力学研究方向，创造多个世界第一，成果应用于我国京沪等高速铁路、青藏铁路等高原高寒铁路、兰新等大风区铁路、"复兴号"等高速列车，以及出口美国、加拿大等国的列车，为中国高铁领跑世界做出重要贡献。

团队和带头人简介

团队是以中青年为骨干的创新群体，铸就了"科技报国、追求卓越"的文化信念，形成了"特能战斗、特能奉献"的集体氛围，荣获"首届全国专业技术人才先进集体""中华全国工人先锋号""铁道部先进集体""全国铁路总工会火车头奖杯""教育部首批全国党建工作样板支部"等荣誉。

田红旗院士

田红旗,1959年12月出生,中国工程院院士,中南大学教授。曾任中国工程院副院长、中南大学校长,现兼任联合国教科文组织国际工程教育中心副理事长、世界工程组织联合会中国委员会副主席,是国务院学位委员会学科评议组召集人、教育部科技委能源与交通学部主任。

田红旗院士是我国轨道交通空气动力学、列车撞击动力学两个领域的奠基人和开拓者,为我国铁路事业特别是高速铁路发展做出巨大贡献,并取得系列原创成果,创造多个第一。她主持完成我国包括第一列在内的50余种高速列车外形结构设计、第一列耐冲击吸能列车耐撞性设计,主持研建青藏铁路大风监测预警指挥系统、国际第一套500km/h列车气动特性动模试验系统、国际第一套实际运营轨道车辆实车撞击试验和瞬时测力系统等。获国家科技三大奖6项,其中参与"国家科学技术进步奖"特等奖2项,主持获"国家科学技术进步奖(创新团队)"1项、"国家技术发明奖"二等奖1项、"国家科学技术进步奖"二等奖2项、"中国专利金奖"2项。获"全国创新争先奖牌""何梁何利基金科学与技术进步奖""詹天佑成就奖""光华工程科技奖""光召科技奖"等。

团队经验做法

团队坚持"四个面向",以服务交通强国、服务军民融合,发挥特色优势,进行"坚持科技创新、履行社会责任、扩大国际影响"全方位布局,成效显著。

开创我国铁路空气动力学、撞击动力学研究方向,下好"先手棋"

高速列车、工程建造、列车运行控制、牵引供电、运营管理、安全监控、系统集成等均涉及空气动力学问题。随着速度的提升,一系列危及行车安全、降低旅客舒适度、影响列车周围环境的问题进一步凸显。如车速大幅提升,列车气动阻力急剧增大,能耗激增;气动噪声激化,成为高速铁路系统的主噪声源;高速列车引发的列车风严重危及站台旅客和道旁作业人员人身安全;列车高速交会诱发的交会压力波剧增,导致"晃车"现象;列车通过隧道尤其隧道内交会产生的强瞬态冲击压力,加剧车体及隧道结构疲劳损伤，车外压力传至车内，导致乘客眩晕、耳鸣，甚至击坏人体耳膜；列车突入隧道引发的气压爆波，产生爆破音，对隧道周边环境产生较大影响。此外，列车碰撞事故造成的重大人员伤亡触目惊心。列车碰撞事故中可能导致载人区乘员生存空间显著损失，人体伤害程度超限，以及爬车、穿透破坏、"之"字形脱轨等后继伤亡事故。以人为本，研制吸能安全列车，为乘员提供安全保护是客运列车发展的永恒主题。

高速铁路是国之重器。自 20 世纪 60 年代以来，日、法、德、英等高铁发达国家早已开展了高速铁路空气动力学研究，占据着技术先机和标准话语权。在我国高铁发展初期，国内高速铁路空气动力学研究几乎是一片空白，缺专业理论和试验平台，如何根据我国国情系统性地开展高速铁路空气动力学研究是当时面临的紧迫任务。在列车撞击动力学研究领域，我国与美、英、法、德等发达国家几乎同步开展研究，但由于各国对其核心技术均相互保密，亟待研发列车碰撞可控变形吸能技术，实现乘员被动安全保护。

中南大学（长沙铁道学院）作为铁路行业专业院校，设有交通运输、土木工程、机车车辆、通信信号等众多铁路专业学科，长期服务铁路的自主发展与创新。伴随着国家发展高速铁路的重大需求，自 20 世纪 80 年代末起，该校瞄准国际前沿，与航空航天科研机构全面合作，着手铁路空气动力学方面的研究和有关试验装备研发，开创了我国铁路空气动力学和撞击动力学研究方向，并于 1994 年成立高速列车研究中心（以下简称中心），2002 年中心被原铁道部科教司认定为我国列车空气动力学、列车撞击动力学和新型车体的重要研究基地。中心先后主持了国家重点科技攻关、国家"863 计划"、国家高科技产业化、国家自然科学基金重点和原铁道部科技计划、国家重点研发计划等项目，围绕列车空气阻力、列车交会压力波、道旁人体安全退避距离、列车/隧道耦合空气动力效应等开展数值仿真、风洞试验、动模型试验、现场实车试验，形成系统化的头部外形结构设计和试验验证方法，完成了韶山 8 型电力机车、春城号、中原之星等外形设计和试验验证工作。

立足系统化自主创新，创造多个第一

30 年来，团队始终秉承"科技报国、追求卓越"的创新理念，奋战在高原、高寒、大风等恶劣环境，取得系列原创成果，构建了从理论分析、数值仿真到风洞试验、动模型试验、现场实车试验等较为完善的高速铁路空气动力学与列车撞击动力学研究体系，创造多个"第一"：完成我国第一列已运营高速列车外形结构设计，创建青藏铁路大风监测预警与行车指挥系统，发明我国第一列耐冲击吸能列车，建成国内第一套列车气动特性动模试验系统和实际运营轨道车辆撞击及瞬时测力试验系统。团队制订填补我国空白的列车耐撞性设计与试验标准等行业标准或技术规范 17 项。主要标志性成果如下：

一是创建高速列车气动外形结构设计理论与方法，完成已投入运营的 50 余种流线型列车外形设计、试验及体系化评估，仅"复兴号"高速列车气动阻力（能耗）就下降 14%，高速列车以世界最高相对速度 870 km/h 交会运行；研建国际领先的 600km/h 列车气动性能动模试验系统，完成我国各型高速列车动模试验。

二是发明耐冲击吸能安全列车设计、试验及评估技术，研建国际第一套实际运营轨道车辆撞击及瞬时测力试验系统，获 CMA、CNAS 认可资质和 4 个国际权威机构认可，完成我国和出口美国等 8 个国家的城轨列车、"复兴号"等高速列车吸能设计试验及评估，制订填补我国空白的列车耐撞性设计与试验标准，支撑我国列车制造企业在有德、法、日等发达国家参与的国际竞争中成功中标。

三是创立高速铁路隧道空气动力学安全理论及技术，解决了不同外形列车、各型隧道瞬态冲击压力抑制技术难题，完成包括京沪、京广、印尼雅万在内的 316 座典型高铁隧道气动优化，使气压爆波减小 50%、瞬变压力降低 10% ~ 35%，实现高速列车 350km/h 不减速穿越长大隧道，为高铁全系统、全要素、全产业链海外落地第一单——雅万高铁设计提供重要支撑。

四是创建大风环境下行车安全保障系统，提出风、沙、车、路、网、墙、地貌耦合安全行车的"定阈""提阈""预测""决策"方法，解决了大风环境下列车是否停轮、限速或正常运行科学决策难题，仅兰新既有铁路风期运能就提高 26% 以上。青藏铁路、新疆铁路、沿海高铁等运用该系统以来未发生风致行车事故。

五是研发超重超限货物铁路运输安全关键技术，解决特种装备铁路运输面临的超重、超限带来的车辆载荷过大与偏载、建筑限界入侵、列车交会失稳等关键难题，保障"四电东送"变压器、三峡发电机组等国家重要物资装备运输安全。

团队获"国家科学技术奖"10 项，其中参与获"国家科学技术进步奖"特等奖 4 项，主持获"国家科学技术进步奖（创新团队）"1 项、"国家技术发明奖"二等奖 1 项、"国家科学技术进步奖"二等奖 3 项、"中国专利奖"金奖 2 项。

产学研用深度结合，服务国家重大铁路装备研发

长期以来，团队不断致力于产学研用合作模式创新。一是与国铁集团、中国中车、中国通号等 10 余家行业龙头企业签署战略合作协议，从科技创新、人才培养、装备研发等全方位做好顶层设计；二是以重大工程项目为牵引，与企业共建高效研发团队，共同构建开放、多元、协同、共赢的学科链与产业链融合的创新模式；三是以轨道交通安全关键技术国际合作联合实验室为基础，构建面向国际前沿的海内外创新资源协同模式。

完成"复兴号"高速列车气动设计优化，支撑"复兴号"高速列车创造相对交会 870km/h 世界纪录，技术水平与性能世界领先。团队首创 600km/h 磁浮试验系统，支撑国际第一套 600km/h 高速磁浮交通系统下线；完成我国及出口高铁典型隧道的气动优化及试验评估，实现高速列车 350km/h 不减速穿越长大隧道，远超日本、德国；完成新疆铁路立体防风体系气动设计，实现风区铁路运行停轮时间减少 86%，成果纳入《大风天气列车安全运行办法》；创立车、隧、线气动匹配准则，为高铁全系统、全要素、全产业链海外落地第一单——雅万高铁设计提供重要支撑；承担国家输电等所有重大工程超重、超限货车铁路在途安全监测任务。

研究成果已全部应用于全国各铁路设计院所、所有高速列车制造厂、全部铁路运营公司，为我国既有铁路 6 次大提速，以及高速、城轨等重大铁路工程建设和发展做出重要贡献，社会效益与经济效益显著。

2005 年遂渝高铁空气动力学试验评估验收现场

结　语

面向更高速、更安全、更绿色、更智能轨道交通发展趋势，团队聚焦高速重载、标准市域、CR450、磁浮交通等国家重大工程，进一步深化基础研究、攻关核心技术、研发重大装备、孵化新型产业，建设世界领先的轨道交通安全实验平台群，汇聚轨道交通安全国家战略科技力量，持续引领世界轨道交通空气动力和碰撞安全技术发展。

面向卒中科技前沿　服务健康中国战略

——中国工程院院士吉训明科技创新团队

脑卒中具有高发病率（年增长8.7%，终身风险39.3%，超过北美两倍）、高死亡率（我国首位致死病因，为欧美国家的4～5倍）、高致残率（75%）、高复发率（17.1%，居世界首位）的特点。我国每年投入卒中的医疗费用高达400亿元，脑卒中给国民经济和社会医疗带来沉重负担，是严重危害国人健康的重大慢性非传染性疾病。随着国民生活方式的变化和人口老龄化及城镇化进程的加速，脑卒中的患病人数仍在持续增加。中国工程院院士吉训明科技创新团队（以下简称团队）面向人民生命健康需求，开展系列卒中临床研究，发现卒中治疗临床新方法，研发系列设备，提高了缺血性脑卒中的防治效果。

团队和带头人简介

吉训明，中国工程院院士，中国医学科学院学部委员，首都医科大学副校长，北京脑重大疾病研究院院长，神经外科教授、博士生导师。国家杰出青年基金获得者，教育部"长江学者"，"万人计划"科技领军人才。获全国"创新争先奖"。

吉训明担任互联网医疗诊治技术国家工程研究中心和国家卒中抢救中心主任、中国老龄健康促进工程和国家百万卒中减残工程专家委员会主任委员。在"973 计划"、"863 计划"、国家重点研发计划、军民融合重大项目和国家自然科学基金重大项目等支持下，在脑动脉和静脉卒中领域进行了系统创新性研究。成果发表于 *NEJM*、*Lancet Neurology*、*Nature* 等期刊，连续五年入选 Elsevier 中国高被引学者。担任 *Brain Circulation*、*Neuroprotection* 和 *Conditioning Medicine* 杂志主编。获发明专利授权 80 余项、"国家科学技术进步奖"二等奖 2 项、省部级科技进步一等奖 4 项，以及何梁何利基金科学与技术进步奖和吴阶平医药创新奖。

研究团队通过啮齿类、非人灵长类动物研究及临床转化研究，构建了缺血性脑卒中预防—预警—救治非药物防治新体系，搭建国家级技术推广应用平台，将研究成果向全国推广，为降低发病率、复发率、致残率和致死率提供了有效途径。

吉训明院士

立足临床，常怀慈悲之心，守护患者健康

吉训明院士的从医之路，秉承父母愿望，立志做一名"大医生"，步履踏实，履痕清晰——告别老家南通，北上天津，在天津医科大学攻读神经介入领域的硕士和博士；移步京城，师从我国神经外科权威专家凌锋教授，攻读博士后，进入宣武医院，继续在神经介入领域探索。2005 年远赴重洋，以访问学者身份去迈阿密大学脑血管病研究所和哈佛大学麻省总医院进修。经过不断地学习钻研，成为神经介入领域的知名专家。吉训明院士认为，做一名好医生，一定要有情怀在。多年来，他以身作则，一直坚持在临床一线，带领年轻医师团队，常怀慈悲之心，祛除患者病痛，守护民众健康。

吉训明院士临床团队合影

吉训明院士与学生讨论课题

立足科研，自主创新，解决中国人自己的问题

  缺血性脑卒中占所有脑卒中的70%以上，是脑卒中的主要类型。颅内动脉粥样硬化是导致缺血性脑卒中的重要原因之一，与欧美人群不同，亚裔人群中颅内动脉粥样硬化性卒中患者占30%～50%（北美人群仅为8%～10%）。因此，亟须探索适合我国人群的脑卒中防治手段。吉训明院士认为，国人体质和欧美人群不同，在疾病方面自然有所差异。如就脑血管狭窄和闭塞而言，欧美人群91%发生在颈部（颅外），颅内仅占9%；而中国则是36%～55%发生在颅内。因此，不能盲目地套用国际的

治疗指南。吉训明院士带领团队经过多年探索，立足科研，用"解决中国人自己的问题"的思路，进行多方面创新：

一是提出"远隔"脑保护新理念，建立了干预"外周"、保护"中枢"新技术，降低了卒中发生率和复发率。国人脑卒中的特点是颅内动脉狭窄比例高（47% vs. 9%），脑小血管病发生率高（46% vs. 25%），导致长期慢性缺血缺氧，现有药物预防效果不理想，使国人卒中终生患病率（39%）和年复发率（17%）均居世界首位。针对该现状，吉训明院士创新团队进行基础、临床、转化系列研究，提出"远隔"脑保护新理念，临床证明"远隔"脑保护的安全性和有效性，建立符合我国缺血性脑卒中特点的特有干预手段，研发了"远隔"脑保护专用仪器，建立了"远隔"脑保护应用推广体系，有效降低了卒中发生率和复发率。

吉训明院士"低氧与缺血适应防治缺血性脑卒中新技术体系的创研及推广应用"项目荣获"国家科学技术进步奖"二等奖

二是发现缺血性脑卒中恶性转化早期预警标志物，提高了重症卒中救治成功率。高达41%的卒中患者会发生脑梗死体积增大或颅内出血等恶性转化，常导致终生残疾或死亡。因此，早期预警卒中后的恶性转化对于科学制定卒中干预策略，降低卒中的致死、致残率至关重要。然而，目前缺乏卒中后恶性转化的有效预警指标。对此现状，吉训明院士创新团队发现了不同卒中类型恶性转化和预后的预警指标，指导临床早期干预。在静脉性卒中方面，发现了恶性转化预警标志物，证实了血清D-二聚体联合纤维蛋白原早期升高可预测静脉性卒中的恶性转化，研发了"磁共振黑血脑静脉血栓成像"技术。该技术能够对静脉血栓进行人工智能可视化检测，精准量化血栓信噪比和血栓负荷，使误诊率和漏诊率降至20%以下，弥补了传统检测手段（检测静脉血流）的不足。在动脉性卒中方面，首次发现早期血脑屏障破坏是卒中出血转化的始动因素，血清Occludin降解片段可预测血脑屏障破坏程度，血浆淋巴细胞的miR-424及血浆、淋巴细胞、中性粒细胞中LncH19均与卒中病情严重程度显著相关。

三是提出"血管再通全程靶向序贯非药物脑保护"新策略，降低卒中致死致残率。血管再通是缺血性卒中救治的关键，但血管再通后仍有高达40%的患者不能获得良好预后。目前神经保护药物临床转化全部失败，吉训明院士创新团队在对缺血性卒中血管再通治疗不同阶段病理机制研究的基础上，提出血管再通前保护神经组织、再通时改善血流、再通后降低灌注损伤的"血管再通全程靶向序贯非药物脑保护"新策略。具体做法为血管再通前常压高浓度氧（NBO）保护神经组织，拓宽再通治疗时间窗；血管再通时通过局部血管内冲洗，提高了微循环血流灌注；血管再通后采用靶向动脉内低温，降低了脑组织再灌注损伤。

Stroke 杂志主编 Marc Fisher 教授为吉训明教授颁发美国卒中学会创新与进步奖

面向未来，培养更多年轻人，砥砺前行

创新人才是科技创新的源泉。无论是临床治病救人，还是医学科技创新研发，都需要有一支高素质的人才队伍来支撑。吉训明院士深知人才的重要性，面向未来，砥砺前行，将带领创新团队在脑重大疾病基础研究、科技成果转化、数字化卒中领域进一步发力，培养更多年轻人，推动国家百万减残工程，降低卒中的发病率和死残率，提高人民福祉，推进社会民生发展。

结　语

现代医学和医学教育的基础是科学，内核是医学人文，内容是医学专业知识与技能及临床应用。吉训明院士创新团队以推进中国卒中防控为己任，立足临床，创新卒中科技研发，奋战卒中科技前沿，培养卓越医学人才，为健康中国建设贡献坚实的医学力量。

立足数字底座
推动智慧地下基础设施蓬勃发展
——中国工程院院士朱合华科技创新团队

当前我国大量地下基础设施面临灾害频发、检测受限、效率低下等服役困境,迫切需要运维理论和方法的整体突破与数字化转型。中国工程院院士朱合华科技创新团队(同济大学地下空间数字化与防灾科技创新团队)(以下简称创新团队)基于20余年的工程数字化实践和研发基础,从国家急迫需要和长远需求出发,在基础设施数字底座这一关键核心技术上全力攻坚,打造出自主可控的用于开发数字化转型应用场景的"操作系统",即iS3基础设施数字底座。

团队和带头人简介

朱合华院士

该创新团队以朱合华院士为学术带头人、中青年科技骨干为主体。团队成员入选国家及上海市人才计划20余人次，其中包括国家"万人计划"2人，国家杰出青年科学基金获得者1人，教育部长江讲席学者1人，国家青年拔尖人才1人，国家海外优青、高层次青年引进人才5人。此外，团队成员还荣获德国洪堡基金会"索菲亚·科瓦雷夫斯亚奖""德国莱布尼茨青年科学家奖""计算力学巴特奖"等。

多年来，创新团队始终坚持开展地下空间工程科学、技术和应用研究，始终坚守"地下数字化源于工程、高于工程、服务于工程"的研究理念，聚焦"地层—地下结构三维动态信息的时空效应"，深度融合数字技术与传统方法，开创了数字地下空间工程新方向，创建了地下三维动态信息表达与分析的理论和方法，研发了工程安全建造的实时动态调控技术、高效运维的建养一体定量综合评价技术，攻克了"建造参数难调、服役状态难判"的难题。创新团队构建了涵盖理论、技术、装备、标准和集成平台的数字地下空间工程支撑体系，在上海地铁枢纽站改扩建工程、虹桥机场下穿越工程、四川大峡谷公路隧道、贵州高速公路网隧道等重大工程中成功实践，极大地提高了工程安全、质量和效率，推动了地下空间工程建造和运维的数字化转型发展。团队先后承担了包括国家"973计划"、国家科技支撑计划和重点研发计划、国家自然科学基金重点项目和重大仪器专项等纵向科研项目及一大批工程攻关课题，获得"国家科学技术进步奖"二等奖2项，省部级和一级学会的科技成果特等奖3项、一等奖10项。

创新团队带头人朱合华，同济大学荣誉讲席教授、隧道与地下空间领域专家，中国工程院院士。曾任同济大学土木工程学院院长，现任土木工程防灾减灾全国重点实验室主任，兼任国际岩土工程联盟数据标准委员会主席、国际岩石力学学会中国国家小组执行主席、中国岩石力学与工程学会岩土信息技术专业委员会理事长等职务。他创建了基础设施智慧服务系统（iS3），是数字地下空间与工程的领军人物，被国际同行赞为"城市基础设施规划、设计、施工和维护信息集成方法的国际开拓者之一"；他创办我国地下空间领域第一本国际学术期刊 *Underground Space*（中国科学院1区），是目前我国唯一进入土木工程领域前10%的SCIE期刊；获"科技部'十一五'科技计划执行突出贡献奖""全国优秀科技工作者""上海市教学名师""2012 年卞学鐄国际学术贡献奖""2015 年德国洪堡研究奖"等荣誉及奖项。

敢于源头创新，直面数字化转型困境

数字底座是一种新的数据组织方式和生态，为多个领域的数字化转型提供规范、安全合规的数据能力，对于促进物理世界与数字世界的深度融合具有深远的意义。iS3 基础设施数字底座是传统物理基础设施数字化转型的支撑平台，助力基础设施数字化改造，推动基础设施向数字基础设施演进。

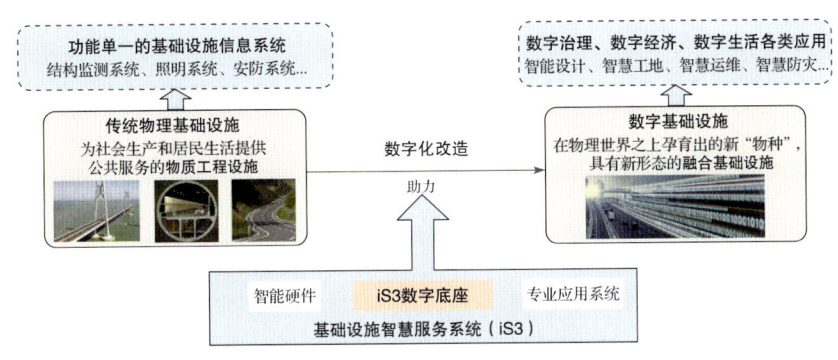

iS3 基础设施数字底座定位图

iS3 基础设施数字底座源于团队 20 余年的工程数字化实践和研发基础，自 1998 年"数字地球"的概念被提出后，创新团队就启动了基础设施数字化研究，相继在数字地层、数字化工程、数字隧道、数字地下空间和数字基坑等方面得到应用。基于上述实践，团队于 2013 年提出了基础设施智慧服务系统（infrastructure Smart Service System，简称 iS3）概念：基础设施全寿命数据采集、传输、处理、表达、分析的一体化决策服务系统。在此基础上，团队持续研发和迭代更新 iS3 系统，先后推出 iS3 V1.0 单机版（2017）、V2.0 网络版（2018）和 V2.1 云平台版（2020），并于 2022 年启动 iS3 V3.0 的升级工作，全力打造基础设施数字底座。

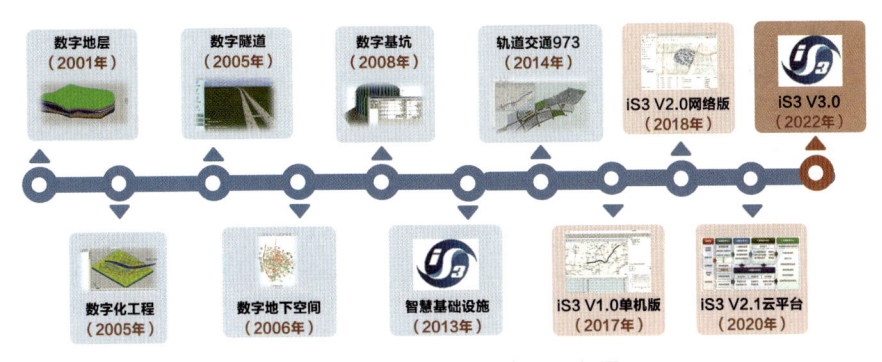

iS3 基础设施数字底座发展历程图

当前基础设施行业数字化转型存在转型任务重、转型专业核心平台缺失、核心技术待突破和专业能力开放性差等痛难点，亟须构建一个组态式、能力解耦和生态开放的数字化转型底层支撑平台。iS3基础设施数字底座定位于构建自主可控、标准开放的基础设施行业级底层平台及生态，包含时空基座、物联基座、数据基座、分析基座和开放平台5大模块，提供统一的大数据、人工智能、数字孪生等新一代信息技术引擎，融合物联感知数据接入、海量数据存储与管理、低代码快速开发等共性服务能力，具有开放式、组态式、自生长等特征。

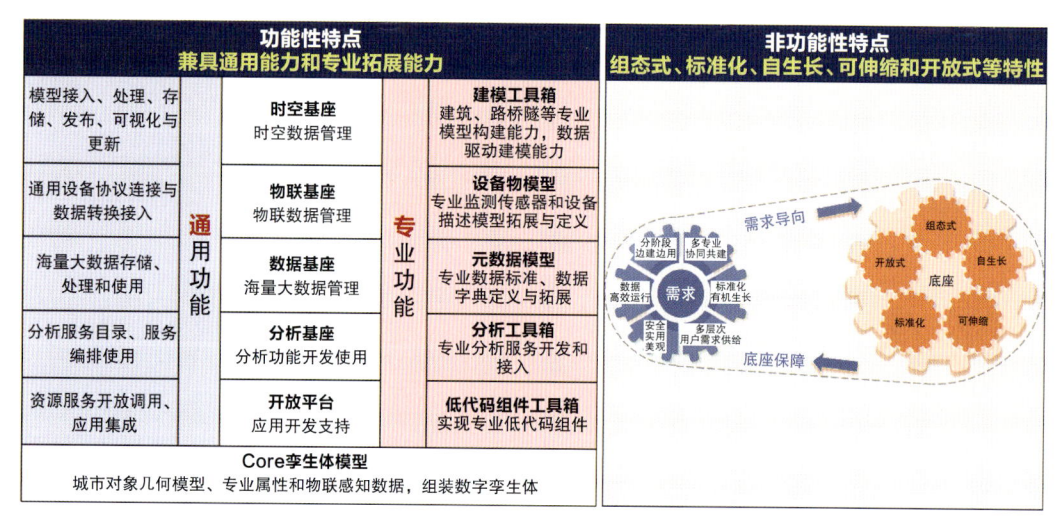

iS3基础设施数字底座功能模块图

iS3基础设施数字底座能够快速生成数字基础设施云服务平台并支撑搭建互联网应用，助力对传统物理基础设施的数字化和智能化改造。软件开发人员可使用iS3数字底座快速形成标准化、开放式和自生长的IT和专业能力并重的云服务平台，并基于数字基础设施，利用iS3数字底座提供的应用开发SDK（软件开发工具包），快速搭建互联网应用。基础设施领域专业人员可使用iS3数字底座快速搭建数字基础设施，通过配置式接入基础设施几何模型数据、专业领域属性数据和传感器实时数据，发布形成模型资源和数据资源，定义基础设施数字孪生对象、数据处理和分析流程，提供实时数据分析和反馈功能，实现交互式可视化互联网应用。

iS3基础设施数字底座已成功应用于道路、桥梁、隧道、水利、电站、地铁、管廊等基础设施规划设计、施工建造和运维管理，服务于智慧城市建设（国家"十三五"重点研发计划）、中国北山地下实验室的试验数据动态管理平台、西部高速公路建设等重大工程。2017年5月，同济大学牵头成立中国智慧基础设施联盟，成员单位包括来自国内外的业主单位、高等院校、设计院、施工单位和软件公司等共计170余家。2024年5月，在上海成立中国智慧基础设施产学研协同创新平台，建立了

iS3 基础设施数字底座研发和应用的强大生态。数字底座本着"开放—协同—共建—共生"的思想，打造出基础设施领域规划、勘察、设计、施工、运营等产业上下游数字化转型的统一标准底座，提升了基础设施行业的信息化水平。

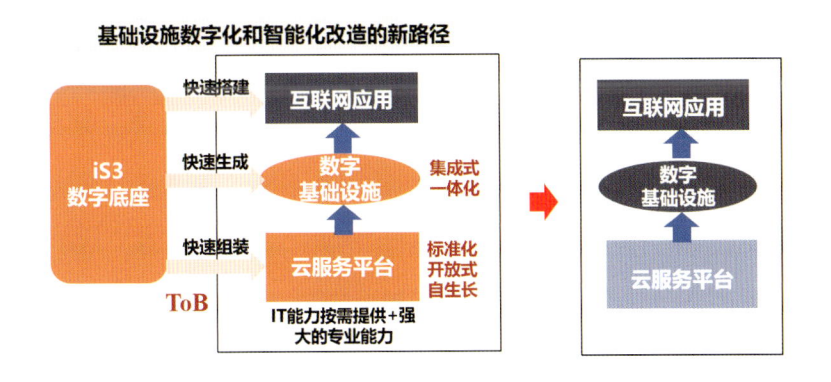

iS3 基础设施数字底座用户使用图

深耕数十春秋，助力智慧基础设施向前发展

在地下空间数字化研究范式的指引下，创新团队立足 iS3 数字底座，攻克多项地下基础设施智慧化转型关键难题，研究成果覆盖工程全寿命期。

考虑到周围复杂多变的岩土体环境，隧道与地下空间的智能建造难度大、任务重、难点多。地质信息快速、精细采集分析是隧道工程施工中支护动态设计的基础，也是保障隧道工程安全建设的关键环节。而传统的以人工为主的数据采集方式，难以保障工程的安全性、施工效率和结果准确性；通过人工来传递与处理数据，分析计算施工参数，费用与时间消耗较大。通常岩体隧道钻爆法施工单个施工循环时间在 10～20 小时之间，其中新暴露地质信息采集窗口小于 1 小时。要克服数据采集相对于设计的滞后性，真正做到隧道工程的"智能建造"，只能抓住这不足 1 小时的"动态设计黄金期"，在信息采集、传输、处理、表达、分析技术链上都必须进行突破创新。团队通过 10 余年的理论方法创新与工程技术实践，针对岩体隧道存在的核心工程问题，逐一攻破技术难题并进行现场验证与迭代优化，最终研发了一套基于智能移动终端的三维数字照相的岩体隧道支护动态设计系统，通过虚拟机器视觉、全要素数字孪生与智能数值计算技术，为钻爆法岩体隧道地质信息采集与支护设计提供了一种易用、高效、高精度的解决方案。施工中结合智能移动终端、机器视觉与智能力学感知系统，快速采集隧道围岩几何与力学信息，一个人即可完成现场全部操作，极大地减少了现场工程师暴露在危险环境的时间和工作量。再通过隧道内无线传输和云计算，即可重构围岩数字孪生模型、提取地质信息、计算设计参数，全过程控制在 8～12 分钟，省时省力的同时提高了分析结果的准确性，实现了隧道工程智能建造的第一步突破。

针对目前隧道智能建造存在的理论缺失等问题，创新团队采取了"小处着手，大局着眼"的策略。立足隧道支护设计的数据"采集—解译—分析"三个环节，从实时性角度提出了隧道 Just In Time（JIT）设计框架模型，清晰刻画了隧道智能建造过程中虚拟世界与现实世界的映射图景及其细致分工，并深入梳理了最新 IT 技术与 IoT（物联网）设备等赋能隧道工程智能建造的工作流。针对突变地质和恶劣施工条件下信息采集与处理滞后、感知决策与响应脱节的问题，结合隧道智能建造的感知、连接与建模需求，团队又首次提出了面向隧道工程的三元数字孪生概念框架，并针对隧道数字孪生渐进发展成熟的特征，提出了描述、映射、预测、控制与融合 5 级成熟度分级与评价模型，为隧道数字孪生的建立与发展提供了基础。这些全球首创的理论模型背后，是团队多年研究经验与工程实践的深度融合与凝练。结合"基于径向基函数的体素地质模型建模方法""隧道结构参数化建模与全自动更新方法""基于多源实时数据和块体理论的隧道危岩稳定性分析理论方法""数字—数值一体的裂隙岩体隧道三维广义节点分析理论方法""基于广义 Zhang-Zhu（GZZ）岩体三维强度准则本构理论和模型"等重大技术方法突破，隧道工程智能建造的图景也愈发清晰。

由于环境封闭等特殊性，在隧道与地下空间的运营与维护阶段，如何在灾险来临时更好地保护人民群众生命财产安全，是智慧地下基础设施向前发展面临的重大难题。其中，火灾等突发灾害频发及其强随机性和不确定性，成为威胁隧道与地下空间安全运营的首要因素。基于隧道与地下空间封闭环境下火灾的演化规律和致灾机理研究成果，依托 iS3 数字底座，创新团队结合人工智能、物联网和大数据等新技术方法，建立了灾害动态感知和智慧防灾技术体系，实现了火灾报警系统运行状态的实时监测，并利用人工智能方法深度挖掘消防系统监测数据，实现了灾害关键信息的实时反演和预测，将发生灾害事故的隧道与地下空间从不可感知的"黑箱"转变为"白箱"，使灾害事故"透明化"，大幅提高了消防响应效率，减少人员伤亡和财产损失。创新团队还从隧道材料与结构入手，通过在混凝土结构易受火灾影响的结构保护层、隧道衬砌侧墙等特定部位掺加热触发聚合物，提出了自抗火混凝土隧道衬砌新方法，充分利用混凝土结构的自身抗火性能，实现结构从被动防火向主动抗火的转变。通过对结构—设备—人员—灾害场系统多灾害响应、灾害感知与动态应急调控基础理论方法和技术的研究突破，地下基础设施的智能运维与防灾技术不断得到了提升。

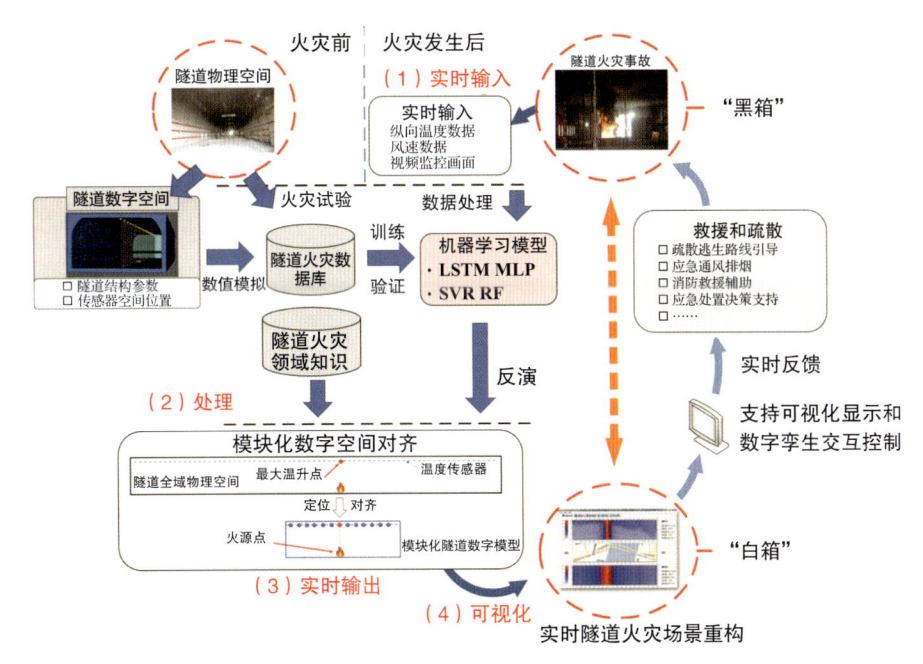

隧道与地下空间灾害动态感知和智能防灾架构

不忘筑梦初心，产学研携手服务工程一线

"课题服务于工程，服务于祖国建设一线"是朱合华团队坚守数十年的研究初心。研究的稳步推进离不开工程实践的支持与验证，工程建设带来的大量数据也是基础设施信息化、智能化到智慧化研究生根发芽的沃土。创新团队多年取得的突破性成果——反哺一线工程建设，为国家基础设施的蓬勃发展保驾护航。

2023年6月6日，穿越四川地质极为复杂地区的峨眉至汉源高速公路（以下简称峨汉高速）全线的最后一个控制性工程——大峡谷隧道双洞终于贯通。作为世界第一埋深的高速公路隧道，最大埋深达了1944米。创新团队既要面对塌方、岩爆、岩溶、突涌水等施工风险，又要在保障安全的同时兼顾施工效率与成本控制，得益于"智能建造"提供了新时代的解决方案。在峨汉高速工程2～6标段大峡谷隧道，创新团队与四川乐汉高速公路有限责任公司联合进行隧道围岩等级自动判别及数字化动态支护设计技术的应用工作，根据现场情况提出以手机等智能移动终端作为数据采集、传输和反馈枢纽，以云计算平台为数据处理中心，融合岩体力学与三维几何地质信息自动识别算法，自动计算围岩分级指标并匹配支护设计图的隧道智能化设计体系。现场人员只需按规范流程进行拍照、回弹测试并在微信小程序中进行数据上传，即可在十分钟内获取岩体的围岩地质数据、分级情况及当前的最优支护设计图纸，为现场施工及时提供了关键且重要的参考。该系统协助现场施工人员在大峡谷隧道试段多次成功预测了塌方与掉块，有效解决了岩体隧道工程实践中支护设计施工脱节严重、设计变更烦琐耗时等常见施工问题，整体提高了建设效率与安全性，累计节约工程建设成本 1530 万元。该系统还服务于三峡库区、郑万高铁湖北兴山隧道、四川沿江高速宁南隧道、云南孟勐高速黎明隧道、贵州崇遵扩容工程桐梓隧道、安徽岳武高速明堂山隧道、河北太行山高速东坡隧道、山西忻州峨口铁矿等项目，累计节约工程成本 6000 万元以上。这些项目的成功来自团队的研究成果，同时又推动了研究成果更新迭代。

在城市现代化建设中，团队自主研发的隧道与地下空间灾害动态感知和智慧防灾技术已支撑了上海大连路隧道、上海延安东路隧道、上海长江隧道、上海虹梅南路越江隧道、上海北横通道、济南黄河隧道等重大工程的防灾减灾，解决了隧道与地下空间消防系统工作状态不明等一系列问题，将火灾误报率降低到 10%。同时在未增加硬件及成本的前提下，解决了以往无法获取隧道与地下空间火灾实时状态、无法可靠指导火灾扑救及人员疏散等应急处置难题，用智能化防灾方法树起了守护人民群众生命财产安全的坚固屏障。

结　语

在数十年的孜孜求索中，朱合华团队抱守服务工程之初心、坚定数字化转型之理念，让智慧地下基础设施一步步从愿景走向现实，为大国工程赋予新时代的色彩。未来，智能建造技术必将发展得更为成熟、完善，必将服务于更多的工程建设，亦将立足科技驱动新质力服务于现代化美丽中国建设。

守护生命起源
为全面推进中华民族伟大复兴提供"源动力"
——中国工程院院士乔杰科技创新团队

生殖领域研究着人的发生、发展过程,是最接近生命起源的学科。1984年,北医三院联合湖南湘雅医学院、协和医院向卫生部提出申请研究试管婴儿,并被列入"七五"攻关项目。1988年,中国内地首例试管婴儿在北京大学第三医院诞生,是我国近代医学技术应用于临床的重大突破,也带动了遗传学、免疫学、早期胚胎学的发展。在一代代医务工作者的不懈努力下,中国已成为辅助生殖技术水平最先进的国家之一,技术服务种类全、安全性高,治疗成功率与美国、欧洲等发达国家和地区水平相当,并且在部分研究领域,如着床前遗传学检测技术上处于国际领跑地位。

团队和带头人简介

中国工程院院士乔杰科技创新团队(以下简称团队)根植于临床医院、捕捉关键技术问题,围绕国家战略规划,持续多维度开展育龄人群生育力促进相关生物学过程原创性研究,破解疑难生殖障碍疾病诊治和出生缺陷防治关键技术瓶颈,创建了人类配子胚胎单细胞多组学研究体系,揭示了生殖细胞信息传递机制,

乔杰院士

发现其两次大规模表观遗传重编程，开启了人类生殖发育调控研究新时代，自主研发提升生育力保护保存的新技术及新产品，实现从实验台向生育力促进应用场景的快速国产化，奠定了我国在生殖发育科技领域从"跟跑"到"领跑"的国际地位，对胚胎发育异常等疾病的发生提供了病因学诊断依据，为提高生育力和出生人口质量提供了重要科技支撑。

团队集聚了以院士、"长江学者"、国家杰出青年科学基金、优秀青年基金及国家人才计划获得者等为主要学术骨干，结构稳定、创新能力强的高层次人才梯队，拥有运用基础研究快速解决临床问题的全链条研究范式，先后获得"国家自然科学奖"二等奖、"国家科学技术进步奖"二等奖、教育部"高等学校科学技术进步奖"一等奖、"北京市科学技术进步奖"一等奖等国家及省部级奖项15项。

带头人乔杰院士，中国工程院院士、美国人文与科学院外籍荣誉院士、英国皇家妇产科学院荣誉院士、发展中国家科学院院士，致力于从事妇产及生殖健康相关临床、基础研究与转化工作，在女性生殖障碍疾病病因及诊疗策略、生育力保护保存、人类配子及胚胎发育机制、防治遗传性出生缺陷等方面进行了深入研究，并持续关注妇幼公共卫生体系建设。以第一或责任作者在国际顶尖知名杂志发表研究成果310项，是谷歌学者全球妇产科领域被引排名第六的学者。现任中国科协副主席、中华医学会副会长、中国女医师协会会长等。

加强生命源头科技创新，保障人口可持续健康发展

健康生育是全民健康的重要基石，把好人生健康第一关，是提高出生人口素质、推进健康中国建设的重要举措，是坚持以人为本、促进经济社会可持续发展的内在要求。

2021年出生人口数量较2016年下降40%，2022年首次出现人口负增长，2023年人口自然增长率为-1.48‰，新生人口及育龄人口占比逐渐下降，未来，这种人口"倒金字塔"结构或进一步加剧。同时，作为出生缺陷高发国家，总发生率约5.6%，是欧美国家的2倍，现有70%残疾患者是因出生缺陷导致的。

我国生育力下降或受损已经不再是少数患者的问题，而是涵盖育龄健康人群正在面对的共同困境。尽管现有医学干预手段不断进步，但女性不孕不育治疗总体成功率小于40%，我国在临床诊疗中卡点问题突出，基础科研实力有待提高，核心产品高度依赖进口，根本原因在于对人类生育调控机制不清，造成生育力下降防诊治技术自主创新不足，无法支撑人口高质量可持续发展的国家科技需求。

团队重点关注生殖生物学机制、生殖衰老过程和保护保存生育力技术，解决提升

生育力、促进健康生育的关键科学技术前沿问题。

以知识体系创新，引领技术发展新路径

提高人民生殖健康水平、提高出生人口质量已成为国家中长期发展规划及"十四五"规划的重要内容，尤其是在党的二十大报告中，习近平特别提出将"建立生育支持政策体系"、应对人口老龄化作为国家战略优先发展任务。

中国生殖医学白手起家，于1988年在北医三院诞生了首例试管婴儿。经过36年的发展，获批开展人类辅助生殖技术的医疗机构已有539家，成为辅助生殖技术实施量最大、水平最先进的国家之一。仅北医三院，已完成生殖健康门诊超过700万人次，能够提供辅助生殖技术的总体技术服务量和技术水平都已经达到了国际先进水平，治疗成功率与美国、欧洲等发达国家和地区水平相当。在部分研究领域，比如着床前遗传学检测技术上，已处于国际领跑地位。

针对提高生育力的国家战略需求、人类生育调控机理与创新技术研究瓶颈，乔杰院士牵头组建并获批"女性生育力促进全国重点实验室"，在"能生""生好"等方面开展生育力促进相关生物学过程原创性机制研究，破解疑难生殖障碍疾病诊治和出生缺陷防治关键技术，从源头上改善妊娠结局，预防并显著减少出生缺陷发生。从时间、效益、任务三个维度，规划实施路径，逐步实现生育力调控机制的理论突破；开发诊断评估新技术新方法、研发靶向治疗药物、形成自主知识产权产品，实现提高女性生育力的目标。

集成攻关生育力促进核心技术，融通临床—基础—转化—应用全链条

团队结合单细胞多组学技术对人类配子发生、胚胎发育的正常过程及调控进行了详尽的解析：建立了世界上首张人类高精度的女性（卵子）及男性（精子）的个人遗传图谱，系统解析了人类生殖系统从原始生殖细胞到卵泡的分子特征及调控网络；进一步构建了人类胚胎早期发育过程中的基因转录及表观遗传调控网络，系统解析了从受精到胚胎发育14天前的人类胚胎早期发育过程的转录及DNA甲基化特征，为人类早期胚胎发育的表观遗传调控研究奠定了基础；绘制了人类植入前胚胎发育单细胞分辨率染色质可及性的全基因组图谱，并首次报道了囊胚阶段的胚胎内细胞团和滋养层细胞的嵌合特征，使用hESC（人胚胎干细胞）模拟了ICM（囊胚内细胞团）在发育过程中的非整倍体细胞的命运。

乔杰院士与团队成员开展实验研究

配子及胚胎发育异常将导致不孕不育、胎儿畸形及出生缺陷的发生。胚胎着床前遗传学检测（Preimplantation Genetics Testing，PGT）是阻断遗传疾病在家族内传递的重要手段，可有效帮助高风险家庭生育健康后代。然而，遗传疾病复杂多样，不同类型疾病的胚胎诊断面临多样化难题。近年来，团队针对不同的遗传异常疾病，开发了系列诊断方法，攻克了PGT领域众多难题。通过致病位点预扩增及单细胞基因组扩增技术，团队开发了一步完成三重检测的MARSALA方法（Proceedings of the National Academy of Sciences，2015），可同时对胚胎突变位点、染色体拷贝数进行检测，并同时完成连锁分析，极大提高了诊断的准确性。该方法已推广至全国62家单位，精准阻断了900余种遗传病。为了解决PGT过程中海量数据的分析和致病位点判定问题，团队开发了胚胎检测自动化分析软件scHaplotyper，可对胚胎突变位点进行快捷准确地连锁分析。

对于无先证患者家系，以往无法完成诊断过程中重要的连锁分析步骤。为此，团队开发了GEPLA技术，使用单精子完成胚胎的连锁分析和准确诊断，极大扩展了PGT的检测范围。同时，对于假性肥大型肌营养不良（DMD）等涉及大片段缺失的遗传家系，以往单细胞诊断准确性较低。开发的DIRECTED技术可完成缺失片段的直接检测，有效提升了该类疾病检测的准确性。对于需要同时进行单基因疾病诊断和HLA配型家系，开发了MARSALA-HLA-typing技术，在完成胚胎遗传诊断的同时，挑选HLA匹配的胚胎移植，从而使用新生儿脐带血对已有患儿进行治疗，成功帮助众多家庭达到健康生育和为患儿治疗的目的。

延长女性生育黄金期，构建多元化生育力保障体系

当前，我国民众对生殖健康的认知正逐渐提升，对生殖健康高水平服务的要求越来越迫切，对利用个体化和智能化监测自身生育力的灵活性需求越来越大。医学上，将着力点放在"想生不能生"或"想生不敢生"人群的医疗需求上，为他们提供精准辅助生育方案，使其"能生、生好"。

卵巢和子宫是维持女性生育力的两大重要器官。卵巢功能影响卵母细胞的发育成熟过程。临床卵母细胞成熟障碍的首要病因是多囊卵巢综合征（Polycystic Ovary Syndrome，PCOS），PCOS也是育龄妇女最常见的内分泌紊乱疾病，约占无排卵型不孕的80%。根据团队开展的全国大规模育龄人群生殖健康调查研究数据，我国PCOS患病率从2013年的5.6%增长至2020年的7.8%，影响约2000万育龄女性。PCOS临床表型复杂、异质性高，影响女性长期健康，代谢与炎症参与发病，但调控机制不清，目前临床仍缺乏有效的病因学干预措施，是生殖医学的难点问题。团队聚焦与糖脂代谢密切相关的肠道微生物，对其影响PCOS患者卵成熟障碍发病的具体机制进行了深入探索。在国际上首次阐明肠道菌—胆汁酸-IL-22调节PCOS发生的新机制，从肠道微环境角度为防治PCOS提供了新视角，成果受到了国际同行广泛认可，认为团队解析的肠道细胞活化对卵成熟障碍疾病防治提供了新靶点。

卵巢功能减退是导致卵母细胞生理性衰老与胚胎病理性发育异常的重要原因。当前高龄女性妊娠问题日益突出，造成不孕不育、反复流产、高危妊娠、出生缺陷等患病率井喷式增长。团队利用适龄和高龄妊娠脐血及对应父母外周血，系统分析了高龄妊娠对亲子代DNA甲基化组和转录组的影响，发现高龄妊娠父母和后代均存在衰老相关的特征性改变，母子间引起的甲基化及转录水平改变存在一定相似之处，指出了高龄妊娠后代的变化可能根源于孕妇的异常改变对卵和植入前胚胎的基因表达调控网络的干扰。此外，明确了抗苗勒氏管激素（AMH）可以作为评估卵巢储备功能的重要指标，建立了可准确预测卵巢储备功能的数学模型，进一步开发了卵巢储备功能人工智能评估的算法及软件系统。

子宫内膜是胚胎成功着床和生长发育的关键，决定妊娠过程和母胎结局。团队精准模拟胚胎发育和植入进程中的小鼠与人的类胚胎，结合胚胎体外培养体系，利用高精度单细胞测序技术，系统解析了人类胚胎在着床过程中不同细胞谱系基因表达特征及调控机制，揭示了滋养层细胞分化障碍导致人类早期胚胎着床失败的原因；初步揭示了子宫内膜周期性生理变化分子特征，鉴定了内膜容受性建立过程的关键调控因子，揭示性激素紊乱致内膜容受性下降的分子调控途径，提出AMH-Kisspeptin神经内分泌旁路的调控作用；在此基础上，不断探索子宫内膜发育异常和疾病导致的疑难

不孕症患者成功妊娠的有效措施，并据此制定临床干预新策略，使患者的胚胎移植临床妊娠率提高两倍。

围绕着卵与胚胎、子宫内膜这两种女性生育力的核心要素，在解析了肠道菌群和肠道免疫稳态对生殖内分泌疾病的预防和保护机制基础上，发现补充胆汁酸或IL-22是生殖内分泌疾病的治疗新策略，获得两项国家发明专利授权，基于此开展二甲双胍治疗、生活方式干预、中西医结合治疗等调整肠道微生物、改善生殖障碍疾病的临床研究，推广应用"生殖障碍疾病肠治"的新策略，促进成果的临床转化。Nature Medicine 在其创刊25周年特刊上，邀请团队作为全球25个医学团队中的中国唯一代表，分享生殖障碍疾病诊治的中国经验，提升了我国在生殖领域的国际影响力。在此基础上，团队对PCOS患者的肠道共生菌进行了系统的菌株分离培养，成功建立了完整的肠道共生细菌菌株库，围绕生殖障碍疾病，以肠道健康为基础，从病因阐释、分子诊断和临床治疗指导方面，推动疾病精细化分型诊治。

人类胚胎发育机制研究进展缓慢，研究样本的稀缺是主要的限制因素，因此建立可精准模拟人类胚胎发育过程的类胚胎是解决这一问题的最佳手段。团队通过建立干细胞3D诱导体系，成功获得类囊胚结构。类囊胚具有与自然受精囊胚相似的发育过程、外观形态、生理功能和分子特征，解决了研究样本稀缺的问题。

团队将生殖医学与低温生物学、肿瘤生殖学交叉融合进行攻关，研发一代产品小分子氨基酸L-Proline冻卵液，有效降低传统抗冻剂DMSO使用浓度（减少50%），保护了卵母细胞的线粒体功能、DNA甲基化及染色体整倍体性，减轻了化学毒性损伤，提高了卵母细胞冷冻保存的生物安全性。在此基础上，团队受耐寒生物体内天然抗冻蛋白启发，针对传统冻存技术的再结晶损伤问题，研发二代产品Poly（L-Proline）$_n$冻卵液，亲冰且亲水，在冰晶周围的冰—水界面有序铺展形成"防护网"；PPII螺旋结构抑制冰晶膨胀而产生的破坏作用，不进入细胞内，避免了胞内代谢毒性问题，将卵母细胞的存活率稳定提高于99%～100%，将存活率波动幅度的变异系数从8%显著降低至2%。

凝聚众智、精准发力，用医学科技创新护佑中华民族生机勃勃

在团队中，这些热爱生命科学、喜欢探索新知、愿意为了攻克难关而付出更多努力的人聚集在一起，创造了一个又一个奇迹，也在这个过程中收获了乐趣。医学、生命科学需要不断学习，因为永远有新的知识、有更好的方法去认识世界，得掌握这个方法，这个过程是其乐无穷的。

用爱创造健康生命，我们一直在路上……

保持"一丝不苟"科研心境
突破测量领域科技难题

——中国工程院院士庄松林科技创新团队

科学家门捷列夫说："科学是从测量开始的。"现代热力学之父开尔文有一条著名结论："只有测量出来，才能制造出来。"人类科学研究的革命，工业制造的迭代升级，都离不开测量技术的精进。在当代科技和工业领域，高水平的精密测量技术和精密仪器制造能力，是一个国家科学研究和整体工业领先程度的重要指标，更是发展高端制造业的必备条件。随着精密测量技术不断进步，其在科学研究、工程科技、现代工业、现代农业、医疗卫生和环境保护等领域发挥着越来越重要的作用。国家测量体系是一个国家战略科技力量的重要支撑，也成为一个国家核心竞争力的重要标志。

团队和带头人简介

中国工程院院士庄松林科技创新团队（高精度干涉测量创新团队）（以下简称团队）积累了丰富的精密测量仪器的设计、研发、产业化经验，集合了大量光学、机械、电子控制、软件设计等各专业的高素质人才，并指定韩森教授专职负责产学研合作创新项目的全面执行。团队倡导"一丝不苟"精神，以技术研发和人才培养培训为目标，不断开发新技术、推广新工艺、推出新产品，面向国家重大战略需求，坚持源头科技创新和可持续的产学研合作模式，推动产学研深度融合发展，主持并参与激光干涉仪检测技术相关的众多重要项目。

其中，国际等效高精度计量仪器和标准器研制（国家质量基础设施体系），面向精细天文观测的高精度宽动态大口径光学检测系统（国家重大科研仪器研制项目）、多幅重叠干涉条纹分离算法研究与工程化（重大科学仪器设备开发）、干涉仪光源及波前控制关键部件开发（国家重大科学仪器设备开发专项）、干涉仪用户界面及应用数据库开发与相位调制干涉仪标准研究（国家重大科学仪器设备开发专项），以及激光干涉仪用于现场高效光学检测关键技术的研究和应用（上海市科学技术委员会）、纳米级面形无损检测仪（国家科技部中小企业创新基金项目）、4英寸平晶检定仪的研制和应用（江苏省科技计划项目）、纳米级波面检测激光干涉仪开发（中试及产业化类）等项目均取得了关键性突破，为创新成果工程化和产品定型化奠定了基础。仅超高精度相移式激光干涉仪及同类仪器的累计销售额就达到了6000万元，推动相关产业（计量、大科学装置、超精密）发展及销售产值20亿元。

庄松林院士

团队参与起草《平面相移干涉仪》国家行业标准（工业和信息化部公布）、《平晶检定规程》和《数字式球面激光干涉仪校准规范》（国家市场监管公布）、《大尺寸平面平晶检定规程》(国防科工局公布）等标准规范建设工作，多次填补国内空白。共发表与项目相关的激光干涉仪设计及检测方法的论文115篇，学术著作15本，专利51项，其中发明专利31项。获得"中国计量测试学会科学技术进步奖"一等奖、"中国产学研合作创新成果奖"一等奖、"日内瓦国际发明展特别金奖"、"中国光电博览奖"金奖等诸多国内外重大奖项。

团队带头人庄松林院士，江苏溧阳人，上海理工大学光学与电子信息工程学院院长、博士生导师，同济大学教授，上海交通大学、复旦大学、浙江大学兼职教授，1995年当选为中国工程院院士。现任中国兵器工业集团有限公司科技委委员，中国兵器北方光电集团有限公司研究员，国际光学工程学会和美国光学学会资深会员，中国仪器仪表学会名誉理事长，中国光学学会荣誉理事。

庄松林院士从事应用光学、光学工程和光电子学研究，在太赫兹技术、光学超分辨成像、微纳光学工程及医用光学工程等国际前沿领域的研究及产业化中做出了突出的贡献。先后在 *Nature Photonics, Nature Communication, PRL* 等国内外重要刊物发表专业论文 300 余篇，著有科学专著《光学传递函数》。多年来他亲自指导的硕士生和博士生 40 多名，指导的博士论文获选 2009 年全国百篇优秀博士论文和 2013 年全国百篇优秀博士论文提名。2018 年，庄松林院士被评为上海市教育功臣。

"创新为第一要义"

庄松林院士团队坚信"创新为第一要义"，坚持科学研究要面向世界科技前沿、面向国家重大需求，勇于独辟蹊径，敢于源头创新，力争为国家奉献更多的自主可控的原创性科研成果。为更好地适应国际单位制量子化变革，满足生产生活对高效精准测量的需求，创新团队积极探索研究、勇于创新实践，聚焦国家重大战略走向，针对国内外高端检测仪器和技术等需求，依托产学研深度合作，实现了多项关键技术突破及阴影。团队积极响应国家"四个面向"的号召，坚持创新引领、优化升级、需求牵引、重点突破的科研创新原则，以一丝不苟的专业精神为提升国家整体测量能力水平贡献力量。

团队针对平面干涉检测技术的检测精度受限于参考面面形精度的问题，发明了用于测量平晶绝对面形的激光干涉校准测量方法及设备，突破一等平面平晶检测的瓶颈限制，实现了"用低精度参考平晶检测高精度平晶平面度"的宏伟目标。团队突破传统的量值传递概念，创新测试方法，首次实现闭环自检。在高精度测量时，参考面水平放置所产生的微小自重变形，将会对测量结果产生巨大影响，限制了测量的进度与准度。团队在保证绝对测量结果的准确性和重复性不变的情况下，突破了这一限制，拓展了平面测量应用。团队突破测量环境不稳定（包括气流扰动和基地振动）对检测数据的极大干扰，开发出抗扰动功能 QHL 测量模块，既降低了测试成本，又将测量重复性精度提升了 10 倍以上。

面对科研成果向技术产品转化的难题，团队坚守"创新第一"的初心，直面开发过程中出现的种种困难，凭借着不达目的誓不罢休的韧劲和决心，攻克了一个又一个难题。团队系统性地开展了模块化激光干涉仪设计及应用的关键技术的研究与攻关。基于模块化设计思路开发了激光干涉仪的核心关键部件和测量软件，设计出多种型号的高精密数字化激光干涉仪；利用满足高精度相对测量的理论成果，开发绝对检测算法和闭环自检技术，使平面面形检测精度提高了 6 倍；开发抗扰动功能 QHL 测量模块，解决测量环境不稳定对检测数据的极大干扰甚至无法测量的工程化难题，推动高精尖技术的产品转化；自主研发超大口径干涉仪，实现了大口径干涉仪全面国产化所需的底层技术支撑。

在理论突破带头人庄松林院士和创新执行掌舵者韩森教授的协同指挥下，团队进入了理论创新与技术创新同步走的发展轨道，依托产学研项目成果实现了数字化激光干涉仪核心技术的工程化、系列化、产品化和产业化。主导产品充分融合了团队技术突破和技术积累成果，可对微/纳米级面形加工行业的质量控制和产业升级产生重大影响，特别是在尖端技术领域的应用，对支持国家重大工程项目，以及保障国家安全都具有重要而深远的意义。目前团队研发的系列产品及服务方案已经在国家计量单位、国家大科学装置及工程、高精密光学机械加工行业中的多家企事业单位进行推广应用，既提升了中国高端检测仪器在国际市场中的占有率，又推动了我国高精密检测技术的长足发展。

"创新为第一要义"是团队科技水平、科技导向的集中反映，更是激励广大科技工作的加油站和指路明灯，也是团队全面提升科技成果质量的重要抓手，在激励科技创新、激发人才活力、营造良好创新环境中持续发挥着重要作用。

光学仪器与精密测量团队成员

"科学技术是第一生产力"

在当代科技和工业领域，传统意义上的基础研究、应用研究、技术开发和产业化的边界日趋模糊，科技创新活动不断突破地域、组织、技术的界限，科技创新链条更加灵巧，技术更新和成果转化更加快捷，产业更新换代不断加快，迫切需要产学研合作模式的协同推进。团队一直践行"科学技术是第一生产力"的理念，始终与高校、科研院所、相关企业保持着良好的合作关系，构建出富有成效的"产学研深度融合"的技术创新体系。

团队大胆打破研究与产业的界限，与产业伙伴深度合作，协同推进，聚合优质资源，聚焦核心技术，开展联合攻关，加快产学研用融合，借力应用反馈快速提升团队科研创新水平。团队与中国计量科学研究院、中国科学院长春光学精密机械与物理研究所、中国科学院上海光学精密机械研究所、上海计量院等国家计量机构建立了产学研融合创新机制，形成了科研服务生产、生产指导科研的良性循环。

庄松林院士团队在强化基础研究与核心突破的同时，格外重视研究成果的推广应用，全力拉通由理论到产品与产业的协同。团队将底层研究与技术开发的成果应用与推广在硬 X 射线自由电子激光关键技术研发及集成测试、引力波探测器、激光惯性约束聚变原型装置、天空一号高精度激光测距项目、航空航天相机折返式光学系统、高精度碳化硅

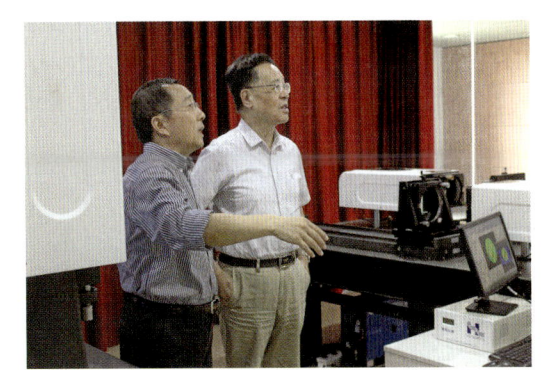

庄松林院士指导项目团队工作

非球面反射镜集成制造系统等大科学装置和工程中，用最新的技术直接指导项目，用项目结果对技术进行反复实践检验，这种科研创新与产业发展"双向奔赴"取得了巨大成功。

创新团队研制的设备应用在中国大科学装置——硬 X 射线自由电子激光（上海光源）关键技术和集成测试 X 射线光学及探测器技术的研发中，每个光束线中的光学元器件具有极高的形貌和倾斜要求，作为项目负责人超高精度激光干涉仪新产品研究和开发、设计和制造，以及新测试方法的研究。成功地实现了该产品在全球范围内的非常高的测试精确度 $PV=\lambda/120$ 和重复性精度。中国超高精度测量技术产品从此登顶超高精度光学元器件检测精度的新高峰。

随着一系列创新成果技术及产品在德国计量院 PTB、中国计量单位、国家大科学装置及工程、高精密光学机械加工行业等多家企事业单位进行推广应用，中国高端检测仪器在国际市场中逐渐争取到主动权，建立了前所未有的影响力。

结 语

坚持科技创新之路为团队夯实了发展基础，坚持产学研深度融合为团队注入了发展活力。庄松林院士创新团队以一丝不苟的精神大力支持国家现代先进测量体系建设，不断提升我国整体测量能力和水平，服务经济社会高质量发展。

心系民生难题
实现餐厨垃圾处置技术的颠覆性创新

——中国工程院院士刘人怀科技创新团队

随着国家经济的发展和人民生活水平的提高，我国居民的食品消费日益丰富，餐厨废弃物产生量不断增长，对餐厨垃圾的有效治理成为社会面临的重要民生问题。为此，中国工程院刘人怀院士组建产学研综合创新团队，将国际前沿的合成生物学技术与环境治理相结合，研发出用于餐厨垃圾处置的颠覆性科技创新成果——联合生物技术，并成功突破行业壁垒，实现科技成果转化和大规模产业化运行。

团队和带头人简介

中国工程院院士刘人怀科技创新团队（"联合生物技术"的产学研综合创新团队）（以下简称团队）以刘人怀院士为创始人和带头人，以中青年骨干为主体，拥有国家级人才、海外引进人才、博士、硕士等多层次人才，在广州、成都拥有多个实验室和实验基地。团队积极满足社会重大民生需求，聚焦源头创新，创造性地将合成生物学技术应用于餐厨垃圾治理，研发出国际领先的生物菌种，在餐厨垃圾发酵技术上取得颠覆性突破。围绕核心生物菌种，团队全方位设计了"联合生物技术"的集成处置工艺和整套技术设备，在餐厨垃圾的"减量化、无害化、资源化"治理上走在全球行业前面，实现产业化落地和运行，产生显著的社会经济效益。

团队创始人和带头人刘人怀院士毕业于兰州大学，从事高校教学、科研 60 年，先后参加过航空航天、压力容器、精密仪器仪表等重大科研项目攻关，是我国板壳结构理论与应用研究的开拓者之一。1999 年，刘人怀当选中国工程院机械与运载工程学部院士。刘人怀先后担任过上海工业大学副校长兼管理学院创院院长、暨南大学校长、澳门科技大学常务副校长、教育部科技委管理科学部主任等，参加过安徽省旅游产业和上海浦东新区的开发建设，是中国管理科学理论和实践方面的专家。2000 年当选为中国工程院工程管理学部首批院士。

刘人怀院士

团队联合创始人刘泽寰博士是"联合生物技术"的核心菌种和生物工艺的发明人，现任暨南大学生命与健康工程研究院副院长、研究员、博士生导师。其长期从事基因工程、生化工程、合成生物学等领域的研究工作，取得卓越的研究成果，是教育部"新世纪优秀人才支持计划"获得者。

面向重大需求，勇于接受新挑战

餐厨垃圾是餐厨废弃物的统称，来源于餐桌剩余食物和厨用食材余料。随着国家经济的持续发展和人民生活水平的不断提高，我国餐厨垃圾产生量呈现较快增长态势。2020 年全国的餐厨垃圾产生总量已超 12775 万吨。由于我国饮食文化丰富，餐厨废弃物类型众多、成分复杂，处置难度非常大。在未得到有效治理前，餐厨垃圾中的有害物质直接威胁着人们的身心健康和生命安全。

为建设美丽中国，政府与环保行业在餐厨垃圾控管治理上付出了难以估量的精力、财力，然而，治理成效却忧喜参半。特别是自 2019 年以来，随着生活垃圾分类工作的深入推进，居民厨余废弃物也逐步被纳入餐厨垃圾治理的范畴，整体处置收运量会进一步增长，成分和类型将更趋复杂，对我国的餐厨垃圾治理能力建设和治理水平提升提出了更高要求。传统的餐厨垃圾处置技术，按照国家"减量化、无害化、资源化"的治理要求和标准，存在减量处置周期长、资源转化利用率低和二次污染的缺点，整体而言都面临技术、运营和效益瓶颈。

早在 2010 年，刘人怀院士就深深感受到餐厨垃圾对社会环境的危害。基于高度的社会责任感，刘人怀主导整合来自环境、生物、工程等领域的科研专家，组建了一支跨学科专项研发团队，集中就餐厨垃圾治理难题进行摸索和攻克，在分析我国餐厨废弃物的成分特点并总结世界上已有处置技术的不足之处后，走出一条具有我国特色的全新治理之路。

立足科技前沿，坚持从源头创新

团队立足于国际最前沿的合成生物学技术，从传统酿酒酵母中培育、筛选出一种具备增益复合功能的核心生物菌种，能够在 36 小时内将餐厨垃圾中的淀粉、纤维降解为寡糖和单糖，同时将动植物蛋白降解为小肽和氨基酸。核心菌种通过吸收这些降解出来的营养物质，自身得以大量繁殖，形成优质安全的菌体蛋白。其余的营养物质，经过发酵转化为乙醇或沼气等具有附加经济价值的发酵产物。核心菌种经过抗逆性筛选（耐盐、耐酸、耐辣），使其能够在餐厨垃圾这样恶劣的条件下生存，不需要外加商业化酶辅助。

在 2013 年研发出核心生物菌种后，团队针对传统工艺的不足之处，结合自身技术特点，采用模块化创新思路，相继设计研发了围绕核心菌种发酵的生物工艺和技术设备，形成一套完整的用于餐厨垃圾处置的集成工艺技术，将其命名为"联合生物技术"，主要工艺流程包括前处理模块、灭菌发酵模块和分离产出模块。餐厨垃圾首先进入前处理模块进行破碎、除杂和制浆，形成的有机浆料进入灭菌发酵模块进行灭菌和发酵，发酵后的醪液进入分离产出模块得到工业毛油、菌体蛋白粉及乙醇等其他终端产品。

从"减量化"效率看，"联合生物技术"完成对餐厨垃圾全程处置只需约 48 小时，只有传统处置工艺的十分之一，并且工艺线设备分布集中、占地面积小，适合大规模工业化处置生产。

从"无害化"效果看，"联合生物技术"对餐厨垃圾进行有目的的降解和转化，抑制了杂菌繁殖和有害物质积累，再通过两次高温灭菌，不仅保证了发酵过程的稳定，也保证了后端产品的安全，实现了全程无害化。

从"资源化"程度看，"联合生物技术"能够从餐厨垃圾中产出 2%～4% 富含益生菌体的蛋白粉、7%～9% 的工业毛油、1%～3% 的乙醇或沼气。处置过程中析出的 6%～8% 轻渣，烘干后能用作垃圾衍生燃料；剩余约 80% 的水，处理后可再循环利用，使整体资源化利用率接近 100%。

"联合生物技术"是国际上继填埋、焚烧、好氧堆肥、厌氧消化、虫蝇养殖之外的第六种餐厨垃圾处置技术,在"减量化、无害化、资源化"三个方面实现了对传统处置方式的颠覆性技术超越,是一条集工业自动化、资源再生利用一体化、高附加值、绿色低碳的新工艺技术路线。该技术具备完整自主知识产权,已申请专利60多项,30多项已经授权,包括8项国际专利授权。

突破行业壁垒,实现产业化落地

刘人怀院士将研发团队扩展成为一个产学研综合创新团队,包括来自商务和金融领域的创业者,于2013年8月在广州成立广东启智生物科技有限公司(后更名为广东利世康低碳科技有限公司),开始进行联合生物技术的中试实验建设,将理论成果推进到生产验证阶段。至2016年,中试线一共进行了100多个批次试验,系统验证了"联合生物技术"对餐厨垃圾处置的可行性、高效性与稳定性。

中试完成之际,团队着手进行科研成果的产业化落地和推广,因餐厨垃圾治理牵涉到的环节多,存在行业壁垒,过程不顺利。刘人怀院士与当时新都区委领导谈到这项创新技术,引起区委区政府高度重视。在充分考察了这项技术的独创性及潜在社会经济价值后,新都区政府于2018年10月与团队达成重大招商引资投资协议,与新都区国资平台香投集团兴城建设投资有限公司合资成立一家混合所有制企业——四川利兴龙环保科技有限公司(以下简称利兴龙),开启了"联合生物技术"在新都区的产业化落地进程。该项目总体目标是建设日处理800吨的餐厨垃圾处置厂,分两期建设。第一条50吨生产线于2020年9月建成投运,实现了"联合生物技术"的大规模产业化运行。第二条生产线也在2022年年底建成,完成项目一期整体100吨日处理能力的规划目标。

利兴龙公司"联合生物技术"处置车间

秉持合作共赢，产业化效益显著

为推动这个关乎重大民生需求项目的产业化，新都区政府将绿色循环科技产业园纳入新都区幸福美好生活十大工程项目重点推进，由团队结合社会资本与区属国企合资成立的利兴龙负责项目的"建设运营，发展共赢"，营造科技成果的产业化应用场景。

为解决餐厨垃圾来源链条长、环节多的困难，新都区积极探索餐厨垃圾的收集、运输、处置一体化管理模式，逐步规范餐厨垃圾收运行业，由符合资质的收运企业通过市场化竞争获得利兴龙的收运服务合同，确保全区食堂和餐厅每天生成的餐厨垃圾能及时、全量地进入利兴龙集中处置。按照"谁产生、谁付费"市场化运行机制，向餐厨垃圾产生单位收取收运处置费用，免除政府的财政补贴。通过一体化全链条闭环管理，确保了收集、运输、处置环节的有效衔接，斩断"地沟油"流向餐桌的途径。

"联合生物技术"的首条日处理 50 吨的生产线自投运以来，已累计处置餐厨垃圾 40000 余吨，产出菌体蛋白粉 1000 余吨，其中蛋白含量达到 40% 以上，是优质饲料添加剂；提取工业毛油 3500 余吨，用于制造生物柴油乃至生物质航空煤油；制取乙醇 600 余吨，作为非粮食发酵的产物，具有可持续发展的优势。通过这些高附加值产品，利兴龙累计经济收益 4000 余万元，节省区级财政资金达 1500 万元以上。

2021 年 9 月，成都市城管委委托第三方测评机构对利兴龙项目进行了为期 40 天的驻场测评，全面考察了项目的建设和运营效果。出具的测评报告充分肯定了"联合生物技术"的先进性、稳定性和可靠性，具备良好的生态效益、经济效益和社会效益，可以进行大规模技术与项目推广。

展望"双碳"目标，助力可持续发展

近年来，我国生态文明建设进入以降碳为重点战略方向、推动减污降碳协同增效、促进经济社会发展全面绿色转型的关键时期。团队主动开展了对碳减排计算的研究，并得到了中国环境检测总站、天津大学、武汉工商学院等研究单位的合作。研究结果表明"联合生物技术"单位碳减排超过了所有其他餐厨垃圾处置工艺，已进入四川省认定的"绿色技术"名录，并于 2020 年 8 月由四川省发展改革委牵头向国家相关部委推荐为国家级绿色技术。2022 年利兴龙成功申报成为国家高新技术企业。

团队科研人员针对核心生物菌种进行迭代研发。新一代核心菌种可以将发酵时间缩短三分之一，极大地提高了对餐厨垃圾的处置效率。通过对部分设备的相应优化改造，现有两条生产线的整体日处理能力达到 200 吨，超额一倍完成利兴龙项目一期原先的规划目标。使用合成生物学技术对餐厨废弃物进行微生物发酵做饲料化利用，是团队长期以来的主要研究方向之一，也是"联合生物技术"的核心创新部分，具有很强的前瞻性。为增加后端菌体蛋白粉中益生菌体的含量，核心菌种被扩展为核心菌群，以核心菌种为主，辅以多种益生菌，提高降解蛋白、淀粉、纤维素的能力和增强抑制有害杂菌的能力，对餐厨垃圾达到全方位的安全降解、发酵和增益。作为优质饲料添加剂，益生菌体蛋白粉的蛋白质净含量与豆粕相当，富含益生菌，鱼虾和禽类养殖试验效果良好，从各方面都符合国家实施全面节约战略的需求。

"联合生物技术"自成功落地成都市新都区以来，已有超过2000人次、100多个地方的政府主管部门和企业单位考察利兴龙的餐厨垃圾示范处置厂，受到社会各界和媒体的广泛关注。2021年，采用"联合生物技术"日处理能力达100吨的项目成功落地山西省怀仁市，这是利兴龙运营以来获得的第一个项目；2022年，利兴龙在贵州省威宁县取得当地餐厨垃圾处置的建设运营资质；利兴龙与北京首发集团签订战略合作协议，"联合生物技术"向京津冀地区推广。规划中还有成都市绿色循环科技产业园二期日处置600吨项目，该项目建成投运后，利兴龙的处置能力将大幅提升，单位产出边际效益将持续扩张。

结 语

餐厨垃圾治理是关乎人民生命健康的重大民生需求。团队坚持产学研合作共赢的理念，把握我国社会经济发展全面绿色转型的时机，立足世界科技前沿，完成对餐厨垃圾处置工艺的颠覆性技术创新，助力国家实现"双碳"目标和高质量可持续发展。

多学科产学研融合创新
提升能源与水协同安全

——中国工程院院士刘合科技创新团队

能源和水是国家高质量发展的基础性和战略性资源。我国是全球最大的能源生产国和消费国，也是水资源最短缺的国家之一。能源和水是应对气候变化和实现"双碳"目标的关键领域，协同安全保障需求强烈又挑战艰巨。CERC（中美清洁能源联合研究中心）能源与水产学研中方联盟创新团队（以下简称团队）汇聚国内最优秀的技术力量，对接国际最尖端的创新资源，研究跨越能源、水和气候等领域，从西北戈壁到东南沿海，足迹遍布祖国大地。在实践中创新"两式三化"机制，推动多学科交叉、产学研融合和国际高端合作，为我国能源与水协同安全保障及气候变化科学应对做出突出的贡献。

团队和带头人简介

CERC能源与水产学研中方联盟创新团队包括中国石油集团科学技术研究院、中国水利水电科学研究院、电新能源技术研究院、国家气候中心、长江三峡集团公司、清华大学、北京大学等26家单位。学术带头人为刘合院士和王建华教授，骨干成员有杨清海、肖潺、孙振新、彭期冬、朱永楠、姜珊、许建国、曹亮、严增民等40余位中青年专家。联盟自组建 8 年以来,取得了一系列重要成果,为保障我国能源与水安全、科学应对全球气候变化做出重要贡献。

刘合,中国工程院院士,能源与矿业工程管理专家。多年致力于采油工程技术及装备研发、工程管理创新与实践,创建了采油工程技术与管理"持续融合"工程管理模式,攻克了精细分层注水、分层注入聚合物等核心关键技术,加快了新技术升级换代及工业化应用,推动了技术与管理跨越式发展,实现了尾矿与劣质资源的有效开发利用。获得"国家科学技术进步奖"特等奖 1 项、二等奖 3 项,"国家技术发明奖"二等奖 1 项;获得"光华工程科技奖""孙越崎能源大奖"等荣誉。

刘合院士

王建华,正高级工程师,中国水利水电科学研究院副院长,兼国际水资源学会中国委员会副主席、亚洲水理事会水与气候变化特别委员会主席,国家"万人计划"领军人才,国家杰出青年基金获得者。主持国家重点研发计划项目等重大科研课题,在水资源基础理论及其节约、保护与管理技术取得创新突破。其获"光华工程科技奖"、"全国创新争先奖状",其研究成果获"国家科学技术进步奖"一等奖 1 项、二等奖 2 项、省部级一等奖 13 项。

王建华副院长

团队:跨界组建,矩阵式融合

面对日益突出的能源与水安全问题,2013 年世界银行在全球范围发起"干渴能源"计划,2014 年世界水日主题定为"水与能源"。这一年,中美清洁能源联合研究中心(简称 CERC)将"能源与水"列入合作领域。

2015 年,在科技部指导下,中国水利水电科学研究院联合中国石油集团科学技术研究院有限公司、国家气候中心、国网新能源研究院等 26 家单位,成立了以刘合院士、王建华教授为双带头人的 CERC"能源与水"产学研中方联盟科技创新团队。团队全面开启了以产学研融合为"经",以多学科交叉为"纬",以中美合作为支撑的矩阵式协同创新。团队在合作过程中统筹资源优势、创新管理模式,贯通目标统一性、管理差异性、创新应用性,突破了传统行业管理与科研组织方式,打破了跨部门跨领域壁垒,形成了强大科研合力。

团队瞄准国际前沿，与 CERC 美方产学研联盟开展深度合作。合作过程中，团队采用灵活的科技合作模式，制定交流互访、信息共享、拓展协作等机制，发挥联合优势，促进技术交流推广，合作模式与效果得到双边政府的高度认同。

通过跨学科交叉、产学研融合、中美交流合作等一系列科研活动，团队取得了一批重大理论技术成果，被评价为"整体达到国际领先水平"。研究成果及应用提高了我国能源与水领域的科技竞争力和国际话语权，为应对气候变化、保障能源与水安全提供重要的科技支撑。

科研：协同创新全链式推进

针对以往能源与水互馈机理研究薄弱、协同安全与绿色高效利用技术不足，以及产学研融合机制不健全等短板，团队抓住化石能源、水能、太阳能、风能等重点领域，积极开展"机理—技术—工艺—示范"的全链式创新。

能源与水：探寻纽带关系，强化应对气候变化的"真功夫"

能源和水是气候变化敏感领域，全球气温攀升、极端天气频发，给能源与水保障带来深刻影响。团队系统解析了能源与水的纽带关系及演变规律，揭示了气候变化对化石能源开发和水资源的影响机制，提出气候变化对能源与水协同发展影响评价方法及适应性策略，绘制了国家尺度能源开发利用过程中的能流图和虚拟水流图，构建了能源与水耦合层次化模拟模型，为能源与水适配性诊断、宏观调控政策制定和均衡发展路径设计提供技术支撑。

火力发电：废水零排放，工业用水大户的"节水经"

火电用水占我国工业用水比例达 40%，我国火电大多分布在富煤缺水地区，推进火电厂深度节水和废水零排放，是煤炭能源清洁高效利用的重要环节。团队开发了适合火电厂湿法脱硫烟气水热回收的开式吸收式热泵系统工艺，实现火电厂湿烟气中的水、热回收利用，促进烟气中颗粒物脱除，有效治理"石膏雨"现象。团队提出的基于空冷技术与运输床气化 IGCC（整体煤气化联合循环发电系统）及内在碳捕集 IGFC（煤炭气化燃料电池复合发电）电站集成系统的高效节水电站系统工艺方案，提高供电效率、降低水耗，有效促进热力发电行业节能减排目标的实现。

石油开采：CO_2 无水压裂，节水、增产和碳埋存"一石三鸟"

作为非常规石油资源，我国致密油、页岩油蕴藏丰富，开发潜力巨大。然而，传统开发模式耗费大量水资源，且影响生态环境质量，为此科技部明确要求在合作中开展 CO_2 无水压裂技术攻关。团队创新提出了我国陆相非常规油藏 CO_2 压裂增产—节水—埋存系统理论。针对 CO_2 无水压裂规模受限、难以满足非常规储层大规模体积压裂的难题，团队自主研发了 CO_2 无水压裂大尺寸立式密闭混砂车，大幅度提升输砂稳定性和输砂规模，CO_2 无水压裂施工具备排量 12 立方米 / 分、砂量 50 立方米、液量 2000 立方米的能力，实现我国采油技术的重大突破。与常规水基压裂相比，CO_2 驱见油时间缩短 5 天，单井次施工平均节水 1512 立方米，增产效果提高 1.3 倍，CO_2 埋存率提高 10 个百分点，同步实现了节水、增产、提高碳埋存的多重目标。

低渗透油藏 CO_2 无水压裂改造现场

水电：破解生境保护难题，为鱼儿建造一个"宜居之家"

水电是技术成熟的可再生能源，但运行中的生态环境问题不容忽视。目前我国大型水电工程采取栖息地保护、生态调度、分层取水等措施，但措施的科学性和效果尚有待提升。团队瞄准鱼类生境保护这一复杂科学问题，构建了水生态"量—质—域—流—生"全要素保护修复理论及动态评价方法，提出分区分类的水生态阈值等新理念。针对水电工程生态调度的技术需求，确定了中华鲟、四大家鱼等 10 余种鱼类关键环境因子适宜范围，研发了面向鱼类水文水动力需求的精细化调度模型、生态调度实时决策模型、水库水温快速预测及分层取水优化调控模型。此成果应用于长江流域水电运行管理，长江中游家鱼产卵量较三峡水库建成之初增加 30 倍以上，赤水河鱼类资源量增加近 100%。

风能太阳能：保障农村供水，小叶片上做"大文章"

我国牧区主要分布在西北地区。这些区域水源缺乏、电网覆盖度低，农村供水、牧草灌溉难度大，但风能太阳能资源丰富，因地制宜开发风能太阳能供水设备，是解决供水问题的重要途径。团队研发了风能太阳能宽高效区专用水泵，解决了风能太阳能与水泵不相匹配的难题，提水系统总效率提升约 30%，日提水量增加 18%～25%。

叶片是风力机风能利用效率的关键设备，关乎风力机整体性能。团队针对夏季用水高峰期的低风速工况条件，优化设计风力机翼型，研发了提水专用升力型低风速风力机叶片，将风能利用系数从32%提高到39%，在年均风速3米/秒地区均可推广使用，显著提升了这项技术的适用范围与使用效果。

紧盯产业难点，打造国际先进的技术标杆与中国样板

团队自组建以来，紧密围绕能源与水纽带关系及高效绿色利用，在技术、工程、管理与战略开展了多层次创新，为能源与水协同安全保障和科学应对气候变化提供了全方位支撑。

团队在国电内蒙古东胜热电有限公司建成脱硫废水零排放示范工程，全厂实现废水无外排，减少电厂净补水量23.8%，废水梯级利用率达16.8%，单位发电用水量降低20%以上，年节水40万余吨，年产二级精盐160吨，节水减排示范效应和推广价值显著。团队在吉林油田开展CO_2压裂现场试验及示范应用，累计埋存气态CO_2达1700万吨，累计节水11.1万立方米，增加原油产量2.2万吨，增加天然气产量6484万立方米，为国内其他油田同类油气藏的开发提供了经验借鉴。团队在内蒙古建设太阳能供水、风光互补供水等示范工程7处，总装机容量16.4千瓦，示范工程在实际使用中方便、简单、可靠，让牧民增收7%～45%、作物增产150千克/亩，经济社会效益巨大。

聚焦实践痛点，为能源与水协同管理注入新动能

协同管理是协同安全的重要保障，受部门分离管理制约，能源与水协同管理基础薄弱。团队以北方灌区用水量实时管控实践难题为突破口，针对地下水井采耗能这一"能源与水"交叉点，分析了94万眼机井大数据，开发"以电折水"地下水开采评估技术与系统，辅助水利部门实现农业灌溉用水量核算，并在北方十多个省市推广。团队研发的鱼类生境保护关键技术，推广应用于长江、澜沧江等水电开发密集河段，提升了梯级生态调度的运行管理水平，为水电高效绿色发展提供支撑。

面向战略要点，服务国家宏观决策与重大规划

战略决策是实践的指南针和总开关，团队积极开展能源与水协同安全保障宏观战略与规划研究，努力发挥前瞻引领作用。针对我国化石能源与水资源最不协调、协同安全难度最大的黄河上中游和新疆地区，团队提出协同安全关键要在"四化一创"之

间寻求平衡，"四化"即水资源对能源产业支撑最大化、能源产业对水与生态扰动最小化、能源对经济社会发展带动最大化、气候变化对能源与水影响最小化，"一创"即能源与水安全保障技术与机制创新。团队政策性研究成果直接支撑了《国家节水行动方案》《工业废水循环利用实施方案》等国家重大战略规划及政策措施，同时应用到中石油油气田灾害防御、天然气保供等工作中。

传承：人才培养，梯次化发展

科技创新的根本源泉在于人。团队将培养创新型人才作为重点任务，自组建之初就凝聚一支学科优势互补、年龄结构合理的队伍，实现老、中、青三代科学家梯次化发展。

作为团队能源领域的带头人，刘合院士追求卓越、勤勉求索，带领年轻人坚守生产一线，永不停歇创新步伐。他主持研发我国第三代、第四代分层注水技术和储层压裂改造关键技术，解决老油田开发后期尾矿资源最大化利用和劣质资源效益开发等重大难题，并于2017年当选为中国工程院院士。

作为团队水领域的带头人，王建华教授瞄准世界科技前沿和国家战略需求，敢于且善于带领团队跳出原来舒适的"水"圈子，探寻能源与水互馈机制，研发绿色利用技术与协同安全战略，通过试点实践、技术标准和企业合作，推动了水资源节约保护链式贯通与学科交叉。先后荣获"第十四届光华工程科技奖"和"中国产学研合作创新与促进奖"。

作为团队骨干，肖潺牵头开展能源与水气候变化影响评估，获评中国气象局"十三五"优秀气象科技成果，2017年度中国气象局重大气象服务先进个人。杨清海创新智能化采油技术与装备研究，研发多项突破性技术，大幅减少了油田系统无效水循环，为传统油气开发模式整体升级换代做出重要贡献。孙振新不断钻研火电厂节能节水技术，系统梳理从工艺节水、废水回收利用到烟气水回收的全过程技术特点，推动示范工程顺利实施。彭期冬围绕栖息地保护、生态调度、分层取水等关键难题，创新研发水电开发鱼类生境保护措施优化运行关键技术，推动研究成果落地应用。

团队特别注重对青年人的培养，尽可能给予青年人更多的平台机会，为青年骨干提供合作交流渠道，拓展成长空间。朱永楠、姜珊、曹亮、张利平、孟思炜、张迪等一批"青稞"逐渐成长为业务骨干，多名成员晋升为单位或部门首席科学家、学科带头人，越来越多的青年人走上国际舞台，主持重大科技交流活动，在国际期刊、国际会议、国际组织发声，有效提升了我国在能源与水领域的国际话语权。

聚力：团队文化，二元化联结

在刘合院士带领下，团队形成"以事业凝聚感情，以感情推动事业"的双环式链接，既是一个严谨求实的科研团队，又是一个和谐温馨的"大家庭"。

团队带头人刘合院士深谙科研创新团队文化建设之道，坚持以国家需求为导向，以人为本，以科研项目为载体，成功打造了团队的链接双环，通过对 4P 要素的把握与实践创新团队管理模式，取得巨大成效。一是明晰团队目标（Purpose）。团队成立之初，刘合院士就带领团队逐一明确国家服务目标、研究产出目标、技术创新目标及人才发展目标，确立团队行动指南；二是科学制订计划（Plan）。刘合院士认为磨刀不误砍柴工，制订一个好的计划能让团队少走很多弯路。他以项目任务和中美合作《十点计划》为突破口，不断细化和完善研究方案，让团队清晰地知道该干什么和怎么去干；三是明确各自定位（Place）。在能源与水产学研中方联盟成立之初，刘合院士就带领大家一同绘制团队组织结构图，让每个成员找准自己在整个体系中的定位，明晰自己的任务、职责，以保障能源与水产学研中方联盟正常运转和项目顺利实施；四是激发创新活力（Power）。刘合院士知道，人的主观能动性是创新的内在动力，他设计了激发团队成员创新活力"三步曲"，激励着团队不断向前。一是积极组织并参与技术创新团队讨论；二是对有创新价值的阶段性成果大力鼓励和表扬；三是等到成果出来后，甘当伯乐进行推荐发表，而他自己却总是在成果名单中悄然"隐身"。

在团队中，刘合院士是最操心的"家长"，不仅关注项目进展，还关心每位成员生活。团员们有困难，他第一时间了解情况，尽全力帮忙解决，每个节假日，团员们都会收到他的祝福，他还会把自己对工作、对生活的热爱分享给团队，让每一个人都能感受到被关怀的温暖。正是因为这种细心和真诚，他与美方联盟主任阿肖克·加吉尔（Ashok Gadgil）院士也结下了深厚的友谊。

结 语

以"个人魅力"凝聚人，以"责任心"感召人，以"锐意创新"磨砺人，以"艰苦奋斗"锤炼人，以"团结协作"成就人。刘合院士领衔的能源与水产学研创新团队，以"实现能源与水资源高效绿色利用"为目标，以"无需扬鞭自奋蹄"的自觉性，凝聚国内化石能源、新能源、水资源、气候变化等领域 26 家企业、科研院所、高校科技工作者，组成产学研用一体化平台，完善长效合作机制，深化、拓展合作空间，提出中美能源与水产学研联盟矩阵式协同管理创新模式，有效保障了跨机构、跨专业、跨领域双边合作顺利实施，遵循"机理识别—技术突破—工艺创新—示范应用"的技术路线，走出了一条"产—学—研—用"全链条式合作新路线，为推动能源与水科技协同创新及成果转化应用保驾护航。

用创新技术打造民族品牌的高端生物材料

——中国科学院院士刘昌胜科技创新团队

团队和带头人简介

团队带头人刘昌胜院士，教育部医用生物材料工程研究中心主任，第三届中国生物材料学会理事长，第八届、第九届国家自然科学基金委员会委员，国家"纳米科技"专项总体专家组成员，国务院学位委员会材料学科评议组成员，教育部科技委材料学部委员，第七届上海市科创启明星协会理事长、上海市科协副主席。长期从事骨修复材料的研究开发工作，在材料的设计和功能化构建、生长因子的制备、组装和活性调控等方面开展了深入的研究，在骨缺损修复材料方面做出突出贡献。先后获得"国家自然科学奖"二等奖和"国家科学技术进步奖"二等奖（均排名第一），"何梁何利基金科学与技术创新奖"等，国际生物材料学会联合会会士（Fellow）、美国医学与生物工程院会士（Fellow）、中国医学科学院学部委员，获得"全国杰出专业技术人才"、"上海市青年科技杰出贡献奖"、国际知名杂志《生物活性材料》颁发的第一届"生物活性材料终身成就奖"等荣誉称号。

团队面向临床实际需要，开展组织修复生物材料的基础探索和应用基础研究，并突破生物材料产业化过程中的工程技术瓶颈、推动科研成果产业化，形成了自身特色

刘昌胜院士

和优势。率先研发出自固化磷酸钙人工骨和高活性骨修复体，产品已在骨科、口腔科、神经外科等领域应用 25 年，在全国 1000 多家医院临床应用，疗效显著。团队共有教授 8 人，副教授 15 人，平均年龄 43 岁。其中，中国科学院院士 1 人，国际生物材料科学与工程联合会会士 1 人、美国医学与生物工程院会士 1 人、教育部"长江学者"特聘教授 2 人、国家杰出青年科学基金获得者 2 人、中央组织部青年千人和国家优秀青年基金获得者 2 人、教育部新世纪人才 4 人等。申请发明专利 79 项，其中授权发明专利 55 项（美国授权专利 5 项）；在 Science Advances、Biomaterials、PNAS、Chemical Reviews 等杂志发表 SCI 收录论文 570 余篇，出版中英文专著（教材）6 本。团队研究成果分别获得国家自然科学奖二等奖 1 项，"国家科学技术进步奖"二等奖 1 项，"上海市技术发明奖"特等奖 1 项，"上海市自然科学奖"一等奖 3 项。

深耕不辍，引领生物材料研发新高地

人体组织的再生修复是国际性难题，采用人工材料植入是重要解决手段，但面临材料被人体接受、可控降解和组织重建等系列挑战，刘昌胜院士提出了仿生人体创伤自愈合过程构建再生材料的新思路，利用活性材料在人体内微环境中激发系列生物学效应，有效实现组织的原位再生修复。他带领团队对生物材料的体外合成转化、体内环境中的组成—结构转化和形成组织转化三个转化过程都做了系统的研究，阐明了材料的组成和微观结构对材料的降解及细胞行为的调控规律。通过对体内外系列转化过程的控制实现了无生命材料到有生命组织的转化，揭示了材料的理化特性影响生物学效应的规律与机理，建立了生物材料转化理论。深入探索了材料的理化特性对细胞行为及体内组织、器官形成过程的影响规律，发现组织再生中的材料生物学新效应，并在国际上首次提出"材料生物学"新概念，为指导组织再生材料的研究与设计提供科学基础和理论框架，在国际生物材料领域产生较大的影响。

针对材料介导的组织重建这一关键问题，采用材料组合活性分子的仿生新策略，利用材料和活性分子的协同作用及免疫调节特性，实现了植入部位趋化细胞的定向分化及原位快速血管化的调控。阐明了材料与生物活性分子协同促进并参与组织重建的分子机制，提出了组织原位再生材料的设计指导原则，为原位组织再生实现临床应用打下了基础。

针对现有生物陶瓷等骨修复材料普遍存在的准确塑形难、成骨性能不佳等突出问题，研制出组成与结构同自体骨组织更为接近、可准确塑形并在体内自行硬化的材料。刘昌胜院士带领团队揭示了钙磷盐的液—固转化规律，大幅提高了多种高纯钙磷盐的可控合成水平；阐明了复合钙磷盐颗粒在体内环境中溶解形成离子、再析出形成更稳态新相粒子的固—液—固的相转变过程，以及材料微结构演变规律与强度形成机制，实现了仿生矿化的类骨磷灰石的可控生产，成骨转化效率和新生骨质量均超过生物陶瓷。率先研制出自固化磷酸钙人工骨产品并批量生产，具有塑形准确、生物相容和降解吸收性好等特性，其各项性能达到甚至部分超过国外类似产品最好水平。该成果获2003年度"国家科学技术进步奖"二等奖。

老龄患者的组织再生能力弱，损伤后的修复是世界性难题，采用生长因子负载提高单纯材料生物活性是有效手段，但亟须解决生长因子的大量获取及其在体内活性发挥的难题。刘昌胜院士带领团队揭示了人骨生长因子（BMP—2）的分子构象与生物活性的关系，提出了通过分子改构提高BMP—2的复性水平和活性的新策略，由此攻克了基因工程方法生物制造BMP—2的系列技术瓶颈，并解决了规模化制备的工程难题，获美国、中国专利授权。经国外机构检测，BMP—2的成骨活性达到国外最好水平，且成本大幅降低。

针对生长因子在体内环境中活性维持与发挥问题，揭示了材料的组成和微纳结构对骨修复相关生长因子活性的影响规律，阐明了材料影响生长因子与受体结合效率的作用机制，提出生物材料作为生长因子增效剂的新策略，利用材料特性从作用时长和活性强度上调控生长因子的作用效果。研制出高成骨活性骨修复体，为大段骨缺损及骨再生能力弱的老龄病人的治疗提供新材料。

精业笃行，实现科技成果自主产业化

在20世纪90年代初，作为高科技朝阳产业的生物材料产业化尚处于探索阶段，加上生物材料行业技术门槛高、资金总体投入多、转化周期长、政府监管严等特点，投资方大多持谨慎态度，较难找到有相当技术实力和资金实力的企业来填补技术同市场之间的转化鸿沟。

为了主动填平产业化过程中的沟壑，打通成果转化过程的通道，降低转化过程风险，1998年，时任华东理工大学生物材料研究所的刘昌胜副教授勇于担当，主动向前跨一步，最终选择携带磷酸钙人工骨这一科研成果走自主产业化的道路。因为在他看来，如果"人工骨"不能转化为生产力，不能造福人类，那将是一个极大的损失，也有悖于他投身科研为民族高科技产业发展而奋斗的初衷。然而，对科技人员来说，从科研到产业化，两副重担一肩挑，可谓任重道远。

在执着追求和不懈努力下，刘昌胜教授带领团队开始组建上海瑞邦生物材料有限公司，完成生产车间改造，于1998年获得人工骨试生产许可证批文，2000年获国家药品监督管理局此类产品唯一的一张准生产批文，并获得"上海市科学技术进步奖"二等奖（2000年）、"国家科学技术进步奖"二等奖（2003年）。同时，根据临床应用的反馈，进行技术的进一步开发和集成研究，成功研制出可满足不同临床需求的人工骨系列产品及相关配套器械，包括多孔型人工骨、载药型人工骨、可注射自固化人工骨和新型根管填充剂等，也实现了科技成果的自主产业化。所研制的材料已在北京积水潭医院、上海中山医院等全国1000多家医院的骨科、脊柱外科、口腔科、脑外科等领域广泛使用，最长达13年的临床随访证明了其令人满意的治疗效果，改变了长期以来"挖肉补疮"的骨缺损治疗模式。另外，所研制的人工骨在汶川为救治灾区骨伤病员起到非常重要的作用。

此外，自2000年起团队自筹资金率先制备了高纯度高骨诱导活性rhBMP—2并实现了其规模化生物制造。自2002年起创制出载rhBMP—2高活性骨修复体，技术处于国际先进水平，填补了国内甚至国外的空白。于2013年获得国家药品监督管理局医疗器械产品注册证，并实现了其在全国包括上海第六人民医院、上海第九人民医院、上海长征医院、北大人民医院、北京宣武医院、北京301医院、304医院、四川华西医院等在内的1000多家医院广泛应用。活性人工骨项目于2022年获"上海市技术发明奖"特等奖。

材料赋能，支撑人类医疗范式变革

骨科疾病患者众多，国内高活性骨修复材料缺乏，团队瞄准这个问题创新发展多种骨创伤治疗新方法，解决不同类型骨修复的临床重大难题。如，载药人工骨对于临床非常棘手的慢性骨髓炎的治疗具有优势，该法已在临床广泛应用，并成为一些医院的特色门诊。可注射性人工骨应用于经皮穿刺椎体成形术，能明显恢复骨折椎体的力学性能，安全性高于PMMA（一种高分子聚合物，又称亚克力或有机玻璃），术后即刻疼痛明显缓解，次日可下地行走，导致了治疗范式的变革。目前已临床使用逾5万例，治疗效果理想。

发展了基于该高活性骨修复体的多种临床治疗新方法，能够解决多类型骨修复难题，临床治疗有效率大于95%，明显提高患者的生活质量，主要包括：可使难愈合骨损伤成为可愈合，使可愈合的有效缩短愈合周期，提高了愈合质量，减少骨不连发生；发展斜外侧腰椎椎间融合新技术，可有效缩短患者骨性融合时间，利于其早日恢复活动；增强融合椎体稳定性，减少脊柱内固定失败率，临床疗效明显优于现有自体骨或同种异体骨移植，推动老年骨疾病的微创化精准诊疗治疗新模式；利用材料的特定功能，实现早中期股骨头坏死保髋的变革性治疗，不仅发现股骨头坏死区有大量新生骨生成，而且股骨头形态良好，患者疼痛明显减轻或消失，关节功能恢复满意，免除了使用寿命到期后二次翻修的痛苦，显著提高了患者的生活质量，为该骨科顽症提供治疗新策略；国际率先将含BMP—2材料拓展应用于口腔颌面领域，提升了临床治疗水平等。

结　语

团队将始终坚持"四个面向"，秉持广大科技工作者要把论文写在祖国的大地上，把科技成果应用在实现现代化的伟大事业中的使命担当，继续深耕生物材料的基础研究、技术创新和科技成果产业化，为组织缺损病人的治疗提供更多的高端生物材料，为破解世界性科学难题继续贡献中国智慧、提出中国方案。

用算法夯实中国粮食信息安全的根基

——中国科学院院士汤涛科技创新团队

每年粮食收购季节，都有上亿吨新粮流入中国储备粮管理集团有限公司（以下简称中储粮）在全国各地的粮食储备库。这些新粮在进入粮食储备库之前有一道重要的环节，就是对入库粮食进行真菌毒素的快速检测。在检测过程中，会生成大量涉及中国粮食信息安全的数据。在过去相当长的时间里，这些数据大都流入西方的检测设备提供商的数据库中。随着中国对信息安全的逐渐重视及外部环境的深刻变化，保护粮食信息安全已经成为一项刻不容缓的任务，而真菌毒素快速检测设备的国产化无疑是完成这一艰巨任务极其关键而又重要的一环。

为了完成这一任务，中国科学院院士汤涛和他领导的赛泰诺高精度算法团队经过多年科技攻关，将高精度算法与检测技术相结合，研发和生产的赛泰诺 QD Infinity 智能检测仪，解决了粮食真菌毒素检测的速度和成本难题，并打破了该项检测的技术和设备长期由西方长期垄断的局面。特别值得一提的是，他们研发的智能检测仪还在 2021 年中储粮真菌毒素检测仪招标测试中以总成绩第一的绝对优势，击败了国际同行竞品，正式成为中储粮真菌毒素检测设备的供应商，迈出了中国实现粮食信息安全战略的坚实一步。

团队和带头人简介

汤涛院士和智能检测技术研究者马志在深圳共同打造了中国科学院院士汤涛科技创新团队（赛泰诺高精度算法团队）（以下简称团队）。这个平均年龄 27 岁的年轻团队，包括 3 名博士、3 名硕士和 9 名本科生，研究方向包括生物技术、计算数学、物理光电、集成电路等。团队经过近十年的攻关，对痕量物质分析智能 AI 算法进行了开创性的工作，尤其是在粮食、核辐射检测等领域实现了技术自主可控、检测数据绝对安全的国产替代。高精度算法的介入使得检测在精度、效率大幅提高的同时，也大大降低了检测成本。

汤涛院士

毕业于北京大学数学系的汤涛院士长期从事科学计算研究。所谓科学计算，是指利用计算机再现、预测和发现客观世界运动规律和演化特性，包括数学物理建模、高效算法和程序设计、计算结果深度分析等过程。汤涛院士尤为擅长微分方程自适应算法、高精度算法，研究工作具有国际影响。其研究成果 2007 年获得"教育部自然科学奖"一等奖，2016 年获得"国家自然科学奖"二等奖，2017 年当选中国科学院院士，2022 年获选欧洲科学院院士。

确保国家粮食安全

粮食在其生产、运输、储藏、流通等阶段也无时无刻不受周围环境、因素的影响，如何快速、便捷地对粮食的安全状况进行判断，是每个基层粮食工作者都要面对的问题。

解决上述难题的主要途径是进行检测，检测又分为实验室检测和工业端生产检测，后者称为快检检测。实验室检测一个样本通常需要一周左右，检测费用为 700 元至 1000 元。这样的时间和成本让许多机构和企业难以承受，于是快速检测便走上了检测应用的前台。

搭载智能算法产品赛泰诺 QD Infinity 智能检测仪

汤涛院士认为基于理论研究突破的创新成果是实现自主关键核心技术的根本路径，以市场应用和企业动力构成的行业生态是技术孵化与迭代的土壤。在这一理念的支持下，当在开发过程中遇到算法难题的年轻企业家马志找到他时，汤涛院士意识到，高精度算法正是打开微量分析中精准定量的钥匙。于是双方一拍即合，迅速组建高精度算法团队。在汤涛院士的指导下，经过艰苦的技术攻关，团队攻克了检测速度和精准平行（测量值的波动幅度小）的难题，通过整合生物技术、化学技术、光电技术信号传递和转换，从样本采集、信号转换到智能运算，大幅度提高算法效率及精准度，实现了对痕量物质精准检测及分析。基于高精度算法研制出的赛泰诺QD Infinity智能检测仪，将检测食品真菌毒素的时间缩短为6分钟，成本降到几十元。

站到捍卫国家粮食信息安全的第一线

中储粮承担着调节全国粮食供求总量、稳定粮食市场、应对重大自然灾害或者其他突发事件等情况的艰巨责任，每年要收购、储藏上亿吨新粮，同时，又要将陈粮吐纳出去。每年两个收粮季，成千上万的粮库每天都要打开库门，迎接一眼望不到头的送粮车队，检测人员在对每辆车的粮食进行真菌毒素的快检抽测之后，运粮车就可以将检测合格的粮食运入仓库。2021年之前，由于国内真菌毒素检测产品的缺失，中储粮用的真菌毒素快检产品是美国CHARM产品，在完成巨量检测任务的同时，检测过程中生成的延伸生成的中国粮食生产、运输、储存、消耗的各种看似碎片化的数据，组合连接起来就是一个国家粮食数据图表，对国家粮食安全构成重大威胁。

2021年3月，在全国范围内对快检产品进行公开招标中，赛泰诺的智能检测仪拿到了技术总分第一的成绩，击败了包括CHARM在内的竞争对手，正式为国家粮食安全提供保障。

探索智能AI算法的新应用

团队把目光投向了更深度的智能AI算法，在该算法的介入下，可实现在工业端全自动无人检测。这一技术将特别适用于粮库、仓储、码头、工厂等基层现场，无人检测智能工作站可直接进入样本前处理，包括粉碎、称量、提取、混匀、振荡、离心等环节，并自动实现上样检测。

全自动无人粮食检测智能 AI 工作站 　　　　　　手持式微生物检测仪

同时，在微生物快速识别检测领域，赛泰诺智能检测技术已获得重大突破，在微生物快速识别定量检测领域实现秒级检测，其民用微生物快速智能检测系统已获得国家权威检测机构的验证。这项技术将被应用到核辐射快速检测识别领域，特别将针对海洋、土壤、大气、农作物、粮食、海洋鱼类全场景下实时检测。未来在无人机、无人船等配合下，还可实现远程无人实时检测，快速可靠地筛查潜在的辐射污染，并在必要时发出预警。应用前景广阔，市场潜力巨大。

SvbMA 放射性元素（核辐射）智能检测无人机、无人艇

结　语

汤涛院士及其团队敏锐抓住了两个发展点：一个是物质生活水平日益提高下民众对食品安全的严重关切；另一个是外部环境的变化下国家对信息安全的严重关切。对这两个关键发展点的准确把握，赛泰诺高精度算法团队应运而生，通过将高精度算法与检测技术相结合，取得了一系列突破性的创新成果，为维护国家粮食信息安全提供了重要保障。我们期待汤涛院士及其团队继续努力，做出更多创新，为国家产业安全、经济安全做出更大的贡献。

凝心聚力谋小麦种业发展
守正创新谱农业历史新篇

——中国工程院院士孙其信科技创新团队

粮食安全始终是"国之大者"。种业已发展为国家战略性、基础性支柱产业，推动种业创新发展是保障国家粮食安全的根本途径。然而，人口众多、耕地资源相对匮乏是我国的基本国情，人民生活水平提高和消费结构优化升级亟须粮食生产"增量提质"。根据预测，到2030年我国人口数量达到14.5亿，小麦总需求将达到1.41亿吨，整体缺口存在逐年增加的趋势。因此，以突破性重大新品种创制为目标，以基础研究原始创新和关键核心技术突破为支撑，加快推动小麦育种迈向精准化、高效化和规模化，对于保障国家粮食安全和提高人民生活水平具有重大战略意义。

团队和带头人简介

孙其信，中国工程院院士、国家"863计划"现代农业专家组组长、"十三五"国家生物种业规划组成员及小麦组组长、国家中长期科技发展规划（2021—2035）的农业农村领域专家组组长，先后荣获"国家科学技术进步奖"二等奖1项（排名第一）、"国家技术发明奖"二等奖1项（排名第一），"国家杰出青年科学基金"获得者，获"霍英东教育基金会青年教师奖"、农业部有突出贡献中青年专家、"北京五四奖章"等荣誉和称号。负责组建的研究团队获"神农中华农业科技奖优秀创新团队奖"。

中国工程院院士孙其信科技创新团队（以下简称团队），前身是在20世纪40年代，由我国著名小麦遗传育种学家、农业教育家蔡旭院士所创立，1985年经原农业部批准成立的北京农业大学"小麦遗传育种研究室"。团队始终以国家重大需求和小麦生产中的关键科学问题为导向，坚持创新链与产业链融合，经过80多年的传承和创新，围绕小麦优异种质资源的发掘与创新、重要农艺性状基因克隆与调控机制解析、抗逆（抗病）基因鉴定及分子机理调控解析、小麦进化和驯化的基因组学基础、小麦育种新技术开发及新品种培育等方向开展了一系列系统深入的研究，为新时代小麦种业高质量发展提供农大方案。

孙其信院士

团队现有固定研究人员20名，其中教授12人，副教授7人，讲师1人。汇集了一批国家级高层次人才，包括中国工程院院士1人、国家杰出青年基金获得者3人、国家优秀青年基金获得者3人、霍英东教育基金会青年教师奖2人、教育部新世纪人才工程入选者2人、青年拔尖人才1人、"青年长江学者"1人、青年托举人才1人。孙其信院士整合了遗传学、基因组学、分子生物学和分子育种等专业背景的研究人员，其中青年骨干占半数以上，年龄结构和学术梯队合理，形成了一支学科交叉、目标集中、特色明显、成绩显著、优势突出的科研创新团队。

传承老科学家精神，创建有组织紧密型合作团队

团队历经数十年的传承、发展和创新，始终重视文化的建设，形成了"尊重长辈，团结同辈，提携晚辈"的团队气氛。团队承担了"蔡旭先生生平资料采集工程"，与研究生们一起"走进蔡旭院士，感悟小麦人生"，传承蔡旭先生"务实、开放、共享、创新"的老一辈科学家精神。同时，还面向全国小麦育种工作者，举办"蔡旭育种学校"，助力小麦事业人才培养、促进中国小麦育种事业发展提供学习和交流的平台，为农业发展贡献自己的力量。

团队采取"紧密结合、相互补充、资源共享"的运作模式，重视在教学、科研等方面的人才梯队建设。在教学方面，创新团队汇聚"教学名师"，有北京市教学名师1人，大北农教学名师2人，以老带新，在教学内容和教学方法上，不断传承，并积极拓展，培养北京市青年教师教学基本功大赛一等奖获得者1人。团队主讲"作物育

种学"课程 23 年，并入选国家级精品课程；孙其信院士主编"十一五"国家级规划教材《作物育种学》，获"全国农业教育优秀教材奖"等；主编的育种案例教材《作物育种理论与案例分析》，入选全国学位与研究生教育指导委员会推荐教材。

在科研方面，充分利用各导师的科研优势和先进的科研平台，通力合作，在研究生课题选择和研究生指导等方面能够集思广益。近年来，团队在基础研究领域，克隆了控制多倍体小麦产量、品质和抗逆等相关性状的关键基因 20 余个，系统解析了 10 余个基因的分子调控机制。创新了小麦基因组学大数据分析方法，构建了我国小麦种质资源的泛基因组、变异组、整合调控网络等基因组学数据库，建成了目前国际领先的小麦基因组学数据分析平台，也为国际国内同行提供了功能丰富的小麦组学大数据在线分析支持。在 *Nature*，*Nature Plants*，*Nature Communications*，*The Plant Cell*，*Molecular Plant* 等高水平期刊上发表 SCI 研究论文共计 200 余篇；培养国家级人才 6 人，已培养毕业的研究生中 41 人成为副教授及以上学术骨干。

紧密围绕国家需求，聚焦小麦生产关键科学问题

团队秉承基础研究和应用研究并重的发展理念，以国家重大需求和小麦生产中的关键科学问题为导向，以高效精准地培育高产、优质、稳产的小麦新品种为目标，着力解决育种实践中的重大科学和技术问题。团队获得"国家技术发明奖"二等奖 1 项、"国家科学技术进步奖"二等奖 1 项、省部级一等奖 2 项。

小麦耐热基因发掘与种质创新技术及育种利用获"国家技术发明奖"二等奖

应对全球气候变化是当前农业面临的迫切问题，高温胁迫已成为影响我国乃至全球小麦生产的主要非生物逆境因素之一，严重年份可导致小麦减产 1/3 以上。培育耐热品种是确保小麦高产稳产的最有效途径，也是世界各国当前研究的焦点和难点。团队围绕小麦耐热品种培育中的种质资源筛选、基因挖掘及其育种利用等瓶颈问题，

历时30年持续研究，创立了高效精确的小麦耐热性三级评价体系，完成了1000多份全球代表性小麦种质资源的田间耐热性鉴定；发掘了一批小麦环境稳定型数量性状位点，成为国际上鉴定小麦耐热基因数量最多的实验室；并结合分子标记辅助技术，创建了"表型精准鉴定—分子标记追踪—轮回选择聚合"的小麦耐热育种技术并应用于育种实践，驱动了小麦耐热分子育种技术的创新与发展；筛选出优异耐热小麦资源并发放给国内多家育种单位应用，为我国小麦耐热育种工作提供了丰富的遗传资源。

锈病和白粉病是小麦重要病害，针对抗病资源单一、品种抗病性丧失和抗病资源农艺性状差等突出问题，历时20年，构建小麦"核心抗病基因资源"，推动我国小麦抗病遗传资源研究和利用从种质资源水平提升到基因资源水平。对国内外7155份小麦遗传资源进行了抗病性鉴定和基因发掘，创建了包含46个抗病基因的"核心抗病基因资源"163份，实现了我国小麦抗锈病和白粉病基因资源的多样化。基因资源向17家育种单位发放2701份次。创建了"滚动式加代回交转育"育种方法，培育出综合农艺性状达到或接近推广品种水平的抗病新种质149份，提供给国内12家育种单位利用，成为我国小麦抗病育种的重要亲本资源。发掘出16个抗病新基因并建立了分子标记辅助选择技术，推动了我国小麦抗病育种技术进步。发掘出来自野生二粒小麦的抗白粉病等位基因12个，3个新基因被国际小麦基因命名委员会定名为Pm30、Pm41和Pm42；建立了抗白粉病基因Pm21的分子标记辅助选择体系，成为国内外利用最广泛的抗白粉病育种分子标记。

面向种业产业应用，建立小麦育繁推一体化全国协作网

团队重视面向种业产业的先进技术体系的构建。在小麦遗传转化方面，率先建立了成熟、高效的小麦遗传转化平台，年遗传转化率达400个基因以上；提前布局了作物基因编辑技术研发这一前沿方向，已开发了高效基因组编辑系统，可高通量地进行过量表达转化和CRISPR定点编辑等实验，建成了国际领先、适用小麦体系的CRISPR-Cas9精准基因编辑载体系统，获得国内外研究同行的广泛认可。

团队在河北建立了中国农业大学鸡泽实验站，在四川省成都产业研究院、内蒙古河套硬质小麦技术创新中心、云南现代种业研究院和山东德州小麦产业研究院，开展小麦种业科技创新和新品种示范推广，推动小麦新品种育、繁、推一体化产业链条式发展。同时，探索优质专用小麦全产业链条的服务新模式，构建了中国农业大学、粮食加工企业、种子企业、种植合作社等联合的优质小麦全产业链条的服务新模式，为农大系列小麦品种的推广和产业化发展奠定了重要基础。

通过常规与分子标记辅助育种相结合，团队将小麦产量、抗病、抗逆、优质等优异基因聚合，培育出了农大5181、农大3486、农大399和农大1108等国家和省级审定小麦品种。选育出的高产、优质、强筋品种农大753，在2021年高产示范田测产超过830kg/亩；选育的节水、高产、中强筋品种农大761，在2021年的高产示范田测产超过850kg/亩。目前还有多个综合性状优异的苗头品系正在参加国家和省级试验，逐步实现了小麦产量与品质、抗性的协同改良。

高产、稳产、多抗 生产实验较对照品种增产11.5%
农大 3486

节水、高产、中强筋 2021年高产示范田测产>850kg/亩
农大 761

高产、优质、强筋 2021年高产示范田测产>830kg/亩
农大 753

小麦新品种审定

优质强筋小麦面包品质鉴定

结　语

团队一直致力于我国重要粮食作物——小麦的种质资源创新、育种理论研究和新品种选育推广工作，已经建设成为年龄结构合理，团结协作、教学科研双优、交叉创新的研究团队。未来，团队继续瞄准国家重大战略需求，以小麦多性状协同改良育种为核心目标，突破小麦育种的理论基础与关键技术，为保障我国高产优质小麦有效供给贡献力量。

聚焦油气开发重大科学问题
致力中国钻井事业赶超国际先进

——中国工程院院士孙金声科技创新团队

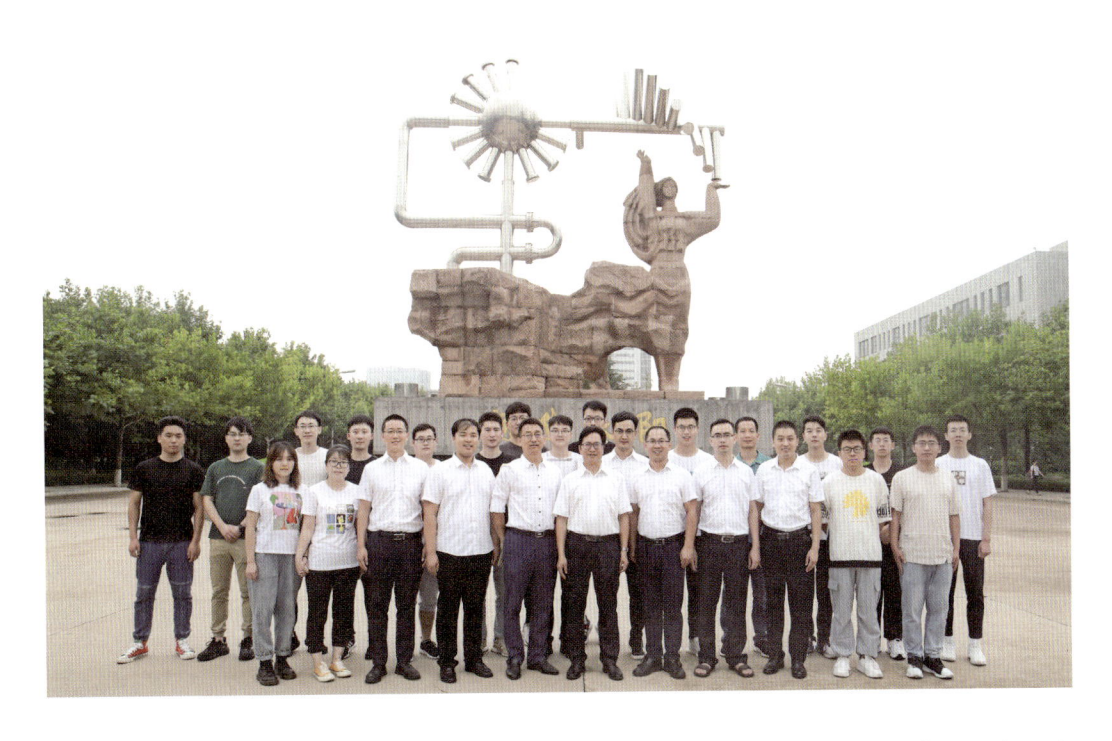

　　剧烈动荡的国际油气市场给国家能源安全敲响了警钟。我国是世界第一大能源消费国，但作为能源安全的核心问题，我国的油气对外依存度持续居高不下，严重危及国家能源安全。国内油气供应对保障国家能源安全起到"压舱石"的作用，加大国内油气的勘探开发力度可谓迫在眉睫。

　　当前，我国油气勘探开发已由浅层向深层、超深层，常规油气向非常规油气（致密/页岩油气、煤层气），中高渗整装向低渗透、低品位，滩浅海向深水，传统化石能源向特殊地下资源（干热岩、水合物等）进一步拓展。开发这些油气面临的工程地质环境更加苛刻，缺乏高性能工程装备、耐超高温钻完井流体、耐高温高压工具，在复杂油气藏的精细测量与评价、恶性漏失控制技术、流动智能调控等方面面临技术瓶颈。

　　在孙金声院士的带领下，中国工程院院士孙金声科技创新团队［中国石油大学

（华东）井筒工作液创新团队］（以下简称团队）以端牢能源饭碗为己任，聚焦我国油气勘探开发的重大基础科学问题和"卡脖子"难题，攻坚克难、奋发图强，在超深层油气、页岩气、致密气、水合物钻采、深水油气等领域开展钻完井液技术、井壁稳定技术、储层保护技术、防漏堵漏技术等研究并取得了系列性突破成果，实现了从难以打成井到打得成、打得好的跨越性发展，填补了国内相关研究空白，使我国深井超深井、复杂结构井钻井液主体技术上了一个新台阶，为安全高效开发我国深层超深层和复杂地层油气资源、获取海外油气资源以及保障国家能源安全做出突出贡献。

团队和带头人简介

团队汇聚了多位不同学科背景的国家层面人才，形成了科研创新能力强、具有国际学术视野的一流创新团队。团队拥有博士生导师 7 人、硕士生导师 9 人，长期致力于超深井钻完井液技术、非常规油气钻井液技术和水合物高效开采基础理论等方面的研究工作，牵头承担国家自然科学基金基础科学中心项目 1 项、重大项目 1 项，联合基金重点项目 1 项，企业集成联合基金课题 1 项，面上项目 7 项，国家重点研发计划项目课题 1 项，年均到位经费 1600 万元，取得的科技成果解决了深层、超深层和非常规油气勘探开发的重大技术难题，有力支撑了国家重大工程建设。先后获"国家科学技术进步奖"二等奖 2 项、"技术发明"二等奖 1 项、省部级"科技进步"特等奖 1 项、"科技进步"和"技术发明"一等奖共 12 项；获授权发明专利 89 件（其中美国 13 件），制定国家、行业标准 2 项；发表论文 218 篇（其中行业顶刊 96 篇，影响因子最高为 37.4），出版专著 5 部。

团队带头人孙金声，1965 年 1 月生，中国工程院院士，中国石油大学（华东）学术委员会主任、中石油卓越工程师学院院长、"油气井工程"国家重点学科负责人、教育部科技委委员、油气钻完井技术国家工程研究中心主任、中国—沙特石油能源"一带一路"联合实验室主任、科技部"深层与非常规油气研究中心"创新人才培养示范基地主任、中国石油学会工程技术委员会副主任兼钻井学部主任、国家中长期规划油气领域副组长，2020—2035 年国家油气重大科技专项接续战略规划、实施副组长。兼任 *Engineering* 能源学科编委和非常规油气与智能油气工程专题主编、《石油勘探与开发》编委会副主任。长期从事钻完井液与储层保护技术研究，承担国家自然科学基金重大项目和重点项目、国家"863 计划"、国家重大科技专项、省部级重大科技项目（课题）58 项。首次提出水基钻井液化学成膜理论，发明了化学成膜水基钻井液；揭示了淡水钻井液抗超高温机理，发明了抗高温的高密度水基钻井液；探明了复杂结构井井壁失稳及减阻机理，发明了复杂结构井高性能钻井液。研究成果在国内外多个油田应用，效果显著，为高效开发我国深部复杂地层油气资源和获取海外油气资源权益提供了重要技术支撑。获"国家科学技术进步奖"二等奖 2 项，"技术发明奖"二等奖 1 项，省部级特等奖 1 项、一等奖 7 项；获"何梁何利基金科学与技术奖""孙越崎能源科学技术奖"，入选国家百千万人才工程、授予国家有突出贡献中青年专家；获授权国家发明专利 59 件、美国发明专利 9 件；发表论文 158 篇（其中 SCI 收录 67 篇），出版专著 5 部。

孙金声院士

面对国家能源重大需求攻坚克难

随着油气钻井深度的增加，地温不断增高，压力不断增大，钻井难度逐渐增大。井壁失稳、油气储层损害、钻井液抗温差、钻井速度慢等难题，是长期制约我国油气勘探开发的主要技术瓶颈。孙金声院士及其团队通过不断创新，研发出具有自主知识产权的新方法、新产品和新技术，攻克了上述技术难题，填补了国内相关研究的空白，使我国钻井液与储层保护技术赶超国际先进水平，为开发深部地层油气资源，保障国家能源安全做出重要贡献。

2004 年，中国石油天然气集团有限公司（以下简称中国石油集团）准备钻我国当时陆上最深的一口风险探井莫深 1 井，该井所在地区深部地层预测压力系数为 2.12，预测井底温度为 204℃。想钻此井，不但成本高、处理剂消耗量大，而且钻井复杂，预计事故多、速度慢、钻井周期长、生产安全和公众安全风险大。面对国家的重大需求，孙金声院士带领团队迎难而上，经过艰苦攻关，最终揭示了钻井液抗超高温机理，发明了抗温达 240℃的高密度钻井液技术，确保了莫深 1 井按期开钻。安全施工及顺利完井表明，中国超深井超高温钻井液技术已经走在世界前列，为国内深层油气藏勘探开发提供了技术保障，提升了我国深井钻井技术水平及我国钻井工程技术服务在国际上的核心竞争力。

对标国外先进技术，硕果累累

团队参加了国家、中石油和中石化非常规油气开发领域"卡脖子"工程，取得的关键核心技术为新疆油田吉木萨尔国家级陆相页岩油示范工程、涪陵页岩气田累产400亿立方米、塔里木油田年油气产量突破3000万吨做出突出贡献，有力支撑了国家重大工程建设。

孙金声院士及其他核心成员主持了国家自然科学基金重大项目"南海天然气水合物钻采机理与调控"、重点项目"超深井安全高效井筒工作液构建及调控方法基础研究"、中石油重大科技项目"环保型抗高温抗盐高密度聚合物钻井液体系构建与应用"、中石化先导项目"顺北一区安全快速钻井技术研究"等基础研究及"卡脖子"技术项目。登记了3项软件著作权，替代了国外的商业软件；研发了5种抗温220℃以上的钻井液新材料，替代了国外进口产品；研制了高性能油溶性阳离子高聚物絮凝剂，突破了油基钻井液中纳微米级劣质固相有效关键核心技术。项目完成后可有效解决非常规油气开发基础材料、模拟软件、关键技术等依赖进口、受制于人的被动局面，提高自主创新能力。

孙金声院士在实验室为研究生讲授井壁稳定评价方法

面对复杂地质条件下钻井面临的井壁失稳、储层损害、井漏等重大难题，团队构建了抗温240℃的高密度水基钻井液、抗温300℃的泡沫钻井液、化学成膜钻井液、镶嵌暂堵储层保护钻井液、抗高温无固相油基钻井液、抗高温自适应防漏堵漏体系，形成了井壁稳定、储层保护及防漏堵漏等系列特色技术。发表论文 350 余篇，SCI 或 EI 收录文章 130 余篇；授权专利 90 余件；出版专著 8 部；成果已在中国、俄罗斯等 10 余个国家规模应用，效果显著。

搭建广阔平台，厚植人才成长沃土

团队牵头申报获批多项国家级、省部级平台。2022 年 9 月，孙金声牵头申报的国家自然科学基金基础科学中心"超深特深层油气钻采流动调控"获得国家自然科学基金委员会批准立项，是国家最高的基础研究平台，为全国矿业工程领域（油气、煤炭、矿业、冶金）唯一的基础科学中心，该项目聚焦我国超深特深层油气开发的重大基础科学问题，旨在攻克抗超高温高盐的钻采工作液与防漏堵漏材料开发技术，突破超深特深层钻采流动智能调控重大技术瓶颈，创建油气钻采流动的调控理论与技术体系。该项目是我国油气领域首个基础科学中心项目，为石油与天然气工程学科的创新体系建设、人才引进和创新型人才培养提供一个很好的平台。

中国—沙特石油能源"一带一路"联合实验室于 2021 年 8 月获科技部批准建设，孙金声院士担任主任。实验室由中国石油大学（华东）、沙特法赫德国王石油与矿业大学牵头组建，是油气领域唯一的国家级国际联合实验室。实验室聚焦能源合作"一带一路"重点领域，围绕油气高效勘探开发、绿色智能油田建设和油气高效转化与利用三大方向，联合开展基础理论研究和关键技术攻关，构建石油能源勘探开发国际化科研平台和人才培养高地，打造"中沙能源共同体"，促进中沙两国科技协同创新与社会经济共同发展，推动联合研究成果在中东地区乃至共建"一带一路"国家和地区推广应用，为国家"一带一路"倡议提供支撑。

2019 年，中国石油大学（华东）深层与非常规油气研究中心入选科技部首批"创新人才培养示范基地"，孙金声院士担任基地主任。该基地将通过创新体制机制、优化政策环境、强化保障措施，加强高层次创新型科技人才队伍建设，引领和带动各类科技人才的发展，为提高自主创新能力、建设创新型国家不断提供有力的人才支撑。

此外，孙金声院士担任非常规油气开发教育部重点实验室主任，将围绕国际科技发展趋势和国家能源战略重大需求，在国家重点学科"石油与天然气工程"的基础上，联合相关优势学科开展非常规油气开采领域的前沿基础理论和关键技术研究，通过非常规油气开采领域高素质人才培养和创新基地建设，将实验室建设成国内领先、国际先进的重基础、跨学科、开放式非常规油气开采研究机构。

科研成果落地，经济效益显著

团队面对日益复杂的国际经济和能源形势，以突破超深井、非常规油气、水合物安全高效开采技术瓶颈为目标，紧密围绕国家能源重大需求开展科研和教学工作，研发了纳微米膜结构剂、自适应随钻堵漏剂、氟碳低表面张力防水锁剂、纳米超疏水防塌剂、改性脂肪酸超分子提切剂、自适应剪切响应型触变凝胶堵漏剂等10余种新材料，取得了抗超高温钻井液技术、自适应随钻防漏堵漏技术、储层保护技术等关键技术突破，形成了一批适合于非常规油气开发的战略性技术和战略性产品，在国家战略优先领域率先实现跨越。成果在塔里木油田、大港油田、涪陵页岩气田、中联煤层气、延长油田、胜利油田等10余个油气田大规模应用，效益显著，实现了深层超深层、非常规地层油气安全高效钻井和储层保护。

在研究生培养方面，多名硕士研究生、博士研究生荣获多项"科技创新奖"。研究生作为第一作者近三年累计发表SCI论文31篇，多人获国家奖学金。

结 语

钻井液是油气勘探开发不可或缺的核心工程技术，直接影响钻井安全与效率。经过不懈的努力，我国钻井液技术水平和专业服务能力持续提升，基本形成了"水基有优势，油基有特色，固控及废弃物处理有声音"的发展格局，但在基础研究、一体化服务能力和信息化方面与国外还存在一定的差距。孙金声院士说："希望国内的研究者瞄准世界前沿技术，持续攻关，形成更多属于我们的技术优势。随着勘探开发不断向低、深、海、非、老发展，对钻井液技术提出了新的更高的要求，相信在研究工作者的不懈努力下，钻井液技术一定会迎来更新更好的发展局面。"

团队将在孙金声院士的带领下，以端牢能源饭碗为己任，聚焦我国油气开发的重大基础科学问题和"卡脖子"难题，攻坚克难、奋发图强，抢占油气高效开发学术高地；将更加注重科研成果产出、科技成果转化、后备科技创新人才培养，为实现科技自立自强、保障国家能源安全、为中国钻井事业赶超国际先进水平而不懈努力。

为传统酿造食品业插上科技腾飞翅膀

——中国工程院院士孙宝国科技创新团队

食品工业是我国国民经济的重要支柱产业，传统酿造食品是食品工业的重要组成部分，是中华民族文化传承的重要载体。2011年以来，孙宝国院士带领团队，秉承"将论文写在企业车间里，将科研成果做在生产线上"的坚定理念，将科学研究与企业需求相结合，通过对以白酒、黄酒为代表的传统酿造食品的风味物质解析和微生物菌种评价，深入研究传统酿造食品酿造机理，推动学科交叉和产学研融合，为传统酿造食品的科技研发、产业发展、科普推广和文化弘扬做出巨大贡献。

团队和带头人简介

中国工程院院士孙宝国科技创新团队（以下简称团队）以孙宝国院士为学术带头人，十余名中青年科技骨干为主体，团队成员全部具有博士学位，多人获得国家级、省部级人才称号，科研能力强，学科背景交叉融合。团队10余年来与数十家酒企合作，紧紧围绕白酒、黄酒行业的重大科技需求，在酒类产品风味物质解析、健康因子解析、风险因子解析、酿造副产物再利用、酿造微生物解析及酿造工艺开发与品质提升等方面开展研究，实现了企业与高校的产学研深度融合发展，培育了一批实践能力强、创新水平高的高素质人才。

孙宝国院士是香料和食品风味化学专家，北京工商大学原校长，第十三届、十四届全国政协委员，现任中国食品科学技术学会理事长、北京工商大学国酒研究院院长。作为我国食品科技的领军人，孙宝国院士长期致力于通过改善食品香味、提升食品质量、保障食品安全以推动食品产业的发展。以第一完成人获国家技术发明奖二等奖和国家科学技术进步奖二等奖4项；组织了食品行业"十二五"到"十四五"战略规划，参与多项中国工程院重大咨询项目及国家标准的制定，引领食品行业和学科的发展方向。同时，作为一名有社会责任感的科学家，他积极投身科普宣传，编写教材及科普读物。主编的酒类综合科普书《国酒》荣获2020年"中国石油和化学工业优秀出版物"一等奖和2023年神农中华农业科技奖科学普及奖。荣获2019年"何梁何利基金科学与技术进步奖"，2021年获评中国酒业协会"中国酒业重大科技贡献人物"。

坚定文化自信，让中国酒有自己的名字

以粮谷为原料、以酒曲为糖化发酵剂酿制，用陶瓷坛陈酿的白酒、黄酒是中国独有的饮料酒。然而，多年来中国白酒和黄酒缺乏官方的准确英文名称，比如白酒被翻译为 Chinese Distilled Spirits（中国蒸馏酒）、Chinese Liquor（中国烈酒），黄酒被翻译成 Chinese Rice Wine（中国大米葡萄酒），容易引发误解，也不能体现白酒和黄酒的深厚内涵。孙宝国院士积极倡导将白酒、黄酒作为中国的国酒，提出白酒和黄酒英文翻译应采用音译法，即为"Baijiu""Huangjiu"，团队也长期坚持在国际学术交流和论文发表中使用上述翻译。2018年孙宝国院士应邀在食品领域国际知名期刊 *Journal of agricultural and food chemistry* 上发表有关白酒的综述，标志着"Baijiu"一词得到了国际认可。协同中国酒业协会和众多专家的努力，国家标准及《中华人民共和国进出口税则》等相关文件均做出相应修订。2021年新版《中华人民共和国进出口税则》中，白酒对应的英文名称为"Chinese Baijiu"，越来越多的白酒出口产品上打上了"Baijiu"，这对于企业准确描述中国白酒，扩大国际影响力有着积极的作用。

锚定行业基础科学问题，勇于源头创新

2011年起，孙宝国院士带领团队成员探寻不同香型白酒风味的"奥秘"，提出了白酒产品的发展方向是"风味、健康双导向"，白酒产业的发展方向是"生产现代化，市场国际化"等观点，得到了产业界和国内外学术界的广泛认可。团队以物质解析为抓手，先后与山东扳倒井、古井贡酒、泸州老窖、衡水老白干、湖北劲牌、北京牛栏山、四川郎酒、青岛琅琊台、山西晋臻、四川五粮液、青海天佑德、内蒙古草原王、河北板城烧锅酒等酒厂合作，采用现代分析组学技术和分子感官科学方法对多种香型白酒和黄酒中的风味成分、健康因子等微量成分进行全面研究。团队创建了酒类微量成分数据库/实物库，囊括已经发现的白酒中的2000多种微量成分，并借助数据库首次在白酒中发现了多肽、乳酸丙酯等物质。数据库在山东扳倒井、北京牛栏山、衡水老白干等企业转化应用，建立了以风味为导向的产品质量控制指标，对企业科研水平和酒类产品质量的稳定和提升，对新产品的开发起到关键作用，成果获得2022年"中国食品科学技术学会科技进步奖"一等奖。

助推修订芝麻香型白酒国家标准，解除该香型发展束缚

2012年12月，中国白酒行业首个院士工作站——国井扳倒井院士工作站在扳倒井集团成立。团队与国井扳倒井进行了10余年的紧密合作，围绕芝麻香型白酒风味物质、健康成分、异味物质鉴定等方面形成的一系列成果证明了3-甲硫基丙醇不是芝麻香型白酒特征风味物质，为芝麻香型白酒国家标准的修订提供了重要科学依据，解决了束缚芝麻香型白酒发展的难题，促进了芝麻香型白酒产业的健康发展。研究成果在山东扳倒井股份有限公司应用，近三年新增销售收入15.4亿元，新增就业约500人，经济和社会效益显著，成果获得2021年"中国商业联合会科学技术奖"特等奖。双方顺利完成了国家"十三五"重点研发项目，开展了2项国家自然科学基金、2个泰山产业领军人才项目，在产学研合作和人才培养方面都取得了丰硕的成果。

坚持"风味、健康双导向"，推动白酒健康研究

孙宝国院士率先提出白酒发展应该坚持"风味、健康双导向"。2017年3月30日，由中国酒业协会、安徽古井贡酒股份有限公司和北京工商大学首倡建立的中国白酒健康研究院在北京工商大学正式挂牌成立。研究院组建的目标是建成以企业为主体、市场为导向、产学研相结合的技术创新体系，成为行业创新的突破口；进一

步提高行业自主创新能力，针对白酒健康开展系统研究，提升白酒健康的科学内涵；为中国白酒国际化奠定技术基础、文化基础和消费基础。以研究院为平台，多家相关科研机构和白酒企业通过多种形式开展共建，推动白酒健康研究上了新台阶。

孙宝国院士提出"内寻外加，自然强化"是健康白酒发展的有效途径。"内寻"就是从白酒和白酒酿造过程中分析发现有益于人体健康的物质；"外加"就是将不是在白酒酿造过程中产生的有益于人体健康的物质加入白酒中。团队首次通过实验证明了酒中普遍存在的4-甲基愈创木酚和4-乙基愈创木酚等小分子酚类物质的抗氧化和抗炎活性，并研究了其发挥生物活性的作用机制；首次在白酒中发现了多种小分子肽类物质并发现白酒中三肽Pro-His-Pro（PHP）具有血管紧张素转换酶抑制作用和抗氧化活性，四肽Ala-Lys-Arg-Ala（AKRA）能显著提高细胞内抗氧化酶的活性，为研究白酒健康属性的内寻提供了科学依据。苦荞提取物对荞香型白酒的风味特点和健康功能有重要影响。团队首次对苦荞提取物和荞香型白酒的关键香气进行了系统阐释，并说明了苦荞提取物与风味成分之间的互作规律，为"外加"对白酒香气和功能的影响研究奠定了基础，研究成果获得2020年度中国酒业协会的科技进步奖一等奖，为今后白酒"风味、健康双导向"的持续发展与探索开辟了新的思路和方向。

2017年中国白酒健康研究院成立

传承创新发展，实现传统工艺与现代化生产统一

团队在传承传统固态酿造工艺本质的基础上，积极推动白酒生产现代化。2015年起，与河北衡水老白干开展联合攻关，深入生产一线调研，围绕老白干香型白酒独特的地缸发酵工艺，立足突破固态发酵白酒的风味形成机理、核心酿造菌群的定位与合成、地缸发酵过程的模拟与复刻等核心技术问题，探索如何将发酵从地下转到地

上，把"地缸"变成"不锈钢（发酵容器）"，为现代化、机械化、智能化生产及品质提升奠定理论基础。

中国传统的固态发酵技术与西方的液态发酵有很大的区别，必须立足中国国情对固态发酵工艺进行机械化改造。2016年，团队牵头承担了传统酿造领域首个国家重点研发计划项目"传统酿造食品制造关键技术研究与装备开发"，联合众多合作单位进一步推进"智能发酵""智能上甑机器人""智能曲房"的研发与产业化应用，聚焦智能酿造及应用研究，推动固态酿造产业转型升级。传统制曲是人工凭借经验根据曲房里的发酵温度、湿度，进行人工通风、翻曲等操作，工作强度大、效率低，改用无线传感器进行温度、湿度测量和数据反馈，通过反馈结果和大数据，智能化调控温度和湿度改造，开发软件系统，进行智能决策、自动调节，达到生产需要的温度、湿度。

团队在多组学技术联用、跨学科技术集成、生产性实验论证等方面，形成了以酿造微生物多样性和功能微生物代谢机制为核心的酿造原理基础研究体系，通过调控微生物组成和发挥作用的方式达到白酒酿造过程的靶向调控，提高产品品质。2018年，团队与华都酿酒食品有限责任公司联合建立的"北京工商大学研究生华都酿酒食品有限责任公司联合培养示范性基地"正式落成。团队从华都酿酒过程中筛选得到两千余株白酒酿造微生物，建立了华都"京派酱香"白酒特色微生物资源库，开发了基于靶向增效风味酯调味酒生产新技术。通过多组学技术精确定位酿造微生物催化合成白酒关键风味物质——乙酯类物质合成的关键酶，并深度解析酶催化酯合成及表达调控的分子机制，运用"环境因子—微生物—风味酯"动态溯源策略，建立了组合强化发酵技术，实现了定向协同乙酯类风味物质含量的稳定性提升。技术成果在酒厂应用后，明显提升优级酒比例。该成果获得2022年"中国商业联合会科学技术奖"特等奖。

聚焦痛点，全链式提升行业风控水平

团队聚焦白酒酿造中邻苯二甲酸酯类增塑剂（PAEs）的变化，从PAEs源头识别、过程监测、定向消减三个方面形成了"全链条"的技术创新，创建了从酿酒原料到白酒中PAEs全方位的检测筛查技术，阐明了酿酒原粮安全是白酒产品安全的基础；建立了基于基因组与代谢组联合分析大曲源PAEs高效降解菌的新方法；探索了白酒酿造过程中PAEs的转化和控制策略，提出了兼顾"风味/安全/经济"的"摘酒"生产策略。该研究成果科学解答了"以钢代塑"工艺改革后白酒中依然检出PAEs的行业困惑，推动了酒企产品的日常质控和风险预警水平，为白酒的安全酿造、工艺改进、产品品质稳定提升及白酒行业的高质量、标准化、可持续健康发展提供了重要支撑，该成果获得 2022 年"中国轻工业联合会科技进步奖"一等奖。

在酿造不同香型白酒产生的黄水中分离鉴定出了多种具有免疫调节活性、抗氧化活性、保护肠屏障活性等的多糖。团队联合宜宾五粮液股份有限公司，将黄水多糖用于制备 PVA/CMC 基水凝胶并对其性能进行系统的研究，为黄水资源化利用新途径提供参考。

紧盯企业需求，打造"产学研三位一体"创新体系

孙宝国院士在科研工作中始终坚持亲力亲为，要求团队成员要把理论与生产实际有机结合，研究论文课题要与企业需求相结合。在与青海互助天佑德青稞酒股份有限公司合作的过程中，孙院士多次亲临工厂了解和指导企业的生产、酿造、储存等工艺技术，了解青稞酒等产品的优势特色与发展瓶颈。结合产品自身的特点，对青稞酒的研发与生产等方面提出针对性的意见与建议，促进产品的品质提升。自 2016 年与内蒙古太仆寺旗草原酿酒有限责任公司开始校企合作，团队每年带领多名研究生多次赴草原酒厂生产一线了解生产工艺，监控收集草原王白酒生产稳定性的相关科研数据，参与各生产环节的生产和技术指导，有效解决了创新发展中的技术难题，带动了企业科技人员的成长，推动了科技成果转化。2019 年，孙宝国院士带队考察板城酒业，针对企业品质检测水平低，酒体风味物质不明确的问题开展科研攻关，为企业原酒品质监测提供重要靶点，为企业检测水平提升提供重要推动力，为企业生产动态监测提供重要基础。团队与四川省古蔺郎酒厂有限公司的合作课题来源于实践，覆盖了特征风味物质的鉴定、不同贮存条件对香气的影响、酒体变黄和空杯留香等科学问题。用科学数据揭示了郎酒"生、长、养、藏"酿储系统，助力企业品质提升。

团队还针对企业的专业技术人才培养培训需求，有计划、有组织地安排企业研习人员进入团队的实验室学习、交流，提升合作企业科技人员的科学研究能力和水平，建立了技术人员技能提升的长效保障机制，为建立开放型人才培养实验室提供借鉴。

积极科普，讲好国酒故事

作为世界文明古国，中国是酒的故乡和酒文化的发源地之一，白酒和黄酒则是中国独有的酒类，是中华民族重要的非物质文化遗产，也是中华优秀传统文化最鲜明的符号。但世人对我国的白酒、黄酒的了解程度远不及西方的威士忌、白兰地、伏特加和葡萄酒。孙宝国院士带领团队在十余年潜心研究的基础上创作了科普书《国酒》，该书用讲"故事"的表达形式，首次对中国白酒和黄酒进行了系统归纳，以简明清

晰、通俗而严谨的语言，对中国白酒和黄酒的概念、特色、酿造工艺、香型特点及名酒的故事等进行了集中介绍，成为社会大众和海外消费者了解中国酒、研究中国酒、品味中国酒的一部百科全书。孙宝国院士还创作了《国酒》千言诗，在网络广泛传播，点击量三百余万次。作品对培养公众正确认知中国酒、引导科学消费、助力中国酒走向世界、增强中华文化自信发挥了积极作用，得到读者的充分肯定和社会的广泛认可。

结　语

随着信息技术的快速发展，以物联网和人工智能为代表的新技术正全方位的革新传统行业，国家在《"十四五"智能制造发展规划》提出"到2035年，规模以上制造业企业全面普及数字化网络化，重点行业骨干企业基本实现智能化"。孙宝国院士团队致力于以现代科技改造传统酿造产业，将风味组学、微生物组学和食品组学等多组学结合，在我国浓香型、芝麻香型和老白干香型等白酒的自动化、智能化改造中得到了广泛应用，近年来产生的直接和间接经济效应累计超过200亿元。未来，面向国家以新质生产力推动产业升级的需求，孙宝国院士团队将进一步聚焦传统酿造产业的数智化解构，开发关键品质因子的靶向调控技术，实现传统酿造产业的优质品率稳定提升，助推传统酿造行业由规模型到质量型的转变。

立足军民融合发展
深耕电子功能薄膜材料与器件技术

——中国工程院院士李言荣科技创新团队

中国工程院院士李言荣科技创新团队（以下简称团队）依托电子薄膜与集成器件全国重点实验室，30多年来，精诚团结，面向国家重大需求，开展科技创新与技术攻关，取得了突出成绩，2017年被授予"全国创新争先奖"。

团队和带头人简介

李言荣，中国工程院院士、中国电子学会副理事长，历任电子科技大学校长、四川大学校长，现任西北工业大学党委书记，长期从事电子功能薄膜与器件研究，从国家需求中提出研究课题，并凝练科学问题，形成材料—器件—制造装备的全链条技术，突破了一系列高端电子器件制造的关键技术，研究成果不仅为高端电子装备研制提供了保障，而且服务于航空装备研制能力提升和技术进步。作为高校教师和管理者，李言荣院士长期工作在一线，培养了硕士研究生130余人、博士研究生近50人，许多毕业生已成为学术机构、产业部门研究所、头部企业的技术骨干和中高层管理者，为我国高端人才培养和高等教育事业发展做出重要贡献。

作为科研团队带头人，李言荣院士胸襟开阔，凝聚起了由多方面专业人才组成的学术团队，现有工作人员30多人，其中，各类国家级人才6人，每个团队成员都有各自的学术定位，既有自由发展空间，又能围绕团队主攻方向形成合力。团队先后承担了国家及省部级项目100多项，获授权中国专利200余项，研究成果获"国家技术发明奖"二等奖3项，团队成员获"国家级教学成果奖"3项。

李言荣院士

基于材料—器件—装备的全链条创新，实现高端元器件自主可控

作为高新技术发展的重要支撑，在电子系统微小型化需求牵引下，电子功能材料薄膜化和集成化成为必然趋势，为此，一直聚焦于电子功能薄膜材料制备、性能调控及多功能集成研究，始终坚持从国家安全和产业升级的实际需求中提出研究课题、在共性技术的解决过程中凝练基础科学问题，并进一步将基础科学问题应用到新概念器件的研发中，不仅满足了当前急需，也为产业技术升级换代和新装备发展提供了技术储备。

作为电子功能材料的典型代表，多元氧化物具有丰富的性质，尤其是其对力、热、电、光的敏感特性使其成为传感器研制的最重要载体。随着现代电子侦察和电子对抗技术的不断发展，对微波侦收装备的灵敏度、分辨率和作用距离提出了越来越高的技术要求，高温超导材料因其极低的微波损耗而成为高品质微波无源元件研发的首选，在接收机、数据通信、弱信号探测方面都具有重大优势。正是由于其在极微弱微波信号侦收方面具有不可替代的技术价值，作为基础材料，高质量、大尺寸双面高温超导薄膜被欧美列入严格出口管制清单，导致20世纪90年代国内许多高温超导微波装备研制单位长期面临材料供应保障问题。针对这一现实需求，团队以双面薄膜制备技术的创新为突破口，发明了"单轴驱动双轴旋转倒筒式溅射沉积"方法，实现了在基片两面的同时原位外延生长，解决了双面薄膜两面性能一致性和3英寸薄膜面内性能均匀性难题；并通过"自缓冲层"外延方法的发明，显著改善了钇钡铜氧（YBCO）超导薄膜的微波性能；在此基础上，开发出了双面薄膜制备的系列装备，拥有了年产800～1200片大尺寸YBCO超导薄膜的技术能力，实现了多种规格产品的低成本量产，不仅为国内十多家单位多种型号超导微波侦收装备研制提供了材料保障，并通过代理公司返销欧美，被用户评价为"产品性能达到世界一流水平"。

随着核磁共振成像医疗设备的国产化及核医学装置的推广，超导磁体逐渐成为一个极具潜力的产业，为此，团队将高温超导双面薄膜技术推广到高温超导双面带材的制备中，开发出了高温超导双面带材"卷对卷"制备工艺装备。与单面带材相比，团队所研制的YBCO超导双面带材的工程电流密度提高了一倍，更有利于磁体小型化。目前，团队正与企业联合开发高温超导双面带材工业化制备的成套技术。

团队还将高温超导薄膜的"自缓冲层"技术拓展到了铁电、压电、热释电薄膜的制备，实现了含器件结构的4英寸钛酸锶钡（BST）热释电薄膜诱导取向生长，所制备薄膜热释电系数与单晶相当，并开发出了BST薄膜刻蚀工艺，器件探测率接近热效应器件的理论极限。团队与中国电科芯片技术研究院合作研发出全集成红外气体传感器，产品已用于国内多地地铁环境监控；团队与中国航天科工集团合作研发出红外、无线电复合制导系统，显著提高了相关装备的抗电磁干扰能力。

此外，团队还解决了晶圆级铌酸锂单晶薄膜制备及其声表面波滤波器制造技术，所采用的器件结构和制造方法成功绕开了国外专利壁垒，器件工作频率、承载功率和插入损耗等核心指标大幅度领先于现有微声滤波器，满足了我国智能手机、5G通信基站对高性能微声滤波器芯片的急需。团队与企业合作成立股份公司，具备了量产条件，实现了批量交付，相关技术已应用到电台、手机、雷达和卫星互联网，促进了微波通信装备的升级换代，提高了核心芯片的自主保障能力。

不忘初心，勇于跨界承担科研重任，服务国家重大装备发展

叶片状态参数的准确测量一直是我国航空发动机研制的难题之一，与常见应用场景相比，航空发动机专用传感器的工作环境非常恶劣，其研制难度极大。基于薄膜外延模式及应力调控研究积累，团队从电子行业垮界到行业电子，毅然承担起了航空发动机测试专用传感器的研制任务。

通过合金薄膜组份调控及热氧化处理，团队实现了从镍基高温合金向氧化物陶瓷的渐变过渡，改善了材料在叶片表面的附着特性，解决了传感器抗强烈气流冲刷问题；通过多种耐高温氧化物多层薄膜的复合，利用其界面散射特性，显著改善了薄膜的高温绝缘性能，解决了高温下传感器输出与合金叶片之间的信号隔离问题；通过倾斜沉积工艺的引入，使多层复合绝缘薄膜形成"之"字形纤维状结构，改善了绝缘层薄膜热应力的自适应调控能力，解决了传感器抗高低温循环的热冲击问题；采用溶液沉积技术对绝缘层薄膜进行平坦化处理，实现了表面的纳米级平整，满足了传感器研

制对表面光洁度的要求，解决了图形化传感器制造的成品率问题；设计了三明治结构复合防护层材料体系，利用其界面在高温下的固溶反应填充薄膜微裂纹，显著改善了薄膜传感器的抗高温氧化能力，解决了薄膜传感器的工作寿命问题，为叶片状态参数的可靠测试奠定了基础。

通过对上述关键技术问题的处理，团队解决了与叶片一体化集成的航空发动机测试专用薄膜传感器制造技术难题，所研制的系列薄膜传感器实现了发动机叶片表面温度、热通量、高温应变等状态参数的准确测量，为多种型号发动机冷效试验、部件试验及故障排查提供了重要支撑，先后承担了多项相关173重点项目和科技部重点研发项目，建成了面向航空航天热端部件表面状态参数测试用的集成薄膜传感器制造平台，为我国航空发动机测试提供技术保障。

作为集成薄膜与器件研究的基础手段，团队长期重视微区及界面物性研究，与中航工业西安飞行自动控制研究（618所）合作，基于团队自主建立的表面微量电荷开尔文探针测试平台，开展了激光陀螺服役过程中高反膜微区荷电特征测试方法创新，不仅克服了传统方法测量误差大的问题，而且在不破坏膜层结构的前提下，实现了高反膜表面荷电的加速积累，规避了传统大剂量等离子荷电方法对高反膜的物理轰击损伤，为高反膜可靠性评价提供了新技术支持；通过高反膜可靠性评估数据的大量积累，总结出了荷电量对高反膜氧空位特征峰位的影响规律，建立起了高反膜荷电量—等离子功率—作用时间之间的关联，并基于密度泛函理论计算了其激发态的电子结构，阐明了高反膜服役过程中损耗增大机理，提出了以氧空位缺陷能级位置为判据的高反膜材料体系选择准则，基于所提出的高反膜新体系，显著提高了激光陀螺寿命。

目前，该研究成果已应用多款激光陀螺和激光惯导产品，所提出的新型高反膜镜片已累计生产超10万片，装配的惯导系统已批量装备多种型号的战机和舰艇，获得了显著的社会效益和经济效益。

居安思危，瞄准科技前沿，推动科技强国建设

虽然团队研究工作偏重于利用已知物理效应的器件研发，但仍然十分关注前沿基础科学发展，对新效应在器件中的应用价值始终保持着高度敏感。利用薄膜生长模式方面的研究积累，团队成功制备出超薄纳米蜂窝状结构的YBCO高温超导薄膜，与"自上而下"的微细加工相比，这种"自下而上"的自组装方法避免了高能离子轰击，所制备超薄YBCO纳米蜂窝阵列保持着优异的超导电性，为玻色子相干性及耗散能跨尺度调控提供了材料支撑。

在此基础上，团队与国内外基础物理效应研究优势单位合作，观察到了超导—量

子金属—绝缘体相变，首次证实了量子金属态与玻色子奇异金属态的存在，证明了量子金属态属于玻色金属态，揭示了玻色子在量子金属态中起主导作用。相关研究成果分别于 2019 年和 2022 年发表在 Science 与 Nature 杂志上，得到了国际同行高度好评。玻色金属理论的提出者、美国伊利诺伊大学菲利普·菲利普斯教授在 Science 上以《终获自由：玻色金属"猛兽出笼"》为题发表观点评述：该实验结果使"学术争议结束，玻色子可以像金属一样存在"。美国科学院院士、斯坦福大学史蒂文·基佛尔森教授发表专题评述指出，"对于量子金属起源的探索将改变人类对量子材料的认识，推动量子器件发展"。国际著名理论物理学家、美国科学院院士钱德拉·瓦尔玛教授认为，玻色奇异金属态的发现是凝聚态物理领域的重大突破。团队的这一研究成果还被 Science Daily、Materials Today、全球科技新闻服务网站 EurekAlert 等十余家国际科技媒体专题报道，作为我国在高温超导领域取得的重大研究进展，入选"2022 年度中国高校十大科技进展新闻"。

该成果不仅是凝聚态物理领域的重大突破，为理解凝聚态中奇异金属态的普适性、揭示耗散效应对玻色子量子相干性的影响、完善量子相变理论奠定了重要科学基础，也对极高灵敏量子探测技术发展具有重要技术价值。目前，团队正在利用该效应研制高灵敏、高精度红外单光子探测芯片，为航天强国建设提供性能更加优异的关键器件支持。

结 语

进入新时代，面对新的国内国际环境，团队正积极介入半导体领域，围绕集成电路材料及制造技术发展需求，锐意进取，力争为我国高端芯片的供应链安全保障再立新功。

扫清自主设计"拦路虎"
给盾构设备装上"中国心"

——中国工程院院士杨华勇科技创新团队

2018年，习近平总书记在两院院士大会讲话中指出，我国"掘进装备等跻身世界前列"。2021年总书记在两院院士大会讲话中指出，我国"最大直径盾构机顺利始发"。

团队和带头人简介

在浙江大学，有这样一支深耕掘进装备、盾构机领域20余年，实现创新突破的中国工程院院士杨华勇科技创新团队（机电液重大装备团队）（以下简称团队）。团队以杨华勇院士为带头人，汇聚了20余名国家级科技人才，锤炼出了一支"信念坚定、业务精良、师德高尚"的老中青相结合的教学科研队伍，支撑了我国在以盾构机为代表的重大装备领域的跃变，助力相关产业由"跟跑""并跑"到"领跑"的升级，为我国在该领域的产业发展、人才培养和科学研究做出突出贡献。

团队共获得"国家技术发明奖"和"国家科学技术进步奖"11项（含一等奖1项）、"国家教学成果奖"11项（含一等奖2项），并先后"获教育部创新团队""国家基金委创新研究群体""全国高校黄大年式教师团队""全国工人先锋号"等荣誉。

团队带头人杨华勇，中国工程院院士、第十四届全国政协常务委员、浙江大学教授、浙江大学工学部主任、流体动力基础件与机电系统全国重点实验室（浙江大学）主任。作为流体传动与控制领域专家，杨华勇院士长期从事电液控制基础理论，基础元件和系统，以及盾构和电梯装备关键技术开发、工程应用方面的研究，形成了"理论—元件—系统—装备—应用"完整的技术路线，对我国机电液装备的自主研发做出重要贡献，取得显著的经济效益。杨华勇院士带领团队突破了盾构压力稳定性控制、载荷顺应性设计和姿态预测性纠偏基础理论与关键技术，攻克了掘进过程失稳、失效、失准三大国际难题，研发出土压、泥水和复合三大类盾构系列产品，使我国进入盾构技术先进国家行列；攻克液压电梯速度与位置精确控制、势能高效回收关键技术等制约性难题，形成国际领先的自主液压电梯核心技术。杨华勇院士先后主持了国家重点基础研究发展计划（"973计划"）、国家高技术研究发展计划（"863计划"）、国家自然科学基金、国家科技支撑计划等项目50项，曾获"国家科学技术进步奖"一等奖（排1）、"国家科学技术进步奖"二等奖（排1）、"何梁何利基金科学与技术进步奖"等荣誉。

杨华勇院士

服务国家战略，铸就国之重器

团队经过20多年不间断的产学研联合攻关，重点攻克了盾构设计制造"卡脖子"关键技术，实现了盾构中国设计、中国制造、中国品牌等系列化飞跃，打破了"洋盾构"技术与产品的垄断，让中国产品走出国门，服务全球。

20世纪90年代，中国经济还不发达，产业技术滞后于世界先进水平，买不起新的盾构，国产设备无法满足快速增长的基础设施建设的需要。盾构是大型复杂机电装备，是地铁等交通领域大型项目施工必备的机械设备。大部分工程只能使用进口的二手盾构，而且依赖性较高。部分进口设备不适应中国施工环境与施工方式，不仅施工质量不稳定，还不时会因操作问题造成装备损坏、工程延期乃至人员伤亡等情况。由于中国没有相应的设备，造成当时中国企业或工人甚至不能直接使用和维护，中国企业只能在建设项目中担任"施工队"或"整机装配队"的角色，甚至对自己的基建项目的工期与进度都无法拥有话语权。

曾在国外工作生活和国内项目一线参观考察的杨华勇深刻感受到了中国和发达国家之间的差距。盾构机使用现状让杨华勇下定决心，外国人能造的东西我们中国人也一定能造，中国必须做出属于自己的盾构。于是杨华勇义无反顾地带领产学研团队踏上了艰难的自主创新研发之路。

2005年，团队自行研发出液压驱动和控制系统，首次实现了盾构"心脏"的自主开发设计，从国外技术封锁最严部分率先实现突破，完成核心技术难点的破冰。经过天津地铁100米试用，效果和德国盾构完全一样！重点技术的重大突破为团队带来了巨大信心和动力，也为技术产业转化和整体设计实现奠定了基础。2007年，团队终于研制出国内首台具有自主知识产权的复合盾构样机，这台样机就是"中国中铁一号"。在天津地铁3号线营口道—和平站标段施工中，"中国中铁一号"穿越了瓷房子、渤海大楼等对地表变形特别敏感的标志性建筑，地表局部变形小于2毫米，地面建筑完好无损，圆满完成了该标段隧道的掘进任务，充分验证了"中国中铁一号"的性能与指标。

20年来，杨华勇带领团队攻克了一个个盾构自主设计制造关键技术，给盾构装上了"中国心"，中国终于打破"洋盾构"一统天下的局面。目前，团队与两家大型央企(中铁工程装备集团有限公司和中国铁建重工集团股份有限公司)结成长期、稳定、密切的产学研合作关系，已成功将国产装备应用于国内外上千个重大隧道工程。由相关技术转化的装备和产品远销全球四大洲30多个国家，占领全球掘进机60%～80%的市场。技术创新产生的直接经济效益超过2000亿元，带动工程投资和产值超3万亿元。

杨华勇院士带领团队深入盾构机生产现场

近年来，杨华勇院士带领浙江大学机电液重大装备教师团队在实战中不断升级技术与产品，有力地支撑了中国在盾构领域的"跟跑""并跑"到"领跑"的跃变。

坚持立德树人，为党育人、为国育才

团队在路甬祥院士、林俊德院士等校友榜样的引领下，传承着"干惊天动地事，做隐姓埋名人"的无私奉献精神，全方位培养具有家国情怀和全球竞争力的技术领军人才、工程科学家和领导者，不断为国家与社会输送专业人才。

团队聚焦德才兼备的卓越人才培养，根据专业情况独立设计了多元化的教培：一是创新打造"导师＋辅导员＋党政人员＋校友＋老教师"五路联动工作机制，构建多元融合优势互补的全员育人"共同体"；二是将家国情怀融会贯通到"招生—课程—论文—就业"各环节的培养体系，打造价值引领的卓越能力培养全过程"育人链"；三是构筑"历史厚度×学科亮度×辐射广度"多维会聚的育人范式，形成了学科底蕴与培养元素融合的全方位育人"生态圈"。团队教师发挥优质课程教学的全国示范效应，引领全国高校慕课教学改革，以国家重大项目为牵引，为"一代技术"和"一代装备"培养"一代人才"。

团队以育德作为育才的前提与基础，坚持弘扬"爱党爱国、无私奉献"精神，坚持服务社会、服务产业、服务教育一体化，锤炼团队精神，汇聚一流人才，牵头建设"政协委员会客厅""马兰工作室"等新型平台，联合国内10所重点高校创建"马兰精神联合研究中心"，举办百余场活动，线下受众超11万人次，产生"三全育人"示范引领效应。近五年，引导浙江大学200余名毕业生赴国家重点单位及西部地区建功立业，75%的研究生投身国家重点重大科研项目，形成服务社会的育人风尚。团队培养的研究生先后获"日内瓦国际发明金奖""国际'互联网＋'大赛金奖""全国'挑战杯'特等奖"等重大科创竞赛奖百余项，中国机械工程学会"上银优秀机械博士论文奖"多项。毕业研究生中涌现出教育部"长江学者"，"全国五一劳动奖章"获得者、运－20研制重要参与者等一批优秀典型。

团队负责人杨华勇坚持以身作则，以行动教育学生，以榜样带动团队，荣获英国机械工程师学会流体动力"约瑟夫·布拉马奖章"（首位华人科学家）、"首届全国创新争先奖"、美国机械工程师学会"罗伯特 E.柯斯基终身成就奖"、"最美浙江人·浙江骄傲"等荣誉。团队成员陆国栋获评国家级教学名师，武建伟荣获"全国五一劳动奖章"，梅德庆获"浙江省担当作为好支书"，项淑芳获"最美高校辅导员"等，育人工作成效被《人民日报》《新闻联播》《光明日报》等中央媒体报道。

注重社会服务，促进成果转化

团队践行习近平同志对浙江大学提出的"立足浙江、面向全国、走向世界"的要求，在浙江、山东等地建设高端装备与智能制造产学研合作机构，打造高强辐射的社会服务网络，为区域科技进步、人才培养和产业升级做出应有贡献，推动了地方经济繁荣与社会发展。

团队在杭州创建的浙江大学高端装备研究院，聚焦智能制造等关键技术，助力浙江打造展示中国特色社会主义制度优越性"重要窗口"。浙江大学高端装备研究院以"引进龙头企业培育生态、孵化'专精特新'及上市企业、智能制造赋能中小企业"为发展思路，探索从原始创新到产业化的新模式，打通成果转化堵点，为地方经济高质量发展提质增效。自成立以来，高端装备研究院已成功获评为省级新型研发机构，并先后获批建立智能电液浙江省工程中心、省级工业互联网平台、浙江省博士后工作站、浙江省研究生联合培养基地、浙江省高端装备产业专利导航服务基地、杭州市浙大高研院机电系统概念验证中心、临平区院士指导站等高能级平台资格。研究院积极引进装备制造龙头企业入驻，聚焦开发区内产业，培育区内企业生态供应链，提升价值链，延长产业链。团队联合杭州徐工研究院重点开展智能机电系统及零部件、新能源智能化零部件等方向的技术研究，实现高端核心零部件及系统自主可控和技术引领。在服务企业的同时也积极帮助区内企业与徐工集团开展合作对接，目前已有铁流离合器、飞仕得、南都动力、雷恩液压等部分区内企业成为徐工集团供应商，为园区及企业带来发展新机遇。

面对区域产业迭代升级的迫切需要，针对中小企业在数字化转型中面临的数字化软硬件基础差、数字化需求多而杂、数字化团队能力弱、付费能力差等实际困难，团队充分发挥技术优势与人才优势，建设工业互联网云平台，为中小企业数字化转型及智能制造提供技术加运维的一站式托管服务，实现新一代信息技术与智能制造技术融合的"产、学、研、创、用"创新，同步打造"工业数据＋机理"驱动的智能制造数字底座系统，在工业界推广应用，全面赋能多个区域制造企业的数字化转型升级。

结　语

从路甬祥院士到杨华勇院士，再到如今的青年一代，团队始终牢记习近平总书记的殷殷嘱托，紧紧围绕制造强国战略，以"一流的人才梯队、一流的教育质量、一流的科研水平、一流的成果转化"为目标，不忘初心、砥砺前行，不断为制造业高端化、智能化、绿色化发展提供教育、科技、人才等方面的坚强支撑，为建设制造强国接续奋斗，努力做出新的更大贡献！

打破"卡脖子"技术的国际垄断
领航人造板绿色环保节能产业升级

——中国工程院院士吴义强科技创新团队

人造板产业是高效利用木材资源的重要绿色低碳产业，也关系到林业可持续发展目标的实现。在当前世界可采森林资源日趋短缺的情况下，充分利用人工速生商品林及"木材采伐剩余物、制材剩余物、加工剩余物"（简称三剩物）、废旧木材、农作物秸秆、竹材等资源升级人造板生产，实现生物质资源的高效科学利用，对助力"双碳"目标、践行绿色发展、落实乡村振兴等具有重大意义。我国人造板产业的发展从无到有，历经起步、新兴、发展、提速、繁荣及创新升级五大阶段，正向着绿色、环保、低碳等方向演进。在产业发展过程中，人造板生产和使用过程中甲醛污染重、产品功能相对单一、加工装备智能化程度不高是制约我国人造板产业高质量发展的重大瓶颈。中国工程院院士吴义强科技创新团队（中南林业科技大学吴义强院士木竹资源高效利用科技创新团队）（以下简称团队）自20世纪90年代以来，开拓创新、砥砺攻关，连续突破人造板绿色低碳制造重大共性关键技术与装备难题，护航我国人造板产业的"绿色革命"，为推动我国木竹加工产业结构调整、转型升级与行业科技进步做出了突出贡献。

团队和带头人简介

团队以吴义强院士为带头人，立足中国南方地区丰富的森林和秸秆、芦苇等低值农业资源，依托中南林业科技大学林业工程、材料科学与工程、人工智能等优势学科专业，打造出一支拥有中国工程院院士、"长江学者"特聘教授、国家杰出青年科学基金获得者、"千人计划"特聘教授、国家中青年科技创新领军人才、新世纪百千万人才、国家优青、湖南省科技领军人才、湖南省芙蓉学者等科技领军人才为学术骨干的、学缘和年龄结构合理的高水平学术团队。

团队主要从事木竹材功能改良、木质人造板低碳制造、竹材高效利用、秸秆综合利用、绿色家居及智能制造、木结构建筑与材料、先进功能材料、生物能源与绿色化学品、木竹产品碳足迹与碳汇等方向的研究工作。建有岳麓山种业创新实验室（筹）林木品种创制中心、农林生物质绿色加工技术国家地方联合工程研究中心、木竹资源高效利用省部共建协同创新中心、生物质材料及其绿色转化湖南省重点实验室等国家和省部级创新平台10余个。

团队勇于开拓、锐意创新，承担国家"十三五""十四五"重点研发项目、国家自然科学基金重大项目课题/重点项目、中国工程院战略咨询项目、国家自然科学基金优秀青年项目、湖南省科技重大专项等科研项目120余项，授权中国、美国等发明专利200余件，发表论文1000余篇，出版学术专著、教材20余部。团队先后攻克农林剩余物功能人造板、绿色竹质功能材、生物质能源与化学品等一大批关键技术及其核心装备，在湖南、江苏、河南等20余省市推广应用，获"国家科学技术进步奖"二等奖3项、"国家技术发明奖"二等奖1项、"何梁何利科学与技术进步奖"1项、"全国创新争先奖"1项、"教育部科技进步奖"一等奖1项、"湖南省科技进步奖"一等奖3项、"湖南省自然科学奖"一等奖2项，其他省部级科研奖10余项，为推动乡村振兴、保障我国木材安全、践行"双碳"目标做出了重要贡献。

团队带头人吴义强，教授，博士生导师，中国工程院院士，国际木材科学院院士。现任中南林业科技大学党委书记、湖南省科协副主席、湖南省欧美同学会副会长，农林生物质绿色加工技术国家地方联合工程研究中心主任、木竹资源高效利用教育部省部共建协同创新中心主任、木质资源高效利用国家创新联盟理事长、碳足迹国家创新联盟理事长、国务院学位委员会林业工程学科评

吴义强院士在人造板生产线车间指导工作

议组成员、教育部林业工程教学指导委员会副主任委员等职务，兼任《中南林业科技大学学报》主编，以及《可再生材料杂志》(Journal of Renewable Materials)、《林业工程学报》、《木材科学与技术》、《中国人造板》等杂志副主编（副主任）。

吴义强院士是我国林业工程领域知名专家，专业方向为木竹、秸秆资源高效利用与人造板绿色低碳制造领域的研究与产业化工作。吴义强院士主持国家自然科学基金重大项目课题、重点项目，国家科技支撑计划课题，湖南省科技重大专项等20余项。授权中国、美国发明专利70余件，发表重要学术期刊论文300余篇，出版中、英文专著8部，主编《中国林业百科全书·木材科学与技术卷》；并以第一完成人获"国家科学技术进步奖"二等奖2项、"国家教学成果奖"二等奖1项、"何梁何利科学与技术进步奖"1项、"全国创新争先奖"1项，获"湖南光召科技奖""湖南省科学技术创新团队奖""教育部科技进步奖""湖南省科技进步奖"等省部级一等奖8项，同时获教育部"长江学者"特聘教授、国家"万人计划"中青年科技创新领军人才、新世纪百千万人才国家级人选、全国优秀教师、湖南省徐特立教育奖等荣誉或人才称号，带领团队获评"全国高校黄大年式教师团队"。

吴义强院士做人造板锥形量热仪测试

我国人造板年产量超3亿立方米，占世界60%以上，广泛应用于家居、装饰、建筑等领域，使人造板生产实现森林资源的高效综合利用，对保护生态环境、满足经济建设和社会发展对林产品的不同需求有着不可替代的作用。人造板产业高质量发展对于支撑国民经济建设、推动乡村振兴、保障木材安全和落实"双碳"目标具有重要作用，但是人造板产业存在甲醛污染重、生产能耗高、产品功能单一、资源供需矛盾突出等制约产业绿色发展的重大技术难题。为此，吴义强院士团队长期开展科研攻关及技术创新。

跟"甲醛释放"较劲，助力人造板产业绿色升级

从20世纪八九十年代开始，随着木材工业的快速发展，我国天然林木材供需关系日趋紧张，人造板已成为木材的升级产品，我国的人造板产出量逐年增长。胶黏剂作为人造板的主要原料之一，消耗量和使用量也随之逐年攀升。目前，每年人造板用胶黏剂消耗量达到1540万吨，其中甲醛系胶黏剂消耗量占比在91%左右，主要为脲醛树脂、酚醛树脂、三聚氰胺甲醛树脂等。其中三醛类胶黏剂在市场上使用场景最多、用量最大，但是它们在生产和使用过程中会释放出游离甲醛等有害物质，不仅会污染空气，还会对人体的健康产生危害，人造板产业也因此曾一度被列入国家"高污染产业"。行业专家一致认为，开发无毒、使用安全、环境友好的环保型胶黏剂成为

当今研究重点和未来发展趋势。

团队整体创新升级人造板绿色环保节能制造技术，探索出"有机—无机多元杂化共聚"的环保胶黏剂合成理论及相关技术，通过选择键合和网络交联"锁住"了甲醛分子，并进一步改进工艺，在人造板生产、使用过程中最大限度地"锁死"甲醛，全面攻克人造板产业甲醛污染重、能耗高的重大技术瓶颈，有力地推动了产业结构调整升级和绿色低碳发展，将我国人造板产业推向了国际高水平舞台。团队创新了胶黏剂多元杂化共聚理论及交联技术，发明出有机—无机杂化无醛环保胶黏剂，从源头上解决了人造板产业甲醛污染世界难题。团队研发多级联控节能制造技术与智控系统，在过程中提升绿色节能水平，并打破多工序协同节能"卡脖子"技术国际垄断，生产能耗降低40%以上，比欧美同类技术低15%左右。这项生产新技术在400余家大中型人造板企业中得到了推广应用，产品市场占有率超过60%，每年节电节能近千亿度，新增产值超8000亿元。2018年，该技术获"国家科学技术进步奖"二等奖。

改变木材"易燃天性"，攻克木材阻燃领域国际难题

为解决人造板易燃发烟等世界难题，吴义强院士带领团队聚焦木材阻燃这一专业技术领域，花费了近十年的时间及大量的精力、财力，攻克了阻燃抑烟难以协同的国际难题，研发出锡掺杂硅镁硼、锌掺杂磷氮硼等系列绿色阻燃剂，作为与木材混合的添加剂，有效实现了阻燃抑烟。基于此项应用成果，吴义强院士团队深入研究其机理与属性，在全球首次提出木质材料阻燃抑烟功能叠加耦合理论，研发定型为"固—液—气立体屏障阻燃防火技术"，确保人造板阻燃性能在国内外领先（达A2级），在1300℃火场长时间不燃烧、不发烟，标志着阻燃抑烟难以协同的国际难题已被攻克。团队进一步创新人造板阻燃抑烟协同防火及长效防潮防水技术，同步突破人造板易燃发烟、吸潮变形重大技术难题，大幅度提升产品安全等级。团队创新醇胺网络交联防潮、无机桥联防水等技术，人造板在高湿环境中不变形、不破坏。目前，团队研发的"无烟不燃木基复合材料制造技术"在木竹、农业秸秆加工企业中推广应用，年创利润数十亿元。主要产品及制品广泛用于人民大会堂、国家图书馆等标志性工程，占据高端功能人造板市场80%以上，并远销欧美等20多个国家和地区，为减少火灾事故、保障全球安全做出了重要贡献。

坚信"废物不废"，让废弃秸秆变"黄金"

秸秆作为一种低价格、易获得的人造板原材料且能降低环境污染，深受市场欢

迎。但秸秆表层存在蜡质层，采用普通胶黏剂很难将秸秆胶合成板，而采用异氰酸酯胶黏剂成本又非常高昂，导致产品性价比降低，市场空间缩小。吴义强组织团队为攻克这一难关，以实验室和中试厂房为家，经过数月的连续作战，终于研发出胶合强度高、无甲醛释放、成本低的"秸秆人造板专用无机胶黏剂"。

团队以新技术为基础，努力扩大技术成果的产品化范畴，自主开发创制秸秆人造板高效制造技术与装备，破解了秸秆代木人造板难以胶合成型关键技术瓶颈，实现秸秆资源规模化、产业化、原料化综合利用。团队创新物理刻蚀与化学赋能联合界面调控技术，攻克秸秆表面富集蜡质层胶合困难的国际难题。发明叠压自加热成形技术，创制秸秆破碎、分选一体化，以及分级连续铺装等核心装备，建成全球首条秸秆无机人造板自动化生产线和全球最大产能（1000万立方米/年）秸秆无醛有机人造板产业集团。在团队的指导下，全国各地已建成20多条无机人造板生产线，产品具有环保、防火、防水等优势功能，广泛应用于家具、室内装修、墙体材料等领域，废弃的秸秆终于变成了"黄金"。近5年来，全国利用秸秆超3亿吨，减少木材砍伐近两亿立方米。团队获得"2017年度教育部科技进步奖"一等奖和"2020年度湖南省科技创新团队奖"等。

能耗是制约我国人造板产业的另一个重大技术瓶颈，也是产业绿色化的最后一关。我国人造板生产能耗高达欧美发达国家的2～3倍，直接导致我国人造板产品国际竞争力差，长期处于国际产业链低端。为了推动中国产业向价值链高端迈进，吴义强院士带领团队砥砺攻关，创新多工序协同节能智控系统和技术，从高端制造与绿色制造侧打破"卡脖子"技术国际垄断，从源头上降低了人造板生产能耗，进而实现良好的成本控制，为企业降本增效提供了新方案。据不完全统计，近5年来，该技术推广应用及辐射的企业累计节能2200亿度电。工序协同节能智控系统和技术的升级，切实助力工业领域绿色低碳发展，护航人造板产业的"绿色革命"，为带动我国木竹加工产业结构调整、转型升级与行业科技进步做出了重要贡献。

结　语

党的二十大报告强调了我国的"双碳"目标，提出要积极稳妥地推进"碳达峰、碳中和"，并且在碳排放双控、能源革命、健全碳市场、提升碳汇能力等方面做出了具体部署。作为奋斗在一线的科研工作者，吴义强院士始终坚定不移地践行"绿水青山"理念和助力"双碳"目标，带领团队开拓创新、勇于担当，不断强化"产学研"合作理念，结合国内农林资源优势，围绕解决制约人造板产业发展的关键核心技术问题开展集中攻关，使人造板生产实现森林资源的高效综合利用，助力我国人造板产业绿色低碳和整体技术跃迁至世界领先水平。

用科学技术为煤炭安全开采保驾护航

——中国科学院院士何满潮科技创新团队

煤炭是我国的支柱能源，是不可再生的重要燃料和工业原料，煤炭工业也是关系我国经济命脉和能源安全的重要基础产业。长期以来，煤炭在我国一次能源生产和消费结构中的比重一直保持在65%左右，在我国能源结构中占据不可替代的重要地位。但传统开采方法存在煤炭资源浪费严重、巷道掘进工程量巨大、安全问题严重、生态破坏等问题。中国科学院院士何满潮科技创新团队（以下简称团队）旨在解决煤炭开采的这几大问题，组织有关人员科技攻关，实现挽救生命、抢救资源、保护环境的目标，保障我国煤炭资源的安全开采。通过多年建设，团队将基础科学研究与实际工程问题紧密结合，充分利用国家重点实验室这一优势平台，在人才培养、平台建设、科技攻关、成果转化等方面形成了产学研一体化的、科学技术与实体经济深度融合的合作模式，为科技创新促进国家经济社会全方位高质量发展提供有力的保障。

团队和带头人简介

深部岩土力学与地下工程国家重点实验室（北京）前身为我国著名力学科学家陈至达教授倡议、何满潮院士担任首任所长的"中国矿业大学北京研究生部岩土工程研究所"。该所于1991年批准成立，2008年被科技部认定为"国家重点实验室"，并命名为"深部岩土力学与地下工程国家重点实验室"。30多年来，团队在何满潮院士的带领下，始终以国家深部资源开发与地下工程建设重大需求为导向，以国际深部岩体力学学科发展前沿为引领，以构筑具有"深部"特色的国内领先、国际一流的基础理论、应用技术、工艺方法与工程材料原始创新研发平台为目标，秉承艰苦奋斗的创业精神和迎难而上的拼搏精神，勤奋求实，锐意创新，追求卓越，培养了一大批高水平科研人才，取得了一大批一流科研成果，构建了深部岩体力学基础理论体系，形成了大变形灾害控制材料及其配套技术体系，建立了具有中国特色的无煤柱自成巷开采理论、工艺与装备体系，先后承担国家自然科学基金委重大项目（50490270）、国家重点基础研究发展计划（973计划）项目（2006CB202200）、国家重点研发计划项目（2016YFC0600900）、国家自然科学基金委川藏铁路重大专项项目（41941018）等十余项国家级重大科学研究项目和上百项现场工程技术攻关项目的研究工作。其成果获国家技术发明二等奖1项、科技进步二等奖3项、中国专利金奖2项、国际岩石力学与岩石工程学会（ISRM）技术发明奖1项。授权发明专利175件，其中，中国发明专利152件，国外发明专利23项。

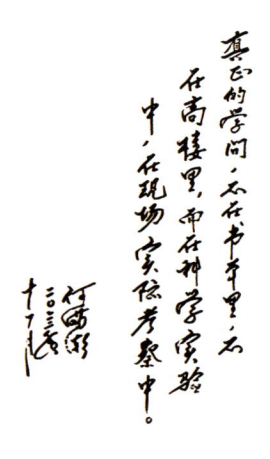

何满潮院士

团队带头人何满潮教授，1956年5月生，博士生导师。1981年毕业于长春地质学院工程地质专业，1985年在该校获硕士学位；1989年获中国矿业大学北京研究生部工程力学博士学位；2012年获比利时蒙斯大学名誉博士学位。2008年任中国矿业大学（北京）深部岩土力学与地下工程国家重点实验室主任至今。2013年当选中国科学院院士。2014年获"何梁何利基金科技进步奖"，2016年获"全国杰出科技人才奖"，2017年获"全国创新争先奖状"，2018年当选阿根廷国家工程院院士，2019年获"国际地质灾害与减灾协会科学成就奖"。现兼任国际地质灾害与减灾协会副主席，中国岩石力学与工程学会党委书记、理事长，中国矿业科学协同创新联盟理事长，中国矿业知识产权联盟理事长等。

无煤柱开采带来矿业科学技术第三次革命

减少矿难，挽救更多矿工生命，为我国矿山安全开采保驾护航一直是何满潮院士团队的使命。针对矿难多发的原因，何满潮院士团队指出矿难固然由个别人安全意识不够、安全措施缺失导致，但根本原因在于一些矿场还采用传统的开采方法，既浪费又危险，很多透水事故和瓦斯爆燃都是由此产生的。何满潮院士带领团队提出一个大胆的设想，减少甚至取消事故的主要引爆点——煤矿巷道和煤柱数量，借用矿压自动成巷，从而取消煤柱和减少巷道数量。2008年，何满潮院士团队首次研发出颠覆性的无煤柱自成巷开采技术——110工法，并在几年后提出其升级版——N00工法。

长期以来，我国地下煤炭资源开采一直以长壁开采121工法为主，这种开采方法最早起源于欧美，开采过程中每回采"1"个工作面，需要掘进"2"条回采巷道，相邻工作面之间需留设"1"个煤柱。110工法是传统121工法的一次重大改进，即在规划煤矿开采模式时，每回采"1"个工作面只需掘进"1"条巷道，留设"0"个煤柱；而N00工法，则是1个采区的"N"个工作面，掘进"0"条巷道，留设"0"个煤柱。两者都是利用矿山压力，最大限度减少巷道掘进和煤柱的留设。2009年6月，四川白皎煤矿首次采用110工法，当年少掘巷道6000余米，创造直接经济效益2亿多元；2016年9月，陕西的柠条塔煤矿首次采用N00工法，一个采煤工作面就节省1100万元，创造经济效益8000余万元，两座煤矿的事故也大幅减少。两种开采方法在安全生产管理、资源节约和降本增效方面具有明显的优势。这引发了国内外媒体的广泛关注。许多国内外专家经过实地调研后纷纷盛赞，110工法和N00工法是煤炭开采史上的第三次技术变革。

如今，团队增加了一项工作——到各地推广110工法和N00工法，促进产学研深度合作。2019年1月29日，何满潮院士带领团队来到山西焦煤集团公司，与其董事长进行洽谈。而类似的会谈最近几年总是频繁地出现。推广开采新方法已经成为团队工作的一部分。"众多数据和事例已经证明，110工法和N00工法，在提高开采率的同时，可以提高安全系数。我们希望更多的企业采用这一最新技术，从而减少甚至杜绝煤矿事故的发生。"何满潮院士一再强调，科研成果的最终目的是为社会所用，如果只停留在实验室和书本里，科研就失去了其价值。为此，2015年，作为团队学术带头人，何满潮院士联合多家机构牵头组建了中国矿业科学协同创新联盟，并担任理事长。联盟旨在解决目前先进技术推广过程中的难题，形成协同创新，实现互利共赢。同时110工法和N00工法已被列入国务院《关于煤炭行业化解过剩产能实现脱困发展的意见》、国家发展改革委及国家能源局《能源生产和消费革命战略（2016—2030）》、国家矿山安全监察局《防范煤矿采掘接续紧张暂行办法》等文件，国家矿山安全监察局、中国煤炭工业协会等部门还通过组织"无煤柱自成巷110/N00工法"开采技术交流研讨会等方式在全国煤矿积极推广应用。截至目前，110工法已经在神华集团、中煤集团、陕煤集团、川煤集团、龙煤集团等20个煤炭矿务局的53个矿井推广应用，取得了显著的经济效益和社会效益。

目前，何满潮院士带领的团队又有了新的科研目标，即引入智能技术，最终实现智能化无人化开采。"这个目标或许需要很长时间才能实现。但作为科研工作者，我们应该瞄准矿业科技的最前沿，在提升开采效率的同时，减少其给社会、环境和个人等带来的伤害，这是我一生的奋斗目标。"何满潮院士说。

一代材料，一代技术，一场工程革命

无煤柱自成巷110/N00工法作为矿业科学技术第三次革命，在现场取得巨大的成功，离不开新材料和新技术的支撑。我国作为矿业大国，矿山开采引发岩体大变形灾害始终高居不下，除煤矿塌方和冲击外，露天矿滑坡、金属矿岩爆等灾害频发，由此造成大量生命、财产损失，严重制约矿产资源的安全高效开发。研究表明，大多岩体灾害都是由小变形发展到非线性大变形，进而导致灾害发生。现有工程性控制材料为具有泊松比效应的材料（Poisson's Ratio材料，简称PR材料），即受拉时发生颈缩变形从而破断的小变形材料，不适应致灾岩体的大变形特性而破断和功能失效，导致灾害发生。因此，研究能够忍受岩体大变形的控制材料和技术，对岩体大变形灾害控制至关重要。

为此，何满潮院士团队在国家973计划和国家自然科学基金重大项目等支持下，开展了对具有负泊松比效应（Negative Poisson's Ratio效应，简称NPR效应）的NPR新型锚杆（索）的研制，即一种具有恒定阻力、大变形量和监测功能的锚杆（索），解决了现有PR材料因不适应致灾岩体的大变形特性而破断和功能失效的问题，在岩体大变形灾害控制及预测技术方面取得跨越式发展。目前取得的研究成果居于国际领先水平，已授权国家发明专利及美国、欧洲等国际发明专利共计89项，荣获"国家技术发明奖"二等奖1项、"国家科学技术进步奖"二等奖3项、"中国专利奖"金奖2项、"教育部技术发明奖"一等奖2项及"中国岩石力学与工程学会技术发明奖"特等奖等省部级奖励10余项。

NPR锚杆钢新材料的研制成功后如何实行量产以便更好地推广应用成为团队的工作重心。在经过多次实地调研后，团队NPR新材料智能化生产线在能环（三门峡）国际新材料有限公司启用，一个全自动化无人操作的智慧工厂诞生，保障了NPR新材料的供给。

NPR 新材料及其生产线

NPR 新型锚杆（索）综合技术自 2010 年在辽宁省本溪钢铁（集团）南芬露天铁矿首次试验成功应用，先后在北京市地质研究所、中国长江三峡集团有限公司、湖北省地质灾害防治中心、湖北省大冶铜绿山古铜矿遗址保护管理委员会、山东省地震局、云南省地震局、包钢（集团）公司白云鄂博铁矿、山西焦煤集团、陕西陕煤集团、黑龙江龙煤集团、山西朔州万通源井东煤业有限责任公司等全国地质灾害防治中心（研究所）、地震局、文物保护管理委员会和大中型矿业集团等露天煤矿开采、金属矿开采、西气东输、高速公路、水利、地震和古文物遗址保护等工程中成功应用和推广。目前，形成的基于 NPR 恒阻大变形缆索滑坡和发震断裂活动性监测、预警、加固一体化控制技术体系，已经在全国 23 个地区安装了 723 套监控系统，先后成功预报滑坡 18 次，撤出人员 240 名、设备 87 台套，挽救了百余人的生命和上亿元的财产损失，经济和社会效益显著，具有在全国煤炭行业、文保行业、水利行业、交通行业、国防行业、防灾减灾行业广泛推广应用的重要意义。目前，团队科研成果在汽车制造、航天领域也有很大的突破。已经与一汽集团签订合作协议，进行 NPR 新材料替换汽车高强钢零件的合作研发，打造中国一汽"红旗 NPR"品牌；已经与中国航天科技集团有限公司签订合作协议，围绕 NPR 材料在航天锚固件、连接件、发射架等领域的研发与应用开展全面合作。

结 语

用科学技术减少矿难，为了矿工的生命安全，国家安全开采、能源安全保驾护航，这正是团队源源不断的科研动力。在新的形势下，团队将继续坚持贯彻落实"科学引领未来、创新驱动发展"的战略指导思想，一如既往地将科技创新与国家重大需求深度融合，服务国家重大工程，以解决关键科学技术难题和"卡脖子"工程为己任，打造科技创新基地，培养科技创新人才，加速孵化创新成果，形成"筛选项目—强化研究—助推产业化"的产学研创新模式，推动更多科研成果转化为现实生产力，为国家基础领域建设、实现科技自立自强贡献更大的力量。

用非常规理论技术
引领支撑非常规油气革命

——中国科学院院士邹才能科技创新团队

　　世界油气工业历经160余年发展，北美、中国等常规油气勘探总体进入中后期，亟须突破以单个"圈闭"为核心的传统油气地质理论，寻找战略接替领域。北美海相层系油气热演化程度适中、构造稳定、分布面积广，通过"非常规油气革命"实现了大发展，目前美国非常规油气产量占比60%以上，实现了"能源独立"。我国海相层系热演化程度偏高、构造复杂，陆相层系热油气演化程度偏低、非均质性强，导致油气资源潜力与有利区落实难度大，无法照搬北美理论技术经验。能否实现中国式"非常规油气革命"，提高国家能源自给能力，不仅是重大工业难题，而且是重大科技难题。

团队和带头人简介

中国科学院院士邹才能科技创新团队（以下简称团队），依托国家"973计划"、国家油气重大专项和中国石油科技重大专项等，面向国家能源重大需求，历经十余年持续攻关，在非常规油气地质学科创建、关键技术研发、国家标准制定、国家实验室建设和专业人才培养等方面，取得了突出成绩，有效推进了我国非常规油气资源的工业化勘探开发。目前，团队正致力于通过理论、技术和管理"三个创新"的深度融合，突破传统油气以物理方式为主的开发理念，构建"源内热力转换"油气生产理论体系，不断推动能源超级盆地化石能源与新能源的协同发展，塑造碳中和下中国式能源超级盆地"油气与新能源"融合发展新模式，使非常规油气革命有望支撑油气工业长期持续发展100年以上。

团队带头人邹才能，2017年当选中国科学院院士，教授级高级工程师，博士研究生导师；能源研究战略科学家、石油天然气地质学家、非常规油气地质学理论奠基人；现任中国石油集团新能源首席专家、中国石油学会新能源专委会主任、中国石油深圳新能源研究院首席科学家、中国石油国家高端智库研究中心副主任；主要从事常规—非常规油气地质学理论与勘探、新能源技术、能源战略、碳中和等领域的研究，引领推动了我国油气勘探从常规向非常规的战略转变并实现了重大突破，促进了油气工业向新能源的战略转型与协同发展，提出了"超级能源系统""氢能中国""中国能源独立""碳中和学""能源三角"理论等一系列战略性超前性理念与建议。

邹才能院士

团队现有职工50余人，培养研究生50余名，拥有国家级高层次人才4人次，企业级科技创新杰出人才1项。邹才能院士近6年连续入选"爱思唯尔中国高被引学者"年度榜单，研究团队成员5人都进入2022年度"全球前2%顶尖科学家榜单"（从全球近700万名科学家中遴选），形成了一支以院士挂帅、多层次学术人才聚集的研究梯队。团队坚持"基础研究与生产应用并行，从生产实践提炼科学问题，科学研究反哺生产应用"的理念，打造具有独特优势的非常规油气地质科技创新团队。团队制定了以原创基础性研究、行业前瞻性研究为引领的科研规划蓝图，团队成员都有明确的学术定位、研究特色和发展方向，聚焦国家重大战略需求，优势互补、密切合作、矢志创新、共同攻坚克难。在邹才能院士的带领下，团队近几年涌现出国家级领军人才、校企联聘"长江学者"、国家优青等一批高层次人才，并吸引多名博士（后）人才、具海外学习研究经验的科学工作者加入团队。

十余年来，团队不懈致力于非常规油气理论技术的实践和推广。团队在国内率先创建了多套页岩层系实验技术方法系列，支撑了国家能源致密油气研发中心的成功申报和建立，推动了国家能源页岩气研发（实验）中心的建设和发展。团队牵头制定《页岩气地质评价方法》《页岩油地质评价方法》等多项国家标准，构建了页岩层系油气地质评价方法体系，《页岩气地质评价方法》获"中国标准创新贡献奖"，《页岩油地质评价方法》获全国油气标准化委员会优秀标准特等奖。出版的《非常规油气地质学》(Unconventional Petroleum Geology) 已被列为北京大学、中国地质大学、中国石油大学等多所国内外高校的教材或参考文献，在中国石油勘探开发研究院研究生部开设"非常规油气地质学"研究生必修课程，在石油系统内外培训和传播非常规油气新成果，培养了一大批从事非常规油气理论与实践的专业人才。团队研究成果支撑"陆相页岩油技术革命及战略突破"，入选全球科技创新交流合作的国家级平台——2023中关村论坛10项重大科技成果。

坚持非常规创新，把论文写在祖国大地，矢志为国"加油增气"

世界油气工业的勘探开发领域，正持续从占油气资源总量20%左右的常规油气，向占油气资源总量80%左右的非常规油气延伸。20世纪诞生的圈闭理论，较好地解释了常规油气"源外运聚"的成藏规律，但难以揭示非常规页岩层系油气"源内聚集"的成因机制。页岩层系微纳米级孔隙中油气大规模聚集的条件和过程，是世界级科学难题和地质学研究的国际前沿之一。形成非常规油气地质学理论技术，引领油气工业从常规到非常规，是世界油气勘探开发形势发展和科学研究持续推进的必然趋势。

自2008年以来，邹才能院士以"非常规"的思想，针对非常规油气亟须解决的关键科学问题和技术难题，带领团队开拓创新、持续攻关，开展了系统性的研究工作。团队紧密结合中国海陆相页岩层系特殊地质背景和油气工业条件，构建了非常规细粒沉积学、非常规油气储层地质学、非常规油气成藏地质学、非常规油气开发地质学、常规—非常规油气有序"共生富集"发展战略等完整学科内容，集成开发了非常规油气关键实验技术、勘探评价技术、开发工程技术和常规—非常规油气勘探开发关键技术，基本创建了非常规油气地质学理论技术体系，为我国陆上油气勘探进入非常规时代奠定了理论基础、提供了技术支撑。其中，针对非常规细粒沉积学，陆相敞流湖盆大型浅水三角洲砂体、湖盆中心砂质碎屑流沉积、海陆相富有机质页岩细粒沉积、陆相细粒重力流沉积等研究新进展，为盆地中心储集体形成和分布提供了理论依据；针对非常规油气储层地质学，最早在我国页岩层系发现了具工业价值的纳米级孔喉系统，通过系统研究论证，证实海陆相富有机质页岩层系纳米级孔隙中赋存了甲烷和液态烃，揭示了页岩层系极其重要的巨量资源价值，并厘定了页岩气与页岩油、致密气与致密油的充注孔喉直径下限，突破了经典油气储层理论孔喉下限，为非常规油气资源工业评价提供了科学依据；针对非常规油气成藏地质学，提出"储层是否富油气"是研究核心，重点评价"烃源性、储集性、含油性、流动性、成缝性和经济性""甜点区段""6特性"及匹配关系，建立了不同储层油气充注运聚模型和理论公式，揭示了非常规油气大面积"连续型"聚集规律，打破了传统圈闭局部成藏的概念，推动勘探从寻找常规"单体型"油气藏，向非常规"连续型"甜点区转变；针对非常规油气开发地质学，首创以应力场、渗流场等为核心的"人工油气藏"开发内涵，研发了"甜点区段"地质工程评价预测方法，建立了非常规油气开采"L"形生产曲线与产量理论预测模型，揭示了非常规油气形成机理与开采规律；提出常规—非常规油气有序"共生富集"发展战略，强调关注所有富有机质岩石、全种类储集空间和全类型油气资源，勘探谋求常规—非常规油气的整体发现，开发谋求常规—非常规油气的极限开采，战略谋求常规—非常规油气的协同发展，突破了传统只专注常规或只专注非常规油气的思路，为新时期全方位利用油气资源提供了新的战略方案。同时，团队在支撑实验分析、勘探评价和开发工程等非常规油气勘探开发关键技术研发等方面，也取得较大进展。

邹才能院士经常向团队成员强调，油气勘探地质研究者要有思想，他最常说的一句话就是"常规人，要有非常规思想"，也就是要有创新的思想。认识无止境，勘探无禁区。过去认为斜坡凹陷中"铁板一块"的页岩只能生油、不能储油，不可能有储集空间，"磨刀石"的致密砂岩储层极差，钻开后没有油花、也不冒气泡，没有想到页岩、致密砂岩中，仍发育具有工业价值的微纳米孔喉系统，通过水平井体积压裂，还可以形成工业性产量。黑色页岩引发了"黑天鹅"事件，正在进行一场非常规油气革命，深刻改变了全球油气价格、供需版图和能源发展走势。因此，面对非常规新领域，要有独特的学术新思想，提出独有的新理念、新理论、新技术。只有解放不了的思想，没有解放不了的油气。常规的思想，找不到非常规油气，常规的技术也拿不出非常规油气。邹才能院士经常说，油气地质勘探研究者理应对国家能源有高度的责任感和使命感，为国家研究油气、发现油气，"不死心、不灰心、不放弃"，"坚持要不懈、探索要不断、久攻要不弃"，才有可能获得油气的大突破和大发现。

非常规油气地质学理论技术体系，有效推动并支撑了我国页岩层系油气的规模发展和战略突破。十余年间，非常规油气地质理论技术的传播和应用，支撑了致密砂岩气、页岩气、致密油等的战略突破和页岩油的科学探索，非常规油气已基本实现工业化规模发展，我国非常规油气产量占总产量比例从 2007 年年底不足 1 %，增长到 2023 年年底超过 21%。研究团队牵头制定了页岩气、页岩油等地质评价方法的国家标准，优选"甜点区"，为长宁—威远、昭通、吉木萨尔等页岩油气国家级示范区的确定和建设提供了科学依据。十余年，团队先后多次发表和出版了"非常规油气地质学"相关论文和教材，把心血和汗水洒在祖国的油气田里，把论文和标准写在祖国的大地上，用创新成果，为能源强国加油，为能源国强增气，践行油气工作者的初心和使命，矢志科技自立自强，全力端牢能源饭碗，助推中国"能源独立"。

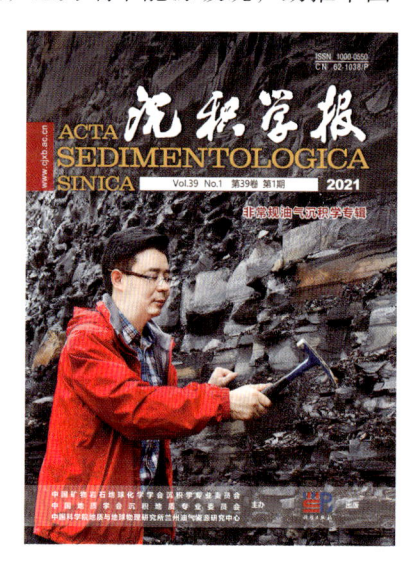

结 语

　　非常规油气地质学是世界油气工业从常规油气向非常规油气跨越的一次重大理论突破。非常规油气地质学研究的意义在于要用非常规思想，不断探索油气的新理论、新方法、新技术、新管理，解决非常规油气勘探开发快速发展的理论技术和生产需求。建立"非常规油气地质学"，不仅仅指导非常规油气勘探开发，更重要的还是培育非常规思维、引领非常规创新，使人类认识世界有非常规思想、和谐世界有非常规方法、推动世界有非常规人才。

　　打破常规，突破非常规，创建新常规，中国式"非常规油气革命"仍在进行时……

　　2021 年，邹才能院士任中国石油深圳新能源研究院首任院长，带领新能源团队，聚焦绿电、绿热、绿氢、绿储、智能电网的"四绿一网"进行科技攻关，引领支撑中国石油向新能源战略转型，为中国石油建设基业长青的世界一流公司贡献他们的新能源科技新动能。

创新育种技术　引领辣椒产业高质量发展

——中国工程院院士邹学校科技创新团队

辣椒是我国第一大蔬菜作物，年种植面积3200多万亩，产量6400多万吨，产值2800多亿元，面积、产量、产值均居世界首位。20世纪80年代以前，我国辣椒生产以地方品种为主，产量低、抗性差、熟性不配套；育种技术落后，专用品种缺乏；产品难以满足消费市场需求。针对产业问题和发展需求，邹学校院士团队开展了辣椒优异种质资源创制、育种技术创新、新品种选育等开创性工作，经过30多年努力，取得了一系列创造性成果，总体研究处于国际领先水平，为我国辣椒产业高质量发展做出了重要贡献。

团队和带头人简介

中国工程院院士邹学校科技创新团队（湖南农业大学邹学校院士辣椒育种及资源创新团队）（以下简称团队），组建于1988年11月。30多年来，在辣椒优异种质资源创制、育种技术创新、新品种培育等方面取得了一系列创新性成果，育成了我国栽培面积最大的系列辣椒品种，建立了保存份数最多的辣椒种质资源库，创制了应用最广的辣椒骨干亲本，在辣椒遗传育种和种质资源创新研究领域一直处于国际领先水平。团队获"国家科学技术进步奖"二等奖4项、"湖南省科技进步奖"一等奖5项、二等奖3项。先后主持或承担国家和省级重大项目60多项，创建国家特色蔬菜产业技术研发中心、园艺作物种质创新与分子育种教育部国际合作联合实验室、园艺作物种质资源创新与新品种选育教育部工程研究中心等研发平台10个，创办世界唯一以单个蔬菜作物为对象的期刊《辣椒杂志》。团队成员担任国家特色蔬菜产业技术体系首席科学家、加工用鲜辣椒品种改良岗位专家、种子种苗生产技术岗位专家、国家大宗蔬菜产业技术体系辣椒育种岗位专家等5人。出版《辣椒遗传育种学》《中国辣椒》等著作20多部，在《自然》(Nature)、《自然通讯》(Nature communications)、《分子植物》(Molecular Plant)、《新植物学家》(New Phytologist)、《中国农业科学》等重要刊物上发表论文400多篇。2012年团队被原农业部授予"农业科研杰出人才及其创新团队"，2013年获"中国园艺学会华耐园艺科技奖"，2017年获原农业部"中华科技奖"（优秀创新团队奖），2018年获"湖南省科技进步奖"（创新团队），2021年获"全国专业技术人才先进集体"。

邹学校院士在田间调查辣椒性状

带头人邹学校，中国工程院院士，蔬菜育种专家；先后担任湖南省农业科学院蔬菜研究所所长、湖南省农业科学院院长、湖南农业大学校长；兼任国家特色蔬菜产业技术体系首席科学家、中国园艺学会副理事长、国务院学位委员会第八届学科评议组（园艺组）召集人、教育部科技委员会委员、教育部新农科建设工作组成员、农业农村部科学技术委员会委员、农业农村部蔬菜专家组成员、中国农业科学院学术委员会委员。获"中国青年科技奖""全国五一劳动奖章""全国创新争先奖状""湖南光召科技奖""中国工程院光华工程科技奖""全国农业科研杰出人才""中华农业英才奖""何梁何利基金科学技术进步奖""首届十大全国最美科技工作者""湖南省科学技术杰出贡献奖"等奖励和荣誉。

新品种选育，引领育种方向

20世纪80年代，针对我国当时辣椒地方品种产量低、上市晚等问题，团队突破了辣椒杂种优势育种技术，育成了早熟、高产系列辣椒杂交品种湘研1～6号，提早上市33～36天，平均增产28.7%，是20世纪八九十年代我国种植面积最大的辣椒品种。20世纪90年代初，针对当时辣椒病害严重、品种抗性差等问题，团队创新辣椒多抗性人工接种鉴定技术，选育出抗病毒病、疮痂病、疫病和日灼病等多种病害的辣椒品种湘研7～10号，田间病害损失减少58.9%，平均增产18.7%，是20世纪90年代中后期我国种植面积最大的辣椒品种。20世纪90年代后期，针对辣椒规模化基地生产的需求，团队利用辣椒雄性不育育种技术，育成了高产、抗病、商品性好、耐贮藏运输的系列辣椒品种湘研11～20号、湘辣1～4号，平均增产14.6%，长途运输损耗降低76.7%，是21世纪初我国种植面积最大的辣椒品种。21世纪初，针对我国辣椒加工业的快速发展，团队利用分子标记辅助选择技术，突破了产量与辣椒素含量难以协同双高的技术瓶颈，育成了加工专用品种13个，鲜食、加工兼用品种10个，平均增产11.9%，原料利用率提高20.9%，是目前我国种植面积最大的加工专用辣椒系列品种。21世纪10年代，随着生活水平的提高，辣椒需求已经从数量保障型向营养品质型转变，团队建立了常规育种与分子标记选择结合育种技术体系，育成满足不同栽培模式、不同消费需求的高口感品质嫩果尖椒品种8个，打造了全国影响力最大的高品质"樟树港辣椒"嫩果尖椒高端品牌。近年来，针对劳动力成本高的问题，育成了坐果集中、适合高密度种植、适于机械化采收的博辣红牛、博辣天骄1号等6个辣椒新品种，平均增产8.6%，每亩节约采收成本700元左右，在新疆、内蒙古、甘肃、山东、河南等地大面积推广。

30多年来，团队育成辣椒新品种106个，其中获国家奖的品种有42个。全面提升了我国辣椒品种早熟、丰产、抗病、抗逆、耐贮运、加工、机械化采收等育种水平，引领了辣椒育种方向。累计推广面积1.05亿亩，高峰时期约占同类品种面积的60%，占鲜食辣椒同类品种面积的80%以上，累计新增经济效益569亿元。在东南亚、非洲、中美洲等20多个国家推广面积500多万亩，是全球种植面积最大的辣椒系列品种。

种质资源创新，经济效益、社会效益显著

团队率先系统开展了辣椒种质资源研究，建成国内保存份数最多的辣椒种质资源库，至2023年已保存国内外辣椒资源4000多份。经系统评价，筛选出抗病抗逆性强、品质优、丰产性好的优异种质资源426份，创制重要育种材料20多份。上述优良种质材料被湘研、兴蔬、长研、苏椒、云椒等全国二十多家单位广泛应用，经济、社会、生态效益显著。

创制了 3 个辣椒骨干亲本。其中，利用优异资源"伏地尖"经 5 年 8 代系统选择，育成抗性强、耐低温弱光、早期挂果能力强的早熟骨干亲本 5901。再利用 5901 与抗病性强、耐贮运的"矮秆早"杂交，经 5 年 10 代自交和定向选择，育成优良亲本 9001，提高了抗病性和耐贮运性。全国多家育种单位利用 5901 及其衍生系 9001 育成辣椒优良品种 55 个。育成的骨干亲本 5901、6421 和 8214，被育种单位广泛利用，育成新品种 197 个，占全国同期审定新品种的 21.33%，在 30 多个省大面积应用，累计推广面积达 1.32 亿亩，占同期新品种推广面积的 40.09%，新增经济效益 647 亿元。5901、6421 和 8214 是我国育成品种数量最多、育成品种种植面积最大的骨干亲本。

育种技术创新，实现技术迭代

团队率先突破了人工杂交规模制种技术，推动我国辣椒生产在 20 世纪末成功实现了由地方品种向杂交品种的更新换代。在骨干亲本 6421 中，团队发现了抗病抗逆性强、商品品质好、耐贮运、综合性状优良、易恢复、配合力强的新型辣椒胞质雄性不育源 9704A，建立了配套的雄性不育育种技术体系，已被湖南、广东、四川等地的十多家育种单位应用于实际育种中。9704A 是目前我国大面积种植的辣椒雄性不育杂交品种的主要不育源。团队还率先建立了辣椒穿梭育种技术体系，显著缩短了我国辣椒育种周期，由原本的 6 年到 8 年缩短至 3 年到 4 年。通过创新尖椒与甜椒变种间杂种优势利用技术，团队培育出产量高、抗性强、风味独特、微辣型辣椒新类型，满足了微辣、口感好、耐贮运的市场需求，年种植面积超过 500 万亩。团队首次构建了辣椒全发育数据库，搭建了综合性辣椒生物信息学利用平台 PepperHub，为辣椒的生物功能验证和分子育种提供了极大便利；破译了高品质辣椒"樟树港辣椒"遗传密码，揭示了高口感品质辣椒形成的分子机制；构建了全球第一个辣椒的泛基因组，开发了辣椒分子标记辅助前景选择＋背景高效选择技术，创新性地应用基因编辑技术，以加速辣椒分子育种的进程。

发展新质生产力，"樟树港辣椒"畅销全国

湖南栽培的鲜食牛角椒，在嫩果期结出的果实被称为嫩果尖椒。这种辣椒外果皮薄、果肉中等偏薄、纤维素含量低，口感无渣，有特殊清香味，是辣椒中的珍品，其独特的美味口感超越了商品成熟果和生理成熟果。20 世纪末，樟树港人利用地方品种樟树港辣椒开发了嫩果尖椒这一产品，并迅速获得长沙市场的青睐，价格最高

可达每千克 1000 元，一般价格也在每千克 400 元左右，樟树港辣椒的嫩果尖椒成为辣椒界的"爱马仕"。但因种植区域局限在樟树港很小的范围内，供应量少，上市期仅 30～35 天，导致嫩果尖椒在市场上难以买到，其影响也因此局限在长沙的局部地区。为了增加樟树港辣椒高口感品质嫩果尖椒的市场供应量和延长市场供应期，从 2010 年开始，团队开展"樟树港辣椒"高口感品质嫩果尖椒的育种、栽培研究。经过 10 多年的努力，育成满足不同栽培模式、不同消费需求的产量高、抗性强、适应性广的高品质嫩果尖椒品种 8 个，明确了新品种适宜的种植地区和栽培方式。高口感品质嫩果尖椒新品种和栽培技术迅速在全国推广，高口感品质嫩果尖椒的年生产能力大幅度提高，"樟树港辣椒"品牌的高口感品质嫩果尖椒迅速畅销全国，实现了周年均衡供应。到 21 世纪 20 年代，"樟树港辣椒"品牌高口感品质嫩果尖椒实现了生产品种多样化，品牌产品多样化。"樟树港辣椒"由地方品牌跃升为全国知名的鲜食辣椒高端名牌。目前，"樟树港辣椒"品牌高口感品质嫩果尖椒年种植面积超过 0.7 万公顷，年新增经济效益 40 亿元。

机械化生产赋能，助力辣椒产业高质量发展

随着中国经济发展，人工劳动力成本不断上升，辣椒生产的全程机械化已成为产业发展的必然趋势。近年，团队围绕辣椒宜机化品种、集约化育苗、移栽、水肥一体化、病虫害管理、采收等关键环节进行攻关，在新疆、内蒙古、甘肃、河南、山东等地实现了加工辣椒全程机械化生产，年累计推广面积约 100.0 万亩，亩产值超过 6000 元，新增效益 2000 元/亩。团队成果"辣椒机械化移栽和采收关键技术"入选农业农村部 2024 年度主推技术，朝天椒品种"湘辣 731"也被列为农业农村部 2024 年度主导品种。

以种子为基，增添新活力

团队从产业的源头——种子入手，选育了博辣红牛等适合机械化生产的线椒品种，以及博辣天骄 1 号、博辣天骄 60、湘辣 731 等朝天椒品种，共 6 个。这些新品种在新疆焉耆、内蒙古巴彦淖尔、河南柘城、山东济宁等地进行了宜机化示范推广，新品种较地方主栽品种提早上市 7～10 天，辣椒素含量增加 50% 以上，干椒产量 500 千克～800 千克，增产 30% 左右。湘辣 731、博辣天骄 1 号已成为巴彦淖尔主推朝天椒品种。

以技术为本，注入新动能

团队因地制宜，集成了辣椒育苗温湿度自动调控系统、自动补光系统、水肥一体化管理系统、病虫害综合防控技术、机械化穴盘育苗技术，建立了辣椒全自动高效育

苗技术体系。在此体系下，全自动装盘、点播机效率为1000盘/台·天，集约化育苗技术可缩短育苗时间 7～10 天，适宜机械化移栽苗达 99% 以上。团队还创新了机械化移栽作业技术，移栽成活率达 98% 以上，较人工移栽效率提高 20 倍，亩均节约移栽成本 155 元。选用了落椒率不超过 30% 的一次性果实—秸秆分离的高效率辣椒采收机械，每亩节约收获成本 300 元，效率提高了 10 倍。

以体系为媒，汇集多方力量

在邹学校院士的带领下，团队充分利用国家特色蔬菜产业技术体系的平台优势，联合国内从事辣椒育种、栽培、病虫害防控、机械化装备、加工技术、示范基地建设、经济效益分析等领域具有优势的单位团队，共同组建了辣椒全产业链对接专家组。该专家组在辣椒主产区打造标准化的生产示范基地，吸引了全国从事辣椒相关产业的生产者、经营者、消费者齐聚一堂，共谋辣椒高质量发展之路。近年来，内蒙古、新疆辣椒种植面积增长迅速，已经成为我国加工辣椒的主产区。

博辣天骄 60 机械化采收现场

结 语

团队将持续以国家重大需求为导向，以引领世界辣椒研究方向为目标，聚焦制约辣椒产业可持续发展的共性和关键技术瓶颈，全面提升团队的资源创新能力和育种技术水平，打造世界一流的辣椒科技信息中心，培养具有科学钻研精神和开拓创新思维的人才队伍，实现技术、资源与人才的高效整合，推动辣椒产业高质量发展，助力乡村振兴。

抢占生物材料科学与产业制高点 助力健康中国建设

——中国工程院院士张兴栋科技创新团队

生物医用材料，又称生物材料，是用于诊断、治疗、修复或替换人体的组织或器官，或增进其功能的一类高技术材料及其终端产品，医疗器械产业的基础，保障人类健康的必需品。21世纪以来，全球医疗器械市场持续增长，2022年已逾1万亿美元，正在成长为世界经济的一个支柱性产业。

当代生物医用材料科学与产业正在发生革命性变革，常规生物材料的时代正在过去，可再生组织或器官的新一代生物材料及微创精准治疗已成为发展的方向和前沿，并正处于实现重大突破的边缘。发达国家均已制定相应发展对策及规划，以发展新一代生物材料，抢占生物材料科学与产业的制高点。十余年来，我国生物医用材料及医疗器械市场虽以高达15%～20%复合增长率高速增长，远高于国际市场的5.6%，但与发达国家相比，产业规模偏小，技术创新能力不足，常规高技术产品仍然主要依靠进口。发展生物材料科学与产业已是我国社会经济发展、实现健康中国宏伟目标的迫切需求。

团队和带头人简介

中国工程院院士张兴栋科技创新团队（以下简称团队）以张兴栋院士为学术带头人，理科、工科、医学多学科交叉的100余名中、青年科技创新骨干为主体，30余位国内外院士及著名生物材料及医学专家作为顾问构成。团队立足国际生物材料科学与产业发展的前沿，聚焦国家对生物医用材料的重大战略需求，针对临床和企业急需，以创新研发新材料、植入器械及其工程化及产业化技术为出发点和重点，同时凝练科学问题，开展前沿科学基础研究，形成了"基础—创新产品工程化技术—产业化技术研究"的生物医用材料创新链，助力健康中国建设。

团队突破传统观念，于国际率先发现和证明优化设计的无生命的生物材料可以诱导有生命的组织或器官再生，原创性地提出"组织诱导性生物材料"新概念和新理论，被国际专家评价为"打破了材料不可能诱导组织再生的教条"，是"再生复杂组织的革命性途径""下一代的生物材料""引领中国和国际生物材料的研发"。

团队首创骨诱导人工骨并已取证广泛应用于临床，首创的关节软骨再生材料已进入国家药监局创新通道评审取证。近年来又进一步突破材料不可能诱导心血管组织再生的传统观念，于全球首创可再生心血管组织的心脏封堵器，以及可再生血管的血管支架，助推了心血管组织缺损修复进入再生修复新阶段。团队发现纳米粒子可选择性地增殖或凋亡细胞，特别是可凋亡或抑制黑色素肿瘤或骨肿瘤细胞增殖，而对正常细胞增殖无影响甚至促进其增殖，并已试用于临床防治骨肿瘤复发等，助推了具有重大疾病治疗功能的生物材料的研发，这是近年来生物材料发展的一个新方向。

张兴栋院士

21世纪初，团队即于国内率先研发出生物活性骨、牙修复材料，首创牙种植体，生产活性涂层人工髋关节等，并实现产业化，使我国此类材料的研发、生产和应用从无到有地跨入了国际先进水平（国家项目验收委员会评语）。

近十余年，团队先后承担了国家重大科技项目10余项，省部级重大项目10余项，企业横向合作项目30余项，其中作为负责单位先后连续三次滚动立项国家"973计划"项目，负责的"十三五"国家自然科学基金重大项目结题验收获评"特优"。团队已获国家III类医疗器械注册证13个，国家发明专利（含国际专利）250余项，"国家科学技术进步奖"二等奖2项，省部级一、二等奖10余项，国际奖6项，获中共中央组织部、宣传部、人力资源社会保障部、科技部四部委授予的"全国专业技术人才先进集体"殊荣，90项专利技术10余家企业生产。

学术和工程技术带头人张兴栋，四川大学教授、中国工程院院士、美国国家工程院外籍院士，国家药品监督管理局医疗器械监管科学研究基地专家顾问委员会主任、中国生物材料学会名誉理事长、美国东北大学杰出教授等。曾任国际生物材料科学与工程学会联合会主席、国际生物陶瓷学会理事长、中国生物材料学会首任理事长、国家生物医学材料工程技术研究中心主任、日本国家材料研究所研究国际顾问、荷兰莱顿大学博士生指导导师（外籍）等，被国际学术界誉为"World Leader in Biomaterials Research（世界生物材料研究的引领者）"。2024年5月在韩国举行的第12届世界生物材料大会特设了"致敬张兴栋院士：生物材料科学与工程前沿学术报告会"，表彰他对生物材料科学与工程和促进世界生物材料事业发展的贡献。专题会主席及发言专家称誉他是"伟大的科学家、伟大的研究者、伟大的工程师"，"他的伟大不仅限于做出了卓越的学术研究，更在于他始终心系中国乃至全球的病患者及他们的健康与幸福"，大会主席授予他荣誉奖章，出席专题会的300余位国际专家全体起立向他鼓掌致敬。

突破传统观念，提出生物材料科学新概念与新理论，开拓生物材料发展新方向

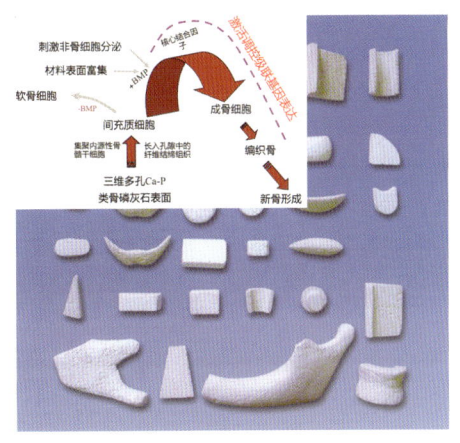

骨诱导人工骨及骨诱导机理　　团队研究探讨经导管微创介入肺动脉瓣膜置换系统技术

团队敢于挑战传统观念，以可诱导缺损组织或器官再生的新一代生物材料和植入器械主导研究工作，于全球率先发现优化设计的生物材料，可诱导骨再生，提出了生物材料诱导骨再生的理论雏形，首创骨诱导人工骨，取证实现产业化并成功地临床推广应用40万余例。"划时代地在再生医学中引入了骨诱导材料"，被美国国家工程院和美国医学与生物工程院评价：是"肌肉—骨骼系统治疗的开创性贡献"，"引领了中国和国际生物材料产品的研发"（美国国家工程院和美国医学与生物工程院选举张兴栋为院士的公报）。团队针对关节软骨难于修复的世界难题，发现并确证生物材料可诱导软骨再生，首创关节软骨再生材料，进入临床试验和国家药监局医疗器械创新通道评审取证；突破材料不可能诱导心血管组织再生的传统观念，首创可再生心血管组织

的全降解心脏封堵器及具有血管自修复功能的可降解血管支架，前者被 MedTF 评价为"2022 年世界十大创新医疗技术"，被《健康报》选入"2023 年中国十大创新医疗技术新闻"，后者被科技部遴选为国家"十三五"重点研发计划的标志性成果，入选国家"十三五"科技创新成就展，助推了心血管修复技术跃入再生修复的新阶段；基于纳米生物材料可选择性地增殖或凋亡细胞的发现，首创可防治骨肿瘤的纳米生物材料，进入临床试验已逾 5 年，疗效良好，开创了具有重大疾病治疗功能的生物材料发展新方向。基于上述一系列研究，提出了"组织诱导性生物材料"新概念和新理论，被 2014 年国际生物材料定义共识会投票通过列入"21 世纪生物材料定义"，评价为"打破了材料不可能诱导组织再生的教条"，是"再生复杂组织的革命性途径"，"下一代的生物材料"，开拓了生物材料发展的新方向，入选国家博物馆"伟大变革——庆祝改革开放 40 周年大型展览"。

创新成果产业化模式，切实推进成果产业化

研究成果工程化和产业化一直是我国生物医用材料发展的薄弱环节：一是生物医用材料是多学科交叉领域，必须理科、工科、医学多学科交叉，跨行业、跨部门协同攻关才能取得重大创新和产业化成果。二是创新产品出口（市场）不通畅，医院很少使用国产产品，特别是创新产品；三是生物医用材料的使用涉及人民的生命安全，产品和技术市场准入要求高，除要求理化性质符合要求外，还必须通过耗时费力的动物实验及临床试验，研发周期长、耗费大，取证较之非医用产品更加困难。

为克服成果难以产业化的难题，团队搭建了理科、工科、医学、多学科人才架构，建立了与企业及医院紧密合作的联合创新机制。要求"课题必须来源于企业或临床，过程必须有临床医生或企业人员实质性参与"，项目结题必须经过中试或已进入临床试验。为促进产学研融合，团队还与企业共建了 23 个联合实验室，直接为企业研发创新产品和解决生产中的重大科技问题，并为企业培训成果产业化的工程技术骨干。大量创新研究成果已直接应用至 10 家企业实现产业化生产，并已支持了三家企业上市。

团队与杭州启明公司的联合实验室，创新研发出微创介入治疗肺动脉瓣膜，2022 年获国家药监局和欧盟市场准入许可，并被美国食品药品监督管理局（FDA）作为患者紧急救治急需的医疗器械批准临床使用，开创了国产心瓣膜进入欧美市场的先河。与山西锦波生物医药股份有限公司合建了基因重组人源化胶原蛋白联合实验室。人源化胶原蛋白，是构成其分子链的氨基酸基团和排列均同于人胶原分子的蛋白，无免疫原性，并可分别单一合成 28 种类型的人胶原蛋白中的任一类型，是我国原创性研发

成果，目前国际唯一批量上市的产品。联合实验室与复旦大学、中国科学院生物物理所合作，于国际首次合成出了 I/II/ III/ XVII 型人源化胶原蛋白，特别是发现了人源化胶原蛋白分子链是由不同功能段构成，在合成中优化其分子链中的特定功能段，可赋予其不同的功能。在此基础上，创新研发出了抗凝血 III 型人源化胶原蛋白涂层，用于心血管支架表面可代替药物涂层，已推广相关企业生产应用。联合实验室向国家药监局提出人源化胶原蛋白命名指导原则及标准体系建设框架的建议，并已发布。联合实验室以构建全球领先的、以创新为支撑的人源化胶原蛋白产业体系为目标，重点发展人源化胶原蛋白医疗器械。迄今已研发出修复口腔黏膜及软组织、心衰治疗的凝胶，以及医美的可注射水凝胶等，并正在申请取证，为产品升值及产业体系的构建提供了基础。团队研发的生物活性人工骨、涂层、牙种植体及涂层人工关节被国家验收委员会评价为"使我国生物活性人工骨的研究、生产和应用从无到有地跨入国际先进水平"。

广泛发展国内外交流合作，博采众长为我所用

在国家相关部门及老一辈科学家支持下，团队作为发起单位参与组建了依托于四川大学的中国生物材料学会，申请中国生物材料界加入了国际生物材料组织——国际生物材料学会联络委员会（ILC），参与了国际生物材料科学与工程学会联合会（IUSBSE）的组建，与意大利国家研究委员会（CNR）建立了多功能聚合物和生物材料合作研究中心，与英、美、日等发达国家重要研究机构签了双边科学和商务合作协议，还发起并主办或参与主办系列性双边和多边国际生物材料大会，包括两年一次的亚洲生物材料大会、两年一次的中欧生物材料大会、两年一次的以产业和商务为主的中美生物材料论坛及第 19 次国际生物陶瓷大会等。团队学术带头人及骨干多次参加 21 世纪生物材料科学与产业发展方向的国际研讨会，2012 年，在成都成功主办了 2000 余位境外代表出席的第九次世界生物材料大会。2014 年，团队学术带头人张兴栋院士当选为国际生物材料学会联合会主席（2016—2020 年），标志着中国生物材料界进入了世界舞台的核心。

团队还聘请了 16 位国际院士及著名企业家为顾问参与团队合作研究，并面向全行业开设了系列化的国际名师讲座等。"八五"到"十四五"期间，团队作为牵头人或参与人为国家发展改革委、科技部、工业和信息化部、中国工程院等组织撰写了多个国家发展生物材料的咨询报告或发展规划，特别是发起并主持了作为生物材料发展的里程碑——"21 世纪生物材料定义共识会"，出版了中英版本的《21 世纪生物材料定义》。2014 年，团队带头人作为主编，与牛津大学出版社联合出版了《再生生物材

料》(Regenerative Biomaterials) 这一国际期刊，该期刊于 2019 年入选中国科技期刊卓越行动计划，2021 年入选"中国最具国际影响力学术期刊"名单的自然科学与工程技术类。

通过国内外合作交流活动和对行业的服务，团队及时解掌握了世界生物材料科学与产业发展动态和方向，为立足生物材料科学与产业前沿开展创新研发，促进中国生物材料科学与产业国际地位的提高做出重要贡献。

助力医疗器械科学监管，促进行业健康发展

为了推动行业整体提升，规范行业创新发展，团队建立了通过国家认证的生物材料及医疗器械检验中心，可对国内外出具有法律效力的检验报告，目前已经为国内外创新团队与 1000 余家企业提供了专业检测验证服务，近三年已出具中英文检验报告 8000 余份，助推了 30 余种创新产品进入国家药监局创新通道评审取证，有力地促进了企业创新产品的研发和上市。

2016 年团队学术带头人向国家药监局领导提出建议："为使我国对医疗器械的监管更为有效，达到国际先进水平，必须实行科学监管。为此，必须开展医疗器械监管科学的研究，建立具有中国特色的监管科学体系，以奠定科学监管的基础。"国家药监局将"医疗器械监管科学研究"列为该局工作重点，并指导团队在四川大学建立了国家药监局第一个医疗器械监管科学研究基地。基地承担了国家药监局第一、二批监管科学行动计划项目，申请承担了国家自然科学基金及部、省级项目 20 余项。接着基地成功申获并建立了亚太经合组织医疗器械监管卓越中心，消除贸易壁垒，目前已成功培训"一带一路"医疗器械管理部门官员 200 余人次。同时，还受国家药监局药品注册管理司委托，承担已备案医疗器械临床试验机构人员的轮训。检验中心及亚太经合组织卓越中心的建立，促进了团队和行业创新研发及生产的发展，并对"一带一路"经济体医疗器械的监管及商务合作发挥了重要作用。

结　语

团队遵循创新驱动发展的国家方针，立足国家需求和国际生物材料科学与产业前沿，勇于打破传统观念，攀登当代生物材料科学与产业制高点，创新研发了一系列国际领先产品和技术，创新发展了多种国内外合作模式，拓展了当代生物材料科学与工程发展的基础理论，促进我国生物材料界成功地登上了国际舞台并进入核心，为我国医疗产业的创新和发展做出了重要贡献。

秉承"科技强国"初心
争做网络体系创新引领者

——中国工程院院士张宏科科技创新团队

中国工程院院士张宏科科技创新团队（移动专用网络国家工程研究中心创新团队）（以下简称团队）先后研制出多个系列的专用网络设备与系统，目前已成为国家特殊通信专网系统和高铁专网核心装备，为解决国家和铁路行业专网工程中的重大问题做出重要贡献。团队在新型互联网关键技术领域取得了多项重大突破，获得了多项具有国际先进水平的科研成果，并在多个领域推广应用，同时为国家新型网络重大科技基础设施项目的关键技术突破及系统验证奠定了坚实的理论及工程基础。

团队和带头人简介

北京交通大学移动专用网络国家工程研究中心（前身为下一代互联网互联设备国家工程实验室），是一个面向未来信息网络关键技术的产学研结合的新型研究开发实体，是国内专门从事下一代互联网和移动专用网络技术综合研究的主要科研力量之一。团队长期从事下一代互联网和专用通信网络国家级重大课题研究，先后承担了国家973项目、国家863项目、国家重点研发计划、国家自然科学基金项目、国家科技攻关项目等数十项，申请发明专利100余项。

团队以张宏科院士为主任和学术带头人，聚集了一大批在专业领域具有较高水平和学术声誉的专家学者，拥有院士、教授、副教授和专任教师20余人，博、硕研究生近200人。

基于长期在网络体系与技术创新的研究，团队先后获得"国家技术发明奖"二等奖2项，教育部技术发明一等奖、"北京市科学技术奖"一等奖、"中国电子学会科学技术奖"一等奖等省部级奖项6项。团队在2008年获得教育创新团队资助，在2011年的国家工程实验室验收中，被评为"优秀"，2018年入选首批"全国高校黄大年式教师团队"，2021年被顺利纳入国家工程研究中心"新序列管理"。

团队带头人张宏科，中国工程院院士、通信与网络技术专家，北京交通大学博士生导师、教授，移动专用网络国家工程研究中心主任，IEEE Fellow（国际工程技术协会会士）（2021年），教育部"全国高校黄大年式教师团队"带头人，享受国务院政府特殊津贴。张宏科院士长期从事专用通信网络理论与工程技术研究，建立了标识网络功能结构及解析映射机制，有效解决了复杂场景下网络高移动支持和高可靠传输难题，主持研制出新一代专用网络设备与系统，为解决国家和行业专网工程迫切问题和痛点问题做出了重要贡献。张宏科院士曾先后主持2项国家973项目，任国家973项目"一体化可信网络与普适服务体系基础研究"首席科学家及"智慧协同网络理论基础研究"首席科学家，多次荣获"国家技术发明奖"二等奖、"北京市科学技术进步奖"一等奖等奖励奖项，2023年荣获"第三届全国创新争先奖"。

张宏科院士

突破：核心关键技术

随着互联网用户和应用规模不断扩大，诸多难以解决的问题日益暴露。新型网络体系与技术已成为全世界信息网络领域最重要、最迫切的研究内容，也是我国网络核心技术实现弯道超车、摆脱受制局面及建设网络强国的重要机遇。为此，团队深研互联网体系本质和机理特性，探索诸多问题的根源并攻克专项技术。团队积极探索互联网体系与机理原始设计弊端，揭示出问题的底层成因与机理，攻克路由、移动等关键技术，发现体系结构存在的根源性问题与特性，为创建新型网络系统、打破网络核心技术长期受制局面奠定基础。

传统网络命名系统多元化、不兼容、难溯源，暴露出移动性和安全性差等严重弊端。如何创建新型网络系统，既综合有效解决这些严重弊端，又继承互联网"开放、简捷、包容"的特色，挑战巨大。为此，团队突破互联网原始设计局限，破解新型自主网络体系与通信机制建立难题，从其工作机理的最基本要素（即标识）出发，探索出网络通信的最少变量，并进行统一标识，提出标识定义划分、解析映射和组网机制新理念，创建了标识之间通信的新型网络系统（即标识网络），为我国自主网络体系与核心技术创新做出了重要贡献。

随着高铁、工业制造等行业的飞速发展，各行各业现代化发展急需高移动、低时延、可靠的网络系统支撑。传统网络受限于"静态、僵化"的原始设计弊端，难以满足上述通信需求。因此，团队急需严谨分析，突破"横紧纵松、三重绑定"设计局限，促使网络能够自感知、自协同和自服务。为此，团队在前期标识网络技术创新的基础上，提出网络工作模式从传统"服务适应网络"到"网络适配服务"转变的新理念，以标识、感知、协同和人工智能为核心技术，创建智慧标识网络体系与资源协同组网机制，率先研制成功首套智慧标识网络系统，设计出能够自动感知和协同多种资源的智慧标识网络（SINET），解决了高移动、低时延等网络技术瓶颈，面向用户按需提供网络服务，为我国网络核心技术跻身国际领先行列做出突出贡献。

合作：新一代核心设备

自20世纪90年代起，团队就致力于下一代互联网路由设备的基础研究与技术攻关。2000年，团队研制出IPv6（互联网协议第6版）路由器，通过国际IPv6 Ready（针对IPv6产品的测试认证项目）认证，以及信息产业部传输所的协议一致性测试，转给上市企业产业化，并推广应用于国内多所高校和军队。随后团队研制出IPv6无线（移动）路由器，在2004年被鉴定为"填补国内空白，达到国际先进水平"。该路由器于2005年获"国家重点新产品证书"，并获"北京市科学技术奖"一等奖，通过国际IPv6 Ready认证和欧洲电信标准化协会（ETSI）的"Plugtests（现场测试）"认证。

团队为攻克高速移动环境下网络移动性支持难题，提出群移动、源移动的标识映射关键技术，实现了混合移动场景网络快速切换通信不中断。2009年12月，依托于国家 973 项目所提出的新网络体系结构自主研制的"一体化标识网络系统"通过了教育部组织的科技成果鉴定，标志着团队在未来信息网络体系、理论及技术等核心研究领域取得了重大突破性进展，并在网络总体系架构、标识解析映射机制等方面有重大创新，技术达到国际先进水平。标识网络的 50 余项核心发明专利许可中兴通讯使用，合作研制出 ZXUN 系列网络设备，有力支撑了中兴通讯的全球竞争优势。

团队集中攻克复杂多变环境下网络高可靠传输难题，提出服务与网络协同适配、实体与行为动态解耦关键技术，实现了跨网带宽动态汇聚和协同可靠传输，为保障专用网络高可靠通信提供重要支撑。2015 年 12 月，依托于国家 973 项目自主研制的"智慧协同网络系统"，通过了教育部组织的科技成果鉴定，被判定"项目原创性地构思和设计了资源动态适配的智慧协同网络体系架构、机制及相关理论，取得了重大的研究成果，具有前瞻性、开拓性，在智慧协同的网络体系架构等方面达到国际领先水平"。高技术涉及的 13 项核心发明专利转让（许可）给神州高铁集团，并获得良好的经济效益与推广效果。

团队依托于新型网络体系及关键技术方面的创新性研究成果，建立了标识网络功能结构及解析映射机制，攻克了群移动、源移动和协同适配的标识映射关键技术，发起并制定 IETF（国际互联网工程任务组）、IEEE（电气和电子工程师协会）和 ISO（国际标准化组织）国际标准 9 项，国家标准和国军标 2 项，并获得 IEEE 标准协会突出贡献奖 3 项。

软件著作权（左）、IEEE、IETF 国际标准（右）

应用：典型创新案例

团队研制的车载远端、局端聚合路由器等专用网络设备，部署在用户网络与公网之间，将公网作为传输通道，构建国家特殊通信专网，解决了高铁专列与应急通信车困扰多年的移动办公中视频话务可靠传输难题。

团队研制的高铁调度应急视频通信系统和车地高数据率传输系统，保障了高铁运行中与调度指挥中心的远程视频通信，实现了车辆 6A 视频数据从"离线拷贝"到"在线回传"的转变。团队跟进研制的轨道车辆探伤机、轮轴监测器等设备进一步维护网络系统，实现了轨道车辆移动式检修设备的离线和在线实时检测。相关系统与成果通过技术转让给神州高铁集团，应用于兰州、沈阳等铁路局。

研制特殊通信专用网络设备

高铁调度应急视频通信系统

此外，团队结合自身在通信网络领域的技术优势及人才优势，聚焦在下一代互联网、专用通信网络领域，形成了新一代网络体系结构、路由理论、移动互联网络等特色研究方向。团队与中兴通讯 ZTE、东土科技等国内外多家高科技公司开展了技术合作与产业合作。其中包括与多级企业开展的下一代互联网、动态路由协议应用与解决方案、移动互联网等项目上的联合技术攻关。目前，团队正致力于未来智慧网络体系及下一代移动互联网机理、理论、关键技术的研究和产业推进，努力打造我国未来互联网领域产业技术自主创新的重要源头和提升创新能力的支撑平台。

创制超级疫苗　护航公共卫生

——中国工程院院士张改平科技创新团队

动物疫病是制约畜牧业发展的瓶颈，严重威胁食品安全与人类健康。河南省作为畜牧业大省，是我国动物疫病和人兽共患病防控的重点区域，对我国畜牧业健康发展具有全局性影响。动物免疫学在重要动物传染病疫苗研发和流行检测过程中发挥核心作用。目前，我国动物免疫学基础及临床应用研究水平滞后于国家畜牧业整体发展水平，亟待依托科技创新整体提升。

团队和带头人简介

为更好服务我国中部地区动物疫病防控国家战略，促进各地区畜牧业又好又快发展，更好地保障人民群众食品安全，2018年2月中华人民共和国科学技术部批准依托河南农业大学成立国家动物免疫学国际联合研究中心，打造国家级国际科技合作基地。

国家动物免疫学国际联合研究中心由中国工程院院士张改平教授担任主任，并成立中国工程院院士张改平科技创新团队（河南农业大学动物免疫学团队）（以下简称团队）。团队共有专职工作人员89人，其中国家杰青1人，国家突出贡献中青年专家3人，入选国家"百千万人才工程"3人，中央组织部"万人计划"3人，海外优青1人，教育部"长江学者奖励计划"青年学者1人，省级特聘教授7人，技术人才配置较为合理，科研教学水平业界一流。研究中心坚持"本土化＋国际化"的创新发展理念，以提升学科的学术研究水平、引领学科的学术研究方向、提高学科的国际影响力为建设发展宗旨，围绕重大动物疫病致病机制、新型疫苗创制、免疫学快速检测制剂等主要研究方向持续发力，向建设成为国际化人才培养高地、新技术研发和产品转化孵化平台、"一带一路"学术引领和创新示范基地等战略目标稳步迈进。团队凭借优异的成绩和丰硕的成果，多次获得"国家技术发明奖"二等奖、"国家科学技术进步奖"二等奖、"河南省科学技术进步奖"一等奖、"河南省自然科学奖"一等奖等重要奖励。

目前，国家动物免疫学国际联合研究中心与美国疾控中心、美国德克萨斯A&M大学、美国哈佛大学医学院、美国俄亥俄州立大学兽医学院、美国农业部和澳大利亚莫道克大学等国际机构及行业领军科学家开展了长期交流合作，扩大了我国科研单位在专业领域与国际机构中的影响力与话语权。

团队领军人才张改平，教授，博士研究生导师，中国工程院院士，国家动物免疫学国际联合研究中心主任、农业农村部动物免疫学重点开放实验室主任、龙湖现代免疫实验室主任。兼任国务院学位委员会兽医学科评议组专家兼召集人、国家自然科学基金委员会咨询专家兼兽医学科专家组组长、农业转基因生物安全委员会成员、河南省科协副主席。

作为我国著名的生物技术与动物免疫学专家，张改平院士创新性地提出了免疫潜力、超级疫苗等新概念和新理论，引领了动物疫病快速检测、食品安全监控、新概念疫苗等领域的技术进步和行业发展，在重大动物疫病防控、食品安全

张改平院士

检测、新概念疫苗和免疫机理等方面做出了突出贡献。张改平院士主持国家自然科学基金重大项目、重点项目、国家重点研发计划等数十项国家及省部级项目，作为第一完成人，获得"国家技术发明奖"二等奖1项、"国家科学技术进步奖"二等奖1项、省部级科技进步一等奖6项，发表600余篇学术论文，获得授权专利92项，新兽药证书5项，研发新型快速检测与新型疫苗产品92个。

由现象到理论，筑牢创新的科学基座

理论研究的财力、物力、精力投入大，周期长、见效慢，但却是科技创新的基础

和起点。团队经过潜心研究、艰苦攻关，终于发现多项重大动物疫病的致病机理，为后期科研教学工作筑基铺路。

团队在国际上首次系统研究了牛、猪等动物 IgG（免疫球蛋白 G）抗体的 Fc 受体，填补了国内动物 Fc 受体研究领域的空白；首次解析了 PRRSV（猪繁殖与呼吸综合征病毒）受体 CD163 蛋白的关键结构域晶体结构，利用结构生物学率先解析了猪源 CD163 SRCR5 结构域高分辨率晶体结构并鉴定出介导 PRRSV 入侵的重要氨基酸位点，首次鉴定出 PRRSV 基因组 3′UTR 的假结构作为一类新型病原体相关分子模式（PAMPs）被模式识别受体 RIG-I 和 TLR3 识别从而诱导 I 型干扰素的产生，发现 PRRSV 非结构蛋白抑制宿主天然免疫及 RNA（核糖核酸）诱导的基因沉默（RNAi）的分子机理，为抗 PRRSV 基因编辑猪选育、抗 PRRSV 新药开发、新型疫苗研制提供了理论依据，以大量的科研成果支撑相关防控研究与防控工作快速提升；建立了动物病毒免疫组学研究平台，绘制了主要动物病毒蛋白的 B 细胞识别图谱，揭示了主要动物病毒的体液免疫机制，丰富了动物病毒免疫学理论，对人和动物的重大传染病的防治具有重大科学意义。

由理论到技术，走稳发展的每一小步

团队在理论学习与理论研究的基础上，展开鸡传染性法氏囊病、鸡新城疫、禽流感、猪瘟等大量的系统性技术研究工作，建立了高特异性、高亲和力配对单克隆抗体制备新方法，解决了试纸研制中动物病毒抗原变异大、抗体亲和力低、识别谱窄等关键技术难题，丰富和完善了我国及国际重大动物疫病与食品安全快速检测技术体系，推动了相关产业的创新发展。

团队依托重大动物疫病快速检测技术研究成果，开展了小分子药物快速检测技术等研究，国际首创了抗原、抗体及半抗原三大免疫试纸快速检测技术体系，建立了口蹄疫病毒等病原的检测抗原制备方法，解决了免疫检测抗原活性低、非特异性反应高、提取制备难等突出问题，研制出动物疫病快速检测试纸系列产品，开辟了动物疫病快速诊断新领域，以及违禁药物的快速检测试纸系列产品，实现了药物残留的简便、低成本快速检测，为动物源性食品安全监控提供了技术保障，为重大动物疫病以及动物疫病及人兽共患病的快速检测提供了新的技术支撑。

由技术到产品，提升科技的服务能力

团队在我国率先研制出国内外第一个动物疫病抗原快速检测试纸——鸡传染性法

氏囊病病毒快速检测试纸，第一个动物疫病抗体快速检测试纸——猪旋毛虫抗体快速检测试纸，以及第一个寄生虫病快速检测试纸、第一个食品安全快速检测试纸——盐酸克伦特罗（瘦肉精）快速检测试纸等系列产品。团队依托技术创新成果为中国主要动物疫病流行监测、动物源性食品安全监控和保障公共卫生安全提供了强大的科技支撑。

团队在创新的路上以精益求精的态度，围绕关键性能问题不断改进提升。团队以检测技术领域所追求的"快速、简便、特异、敏感"为目标，解决了传统检测方法周期长、成本高、操作复杂等应用难题，开发出检测时间仅需要数分钟、无须任何附加试剂和设备、人人均可操作的新产品，降低了产品使用门槛，提高了我国在该领域的研发水平，促进了免疫检测技术进步，保障了生产生活安全。

团队在国际上首次提出了免疫潜力新概念，形成了以"精确、高效、安全、微量、不浪费机体免疫潜力"为目标的新型疫苗设计理论，以研发现代科学技术条件下"最高境界"疫苗为终极挑战，构建了以水稻生物反应器和哺乳动物细胞表达系统为代表的新型疫苗抗原创制平台，引领了第四代动物疫苗的变革，为人和动物的重大传染病防控提供了创新性的理论和技术支撑，为未来疫苗研究指明了方向。

由高校到社会，担负学者的民生责任

2020年年初，突如其来的新冠疫情打乱了人们的生产生活节奏。面对新冠疫情，张改平院士发挥专业所长，带领团队成员积极承担社会责任，第一时间整合河南农业大学、郑州大学和河南省农业科学院三个实验室的优势资源，成立科研攻关小组与病毒抢时间。团队研发的 PCR（聚合酶链式反应）检测试剂、荧光定量 PCR 检测试剂、基因检测试纸（即核酸检测试纸）和抗体检测试纸四种检测试剂，实现了检测结果可肉眼观测，大大降低了检测难度，缩短了检测时间，提高了检测效率，提升了检测准确率。其中，研制的新冠检测试纸更是成为郑州大学、河南农业大学等高校新冠疫情防控的"利器"，为复工复产复学提供了安全保障。

同时，张改平院士通过网络平台给全校师生上了"开学第一课"——新型冠状病毒防控，根据自己多年研究病毒的实践经验与专业知识，科普病毒防治要点，让师生打破畏惧心理，坚定胜利信念。对此新华社、人民网、河南广播电视台等权威媒体进行了多次深入报道，受到社会各界普遍关注和赞誉。

此外，畜禽重大、多发、高发、新发传染病的持续出现也给疫苗研发带来了巨大挑战，对安全、高效、更低成本疫苗的需求日益迫切。张改平院士首创通用型疫苗"精确、微量、安全、高效"设计策略，致力于追求安全、高效、最大化利用免疫潜力的"超级疫苗"。团队在此科研思想的指引下，利用水稻胚乳表达系统成功制备出针对新城疫病毒的新型水稻表达体系疫苗，仅需 0.5μg（相当于一粒米的 127 分之一）即可完全免疫病毒感染，该成果已经于 2023 年 8 月 3000 万元转让河南牧翔集团，对于疫苗开发具有重大意义。目前，"超级疫苗"的综合研发技术、效果、安全、生产能力等指标达到国际领先水平。

张改平院士指导博士研究生开展单细胞分选实验

结 语

在全国上下众志成城、艰苦努力之下，新冠疫情防控已取得阶段性胜利，生产生活秩序逐渐恢复。但不同于其他疾病，战胜传染性疾病的根本在于做好流行病学和溯源调研，搞清楚病毒"从哪里来、到哪里去""怎么来的，怎么没的"等关键问题，从传播源头和传播途径两方面入手，彻底切断病毒生存空间。病毒的消失并不代表科研工作的停止，反而留下了新的课题。张改平院士及其团队利用在新冠疫情防控期间取得的卓有成效的科研成果，在为临床诊疗提供有力支撑的同时，又开启了新的研究，我们相信团队严谨务实的科研精神，将在流行病学和溯源调研方面取得更大成绩，也必将为保障人民健康安全发挥出更大更重要的作用。

创新作物栽培技术　力扛粮食安全重任

——中国工程院院士张洪程科技创新团队

扬州大学张洪程院士科技创新团队秉持创校人张謇先生"坚苦自立，创新致远"教育思想，践行"将论文写在祖国大地上"的理念，立志科研报国，勇立创新潮头，以守护国家粮食安全为己任，"5+2""白+黑"地奋战在水稻丰产优质技术创新攻关与示范推广一线，问鼎一流科技成果，潜心培养一流人才，通过成果推广和技术服务，使科研成果在乡村振兴、脱贫攻坚的田野上开花结果，在保障国家粮食安全、推动作物栽培学科创新发展、助力乡村振兴等方面做出突出贡献。

团队和带头人简介

中国工程院院士张洪程科技创新团队（张洪程粮食作物高产优质栽培科技创新团队）（以下简称团队）紧扣我国不同时期粮食生产发展的重大技术需求，在水稻轻简化、精确化、机械化栽培等方面开展了深入研究，发表论文500多篇，获国家授权发明专利30多项；"水稻精确定量栽培新技术""水稻钵苗机插优质丰产栽培技术"等入选农业农村部2022年粮油生产主导品种主推技术，"稻麦绿色丰产'无人化'栽培技术"被农业农村部列为 2021 年重大引领性技术；先后获得"国家科学技术进步奖"二等奖 4 项（其中第一完成单位 3 项、第二完成单位 1 项）、"省部级科技进步奖" 28 项。因成绩卓著，全国创新争先奖获得者张洪程院士领衔的扬州大学"水稻丰产优质技术创新教师团队"获评教育部"全国高校黄大年式教师团队"，领衔的作物栽培学导师团队获评江苏省"十佳研究生导师团队"。

团队带头人张洪程院士，1951 年出生，男，江苏南通人，作物栽培学与耕作学家，中共党员。1975 年毕业于江苏农学院。现任扬州大学教授，作物栽培学与耕作学国家重点学科带头人，农作物生产全程机械化专家指导组副组长，中国作物学会栽培专业委员会会长。长期从事作物栽培学与耕作学教学、科研及推广工作。先后承担国家科技支撑计划、国家粮食丰产科技工程江苏水稻项目、国家自然科学基金及省部级重大或重点课题 40 多项，在作物栽培耕作轻简化、精确化、机械化、无人化等方面做了一系列开拓性工作，多项技术相继被农业农村部列为全国农业主推技术，均获得大面积推广应用，取得重大社会经济效益。先后获国家科学技术进步奖二等奖 4 项（第一完成人 3 项，第二完成人 1 项）、三等奖 1 项（第二完成人）。因成就与贡献突出，1992 年享受国务院政府特殊津贴，1994 年被授予国家有突出贡献中青年专家，1998 年被授予全国模范教师，2004 年获"全国五一劳动奖章"，2011 年被国务院授予"全国粮食生产突出贡献农业科技人员"，2012 年获"何梁何利基金科技进步奖""中华农业英才奖""中国作物学会科学技术成就奖"，2015 年当选中国工程院院士，2021 年被中共江苏省委授予"江苏省优秀共产党员"称号，2023 年获"全国创新争先奖状"。

守护国家粮食安全，技术创新硕果累累

团队为了"确保国家粮食安全，把中国人的饭碗牢牢端在自己手中"的使命，奋力攻关，取得了一系列水稻技术创新和学科建设成果。

研究阐明轻简化栽培效应及机理，创建多熟制稻区轻简化生产技术。针对稻田多熟制作业最烦琐艰辛的土壤耕作与播栽环节，阐明少免深不同耕法、不同播栽方式对土根系统、作物立苗与生育的效应，创立了少耕为主、少免交替、定期深耕的轮耕新

体制和有序化抛摆与水肥耦合等关键轻简化高效栽培技术，有效推动了传统耕作栽培向现代轻简化栽培的变革，使少免耕栽培与水稻抛秧成为我国南方广泛应用的持续增产技术。成果在苏、沪、皖、浙、赣等累计推广 6655.5 万亩，亩节工 22.5%，增产稻谷 355 万吨，增效 33.1 亿元。

张洪程院士田间指导

研明机插水稻生长发育规律与稳定丰产形成机理，创建多熟制地区水稻机插栽培技术体系。阐明制约多熟制水稻机械化栽培"瓶颈"，以"三控"育壮秧、少本精准机插、精准生育诊断与肥水耦合优化调控等关键技术的突破性创新为主体，创建了毯苗、钵苗机插水稻"三协调"丰产优质栽培技术新模式，集成适应不同稻区的毯苗、钵苗机插丰产优质栽培技术体系，被列为全国主推技术，引领了我国水稻机械化栽培技术发展。成果在苏、皖、鄂、赣等累计应用 8952.7 万亩，增产稻谷 335.1 万吨，节本 17.3 亿元，新增效益 114.9 亿元。

研究创新水稻生育精确诊断及其定量调控方法，创建丰产定量栽培理论与技术。针对我国主产区生态复杂、水稻栽培技术急需精确规范的重大需求，创建了提高群体质量的精确诊断生育指标体系与方法，建立了提高群体起点质量的精确调控技术；阐明提高群体质量的肥水需求规律，构建了精确施肥技术和节水灌溉模式，集成构建了我国水稻主产区精确定量栽培技术体系。2007 年以来连续被列为全国主推技术，在 17 个省份大面积示范推广 1.25 亿亩，增产稻谷 589.3 万吨，节本 55.8 亿元，新增效益 218.9 亿元。

研明超级稻高产形成共性规律与品种温光生态适应性，创建超级稻区域化高产栽培技术体系。针对我国稻作生态生产条件差异大、超级稻品种多、区域布局不明确、栽培技术不配套、大面积增产潜力未能充分发挥等突出问题，在揭示超级稻生长发育特性与增产优势基础上，阐明了品种区域生态适应性，建立了不同种植方式配套的品种区域化布局，提出了前中后期全程生育协调的丰产高效途径，创立了精准密度、动态诊断与节肥节水等关键技术，构建了超级稻区域化丰产高效栽培技术。成果被列为全国主推技术，累计推广1.19亿亩，增产稻谷640万吨，增效137.4亿元。

聚焦江苏粮食产业高质量发展，创建稻麦绿色优质丰产高效协同栽培及田间作业"无人化"栽培技术。牵头组建江苏省水稻产业技术体系集成创新中心，组织400多名科技人员协同研发，研究推荐出适合苏南、苏中、苏北生态的优良食味稻米主推品种，因种建立绿色优质丰产高效的生产技术，2022年已推广1500万亩，大幅改革了江苏稻米品质结构，有效提升了兴化、射阳等苏米品牌建设。同时，紧扣国家粮食作物"无人化"生产重大前沿问题，组织多学科团队协同攻关，着力探索研究稻麦生产田间作业"无人化"，实施秸秆还田、浅旋、深旋、施肥、整地镇压、开行播种、开沟等九道工序一次性完成的攻关试验，创新构建稻麦"无人化"优质丰产整合栽培技术，被列为2021年农业农村部重大引领性技术，实现优质水稻亩产700多千克和小麦亩产500多千克，为未来稻麦"怎么种、靠谁种"提供了最有效的革命性技术方案。

重视学科建设与人才培养，积极服务乡村振兴与建言献策。主持扬州大学作物栽培学与耕作学国家重点学科建设，领衔的"水稻丰产优质技术创新教师团队"获评教育部第二批"全国高校黄大年式教师团队"（2022）。创新"课堂—实验室—校内外基地—生产田"四位一体、理实并重的人才培养模式，培养博士47名、硕士101名。兼任农业农村部水稻专家指导组副组长、农作物生产全程机械化专家指导组副组长等，积极投身技术指导与推广。

2020年7月提交的《将全面推进水稻生产绿色发展、高水平建设"绿色大粮仓"作为实施长江经济带发展战略和国家粮食安全战略的重大工程》建议得到时任国务院有关领导批示。2020年5月提交的《开展比学赶超，奋力推进"苏米"产业走在全国最前列》建议得到时任江苏省委领导同志等批示。2022年5月提交关于"扎实推广十项适用技术，保障水稻丰产优质增效"的建议获时任江苏省委领导同志等批示。主持完成的中国工程科技发展战略江苏研究院重大决策咨询项目成果《江苏省稻米产业高质量发展战略研究（研究报告）》获江苏省第十七届"哲学社会科学优秀成果奖"一等奖（2022）。

面向应用服务生产，为国增粮助农增收

团队积极开展科研攻关，研创水稻丰产优质绿色高效技术。先后承担"十五""十一五""十二五"国家粮食丰产科技工程项目3项、国家公益性行业（农业）科研专项1项、"十三五"国家重点研发计划项目2项等。在研"十四五"国家重点研发计划项目、国家自然科学基金项目、江苏省重点研发计划项目、江苏省农业

科技自主创新资金项目、江苏省种业揭榜挂帅项目等20余项。创立水稻群体质量、精确定量栽培、机插高产栽培等理论与技术。1993年、2011年、2014年、2018年四次获得"国家科学技术进步奖"二等奖（其中主持获得3项、第二完成单位获得1项）。张洪程院士领衔的水稻优质高效机械化精确化生产技术创新团队获评首届江苏省"创新争先奖"，领衔的扬州大学"水稻丰产优质技术创新教师团队"获评教育部"全国高校黄大年式教师团队"，领衔的作物栽培学导师团队获评江苏省"十佳研究生导师团队"。

团队在苏北、苏中、苏南多地建成核心研发基地，领衔建设"省长指挥方""江苏第一方"，创建了一批水稻超高产典型；主推的水稻主产区精确定量栽培关键技术，2016—2018年在17个主产省累计应用1.25亿亩，累计增效218.9亿元。曾获"全国粮食生产突出贡献农业科技人员"等荣誉的张洪程院士全情投入、不遗余力地进行成果推广，足迹遍布苏、浙、皖、赣等10多个省市，40多年来几乎没有一个完整的节假日，被农民称为"咱们庄稼人的教授"。团队注重发挥人才科技优势，为地方农业产业发展提供智库服务。自2017年以来，张洪程院士主持中国工程院重点咨询项目3项，提交的全面推进水稻生产绿色发展、江苏省稻米产业高质量发展、扎实推广水稻十项适用技术等建议报告得到国务院和省部级领导的肯定性批示，并被农业农村部、江苏省农业农村厅等采纳。

结　语

张洪程院士长期坚持带领团队成员和研究生深入田间地头推广粮食作物栽培新技术，在江苏、安徽、浙江、江西、河南等地开展技术指导，获得了高度认可和好评。张洪程院士将继续带领团队行走在卓越农业人才培养、粮食作物栽培科技研究和成果推广服务的前沿，接续书写守护国家粮食安全、服务乡村振兴的更加辉煌的篇章。

为鱼类种业提供强大科技支撑

——中国工程院院士陈松林科技创新团队

种业是现代农业、渔业发展的基础，生物技术是水产种业可持续发展的核心驱动力，2021年"中央一号"文件提出了"打好种业翻身仗"的口号。全面提升我国水产育种生物技术创新能力，实现种源自主可控，保障我国粮食安全，是摆在我国水产生物技术与遗传育种工作者面前的一项重要任务。中国工程院院士陈松林科技创新团队（海水鱼类基因组学及分子育种技术创新团队）（以下简称团队）瞄准重大产业问题开展深入系统研究，取得多项创新性成果，为我国水产生物技术发展与产业应用做出了重大贡献。

团队和带头人简介

团队以陈松林院士为学术带头人、中青年科技骨干为主体，瞄准鱼类种质退化、病害频发、雌雄鱼生长差异大等重大产业问题，围绕海水养殖动物全基因组精细图谱绘制和基因资源批量发掘，生长、抗病、抗逆、性别等重要性状遗传解析，群体基因组学和基因组育种技术创新，细胞培养与细胞工程育种，种质冷冻保存、创新与应用等方向开展深入系统研究，取得多项创新性成果：建立了我国重要鱼类种质冷冻保存技术，揭示性别决定等重要性状分子机制，创建了鲆鳎等鱼类基因组育种技术，创制出高产抗病鱼类新品种4个，助推我国海水鱼类生物技术与遗传育种达到国际领先水平。

陈松林，男，湖北武汉人，中共党员，鱼类生物技术专家。1982年毕业于上海水产学院养殖系，获学士学位；1998年获中山大学博士学位；曾赴法国和德国进修、高访4年。现任中国水产科学研究院黄海水产研究所研究员，中国水产科学研究院生物技术领域首席科学家，海水生物育种与可持续产出全国重点实验室主任；创建了黄海水产研究所水产生物技术与基因组研究室并任首任主任。兼任中国水产学会副理事长和水产生物技术与遗传育种专业委员会主任委员、中国动物学会比较内分泌学专业委员会主任委员、全国水产原种和良种审定委员会副主任委员，山东省泰山学者攀登计划专家，任《水产学报》编委会副主任、《前沿生物技术》（*Advanced Biotechnology*）期刊主编及《海洋生物技术》（*Marine Biotechnology*）、《科学报告》（*Scientific Reports*）等国际杂志编委等职务。

陈松林院士

陈松林长期从事鱼类种质保存、性别控制与抗病分子育种研究。建立了鱼类种质冷冻保存技术体系；发现我国首个鱼类性别特异分子标记；破译我国首个鱼类（半滑舌鳎）基因组，揭示其性别决定机制，创建分子性控技术；解析鲆鳎鱼类抗病和变态性状分子机制，研制出我国鱼类首款抗病育种基因芯片"鱼芯1号"，建立了抗病基因组选择育种技术，育成新品种4个；创建了海水养殖鱼类（半滑舌鳎）基因组编辑育种技术，创制快大型舌鳎雄鱼新种质；突破红瓜子斑人工繁育和苗种培育技术，为深远海养殖开发潜在的养殖鱼类。获"国家技术发明奖二等奖"2项（第一）、"国家科学技术进步奖二等奖"1项（第二）、"中华农业科技奖一等奖"3项和"优秀创新团队奖"1项（第一）。发表论文400多篇，以第一或通讯作者身份发表SCI论文240多篇，含《自然遗传学》（*Nature Genetics*）论文2篇；论文被*Science*等SCI他引4906次；连续10年入选Elsevier"中国高被引学者"榜单；第一发明人授权发明专利43件；主编中英文专著5部。

陈松林获"第十二届光华工程科技奖""全国首届创新争先奖""第四届中华农业英才奖""第三届中国青年科技奖""全国优秀科技工作者""农业部和山东省有突出

贡献中青年专家"等荣誉称号，1993年享受国务院政府特殊津贴，1997年入选国家"百千万人才工程"第一、二层次人选。2021年当选中国工程院院士。

建立鱼类种质冷冻保存技术体系，满足重大需求

陈松林院士团队早在21世纪初便已开展了鱼类种质保存方面的研究工作。他将淡水鱼类精子冷冻保存技术应用到海水鱼类上，先后成功建立了花鲈、大菱鲆和半滑舌鳎等20多种海水鱼类精子冷冻保存技术和精子银行，解决了我国鱼类种质保存和育种对精子冷冻技术需求的重大问题。

在此期间，陈松林院士还提出了鱼类胚胎玻璃化冷冻思路，发明了"两种选择，五步平衡，快速冷冻，一步洗脱"的鱼类胚胎玻璃化冷冻保存方法，在国际上首次获得冷冻复活的牙鲆、花鲈和大菱鲆胚胎，成功实现了冻胚孵出鱼苗并继续发育，突破海水鱼类胚胎超低温冷冻保存的国际难题，推动鱼类胚胎冷冻保存研究；同时，他还带领团队在国内率先开展了鱼类胚胎干细胞培养的研究，建立了我国首个海水鱼类（花鲈）胚胎干细胞系及牙鲆、大菱鲆、半滑舌鳎等10多种海水养殖鱼类的胚胎和组织细胞系28个，解决了大菱鲆等多种海水鱼类因缺乏细胞系难以分离病毒等问题。

在陈松林院士的推动下，鱼类精子冷冻保存和细胞培养技术目前已广泛应用在全国各地的鱼类精子冷冻保存和精子、细胞库建设中，推动了我国鱼类种质保存和细胞培养的研究进程，为国家海洋渔业生物种质资源库建设提供了技术支撑和种质基础。

发现我国首个鱼类性别特异分子标记，突破技术难题

提起半滑舌鳎，人们都知道它是我国特有的名贵海水养殖鱼类，味道鲜美、肉质细嫩、营养丰富，是很多家庭的日常美食。但很多人不知道的是，半滑舌鳎是目前发现的雌雄生长差异最大的鱼类之一，在自然生长状态下雌鱼个体一般比雄鱼大2～4倍，而雄鱼比例却高达80%，养殖产量始终不高。因为赚不到钱，半滑舌鳎的主要养殖区几乎一度无人再养，行业发展面临危机。陈松林院士看在眼里，急在心里。他想："靠肉眼很难准确地分辨出半滑舌鳎幼苗的性别，是否可以研发相应的检测技术进行鉴别，通过尽可能养殖长得大的雌鱼来提高养殖产量和经济效益呢？"

说干就干。经过几年的探索，陈松林院士团队率先成功找到了半滑舌鳎雌性特异AFLP（扩增片段长度多态性）标记（这也是世界上第一个鱼类雌性、我国第一个鱼类性别特异分子标记），发明了ZZ雄和ZW雌鉴定的分子技术，由此掌握了辨别半滑舌鳎性别的关键密码，实现我国鱼类性别特异分子标记零的突破，推动国内外鱼类性

别特异分子标记的发现。同时，该团队还发展了半滑舌鳎人工催产和受精技术，建立了异源冷冻精子诱导雌核发育的方法，发现高水温可诱导遗传雌鱼性别逆转为生理雄鱼（伪雄鱼），为半滑舌鳎苗种繁育和健康养殖提供了技术支撑。

破译我国首个鱼类基因组，开辟育种新途径

早在 2009 年前后，陈松林院士便准确意识到，科技进步必然带来研究领域和研究方法的变革，于是他将研究重心逐渐从细胞水平转移到分子水平，最后瞄准基因组水平。2014 年，他领衔完成了半滑舌鳎全基因组测序和精细图谱绘制，成功使半滑舌鳎成为我国完成全基因组测序的第一种鱼类，也是世界上完成全基因组测序的第一种比目鱼类，推动我国鱼类育种研究进入基因组时代。此外，陈松林院士团队还发现 *dmrt1* 基因是半滑舌鳎雄性决定基因，阐明其性别决定分子机制；揭示了雄鱼比例高达 80% 的原因及其表观遗传调控机制；通过基因组测序发现半滑舌鳎性别连锁微卫星标记，解决 ZW 雌和 WW 超雌鱼分子鉴定的技术难题；创建了高雌苗种制种技术，攻克阻碍半滑舌鳎养殖业发展的雌鱼比例过低难题。

取得这些成果后，陈松林院士并没有停下脚步。在养殖育种过程中，尽管利用团队建立的高雌苗种制种技术已经能够将半滑舌鳎生理雌鱼比例从 20% 左右提高到 40% 左右，但是这还不够理想。如果能培育出全部是长得大且快的雌鱼的全雌苗种，将会对半滑舌鳎养殖产业发展意义重大。然而，不论是通过雌核发育还是伪雄鱼杂交的方法都无法获得理想中的 WW 超雌鱼，想以此培育出全雌苗种是行不通的。对此，陈松林院士并没有放弃，他换了一个角度：是否可以建立半滑舌鳎基因编辑技术，让长不大的雄鱼变大？带着这样的目标，陈松林院士带领团队继续攻坚，经过 4 年的日夜奋战和不断摸索，终于在 2017 年成功突破了半滑舌鳎胚胎显微注射技术难关，攻克了海水养殖鱼类（半滑舌鳎）基因编辑技术，通过敲除雄性决定基因，使一些雄鱼苗长得和雌鱼一样大。目前陈松林院士团队已培育出基因编辑生长加快的 F4 代雄鱼新种质，从而破解了半滑舌鳎雄鱼生长慢、个体小的问题，开辟了海水鱼类基因编辑性控育种新途径，让业界为之振奋。

引领我国鱼类抗病分子育种研究方向，推动技术更新换代

长久以来，病害问题始终是摆在我国水产养殖中的巨大困难，陈松林院士认为产业的需求就是研究的方向、研究的重点，养殖户的难题就是研究的课题。他带领团队人员集中攻关，率先破译了牙鲆、花鲈、大菱鲆、龙胆石斑、东星斑、云纹石斑、斑

石鲷和圆斑星鲽等鱼类的基因组密码，克隆和表征了海水鱼类抗菌肽等免疫相关基因80个，发现鲆鳎鱼类抗细菌病性状是由微效多基因控制的，从而为基因组选择提供了理论依据；发现视黄酸是抑制变态的关键基因，揭示变态受甲状腺素和视黄酸拮抗调控的分子机制，发现光照可诱导皮肤黑色素生成是导致体色异常的重要原因，揭开困扰达尔文等科学家100多年的比目鱼不对称性的进化谜团。此外，陈松林院士团队还建立了我国鱼类抗病家系选育方法及基于全基因组重测序和BayesCπ、GBLUP模型估算抗病性状基因组育种值的方法，研制出我国首款鱼类抗病育种基因芯片"鱼芯1号"，可以快速便捷地将具有抗病基因型的鱼选出来繁育后代，大大加快了育种进程；创建了牙鲆、半滑舌鳎和罗非鱼等鱼类抗病基因组选择育种技术，选择准确性提高20%以上。陈松林院士利用基因组选择技术领衔育成抗病高产新品种牙鲆"鲆优2号"和半滑舌鳎"鳎优1号"，作为第二完成人联合育成罗非鱼"壮罗1号"新品种，成活率提高20%，生长提高10%以上；同时，还带动了大黄鱼等鱼类开展抗病基因组选择育种，引领我国鱼类抗病分子育种研究方向，推动鱼类育种技术更新换代和种业发展。

牙鲆"鲆优1号"
人工培育的第一个牙鲆新品种，生长速度快、耐高温能力强。相同养殖条件下，比普通牙鲆体重提高30%左右，成活率提高20%左右。

牙鲆"鲆优2号"
具有抗感染能力强、养殖成活率高且生长速度快的优点。相同养殖条件下，与未经选育的牙鲆相比，18月龄鱼生长速度提高20%，成活率提高20%。

半滑舌鳎"鳎优1号"
半滑舌鳎的第一个国审新品种，抗病力强、生长快、养殖存活率高。相同养殖条件下，比普通半滑舌鳎抗哈维氏弧菌能力提高30.9%，18月龄鱼体重提高17.7%，养殖成活率提高15.7%；此外，"鳎优1号"苗种生理雌鱼比例高达40%左右。

结 语

陈松林院士长期坚持带领团队成员和研究生深入鱼类养殖场推广新技术，在山东、河北、天津、福建、广东、广西、海南等地开展技术指导，获得了高度评价。在不断奔走与耕耘中，陈松林院士团队建立的相关技术和创制的新品种在我国沿海地区得到了广泛推广应用，近年来产生的直接和间接经济效益累计超百亿元。作为渔业科研工作者，陈松林院士将继续带领团队，加大高新技术在鱼类养殖产业中的应用，培育出更多更好的抗病高产优质新品种，为广大养殖户提供好种源，为产业绿色高质量发展提供科技支撑。

牢记"资源报国"使命担当 保障国家矿产资源总体安全

——中国工程院院士陈毓川科技创新团队

矿产资源是经济社会发展的重要物质基础，矿产资源勘查开发事关国计民生和国家安全。可以说，矿产资源安全是国家安全的压舱石。如何为国家找到更多矿产资源，切实保障国家矿产资源安全是摆在全国地质工作者面前的重中之重。中国工程院院士陈毓川科技创新团队（以下简称团队）多年来一直深耕于地质科研与找矿事业，大力弘扬爱国奉献、开拓创新、艰苦奋斗的优良传统，从国家重大战略需求出发，建立了中央—省级—行业三级联动协同创新机制，形成了一支矿产资源领域集矿业政策研究—成矿理论研究—地质找矿勘查于一体的专业团队，自主创立"矿床的成矿系列"（以下简称成矿系列）和成矿体系理论并深化发展，有效指导了找矿勘查，产生了显著的经济效益和社会价值，全面支撑了全国找矿突破战略行动，保障了国家矿产资源安全，助力矿业高质量、可持续发展。

团队和带头人简介

团队以国家需求为己任，围绕国家矿产资源安全开展全国重要矿产资源潜力评价、成矿规律与成矿预测等研究工作，并将研究成果应用于指导找矿勘查实践，产生了显著的经济效益和社会价值，在广西大厂、广东大宝山、四川甲基卡、江西淘锡坑等众多矿山实现重大找矿突破，助力建成多个国家大型矿产资源基地，缓解了国家战略性矿产资源安全供应危机。团队主导研编的国之重典——《中国矿产地质志》是中华人民共和国首部矿产资源领域大型专业志书，实现了我国已发现矿种、矿产地和国域面积三个全覆盖，填补了历史空白，具有划时代的里程碑意义，将持续在服务矿政管理、指导找矿突破、推进科技创新、促进人才成长、普及公众地矿知识和传承地矿文化等方面发挥重要作用。

陈毓川院士

团队带头人陈毓川，中国工程院院士。曾任第九届全国政协委员，中国共产党第十三次、十四次全国代表大会代表，中国地质科学院科技委员会主任，中国地质学会常务副理事长，矿床地质专业委员会主任，国际矿床成因协会副主席，中国工程院能源与矿业部主任等职务。先后发表学术论文100余篇，出版专著14部，获得"国家科学技术进步奖"特等奖一项、二等奖5项、三等奖一项；"国家自然科学奖"三等奖一项；地矿部、"新疆维吾尔自治区科技成果奖"一等奖各一项；"国土资源科学技术奖"一等奖两项。1986年被授予"国家级有突出贡献的中青年科学技术专家"称号；1997年获"李四光地质科学工作者奖"；2004年获"光华工程科技奖"；2009年获"全国野外科技工作突出贡献者"称号；2014年获国际矿床学界最高荣誉——"国际矿床成因协会终身荣誉会员"称号；2018年获"中国地质学会矿床地质专业委员会终身成就奖"；2022年获中国地质学会会员的最高学术称号——"中国地质学会荣誉会士"。

自主创立成矿系列理论，指导成矿规律研究和找矿勘查

团队及其合作者在长期从事矿床成因研究和勘查中认识到，地球上的矿床不是孤立的，而是一个整体，与不同时代的地质构造成矿作用有着密切联系；在一定的地质

历史阶段，一定的地质构造环境，与一定的地质作用有关的成矿作用在四维时空中可以形成成因联系的一组矿床，这是具有普遍性意义的。基于这种认识，1979年，由程裕淇院士、陈毓川院士和赵一鸣研究员共同创立的"矿床的成矿系列"理论正式面世。成矿系列研究的目标有二：其一是为发展矿床学及区域成矿学服务；其二是促进找矿工作，发展矿业，服务国家所需。历经40多年，陈毓川院士团队通过组织实施与地质找矿有关的一系列国家项目，对成矿系列的概念、内涵及其组成序次和研究方法等进行了详细论述，明确了岩浆、沉积、变质、表生和非岩浆非变质流体五类成矿作用，进一步强调了矿床成矿系列的自然分类属性，建立了一系列区域成矿模式和区域成矿谱系，使成矿系列的理论体系进一步完善，升华为地球系统的"四维成矿论"。特别是提出了"全位成矿、缺位找矿"预测思维，在实践中得到了检验和发展，在指导找矿的过程中发挥了积极作用。

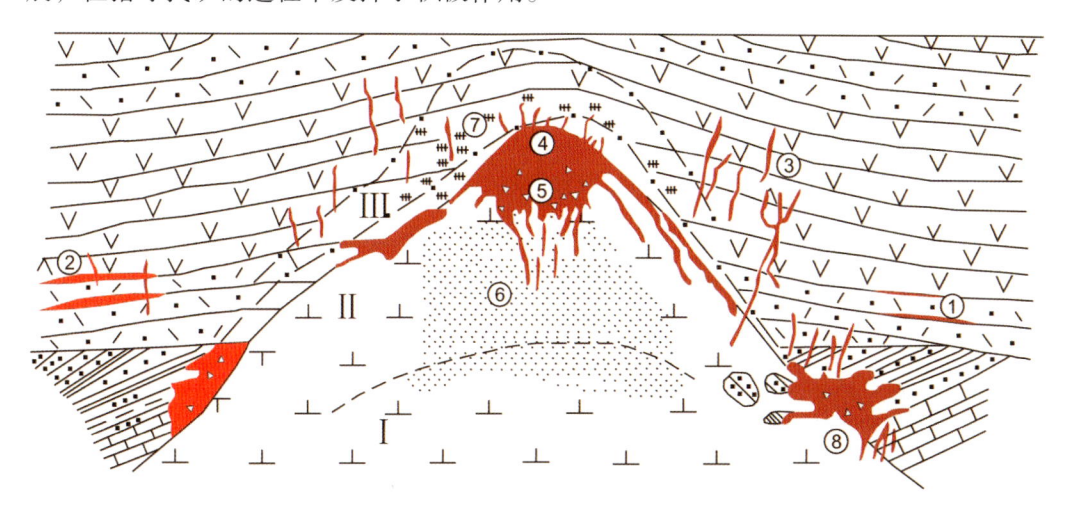

1.青龙群石灰岩；2.黄马青组沙页岩；3.象山群砂岩；4.龙王山、大王山两旋回火山岩；5.辉长闪长玢岩；6.辉长闪长玢岩－辉长闪长岩；7.蚀变分界线；8.角砾岩化带及角砾状矿石；9.块状矿石；10.镜铁矿或磁铁矿脉；11.层状铁矿；12.黄铁矿化；13.浸染状磁铁矿化
①龙旗山式；②竹园山式；③龙虎山式；④梅山式；⑤凹山式；
⑥陶村式；⑦向山式（黄铁矿）；⑧姑山式、凤凰山式

玢岩铁矿理想成矿模式（我国建立的第一个区域矿床成矿模式图）

从20世纪末到21世纪初，团队主持的中国成矿体系与区域成矿评价项目，以时—空为主线，通过对主要成矿区带、主要时代成矿作用和成矿规律的研究，首次全面厘定了全国各时代的矿床成矿系列，构筑了中国成矿体系的框架及其四阶段发展模式；首次系统地研究了我国四个主要地质历史时期的成矿规律并编制了相应的成矿系列图；提出了中国大陆地壳演化3大构造体系和5大发展时段，指出了中国地壳演化和成矿作用的渐进性和旋回性规律；提出了中国岩石圈尺度8种不连续构造类型及其

控矿作用，划分了全国大陆浅表地球化学分区，指出了地质演化中成矿的滞后效应；建立并完善了综合信息区域成矿评价系统，进行了铁（Fe）、锡（Sn）、锑（Sb）等12种金属矿产的定量预测，并通过区域找矿评价圈定803个成矿预测区，优选出214个勘查靶区，提出了全国36个重点勘查区，为国家中长期找矿工作部署提供了依据。至2004年项目结束时，有45个靶区已取得较好的验证结果，共发现矿床（矿产地）110处，有的已转入商业性勘查，如在鞍山—本溪预测区，验证已获得铁矿资源、储量合计10.8亿吨，成为本钢集团后备基地，潜在经济价值可达1800多亿元，为老工业基地增添了活力，社会效益显著。2007年，"中国成矿体系与区域成矿评价"项目获"国家科学技术进步奖"二等奖。

在朱裕生、徐志刚、朱明玉、杨岳清等老一辈地质学家亲自参与下，团队首次提出了矿产预测类型及单矿种成矿谱系新概念，建立了388个矿产预测类型，创新了矿床式模型预测新理论，开创了成矿系列模型预测新时代，指导肖克炎、唐菊兴等研究员在全国范围内科学评价了铜、铁、煤、铀、锂等25种重要矿产的资源潜力，获得500米以浅、1000米以浅和2000米以浅的预测资源量，预测资源总量潜在经济价值超千万亿元；圈定最小预测区47186处，划分了325个重要矿集区和26个重要成矿区带，建立了多元异构、多尺度、多学科全国矿产资源潜力评价成果数据库，在攀枝花深部、湘西、黔北、新疆西天山、西秦岭、冈底斯等地实现了铁、钒、钛、金、铝、铜、稀有等大宗矿产和战略性关键矿产的重大找矿突破。

摸清全国矿产资源家底，保障国家资源安全和经济安全

为解决国内资源家底不清、供应不足的问题，进入21世纪以来，团队组织实施了《中国矿产地质志》研编这一全国性重大资源保障系统工程。

《中国矿产地质志》是由团队主导组建的有史以来最庞大的矿产资源科研团队、涵盖全国各类地质有关单位、科研院校630余家、技术专家4500余名（含20多位院士、400多位老专家）共同参与研编完成。志书由"志、图、库、普"四大板块构成，内容涵盖全国总志、全国性矿种志书、省级志书、成矿区带志书和区域成矿规律重大科学问题专题研究五个层面，以期达到"书记天下矿产、图示古今资源、库存海量信息、普及地学文明"之目的。在陈毓川院士精心谋划和带领下，在各级政府部门和领导的支持下，以王登红、陈郑辉、黄凡、王岩、郭春丽、赵正、李建康、陈振宇等研究员为代表的综合研究团队，披荆斩棘、克服种种困难，与全国研编团队历经十余年努力，使志书研编工作取得了重大突破性进展，实现了我国已发现矿种、矿产地和国域面积的全覆盖，形成了涵盖182个矿种、64846处矿产地的数据集，编制了中

国矿产地分布全图，出版了分省图集，基本摸清了全国和各省域的矿产资源家底，可作为"致富之源，强国之本"；通过对全国46个重点矿种志书的研编，系统总结每个矿种的资源禀赋特征、开发利用情况、时空分布特征、典型矿床和成矿机制、成矿模式和成矿规律、成矿预测等，初步形成覆盖全国重点矿种的矿产资源保障体系。目前，正式出版发行了72部志书，总页数达4.5万页，总字数约1亿字。《中国矿产地质志》构建了标准化矿产地质成果数据库，打破藩篱，首次实现了各行业部门百余年矿产勘查和科研资料的统一数字化集成，促进了信息资料共享服务。一些学术成果还直接应用到矿区找矿预测，在湖南锡矿山锑矿、广东大宝山铜矿、贵州遵义和松桃锰矿等实现重要找矿突破，在川西马尔康、青海茶卡北山等地区促进形成一批战略性矿产勘查基地。志书研编的系列成果正在为全国新一轮找矿突破战略行动发挥重要作用。据不完全统计，自2021年以来，志书成果已支撑省级地勘基金等立项53项，项目金额达35000万元，助推铁、铜、金、锂、铝土矿、石墨、萤石、石英等大宗和战略性矿产实现了找矿新突破，产生了不可估量的经济效益。如广东

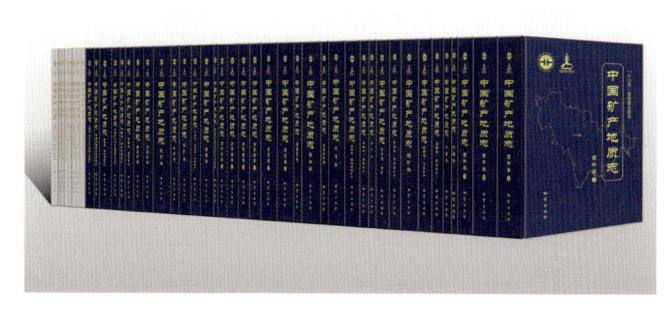

《中国矿产地质志》已经正式出版发行的部分志书

大宝山铜矿是名副其实的千年老矿，资源枯竭问题突出。多年来，多个国内外知名团队均未能解决矿山的资源危机问题。在启动《中国矿产地质志·南岭卷》的研编后，陈毓川院士带领以王登红、刘善宝、王成辉、赵如意等为代表的找矿团队与矿山深入合作，边研编边服务，建立了"南岭成矿作用研究与产学研合作基地"，首次提出了"双推双控双成"的复杂铜矿成矿模式，以"全位成矿、缺位找矿"理念为指导，指出大宝山矿区"新空间、新层位和新类型"的找矿方向，调整勘探线方向，新探获钼金属量21.96万吨，首次发现经济价值巨大的富铜矿体，仅富铜矿新增铜金属量就达12.25万吨，铜、钼潜在经济价值达484亿元；而岩体型铜矿的规模更大，已成为如今矿山开采的主要对象，快速实现了增储上产。2022年年底，由团队核心成员王登红研究员牵头承担的"广东省大宝山矿区中南部斑岩型铜矿B11-B4线普查"项目荣获"中国技术市场协会金桥奖优秀项目奖"。

积极开展矿业政策研究，护航矿业可持续高质量发展

2003年12月，陈毓川院士牵头与36位两院院士联名提交给国务院一封题为

《对地质工作情况的反映及建议》的信，得到了时任国务院总理温家宝同志的批示。2006年1月，国务院正式发布了《国务院关于加强地质工作的决定》，标志着我国地质工作进入新的历史阶段。正是这一纲领性的文件，引领了21世纪初期我国地质找矿工作和矿业高速发展的辉煌十年。

"十三五"以来，我国矿业政策过紧和投资环境逐年恶化。团队对此忧心忡忡，2020年特向中国工程院申立《我国矿业发展重大政策研究》咨询项目，以毛景文院士、陈宇清秘书长、刘泽群博士等为代表的战略研究团队成员经过充分调研，认为应该采纳联合国产业分类标准，将我国的矿业划入第一产业，并加强全国矿业统一领导与管理，完善矿业税费相关政策，修订《中华人民共和国矿产资源法》，修改《国务院关于印发矿产资源权益金制度改革方案的通知》（国发〔2017〕29号文），废止财综《矿业权出让收益征收管理暂行办法》（财综〔2017〕35号文），加大矿产资源勘查力度，完善矿业权管理和矿业市场，实现环境保护与绿色矿业双赢。同时，陈毓川院士、毛景文院士联合多位两院院士致信党中央、国务院，指出国内矿产资源供应能力下降，恐将危及我国资源安全底线，从设立战略性矿产资源安全保障红线、加强矿产勘查及科技投入、调整完善矿业政策、建立以国内供应为核心的矿产资源安全保障体系等方面提出建议。这些建议很快得到了习近平总书记的肯定和批示，《中华人民共和国矿产资源法》修改列入十四届全国人大常委会2023年立法工作计划；2023年年初，《财政部、自然资源部、税务总局关于印发〈矿业权出让收益征收办法〉的通知》（财综〔2023〕10号），废止了财综〔2017〕35号文；5月，自然资源部印发《自然资源部关于进一步完善矿产资源勘查开采登记管理的通知》（自然资规〔2023〕4号），鼓励社会资本投入矿产资源勘查开采。

结　语

"慎终如始，则无败事。"陈毓川院士团队牢记初心，不忘"资源报国"使命担当，几十年如一日，默默付出，正在悄然改变着中国地质找矿工作布局和矿业发展。目前，团队正在承担《中国矿产地质志》研编和《保障我国矿产资源安全的政策研究》任务，并在新一轮找矿突破战略行动中承担"战略性新兴产业矿产调查工程"及国家重点研发计划"我国西部伟晶岩型锂等稀有金属成矿规律与勘查技术"等项目。团队要把《中国矿产地质志》打造成国家品牌，服务于新一轮找矿突破战略行动，找好矿、找大矿，保障国家矿产安全，为推动我国矿业的可持续、高质量健康发展保驾护航，助力实现我国经济社会高质量发展。

锚定"源头创新" 打造安全矿山

——中国工程院院士武强科技创新团队

水,至柔,善利万物而不争。对于矿山而言,这至柔之水却对生产安全具有巨大威胁。水害事故是仅次于瓦斯群死群伤事故的煤矿"第二大杀手",是制约我国煤炭资源安全经济开采的主要灾害之一。作为世界煤矿水害最为严重的国家之一,复杂的水文地质条件和煤矿开采背景下煤矿突水事故防治与调查分析一直是矿山安全工程领域关注的重点。

中国工程院院士武强科技创新团队(以下简称团队)致力于矿山水害预测与防治的科学研究与工程研究,形成了"煤矿水害防治技术"为鲜明特色的科技创新平台、成果转化平台,相继取得"矿井防治水基础理论、矿井水文地质精细勘探、矿井水害井下综合勘查技术、陷落柱超前探查治理技术、底板高承压水安全开采关键技术、突水灾害快速治理技术、防治水技术装备和矿井水资源化应用技术"等一系列重大突破。

团队和带头人简介

国家煤矿水害防治工程技术研究中心是2014年10月经科技部批准的全国唯一矿

山水害防治国家级工程技术研究中心，是国际矿山水协会（IMWA）副主席（全球两位副主席之一）所在单位，国际SCI检索期刊 *Mine Water and the Environment* 的三位副主编所在单位，国际矿山水协会（IMWA）中国国家委员会挂靠单位，原国家煤矿安全监察局"水害防治专家组"组长挂靠单位。国家煤矿水害防治工程技术研究中心经过多年建设，形成了一支以武强院士为领导的、以青年学术带头人为核心的优秀创新团队。

武强院士荣获第三届全国创新争先奖奖章

团队以国家中、长期科学与技术发展规划为指导，紧密结合煤炭行业技术进步与发展战略，充分发挥理论研究、技术研发和实践经验方面的优势，瞄准煤炭行业技术发展方向，以煤矿控水开采、安全高效开采为宗旨，以预防煤矿水害事故为重点，在我国煤矿顶底板突水灾害预测预报方法与防控技术、煤—水双资源协调开采技术与方法及矿井充水条件三维可视虚拟化分析系统研发等方面攻坚克难、勇于创新，为矿山安全生产做出积极贡献，获得"教育部优秀创新团队"和"中国科协矿山安全团队"称号。

团队面向国家战略和产业需求，按照"高校主导、政府推动、企业参与、市场化运作"的思路，形成政产学研用融合发展的技术转移与创新模式，实现研究成果产业化，解决了矿山开采过程中实际安全隐患和环境问题，该成果应用在我国30多个煤业集团和100余个水害严重矿山取得了良好效果。团队先后完成国家973计划课题、国家重点研发计划、国家自然科学基金等国家级科研项目10余项，出版中英文专著14部，发表学术论文350余篇，获"国家科学技术进步奖"二等奖3项，省部级一等奖10余项，国家授权软件著作权34项，获美国、中国香港和国家授权发明专利70余项。

团队带头人武强，1959年10月生人，博士生导师，中国工程院院士，国际欧亚科学院院士，第十四届全国政协委员，国家煤矿水害防治工程技术研究中心主任，矿山水害防治国家矿山安全监察局重点实验室主任，亚洲唯一的国际矿山水协会（IMWA）副主席，国际矿山水协会（IMWA）中国国家委员会主席。

武强院士先后荣获中国首届十位"优秀博士后奖"第三届全国创新争先奖章、"何梁何利基金科学与技术进步奖"，为教育部"长江学者和创新团队发展计划"带头人、首届"新世纪百千万人才工程"国家级人选及国务院政府特殊津贴享受者，多次入选爱思唯尔中国高被引学者、全球前2%顶尖科学家榜单。

武强院士多次临危受命，在许多透水事故救援与调查中发挥了重要作用，曾以国务院特别重大透水事故调查专家组组长身份，先后负责了2005年8月7日广东梅州大兴煤矿、2005年12月2日河南洛阳侍沟煤矿等6次特别重大透水事故的现场抢险救援或调查研究工作。其中，2010年3月28日山西王家岭煤矿特别重大透水事故至今仍让武强院士记忆犹新。在此次透水事故发生后，武强院士率领团队随即到达事故现场进行抢险救援，而要制定事故救援方案的关键前提是明确充水水源，他不顾安危，冒着生命危险，在极端艰险的环境下，下井实地查勘井下水文地质情况和水位涨幅规律等，凭借自己扎实的理论知识和丰富的实践经验，判定充水水源是形成时间不长的老空水。这一判断为专家组制定准确的救援方案提供了有力保障，为抢救矿工的生命赢得了宝贵时间。经过多方不分昼夜的坚持和努力，最终救出受困8天8夜的115名矿工，创造了世界矿山救援史上的奇迹。在后来的教学和科研工作中，每当在教学、科研，或其他场合谈起这些水害事故时，武强院士都会久久陷入沉思。在他身上我们看到了一个真正的科研工作者的风采和担当。

武强院士不仅是一名兢兢业业的科研工作者，也是一位甘为人梯的优秀人民教师。自1982年3月第一次走上大学讲台以来，就执着于教书育人。40年来怀揣热爱教育的定力、淡泊名利的坚守，始终坚定理想信念，关爱学生，无论在师德还是学识方面都赢得了广大师生和同行的无数赞誉，获评为"全国优秀教师""北京市人民教师""北京市师德先锋"等荣誉称号。在教学过程中，他始终将专业前沿的知识和工程中的实际问题穿插其中，把一些枯燥的内容讲得深入浅出，既能让学生及时了解专业最新动态，又能激起学生的学习兴趣，引导学生沿着求真理、悟道理、明事理的方向前进。在指导学生科研中，身为中国矿业大学（北京）有名的"夜猫子"和"拼命三郎"，武强院士在培养学生奋斗精神上可谓是下足了功夫：跑野外、下矿井、做实验、讨论技术难点等，他总是坚持到最后，给学生们树立了榜样。他一直强调："做科研不能只停留在办公室、实验室，必须走到煤矿现场，去到一线才能真正了解实际中需要解决什么问题，否则科研就是空中楼阁、纸上谈兵。"如今，武强院士早已桃李满天下，先后培养了硕士、博士二百余名，很多已经成长为政府、企业、高校、行业、研究院等的中坚力量。然而，"矿山地质"在人们心中就是"艰苦"的代名词，很多学生毕业后并不想从事相关工作，但武强院士认为"国家需要这个专业"，当代青年要胸怀"地质报国"的初心使命，积极投身到祖国的能源科技事业中。

武强院士长期在矿山水害防治与资源化利用方面的杰出工作得到了世界认可，于2017年高票当选国际矿山水协会（IMWA）副主席，这也是该国际组织自成立以来第一次由亚洲人当选，并于2021年再次当选。同时，由武强院士担任主任的国家煤矿水害防治工程技术研究中心是国际矿山水协会（IMWA）在全球设立的唯一国际矿山水研究院；此外，武强院士也是国际SCI检索期刊 *Mine Water and the Environment* 的副主编，大大提高了我国矿山水文地质领域在国际上的话语权和学术地位。

立足"源头创新"攻坚克难，坚持"问题驱动"促成果转化

创新是一个国家和民族发展的不竭动力，也是武强院士带领团队科研工作时的不懈追求。

作为我国培养出来的第一位矿床水文地质学博士，武强院士始终以孜孜以求的"拼命三郎"精神把自己奉献给这个艰苦而高危的专业，团队成员深受其感召，在矿床水文地质理论方法和矿井水防治与资源化利用技术与装备等领域做出许多创新之举，取得了一系列重要成就。

硬啃矿山水防治领域的"硬骨头"。多年来，武强院士依靠自己扎实的理论功底和丰富的实践经验，率领团队围绕煤矿顶底板水害发生机理、预测预报方法和防治技术，开展了大量科学研究和现场试验，提出了煤矿顶板突水预测评价的新型方法——"三图—双预测法"，以及煤矿底板突水预测评价的新型方法——"脆弱性指数法"，系统地形成了一套完整的煤矿水害预测预报理论与方法。武强院士提出的"三图—双预测法"，从充水水源、充水通道和充水强度三方面对煤矿顶板含水层突水灾害进行全面预测评价，揭示了煤矿顶板水害形成机理与规律，填补了国内外煤矿顶板突水灾害预测与防治技术空白。武强院士提出的"脆弱性指数法"，是一种将可确定底板突水多

武强院士与团队博士生毕业合影

种主控因素权重系数的信息融合方法与具有强大空间信息分析处理功能的地理信息系统（GIS）耦合于一体的煤矿底板突水预测评价方法，弥补了我国40多年来突水系数法评价中只能考虑水压和厚度两因素的缺陷，能够更精准地刻画煤矿底板突水这种受控于多因素且具有非常复杂形成机理的非线性动力过程，实现了我国煤矿底板突水预测技术的整体更新换代。这两种方法解决了我国煤矿顶底板突水的预测预报技术难题，在全国各主要大水矿区得到了科普和推广应用，取得了显著的经济效益、社会效益和环境效益，并分别被写入《煤矿防治水细则》第六十八条和第七十五条，为我国煤矿安全开采提供了科学保障。

针对我国目前大部分煤矿山地质勘探程度偏低现状和水害致灾因素精细探查问题，科研团队创造性地提出基于多源信息集成的三维地质建模方法，开发了具有自主知识产权的矿井充水条件三维可视虚拟化分析系统和井下钻孔物探随钻超前探测与智能预警和微震与电法耦合的水害立体监测技术，破解了掘进工作面超前探测与水害监测的技术瓶颈。

对于煤炭工业在勘探、开采、消费、利用过程中暴露出来的生态环境问题、绿色开采问题、回采率问题、清洁化和低碳化问题等，团队提出了煤—水双资源协调开采理论与技术及矿井水控制、处理、利用、回灌、生态环保"五位一体"优化结合理念和模式，构建了多目标约束下煤水热多资源协同共采的技术体系框架与技术方法，成功解决矿山安全生产、供水保障、生态环保三者之间的尖锐矛盾，在矿床水文地质理论方法和矿井水防治与资源化利用技术与装备等领域做出许多创新之举，经济效益、安全效益和社会效益显著。

结　语

作为教育和科技工作者，以科技力量消除矿山安全隐患是推动煤炭行业高质量发展的关键环节。未来，团队将再接再厉，进一步发挥科技创新能动性和整合优势科技资源优势，形成理论成果领先、防治技术先进、工程应用繁荣、安全保障有力的产学研用创新体系，为推进能源革命、提高我国的能源供给保障能力、建设美丽中国再立新功。

扎根制造工程一线　勇担科技报国使命

——中国工程院院士林忠钦科技创新团队

中国工程院院士林忠钦科技创新团队（以下简称团队）依托机械与动力工程学院薄板结构制造研究所，20多年来，团队齐心协力、笃行不怠，践行立德树人的根本任务，面向国家重大需求和经济主战场，开展教书育人和科技创新攻关，取得了突出成绩。2014年获第五届"全国专业技术人才先进集体"，2023年被上海市总工会授予"工人先锋号"光荣称号，入选教育部第三批"全国高校黄大年式教师团队"。

林忠钦院士

团队和带头人简介

林忠钦，中国工程院院士、中国机械工程学会理事长，著名机械工程专家。历任上海交通大学校长、常务副校长。林忠钦院士长期从事机械工程领域的人才培养和高端装备设计制造领域的科学研究，面向国家重大战略需求，突破系列关键核心技术，研究成果在钢铁、汽车、航空航天和重大装备等领域得到广泛应用，为我国机械产品设计与制造技术进步做出重要贡献。作为谋划未来的战略科学家，他致力于科技强国建设，让"质量强国""海洋强国"成为中国标签，为实现科技自立自强做出重要贡献。他在高等教育战线工作40余年，始终坚守在教书育人、科研创新和社会服务第一线，求真务实，忘我工作，培养了百余名硕士和博士，为上海交通大学和中国高等教育事业的发展做出重要贡献。

团队现有教职工26人，研究生180余名，拥有国家级人才27项，形成了一支以院士挂帅、多层次学术人才聚集的研究梯队。团队坚持"扎根工程一线，从工程提炼问题，再解决工程问题"，打造具有特色的薄板结构制造科技创新平台。团队制定了以原创基础性研究和行业前瞻性研究为引领的科研规划蓝图，每位团队成员都能在蓝图上找到明确的学术定位，保持自己的研究特色和发展方向，自由发展；在对接国家重大战略需求时，团队成员能顾全大局，自觉组合。形成了团结友爱、积极向上的团队文化。在林忠钦院士的领导下，团队近年涌现出国家杰青、"长江学者"、万人领军人才、上海市巾帼创新奖等一批先进典范，并吸引了多名海外优秀人才的加入。

团队教师坚持"一切为了学生，为了学生的一切"，以多种形式和学生开展对话和交流，关爱每一位学生，为他们的人生道路保驾护航。团队指导学生两次问鼎"挑战杯"全国特等奖，入选"全国大学生小平科技创新团队"，获"上海市大学生机械工程创新大赛一等奖"、"上银优秀机械博士论文奖"银奖、"中国国际'互联网+'大学生创新创业大赛（上海赛区）金奖"及国家银奖等奖项；培养了800余名硕士和博士，一大批学生毕业后选择与祖国同行，扎根航空航天、汽车、船舶等重点领域和基层一线建功立业。团队提倡"饮水思源"的感恩情怀和"吃亏是福"的奉献精神。林忠钦院士率先垂范，将"长江学者成就奖"个人奖励100万元全部捐赠，设立"长江思源"励志奖学金和"长江思源"科技创新奖学金，先后资助学子300余人。

攻坚克难，创新拼搏，坚守科技报国

团队坚持"四个面向"，围绕国家重大战略需求潜心科研攻关、勇攀科技高峰，长期深耕制造领域关键技术研究，为中国工业的发展做出重要贡献。近五年累计科研经费3.5亿元，牵头承担国家自然科学基金重大项目、国家重点研发计划、国家04专项等重大项目，发表论文300余篇，专利转化28项。

围绕国家战略需求，把个人的理想追求融入党和国家事业，与国家的发展紧密相连，是团队的科研理念。

20世纪的最后10年，我国汽车工业在大发展中迎来了技术瓶颈。汽车板在轿车的设计与制造中占有非常重要的地位，是钢铁工业的高端产品，有关汽车板的核心技术肩负着促进汽车和钢铁行业发展的重任。国产汽车板能不能替代进口，高强汽车板能不能批量应用，复杂覆盖件低成本高质量成形制造技术难关能不能攻克？这些不仅决定着汽车行业的发展，还影响着钢铁工业的进步。

"工程学研究就是要面向国家发展的重大问题，解决我们国家在技术方面的瓶颈，为国家的战略需求开辟新的领地"。怀着这样的报国情怀，1997年，团队与宝钢开始了汽车板使用技术合作研究。他们依托"上海交大—宝钢汽车板使用技术联合实验室"，应用仿真技术建立了覆盖件冲压工艺参数库，有效地解决了困扰我国多年的汽车板使用技术问题，促进宝钢板实现从牌号供货向零件供货的转变，推动了国产汽车板替代进口的进程。

随着汽车行业的发展，人们对于车身轻量化的要求越来越高，随之带来高强钢板的应用日益增多。这又是一个困扰两个行业的核心工程问题。林忠钦率领科研团队，奔波于汽车厂和钢铁厂之间，结合国产高强钢板材料性能，建立了冲压成形工艺稳健设计技术，推动了国产先进高强钢板的批量应用，解决了复杂覆盖件低成本条件下成形质量稳健控制问题，完善了汽车板精益成形技术体系和方法。

汽车产品要想真正跻身世界一流，就必须要有一流的装配质量。工程问题的科研成果必须回到工程实践中去不断检验和完善，而唯有在第一线才能获得最可靠的数据。林忠钦带领科研团队到上海、沈阳、烟台、柳州、长春等各地汽车企业生产一线开展工程实践研究，针对企业实际生产质量问题开展重点攻关，解决了百个典型质量问题。团队突破了离线检测条件下车身质量评价与诊断的技术瓶颈，建立了"中国汽车工业 2mm 工程"技术体系。10 余年来，"中国汽车工业 2mm 工程"先后在上海大众、上海通用、上汽荣威、上汽通用五菱等 30 多个车型中得到成功应用和推广，为使制造技术从经验类比向科学量化转变，林忠钦还研究了数字化封样技术，建立的刚柔耦合三维装配偏差分析模型，突破了装配工艺的技术瓶颈，打破了国外企业的技术和经验垄断。为我国汽车工业提升车身制造质量和国际市场竞争力做出重要贡献。团队荣获"国家科学技术进步奖"二等奖、"中国汽车工业科学技术进步奖"一等奖、"中国高校—大型企业合作科技创新十大案例"等多项奖励。"两毫米工程"已经成为团队在学术界和工业界的一张名片。

林忠钦的研究成果得到美国通用汽车公司的高度重视，并于 2000 年依托团队创建了"通用汽车公司车身制造技术上海交通大学卫星实验室"，于 2008 年升级为"通用汽车公司—上海交通大学先进制造技术联合研究实验室"。与通用汽车公司 20 多年的持续合作有力地推动了中国汽车工业的技术进步，为中国汽车工业输送了一批具有国际视野的车身制造专用人才，有力地提升了上海交通大学车辆工程学科的国际影响力和服务中国汽车工业的能力。

复杂薄壁结构制造质量控制技术的应用场景

自 2008 年以后，林忠钦带领团队，研究工作开始向飞机机身制造、火箭箭体制造、高速列车车体制造、大型船舶制造等研究方向延伸。他带领团队围绕产品自主开发需求，与企业合作攻关数字化装配工艺及装备设计技术研究，并和中国商飞合作成立"先进制造技术联合工程中心"，为 C919 总装试制提供了关键技术支撑与验证；聚焦大型运载火箭制造技术的核心——箭体薄壁结构的制造，建立了大型运载火箭箭体薄壁结构制造的形、性综合控制理论，研究成果成功应用在火箭薄壁结构制造过程中；针对船舶巨型总段极端对接工况，自主研制了集"测量—标定—匹配—调姿"功能于一体的巨型总段智能对接成套软硬件系统，在国内首次实现了巨型总段的自动化、智能化对接装配，显著提高了大型舰船的对接精度和建造效率。

研究团队历经 15 年科研攻关，形成燃料电池金属极板制造的"中国方案"，在超薄金属双极板和高性能燃料电池电堆方面取得多项原始创新与技术突破，使我国的金属双极板关键性能达到国际先进水平，所开发的金属极板支撑了我国第一辆金属极板燃料电池轿车和燃料电池客车开发，国内市场占有率达 90%，为上汽集团燃料电池汽车开发提供了关键支撑，获 2019 年"上海市技术发明奖"特等奖。

大功率金属极板燃料电池电堆

开发的 150kW 金属极板燃料电池电堆成功应用到东风、福田等燃料电池重卡汽车，获 2021 年"中国机械工业科技进步奖"一等奖。

团队不断探索"产学研"合作新模式，打通燃料电池创新成果产业化"最后一公里"，孵化出上海治臻新能源装备有限公司（以下简称上海治臻）、上海氢晨新能源科技有限公司（以下简称上海氢晨）等产业化公司，迄今已成为行业翘楚，也成为上海交大科技成果转化体制机制改革的标杆，影响和带动了一大批科研人员践行把论文写在祖国的大地上，开启中国氢能燃料电池金属极板的产业化之路，加速了我国燃料电池产业化进程，为新能源汽车的发展做出突出贡献。上海治臻2017年建成了国内首条具有自主知识产权的燃料电池金属双极板生产线，成为国内最大的金属双极板供应商之一；上海氢晨聚焦于高比功率燃料电池电堆研发与生产，对电堆核心材料、核心部件及燃料电池系统进行全面深入的研究，研究成果在一汽集团、宝武集团、中国中车、宁德时代、潍柴动力等企业得到广泛应用，产生了巨大的经济和社会效益。

"源于工程、用于工程"是林忠钦院士不变的研究宗旨。他常常以三个问题鞭策自己和他的科研团队：工程需求是什么？别人为什么没有研究？技术如何在实际工程中应用？正是脚踏实地、面向需求的研究态度，使他带领团队突破一个又一个研究难关，在机械产品制造质量控制、轻量化设计及数字化开发技术上取得重要成果，赢得国际和国内工业界广泛认可。完成单位获国家奖3项、省部级奖9项、中国专利优秀奖2项。林忠钦院士获得2022年度"中国产学研合作突出贡献奖"。

结　语

继往开来，林忠钦院士团队将继续不懈努力，对接国家重大战略需求，突破薄板制造基础理论与关键技术，胸怀"国之大者"，潜心"立德树人"，为培养堪当民族复兴重任的时代新人，加快实现高水平科技自立自强继续贡献智慧与力量。

投身新能源汽车与新能源革命
引领新能源科技与创新创业

——中国科学院院士欧阳明高科技创新团队

欧阳明高教授领衔的中国科学院院士欧阳明高科技创新团队（新能源动力系统科研团队）（以下简称团队），深耕新能源汽车与新能源科技领域，致力于推动国家战略前沿技术发展。团队定位热工、电工、化工三位一体的新能源交叉学科，聚焦"储能—氢能—智能"三大创新体系，开创了产学研结合的新模式，培育了30余家高科技企业，为我国新能源汽车产业的崛起做出了重要贡献。未来，团队将在欧阳明高院士的带领下持续攻坚克难，创新创业，助力我国新能源汽车强国梦的实现。

团队和带头人简介

欧阳明高，中国科学院院士、全国政协常委、清华大学学术委员会副主任、清华大学车辆与运载学院教授、国际交通电动化期刊 *eTransportation* 创刊主编、国际氢能与燃料电池协会 IHFCA 首任理事长、中国电动汽车百人会首任执行副理事长。目前聚焦"储能—氢能—智能"三位一体的新能源科技研发与产业化。欧阳明高教授从"十一五"起连续三个五年计划担任国家新能源汽车科技专项首席专家，主持了我国新能源汽车技术路线和总体研究方案的设计与实施。先后 9 次当面向中央最高领导层成员汇报新能源汽车进展并提出发展建议，为我国新能源汽车跻身世界先进行列做出重要贡献。获党中央、国务院授予的先进个人等荣誉称号。

欧阳明高教授开辟了新能源动力系统学交叉学科领域，开设研究生学位课《新能源动力系统学》，发表 SCI 收录学术论文 400 余篇，他引 3 万余次，入选 2005—2021 "中国高被引学者（能源科学）"，6 次入选科睿唯安"全球高被引科学家"。授权发明专利超过 200 余项，获得包括两项国家技术发明奖和 IEEE Transportation Technologies Award（交通技术奖）在内的国内外科技奖 10 项，成果转化经济效益超过百亿元。

自 1994 年成立以来，团队的研究重心从内燃机发动机控制与混合动力（1994—2000 年），到新能源汽车的燃料电池与动力电池（2001—2021 年），再到智慧能源的车网互动、绿色氢能与固态电化学。近 30 年来，团队紧跟国家战略前沿，锐意进取，立德树人，在科研与科技创新领域不断取得显著成就，为国家在汽车动力与新能源领域的科技和产业进步不断贡献力量。目前，团队以热工、电工、化工三位一体的新能源交叉学科为学科定位，以战略高度、学术深度、应用广度三位一体为目标导向，以电池储能、绿色氢能、智慧能源三大版块为创新体系，开创了问题导向、学科交叉、创新创业的产业链、创新链、价值链三位一体的创业模式，已培育出 30 余家学生创业型高科技企业。

欧阳明高院士

把握战略高度，精准研判新能源革命技术路线

我国政府高度重视新能源汽车的发展，很早以前就将其确立为国家战略。我国新能源汽车的销量从 2012 年的 2 万辆增长至 2022 年的 680 万辆，创造了世界奇迹。

欧阳明高从"十一五"起连续三个五年计划担任国家新能源汽车科技研发首席专家，带领团队深度参与了我国新能源汽车战略规划、技术研发、示范考核、国际合作及产业推进工作。"十二五"期间，我国选择纯电动作为新能源汽车产业化的突破口，推动锂离子动力电池率先实现产业化，带动混合动力和燃料电池汽车全面发展。"十三五"期间，我国新能源汽车产业进入快速发展升级阶段。经过多年布局发展，我国锂离子动力电池技术跻身国际前列，新能源汽车技术产业化成果举世瞩目，中国

正引领着全球发展。

当下，中国的电力系统正在发生革命性变化。2022 年，习近平总书记指出，要把促进新能源和清洁能源发展放在更加突出的位置。在电源侧，我国可再生能源装机容量全球第一，光伏出货量在全球占比 70%；在负荷侧，电动汽车作为新的波动性负荷高速增长。团队认为，新能源动力系统和新型电力系统都面临可再生能源的波动性、电网负荷冲击等挑战，我国将迎来第三次能源革命，即新能源汽车与新能源革命的协同发展新阶段。

欧阳明高院士从战略高度上预判行业趋势，精准把握机会，引领团队将研究重心从新能源汽车扩展到新能源技术全方位革命，形成"电池储能 + 绿色氢能 + 智慧能源"三位一体的创新科研体系。团队面向国家发展的重大问题，把行业痛点和技术难点聚集成前沿焦点和战略支点，攻坚克难，取得了一系列科研成果与技术突破；并以点带面，孵化了一批新能源创新中心与创业企业群。

聚焦学术深度，持续推进新能源动力系统研究

"学术深度要沿着线，顶层着眼、底层着手；由表及里，层层深入"，秉持这样的研究态度，团队聚焦"科学问题—技术瓶颈—产业痛点"三者交叉融合的研究方向，着力攻关动力电池系统、燃料电池系统、多能源混合动力系统等的核心技术，在混合动力与电控系统、氢能与燃料电池系统、动力电池与储能系统、智慧能源与车网互动系统等方面取得一系列科研成果。

1993 年留学归国后，欧阳明高即带领团队承担"九五"国家攻关项目，面向柴油车污染控制技术瓶颈和机—液—电—磁耦合动力学科学问题，发明了毫秒级喷射过程精确控制技术、发展了创新混合动力发动机控制体系、研制了多能源一体化混合动力系统，并将相关成果产业化。"车用柴油发动机新型电控系统及其产业化"获"2007 国家技术发明奖"二等奖。"多能源一体化混合平台与系列化车型应用"获"2010 国家技术发明奖"二等奖。

在车用燃料电池动力系统技术方面，团队采用从上至下层层深入、技术链逐环突破的"剥洋葱模式"研发。从 2005 年至今，团队攻克了燃料电池混合动力系统与控制、燃料电池发动机研发，突破了燃料电池电堆技术，深入研发膜电极和基础材料，实现燃料电池动力系统—发动机—电堆—膜电极全链条技术突破。"燃料电池发动机关键技术与产业化"获"2021 年度北京市科学技术奖"一等奖。

2008 年北京奥运会，团队开发并获得国家产品认证资质的国内首辆燃料电池城市客车在奥运历史上首次参与奥运服务并投入北京公交运营，受到党中央和国务院表

彰并获得国际政府间氢能与燃料电池联盟 IPHE 技术成就奖；2022 年冬奥会，团队牵头的科技部科技冬奥"氢能出行示范项目"成功开展了全球最大规模的氢能交通商业示范。

在电动汽车动力电池系统技术方面，团队聚焦电池的安全技术瓶颈，建立了清华大学电池安全实验室，从本征安全、主动安全、被动安全三个方面建立了国际领先的动力电池热失控科学与动力研究体系，构建了电池系统热蔓延与热管理安全架构；研发出新一代智能电池，并开发了基于 AI 的电动汽车安全预警平台（接入超 30 万辆车）。"车用动力电池性能机理研究与综合控制"获 2016 年"中国汽车工业技术发明奖"一等奖。欧阳明高也入选"全球十大锂离子电池研究者"和 2022 年国际电子与电气工程师学会 IEEE 交通技术奖唯一获奖人。

面向新能源技术革命需求，团队在系统层面开展了基于车网互动和光—储—充—换—氢一体化技术，开展分布式零碳能源系统和虚拟电厂聚合研究，在装置层面基于先进材料表征和人工智能预测设计手段，开展固态锂电池、固体氧化物燃料电池、固态钙钛矿光伏电池等新一代固体电化学电池系列研究。

随着中国新能源产业引领全球，团队致力于新能源科学与交通电动化领域国际学术共同体建设，承办了首届"新能源科学与交通电动化"国际论坛，国内外 1000 多名嘉宾出席会议；团队支撑了欧阳明高创立的 eTransportation 国际交通电动化期刊，在全球电动化的学术领域与产业界产生了深远影响力。期刊于 2019 年 8 月创刊，2021 年被 SCI 收录，2022 年影响因子达 11.9，连续两年位列全球交通科学技术领域的 SCI 学术期刊第一位，被列入中国科学院学术期刊工程技术领域 Q1 区的 TOP 期刊目录。

拓宽应用广度，培育新能源创新创业生态圈

党的十八大后，我国进入创新型国家行列。随着高科技时代的到来，国际竞争格局越来越取决于高科技企业的竞争，尤其是领军企业的竞争和少数技术革命家的竞争。工程科学应适应时代变化，建立新工科教育人才观，实行全生命周期人才培养模式，形成创意—创新—创业—创优—回馈学校与社会的完整链条。欧阳明高曾在采访中提到，"我带学生搞创新创业时有一个梦想，就是希望在他们中间能够出现真正具有国际竞争实力的高科技公司和个别具有颠覆性创新能力的技术革命家。"

欧阳明高团队 20 多年来坚持探索产学研结合的创新创业道路，逐步形成了学生当老板、老师当顾问、产学研协同、研究和开发互动、知识产权转移的"师生共创"式创新创业模式。截至 2023 年年底，团队孵化创业企业超过 30 家，其中千人以上规

模企业 3 家，包括燃料电池与氢能领域的亿华通（中国氢能第一股）、海德氢能、元泰能材；动力电池系统领域的科易动力、清安储能、易来科得；智慧能源领域的链宇科技、昇科能源、智锂物联；智能动力领域的常州易控、哪吒汽车、清研易为等。"师生共创"模式的成功经验也让不少有创业想法的学生慕名而来，欧阳明高院士在新能源创新创业生态链上不断培育出新的科技型企业。

创新创业之树枝繁叶茂，离不开以欧阳明高为核心建立的创新创业成果推广基地，包括张家口氢能与可再生能源研究院、四川新能源企业创新中心、南京新能源产业创新中心及深圳智慧能源创新中心。这些新型的研发机构很好地助力了高校科技成果转化，同时培育出一批极具科技竞争力的企业，以提高国家科技竞争力，同时带动经济发展和就业。

结 语

20 多年的积累让中国在新能源汽车领域"换道先行"、引领全球，在可再生能源领域建立优势。未来 10 年，新能源汽车与新能源革命将继续突飞猛进、协同发展，爆发出巨大力量。

在这一进程中，团队将不懈努力，继往开来，投身新能源汽车与新能源革命，以创新为第一动力，做到在战略高度上开创、在学术深度上原创、在应用广度上科创，助力我国实现汽车强国梦，在百年未有之大变局中持续贡献智慧与力量。

攻关智能农机新装备　描绘现代农业新图景

——中国工程院院士罗锡文科技创新团队

守住粮田，端稳饭碗，农业现代化至关重要。党的二十大报告提出，要确保中国人的饭碗牢牢端在自己手中。"如何端牢中国人的饭碗？一靠种子、二靠耕地、三靠农机。"罗锡文院士说。现代农业发展离不开农业科技的支撑和引领。作为我国农业工程学科主要学术带头人之一，罗锡文院士带领团队坚持以强农兴农为己任，勇于创新，潜心农业机械化技术创新及推广应用，致力于解决"谁来种地""如何种地"两大农业难题。将农民从繁重的劳作中解放出来，依靠科技提高农业生产力，正是罗锡文院士创新团队长期坚守农机事业的动力源泉。从"什么时候不需要人来插秧就好了"的儿时懵懂憧憬，到"耕牛退休，铁牛下田，农民进城，专家种田"的远大科研志向，罗锡文院士带着他的团队，正在把现代农业新图景变成现实。

团队和带头人简介

中国工程院院士罗锡文科技创新团队（华南农业大学农业工程创新团队）（以下简称团队）以罗锡文院士为学术带头人，中青年科技骨干为主体，面向国家农业工程重大需求，在我国最早开展水稻精量穴直播技术和农田精准平整技术的研究，率先开展基于卫星定位的农业机械导航及自动作业技术的研究。研究成功的"三同步"水稻精量穴直播技术、水田激光平地技术和卫星信号平地技术与机具总体达到国际领先水平，突破了水稻生产全程机械化、农业机械导航和岭南特色农业装备等方面的关键核心技术，创建了全球首个水稻无人农场。获"国家技术发明奖"二等奖和"国家科技进步奖"二等奖各1项，教育部技术发明一等奖2项，"中国机械工业科学技术奖"一等奖1项，广东省专利金奖1项，省部级科技奖励20余项。团队获教育部第二批"全国高校黄大年式教师团队"和全国文化科技卫生"三下乡"优秀团队。

罗锡文，中国工程院院士，华南农业大学教授，我国农业工程学科主要学术带头人之一，从事农业工程科研、推广和教学52年，在农业机械化技术创新及推广应用、科技发展战略研究和农业工程学科创新人才培养等方面做出重大贡献，获得"国家技术发明奖"二等奖1项，"国家科学技术进步奖"二等奖1项，省部级科技奖励17项。被评为"国家教学名师""全国教育系统

罗锡文院士和他的第一代水稻直播机

劳动模范""全国优秀农业科技工作者""农业部中青年有突出贡献专家""中国农业机械化发展60周年杰出人物""中国老科学技术工作者协会科学技术奖突出奖""广东省科学技术突出贡献奖""广东省优秀共产党员""广东省最美科技工作者""广东省杰出发明人"，获"中华农业科技奖""农业机械发展贡献奖""改革开放40年中国农业工程杰出贡献奖""中国农机工业功勋奖章"。获国际农业与生物系统工程学会（CIGR）"卓越功勋奖"（国家/区域奖）和CLASS工业奖。发表学术论文406篇，获授权发明专利122件。2009年当选中国工程院院士。2020年当选国际农业与生物系统工程科学院（iAABE）会士。现任农业装备技术全国重点实验室首席科学家、华南农业大学南方农业机械与装备关键技术教育部重点实验室主任、广东省农业人工智能重点实验室主任、华南农业大学黄埔创新研究院院长和广州市黄埔区现代农业装备与服务产业园首席科学家。

首创水稻精量穴直播技术与机具，引领水稻直播技术发展

水稻是我国的主要粮食作物，占全国粮食总产量的40%，我国常年水稻种植面

积约 3000 万公顷。在我国主要粮食作物中，水稻生产的机械化水平最低，成为提高我国水稻生产水平亟须突破的瓶颈。

罗锡文院士获得的"2017 年度国家技术发明奖"二等奖的"水稻精量穴直播技术与机具"项目，以机械精量穴直播为核心，为破解这一难题做出了重要贡献。

"欧美国家的水稻种植基本都是采用机械直播，我国直播水稻大多采用人工撒播，撒播稻疏密不匀，田间生长无序，群体质量不高，抗逆性差。"在罗锡文院士看来，搞农业机械，就是要为农民实实在在做点事情。现在虽然有了插秧机，但工序还是比较多，能不能找到另一种方式，既能实现有序种植，又能减少工序？围绕这个问题，罗锡文院士提出了水稻精量穴直播的思路。

用机器播种，如何能做到与人插秧一样，均匀一致，且每穴苗数可控？罗锡文院士创新团队一是从机器优化设计，特别是从排种器入手；二是与农艺相结合，通过与农学家的不断交流，研发出适合不同地区、不同品种和不同播量的直播机。

2003 年，罗锡文院士带领团队开始进行科研攻关，成为我国最早开展水稻精量穴直播技术的研究团队。

以高产高效为目标，基于农机农艺融合，团队发明了水稻"同步开沟起垄穴播"、"同步开沟起垄施肥穴播"和"同步开沟起垄喷药/膜穴播"的三同步精量穴直播技术，首创水稻成行成穴和垄畦栽培机械化种植新模式。农民不用弯腰插秧，只需操作直播机，就可将稻种精准地播在直播机开出的两条蓄水沟中间的播种沟中，实现了水稻有序生长，不仅促进了其根系生长更加发达，还能节肥 15% 以上。

针对不同区域、不同品种的水稻种植需求，发明了机械式和气力式两大类 3 种水稻精量穴直播排种器与 1 种两级螺旋排肥装置；发明了 7 种水稻精量水穴直播机、7 种水稻精量旱穴直播机和 1 种杂交水稻制种同步插秧直播机，实现了"行距可选、穴距可调、播量可控和仿形作业"，满足不同的生产要求。创建了水稻机械化精量穴直播配套农艺技术，制定了不同区域水稻精量穴直播技术规程，实现了农机农艺融合和轻简化高效生产。

目前，水稻精量穴直播技术已转让给国内农机企业大批量生产，形成了系列产品，并列入了国家农机购置补贴目录，在广东等 26 省（区、市），以及泰国等 6 国进行推广应用。与人工撒播相比，每亩可增产 10% 以上、增收 100 元以上；与人工和机械插秧相比，每亩节约成本 100 元以上。采用水稻精量穴直播技术取得了一批高产纪录，新疆 3 年亩产超过 1000 千克，8 个省亩产超过 800 千克，11 个省亩产超过 700 千克，17 个省亩产超过 600 千克，经济社会效益显著。科技成果评价结论为"整体技术达到国际领先水平"。

"水稻精量穴直播技术与机具"还入选了"中国农业农村十大新装备"、"十项适用农机化技术"和"十三五"广东省农业科技十大标志性成果，为水稻生产提供了一种先进的轻简化机械栽培技术，引领了全国水稻机械化直播技术的发展。

研究成功农机自动导航作业技术，打破国外垄断

农业机械自动导航作业技术是智能农机装备的核心技术，可显著提高劳动生产率、资源利用率和土地产出率。2004年前，该技术被欧美发达国家完全垄断，我国农机自动导航作业产品全部依赖进口。

从2004年起，罗锡文院士带领团队在国内率先开展了基于卫星定位的农业机械导航及自动作业技术的研究，突破了导航定位和路径跟踪等10项关键技术，取得了三大创新成果，包括：突破了复杂农田环境下农机自动导航作业高精度定位和姿态检测技术，大幅度提高了农机位姿检测精度和断点续航能力；创新提出了全区域覆盖作业路径规划方法、路径跟踪复合控制算法、自动避障和主从导航控制技术，提高了农机导航精度、作业质量和作业效率；创制了具有自主知识产权的农机自动导航作业线控装置和农机北斗自动导航产品，满足旱地和水田耕整、种植、植保和收获等环节精准作业需求。基于北斗的农业机械自动导航作业关键技术已转让给国内农机企业大批量生产，并形成系列产品，是国内最早推向市场的主导技术，列入了国家农机购置补贴目录，在广东等地推广应用。采用该技术提高了农机作业直线度，行距更均匀，通风透气采光好，有利于作物生长，可增产2%～3%，化肥农药施用量减少5%以上；可提高土地利用率0.5%～1%；由于可以全天候作业，农机利用率显著提高。项目成果总体达到了国际先进水平，其中水田机械自动导航作业技术和无人驾驶主从收获作业技术居国际领先水平，保障了我国农机导航装备的自主安全可控，引领了我国农机导航技术的创新发展，为我国智慧农业提供了重要支撑。"基于北斗的农业机械自动导航作业关键技术及应用"获"2020年度国家科学技术进步奖"二等奖。

罗锡文院士创新团队的研究并未止步于此。

"现在的农田里，你能看到的还在种地的人大都是五六十岁甚至年纪更大的农民，等他们老了，谁来种地？"罗锡文院士的回答是：智能农机来种。

2020年，基于10多年来研发的具有自主知识产权的智能农机设备，团队在广东创建了全球首个水稻无人农场。无人农场具有五大功能：一是耕、种、管、收生产环节全覆盖；二是机库田间转移作业全自动；三是自动避障异况停车保安全；四是作物生产过程实时全监控；五是智能决策精准作业全无人。水稻无人农场实现了水稻生产耕、种、管、收全程无人作业，与人工驾驶作业相比，作业效率高，作业质量好，作物产量高。2021年在广东无人农场的早稻生产中，采用优质丝苗米19香，亩产达到

了 662.29 千克，比当地平均产量高出 32 个百分点。

自 2020 年以来，团队在国内 15 个省启动了 30 个无人农场的建设，包括水稻、小麦、玉米和花生等作物，引领了我国无人农场的发展，为解决"谁来种地"提供了一条切实可行的途径。

无人农场的成功，向中国农业现代化迈出了重要一步。罗锡文院士创新团队立志研究出更多适应我国国情、不同作物和不同种植制度的无人驾驶系统，并向农民更好地普及智能农机技术，让无人农场在更大范围内推广应用。罗锡文院士认为，"智慧农业是现代农业的一种模式，而无人农场是实现智慧农业的一种途径。将来我们国家农业的发展方向，就是用更少的人种更多的地，用高科技种地，让单位面积取得更高的产量。这些靠什么？靠智慧农业、靠高科技才能实现。现在我们正在一步一步向这个方向发展。"

罗锡文团队研究的水稻无人农场应用场景

深入田间地头躬体力行，推广农业机械化先进技术

罗锡文院士常说："我们研究的农机一定要推广出去，让企业愿意要，让农民喜欢用，否则就是摆在实验室的样品。"52 年来，他深入田间地头推广农业机械化先进技术。

早在 20 世纪 70 年代，他深入贵州偏远山区，与农民同吃同住，为农民建机站、修水泵、修发电机，解决农民生产中的实际问题。

为了推广水田耕整机，15 个月中他曾 13 次去湖南指导。早春三月，他和当地农民一样，喝一口白酒就赤脚下到冰冷刺骨的水田中。

为了指导革命老区的水稻机械化生产，他一年中 8 次赴江西赣南等地，推动了当地的水稻种植机械化。

为了推广水稻机械直播技术，从 2006 年起，罗锡文院士创新团队先后到广东等 26 个省（区、市），以及泰国等 6 个国家进行指导，推广面积超过 1000 万亩。2013 年罗锡文曾 8 次去新疆推广水稻机械直播技术。

春寒料峭，土地尚未完全解冻，罗锡文院士卷起裤腿下到田中察看土质和灌排条件。在和田墨玉，一位维吾尔族老乡拉着他的手说，从来没见过你这样的教授。

这是罗锡文院士多年养成的习惯，每到一地，他都坚持赤脚到田中走一走，亲自探探耕作层深度和土壤松软程度。他说："只有两只脚踩在泥中，才能判断你设计的机器下田后的作业情况，才会知道应该怎样改进。不下田，我们设计不出最好的机器。"

2020年3月，广东进入春耕大忙季节，罗锡文院士先后20多次去廉江等地指导春耕生产。当他了解到廉江市安铺镇农机合作社因缺少水稻直播机而影响了春播，立即将实验室的一台水稻精量穴直播机运去廉江，并驱车近500千米赶到廉江亲自指导。为了抢农时，中午他就在田头吃了个盒饭，一张他坐在田头吃盒饭的照片曾在媒体上广为传播。在罗锡文院士的指导下，安铺镇农机合作社成为当地水稻种植机械化的领头羊，该合作社带头人陈超被评为全省十大最美合作社理事长。

作为全国农业机械化工程学科首席科学传播专家和广东省科技特派员，罗锡文院士通过线上线下形式积极开展科普宣传。应邀在央视《开讲啦》《经济半小时》《中国经济大讲堂》《对话》和广州科普大讲坛《"智慧农业"助力全面小康》等栏目介绍智慧农场关键技术，并在线下组织无人农场作业现场演示会20余次。

罗锡文院士在农机技术推广上的身体力行深刻影响着他的团队，他所带领的华南农业大学南方农业机械与装备关键技术教育部重点实验室获2021年全国文化科技卫生"三下乡"活动优秀团队。

结 语

党的二十大报告提出，加快建设农业强国，扎实推动乡村产业、人才、文化、生态、组织振兴。这让罗锡文院士创新团队的信心更足，干劲更大。罗锡文院士曾说，他在农村长大，深知农民的辛苦。把农民从繁重的劳作中解放出来、让农业生产的所有环节都实现机械化是他的初心；大力推进机械化、智能化，给农业现代化插上科技的翅膀是他的使命。未来，团队将加大力度，进一步补短板、攻核心、强智能，突破智能农机的关键技术，助力我国从农业大国迈向农业强国。

肩负高端医疗设备自主创新使命 勇闯科技"无人区"

——中国科学院院士郑海荣科技创新团队

大型高端医学成像设备是重大疾病临床诊断依赖的关键工具，也是医疗器械中体系最复杂的尖端技术领域之一。然而，由于核心技术和部件的缺乏，我国长期以来高端成像设备极度依赖进口，远不能满足医疗需求和健康保障自主可控，直接导致了民众疾病检查周期过长，医疗成本居高不下。因此，实现高端医疗设备自主创新对于满足人民生命健康需求、我国医疗产业发展及"健康中国2030"具有重要战略意义。中国科学院院士郑海荣科技创新团队（以下简称团队）围绕医疗装备自主创新全链条的难点与痛点问题，突破高场人体超导快速磁共振、功能超声成像和调控等医学影像设备的成像方法，核心部件和系统，通过与龙头企业紧密合作，带动高端医疗设备自主创新，取得了显著的社会效益和经济效益。

团队和带头人简介

团队以高端医疗设备自主创新与转化为目标，致力于推动生物医疗成像技术创新、系统和装备研发及生物医学应用。目前拥有科研人员106人。团队及个人作为第一完成人获得"国家科学技术进步奖"一等奖（2020年）、"国家技术发明奖"二等奖（2017年）、省部级一等奖等10余项奖项，入选国家级人才15人次。

团队带头人郑海荣院士，中国科学院深圳先进技术研究院（以下简称先进院）副院长、国家高性能医疗器械创新中心主任。担任国际医学与生物工程联合会（IFMBE）执委、中国生物医学工程学会副理事长、中国医学装备协会副理事长、IEEE Transaction on UFFC编委、中国声学学会常务理事等。主要从事成像信息处理与创新医疗仪器设备研究。针对我国高端医疗设备严重依赖进口、创新乏力的困境，提出隐正则化稀疏快速成像理论，突破了医学磁共振成像速度慢的难题；其带领团队成功研发我国首型号3.0T和超高场医学磁共振成像设备并实现产业化，打破了国际垄断；提出生物环境中声波辐射力精准计算新模型，发明了基于声镊操控的定量弹性模量成像超声设备和无创超声波神经调控仪器。郑海荣院士在医学成像和高端医疗仪器技术领域做出系统性贡献。他带领团队历时15年突破了高场人体超导快速磁共振、功能超声成像和调控等医学影像设备的高分辨成像方法，以及相关核心部件和系统，授权核心技术专利505项，转移108项，使系列高端医学影像设备实现产业化，与迈瑞和联影等龙头企业紧密合作，带动了我国高端医疗器械自主创新发展，打破了磁共振和高端彩超等设备的国际垄断，有力推动了我国医学影像设备产业化发展。团队创建了具有完全自主知识产权的"超声剪切波弹性成像关键技术及应用体系"，完成转化了基于声触弹性成像技术的通用高端彩超等三个系列多种型号的超声定量弹性成像产品。此外，团队创建了"软硬协同"的磁共振快速成像理论与技术体系，突破国际知识产权壁垒，与联影医疗研制出我国首台3.0T高场磁共振和世界首台5.0T磁共振，实现大型成像设备自主创新、国产制造和临床应用的跨越。团队研制的1.5T和3.0T高场磁共振系统迄今获国家三类医疗器械注册证9个、美国FDA认证6个、欧盟CE标识7个。产品累计销售1300余台；覆盖全国31个省、区、市，远销海外十多个国家，取得了显著的社会效益和经济效益。

郑海荣院士

在2002年从哈尔滨工业大学毕业后，郑海荣远赴美国，在科罗拉多大学继续深造。他从材料学领域转向医学成像这一多学科交叉领域。在面对跨学科转型的挑战时，郑海荣表现出了坚韧和毅力，最终在4年内成功完成学业，并荣获博士学位。在加州大学戴维斯分校从事一年多博士后研究工作后，郑海荣果断决定回国发展。"我想做点事情，回国是顺其自然的选择，刚回国的那几个月，我们也不知道要做什么，但内心有一个很坚定的想法，就是一定要做点事情！而且，不能只和自己比，还要跟国际最好的比，这是我们的初心。"回国后郑海荣开始独立研究，经过初期的摸索，他迅速启动了他的第一个技术产业化项目——一种用于检测肝硬化的超声剪切波弹性成像仪。

让超声不仅能"看病"，还能"治病"，创新超声无创医疗技术有效减轻患者负担

肝脏和乳腺疾病是危害数亿万国民健康的重大公共卫生问题，肝硬化和乳腺癌的高致死率使早期诊断成为提高治愈率和改善预后的关键。在肝脏和乳腺重大疾病的早期影像筛查中，医学超声成像是首选方法。然而，传统的B超成像在肝硬化检测敏感性差和乳腺癌检测特异性方面存在局限。郑海荣开发的超声剪切波弹性成像技术，利用超声波独特的力学效应，可以无创地对人体组织生物力学参数进行定量测量，这一技术不仅对患者无伤害，还能精确地观察到肝纤维化及硬化、乳腺肿瘤发展过程中杨氏模量的细微变化，是超声影像技术的重大革新。该技术被国际誉为"第四代超声成像新技术"，为肝硬化和乳腺癌等重大疾病的临床早期诊断提供了关键依据。

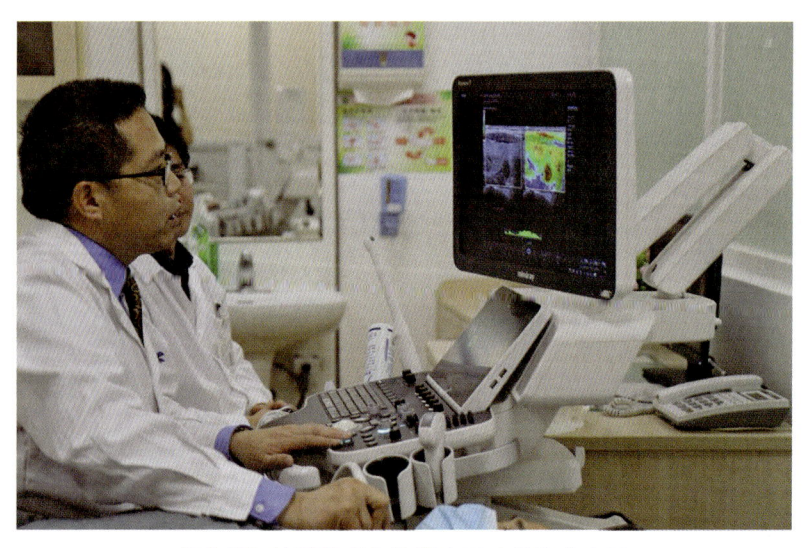

超声剪切波弹性成像仪器在医院的临床应用

在郑海荣院士领衔的先进院医学成像科研团队的努力下，经产学研医联合攻关，在我国创建了具有完全自主知识产权的"超声剪切波弹性成像关键技术及应用体系"；在超声辐射力理论、弹性成像方法、信号处理与成像技术和临床应用等方面实现了创新与突破。团队发明了声辐射力诱导剪切波及超声定量弹性成像理论和方法；研制了

剪切波超声弹性成像专用核心部件和系列产品，为该类重大疾病的早期筛查和诊断开辟了新途径。该技术代表了中国十多年来医学超声核心技术的重大突破，实现了医学超声由彩超向弹性超声的跨越，具有重大的技术价值和临床价值。

自 2008 年以来，团队与深圳迈瑞生物医疗电子股份有限公司、深圳市一体医疗公司通过合作攻关，将相关技术分别发展成为新型弹性彩超和超声肝硬化检测仪系列产品，完成转化了基于声触弹性成像技术的通用高端彩超（迈瑞医疗）、肝病专科超声肝硬化检测仪（深圳一体医疗）和高端二维弹性彩超（乐普医疗）三个系列多种型号的超声定量弹性成像产品。并通过产学研医 10 年协同技术链条创新和推广应用，建立了针对中国人特征的肝硬化早期诊断标准和量化分级体系，使肝纤维化无需穿刺即可实现早期筛查和准确分级，诊断准确率达到 90% 以上，为肝硬化和乳腺癌的早期筛查和诊断开辟经济、便捷的新途径。该诊断方法在临床中广泛应用，被收录于欧洲及美国超声放射医师学会的临床指南中，在全球推广。转化的系列产品近年累计销售 3000 余台，进入国内外数千家医院，销售总额逾 10 亿元人民币。先进院作为第一完成单位获得 2017 年"国家技术发明奖"二等奖。

通过进一步研究，郑海荣发现超声的力学效应还能用于"搬运"，即可以精确实现远程搬运和操控药物或细胞。这样超声不仅能"看病"，还能"治病"。基于声镊理论和声辐射力技术的研究，团队研制了国际上首台基于超声辐射力的深部脑刺激与神经调控仪器。这台仪器让超声"牵手"神经元，利用超声波操控神经元活动，可以无创、精准地对大脑深部进行有效调控。仪器上的一万多个探头发出超声波形成的操控声场，如同"上帝之手"穿过实验动物的颅骨，直抵大脑深处，精准"触碰"一些神经元，产生仅仅几微米的细微形变，被磁共振仪敏锐捕捉到，对帕金森病、阿尔茨海默氏病、抑郁症、癫痫等脑疾病的精准诊疗有很大帮助。该仪器的成功研制引起了全球多个高校与临床机构的强烈兴趣，目前已在国内外 40 多个课题组进行大规模技术与应用验证，用于帕金森、抑郁症等脑疾病的患者及临床前治疗研究。团队实现了超过 8000 万元的专利转化，并进一步扩大战略布局，孵化了中科绿谷公司，以加快推动仪器的产业化和临床应用。

从跟跑、并跑到领跑，做中国人自己的高端磁共振设备

磁共振、CT、彩超等是三甲医院必备的大型医学影像设备。磁共振成像具有多参数、多对比、无辐射等突出优势，是继 CT 成像之后的又一次技术变革，已成为当今临床诊断和脑科学研究所倚重的高端成像设备。3T 磁共振曾是临床上的最高场强设备，就在几年前，我国的 3T 磁共振设备仍 100% 依赖进口，高昂的检查费用成为

老百姓的沉重负担。

医学影像设备研发技术壁垒极高，磁共振的研发更是被称为"高端制造皇冠上的明珠"，想要实现高场磁共振设备的国产化绝非易事。

2007 年，郑海荣回国组建生物医学影像团队，在发力攻关超声成像关键技术的同时，开始部署研究磁共振成像等前沿技术。2011 年，深圳先进院作为技术股东加入上海联影医疗科技股份有限公司（以下简称联影医疗），正式启动高场人体磁共振系统研发项目，生物医学影像团队在其中承担了关键任务。

郑海荣（前排中）与深圳先进院生物医学影像团队核心成员

近 10 年来，团队联合企业、医院，破解了 3T 磁共振系统中大范围高分辨成像和扫描时间互相制约的数学难题，创建了"软硬协同"的快速成像理论与技术体系，实现影像数据"采得少、采得快、采得准"；攻克了快速成像软件、电子学、谱仪、射频功放、射频发射接收线圈、梯度功放与梯度线圈、大孔径磁体等一系列关键核心技术，实现 3T 磁共振系统全部核心部件自主研制，让 3T 磁共振扫描既快又清，突破了国际知识产权壁垒。团队对 3T 磁共振技术国产替代的努力终获结晶，并实现了大规模产业化，取得了高端医疗设备自主创新的重大突破。

由联影医疗生产的 1.5T 和 3.0T 系列高场磁共振系统累计获国家三类医疗器械注册证 9 个、美国 FDA 认证 6 个、欧盟 CE 标识 7 个，国内市场占有率分别达到 25.4% 和 17.1%，累计销售 1300 余台，进入大批三甲和基层医院，远销海外十多个国家，获直接经济效益 43.32 亿元，迫使进口同类产品大幅降价，产生了重大经济与社会效益，从而使我国成为继美国、德国之后第三个全面掌握高场磁共振部件及整机制造的国家，由净进口国转变为出口国，有力造福了国计民生，改变了我国高端影像设备核心技术长期受制于人的局面，重构了该领域国际产业格局。

2021年，先进院与联影医疗等合作完成的"高场磁共振医学影像设备自主研制与产业化"项目获得"国家科学技术进步奖"一等奖。

团队并未止步于国产替代，他们坚持学术引领、服务产业的理念，持续迈步向科技"无人区"进发。场强大于 3.0T 以上的超高场，可提供精细成像与代谢功能成像，已经成为肿瘤、神经精神疾病和心脑血管重大疾病早期发现、精准诊疗和科学研究的紧迫需求，但由于其存在短波射频介电效应伪影和热沉积等严重问题，临床应用一直未获突破，因此研制超高场磁共振设备对于服务临床重大需求和"健康中国 2030"战略具有重大意义。

在之前成果的基础上，郑海荣和团队成员进一步对超高场磁共振高分辨成像理论、电子学、序列及其优异诊断性能展开了研究。团队协作攻关，先后攻克"超高场磁体成像高时空稳定性""超高场生物组织中射频传播介电效应""可学习图像重建模型"三个重大科技难题，实现 5.0T 全部核心部件和核心技术自主研发。

2022 年 8 月，全球首型 5T 人体全身核磁共振成像系统获得国家医疗器械注册审批。该产品由联影医疗推出，凝结了先进院生物医学影像团队的技术结晶，填补了国际上超高场磁共振普适成像设备的空白。

结 语

经过 10 多年的发展，团队逐渐凝聚了一大批胸怀使命感的尖端人才，组建了一支"敢啃硬骨头"的队伍，从医学成像队伍中走出了多位国家级人才。如今团队拥有 106 名科研骨干、15 名国家级人才与技术专家，拥有授权专利 505 项、实现转化专利 208 项。

他们始终如一，坚持以家国情怀守护人民健康，为民族品牌提供技术支撑，建立了"需求方出题，科技界答题"的新机制，以科技创新推动高水平科技自立自强。

瞄准先进制造技术装备
赋能制造业高质量发展

——中国工程院院士单忠德科技创新团队

中国工程院院士单忠德科技创新团队（以下简称团队）面向航空航天高端装备重大需求，先后与航空工业、航天科技、航天科工等数十家行业龙头单位建立科研项目合作关系，开展关键共性技术和前沿引领技术研究，在先进制造技术与装备、绿色制造技术与装备、智能制造装备与系统等方向取得了重大理论和技术突破，解决了多项关键核心技术难题，创新成果产生了显著的经济效益和社会价值。在新时代科教产教融合发展中，积极推动科技创新，赋能高水平人才培养与高水平科技自立自强，突破关键核心产业技术，为提升我国制造业国际竞争力，做出突出成绩。

团队和带头人简介

团队以单忠德院士为学术带头人、中青年科技骨干为主体，现有教授、副教授、讲师等100余人。团队坚持以制造强国建设的战略需求为导向，瞄准事关我国产业体系安全的基础共性技术、关键核心技术等，长期开展数字化机械装备与先进成形制造技术研究，推动制造业高端化、智能化、绿色化发展。

在数字化绿色化精确成形技术与装备、先进复合材料成形技术与装备、数字化智能化制造技术与装备系统等研究方向，团队取得了重要创新成果。团队提出了无模铸造复合成形、数字化柔性导向三维织造成形、Z向增强连续纤维复合材料增材制造等方法，建立制造工艺及装备数字化模型；突破无模铸造、柔性导向三维织造等多源多参数匹配的数字化工艺装备及生产线技术；主持研发出数字化多材料砂型整体打印成形装备、数字化冷冻砂型绿色铸造成形装备、数字化柔性导向三维织造成形机、大尺寸纤维复合材料增材制造成形机等装备，建成了数字化绿色铸造车间、复合材料成形技术与装备应用示范基地。近年来，团队承担了国家自然科学基金重大研究计划、国家重点研发计划、中国工程院战略咨询重点项目、国防基础科研项目、江苏省前沿引领技术基础研究重大项目等 20 余项。团队获得了"国家科学技术进步奖"一等奖、"国家技术发明奖"二等奖、"中国机械工业科学技术奖"特等奖、"北京市科学技术奖"一等奖、"中国专利奖"金奖等。

团队带头人单忠德，中国工程院院士，南京航空航天大学原党委书记、航空航天结构力学及控制全国重点实验室主任，兼任国家产业基础专家委员会副主任、基础工艺与装备组组长、国家智能制造专家委员会副主任、战略与政策咨询组召集人，国家智能制造标准化专家咨询组副组长、中国机械工程学会副会长、中国宇航学会副理事长等。国家杰出青年科学基金项目获得者，入选首批国家"万人计划"科技创新领军人才、科技部中青年科技创新领军人才、国家"百千万人才工程"国家级人选，获"何梁何利基金科学与技术青年创新奖""全国创新争先奖状"等。负责起草国家、行业等标准 13 项，授权发明专利 100 余件，其中美国、日本、德国等国际发明专利 40 余件，出版学术著作 5 部，发表 SCI、EI 等论文 100 余篇。指导培养硕士、博士研究生、博士后 60 余人。

单忠德院士

瞄准动力机械、轨道交通等领域绿色精确制造需求，突破数字化精密成形理论方法及关键技术

立足高端金属构件短周期、高精度、高性能制造迫切需求，针对传统的金属成形如模具铸造、模压锻造等需要木模、金属模的成形工艺，存在工序多、流程长、形性精确控制难等世界性难题，团队发明了数字化精密成形理论方法及关键技术，聚焦金属成形宏观、介观、微观的大跨尺度形性协调科学难题，突破了大温度梯度热耦合场下金属精密成形机理及短流程、高精度、高性能金属成形原创性方法，阐明了数字化

无模铸造复合成形、数字化多材质复合铸型的形性调控等机理，发明了数字化柔性挤压近成形、切削净成形的无模铸造符合成形成套技术及装备，变革传统模具制造砂型的铸造模式，突破复杂铸件高效率、高性能、高精度制造关键技术，周期缩短30%～87%，精度提高2～3个等级，成本降低30%以上。

在理论创新与技术突破的基础上，团队重视研究成果的推广应用。在数字化砂型精确成形研究方面，研制出适用于多种加工条件的砂型数字化柔性挤压成形机、大型无模铸造精密成形机、砂型切削打印一体化成形机和数字化砂型挤压切削成形机等装备，具有加工范围大、制造精度高、产品系列多、适用范围广等特点，可极大缩短研发周期，可适用于汽车缸体缸盖、航空发动机等1000余种复杂零部件制造。创建了复杂铸件个性化定制的数字化无模铸造岛，建成了中重型发动机缸盖数字化铸造车间，实现吨铸件能耗平均降低14.3%，系统装备运行稳定可靠，带来直接经济效益35.2亿元。团队开发的数字化无模铸造精密成形技术与装备在航天科技、中国一汽、中国一拖、广西玉柴、潍柴等150多家制造企业获得推广应用，在中国北京、山东及西班牙等成立了13个国内外应用基地，累计生产、销售设备100余台套，并出口欧洲，引领国际数字化铸造技术发展。西班牙Tecnalia研究院评价道："与传统铸造相比，数字化无模铸造精密成形技术具有清洁制造、精密成形、快速制造、低成本等优点，提高了铸造精度、生产效率和铸件质量，不需要模具，某箱体铸件制造周期由传统20天缩减为5天，成本降低为原来的20%"。该技术与装备提升我国制造业关键零部件自主创新设计及其制造水平，为推动传统行业数字化、精密化、绿色化制造，为航空航天、国防军工、轨道交通等重大工程提供了技术和设备保障。

针对航空航天高端装备等领域核心复合材料构件高性能制造迫切需求，攻克先进复合材料数字化制造关键技术

随着全球新一轮科技革命和产业变革突飞猛进，复合材料技术不断突破，并与先进制造技术加速融合，成为工业发达国家战略必争资源，发达国家在复合材料制造技术与装备领域占据领先地位，因此，我国亟须发展先进复合材料数字化制造技术与装备，争夺全球复合材料的竞争制高点。面向国家重大需求，单忠德院士团队攻克了数字化三维织造理论方法及关键技术，聚焦复合材料预制体织造过程多参数耦合下的形性精确调控科学难题，开展了大型复杂复合材料预制体数字化三维织造理论方法及关键技术研究，发明了数字化柔性导向三维织造成形方法，建立了材料参数、结构参数及工艺参数与构件性能映射模型，提出了仿生丝瓜络的纤维丝—导向套一体化结构，阐明了预制体纤维体积分数调控原理，解决了三维织造梯度结构、形性精确调控等难

题。此外，单忠德院士团队提出了 Z 向增强连续纤维复合材料增材制造方法，立足大幅面、复杂结构复合材料构件的高精度、高效率的成形需求，开展了短纤维、长纤维、连续纤维多尺度纤维增强复合材料的增材制造技术与装备研究，探明了复合材料界面的相互作用机制，掌握了树脂—纤维界面结合机理，实现了丝材成形和增材制造过程的形性精确调控，揭示了纤维（树脂）界面改性优化、增材制造层间界面优化机理，突破了高层间性能的纤维复合材料数字化制造关键技术。

在研究成果推广应用方面，团队研制出卧式、立式多型号三维旋转编织装备，建立了编织结构特征与携纱器运动规律关联模型，探明了预制体构型原理及携纱器运动机制，实现了尺寸可调、速度可调、性能可调，为大型、重型民用航天固体火箭发动机的研制提供了技术及产品支撑，具有重要的经济和军事效益。同时，团队还研发了具有自主知识产权的系列化增材制造成形装备，集成了纤维张紧、热力耦合压实、断线检测、续打、纤维剪断等功能，最大成形尺寸可达 2500 毫米 ×1500 毫米 ×500 毫米，成形速度达 600 毫米/分，成形温度达 500℃，打印出卫星太阳翼基板、无人机进气格栅、喷管固定壳体等复合材料构件，在航天科技五院 529 厂、航空工业成飞、中国航天科工六院 41 所等单位推广应用。

立足智能制造装备系统核心问题，突破数字化柔性制造理论方法及数字孪生关键技术

智能制造装备是继汽车、计算机之后出现的新的大型高技术产业，智能制造装备将成为推动世界经济发展的重要力量，是我国抢占新一轮发展制高点的根本途径和重大选择。发展智能装备制造业，已经成为国家发展规划优先主题和重大专项。团队立足智能装备制造技术，通过计算机、自动控制、新材料、新工艺等技术的集成创新和原始创新，提出了数字化柔性制造理论方法并突破了关键技术，研制出系列智能制造技术装备与数字孪生系统。针对大型部件高效高精度数字化装配需求，发明了复杂材质构件感光机理与细节增强测量方法，突破了基于深度循环神经网络混合噪声去除与高频特征保持的三维高精度重构技术，攻克了高反射强吸光零部件外形曲面测不准的难题；发明了大型部件大规模三维测量数据高精度融合方法，突破了面向装配现场全局精度优化的大尺寸高阶测量场构建与多视角配准误差控制技术；发明了多要素联合优化的大型部件装配协调分析方法，揭示了大型部件柔性装配变形控制机制，提出了全局测量场驱动的大型部件测装调全闭环高精度控制方法。

在理论研究和技术突破的基础上，团队自主研制了多机器人协同柔性测量装备、大型壁板余量自适应修配加工装备、大型龙门式部件装配检测装备等 10 套系列装备

系统，解决了航空航天装备装配现场大型部件存在多材质强反射强吸光部件外形曲面测不准、大型部件多视角全局测量误差大、复杂装配特征多约束精确协调难等技术瓶颈问题。同时，团队自主开发了数字化测量装配分析一体化核心工业软件，分析精度相比国外工业软件提升50%以上，效率提升60%。项目成果已在C919大飞机、先进战机航空发动机、长征系列火箭等多个重点国防型号及国家重大工程型号研制批产中得到应用，为我国航空航天装备大型部件高质量装配制造提供了先进技术与装备，显著提升了我国高端装备的制造水平和国际竞争力，具有广阔应用前景和推广价值。

数字化多材料砂型
整体打印成形技术与装备

数字化三维编织
成形技术与装备

大型纤维复合
材料增材制造设备

结　语

制造业是我国的立国之本、强国之基，没有强大的制造业，就没有国家和民族的强盛。单忠德院士团队坚持四个面向，服务于传统制造业转型升级、产业基础高级化和国家重大工程建设，针对航空航天、国防军工等高端制造业对大型复杂构件的高精度、高效率、高性能制造的迫切需求，团队将在数字化机械装备与先进成形制造技术方向继续开展深入研究，突破关键技术，解决"卡脖子"难题，为我国国防安全自主可控与经济社会高质量发展贡献力量。

独具特色的新概念传感器和分子材料研究

——中国科学院院士房喻科技创新团队

团队和带头人简介

中国科学院院士房喻科技创新团队（陕西师范大学新概念传感器与分子材料研究院团队）（以下简称团队）从 1985 年开始，一直是陕西师范大学化学系、陕西师范大学化学与材料科学学院、陕西师范大学化学化工学院教学科研工作的重要支撑团队，也是"陕西师范大学生物无机化学研究室""陕西省大分子科学重点实验室""应用表面与胶体化学教育部重点实验室""教育部/国家外专局应用表面与胶体化学学科创新引智基地""陕西省基础学科（表界面化学）研究中心"等相关研究机构的主要组成部分。团队长期致力于新概念传感器和分子材料两个领域的研究与开发工作。

为了适应事业发展，更好地支撑"应用表面与胶体化学教育部重点实验室、教育部/国家外专局应用表面与胶体化学学科创新引智基地和陕西省基础学科（表界面化学）研究中心"发展，促进陕西师范大学化学学科建设，2022 年 5 月，学校决定以房喻院士领衔的"光子鼻与分子材料团队"为基础，建设"陕西师范大学新概念传感器与分子材料研究院",房喻院士任首任院长。

研究院秉持"兴趣驱动与目标导向并重,自由探索与组织研究并重,条件建设与文化培育并重,人才培养与成果产出并重"的办院理念;坚持"以物质创新为根本部署科学研究,以交叉融合促进科学研究,以聚焦问题和需求牵引科学研究,以体制机制创新保障科学研究,以文化建设涵养科学研究";通过发挥化学学科"合成+组装"这一当代新物质创制优势,开展独具特色的新概念传感器和分子材料研究与开发。研究院始终恪守面向中国式现代化建设重大需求,建立从基础研究—技术创新—产业应用的全链条研究体系,打造多学科跨领域专兼结合的高水准复合型国际化研发人员队伍,产出具有国际竞争力的基础研究和应用研究成果;力争经过 5~10 年努力,建成多主体参与,集原始创新、技术研发、成果转化、人才培养和企业孵化等功能于一体的新型研究机构,服务学校高质量建设,服务国家和区域经济社会发展。

研究院现有中国科学院院士 1 人,教学科研人员 16 人,专职科研人员 11 人,行政管理人员 3 人。计划设立关键材料研究部、固体传感器研究部、均相传感器研究部、理论计算与模拟部、信号与系统集成部、成果孵化与转化部,以及结构表征 / 光谱测试 / 性能评价 / 加工中心共享平台。

房喻院士

房喻,陕西师范大学化学化工学院教授,中国科学院院士;现任国家教材委员会委员,中国化学会常务理事,中国化学会应用化学学科委员会副主任,陕西省科普作家协会理事长,西安市科协主席。

房喻院士主要从事薄膜荧光传感器和分子凝胶研究,提出了用于敏感薄膜创新制备的单分子层化学策略、分子凝胶策略和组合设计思想,揭示了 adlayer 效应。他发明了"叠层式"传感器结构,研制了爆炸物、毒品薄膜荧光传感器和探测装备,率先将分子凝胶研究拓展至凝胶乳液体系,突破了传统凝胶乳液分散相体积分数限制,发展了轻质高强高分子泡沫材料软模板制备工艺。通过融合分子凝胶理论,他成功解决了凝胶推进剂雾化困难和高能量密度材料长期悬浮稳定化等关键问题。他培养了包括全国百篇优博论文奖获得者、国家博新计划入选者、洪堡学者、JSPS 学者,以及多名国家级人才计划入选者等在内的一批优秀人才。其先后获得"全国先进工作者""全国优秀教师""五一劳动奖章""宝钢优秀教师特等奖提名奖""中国软物质研究杰出贡献奖""国家级教学名师"等荣誉或称号。

历经多年发展，团队在荧光敏感薄膜领域已达到国内领先和国际先进水平，利用薄膜荧光传感技术创制的隐藏爆炸物超灵敏探测仪（SRED 系列），在国内外学术界和同行中引起广泛关注和高度评价。团队在国际上率先开展了分子凝胶模板应用研究，在分子材料研究方面建立了从基础研究到技术创新再到产业应用的完整研究体系，发展了一类独具特色、具有完全自主知识产权，并在关键技术指标上有诸多突破的轻质高强软模板基高分子泡沫材料。该材料兼具传统高端泡沫材料和固体浮力材料性能优势，密度可调范围大、加工性能好、透波性能优异，经复合或内相结构调控可获得有透波减震、隔热降噪、透气不透液等功能的高分子材料，应用前景广阔。

突出业绩

房喻院士是国际公认的"薄膜荧光传感领域的领军人物"，其科研创新成果薄膜荧光传感器入选国际纯粹与应用化学联合会（IUPAC）2022 年化学领域十大新兴技术。2014 年与中物功能材料研究院有限公司成立"深圳砺剑防卫技术有限公司"，成功实现市场产业化运作，技术转让获益 850 万元。可实现包括黑火药在内，多达 38 种不同类型爆炸物的超灵敏探测，其产品在党的十九大、G20 峰会、博鳌亚洲论坛、外国元首接待，及乌干达总统府、深圳地铁等重大活动或重要场所安保中发挥了关键作用，2019 年开始批量列装部队。目前，随着技术优化提升、产品迭代升级，可实现毒品探测和爆炸物 / 毒品的联合超灵敏探测。

在分子材料领域，依托团队独具特色的轻质高强高分子泡沫材料制备策略，研究院开发出孔结构和表面化学可精确调控的高强度控释膜制备技术，利用该材料创制的缓释膜材料可用于香氛、精油、药理性物质、保鲜剂及消毒杀菌剂等活性物质的控制释放。团队与陕西中造立成高分子材料有限公司合作研发的"普立瑞"系列消杀产品，攻克了二氧化氯暴释和释放峰值过高的国际性技术难题，实现了二氧化氯现制现用、控制释放浓度且安全有效，成为应对病原微生物、TVOC（挥发性有机化合物的统称）等健康威胁因素的技术手段。目前已建成产品生产线并实现市场化运营。

典型案例

案例一：建立传感新机制，打破国外垄断

房喻院士及其团队面向公共安全重大需求，聚焦薄膜荧光传感领域，发展了单层化学、组合设计和界面限域动态聚合等敏感薄膜创制策略；揭示了"动态传能、特异结合、微环境效应"传感新机制；首创了叠层式传感器结构；先后利用该技术研发隐藏爆炸物探测仪，在国际上首创了毒品薄膜荧光传感器；打破了国外在该领域的技术封锁和产品垄断。

房喻院士带领团队从 1998 年开始，历经 10 余年的努力，成功实现了 SRED 系列便携式爆炸物探测仪关键核心技术的研发，项目先后获得"科技部 863 重点""国家自然科学基金重点项目""国家重大科研仪器研制项目"的支持，被评为"科技部 863 亮点成果"，并于 2014 年孵化深圳砺剑防卫技术有限公司。

SRED 荧光炸药探测系列设备展示 　　荧光炸药探测器深圳地铁交付培训现场

在房喻院士及其团队的核心技术支撑下，公司始终秉持"前沿、专业、聚焦、创新"的经营理念和持续不断的技术（产品）创新开发，专注于成长为公共安全领域两用技术领军企业的目标。公司先后建立以荧光检测技术为核心的完整知识产权体系，成功研制包括 EN200 二合一手持设备、LT2 多功能危险品探测设备、通道式荧光炸药探测设备荧光传感产品，荧光传感 + 荧光免疫（毒品检测）、盖革计数 +PID+ 荧光传感（核、化、爆、毒检测）集成开发产品和多传感融合检测的车底机器人产品。相关产品在多个重大活动、重要场合的安保中发挥了重要作用，2019 年开始批量列装部队。

荧光炸药探测器非洲客户培训现场 　　荧光炸药探测设备高铁站内使用现场

公司先后承担国家重要仪器专项，承担深圳科创委重大专项攻关任务，参与邮政行业手持式炸探行标、爆炸危险化学品汽车运输安全监控系统国标的行业标准制

定。SRED 系列产品通过国家级鉴定，获中国专利优秀奖，国家 CITE 创新产品与应用金奖，被公安部在国际刑警年会上公开推介。公司通过 ISO 质量认证、环境体系认证、职业健康体系认证、保密资格认证、GJB 体系认证、CMMI 软件成熟度认证、售后服务评价体系认证；获武器装备承制资格；受邀成为国家邮政"智能安检系统"联合研发小组核心成员单位。公司被评为"国家高新技术企业"、广东省"专精特新企业"，并参与"十四五"国家重点研发计划"智能传感器"专项。从发展态势看，正逐步形成以荧光技术为核心，涵盖微波检测技术、光谱检测技术、X 光检测技术的完整产业技术布局；相关产品已实现系列化开发和配套，并获得市场和用户的一致好评。

深圳砺剑防卫技术有限公司展厅

依托房喻院士领衔的"光子鼻与分子材料"团队在薄膜荧光传感领域的重大突破，成功孵化的深圳砺剑防卫技术有限公司，不仅是对我国科技创新"四个面向"的生动诠释，也是陕西师范大学利用自身优势成功实现科研成果转化孵化，服务国家重大需求和区域社会经济发展的典型范例。

案例二：利用独创轻质高强高分子泡沫材料制备策略，解决二氧化氯暴释和释放峰值过高国际技术难题

房喻院士及其团队，在国际上率先开展了分子凝胶模板应用研究，发展了一类独具特色、具有完全自主知识产权，并在关键技术指标上有诸多突破的轻质高强软模板基高分子泡沫材料。该材料经复合或内相结构调控可获得如缓释材料、固液复合储能材料、吸附分离材料、结构材料、透（吸）波材料、新概念阻燃材料、荧光材料、高能量密度材料等高性能高分子材料。

近年来,突发公共卫生事件特别是新发传染病的暴发与流行引起社会广泛关注。二氧化氯作为当前世界公认最高效绿色的化学消毒剂,是节约资源应对病原微生物、TVOC 等健康威胁因素的有效手段,但如何实现现制现用,解决二氧化氯暴释、释放峰值过高且安全有效是国际性技术难题。

防水透气膜材料

依托该成果,房喻院士及其团队历时 4 年,发展了孔结构和表面化学可精确调控的高强度控释膜制备技术,并与陕西中造立成高分子材料有限公司合作研发了"普立瑞"系列消杀产品。该产品即旋即用,能够"秒"启动、内置活化;可以"零"接触、膜法缓释;实现"可"控速,精准实现了二氧化氯 $0.01 \sim 0.3 mg/m^3$ 室内安全有效的消杀浓度和安全可控缓释,解决了市售二氧化氯缓释消杀产品直接接触化学试剂、缓释浓度不可控、使用周期短等问题缺陷。

结合市场需求,经短期发展,公司已形成爱宠版、净卫版、冰箱版、甲醛版 4 类主要产品;获得 CMA、CNAS 等多项国内外检测报告和陕西生产企业卫生消毒许可证;先后参加 2023 年第七届中国西安国际宠物用品博览会,上海国际医用消毒及感控设备展览会,产品在杀菌消毒、除醛、TVOC、食品保鲜、除异味等方面表现出的优异性能,特别是在室内消毒和空气净化方式上的操作简易性,消杀概念及操作上的革新性,得到各方一致肯定。产品目前已成功运用于酒店、食物制作间、宠物店等场所,产生了很好的社会反响。

将虚拟照进现实　开创 VR 智慧医疗新征程

——中国工程院院士赵沁平科技创新团队

世界卫生组织和美英医学权威机构发布的数据表明，不安全的医疗程序导致高达 1/4 的患者发生医疗并发症，美国每年至少有 150 万例的医疗差错可以避免，医疗过失已经成为美国第三大致死原因。在我国，优质医疗资源严重短缺且分布不均，各类医疗差错时有发生，患者安全时常受到挑战。为此，健康中国 2030 和党的十九大都做出了国家战略部署，要求加强健康科技创新，不断改善医疗服务质量。党的二十大报告中提出要"推进健康中国建设""把保障人民健康放在优先发展的战略位置"。

团队和带头人简介

中国工程院院士赵沁平科技创新团队（以下简称团队），矢志不渝地紧密围绕国家需求，为解决国家在医疗教育高质量发展、医学手术仿真系统、智慧医疗领域的关键瓶颈问题开辟了新路径。目前，依托团队创立的众绘虚拟现实技术研究院有限公司（以下简称众绘科技）已完成数千万元的融资，正致力于将虚拟现实与人工智能有机结合，构建全要素的智能虚拟人体，并开展高精度的虚拟手术和精确量化考核评估，推动医学临床操作技能训练迈向数字化、网络化、智能化的新时代。

团队汇聚了中国工程院院士、"青年长江学者"、国家优秀青年科学基金（海外）获得者、中央组织部青年拔尖人才等一批高层次人才。团队共荣获国家级奖励 5 项，包括"国家科学技术进步奖"一等奖 1 项、"国家技术发明奖"二等奖 2 项、"国家科学技术进步奖"二等奖 2 项，省部级和国防类一、二等奖 10 余项；在领域内国际顶级期刊和会议发表学术论文 300 余篇；获批 VR/AR 领域发明专利超过 1000 项；相关技术和成果入选"十二五"国家科技创新成就展、全国双创周开幕式主题展、中国科协前沿领域科技成果展，入列国家转化医学重大科技基础设施、"科创中国"先导技术榜；创办的产学研实体众绘科技公司入选工业和信息化部国家级专精特新"小巨人"、中国产学研合作百佳示范企业、中国 VR50 强。

团队带头人赵沁平院士，中国医学科学院学部委员。作为我国虚拟现实技术领域的一位开拓者和持续推动者，赵沁平院士主持建立了我国第一个基于广域专用计算机网络的可支持异地分布式虚拟现实应用的支撑环境 DVENET；主持研制了具有自主知识产权的分布交互仿真应用程序开发与运行平台 BH_RTI 和实时三维图形平台"天绘"；基于上述成果组织开发了若干有影响力的虚拟现实应用系统。

赵沁平院士

团队核心骨干、众绘科技董事长郝爱民教授，长期深耕虚拟现实技术成果应用和转化，以主持承担的国家自然科学基金"可交互人体器官数字模型及虚拟手术"等多项科研成果为核心技术支撑，打造了具有国际水平的虚拟人体器官和虚拟手术系列产品，开展了规模应用和服务，走在我国自有技术创新创业的前列。

修炼内功，矢志不渝地响应国家重大战略需求

高水平的手术研究与转化、方案规划与预演、手术教育与培训是高质量医疗服务的前提和基础。构建几何/物理/生理虚拟人体并开展多通道强交互的新型医学信息平台，是虚拟现实领域国际学术前沿和产业技术高地，将有力推动高质量医学模式创新，更是国家发展的重大战略需求所在。

如何高效地处理临床数据以支持手术规划？如何实时地仿真各类复杂手术流程和操作？如何模拟真实器械操作虚拟对象时的手感？如何量化评价虚拟手术的效果？一系列重大技术挑战问题摆在眼前！"怀国之大者，思国之安者，谋国之远者"——团

队的初心始终保持和国之所需、民之所望紧紧相扣。在国家自然科学基金重大项目、国家杰出青年基金、首都卫生发展科研专项、中国医学科学院专项基金等10余个国家级项目课题和多个省部级重点项目支持下，从2008年开始，北航、北京协和医院和众绘科技联合，历时15年，投入2500人/年和近亿元经费，历经了从基础探索到技术突破，再到成果转化三轮"修炼"。

团队集中攻关建立了"虚拟手术支撑平台"——包括数据、算法、工具、装置、SDK（软件开发工具包）、框架，以及共性功能封装，提供数据/算法/装置接口，可以将不同资源和软硬件有机集成，从而为各类医学应用和服务系统的高效研制提供通用平台支持。基于平台，先后研制了个性化血管介入手术仿真系统、腹腔镜手术仿真训练系统、口腔数字化虚拟仿真系统，以及临床穿刺仿真系统等。同时，针对一系列重大技术挑战，团队构建了包括高效分析、混合建模、实时交互等在内的虚拟手术核心技术体系。一是创新了内蕴特征空间多模态医学影像高效分析处理理论；二是建立了多源数据驱动的人体器官形态和功能模型构建技术体系，功能模型驱动的器官动态形变仿真精度提高了30%，实现了人体器官模型从几何到物理生理、从共性到个性、从静态到动态、从形态展示到可实时交互操作的重要进展；三是突破了复杂手术实时交互仿真技术，率先提出了复杂形状刚体、变形体、多材质耦合组织的、多点多区域接触下的、1000Hz的、六维力和力矩联合实时仿真技术，实现了多类复杂医疗手术操作的物理真实感交互仿真。

科技生长、智慧沉淀！团队研发的工具、装置、系统和知识产权各类成果在100余家医学院、医院和企业得到实际应用，已服务线上虚拟手术教学10余万人次，线下手术仿真训练3万人次，开展了各类手术方案规划和预演150多次。同时，团队还支持了国家转化医学重大基础设施，创新成果的实用化、商用化创新了医学实践研究与教育混合新模式，实现经济效益数亿元。

弯道超车，从0到1实现VR医疗突破发展

日本及欧美国家一直在虚拟手术仿真领域处于领先地位。国内关于三维仿真绘制、软组织建模及虚拟手术这一领域的研究起步较晚，加之缺乏相应的验证实验平台与环境，导致该领域与国际存在较大的"代际"差。1993年，时任北京航空航天大学计算机学院教师的赵沁平从美国匹兹堡大学访问归国，同时也将"虚拟现实"这个国内鲜为人知的新技术带回国内。自此，科研"冷板凳"一坐就是三十年。

团队率先研制成功了视力觉一致的多功能口腔手术仿真系统产品，以及具有个性化病例接入功能的介入手术模拟系统产品，在3D沉浸感、软组织形变、双手力反

馈、功能丰富性和病例个性化等方面处于国际前沿，并率先实现了手术模拟器从操作技能训练向临床手术方案规划的跃升！将三款代表性的手术仿真系统产品——血管介入、口腔手术、腹腔镜手术仿真系统，通过一系列严格的功能、性能、压力、安全性和对比测试，与国外同类产品相比；在临床数据驱动的即时个性化混合建模、手术方案规划预演、复杂病例临床手术方案优选比对、力反馈操控真实感、心脏系统形变仿真精度、系统总体仿真效率等方面具有比较优势。

作为心血管介入虚拟手术的负责人，"青年长江学者"李帅教授及其团队攻坚实现了"本地化血管系统建模"重要突破，成为实现手术模拟训练向临床手术方案规划的里程碑事件；作为腹腔镜手术仿真系统的负责人，国家青年拔尖人才潘俊君教授，在人体器官多尺度几何和物理建模方面攻坚克难，实现在同等准确率下，器官非线性大尺度交互行为仿真效率大幅度提升，很好地解决了其他国际竞品在手术操作时出现的形变失真和模型穿透等问题。在三维绘制上呈现出了更为丰富的几何、材质及纹理细节上明显好于国际竞品的产品。

从 0 到 1、从 1 到 N，各类虚拟手术系统产品落地应用于北京协和医院、北京大学口腔医院、四川大学华西口腔医院、重庆医科大学口腔医学院、青岛大学医学院、中国人民解放军陆军军医大学……随着一家家医院和大学的规模化应用，团队真正实现将科研成果写在祖国大地上，谱写出我国 VR 医疗行业及产业突破发展的动人故事。

专精特新，向价值链的高处攀登

随着 VR 应用服务国家战略需求的深入，郝爱民教授带领、融合商业团队一起破解"商业难题"，精准对标市场需求，借科技与资本融合之力，将诸多原型系统从实验室的"试验田"里送上了"生产线"，镶嵌着"国有自主产权"的标签，进入富有竞争性的商业市场，与国际产业界同台竞技。

多年来，停留在大学实验室原型系统阶段被束之高阁的"种子"其实很多很多，从"种子"成长到"硕果"，需要"打通科技与商业鸿沟，做到'专精特新'，不断向价值链的高处攀登"——郝爱民教授如是说。团队实现了高效能虚拟手术支撑平台和系统的创新，从特征定义、多尺度分析，到协同处理，从矢量化建模、混合建模到个性化建模，从手术器械仿真、手术操作仿真到表现与绘制，从手术支撑平台、力反馈测量装置到效果评价等，共实现 12 项代表性关键技术突破！譬如：提出了基于各向异性热核分析的医学体数据多尺度特征提取方法，与主流方法比较，稳定特征提取的准确率提升了 50% 以上。此外，为了更好地服务于市场，提升虚拟手术的视觉沉浸感和用户体验，提出了人体器官及手术现象的逼真表现与绘制方法，实现了 90 帧/秒的手术场景的实时逼真绘制。企业还自主研制了带运动测量和力觉反馈的血管介入手术仿真交互硬件。企业负责人丛宇总经理曾表示："自主研制的大刚度、高刷新率、可扩展的力反馈设备实现了 1000Hz 的硬件刷新率，这些指标的刷新，有效助力企业价值链高位攀升，靠的都是杠杠的科技硬实力。"

目前，众绘科技自有知识产权的医疗平台中包含了基于个性化临床数据的人体器官多维度混合建模工具等多个工具，能够在 10 分钟内由普通操作者生成可用于教育培训或手术方案规划的虚拟人体器官模型。与国外产品采用的远程非即时建模服务方式不同，众绘科技的平台支持用户本地自主建模，建模效率和模型准确度满足个性化手术方案"专门"规划的"特定"要求。

2023 年 7 月，凭借在医学数字人体和虚拟仿真手术领域长期技术开发积累的研发实力，众绘科技成功荣获国家级专精特新"小巨人"企业资质，成为 VR+ 医疗行业代表性的"小巨人"企业。

医教协同，服务医学教育高质量发展

医学教育与教育强国和健康中国战略相关，关系"大国计、大民生、大健康、大卫生"，医学院校承担着教育强国建设和人口高质量发展的双重任务。面向医院和医学院的医、护人员操作技能实训和手术能力提升等迫切需求，提供基于虚拟现实技术的系列手术模拟器软硬件产品，综合解决方案和基于互联网的医学教育、培训、评估等增值服务，成为团队服务经济社会发展的动力引擎。

2023 年 9 月，工业和信息化部等五部委发布了虚拟现实先锋应用案例，在全国各省市评审上报的 600 多个高水平案例中，来自众绘科技的"医学数字人体和虚拟仿真手术教学平台"入选医疗健康领域虚拟现实先锋应用案例第一名！

躬耕医学教育，推动医教协同。早在新冠疫情防控期间，众绘科技与重庆医科大学产学研合作，已成功研发了"口腔医学技术专业客观结构化实践技能教考系统"，获批 2020 年度国家级虚拟仿真实验教学一流课程；依托实验空间—国家虚拟仿真实验教学项目共享平台，持续对外免费开放，被浙江大学、温州医科大学、西南医科大学、浙江中医药大学、丽水学院、重庆三峡医药高等专科学校、长治医学院、漯河医学高等专科学校、广西中医药大学、大连医科大学中山学院等多家学校的师生使用，丰富翔实的资源、人性化的界面设计与互动体验，获得兄弟院校的广泛好评，为近十万名学生提供了在线手术训练服务，打造了医学理论与手术实践同步线上教学的新模式。

2023年7月，在中华口腔医学会口腔医学教育专业委员会第十八次口腔医学教育学术年会上，众绘科技研发的"口腔情景化临床思维教考系统"以其情境化的展示形式、智能的病史采集流程、逼真的力反馈交互操作、客观自主化的评分系统成为一大亮点。麻醉及拔牙模拟器以其高沉浸的仿真场景、逼真的器械模拟、准确的过程评估深受学生及老师的好评；与北京大学口腔医院共同打造的教育部口腔虚拟仿真装备化样板间、线上虚拟仿真实验系统、口腔解剖教学系统、智慧实验室管理系统、OSCE考试系统等全线产品，受到了领导专家的广泛关注。

北大口腔专业师生利用虚拟仿真线上和线下系统开展实验教学

结 语

面向新一轮科技革命的机遇和挑战，赵沁平院士团队主动拥抱时代变化，上下一心、力出一孔，携力将虚拟照进现实，在VR智慧医疗产学研之路上刻画了一座座里程碑。在这个团队所有成员的心目中，这些成就犹如科技旷野中的一个个"小火苗"。置身伟大的时代坐标中，他们还怀揣着一个更大的"数字孪生"梦。作为终极目标，研发全面具有几何、物理、生化生理等全谱系特征的"医用数字人体"，让每一个孩子出生以后，都可以构建一个与其"等同"的数字人体，与其同步成长，作为其终生的健康档案和精准医疗实验体，可以随时随地地提示个体生命及健康方案的信息。

创新路上，步履不停——苟日新，日日新，又日新。

突破光电信息关键共性技术
勇攀学术创新高峰

——中国工程院院士姜会林科技创新团队

中国工程院院士姜会林科技创新团队（以下简称团队）充分发扬"科学求实、敢于拼搏、勇于创新、甘于奉献"的科研精神，面向国家重大战略和区域经济社会发展重大需求，开展空间光电技术领域的创新性、引领性、颠覆性、实用性基础和应用研究，解决多个重大科学问题，突破多项关键共性技术，为提高我国光电信息领域技术水平和推动产业化发展做出了重要贡献。

团队和带头人简介

团队组建于 2006 年，凝聚了包括中国工程院院士等多名高级专家在内的光、机、电、算等学科优秀人才 98 人，已形成一支年龄结构、学缘结构、职称结构合理的科技创新团队。主要研究方向：光电动态探测与检测、空间激光通信与组网、光电核心器件与装置。团队成员获国家级荣誉称号 30 项，省部级荣誉称号 53 项。团队先后被国防科工委授予首批"国防科技创新团队"，被教育部授予"光电信息工程专业国家级教学团队"、全国首批"黄大年式教师团队"，被原总装备部授予"国家 863 计划科技攻关先进集体"，被全国总工会授予"全国工人先锋号"，被中组部、中宣部、人社部、科技部授予"全国专业技术人才先进集体"。此外，还被吉林省多个部门授予首批"黄大年式科研团队""重大科技项目研发人才团队""光电精密测量与数字化装配科技创新团队""空间激光通信技术高校创新团队""光电测控技术高校创新团队""航天器地面模拟与标定技术高校创新团队""光电精密测量与数字化装配高校创新团队""先进光学系统设计与仿生光学创新团队"等集体荣誉。

团队带头人姜会林，中国工程院院士，长期从事应用光学技术研究，曾主持国家"863"重点项目、国家自然科学基金重大项目等79项，以第一排名获"国家技术发明奖"二等奖1项，"国家科学技术进步奖"二等奖、三等奖各1项，还获"何梁何利基金科学与技术进步奖"及省部级科技奖一等奖9项；获授权发明专利101项；出版学术著作9部；发表学术论文442篇。

姜会林院士

姜会林院士曾兼任中国兵工学会副理事长、中国光学学会和中国光学工程学会常务理事、中央军委科技委航天领域专家委员会成员、国家"863"七领域专家委员会顾问、全国武器类专业教学指导委员会副主任、原总装备部光电火控专业组顾问等职务。先后被国务院学位委员会和国家教委授予"做出突出贡献的中国博士学位获得者"，被中组部授予"中央直接掌握与管理的高级专家"，被教育部授予"全国优秀教师"，被中国科协授予"全国优秀科技工作者"等荣誉称号。

坚持理论研究，筑牢创新基础

在光电动态探测与检测方面，团队破解低强度噪声抑制、多维度多谱段信息融合等难题，创立了"三非"环境下偏振传输理论，揭示了多谱段偏振传输特性规律。团队在国内首次研制成功地面目标多维光学成像探测系统和星载空间目标测距成像通信一体化探测系统，拓展了该技术在国家空间碎片探测、公安部物证搜寻、自然资源部海洋溢油监测等方面的应用，为科研创新及应用奠定了坚实的基础。团队在国内首次研制成功特种车辆动态性能测试系统，制定国军标，定型的装备多次参加阅兵和军演；在国内首次研制成功多维度多谱段空间目标高分辨探测系统，为提高我国军事装备性能和保障国家空间安全起到重要作用。

团队成功研制了世界首套红外地球模拟器地球张角标定系统，还成功研制了气象用太阳模拟器，指标达到国际先进水平，以此牵头制定了国家标准；针对星模拟器研制中的高动态、高精度、大视场等重大应用基础性问题和技术难题，开展高精度星模拟器关键技术及应用研究，在国际上首次提出光学拼接式星模拟器和光学敏感器甚高精度标定方法，为星敏感器定型试验与标定提供必要手段，提升卫星等航天器在轨姿态控制精度，成果在航空、航天、国防、气象等领域得到了广泛应用。在北斗、高分、实践、风云等国家重点卫星型号，神舟、天宫等载人航天，嫦娥、火星深空探测等国家重大工程及吉林一号卫星的研制中，该技术均发挥出了重要作用。团队成功研制了复杂形面光学测量及激光扫描投影辅助装配系统和太赫兹无损检测系统，指标达到国际先进水平，填补了国内空白，为我国空天飞行器及亚轨道重复使用运载器首飞和复飞成功提供了重要保障。

坚持创新引领，破解国际难题

在空间激光通信与组网方面，团队研制两代机载光端机，成功进行了船与车、飞艇与船、两直升机、两固定翼飞机间高速率、远距离激光通信试验，在国内首次实现激光通信"地面动中通""航空飞中通""双动态"，高速率机载激光通信实现国际最远距离。2020 年 1 月，团队完成了国家重大工程项目外场试验，成功搭建了国内首个 5G 空中移动通信组网平台。我国著名通信与信息系统专家刘韵洁院士评价："5G 在天上通过激光链路传输，这在我们国家是第一次，你们辛苦了！"

西藏鲁朗激光通信组网试验现场

团队在国际上首次提出"一对多"同时激光通信光学新原理并发表论文,论文被评为"中国精品科技期刊顶尖学术论文"。团队破解了同时多发多收和多驱动器联动控制等难题,研制组网用激光通信系统,在国家自然科学基金重大项目及多项国家重大工程项目外场试验中应用,为我国空间信息网络建设提供了重要支撑。2021年1月,团队完成国家自然科学基金重大研究计划集成演示项目外场试验。对此,国家自然科学基金委评价:"在国际首次实现了一点对多点同时激光通信,实现三点间通信速率2.5Gbps,通信距离2km,为未来空间信息网络建设提供了重要理论和技术支撑。"

坚持产学研用结合,收获转化成果

在光电核心器件与装置方面,团队在新型体系架构的硅基多光谱芯片、快速反射镜、高精度跟踪相机、嵌入式非制冷双谱段红外探测器、偏振探测器等核心元器件研制方面取得突破性成果,部分指标在国内领先,实现批量产业转化,该成果已成功应用于目标探测、农业普查、环境监测、城市安防、道路交通等多个领域,为空间光电技术的发展提供了重要支撑。

团队在复杂光电系统产业化方面持续发力,取得了显著的经济和品牌效益。团队与长春奥普光电技术股份有限公司联合承担吉林省重大科技成果转化项目,转化便携式轻小型激光通信机、全周自动跟踪式激光通信机,以及激光通信相关的衍生产品。该成果打破了国外在此领域的垄断地位,开创具有自主产权与品牌的激光通信产品,新增产值1.15亿元。团队与长光卫星技术股份有限公司联合转化星模拟器产品,先后完成了星敏感器光学系统的全视场星点像质检测及焦面标定等测试,高分、灵巧视频等8颗卫星星敏感器的指向精度、星图识别准确率、动态性能测试,以及卫星的地面模拟飞行试验和极性测试,为吉林一号卫星成功发射提供了重要支撑,创造经济效益1.67亿元。

基于在产学研创新工作方面所做出的贡献,团队成员先后获"中国产学研合作创新与促进奖""吉林省科技成果转化贡献奖""吉林省博士后创新创业大赛奖""中国国际'互联网+'大学生创新创业大赛金奖"等创新创业奖励,团队还被吉林省评为"长白山产业项目研发领军团队"。

"三网融合"推动激光技术实现产业化

——中国科学院院士姚建铨科技创新团队

现代信息科技的发展及成就直接影响到国家的强盛、国防的稳定及人民生活的水平，信息强国是现代化强国的必由之路。随着现代科学技术的飞速发展和社会信息化进程的不断加快，各种新技术、新思想及交叉学科不断涌现。激光技术、光电子技术、太赫兹技术、微纳光电子技术及智慧海洋技术等成为国内外学术界热门的研究领域，它们在通信、雷达、能源、环境、生物、健康、安全与国防等领域都具有广阔的应用前景。但是也应看到，这些技术的实际应用潜力还远未被充分发掘，还有许多理论及工程技术问题有待突破，信息科技等还有着巨大的发展前景。

团队和带头人简介

中国科学院院士姚建铨科技创新团队（以下简称团队）的带头人姚建铨院士，是激光与光电子科学家，1939年1月29日出生于上海市，1965年天津大学研究生毕业。现任天津大学精仪学院教授、院学位委员会主任、名誉院长、激光与光电子研究所所长。1997年当选为中国科学院院士。1980—1982年在美国斯坦福大学及加州大学做访问学者。曾应邀在美国普林斯顿大学、宾夕法尼亚大学、南加州大学，以及英

姚建铨院士

国、法国、德国等国讲学及开展合作研究。

信息科技是人类生存与发展的重要领域，近年来信息科技的发展突飞猛进，而激光与光电子学又是其中的佼佼者。姚建铨院士长期从事激光与光电子技术的研究。他提出并发展了双轴晶体最佳相位匹配计算的理论及方法，被国际学术界称为"姚技术""姚方法"。他在国际上率先建立了双轴晶体最佳相位匹配计算—类高斯分布理论—准连续高功率倍频激光器及准连续激光调谐系统的技术体系。他在激光非线性光学频率变换领域取得系统的、创造性的成就，在国际上享有一定的声誉。近20年来，他在高功率激光器、太赫兹技术、微纳光电子器件技术、超表面及智慧海洋等方面的研究达到国际先进水平。他已培养出250余名博士生。曾获国家发明二等奖、中国科学院特等奖、省部级二等奖4次、军队科技进步一等奖等。曾兼任国家教育部科技委副主任、教育部高等学校数学指导委员会主任；现任中国光学理事。他是"国家级有突出贡献中青年专家""全国高校先进科技工作者"及"天津市特等劳模"，享有国务院政府特殊津贴。他的代表专著有《非线性光学频率变换及激光调谐技术》（科学出版社，1995）、《全固态激光及非线性光学频率变换技术》（科学出版社，2007）、《光电子技术》（高等教育出版社，2009）、*Nonlinear Optics and Solid-State Lasers*（Springer，2012）及《追光：从激光到太赫兹的科学探索之路》（天津大学出版社，2021）。

姚建铨院士汇聚了中国科学院院士、国家级"千人计划"及博士生导师在内的优秀高层次人才。他领导的团队长期致力于激光、光电子、非线性光学、太赫兹及海洋光学研究，完成了数十项国家重点科技项目，取得了具有创造性的重要成果。团队共获包括国家发明二等奖、中国科学院特等奖在内的十多项奖项，在激光与光电子领域的国际顶级期刊发表学术论文800余篇，不少论文被选为首页或优秀论文。获批发明专利百余项。作为牵头单位，在国家自然科学基金重点及国防重点项目的研究中获优秀成果。姚院士作为我国激光非线性光学频率变换及调谐技术的创导者和引领人还主持创建了以下技术平台：一是非线性光学频率变换及激光调谐技术平台；二是全固态高功率YAG（钇铝石榴石晶体）倍频激光技术平台；三是光学太赫兹技术及超表面调控技术平台；四是激光致声上下行通信的智慧海洋实验平台；五是智慧城市及空—天—地—海四基预实验平台等。

杂志《激光制造商情》自创刊以来在我国激光界引起巨大反响，反映了我国激光产业界的最新成就、重大技术攻关、行业情况及激光产业的发展前景等，是激光产业界及有关教学科技人员所喜闻乐见的刊物。最近几年，西方一些国家对中国科技及产业进行了打压、遏制，激光领域也居此列。激光领域的基础研究、高端检测仪器及一些高端"卡脖子"技术急需攻关及突破。姚建铨院士坚信团队要从国家重大需求和重要战略支撑技术出发，发展激光技术及产业，把研制、开发、人才的培养放在重要位置上来。目前，我国激光产业已形成了以珠三角、长三角、华中地区、环渤海地区及西部川渝地区为中心的产业圈，地区发展极不平衡。姚建铨院士在《激光制造商情》上号召全国从事激光领域奋斗的人员要以无坚不摧的毅力及勇气，发奋图强，使激光技术真正成为我国的战略支撑技术，为我国激光领域在世界上占一席之地做出新的贡献。

助力激光材料加工，促进我国智能制造业发展

团队在传统的激光打标的基础上发明了一种新的防伪技术：激光标刻防伪技术。同时在汽车轮胎模具激光清洗方面也做了一些尝试。姚建铨院士在全国曾作过20余次有关激光清洗机理及技术的学术报告，对激光清洗的应用及市场推广起到积极的作用，不少技术人员称姚建铨院士为全国激光清洗技术的奠基者、引领者。尽管激光清洗市场没有激光切割和激光焊接市场大，但是由于目前中国激光清洗的市场尚未开拓，激光清洗还面临着酸洗、水洗、砂洗等挑战。姚建铨院士认为应该在激光与材料相互作用的基础上，在交叉领域上下功夫，将激光清洗与激光焊接、激光硬化等热处理相结合，探索激光清洗在汽车、半导体、精密器件加工、航空航天、显示屏等方面的应用，找到突破点，使激光清洗技术在激光制造中发挥新的作用。

激光清洗机样机　　　　激光激发—超声波混凝土检测技术简图

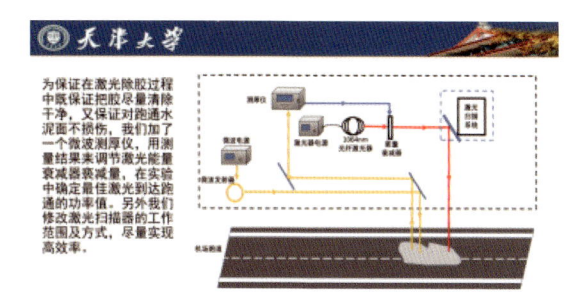

智能激光跑道除胶器原理与技术简图

激光检测应用也是重要的激光应用领域，混凝土构件中缺陷检测是不可回避的大事，团队正在开展激光致声检测技术研究，这一技术将在隧道、坝体、桥梁、道路的

检测维修安全中发挥重大作用。类似的应用如在机场跑道黑胶激光清洗方面将有很大应用前景。团队还在太赫兹 5G 通信、RCS 应用及生物医学应用等方面正在进行扎实的研究。

潜心研究，推动太赫兹光子学迈向 6G 时代

随着通信方式的加速变革，团队近年来着力于新型光子学的研究，为太赫兹 6G～7G 通信打好坚实基础，其中包括拓扑光子学、涡旋光子学、太赫兹光子学等功能器件、海洋光学、大气光学、微纳光电子等方面的研究。从 0.1 THz 到 10 THz 的电磁频谱已成为第六代（6G）应用的关键，如高速通信、指纹化学传感、无损生物传感及生物成像。然而，天然材料对太赫兹波的有限响应阻碍了太赫兹功能器件的发展，造成了这一电磁波段功能化材料的空缺。作为一种新兴概念，超表面通过对亚波长尺寸的单元结构进行优化设计和梯度排列，能够有效操控光波的振幅、相位、频率和偏振等光参量及其色散特性，进一步可以控制宏观波前分布，提供一种强大的平面化光场调控方式。

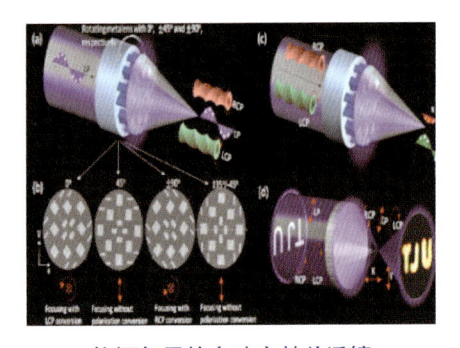

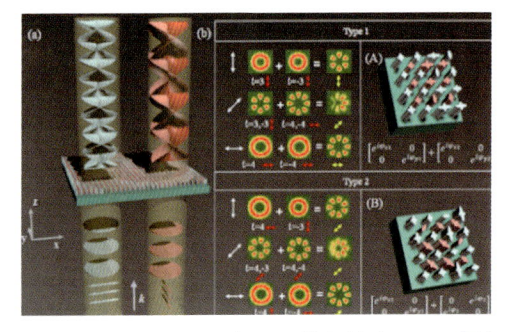

偏振复用的全硅太赫兹透镜　　　　线偏振与相位同时调控的多通道太赫兹 OAM 叠加态

团队率先使用基于深硅刻蚀的全介质超表面在太赫兹波段实现了多通道偏振调控，以及具有个性化定制波前的功能器件，在太赫兹功能器件的设计和应用等方面做了大量的研究工作，助力太赫兹技术迈向 6G 时代。另外，团队将深度学习算法融入超表面的设计中，率先实现了太赫兹矢量涡旋光束和高分辨率近场成像。基于超表面的太赫兹偏振及光场调控是新兴的热门研究方向，特别是具有紧聚焦特性的矢量涡旋光束，在量子通信、粒子捕获和高分辨率成像领域具有广阔的应用前景。团队在该领域进行了大量的研究工作，并取得了一系列的研究成果。

作为太赫兹技术的先驱，姚建铨院士始终心系太赫兹，带领团队高效开展技术攻关，形成了以太赫兹源为基础，以复杂偏振和光场调控为目标的完整科研体系，助力国家太赫兹技术的广泛应用。随着一系列高水平论文的发表，团队真正将太赫兹基础研究谱写成加速学科融合的乐章，实现平面化太赫兹功能器件的飞跃式发展。

攻坚克难，在激光致声技术上取得突破

人所共知，地球上71%的面积是海洋，我国又是一个具有约300万平方千米的海洋大国，智慧海洋的技术及装备涉及如下领域：海洋航行、渔业养殖及作业、近海测绘、海岛监视、水下探测、海洋浮标监测、海洋科考、油气平台环境监测、卫星遥感监测、海洋观测和调查等，以及在军事方面海岸防卫对入侵物体（蛙人、水雷、鱼雷、潜艇等）探测预警等。由于海上环境复杂又恶劣，在海上、海下的信息获取、跟踪、定位、预警等缺乏必要的手段。

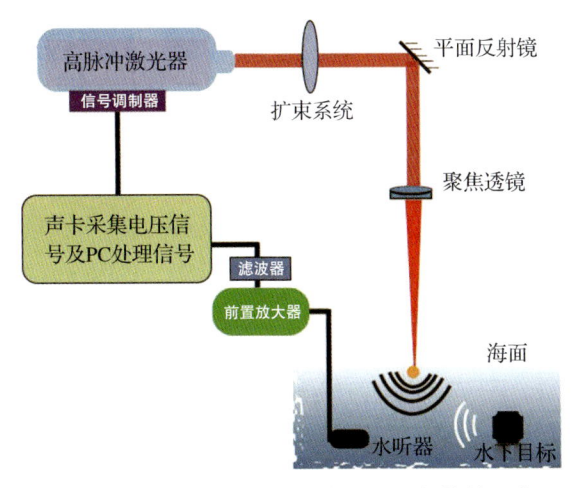

基于激光致声效应的跨空—海界面下行传输示意图

空间与水下之间的跨空—海界面通信一直是现代海洋传输通信难以克服而国际上至今没有解决的重大瓶颈问题，现阶段只有超长波无线电通信、声波通信和蓝绿激光通信等，以上几种通信方式在空—海界面处都难以克服其自身的问题，所以探索一种能够克服跨空—海界面的传输损耗很小的通信方式很有必要。目前，姚建铨院士承研中央军委科技委的军工项目，致力于激光致声跨空—海界面通信研究。对此，姚建铨院士提出激光致声通信的方式，它巧妙地利用空—海界面作为信息转化的媒介，充分利用激光在大气和海洋中声波传输损耗低的优势。对于激光声上下行通信项目的研究，姚建铨院士带领团队从理论到实验研究已经进行了数年，已取得了一定的成果。激光致声除了解决了从传输到通信的难题，还可以扩展至探测、成像、定位、导航、预警、唤醒等方面，成为一种机动、移动型、无合作目标、无任何物理装置、崭新型的传感器，将在海洋下探测、研究、技术、工程、军用、安全等诸多领域得到应用。

解决这些问题需要多学科交叉，包括光、声、无线电、微波、人工智能、机器学习等多学科技术的互相结合。姚建铨院士率领团队在激光致声技术方面取得了一些进展，有望用于跨空—海界面的探测、定位、识别、预警。

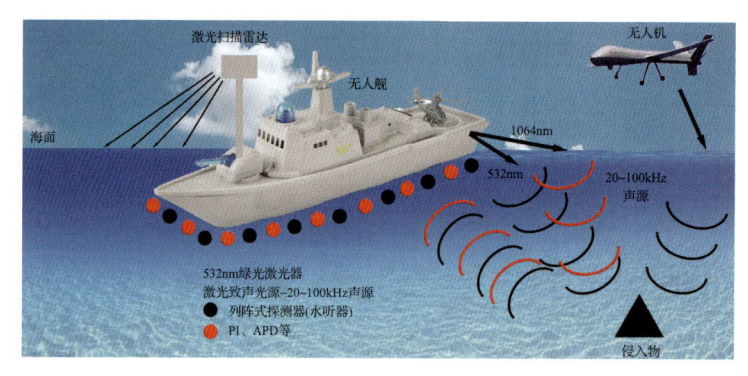

智慧海洋空—海一体化网络示意图

构建智慧海洋信息网络基础设施：空－天－地－海一体化网络系统的初探

中国作为一个海洋大国，我国的南海和东海面临的领海争端频现，海洋资源争夺日益激烈，海洋权益有待维护。团队带头人姚建铨院士于2015年在国家网信办关于建设我国重大基础设施的会议上提出我国应构建空—天—地—海一体化网络系统及智慧海洋信息网络基础设施框架的建议，之后由姚建铨院士负责，带领天津大学，联合北京邮电大学、中国海洋大学、航天科技集团九院13所及十一院、南开大学等单位成立调研组开展调研。

海洋传输系统的建设在国外受到高度重视，美国早在1950年就开展水下信息网络的研究，至2015年开展了声音监测系统、自主海洋采样网、IUSS综合水下监视系统及Seaweb水下声网络等一系列研究。然而，在2015年美国国防高级研究计划局（DARPA）提出研究计划还在征集指南，表明海洋系统网络仍需进一步研究，同时也表明了海洋网络系统技术性难度。

面对海洋网络空缺的瓶颈，团队提出构建空—天—地—海一体化网络系统及智慧海洋的具体需求，开展系列的、多学科的研究，包括系列的科学问题，如海洋物理、海洋化学、海洋生物和海洋工程问题（海洋信息的获取、传输、处理、应用）等。姚建铨院士在北京、深圳和西安等地多次组织有关海洋技术的研讨会，反响热烈，引起多家单位的共鸣，中央有关部门组织有关智慧海洋的亿元以上的重大工程项目正在进行。

为把中国由海洋大国变为海洋强国，姚建铨院士建议有关部门汇聚各领域优势力量，为海洋信息网络建设做出贡献。姚建铨院士与团队数十年如一日，执着地秉持谦逊、勤奋、求实、创新的理念，团结奋进，耕耘在激光与光电子领域，为实现跨空—海界面通信、太赫兹6G～7G通信及深海探测等方面的研究目标，为取得重大技术突破及国际超水平的成果而奋斗。

深耕煤矿生产一线
全面推动煤炭清洁高效利用

——中国工程院院士袁亮科技创新团队

团队和带头人简介

中国工程院院士袁亮科技创新团队（以下简称团队），自主培养了国家"千人计划""长江学者""长江讲席教授""青年长江学者"等国家级领军人才4人，形成院士引领、领军人才担纲、青年学者为核心的创新团队。团队长期致力于能源与安全领域的基础理论、关键技术及工程应用研究，在煤与瓦斯共采和煤炭安全智能精准开采等领域取得了系列创新成果，为推动我国煤矿安全生产做出重要贡献。团队聚焦煤矿瓦斯治理这一世界性难题并开展了长期的研究攻关，在基础理论取得重大突破的基础上，团队坚持面向经济主战场，积极推进成果转化，开发了成套技术和装备，并推进研究成果工程示范化，在我国高瓦斯产煤省（区）全面推广应用，覆盖产能22亿吨，为我国煤矿瓦斯事故从2005年414起、死亡2171人，下降至2019年27起、118人做出重大贡献。

自2010年以来，团队先后承担国家、省（部）级重大科技攻关等纵向项目300余项，累计承担企业横向科研课题500余项；获"国家科学技术进步奖"二等奖6项、技术发明奖1项，省部级特等奖2项，科技进步一等奖近20项；获"中国专利金奖"1项、"安徽省专利金奖"2项；授权国际50余项、国家发明专利400余件；发表学术论文1200余篇，SCI/EI检索700余篇；出版《煤与瓦斯共采》等教材10余部，出版专著30余部；制定行业标准14项，国际标准提案2项。团队先后获评"国家级安全工程教学团队""安徽省领军人才团队""安徽省煤炭安全智能精准开采教学团队"和"第二批全国高校黄大年式教师团队"等荣誉称号。

团队带头人袁亮院士，1960年6月出生，博士生导师，中国工程院院士。现任安徽理工大学党委副书记、校长，煤与瓦斯共采理论主要奠基人。第十三、第十四届全国人大代表，任深部煤炭安全开采与环境保护全国重点实验室主任、煤炭安全精准开采国家地方联合工程研究中心主任等。荣获"国家科学技术进步奖"二等奖6项、"中国专利金奖"1项、省部级科技进步特等及一等奖10余项；获授权国家发明专利70余项，出版《煤与瓦斯共采》高等教育"十二五"规划教材1部、专著8部，参与制定行业标准10项，发表相关学术论文100余篇，其中1篇论文入选"2013年中国百篇最具影响国内学术论文"，2篇论文获得中国科协优秀科技论文遴选计划优秀论文证书，4篇论文入选"领跑者5000——中国精品期刊顶尖学术论文平台（F5000）"，1篇论文获第二十三届世界采矿大会"最佳论文"奖；个人获得世界采矿大会"突出贡献奖"、首届"全国创新争先奖状""安徽省重大科技成就奖""全国优秀科技工作者""国家有突出贡献的中青年专家""全国煤炭系统专业技术拔尖人才""八十年代全国优秀大学毕业生"等荣誉，享受国务院政府特殊津贴。

袁亮院士

突破科研禁区和传统理论，取得瓦斯治理理论的持续性突破

针对瓦斯治理这一世界性难题，团队先后承担瓦斯治理领域多个国家科技攻关项目、重大专项、重点研发计划等，开展了系统的科学研究，创新性提出了卸压开采抽采瓦斯理论、无煤柱煤与瓦斯共采理论，实现传统瓦斯治理理论重大突破。研制了国内外最大尺度全封闭、真三维大型科学实验装置，在全球首次成功开展了巷道掘进揭煤诱发煤与瓦斯突出模拟试验，填补了吸附瓦斯煤岩特性试验与突出全过程真实模拟的技术空白。基于多场耦合的煤与瓦斯突出新理论，建立了基于大数据分析和数据挖

掘的煤与瓦斯突出灾害判识预警模型。研究成果被列入国家高等教育规划教材。

积极推进研究成果产品化，形成国际领先的关键技术和装备

基于对基础理论的持续突破，团队研发了一批技术水平在国际领先的关键技术和装备，构建了瓦斯立体精准抽采技术体系，并率先将瓦斯作为绿色资源加以高效利用，产生了显著的经济效益和生态效益。在煤矿瓦斯精准立体抽采领域，研发了地面钻孔抽采被卸压煤层解吸瓦斯技术工艺，有效杜绝了瓦斯爆炸事故，全国100余座高瓦斯煤矿推广使用，该成果获"国家科学技术进步奖"二等奖、"中国专利金奖"等；研发了无煤柱煤与瓦斯共采成套技术和装备，实现了连续抽采瓦斯，全国200多个工作面推广使用，该成果获"国家科学技术进步奖"二等奖。甘肃靖远煤电股份有限公司魏家地煤矿推广煤与瓦斯共采关键技术、鄂尔多斯市伊金霍洛旗所有煤矿已确定全面推广无煤柱开采关键技术；研发了瓦斯含量法预测煤与瓦斯突出技术和装备，实现了瓦斯含量的快速直接量化测定，提高了煤与瓦斯突出灾害预测的时效性、准确性，该成果获"安徽省科技进步奖"一等奖；研发了瓦斯抽采钻孔区域密封技术及装备，攻克了松软煤层瓦斯安全高效抽采难题。在100多座煤矿推广应用，瓦斯抽采浓度提高40%以上，抽采纯流量提高30%以上，该成果获"国家科学技术进步奖"二等奖。在瓦斯资源绿色高效利用领域，研发了低浓度瓦斯二相流安全输送技术装备，在世界上首次解决了低浓度瓦斯安全输送技术难题；研发了低浓度瓦斯发电成套技术装备，建成了亚洲首座低浓度瓦斯发电装置，开发了世界首例瓦斯利用CDM项目，产生了显著的生态效益；研发了煤矿瓦斯阶梯式清洁利用技术，实现了瓦斯资源热电高效转换和清洁利用质的飞跃，一次能量利用效率达70.3%，瓦斯利用率由41%提高至91.6%。近年来，团队还围绕低浓度瓦斯燃料电池发电、低浓度瓦斯安全高效燃烧利用、超低浓度瓦斯高效催化氧化燃烧利用等开展了卓有成效的研究。

袁亮院士为学生讲解双滚筒采煤机滚筒截齿切割原理和一次采全高工艺技术

实现研究成果工程示范化，保障国家基础能源供应

团队积极推进成果工程化，在安徽淮南、淮北高瓦斯矿区指导建成了以顾桥煤矿

（高瓦斯、高地温、高地压国家级示范矿井）、张集煤矿（全国特级安全高效矿井）为代表的 8 座现代化特大型高瓦斯煤矿和一批技术水平国际领先的瓦斯利用示范工程，为两淮矿区成为首个国家亿吨级煤炭生产基地做出重大贡献。其中，淮南矿区应用研究成果，连续 25 年避免了瓦斯爆炸事故，煤炭生产能力由 1000 万吨 / 年提高至 7500 万吨 / 年，百万吨死亡率由 4.01（1980—1997 年发生瓦斯事故 17 起，死亡 396 人）降至 0.018，现已成为黄河以南最大的煤炭生产基地、"长三角"能源供应主力军。团队针对世界首个两亿吨级煤矿区——神东矿区深部大规模开采引起的矿压、水、瓦斯、火、尘等灾害预测与防控技术难题，系统开展了多种灾害综合防控的基础研究与关键技术研发，提出了灾害综合防控对策，保障了矿区安全高效开采。此外，团队还在山西、陕西、河北、黑龙江、安徽、河南、贵州、新疆等 14 个产煤省（自治区）的 200 余家国有重点煤矿开展技术服务，覆盖产能 22 亿吨，累计创造经济效益近 100 亿元。团队 300 多人长年驻扎在煤矿一线开展技术服务，推广研究成果，技术覆盖的矿区全部杜绝瓦斯事故，使我国煤矿瓦斯治理整体技术达到国际领先水平。近三年，团队核心骨干还受邀为煤炭企业、科研院校做专题讲座 50 余场，举办"全国瓦斯防治培训班"30 多期，培训近 10000 人次，有效促进了全国瓦斯治理技术水平的整体提升。

袁亮院士在安徽理工大学，以"争做担当时代重任的新时代青年"
为主题，为即将离校的毕业生党员代表讲授精彩的思政课

服务支撑科技自立自强，做好科技创新文章

袁亮院士坚持把解决现实问题作为目标，提出要"大力融入长三角一体化发展，全面融入合肥综合性国家科学中心，深度融入行业高质量发展，主动融入地方经济

社会发展",服务支撑行业和区域科技高水平自立自强。团队紧密围绕国家战略需求,以"四个融入"为牵引,依托国家重点实验室、国家工程研究中心等高能级平台,开展"大平台—大团队—大项目—大成果"式的有组织科研,开创性提出了卸压开采抽采瓦斯、无煤柱煤与瓦斯共采、"高位环形体"理论,开发出煤矿瓦斯治理全套工艺技术,破解了低透气性高瓦斯煤层群安全开采重大难题,创造了地面瓦斯抽采钻井完好率和利用周期两项世界纪录,得到了国际同行的广泛认可,荣获"世界采矿大会突出贡献奖"。世界采矿大会国际组委会主席评价,"世界采矿的核心技术在中国!在淮南!"团队先后承担国家重大专项、国家重大科技攻关、国家科技支撑计划、国家重点研发计划、国家重大科研仪器研制等国家级重大科研项目6项,承担中国工程院重大、重点咨询研究项目10余项,创新成果在澳大利亚、俄罗斯、印度等国推广应用,研究成果荣获"国家科学技术进步奖"7项、"中国专利金奖"1项、省部级特等奖及一等奖26项。在新时代,团队胸怀"国之大者",立足国家战略、学术前沿和学科特色,围绕"双碳"目标,加强前瞻布局,研发了跨爆炸极限3%～9%低浓度瓦斯安全直接燃烧利用技术,开发的稳定燃烧装置入选国家能源领域首台(套)重大技术装备清单,建成了3MW工业化应用系统,填补了爆炸浓度瓦斯直接燃烧利用技术领域的国际空白,补齐了甲烷全浓度利用的技术短板,抢占甲烷等非二氧化碳温室气体管控科技制高点。强化教育链、创新链和产业链对接,牵头筹建行业首个"煤炭安全智能精准开采协同创新组织",集聚"政产学研用金"资源协同创新,与国家能源集团、中煤集团、陕西煤业化工集团等能源头部企业联合攻关,单个企业委托重大工程项目经费突破5000万元,促进科研成果转化成现实生产力。团队深化科研育人,确定"煤炭安全精准开采"等新方向,创建"消防工程""应急技术与管理"等新工科专业,把前沿科技成果变成撬动人才培养质量提升的最大增量。

结 语

在新时代,团队将不忘建设科技强国的初心使命,积极探索创建政产学研用协同创新体制机制,实施煤炭科技创新重大科技难题联合攻关。以各类科研平台为载体,与中国煤炭工业协会,有关省市的煤炭主管部门,国家能源集团、中煤集团、中煤科工集团、淮河能源集团、陕西煤业化工集团等大型煤炭企业展开交流合作。团队继续以高瓦斯矿井灾害防治、复杂条件矿井围岩控制、矿用安全材料与防灭火为主要研究方向,瞄准深部煤炭安全开采共性技术难题,持续开展研究攻关,为煤炭资源安全高效开采提供强有力的科技支撑,为我国经济社会的可持续发展做出新的更大贡献。

十年磨一剑
从实验室走出的软磁复合材料头部企业

——中国科学院院士都有为科技创新团队

  电力电子装备，大到汽车，小到手机，已经遍布人们的日常生活，其用量代表了一个国家的经济水平和人民的整体生活水平。作为电力电子装备的上游核心基础材料，磁性材料直接影响电力电子装备的性能、体积、成本，是下游电力电子产业技术升级的核心驱动力，也是全球高新技术竞争博弈的核心领域。由南京大学都有为院士领衔的中国科学院院士都有为科技创新团队（南京大学纳米磁性科研团队）（以下简称团队），在积极开展基础磁学理论研究的同时，长期致力于磁性材料与器件领域的科研成果转化工作，与国内众多磁性材料企业建立了紧密的产学研合作关系，帮助企业解决了一大批工艺技术难题，为我国磁性材料与器件产业的持续发展提供了强有力的支持。他们的卓越贡献和创新能力不仅在学术界得到了广泛认可，也赢得了产业界的尊重和赞誉。在新的时代背景下，都院士团队正以更加开放的姿态，凝聚卓越的技术力量和杰出的人才资源，积极对接光伏、储能、新能源汽车、数据中心、通信、电力等新兴产业的发展需求，不断深化产学研融合发展，为推动磁性材料与器件，以及下游电力电子产业的进步提供了强有力的技术支持。

团队和带头人简介

  团队长期面向磁性材料与器件开展基础研究与应用研究工作，在纳米磁学、自旋电子学、软磁、永磁、磁致伸缩、磁制冷、多铁、磁光等领域取得了一系列研究成果。多年来，团队一直致力于科研成果转化工作，与国内众多磁性材料企业建立了良好的产学研合作关系，帮助企业解决了大量的工艺技术难题，为我国磁性材料产业的发展壮大做出贡献。团队响应国家"鼓励专业技术人员创新创业"的号召，积极扶持团队科研成员基于研究成果进行创业。经过近10年的艰苦奋斗，团队在软磁复合材料领域成功孵化出国内行业排名前三的主力企业——安徽瑞德磁电科技有限公司，为解决我国新能源与通信领域上游核心电子材料的"卡脖子"问题做出突出贡献。多年来，团队共发表SCI论文千余篇，被SCI论文引用万余次，发表国内论文200余篇，获国家发明专利授权近百项，编著（含合编）书12本，获"国家自然科学奖"二等奖、江苏省科技一等奖及"何梁何利科学与技术进步奖"各1项、省部级科技进步二等奖4项等。

团队带头人都有为，南京大学教授、博士生导师、中国科学院院士。任中国材料研究学会磁性材料及应用专业委员会主任委员、中国稀土学会常务理事、中国物理学会磁学专业委员会副主任、中国电子学会应用磁学专业委员会委员、中国电子学会会士、中国颗粒学会理事、中国颗粒学会超微颗粒专业委员会副主任、中国仪表材料学会副理事长等职。曾任南京大学纳米科学技术研究中心主任、国家85攀登计划"纳米材料科学"专家委员会委员、95攀登预选计划"纳米材料科学"首席科学家、973项目"纳米材料和纳米结构"08课题负责人。在南京大学创建

都有为院士

纳米磁性科研组，培育了博士后27人，博士生、硕士生200余人。

勇于开拓，敢于创新，做时代的先行者

软磁材料是所有电力电子装备实现电能转换的核心电子材料。随着第三代宽禁带半导体技术的快速发展，功率半导体器件正引导电力电子装备向高频、大功率、高效率、微型化的方向持续迭代。但包括硅钢、非晶等软磁合金及软磁铁氧体在内的传统软磁材料分别具有低电阻率，以及低饱和磁通密度、抗饱和能力差等性能短板，无法满足电力电子装备的技术需求。而软磁复合材料由于兼具高电阻率、高饱和磁通密度、高直流偏置性能等优势，在国际上被公认为是目前最满足电子、电子装备高频和大功率配套要求的新一代软磁材料，近年来已被广泛应

用于光伏逆变器、储能变流器、电动汽车（直流充电桩、车载充电机、DC/DC 变换器、电驱逆变器）、数据中心（UPS、服务器电源等）、通信装备（手机、5G 基站电源等）等新能源与通信领域的电力电子装备，成为磁性材料领域增速最快的细分行业。面向软磁复合材料在磁性能、电性能、制备工艺等方面存在的诸多技术难题，都院士团队培养的苏海林教授等青年教师开展了一系列创新研究工作，具体包括以下几点。①自主开发了高性能新型铁基合金磁粉成分，将合金磁粉的电阻率提升至铁基非晶的近 3 倍，将饱和电流提升至铁基非晶粉芯的约 2 倍，大幅降低了金属软磁粉芯在 MHz 频段的损耗，突破了国外在高频软磁合金细粉上对我国的技术封锁，将金属磁粉的应用频率提升至 3MHz 以上。同时，自主开发了亚微米级与微米级金属软磁细粉的高收得率制备工艺，突破了雾化制备工艺的极限，实现了超过 90% 的细粉收得率，大幅降低了细粉制备成本，为我国高效率一体模压电感与片上电感的技术进步奠定了材料基础。②开发了高磁导率磁粉粒度配比与低压强高密度成型工艺，在百 MPa 压强下实现了软磁复合材料磁导率的显著提升，大幅降低了低频磁滞损耗，在国内首次实现了软磁复合材料 1kHz 以下损耗低于欧美同类产品，为 SMC（软磁复合材料）电机和低噪声电力装备的开发奠定了技术基础。③自主开发了无机酸盐包覆、氧化物包覆及纳米氧化物原位生长等一系列高电阻率磁粉绝缘工艺并明确了绝缘包覆机理，在纳米量级的绝缘层厚度下实现了软磁复合材料体电阻率达到 $10^{17}\mu\Omega \cdot cm$ 量级，有效抑制了高频涡流，同时有助于实现高磁导率。④首次将软磁复合材料应用于工频电网装备，巧妙地基于磁通分流原理将软磁复合材料与硅钢这两类磁性能差异极大的软磁铁心并联，设计了工频损耗和振动噪声均低于硅钢电抗器的混合磁路电抗器，为电力装备降噪开辟了全新的技术方向。⑤自主开发了全系列软磁复合材料磁芯产品的成分配方与制备工艺，打破了国外在软磁复合材料细分领域的垄断地位，在此基础上针对新能源领域的极限性价比要求，灵活设计了一系列高性价比复合磁粉配方与高集成度组合磁路器件方案，并在下游获得了广泛应用，有力支持了我国新能源产业的快速发展。

秉持育人初心，致力打造卓越创新团队

2013 年 9 月，都有为院士带领苏海林教授等青年教师在盱眙县天使基金的扶持下创办了江苏瑞德磁电科技有限公司（磁芯一厂），开启了团队在软磁复合材料领域的创新创业征程。自 2014 年至今，团队进行了 6 轮融资，在元禾原点、杨勇、南京银嘉、芜湖建投、芜湖高新控股、安徽省创投、安徽省科技厅科转基金、国元股权等投资方约 1.6 亿元的风投扶持下，陆续新建了安徽瑞德磁电科技有限公司（总部 + 磁粉工厂，

简称瑞德磁电）、淮北瑞德磁电科技有限公司（磁芯二厂），以及安徽瑞德磁电科技有限公司合肥分公司（设计中心），形成了三个工厂和一个设计中心的公司架构，软磁复合材料磁芯的设计年产能已达到1万吨。目前，瑞德磁电主要面向新能源与通信领域的电力电子装备开展配套高性能软磁复合材料及磁器件的研发与制造，成功开发了铁硅铝、铁硅、铁镍三大系列十一大类软磁复合材料产品，设计组合磁路器件方案近千例，获得了阳光电源、上能、首航、正泰、古瑞瓦特、EATON、科华、易事特、阿特斯、优优绿能、比亚迪、吉利、Siemens等光伏、储能、UPS（不间断电源）、新能源汽车、充电桩头部企业的高度认可，逐步成长为新能源领域软磁复合材料的三大主力供应商。

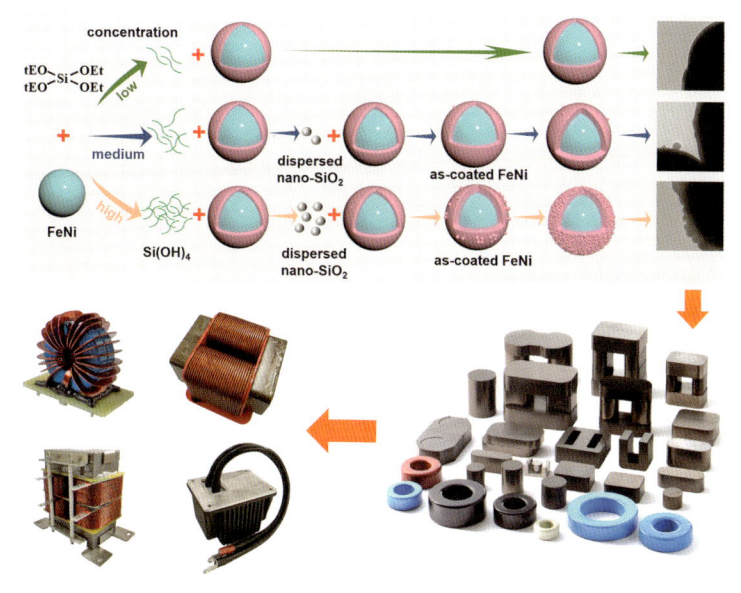

新能源领域用软磁复合材料器件全产业链研发路径图

瑞德磁电先后获得江苏省双创"博士计划"项目、江苏省"苏北人才"计划项目、江苏省"六大人才高峰"高层次人才项目、淮安市"淮上英才"计划项目、芜湖市高层次人才创业项目、安徽省特支人才计划项目的资助，获批了淮安市软磁粉芯与器件工程技术研究中心与企业技术中心、安徽省院士工作站等平台建设，获批了国家级高新技术企业和江苏省"专精特新"中小企业，通过了ISO 9001质量体系认证和IATF 16949管理体系认证，是当地列统企业、规上企业。此外，瑞德磁电还获得了2018年第七届中国创新创业大赛新材料行业赛全国总决赛第六名、"中国创翼"全国总决赛优秀奖、第三届安徽省"赢在江淮"创新创业大赛第一名以及阳光电源"技术创新奖"等荣誉，是人力资源社会保障部授牌的"全国优秀创业创新项目"。

瑞德磁电依托团队在南京大学与合肥工业大学的磁性材料与器件实验室，针对新能源与通信领域的高频软磁技术难题，积极开展软磁复合材料产品的研发工作并实现了相关技术的孵化创业，是国家倡导的真正意义上的产学研协同创新。多年来，团队的创新工作已在瑞德磁电开花结果。在软磁复合材料行业已经发布的 6 项 IEC 国际标准中,瑞德磁电牵头制定了 2 项,参与制定了 2 项。同时,瑞德磁电先后主持了淮安市重点研发计划项目、科技成果转化项目、揭榜挂帅项目(HAG201629、HAG201907、HAG202114),以及国家电网江苏电科院科技项目、北京联研院科技项目、总部重大科技专项(J2017048、SGTYHT/17-JS-202、SGTYHT/20-JS-221)的研究工作。基于相关研究成果,瑞德磁电已经授权 17 项发明专利和 41 项实用新型专利,另申请发明专利 11 项,发表论文 25 篇。

十年时光荏苒,在都院士团队的辛勤耕耘下,瑞德磁电已从最初的 4 人发展到现在的 300 余人,产销规模已进入国内行业前三,是光伏逆变器世界排名第一的阳光电源的战略合作伙伴和主力供方,是国家电网在软磁复合材料领域的独家联合研发伙伴,是华为的联合研发伙伴,是世界知名磁器件企业日本 TAMURA 的战略合作伙伴,已逐步成长为中国软磁材料行业一颗冉冉升起的新星。

勇担历史重任,肩负时代使命

在面向新能源领域的技术需求开发高性能软磁复合材料及相关组合磁路器件的同时,团队一直关注其他软磁材料下游应用领域的技术痛点与"卡脖子"难题,并持续开展应用基础研究。

在电力装备领域,装备的振动噪声一直是困扰全世界电网的技术难题,至今尚没有办法彻底解决。2016 年,都院士团队成员苏海林教授与瑞德磁电邹中秋总经理针对该问题进行了技术分析,针对现有铁芯材料的高磁致伸缩特性,以及易磁化饱和导致的铁芯磁路需设置大气隙这两个导致电力装备振动噪声的物理根源,首次提出基于零磁致伸缩、高抗饱和能力的软磁复合材料设计电力装备的技术路径并得到了国网领导的支持。2017 年,都院士团队与国网江苏省电力有限公司电力科学研究院面向 260kVar 低噪声并联电抗器开展了联合研发,设计了基于软磁复合材料、硅钢的混合磁路铁芯电抗器和纯软磁复合材料铁芯电抗器,将装备振动噪声和线圈温升较同规格硅钢铁芯电抗器分别降低近 18dB 和约 9℃,基于非夹持和非屏蔽的技术手段有效抑制了电力装备振动噪声,证实了都院士团队提出的基于软磁复合材料设计电力装备铁芯从而降低装备振动噪声的技术路线的可行性。2018—2019 年,团队与国网全球能源互联网研究院电工新材料研究所针对 260kVar 低噪声并联电抗器进一步开展了铁芯磁路结构的优化研究,在保证电抗器低振动噪声的前提下,降低了软磁复合材料混合磁路铁芯电抗器的尺寸与成本,使之接近于硅钢铁芯电抗器。2020 年,团队协助国网全球能源互联网研究院电工新材料研究所,将该方向写入国网"十四五"规划建议稿,并与国网智能电网研究院有限公司先进输电技术国家重点实验室、国网江苏省电力有限公司电力科学研究院、保定天威保变电气股份有限公司、许继变压器有限公司四家国网下属单位合作申请并获批了国网总部科技项目"Fe基软磁复合材料开发及在低噪声电抗器中的应用"。过去3年，团队与国网研究团队进一步针对软磁复合材料铁芯的材料配方与混合磁路结构进行了深入研究，在10kVar软磁复合材料混合磁路铁芯电抗器样机中，在与硅钢铁芯电抗器相同的外观尺寸下，同时实现了更低的工频损耗与振动噪声。2023年11月15日，团队与国家电网智能电网研究院电工新材料所等单位联合研发的首台基于新型Fe基软磁复合材料的50Hz、10kV/300kVar铁芯电抗器在国网顺利通过型式试验，较同规格硅钢电抗器运行工况下噪声降低3～5dB（A），绕组温升降低5～8k，大幅提高了铁芯电抗器的服役可靠性和环保水平，为国网公司在电力设备降噪与可靠运行等领域提供了全新的产品。经过7年坚持不懈的努力研究，团队证实了基于软磁复合材料设计铁芯磁路结构从而降低电力电抗器振动噪声的技术路径完全可行，为全世界电网实现电力装备降噪的目标开辟了全新的技术方向。

在高频通信等电子装备领域，高电阻率金属软磁细粉是实现装备高效率的关键材料。但10μm以下的金属软磁细粉难以通过气雾化工艺实现高收得率，尤其是高性能非晶细粉，我国仍面临被"卡脖子"的问题。2019年至今，团队成员苏海林教授、张学斌副研究员、刘伟博士针对微米级高电阻率铁基合金粉末和（亚）微米级金属软磁粉末开展了系统研究，自主开发了高温扩散工艺与液相化学合成辅助氢气还原工艺两个技术路径，分别合成了电阻率3倍于非晶粉末，饱和电流近2倍于非晶粉末，饱和磁通密度高于1.6T，中位粒径约5μm的新型成分铁基合金粉末，以及粒径介于300nm～8μm的亚微米级及微米级金属软磁粉末，细粉收得率超过90%，大幅降低了细粉制备成本，同时有效抑制了磁粉内高频涡流，在MHz频段实现了良好的磁导率频率稳定性和极低的损耗，尤其在3MHz以上的频率范围得到了优于非晶粉末的高频软磁性能，可以替代国外高效率非晶粉末，为高效率一体模压电感和芯片用片上电感的开发奠定了坚实的高性能软磁材料基础，为我国在高频软磁领域突破国外技术封锁做出突出贡献。

结　语

制造业是我国立国之本、强国之基，没有强大的制造业，就没有国家和民族的强盛。都有为院士团队致力于磁性材料的基础研究和技术迭代。针对新能源等新兴产业对高性能磁性材料与器件的迫切需求，团队将在基础材料配方、先进制造技术及器件磁路设计等方向继续深入开展研究，突破关键技术，解决"卡脖子"难题，为我国国防安全自主可控与经济社会高质量发展贡献力量。

深耕设计创新　打造智能制造新质生产力

——中国工程院院士凌文科技创新团队

近年来，我国工业设计快速发展，行业规模逐年扩大，创新能力持续提升，设计成果不断涌现。工业设计在推动中国制造全产业创新升级、增强产品竞争力，助力经济高质量发展进程中，已凸显出巨大赋能效应。中国工程院院士凌文科技创新团队（以下简称团队）依托山东省工业设计研究院，坚持面向世界科技前沿、面向经济主战场、面向国家重大需求、面向人民美好生活，整合配置工业设计产业链关键创新要素，提供全流程创新设计、全领域品牌设计、全产业链整合研发等产业升级解决方案，在智能产品、智能设计、智能制造领域打造全域赋能、融合共生的产业生态系统。

团队和带头人简介

凌文，中国工程院院士、全国劳动模范、全国金融劳动模范，著名系统工程科学家，上海交通大学讲席教授，世界工业设计学会拟任主席，山东省科协主席，中国工业设计协会名誉会长、首席科学家。曾任神华集团、国家能源集团总经理，山东省人民政府党组成员、副省长。多年来直接指挥、策划或主持论证了几十项重大工业工程项目的设计方案。曾获"国家科学技术进步奖"二等奖3项，"中国产学研合作突出贡献奖"，以及多项省部级奖项。由其担任总指挥的宁夏煤间接液化工程获"国家科学技术进步奖"一等奖，由其担任总指挥的北京冬奥会中国雪蜡车项目获"中国优秀工业设计奖"金奖。

凌文院士指导建设的山东省工业设计研究院是"十三五"期间国家工业设计平台建设的重要成果和载体，是工业和信息化部批准的我国智能制造领域唯一的国家工业设计研究院，是2022年全国唯一获得国家工业设计奖的专业设计机构，具有全流程创新设计、全产业链整合研发、全领域品牌设计资源和能力，是全国工业设计领域单体规模最大的设计组织。

凌文院士

目前研究院有设计师50余名，汇聚了中国工程院院士、设计学博士、硕士、优秀青年设计师等一批高层次人才。团队成立至今，获得了国家工业设计研究院（智能制造领域）、国家级服务型制造示范平台、国家中小企业公共服务示范平台、"山东省五一劳动奖章""山东青年创新突击队""山东省'专精特新'中小企业""高新技术企业"等十余项荣誉称号，通过了ISO质量管理体系认证。设计作品获"中国优秀工业设计金奖"、"山东省省长杯工业设计大赛金奖"、IF奖、红点奖、IDEA奖、G-mark设计奖等20余项。

近年来，团队承担了2022北京冬奥会雪蜡车、海上火箭发射平台、高铁新型商务座椅研发设计等几十项国家、省市重大关键设计项目，完成近20项省部级研究课题，申请100余项知识产权与专利，与全球科技、设计机构联合开展多领域高端综合创新设计，累计服务企业数百家。

面向国家重大需求，攻坚克难，填补空白

滑雪是激情与速度的比拼，专业的双板滑雪运动员对速度有着严苛的追求，平时微不足道的0.01秒，在竞技场上却是制胜的关键。为滑雪板打蜡，对于滑雪板的维护，特别是加快雪板在雪上的滑行速度，提升运动员的成绩，有着十分重要的作用，雪蜡车成为滑雪赛事必备的用于保障滑板打蜡的专用车辆和刚需服务。然而，全球只有少部分冰雪运动发达的国家拥有自主装备雪蜡车。我国的冰雪运动队在过去参加比赛时大多是租用外国的车辆，只能在赛场边的空地上支个打蜡台进行操作。雪蜡车的背后，是中国冰雪装备制造相对"空白"的严峻现实。

为迎接第二十四届冬奥会，提升北京冬奥会国家队训练备战的科技助力水平，2020年国家体育总局委托山东省开展中国雪蜡车研制工作。这是一项从零开始的挑

战，也是一项填补空白的挑战。2020年11月6日，北京冬奥会雪蜡车联合攻关项目指挥部成立，凌文院士担任总指挥。2020年11月，由国家体育总局冬运中心、山东省政府办公厅、省工业和信息化厅、省体育局、省科技厅、省广播电视台、中国重汽、泰山体育、省工业设计研究院、海尔、海信、力诺、科华赛邦、大唐宅配14家单位有关人员组成研发团队。在凌文院士的带领下，设计研发团队发扬体育健儿的拼搏精神，以工业设计理念为先导，多学科、多团队协同作战，克服重重困难。两个月后，在没有技术专家指导、没有图纸查询、没有实车参考的情况下，雪蜡车总体设计方案诞生并通过专家组评审，2021年2月23日启动生产制造；9月26日，中国首台具有完全自主知识产权的黄河牌雪蜡车在中国重汽正式下线；10月27日，中国首台具有完整知识产权，集氢燃料电池、光伏发电储能、5G、工业互联、大数据、人工智能等于一身的雪蜡车正式交付国家体育总局冬运中心。只用了短短11个月时间，雪蜡车研发团队圆满完成了国家体育总局交办的保障北京冬奥会国家越野滑雪队的任务，结束了中国越野滑雪队长期没有自主保障装备的历史，实现了"国内首创、世界领先、完全国产"，创造了"中国奇迹"。

雪蜡车交付使用以后，随国家队辗转新疆、河北、上海、北京等地，行程超过了一万多千米，经受住了长途行驶、高原气候、冰雪低温、大风恶劣天气等各项考验，成为国家越野滑雪队名副其实的保障支撑平台，折射出中国"智造"的新成就。冬奥会结束后，雪蜡车继续服务于国际国内重大赛事，为我国冰雪运动的发展提供强有力的保障。国家体育总局授予山东雪蜡车联合攻关项目指挥部为中国冰雪科技联合攻关单位。

面向世界科技前沿，设计引领，系统集成

在凌文院士的带领下，团队充分发挥工业设计的整合集成创新能力，采用全产业链协同设计模式，对雪蜡车进行整体布局和功能总成设计，打造集车载平台、可扩展箱体、雪蜡台核心设备、新能源动力系统、智能感知控制系统、水处理和空气管理系统、光环境、赛事转播、无障碍通道、防腐保温抗潮材料于一体的北京冬奥会中国国家队专用装备车辆，具有数字智能技术创新、环保标准质量高、能源消耗总量省、环境适应能力强、操作安全性能佳、使用面积体积大、单车功能布局全、作业舒适程度优、人文关怀考虑周、时尚外观设计炫等亮点。从概念到方案、从设计到制造，中国首台雪蜡车、首款雪蜡的成功研制，共形成专利81项，其中发明专利24项，实用新型37项，外观专利20项，一举打破了该领域长期被国外垄断的局面，实现零的突破，体现了我国集中力量办大事的体制优势，彰显了团队勇攀科技高峰的进取精神。

在中国智造的助力下，我国冰雪体育事业已站在新起点，向更高的目标发起挑战。2022年北京冬奥会雪蜡车荣获"中国工业设计奖金奖"，这是我国工业设计领域最高级别的政府奖项。

北京冬奥会中国国家队雪蜡车荣获金奖

雪蜡车功能箱体的总成设计，打造出世界一流的厢体空间，采用车载平台可扩展空间箱体，移动运载时相当于一个标准集装箱车体，到达赛场进行空间扩展延伸，分为热身区、雪板打蜡区、雪板储存区、工作临时休息区、富氧休息娱乐区、雪蜡储存区、卫生淋浴间七大功能区域，工作面积达到92.5平方米，是目前已知面积最大的雪蜡车。车体尾部设计了自动轮椅升降平台，满足残疾运动员自由出入厢体的需求。采用人脸识别自动平开门，方便运动员携带设备进出厢体。厢体内部同时还设有休息区，配有电视、床垫、微波炉、电磁炉、氧吧、无线手机快充等家用设施。驾驶室采用豪华航空座椅，具有通风、加热、按摩、腿部支撑等人性化设计功能。雪蜡车实现了最重要的功能空间的总体布局、总体集成、人机和数据环境的软硬件一体化设计，是一次领先的、典型的中国创造。

同时，团队首创超静音下排风系统雪蜡台和磁吸追光补光等系统，从方案论证到数字建模，到首台验证，再到正式产品精密制造和测试，共经历了7次样机迭代，40多次测试验证。在没有样机和图纸参考的情况下，建立了全部国产零部件物料清单（BOM）和参数规格标准，并实现信息化管理和知识资产化。雪蜡车在总体空间布局、人机及信息环境交互界面、空气、噪声、光色等方面已经形成行业标准能力，为打蜡师和运动员提供了舒适、智能、安全的工作和休息环境，被外籍打蜡师称为全球最优打蜡台。

为保障车辆能够适应各种复杂工况，团队开发了全新氢能源和油电混合两种动力的国内最顶端牵引头，厢体配备太阳能光伏发电储能供电系统，可实现晴天日照4小时，发电不小于30千瓦/小时的目标，基本满足日常照明和家电等的使用。厢体内部家具等材料全部采用环保无污染材质，保证室内空气质量。团队定制开发全新车载空调、排风、新风系统，$PM_{2.5}$一次性过滤效率达到99%。在智能化方面，车厢配有智能中控系统，可一键运行智能化诊断，实现智能温控、光控、音控；配有厢体一键左右侧拉厢伸展收缩，全车厢体自动调平电控支腿、用电智能检测和控制系统。牵引头配备有双预警、疲劳驾驶预警、EBS+ESC系统、一键启停、电子驻车等L2+级智能驾驶系统。

在雪蜡研发方面，为打破国外技术垄断，在凌文院士的带领下，团队以研制无氟高性能雪蜡为目标，联合国内各领域优势大学、科研院所和重点企业，组建雪蜡联合攻关团队，将高性能无氟雪蜡研发纳入省重点研发计划，成功研发出15种固体蜡、2种粉末蜡和1种液体蜡，实现雪蜡国产化零的突破，主要性能与同系列进口雪蜡相当，部分指标实现超越。

国产雪蜡车助力冬奥健儿创造佳绩

面向产业升级主阵地，脚踏实地，守正创新

凌文院士的系统工程与设计交叉思维和研究成果在诸多产业领域得到了推广和应用。在他的带领下，团队开始向航空航天、机械装备、海洋工程、智慧家庭、医疗应

急等重大领域延伸并取得了丰硕成果，不断引领产业升级，推动制造业高质量发展。

在航空航天领域，团队为中国海上火箭发射平台研发设计了火箭起竖发射架及吊装架、保温舱等相关配套设备，为"一箭九星"任务圆满完成做出贡献。2022年7月，团队积极参与并承担我国火箭发射重大装备的设计研发项目，为我国运载火箭领域的技术变革和"力箭一号"运载火箭在酒泉卫星发射中心成功发射做出重要贡献。

在轨道交通领域，团队参与高铁新型商务座椅的研发，全新设计方案在提高了空间利用率的同时也提高了座椅舒适度，通过设计创新对商务座椅全新布局，单节商务车厢座椅数由24个提高到42个，商务舱运力提高75%，从而提高了高铁客运的市场收益，为推动我国轨道交通装备制造业持续健康发展做出新的贡献。

在医疗应急领域，团队以工业设计为重要牵引，开展医疗器械和生命健康产业开发、企业品牌创建等设计创新服务，为企业增品种、提品质、创品牌。

结　语

工业设计是工业化发展的产物，是一种将策略性解决问题的过程应用于产品、系统、服务及体验的创造性活动。伴随着工业化进程，制造业的复杂程度逐步提升，产业分工日益细化，工业设计不断融入制造业发展的方方面面，成为沟通艺术和技术、协调人文和工程、连接需求和生产的桥梁。工业设计在提升制造业创新能力和核心竞争力、拓展产业发展空间等方面发挥着越来越重要的作用，是支撑工业文明的重要基石和全球制造业的战略必争之地，同时也是国家创新实力和软实力的重要标志。

站在新的历史起点，凌文院士团队将以公共创新平台和创新设计成果转化为核心定位，瞄准智能制造前沿创新领域，致力于培育建设国家智能制造领域工业设计创新支撑平台，创造原创设计、培育新兴产业、培养创新人才，以数字智能为切入点，为我国经济高质量持续发展提供设计创新源头供给，打造新质生产力，助力中国制造向中国创造转变、中国速度向中国质量转变、中国产品向中国品牌转变，让产业更具活力，让世界更加美好。

科技创新赋能美丽中国建设
产学研协同助推绿色发展

——中国工程院院士高翔科技创新团队

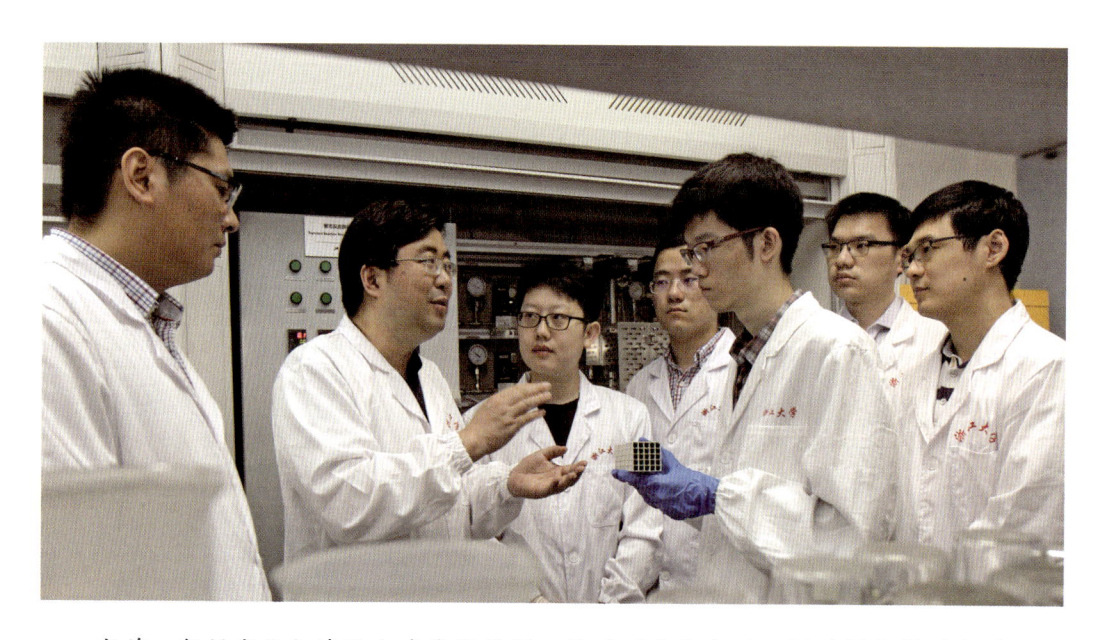

当前，气候变化加速了全球能源转型，推动碳中和行动、促进绿色低碳发展，已经成为人类社会的普遍共识。世界各国通过制定本国的能源转型战略、低碳政策、绿色金融计划等，加快推动能源清洁低碳利用技术创新发展，加速实现绿色低碳转型。进入新时代，我国生态文明建设进入了减污降碳协同增效、经济社会绿色转型的关键发展时期。

中国工程院院士高翔科技创新团队（以下简称团队）瞄准世界科技前沿，立足中国大地，主动对接能源环保产业发展重大需求，集中技术和人才优势，不断深化产学研融合，为能源环保产业的发展提供了一系列关键技术支撑，为我国实现碳达峰、碳中和目标，助力构建人与自然和谐共生的美丽中国提供了可行方案。

团队和带头人简介

浙江大学高翔院士团队，汇聚了中国工程院院士、"长江学者奖励计划"特聘教授、"青年长江学者"和国家优秀青年科学基金（海外）获得者等一批高层次人才。团队长期致力于能源与环境领域的基础理论、关键技术及工程应用研究，在新能源、绿色燃料、碳污减排、资源循环等方向取得了系列创新成果，为推动我国能源清洁低碳利用技术与产业发展做出重要贡献。近年来，团队承担国家及省部级项目30多项；编制国家及行业标准70多项，有力推动了国家大气环保装备的标准化体系建设；获授权中国发明专利100多件、美日德澳等国际专利8件；获"国家技术发明奖"一等奖1项、"国家科学技术进步奖"二等奖1项、"国家技术发明奖"二等奖1项和"浙江省科学技术进步奖"一等奖4项；获"国家级教学成果奖"二等奖2项。

团队带头人高翔院士，1968年10月生，博士，教授，博士生导师，中国工程院院士。现任浙江工业大学校长、浙江大学碳中和研究院院长、白马湖实验室主任等职。曾获"何梁何利基金科学与技术创新奖""全国创新争先奖状""全国五一劳动奖章"，被评为全国优秀科技工作者、中国技术市场金桥奖先进个人、第五届"最美浙江人·最美科技人"、浙江省第五届师德先进个人等。国务院政府特殊津贴获得者，获国家杰出青年科学基金资助，入选教育部"长江学者奖励计划"特聘教授、新世纪百千万人才工程国家级人选、国家高层次人才特殊支持计划领军人才、国家环境保护专业技术领军人才、浙江省特级专家等，当选英国IET（英国工程技术学会）会士、中国环境科学学会会士、中国电机工程学会会士等。

高翔院士

发扬创新精神，推动绿色低碳科技发展

高校是知识、科技的创新源头和开展基础研究的重要基地，高校科技工作者处于产学研协同创新链条的前端。高翔院士坚持聚焦科技创新目标，充分发挥团队的基础研发优势，识别能源环保产业所面临的共性和关键技术需求，通过解决共性、关键技术需求，不断深化和推进产学研协同创新。

煤炭是我国重要的基础能源和重要原料，在为经济发展和居民生活提供重要支撑的同时，也造成了严重的大气环境污染问题。"如果我们利用创新科技，把煤炭燃烧排放的污染物浓度降低到国家规定的天然气发电排放限值水平，它也可以成为一种清洁能源。"在高翔院士带领下，团队经过长期的理论研究和试验研究，成功研发了高效率、高可靠性、高适应性、低成本的多污染物高效协同脱除超低排放系统，最终实现了复杂煤质和复杂工况下燃煤机组多污染物的超低排放。该研究成果目前已在全国实现规模化应用，有效削减了燃煤污染物，提升了燃煤污染治理技术和装备水平，推动了国家燃煤电厂超低排放战略实施，为中国清洁高效煤电体系的建设提供了关键技术支撑，同时也为全球解决燃煤污染问题提供了中国方案。该项目获得了2017年度"国家技术发明奖"一等奖，这是浙江大学首次以第一完成单位获得该奖项，也是浙江省的第一个"国家技术发明奖"一等奖。

近年来，高翔院士团队推进绿色低碳科技创新的步伐不断加快。继超低排放关键技术成果在电厂成功应用之后，他们又把目光转向了海上。众所周知，行驶在海上的船舶所排放的大气污染物和二氧化碳，也是引发大气环境问题的重要原因。随着国际海事组织及各国持续加严排放控制要求，航运界也掀起了一场节能减排的大变革。由高翔院士领衔的联合攻关团队攻克了船舶尾气高效净化、高效碳减排等关键技术，研发了船舶碳污染高效治理技术系统，实现船舶排放指标显著优于国际海事组织法规要求。这项成果获得中国、美国、英国、日本等全球九大船级社认证，被瑞士地中海、加拿大塞斯班、美国钻石、新加坡太平船务等国际知名航运公司采用，在集装箱船、油船、散货船等船舶上实现规模化应用，覆盖了国际主要航线。这项成果推动了我国船舶清洁低碳技术的发展，有效提升了中国的国际话语权，为助力我国成为世界船舶制造强国和绿色航运强国提供了关键科技支撑，研究成果获"浙江省科学技术进步奖"一等奖，入选2023年度中国生态环境十大科技进展。

船舶尾气高效净化关键装备安装现场

勇担时代使命，搭建产学研创新平台

在高翔院士看来，前辈的指引、团队的协作和产业界的支持是他一路走来的重要支撑。"对于工科来说，团队对于个人的发展特别关键，只有互相支持、互相补位，才能干得了大事、干得成大事。"他认为高校的优势在于基础研究、人才培养等领域，而企业的优势则在于面向市场和应用的产品开发及工程化技术。团队以产学研协同的高能级科创平台为依托，通过资源共享、优势互补，积极探索科学研究与技术研发、工程示范的融通创新模式，先后突破一批绿色低碳领域的产业关键核心技术，助力产业不断迭代升级。

从 2017 年起，浙江省着手构建省实验室体系，积极布局国家战略性、基础性产业，超常规培育国家战略科技力量。2022 年 6 月，作为浙江省十大实验室之一，由浙江省能源集团、浙江大学、西湖大学共建的白马湖实验室（能源与碳中和浙江省实验室）成立，高翔担任实验室主任。他以服务国家战略和"双碳"目标为己任，十分重视白马湖实验室科技创新的顶层设计，推动形成了一个体系（绿色低碳能源创新体系）、三大研究集群（可再生能源高效转化与利用、氢能与规模化储能、能源清洁低碳利用）的科研布局，加快推进绿色低碳科技创新及成果转化。

2022 年 8 月，为进一步聚焦"双碳"目标，扎实推进"两山"理论研究实践，浙江大学碳中和研究院成立，高翔院士受命出任研究院院长。研究院瞄准碳中和科技关键核心领域和重大突破方向，主要涵盖清洁低碳能源、新能源电力系统、固碳增汇、碳中和政策等研究内容。在研究院建设过程中，高翔院士带领团队发挥浙江大学基础研究深厚和学科交叉融合的优势，协同白马湖实验室优势资源，加快碳中和创新人才引育和团队建设，打造高水平引领性战略性碳中和科技人才中心和科技创新高地，共建面向碳中和人才培养、科技研究和成果转化的创新生态系统。

通过白马湖实验室、浙江大学碳中和研究院等高能级科创平台，高翔院士团队坚持有组织创新与自由探索相结合，在更好发挥自由探索优势和特色的基础上，围绕国家战略需求组织开展科学研究，积极攻克一批支撑碳达峰、碳中和的关键技术，积极推进一批重点行业低碳/零碳技术示范，瞄准"双碳"领域进行科技创新和工程应用，取得了一系列丰硕成果。

坚守育人理念，打造高水平创新团队

创新人才是科技创新的源泉。无论是基础研究、应用基础研究还是技术开发，都需要有一支高素质的人才队伍来支撑。高翔院士深知人才的重要，带领团队以浙江大学碳中和研究院、白马湖实验室等平台建设为契机，面向全球大力引育人才，努力打造国际一流的碳中和技术人才汇聚地，形成了吸引人才、汇聚人才的强磁场。同时，不仅做好科技创新的"拓荒者"，更主动当好奖掖后学的"铺路石"，在创新人才培养中发挥识才、育才、用才的导师作用，用心建设科研团队和人才梯队，为能源环保产业输送科创人才和复合型人才。

团队积极构建"双碳"科技创新人才培养体系，打造"碳中和"领域紧缺科技创新人才培养高地。推进与国家重点企业和行业龙头企业合作，积极推动以研究项目为驱动的工程博士招收，培养具有卓越研究能力与实践能力的行业企业领军人才。结合重大引才育才工程，集聚一批能推动和引领绿色低碳技术创新发展、引领全球新一轮科技革命和产业变革的世界顶尖人才。实施优秀青年人才引进与培育计划，健全贯通青年人才成长全周期的培养支持体系，培养一批勇于创新、敢挑重担的青年骨干力量。

作为高校教师，高翔院士长期坚持在教学科研的第一线，时刻关心着学生们的个人成长和发展，鼓励学生将多学科知识进行交叉碰撞，培养科研创新思维。他热心指导本科生参与节能环保工作，并对本科学生开放了实验室，鼓励本科生参与研究、参加国家节能减排大赛。他作为第一指导老师指导的学生科技作品曾获由中国工程院、美国国家工程院、英国皇家工程院联合主办的"全球重大挑战峰会"的唯一金奖——第44届国际发明展金奖及特别大奖，以及全国大学生节能减排大赛特等奖、一等奖等多项国际和国家级奖励。与此同时，团队其他教师也积极落实导师责任制，其中郑成航教授指导本科生获得了全国大学生节能减排大赛特等奖2项。

近年来，高翔院士团队还积极推动高校拔尖创新人才培养模式改革，积极推进校企融合育人、中外联合培养。团队牵头多能融合的新型能源系统等学生培养项目，全力打造浙能集团、中国华电集团、东方电气集团等能源环保领域龙头企业的研究生实践基地，鼓励学生锻炼提升自身的实践应用能力和科技创新能力。他牵头与京都大学、瑞典皇家工学院等建立了研究生双学位培养计划，形成了中外合作互派学生、互换课程、互授学位的双学位联合培养模式，进一步完善了复合型创新人才培养体系。凭着对教育事业的饱满热情、无限热爱与尽职尽责，高翔院士团队受到了各界广泛赞誉，高翔院士本人也被评为浙江省第五届师德先进个人。

厚植爱国情怀，服务经济社会可持续发展

"胸怀国之大者、担当时代使命"是高翔团队文化的核心价值所在。高翔认为，科技工作者首先要爱国，要以国家的战略布局和社会需求为导向，自觉肩负起为国家

排忧解难的责任和使命。高翔始终以科学家精神为指引，以服务国家战略和"双碳"目标为己任，在科研攻关一线亮身份、讲情怀、做贡献，坚持科研攻关和产学研合作双融合、双促进，带领团队实现多项标志性科研成果产业化落地，服务能源环保产业和高新技术发展对新装备、新系统的迫切需求，产生了显著的经济效益和社会价值。

30 余年里，无论是在实验室还是在工地现场，高翔团队的实干作风都给人留下了深刻印象。为了验证团队的一个研究想法，团队成员常常通宵达旦做实验；一次中试规模的测试实验，5000 个小时不间断；一次检修，凌晨两点接到电话就火速赶到电厂。高翔院士团队在企业、用户眼中已经成为解决疑难杂症的"能源环保医生"。在这个过程中，高翔团队与企业合作共同制定了国家及行业标准共 70 多项，为我国大气环保装备的标准化体系建设做出突出贡献。

创新无止境，奋斗无止境。如何针对不同区域的资源特点与用能需求，探索构建多能互补融合的清洁低碳高效智慧能源系统，是高翔院士团队近年来的研究重点。为此，高翔院士前瞻性地提出构建"海—陆协同新型能源体系"的战略设想，致力于突破可再生能源、储能、能源清洁低碳等关键核心技术，努力为国家构建新型能源体系提供可行方案与"浙江样板"。

作为高校科技教育工作者，高翔团队始终践行高校培养专门人才、发展科学知识、为社会服务的三大职能。面向社会、面向产业，高翔院士带领团队发挥在科研、人才和知识方面的优势，从研发燃煤烟气多污染物高效协同脱除的超低排放系统，到攻关船舶减污降碳协同的尾气高效净化技术系统，再到布局多能互补融合的清洁低碳高效智慧能源体系，他们大胆探索、积极实践、勇攀高峰，将得出的研究成果与社会、企业发展模式相结合，真正实现了产学研协同科技创新，全方位助力赋能经济社会发展。

结　语

进入新时代，在"四个面向"的战略指引下，进一步推动高校企业产学研深度融合，促进自主创新能力的提升和创新体系的再造，已经成为创新型国家建设的重要突破口。面向第二个百年新征程，高翔院士团队将更加坚定投身科技创新的初心使命，继承和发扬老一辈科学家心系祖国、服务人民的优秀品质，聚力攻克减污降碳关键科技难题，推动更多优秀科技成果落地生根，继续为建设"绿色中国""美丽中国"贡献硬核科技力量，为我国经济社会的可持续发展做出新的更大贡献。

传染病防控领域的国家"护卫队"

——中国科学院院士高福科技创新团队

2020年3月2日,习近平总书记在北京考察新冠肺炎防控科研攻关工作时强调,人类同疾病较量最有力的武器就是科学技术,人类战胜大灾大疫离不开科学发展和技术创新。高福院士和他所带领的团队正是举起了最有力的科学武器,昼夜奋战在疾病防控的一线战场。新冠病毒变异层出不穷,多个重大传染病还未解决,面向世界科技前沿、面向经济主战场、面向国家重大需求、面向人民生命健康,他带领着团队,在追寻科学精神的道路上继续前行,为全球提供公共卫生产品。

团队和带头人简介

中国科学院院士高福科技创新团队(中国科学院微生物研究所与中国疾病预防控制中心高福院士团队)(以下简称团队)在病原微生物跨宿主传播、感染机制与宿主免疫研究方面取得重大创新成果。高福院士是新冠病毒的发现者,领导中国疾病预防控制中心应急科研攻关团队率先开展基因测序、分离新冠病毒等研究工作,确定重要流行病学参数,并及时与全球共享数据,领导中国科学院微生物研究所团队发现新冠病毒受体并率先解析受体与病毒刺突蛋白结合的分子机制,以及各种病毒突变体与受体结合的分子机制,研发了全球领先获批临床使用的新冠病毒中和抗体药物(礼来和君实Etesevimab)、全球首个获批使用的新冠病毒重组蛋白亚单位疫苗(智飞ZF2001),以及全球首个进入临床研究、抑制新冠病毒膜融合、用于预防新冠病毒感染的多肽鼻喷雾剂药物(翰宇HY3000)。此外,高福院士团队在流感、莫斯、埃博拉、寨卡等病毒的跨种传播机制上取得了一系列重大突破。

学术带头人高福院士，博士生导师。先后在山西农业大学（1979—1983）和北京农业大学（现中国农业大学）（1983—1986）获得学士和硕士学位，1995年在英国牛津大学获得博士学位，相继在加拿大卡尔加里大学、英国牛津大学、美国哈佛大学/哈佛医学院从事博士后研究工作。2001—2004年在英国牛津大学任讲师、实验室主任、博士生导师。2004年入选中国科学院"百人计划"，2005年获得国家杰出青年基金资助。曾先后主持多项国家科技重大科研项目，"973"项目首席科学家，国家自然科学基金委员会"创新研究群体"项目负责人。曾荣获"第三世界科学院基础医学奖和讲演奖"、日本"日经亚洲奖"、俄罗斯"Gamaleya奖章"、"中国香港大学百周年杰出中国学者"、"求是杰出科技成就集体奖"、"国家科学技术进步奖"特等奖等。现任中国生物工程学会理事长、中华医学会副会长、欧美同学会留英分会会长、北京市科协副主席。曾任中国科学院大学存济医学院院长、国家自然科学基金委员会副主任、中国疾病预防控制中心主任、中国科学院微生物研究所所长等职务。

高福院士团队基于病原微生物与免疫学领域的理论突破，推动病原微生物感染机制解析手段、宿主免疫应答的技术创新，对多种新发突发病毒进行了系统研究，实现了新冠疫苗、治疗性抗体药物、诊断试剂等系列重要产品获批临床应用。围绕病毒入侵分子机制这一关键共性问题，同步开展检测、药物、疫苗和中药有效成分鉴定的应急攻关研究体系，以临床应用为目标打通了从基础研究到成果转化至全价值产业链的各环节，为我国疫情防控能力建设与提升，提供了重要的科技支撑。

高福院士

突出业绩及团队典型案例

重要病毒的入侵与跨种传播机制取得了一系列重大突破

病毒入侵与跨种传播机制是重要的病原学问题，同时也是制定有效防控措施、研发疫苗与药物的重要理论依据，高福院士团队在此领域取得了一系列重大突破，并据此提出关闭活禽市场以控制禽流感疫情的重要防控措施，该项建议已被国家采纳。

高福院士团队阐明了H5N1、H7N9等重要禽流感病毒跨种感染人传播的分子机制，发现野生迁徙鸟与活禽交易市场在禽流感病毒传播和进化中起关键作用，提出关闭活禽市场和监控野生迁徙鸟而遏制禽流感疫情。此外，阐明了中东呼吸系统综合征（MERS）冠状病毒、埃博拉病毒、基孔肯亚病毒及人类疱疹病毒等的入侵与受体识别机制；揭示了寨卡病毒关键蛋白的结构信息，动物模型上证明寨卡病毒感染会影响睾丸功能并引起不育，提示该病毒对男性生殖健康存在潜在影响。发现 B 族肠病毒脱衣壳受体并阐释了"吸附"与"脱衣壳"两种受体的分子工作机制。揭示了病毒进化与宿主相互作用规律。

新冠病毒发现者，引领抗疫科研前沿，共享中国智慧

新冠疫情突袭而至后，高福院士领导中国疾病预防控制中心团队率先发现新冠病毒、测序病毒全基因组并成功分离了病毒、确立了主要流行病学参数（如传播途径、潜伏期等），领导协调全国几家科研单位迅速向世界发出了预警，通过《新英格兰医学杂志》《柳叶刀》等杂志和 GISAID 网站平台与世界同行共享数据、公开信息，赢得了国际社会广泛好评。在中国疫情控制过程中，高福院士将中国的防控经验和方案及时分享给世界，为世界疫情防控贡献中国智慧。

阐明新冠病毒的入侵与跨种传播机制，为新冠病毒溯源研究提供科技支撑

高福院士带领的团队发现新冠病毒利用受体分子 ACE2 感染宿主细胞并解码了新冠病毒入侵宿主的分子和跨种传播机制。随着新冠疫情的持续发展，新冠病毒突变株不断产生，高福院士团队解析了新冠病毒突变株 Alpha、Beta、Gamma、Delta 和 Omicron 的入侵机制，这为理解新冠病毒突变体的入侵机制提供了分子生物学基础。

研究团队还阐明了蝙蝠源 RaTG13、RshSTT182/200，以及穿山甲源 GD/1/2019 和 GX/P2V/2017 与人 ACE2 结合的分子机制，发现蝙蝠源冠状病毒结合人 ACE2 的适应性差异，提示较远的亲缘关系；发现穿山甲源冠状病毒结合人 ACE2 的能力与 SARS-CoV-2 相似，提示需对其进行持续监控。

团队还评估了 SARS-CoV、SARS-CoV-2、RaTG13、GD/1/2019、GX/P2V/2017 和 RshSTT182/200 与数十种物种 ACE2 的结合能力，研究发现这 6 种冠状病毒均可以广泛结合多个哺乳动物物种的 ACE2。针对 SARS-CoV-2 结合不同物种受体方面，经系列研究发现，其在结合 50 余种物种受体的结合能力，以及与猫、狗、穿山甲、蝙蝠、马、海洋哺乳动物等受体的结合分子机制方面，结合

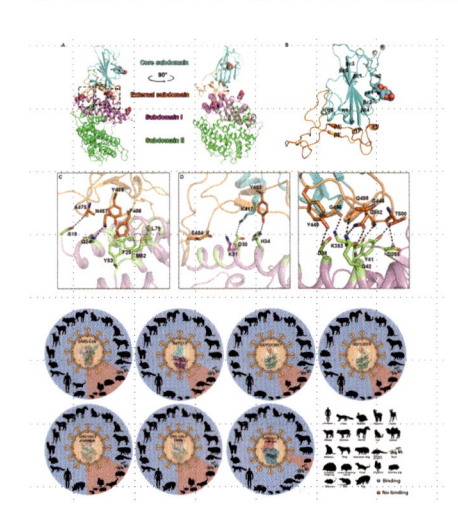

新冠相关冠状病毒跨种识别谱

人受体的适应性最好，提示其可能与人或者与人具有相似受体的动物发生过适应性进化。

长期开展以结构为指导的创新型疫苗设计，研发出全球首个获批使用的新冠病毒重组蛋白亚单位疫苗（CHO 细胞）（ZF2001）并持续跟踪其对变异株保护效果、保障灭活疫苗的毒株选用与研发设施、开展基于 RBD 二聚体的多线路疫苗研发

高福院士团队于 2014 年开始进行 MERS 冠状病毒疫苗的研发，构建了结构指导下 MERS 冠状病毒受体结合结构域（RBD）二聚体免疫原。研究发现 RBD 二聚体与传统的单体形式相比，能诱导产生更高的中和抗体，并保护小鼠抵御 MERS 冠状病毒的感染，显著缓解肺损伤。通过晶体结构解析，揭示了 MERS 冠状病毒 RBD 二聚体中每一个 RBD 都可完全暴露出 RBM，这也是其诱导产生中和抗体的主要表位。基于这种免疫原性改造设计策略，MERS 疫苗的开发取得了重要突破。

在新冠疫情突袭而至后，将这一设计理念迅速应用于新冠病毒重组蛋白疫苗的研发中，发现基于二聚化改造的 RBD 重组蛋白疫苗诱导产生的中和抗体滴度较单体形式疫苗提高了 10～100 倍。随后，研发团队与安徽智飞龙科马生物制药有限公司联合开发该疫苗（ZF2001）。该疫苗通过了多中心随机临床研究，于 2021 年 3 月 1 日获得乌兹别克斯坦批准使用，并于 2021 年 3 月 10 日获得中国紧急使用批准。该疫苗成为我国第四款获批临床紧急使用的新冠疫苗，也是国际上第一个获批临床使用的新冠病毒重组蛋白亚单位疫苗。2022 年 3 月 1 日国家药品监督管理局正式批准该疫苗附条件上市，2022 年 12 月 24 日，经专家研究论证，疫情联防联控机制综合组将该疫苗的接种范围推广至 3～17 岁人群，即接种范围覆盖了 3 岁以上人群。目前该疫苗已经完成了超过 3 亿剂次的免疫接种。

为了应对病毒的不断变异，高福院士团队提出了 RBD 嵌合二聚体的策略，可诱导更加广谱的中和抗体产生，基于该策略开发的新冠二代、三代疫苗陆续获批在中国和乌兹别克斯坦开展临床试验研究。临床试验显示，新一代新冠疫苗作为加强针能够在人群里激发更高水平的中和抗体，对当前的突变株具有更高的交叉免疫保护。

针对新冠病毒五种值得关切的突变株（VOCs）和值得关注的突变株（VOI），高福院士团队利用假病毒体系，系统评估了疫苗接种人群血清的交叉中和能力。研究发现，同样的疫苗、剂量和同样三针免疫情况下，增加 ZF2001 重组亚单位疫苗二、三针之间间隔，可针对新冠病毒各突变株，特别是免疫逃逸严重的奥密克戎突变株，产生更好的交叉中和抗体。在此基础上，基于我国目前群体接种以灭活疫苗为主，高福院士团队利用小鼠模型，比较研究了重组蛋白亚单位疫苗作为灭活疫苗加强针的序贯免疫的作用。该项研究成果表明，新冠病毒重组亚单位疫苗是良好的灭活疫苗序贯免疫候选。目前，ZF2001 新冠病毒重组亚单位疫苗作为灭活疫苗序贯免疫的方案已被批准实施。高福院士团队跟踪各种新出现的 VOCs，持续进行灭活疫苗和 ZF2001 蛋白苗的免疫评价研究。

在疫情期间，经批准，高福院士领导的中国疾病预防控制中心为国药集团和科兴等公司的新冠病毒灭活疫苗提供了毒种，并将实验用 BSL-3 实验室进行改造，扩大了病毒培养规模，为灭活疫苗临床前的研究提供了保障，为中国灭活疫苗上市争取了时间。

研究团队还与成都康华生物制品股份有限公司联合开发了病毒载体新型冠状病毒疫苗（AdC7-IMCASnCoV），该疫苗使用 7 型黑猩猩腺病毒（AdC7）载体，整合新冠病毒刺突蛋白 RBD 的二聚体形式。在小鼠和恒河猴的动物实验中，AdC7-IMCASnCoV 都显示出良好的免疫原性，能够同时诱导细胞免疫反应和中和抗体的产生，体内攻毒实验显示疫苗可以发挥显著的保护作用。目前 AdC7-IMCASnCoV 已经完成了三批 GMP 疫苗的生产，疫苗和生产用的细胞正在中国检科院进行检验，并同时委托中国药科大学进行疫苗的安全性评价。

高福团队还创新性地设计了一种 RBD 三聚体新冠病毒蛋白疫苗，正在推动临床开发。

研究团队基于新冠病毒 RBD 结构，开发出新型 mRNA 疫苗，动物体内评价验证了该 mRNA 疫苗单针免疫即可诱导较强的细胞免疫与体液免疫，小鼠体内攻毒实验数据表明其能够提供显著的保护效果，且可在至少 26 周内为实验动物提供长效保护。设计的基于 RBD 二聚体的 mRNA 疫苗诱导的中和抗体效价与 BioNTech 公司 BNT162b2 疫苗诱导产生的抗体滴度相当。

在当前流感病毒和新冠病毒共同流行的情况下，迫切需要开发一种既能预防流感又能预防新冠病毒的疫苗，以减少疫苗接种程序并降低疫苗接种成本。研究团队基于结构开发了一种二合一的新冠与流感嵌合抗原的新型疫苗设计，将新冠病毒 RBD 与流感病毒 HA 茎部区抗原嵌合形成稳定的三聚体蛋白，该新型亚单位疫苗免疫可同时对流感和新冠感染产生有效保护。

此外，基于基础研究，高福院士带领团队开发了具有自主知识产权的创新性寨卡疫苗。该疫苗通过动物感染模型的验证，消除了对登革病毒感染的增强效应（ADE），具有超越以往寨卡候选疫苗的安全性。猴痘蛋白亚单位疫苗和 mRNA 研发也有重大突破。目前已经与相关企业合作进行临床开发。

长期开展治疗性抗体研究并成功建立快速研发平台，成功获得多种重要病毒治疗性抗体；研发新冠肺炎治疗性抗体（礼来和君实 Etesevimab），获得 17 个国家紧急使用授权，全球销售近 100 万剂

2012 年暴发由 MERS 冠状病毒引发的 MERS 疫情，高福院士开始建立治疗性抗体研发平台，并成功获得基于小鼠杂交瘤细胞筛选的人源化中和抗体 4C2h。此后，团队开始建立人源抗体的快速研发平台，2016 年建立了抗原特异记忆 B 细胞筛选与单细胞测序平台，可在 1～2 周内获得候选抗体，大大提升了应急响应速度，并据此成功获得了多种寨卡病毒中和抗体、裂谷热病毒中和抗体、流感病毒广谱中和抗体、黄热病毒中和抗体等；同时，高福院士与合作者共同揭示可对多种黄病毒产生保护效果的单克隆抗体 1G5.3 的作用机制，首次揭示了 NS1 广谱保护抗体的保护机制，指出黄病毒非结构蛋白 NS1 可以作为通用疫苗设计的新靶点，有效避免 ADE 效应。这些抗体的研发成为病毒防控的重要战略储备物质资源，同时也建立了我国应对新发突发传染病的重要技术平台。

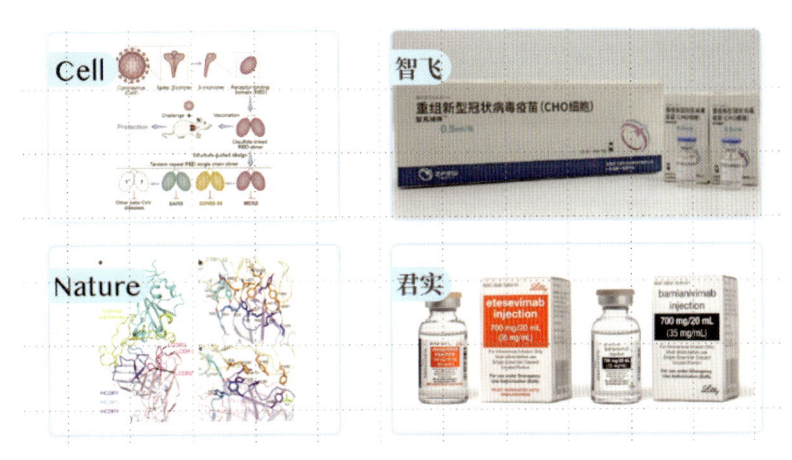

基础研究到产品：零距离——科学答案、技术方案

基于建立的抗体快速研发平台，疫情暴发初期，高福院士团队迅速从新冠病毒感染康复患者体内筛选出多株特异性人源单克隆中和抗体，并揭示了抗体作用机制。为了使实验室研发的抗体快速在临床上得以应用，挽救更多的生命，该团队迅速与上海君实生物达成合作协议，并与国际大型药企美国礼来公司合作，使新冠病毒中和抗体 CB6（JS016，LY-CoV016，英文名：Etesevimab）成为国内首个进入临床试验的新冠中和抗体，也是全球第一个在健康人体上开展临床试验的新冠抗体药物。礼来公司开发联合疗法 Etesevimab 和 Bamlanivimab，获得了美国、意大利等 17 个国家的紧急使用授权，全球销售近 100 万剂。这些成果的取得对中国原研药物研发具有里程碑式的意义。

利用同样的技术手段，研究团队还筛选到全人源抗新冠病毒单克隆中和抗体 B38 和 H4，这两株抗体可以非竞争性结合 RBD 不同区域（Science，2020）。研究团队与中国生物技术股份有限公司签署转让协议，开展临床前研究。团队进一步开发了双特异性抗体，能够阻断新冠病毒的感染。B38 和 H4 双特异性抗体在小鼠和非人灵长类动物新冠病毒感染模型中具有显著的治疗效果。

长期开展多肽融合抑制剂药物研发平台，研发出全球首个进入临床研究、抑制新冠病毒膜融合、用于预防新冠病毒感染的多肽鼻喷雾剂药物（翰宇HY3000）

早在"非典"和MERS出现时期，高福院士团队先后解析了SARS-CoV和MERS-CoV的膜融合机制，并以此为基础理性设计特异性多肽，通过阻断病毒囊膜与宿主细胞膜的融合抑制病毒感染，从而对其引发的传染病起到预防和治疗效果。以此为基础，新冠疫情暴发初期，在系统解析新冠病毒膜融合机制基础上，团队设计了靶向新冠病毒HR1的多肽P3，能够抑制新冠病毒感染。为了进一步提高P3多肽的活性，开发抗新冠病毒多肽膜融合抑制剂，基于结构对P3进行改造，获得活性显著提高的HY3000多肽，可有效抑制多种冠状病毒的感染，包括所有检测的新冠病毒变异毒株、多种具有感染人风险的新冠相关冠状病毒，以及人冠状病毒MERS-CoV、SARS-CoV、HCoV-229E和HCoV-OC43，具有良好的应用前景。

2022年8月24日，HY3000获得国家药品监督管理局化学药I类创新药I期临床试验批件，是全球首个进入临床研究、抑制新冠病毒膜融合、用于预防新冠病毒感染的多肽鼻喷雾剂药物。目前已在国内完成I期、II期临床试验研究，结果显示该药品安全、有效。2023年1月27日晚，HY3000获得美国食品和药品管理局（FDA）临床试验批准。

新型冠状病毒中和抗体检测试剂盒（疫苗伴随诊断）

新型冠状病毒抗原检测试剂盒
衍生新型：新型冠状病毒/甲型流感/乙型流感抗原检测试剂盒

结核分枝杆菌效应T细胞检测试剂盒

病毒感染的细胞免疫应答特征分析与机制研究，指导疫苗接种策略与检测试剂研发

系统筛选新发和再发病毒T细胞表位，成功鉴定包括流感病毒、新冠病毒及非洲猪瘟病毒等重要病毒的T细胞免疫原并搭建结构免疫学平台，揭示人、小鼠、恒河猴、禽类等系列物种的T细胞表位呈递和T免疫识别的分子机制。

建立病毒细胞免疫监测平台和网络，通过健康人、患者、康复者、疫苗接种者等细胞研究队列，揭示人群预存免疫、急性期免疫保护和损伤、康复后免疫记忆、疫苗免疫效果等规律，为疫苗的接种策略提供参考。

通过对结核特异性抗原 Rv3615c 的 T 细胞免疫原性机制的研究，发现其含有丰富的 CTL 抗原表位，且通过大样本临床研究的验证表明该抗原具有较高的临床诊断价值（2017. Tuberculosis）。通过对结核杆菌新型 T 细胞抗原的筛选与鉴定（ZL201210090659.1，ZL201110362902.6），联合中国疾病预防控制中心传染病预防控制所和相关企业，共同研制了"结核感染 T 细胞免疫检测试剂盒（免疫斑点法）"，申请并获得国家食药监总局注册批号（国食药监械（准）字 2014 第 3401090）。目前已经在国内多家临床医院开展应用，取得了良好的经济和社会效益，该试剂盒具有完全的自主知识产权，其开发和应用对于提高我国结核感染的诊断水平具有重要意义。

在新冠病毒诊断检测方面，团队亦取得了显著成绩。首先是新冠病毒抗原检测试剂盒，通过胶体金免疫层析法，可快速定性检测人前鼻样本中的新冠病毒核衣壳（N）抗原。该试剂盒已在澳大利亚、泰国等 40 多个国家获得注册证，为 18 岁及以上出现新冠症状或疑似新冠病毒感染的个体提供自我测试的便利。其次是新冠病毒中和抗体检测试剂盒，用于评估康复者或疫苗接种后产生的中和抗体水平。该产品已在菲律宾等 20 多个国家获得注册证，为评估免疫效果提供了重要工具。最后，团队还开发了新冠病毒和甲、乙流感病毒联合检测试剂盒，可在症状出现的前 7 天快速定性检出新冠病毒、甲型流感和乙型流感抗原。该产品亦已在多个国家获得注册证。团队同样致力于新冠与甲、乙流感病毒的鉴别检测，通过开发多款实时荧光定量 PCR 检测试剂盒，可快速鉴别不同病毒并进行量化分析。检测试剂已获得国家批文申请和欧盟 CE 认证。

免疫结构生物学系列研究、研发 PD-1 抗体、开发 CAR-T 细胞并成功治愈患者

高福院士研究团队长期致力于免疫识别机制及肿瘤免疫检查点抗体药物的作用机制研究，基于对 PD-1/PD-L1 抗体药物作用机制的研究基础，结合 T 细胞免疫平台技术优势，开发了多个具有肿瘤抑制活性的人源化 PD-1 抗体（iScience，2019。已授权专利：201611218724.9。申请中专利：201810822534.0，201810824462.3，201810952740.3）。目前，PD-1 抗体与山西威奇达光明制药签订了技术转让合同，该项目已经完成临床前研究，并于 2020 年 9 月 7 日获得了国家药品监督管理局的药物临床试验批准通知书（通知书编号：2020LP00409）。

引领高性能制造前沿　服务国家大战略需要

——中国工程院院士郭东明科技创新团队

我国航空航天、能源动力、信息电子等领域长足发展，衍生出对高端装备及高端制造相关技术的迫切需求。面对国家战略发展需要，中国工程院院士郭东明科技创新团队（大连理工大学高性能精密制造创新团队）（以下简称团队）义无反顾地投入研究分析，提出并完善了高性能精密制造思想和内涵，攻克了以产品性能精准保证为目标的高性能制造方面若干关键技术，开发了系列专用加工装备和精密测控仪器，在高性能复杂曲面零件、高性能复合材料构件、超高精度表面零件的加工、制造工艺与装备、制造过程精密测控等方面取得了一系列国际领先的技术成果，填补了多项国内空白。成果应用于航空、航天、汽车、核电、机床等行业的200余家企业及科研院所，解决了一大批重大装备研制与批产中的高性能精密制造难题，起到明显的产业支撑与产业带动作用。

团队和带头人简介

大连理工大学高性能精密制造创新团队是一支具有重要国际影响的科技创新队伍，团队由郭东明院士、贾振元院士领衔，多位杰青和"长江学者"等为骨干，成员40余人，先后入选教育部创新团队、科技部重点领域创新团队和自然科学基金委创新群体。团队面向国家重大需求，聚焦高端装备高性能制造，在团队负责人郭东明院士的带领下，历经30年砥砺前行，形成了"胸怀家国，勇于担当，追求卓越，开拓创新"的团队理念，2019年被授予"国家科学技术进步奖"一等奖（创新团队），2022年入选第二批"全国高校黄大年式教师团队"。近五年，团队承担了各类科研项目300余项，获"国家技术发明奖"一等奖2项、二等奖3项，"国家科学技术进步奖"二等奖1项，省部级一等奖10余项。成果应用于200余家企业及科研院所，同时为航空、航天、船舶等国家重大工程装备制造行业培养了2000余名高水平人才。

团队带头人郭东明院士，大连理工大学教授，博士生导师，机械制造及自动化专家，中国工程院院士，中国工程院主席团成员，中国共产党第十九届中央委员会候补委员；兼任教育部科技委副主任委员，中国机械工程学会监事长，教育部高等工程训练教学委员会主任委员等职；曾获国家杰出青年科学基金资助，2014年2月至2023年3月期间任大连理工大学校长。郭东明院士带领团队为中国工程院、科技部、教育部等撰写《关于我国创新驱动高质量发展的建议报告》、2021—2035年国家中长期科技发展规划等10余份先进制造领域战略咨询报告，完成了中国工程院、辽宁省、江苏省等多个咨询项目，充分发挥出高端智库的领军作用。

郭东明院士

聚焦国家重大需求，引领高性能制造前沿

随着应用空间的不断拓展和服役性能的不断提升，航空航天、能源动力、信息电子等领域对高端装备的需求日益迫切。这些高端装备大多在高温、高压、强冷、强辐射等超常规工况下高速、高精、高可靠或长寿命运行，以承载、传导、换能、隐身等性能的精准保证为主要制造目标，不仅性能要求高，而且往往结构复杂、材料难加工、表面完整性或精度要求极高，因此制造难度极大。目前，国际上先进航空发动机的推重比已达到15～20的性能指标，适用于2纳米制程工艺的光刻机也已投入生

产。相比之下，我国在诸多高端装备和产品制造能力与水平方面仍存在显著的差距。随着航空航天、能源动力、国防军工等领域对装备和产品性能的要求愈来愈高，传统的单纯以几何尺寸及公差保证为目标的常规制造理论与方法已难以满足现阶段及未来发展的需求，一大批高性能产品的制造问题凸显，废品率高、效率低、周期长、综合性能指标不达标等制约性难题亟待突破。

高性能制造理论与技术的总体框架

"装备制造已经从以往的以几何精度要求为主，跃升为以性能要求为主和性能与几何、材料并重的高端装备和产品制造，这也是国际制造业竞争的制高点。"团队带头人郭东明院士创造性地提出高性能制造思想，带领团队聚焦国家重大需求，凭借"咬定青山不放松"的劲头，系统研究了高性能精密制造的基础理论和关键技术，创新建立了以性能精准保证为目标的高性能制造理论体系，阐明了高性能制造的内涵和基础科学问题，明晰了高性能制造的核心内容包括产品性能建模、面向性能的设计、面向制造的设计和面向性能的制造，给出了支撑高性能制造的六项关键技术。经过多年攻关，团队先后研究出高性能硬脆材料复杂曲面零件精密制造理论与方法、高性能树脂基碳纤维复合材料高质高效加工理论与技术等一批具有代表性的创新成果。团队提出并倡导的高性能精密制造理念得到了国内外同行高度认可，引领了高端装备制造技术发展，已成为国际机械工程学科的重要研究方向之一。目前，"高性能制造与重大装备"已列为科技部"十四五"重点研发计划专项。

产学研深度合作，新成果服务产业

团队牵头建设辽宁黄海实验室、推动辽宁重大装备制造（国家级）协同创新中心、大工—沈鼓研究院等校企合作平台建设，用创新为实现新时代东北全面振兴贡献力量。团队聚焦高端装备高性能制造重大需求，攻克了航空航天、能源动力等领域一系列高端装备制造的"卡脖子"难题，在高性能复杂曲面零件、高性能复合材料构件、超高精度表面零件的加工、制造工艺与装备、制造过程精密测控等方面取得了国际领先的系列成果，填补多项国内空白，推动我国由几何精度为主的常规制造向以产品性能精准保证为目标的高性能制造的跃升。该成果应用于航空、航天、汽车、核电、机床等行业的 200 余家企业及中国科学院等科研院所，解决了一大批重大装备研制与批产中的高性能精密制造难题。

硬脆材料因其高硬度和低断裂韧性成为公认的难加工材料，尤其是硬脆性材料复杂曲面加工难度更甚。团队围绕硬脆材料复杂曲面零件精密制造技术与装备开展了大量研究工作，研究了复杂曲面零件高性能精密制造理论与方法，提出了依据建立的性能与几何、材料及服役环境参数等之间的数学模型，由物理性能误差反求加工参量、实现复杂曲面逐点可控数字化加工的新原理新方法。在此基础上，开发出以保证高服役性能为目标的精密磨削、测量、强度筛选等五种工艺技术与装备，突破了高性能复杂曲面天线罩的精密制造难题。

高性能纤维材料具有轻质高强、易整体制造的优势被用于航空航天装备制造。复合材料构件的高质高效加工理论技术既是世界性技术难题，必须自主研发。为实现这一重大科学问题的突破，团队研究多学科交叉融合，开辟了适合碳纤维复合材料加工的新理论体系。针对我国大飞机、高速飞行器等重大装备复材构件加工损伤严重、损伤难以预测等问题，凭着"蚂蚁啃骨头"的精神，取得多项重大突破。首次建立了虑及法向、切向约束和复材温变特性的切削理论模型，揭示出复材去除机理和损伤形成机制，实现了切削理论源头创新。提出"微元去除""反向剪切""适温切削"的复材加工损伤抑制原理，发明了 9 个系列高质高效加工工具，以及超低损伤高效加工工艺。研发出 13 台套高性能碳纤维复合材料构件数字化加工装备，填补国内空白。研究成果使复材加工损伤由厘米、毫米量级减至 0.1 毫米内，将我国碳纤维复材构件加工水平推进到国际前沿。

大型复杂曲面零件作为航空航天装备的关键件常服役于极端工况，且多采用难加工材料、特殊结构和复杂曲面形状，加工难度极大。该类零件加工已成为中国航空航天领域高端装备制造亟待解决的"卡脖子"技术难题，必须进行加工工艺理论和装备技术的自主创新。面对种种技术难题，团队着眼于航空航天等领域高端装备中一些强关联曲面约束下大型关键件精密加工面形精度和性能保证难题，提出了关联面形约束的大型复杂曲面零件"测量—曲面再设计—数字化加工"一体化的加工方法和大型不规则曲面接触式快速跟踪扫描、多激光传感器在机扫描测量方法，发明了奇异特征辨识等数据处理算法和面向面形再设计的加工目标曲面反演方法，建立了关联面形约束的大型复杂曲面加工技术体系，形成了关联面形约束的大型复杂曲面螺旋加工、斜航加工等系列工艺和专用装备，解决了关联面形约束的大型复杂曲面零件高性能加工难题。

半导体基片是微电子和光电子器件制造的重要基础材料，基片尺寸越大，可利用效率越高，在单片上可制造的器件数量就越多，成本也就越低。然而，由于要求具有超光滑、超平整和无损伤表面，半导体基片的超高精度加工要求对超精密加工技术提出了新的挑战。团队面向我国微电子和光电子器件制造的需求，历时15年，针对单晶硅、单晶蓝宝石和单晶碳化硅等高硬度、高脆性、大径厚比的半导体基片超精密加工难题，围绕硬脆晶体基片超精密磨削材料去除和表面形成机理及加工损伤演化机制等科学问题，系统开展了超精密磨削、抛光和测量理论与技术研究，发明了磨削机理研究方法、损伤评价与控制方法，以及稳定自锐的系列金刚石砂轮和高效低损伤磨削工艺，提出了"以软磨硬"的加工理念，设计出软磨料砂轮机械化学磨削新工艺，实现了表面粗糙度 Ra 小于 0.5 纳米、损伤深度不大于 15 纳米的超低损伤磨削，开发出大尺寸基片超精密磨床、高精度双面磨抛机床、薄基片加工变形测量仪等系列装备，为我国微电子和光电子器件制造铺平了道路。

以压电晶体为力敏源的测试方法拥有较高灵敏度和优越的动态性能，多被用于测控领域多维动态力测量，在该领域内国外企业在技术上处于领先和垄断地位，同时高端装备性能评估和研制定型过程中实现模拟空天环境下多维动态力的精密测量难度极大。团队深耕于压电石英现代测试理论、方法、系列化新型测量仪及其应用领域，发现了 Y0° 石英切型的切向灵敏度分布规律和石英晶体的扭转效应，首次给出了三次压电效应的解析表达式；建立了基于晶体变形的压电效应新系统和传感器与执行器的统一理论体系框架，发明了温变级联防控、多元协同抑振的强干扰抑制技术，确保了超低温或超高温冲击下系统的适应性；在此基础上，团队开发出空天两大类 6 系列 30 余台套多维动态力测量系统，突破了多维动态力测量中存在的频响低、可测性差、精度低等难题。

老中青传帮带，勤学习爱祖国

团队带头人郭东明院士十分重视人才梯队的建设和青年人才的成长，不仅通过极高的学术造诣和创新性的学术思想为青年人才指引学术方向，还凭借极强的组织协调能力和团队合作精神，在团队中发挥了关键的核心凝聚作用。目前，团队已培养出"杰青"4人、"长江"5人、"万人"2人以及"四青"10余人，形成了健全的老中青传帮带机制，打造出一个卓有成效的学习共同体。

自郭东明院士团队创建以来，"融合"就成了鲜明的标签，不断汇聚发展合力，团队成员来自机械工程、应用物理、工程力学等多学科，专业结构合理、交叉融合充分。团队形成了以国家重大需求为牵引，以高性能制造理论与技术为核心的科研创新布局，研发目标明确、发展规划清晰。经过多年发展，锻炼出了一支勇于创新、团结协作、特色鲜明、实力强劲、在国内外有重要影响的优秀创新团队。

团队融合了不同学科间的学术思想，"聚焦"研究主线，以应用基础研究为出发点，从机理上找出问题根源，再从工程实践中提炼出解决共性问题的方法。这种研发路径被他们称为"贯通式"研究。团队成员接力攻关20多年，聚焦主线，持续"贯通"，围绕高性能精密制造的基础理论和关键技术开展了系统的研究，解决了一批高端装备研制和批产中的高性能精密制造难题。

团队面向新时代机械工程领域高端人才培养需求，确立了培养"学术引领者、社会领导者、行业领军者、工程领创者"的人才培养目标，改革了课程教学体系及质量监督机制，建立了校内第一课堂、校际第二课堂、校企第三课堂的"三课一体"课程体系和培养模式。在郭东明院士的带领下，团队聚焦东北老工业基地再振兴，积极参与国家和省内重大规划编制，为装备制造业快速发展提供科技支撑，服务于"南水北调""西气东输""一带一路""脱贫攻坚"，多项工作成果得到了党和国家领导人的充分肯定。

此外，团队致力于提升中国制造的国际影响力，在国内营造良好的科研学术氛围。郭东明院士作为《极端制造》(*International Journal of Extreme Manufacturing*，IJEM) 创刊主编，谋划了期刊定位、办刊宗旨、发展规划等重要事项，全面指导期刊高水平编委团队组建、高质量征稿、学术质量把关、高水平运行等方面工作。目前期刊影响因子在 Engineering（工程）、Manufacturing（制造）领域荣列第一，助推了中国制造走向世界。

结　语

郭东明院士创新团队在引领高性能制造前沿的基础上，攻克了一批关键技术，开发系列专用加工装备和精密测控仪器，取得了多项国际领先的系列成果，填补了多项国内空白。未来，团队将继续保持"贯通式"研究，促进产学研用深度融合，以浓厚的家国情怀和强烈的社会责任感，为实现中华民族的伟大复兴砥砺前行。

坚守"能源强国"初心
引领能源有序转化新革命

——中国科学院院士郭烈锦科技创新团队

能源是国民经济的命脉，是人类生存和发展的基础。能源动力工程的本质是实现能量的转换与传递，所用介质大多涉及多相流问题。能源与动力工程多相流是从传统能源转化与利用学科发展起来的新方向，研究对象主要包括两种及以上不同相态/组分物质共存并具有明确分界面的多相流体流动、传热传质、燃烧、光/热化学反应等过程，其发展对于能源科学理论的突破、能源技术的变革发挥着重要的支撑作用。西安交通大学是我国能源安全高效洁净转化与利用方面的研究重镇，在长期从事多相流科学理论与技术研究积累过程中，自然形成了以郭烈锦院士为带头人的中国科学院院士郭烈锦科技创新团队（西安交通大学能源与动力工程多相流创新团队）（以下简称团队）。团队始终面向国家重大需求和国际学术前沿，围绕能源安全高效洁净转化与利用的多相流科学理论与技术开展研究，逐步确立了国内外能源动力工程领域的领先地位。

团队和带头人简介

团队依托动力工程多相流国家重点实验室及系列国家级省部级平台，汇聚了包括院士、国家特聘专家、杰出青年、"四青"等一批高层次人才。团队紧密围绕我国能源动力发展的时代需求与重大挑战，面向国际学术前沿，通过承担重大研发任务，持续产出原创性重大成果，创立了多相流热物理学科，构建了两相与多相流动力学理论体系，开创了多相流热化学、多相流光化学学科交叉新方向，原创能源有序转化新理论，研发出一批能源洁净安全高效利用核心技术及装备，突破了一系列能源动力工程技术与装备研制中的瓶颈问题，为解决国家能源短缺、环境污染等"卡脖子"问题，构建清洁低碳、安全高效的能源体系提供了变革性技术解决方案，有力助推了当前的能源科技和产业变革。同时，团队还大力拓展国内外产学研合作，着力提升社会服务能力与国际影响力。

郭烈锦院士

团队科研重心聚焦在能源动力多相流及氢能方面的科学技术研究。针对化石能源洁净高效、可再生能源高效低成本的转化利用的科学前沿和国家重大需求，建立了复杂多相流及能质传输和转化、多相流测控和流动安全保障等理论，创建了超临界水蒸煤制氢、太阳能光催化多相连续流制氢等能源转化利用的新理论新方法，提出化石能源与可再生能源协同转化、清洁低碳高效三位一体的能源有序转化新理论，已成功应用于热能动力、海洋石油、航天技术等领域，取得系统性创新性成果。团队创新成果曾获"国家自然科学奖"二等奖2项、"国家技术发明奖"二等奖1项，中国高等学校十大科技进展，以及首届"全国创新争先奖"、"国家教学成果一等奖"、2项"陕西省教学成果奖"特等奖、7项省部级科学技术奖一等奖等奖项。

团队带头人郭烈锦，1963年出生，江西遂川人，西安交通大学教授、博士生导师，工程热物理与能源利用学家，中国科学院院士，发展中国家科学院院士，我国能源动力多相流及氢能学科的主要学术带头人、我国首个新能源科学与工程模块及专业的倡导和创建者。动力工程多相流国家重点实验室主任，重组后绿色氢电全国重点实验室主任，国际清洁与可再生能源研究中心创始主任；还曾担任国家重点专项"煤炭清洁高效利用和新型节能技术"首批项目的首席科学家、国家自然科学基金"能源有序转化"基础科学中心项目负责人，能源高效节约与可再生转化利用的热物理基础引智基地（连续三期）团队负责人；多次入选全球（能源、交叉学科领域）高被引科学家，已在国内外著名学术期刊发表论文 1100 余篇，其中 SCI 收录 790 余篇，h 因子 86，论著 SCI 核心总被引 37360 余次、Google Scholar 总被引 51670 余次、Scopus 总被引 43960 余次。应邀在大型国际会议做大会报告 / 特邀报告 / 邀请报告等百余次；还曾担任国际多相流、国际清洁能源和美国材料研究学会（MRS）等国际大型学术会议主席及联合主席数十次；任 6 种国际著名杂志的编委和副主编；出版专著 12 部 / 章节，论文集 3 部，作为客座主编出版国际杂志专辑 7 期，获得授权发明专利 110 余项，主持起草国家标准 4 部等；承担国家自然科学基金基础科学中心（获得延续资助），"973 计划"，国家重点研发计划，自然科学基金创新群体、重大仪器专项、重点项目，国家重大科技专项，引智基地项目等国家重大基础研究任务及技术研发等 50 余项；率领团队大力推进能源有序转化、能效与节能工程方面的产学研合作及氢能经济发展，与国内多个省市政府联合共建氢能与洁净可再生能源技术科创基地及能源研究院。

围绕"双碳"目标，面向能源供给安全的国家重大战略需求，突破能源有序转化核心科学问题与关键技术瓶颈

团队研究提出能源转化过程中能量转换与物质转化有机关联的理论分析方法；提出太阳能光催化制氢过程的"能源有序转化"准则，创新各类制氢反应体系多参数目标评价方法。针对太阳能光催化制氢、煤炭超临界水气化制氢发电过程，首次从整个反应过程中能量流和物质流耦合角度，拓展多相流相界面传递阻力的概念，提出能量及反应介质的传递减阻提升能量转化效率方法，揭示了跨时空尺度多子传输与耦合相互作用机制，形成了物质微观动态迁移演化及能量流与物质流协同强化方法；开创了多相流热化学、多相流光化学、多相流光电物理化学学科交叉理论研究新方向。相关理论发表于 *Nature* 及 *Nature* 子刊等国际知名期刊，并被评价为"第一次""创造性""卓越的成就"。原创连续流高效低成本直接太阳能光解水制氢技术，主持制定国际上光催化制氢领域首部国家标准，2017 年获"国家自然科学奖"二等奖，进一步发展的太阳能聚光分频氢热电一体化技术获 2022 年"可再生能源学会技术发明奖"一等奖；原创煤炭超临界水气化制氢发电多联产颠覆性技术，被国际超临界流体杂志列为最具全球推广价值的三项技术之一，入选 2017 年高等学校十大科技进展。

团队在国际上首次提出基于能量流与物质流能势匹配、多子耦合、碳氢循环的能源有序转化基本概念、基本理论和基本准则，建立了时空多尺度能量流物质流关联耦合的分析方法，形成了能源有序转化的理论框架，为开展太阳能等可再生能源与化石能源多源驱动制氢及转化利用研究提供了原则、模型、方法等理论基础与理论支撑。

针对我国"双碳"目标的迫切任务和海量廉价绿氢绿电的重大需求，原创并示范了超临界水蒸煤制氢发电多联产技术

郭烈锦院士团队历经二十余年科技攻关，研发出原创超临界水蒸煤制氢发电多联产技术，摒弃了"空气为基、水煤分离、一把火烧、污染低效"的传统模式，重构反应体系，开创性地提出超临界水相热化学还原变革性理论及方法，实现"以水为基、水煤直接接触、清洁高效制氢"的技术路径，使物质转化与能量转化有机关联、构建水基碳氢循环，过程无污染，CO_2 自然富集，对环境负面影响最小化，协同实现煤炭清洁、低碳、高效转化。与传统燃煤发电与和传统煤气化制氢技术相比，该项技术有以下优点。

第一，可实现低成本大规模足量的绿氢、绿电的生产。本技术有别于传统"先污染后治理"的链式发展模式，直接从源头上抑制污染物生成，CO_2 自然富集。本技术立足我国丰富的煤炭资源，可确保国家能源供给安全。

第二，可在不增加能耗前提下实现巨量 CO_2 减排，有望为加速实现"双碳"目标提供独立自主的战略性支撑技术，开发拓展高纯廉价 CO_2 资源化利用技术将进一步带动下游产业如太阳能驱动的 CO_2 和水合成燃料和化学品、含 C 材料、油田开发、食品加工、生物利用、制冷保鲜、碳酸酯合成等行业的发展。

第三，有望实现煤中物质的高值化转化与完全利用，由煤的灰分所产出的灰渣无碳且完全无害，是性能良好的建筑原材料，对于特殊煤种还是提纯其微量元素的好办法，可作为源头带动多个产业链的发展。

在系统示范验证方面，用物质流、能量流优化匹配，实现系统多联产、高质价；采用分段氢氧化放热的方式，降低能量释放端及接收端之间能势差，实现能势匹配，减少不可逆损失，已完成工程设计，制氢能耗可下降 30% 以上。在佛山推动建立的示范项目已获立项批示和省发改委项目核准，已通过可研评审、环评，由实施单位申报拟享受国家能源局首台套政策激励。

模块并联的煤炭超临界水气化制氢技术中试装置

针对非稳态太阳能制氢过程的高成本低稳定性难题，攻克太阳能的高效捕集吸收及光氢分频转化利用关键技术

团队通过系列研究攻关，首次实现了制氢金属催化剂表面结合能的连续精确调控，实现结合能与水分解势垒的能势匹配，使电子传输和物质转化速率最佳匹配，大幅降低电荷及反应分子在固液界面上的传递阻力，为高效复合光催化剂的设计奠定了理论和实践基础。相关成果发表在 *Nature* 上，被德国知名教授 Brimaud 在 *Nature* 上专栏评述为"显著的成就（remarkable achievement）"。

基于能势匹配理论，研究团队首次控制 g-C_3N_4 催化剂 2D/2D 界面分子结构，获得导/价带连续精确可调的两相共存 Z 形同质结光催化剂，同时实现了光生电荷高效分离与传递及导价带能级与水还原/氧化反应势的热力学能势匹配，实现太阳能光催化完全分解水制氢效率 1.16%。相关成果发表在 *Nature Energy* 上，被 *Matter* 和 *Science China Chemistry* 专栏评述为"Breakthrough（突破），Significant progress（重大进展）"。

基于能量与物质流有机关联理论，提出热驱动下微通道内流体的无温差定向输运调控方法，揭示了循环管流反应器中颗粒分布与流动的关联特性，为高效低阻的光热耦合催化反应器设计奠定基础；基于光—声—电多子耦合效应，建立了直接太阳能光—热—电多场协同催化分解水制氢系统设计理论，将太阳能光热电耦合催化制氢效率进一步升至 25.2%，并通过第三方认证。构建了菲涅尔透镜和复合抛物面聚光器二次聚光耦合的太阳能光热电耦合分解水制氢系统，并形成单元模块化设计。在新疆建立了太阳能氢/热/电/淡水多联产大型工业示范，占地 5000m^2，集成太阳能制氢/热/电/淡水联产，且完全自持式连续运行，设计年产氢 50 万 Nm^3，目前已完成示范项目一期建设。

太阳能氢/热/电/淡水多联产大型工业示范

针对深海油气资源开发中的高效注采、安全输运和有机废弃物处置等关键重大技术需求背景，攻克深海油气采输管道多相流动安全保障及测控关键技术

团队基于长期研究攻关，构建了多元多相流体超临界能质高效原位转化的系统理论，提出了以油田有机废水为原料，进行超临界气化产氢与氢氧化反应、产生超临界

多元热流体并注入油藏使稠油等重质油发生原位转化的技术原理；基于理论研究成果，成功研制出三维重质油注采实验系统，岩芯驱油效率达97%，并成功指导吐哈油田现场先导示范；建立了管内多相流多尺度物理化学场预测理论体系；为突破现有腐蚀/冲蚀预测方法仅适用于静态或缓慢流动条件的限制，原创性建立了流动条件下 CO_2 腐蚀演化动力学模型；克服了传统预测模型未能直接耦合求解流场的缺点，实现了高流速条件下腐蚀速率的高精度模拟；为兼顾预测准确性与计算代价，提出了多组分反应输运和 CO_2 腐蚀水化学、电化学特性相结合的宏观有限体积方法；对多流场模型进行一维简化，建立了能够同时计入水动力学段塞、地形诱导起塞和清管段塞的模型，实现了对不同型式立管系统的准确模拟。

研究团队揭示了常压至高压气液相界面动力学与不稳定流型转变机制，提出了安全监控理论与方法。研发建设国际领先、国内唯一工业参数水平的深水油气混输流动安全保障实验平台，获得了公里级别长距离集输 -S 形立管系统内的气液两相流数据并建立流型图，解决了深水油气开发严重段塞流控制与消除难题，形成了具有自主知识产权的关键参数快速计算模型与流动安全保障技术，填补了国内外在相关领域的空白，是中海油文昌油田采用的唯一拥有独立自主知识产权的中国技术。

大型工业级深海油气采输管道流动安全保障研发平台

结 语

当前，以可再生能源为能源主体逐步替代化石能源、绿色零碳无害化高价质转化利用化石能源已成全球共识。团队始终面向国家重大需求，以重组绿色氢电全国重点实验室为契机，弘扬西迁精神，响应时代号召，服务国家能源战略，做有组织科研，深入开展绿色氢电生产和应用原创性理论与变革性技术研究，培养和汇聚高水平优秀人才，取得更多原创性重大成果，成为国际多相流学术研究中心，实现国家高水平科技自立自强。以"工程多相流"为核心，开拓创新能源有序转化、原创革命性理论和技术，为巨量 CO_2 减排和足量廉价绿色氢电的供给保障提供核心支撑，为构建我国清洁低碳、安全高效的新型能源体系，以及引领和推动世界范围内能源技术与产业革命持续发挥更加重要的作用，创造更大辉煌！

打好柔性电子关键核心技术攻坚战
践行"从0到1"的颠覆性科技创新

中国科学院院士黄维科技创新团队

团队和带头人简介

在我国柔性电子学科领域，有这样一支科研团队，始终聚焦国家战略需求，在原始创新的"无人区"执着深耕。这就是由中国科学院院士、俄罗斯科学院外籍院士、美国国家工程院外籍院士，西北工业大学黄维教授领衔的柔性电子及先进材料科技创新团队。

团队在国内学术界堪为"独特"，在黄维院士的带领下，主要整合了南京邮电大学、南京工业大学和西北工业大学柔性电子学科和材料、化学、电子信息、生命、物理等学科的相关力量，并积极延伸至宁波、福州、厦门等地其他学术单位和创新机构，形成了柔性电子领域内独有的"兵团级"创新团队。

2020年，西北工业大学获批全国首个柔性电子学（交叉学科）博士学位授权点；2021年，获批全国首个"柔性电子学"本科专业。2021年，南京邮电大学省部共建有机电子与信息显示国家重点实验室正式获批建设。2022年，由西北工业大学作为牵头单位，南京工业大学、南京邮电大学作为合作单位，共同申请的国家自然科学基金"柔性电子"基础科学中心项目成功获批，等等。

这些极具分量的学科建设成果和国家级创新平台（项目）落地该团队，也成为团队在基础研究领域打造的国家战略科技力量，在前瞻性、战略性领域打好主动仗的"最优注脚"。中国科学院与科睿唯安联合发布的《2020研究前沿》《2022研究前沿》报告等，对于团队在柔性电子学科建设的成绩予以积极评价。

科研"无人区"里虽然暗藏风险，但也富含着科学宝藏。近年来，团队的颠覆性科研成果不断显现，陆续发表在《自然》《科学》等世界顶级学术期刊上，包括被列入"化学与材料学领域十大热点前沿"的有机超长余辉材料研究、入选"中国高等学校十大科技进展"的"高效钙钛矿发光器件研究"，还有无墨喷水打印的多彩"复写纸"、无限保鲜的"层状钙钛矿电池"、回归有机半导体本质的"有机纳米聚合物"……由于拥有众多频频被"点赞"的创新成果，这支团队也被称为科研界的"宝藏团队"。

敢为天下先：原始创新的探索

"柔性电子，后顾前瞻。以柔克刚，任重道远。时遇瓶颈，时遇挑战。劲敌仍然，硅基芯片。脚踏实地，回归自然。科学对待，优化资源。重新出发，调整再战。"黄维院士曾感慨地说。

打开西北工业大学柔性电子研究院的官方网站，研究院的院徽跃然而出。它的造型创意来源于汉字"柔"与飞行中的电子相结合，旋转90度后形成了柔性电子研究院的英文简写IFE，表达了科学研究中尝试不同的角度去思考问题、解决问题的精神。

换个角度更精彩。

但对于团队的创业者来说，换个角度换个方向却谈何容易。对于许多初涉此领域的人而言，柔性电子既是高度融合交叉的，更是极具"颠覆性"。从认识到深入，再到研有所成……注定是个痛苦的过程。

黄维院士

当前，全球科技创新已经进入空前密集活跃期，新一轮科技革命和产业变革正在重构全球创新版图、重塑全球经济结构。颠覆性技术领域成为世界上很多发达经济体科技发展布局的重点之一。黄维院士表示，未来将是"碳基材料＋光电过程"（或曰"碳＋光"）的时代，石墨烯、碳基纳米材料、有机高分子材料，以及激光与光通信、光存储、光显示等将成为其显著特征。"碳基材料＋光电过程"催生了柔性电子和柔性电子产业，并为其开辟了极为广阔的发展空间，将深刻变革人类生产方式、生活方式、思维方式。

随着大量电子信息、健康医疗等为代表的光电器件的柔性化，柔性电子学应运而生。它以柔性材料为基础、柔性电子器件为平台、光电技术应用为核心，是一类将物理学、化学、材料科学与工程、力学、光学工程、生物学、生物医学工程、基础医学等学科高度交叉融合基础上形成的颠覆性科技创新的形式，在表观机械柔性方面超越了经典电子信息系统，为新一代信息科技革命和智能制造时代的发展提供了全新机遇。

作为中国有机电子学与柔性电子学的主要奠基者，黄维一直奋战于教学科研第一线。他于 1979 年进入北京大学化学系学习，并当选第二十届中华全国学生联合会主席，博士毕业后留校执教。

1993 年，他远赴新加坡开展"有机光电子"这一国际前沿领域的科学研究，并很快在众多国际同行中脱颖而出。21 世纪初全职回国后，他先后主导创建了复旦大学先进材料研究院、南京邮电大学信息材料与纳米技术研究院、南京工业大学先进材料研究院和先进化学制造研究院、西北工业大学柔性电子研究院等机构，并开创了柔性电子学这一全新学科。

黄维院士与课题组骨干成员讨论工作

黄维院士对人才队伍的培养与建设倾注了极大的热情，在他曾经工作的每一处，都成功建立并引领了优秀的科研团队。团队始终紧密围绕国家战略需求，勇闯原始创新的"无人区"，取得了很多颠覆性科研创新成果。例如，创新性地提出了有机半导体 p-n 能带调控理论，研制出高性能蓝光有机半导体，成为国际上通行的解决方案和主要代表性工作；首创了可降解柔性发光薄膜与纤维技术，开启了绿色发光照明新篇章，为全球解决电子垃圾提供"中国方案"；开创性地将皮革与纳米材料相结合，实现了具有感知能力的柔性可穿戴式设备，将实质性推动可穿戴设备由"戴"到"穿"的发展进程。

2015 年，黄维院士主导、支持团队做第三代太阳能电池的研究。

作为第三代太阳能电池，钙钛矿电池不仅在效能上明显优于第一代硅电池和第二代薄膜电池，在应用范围上也将产生颠覆性变革。比如，基于钙钛矿材料的发光二极管灯泡可当路由器，可解决光纤传递信号存在的保密等问题，在光电子和传感领域具有广阔的应用前景。此外，钙钛矿电池可以克服以往太阳能电池对阳光照射条件的苛刻要求，利用可见光就能产生电能，生活方面可以让感应式水龙头等设备不接电源，国防方面可以为很多野外和水下设备提供稳定能源。

钙钛矿太阳能电池（PSCs）的一个潜在优势是能够对前驱体进行溶液处理并从溶液中沉积薄膜。2020 年，团队成果"层间相互作用调控构建高效稳定层状钙钛矿太阳能电池"，入选"中国半导体十大研究进展"提名奖名单。

"基础科研就是要做那些独一无二的研究，要产生引领性成果，让全世界跟着我们去做。"黄维院士经常这样说，"原始创新是'从 0 到 1'的突破，常常意味着漫长而艰难的探索，但却可能产生颠覆性的变革，带来颠覆性的技术和产品。"

近年来，虽然做钙钛矿电池研究的国际团队越来越多，但是团队一直处于引领位置，不断有新成果产生。2020 年 1 月，团队一项成果在国际顶尖光学杂志《自然·光子学》发表。2022 年，团队创新性地提出了基于离子液体钙钛矿油墨制备丝网印刷薄膜与器件的解决方案，制备出全丝网印刷钙钛矿光伏器件，加速了钙钛矿光伏的产业化进程。相关研究发表在国际顶级期刊《自然》上。连续产出高水平研究成果，不仅让课题组在相关领域持续站在高位，更使得第三代太阳能电池向真正量产投入使用快速迈进。

跑出"加速度"：突破科学"无人区"

对于团队来说，增强战略自信，保持战略定力，坚定战略执行，关键就是在深化创新中推动人才队伍高质量建设。

近年来，一批新发现的耐药细菌对公共卫生构成了严重威胁。2019 年 11 月，团队成员西北工业大学教授李鹏和南京工业大学教授安众福、副教授史慧芳联手，在全球首次发表了一项成果：成功制备出一种具有抗菌功能的纯有机磷光纳米粒子，可以在体外和体内有效地杀灭多重耐药细菌，并对正常细胞无明显毒性。

"在高校做基础研究，就是要面向未来，专注于原始创新。"黄维院士认为，"走入科研的无人区，考验着科研工作者的能力水平，也体现着科学报国的初心与情怀。"

黄维院士在实验室指导团队开展柔性电子研究工作

闯入科研"无人区"，除了勇气之外还需要什么呢？"我们团队里一直提倡，要去做 surprise（别人想不到）的东西，而不是跟随别人的工作。"曾经是黄维院士博士生的史慧芳说，"问题是你怎么找到 surprise 的东西呢？这除了勇气，还要一点运气，而这点运气往往来自你长期的科研积累和精益求精的科学态度。"

这样的"运气"，在这支"宝藏团队"中并不鲜见。2010 年的一个晚上，时任南京邮电大学副校长的黄维接到博士生安众福的电话——他准备离开实验室时，在关掉紫外灯的一瞬间发现新合成的化合物发出"一闪而过"的亮光。

黄维和其学术助手陈润锋老师带着安众福反复试验，并鼓励他刨根问底，深究细耕这一方向。由此，安众福走进了一个科研"无人区"，并从中发现了"颠覆教科书级别"的"有机超长余辉材料"，被业界誉为"有机夜明珠"。

科研无人区的发现，往往就在于你多问句为什么。史慧芳说，"自己在指导学生时，也因为对细节的坚持，偶然发现了一种材料的新特质，从而获得了一个全新研究成果——运用有机光电技术把防伪信息做到六重。"

敢为天下先，坚持走自主创新道路，在独创独有上下功夫，是团队的特有氛围。

现在，史慧芳等青年教师，把主要精力放在将有机光电技术运用于生物成像与检测上。她尝试通过纳米技术，用有机超长余辉材料定位人体病变部分，从而在手术时为医生提供更精准的指引。

这个方向涉及有机光电、医学诊疗、生物化学等领域，前途可以说是"长路漫漫"。为什么要一头扎进这么复杂、艰难而又漫长的研究方向呢？"黄维老师一直要求我们迎难而上，要甘愿坐冷板凳。"史慧芳说，"我知道这个方向很难，也知道九死一生是科技创新的常态，但是你不去尝试就永远不知道能不能走下去。"

从"狮城"新加坡回归祖国，从 20 世纪 90 年代至今，团队 30 年来的发展可谓是一段艰苦创业的历程，不断书写着从"0 到 1"的历史。创业初期，团队人手不足，专业精密设备和实验场地稀缺，发展平台和空间极度有限。但团队成员"科教兴国"的初心就像是一堆篝火，鼓舞着团队发扬"有条件要上，没有条件创造条件也要上"的"铁人"王进喜精神，在有限的条件下创造无限的可能。

那些年，没有会议室，团队就在一间空荡荡的教室里开会、讨论；经费紧张，团队成员就自筹资金连夜买回设备及物资，以供第二天清早使用；建设实验室人手不够，团队师生合力把设备吊上六楼，做了避雷、防静电等安全处理，打造超净实验室……"有志者事竟成"，在上级主管部门和学校的关心和支持下，团队发展建设 30 年来，啃下了硬骨头、打赢了硬仗，吃苦耐劳、白手起家，披荆斩棘开拓出了一条自立自强的创新道路。

黄维院士深知，科技的"无人区"迷雾重重，沿着西方固有的热点方向修修补补或做延伸，或许"安全"，或许能预见些许收获。

但团队深知"关键核心技术必须牢牢把握在自己手中"，努力提高研究思路和技术工艺的原创性和前瞻性，打破跟踪模仿西方思路，用"板凳甘坐十年冷"的毅力摸索"从 0 到 1"的关键技术突破。近年来，团队不断提出自己的新概念和新方向，率先取得了一系列原始创新成果，实现了多项核心技术的重大突破。团队两次斩获"国家自然科学奖"二等奖，在《自然》《科学》及其子刊等国际顶尖学术期刊发表论文 1300 余篇。

星星之火，可以燎原

出生于 1987 年的官操，毕业于世界名校，国家级青年领军人才，对于长期钻研的柔性储能器件的研究有着自己独到的认知，连续获 2019—2023 科睿唯安"高被引学者"。他盛情邀请自己留学海外期间的"同门"，返乡归巢，来到西北工业大学柔性电子研究院开创新的事业，和他一起组建起新的团队。

而发出对海外青年才俊邀约的底气，就来自柔性电子学科全链条的创新系统支持。

近年来，回国发展的官操教授团队从集流体、电极材料微纳结构与界面、电池力学结构三个方面优化电池性能，实现高能量、高安全、强柔性电池的开发。采用石墨烯、碳纳米管等新型碳材料代替传统的金属材料可为电池减重90%以上。同时，团队制备阵列化的自支撑电极，优化离子传输和增大比表面积，显著提升电池容量。通过电池整体力学结构的设计与优化，有效增强了电池的耐冲击、耐拉伸、抗疲劳等机械性能。

这个创新生态系统，不仅支持特色，更鼓励开拓性的原创。这一点，对于安众福来说，体会尤为深刻。他从2010年起就专注于有机夜明珠方向的钻研。冷板凳一坐就是5年。直到2015年，已在南京工业大学执教的安众福，终于将有机夜明珠的创新理论和实践成果发表于国际顶级科学杂志《自然·材料》上，在全世界第一次报道有机超长余辉材料。由此，越来越多的科研团队加入这个领域研究。据不完全统计，目前国际上已有超过150个科研团队在开展相关研究工作。2019年，该研究方向入选了中国科学院科技战略咨询研究院和科睿唯安公司评选的"化学与材料学领域十大热点前沿"。

柔性电子学是高度交叉融合的前沿学科，包括有机电子、塑料电子、印刷电子、纳米电子、生物电子等二级学科。在这片全新的科研"无人区"中，很多科研工作者数年如一日甘于在实验室坐冷板凳，把很多无人涉足的"冷门"领域做成了科研"热点"。

把冷板凳坐热，在这个团队里并不是个别现象。南京工业大学教授王建浦牵头的"多量子阱钙钛矿发光二极管"就是如此培育壮大的。2013年，王建浦从国外回来加入黄维院士团队后，在国际上率先开展了钙钛矿发光二极管的研究。10年来，王建浦教授团队成果不断，2016年成果入选"中国高等学校十大科技进展"，引领这个领域成为新的科研热点。

创新驱动发展，原始创新是源头。

"闯入无人区的科学研究，才可能孕育颠覆性的结果。"黄维院士说，"科研工作者必须有'亦余心之所善兮，虽九死其犹未悔'的志气，不鹜于虚声、不图于虚名、求真求实、求知求是，才能在攀登科技高峰的征途上不断前行，才能推动中国以创新赢得未来。"

30多年来，团队一直不唯出身、背景、学历、论文论英雄，鼓舞、激励、留住、培育了一大批青年科技人才，营造了有利于创新的独特SCIENCE的团队文化，这恰好就是7个英文单词首字母的组合，即S（Skepticism，科学质疑）、C（Curiosity，好奇驱动)、I(Industriousness，天道酬勤)、E(Enthusiasm，奉献热忱)、N(Novelty，守正创新)、C(Confidence，坚定自信)和E(Ethics，守望良知)。良好的团队氛围带来了强有力的团队凝聚力、创造力，极大地增强了团队人才的创新自信和文化自信。

同时，从中西方哲学方法和思维模式角度探究，面向创新型人才的成长进步，团队还凝练出人才进阶创新发展的"VICTORY成功七要素"。这也恰好是7个单词首字母的组合。即V(Vision，愿景)、I(Ingenuity，独创)、C(Confidence，自信)、T(Thoughtfulness，深思)、O(Openness，开明)、R(Resoluteness，刚毅)和Y(Youthfulness，活力)。在团队进步和个体发展同频共振的实践中，团队已然形成一体化培育合力、一体化培育载体、一体化培育保障的立体场域，把创新型人才培养与国家的前途命运紧密相连。

同时，团队汇聚优势力量，以"科研顶天、服务立地"的科技创新模式和社会服务体系，政产学研联动，培育新质生产力。团队协助京东方科技集团股份有限公司建成了中国首条、全球第二条柔性AMOLED（一种显示屏技术）生产线，量产了高品质柔性曲面OLED（有机发光二级体）显示屏，打破了韩国在柔性OLED面板市场垄断格局，年均产值逾百亿元。团队与激智科技和龙腾光电等企业组建了产业联盟，推进OLED关键材料和装备制造的联合研发与市场拓展。团队还孵化宁波卢米蓝新材料有限公司，掌握了其中量产的关键核心技术与工艺，实现高纯度OLED材料量产，已向相关显示面板企业供货，产生了显著的社会经济效益。结合柔性电子产业优势，团队正致力于构建"前沿科学实验室＋产业技术研究院＋产业基地"产学研深度融合创新体系，推进柔性电子技术孵化和产业落地，打造"中国碳谷"。

今天，中国电子信息技术发展正处于系统创新和智能引领的重大变革期，深入开展柔性电子领域研究是驱动创新发展的新引擎，是中国在电子信息、智能制造等领域实现"开道超车"的重要战略机遇。

"桐花万里丹山路，雏凤清于老凤声。"

在黄维院士看来，青年人才正如初飞的雏雁，需要呵护其探索精神、助力其展翅翱翔，要以更有力的政策举措、更有效的创新平台，为青年人才"托举"，扶上马，送一程，助力更多青年人才挑大梁、当主角。

未来，团队将大力推进柔性电子学科发展，勇做新时代科技创新的"雁阵"，加快培育国际领军人才，打造学术研究的高地，让中国柔性电子爆发硬核实力，为中国式现代化建设贡献重要的支持动力。

恪守"隧通天下"初心 勇攀建造技术前沿高地

——中国工程院院士梁文灏科技创新团队

中国工程院院士梁文灏科技创新团队（隧道及地下工程创新团队）（以下简称团队）紧密围绕在铁（公）路长大干线、跨海越河水下通道、高寒高原高速铁路、超长输水隧洞、城市轨道交通等领域极复杂环境下的隧道及地下工程建造关键技术难题和重大国民经济需求，开展了青藏高原寒区隧道建设成套、TBM（隧道掘进机）围岩等级划分标准及支护参数标定、高地应力软岩大变形的变形分级划分和管理基准、高速铁路大断面黄土隧道建设成套、湿陷性黄土地区高速铁路修建、秦岭超长输水隧洞施工通风及岩爆防治、高海拔极复杂地质条件下隧道高地温防护及超长距离施工通风等关键技术开发与示范应用。

团队坚持面向世界科技前沿、经济主战场、重大公共社会服务开展技术研发和攻关，在寒区隧道、黄土隧道、TBM隧道、大变形隧道、岩爆隧道、高地温隧道、水下（工）隧道等领域取得了标志性创新成果，填补了诸多项国内外空白，屡创国际领先。在贯通产学研用全链条、构筑创新高地过程中，依托极端环境岩土和隧道工程智能建立全国重点实验室创新平台，突破了技术成果转化瓶颈，成功实现了TBM仰拱预制块、UHPC高性能混凝土、高地应力软岩锚杆、高烈度抗震减震橡胶垫等关键产品的转让与合作生产，成功实现了科研成果的产业化落地，满足了极端环境下对隧道结构安全性及耐久性等高端性能需求，产生了巨大的经济和社会效益。

团队和带头人简介

团队以梁文灏院士为学术和技术带头人、省部级勘察设计大师为主体、中青代优秀工程师为骨干。团队始终廉洁自律、作风优良，严格遵守学术道德和技术规范，以独立自主、奋勇争先、永创第一的务实作风，攻克了隧道及地下工程领域诸多难题，夯实和巩固了隧道设计创新高地，实现了本行业高水平科技自立自强及自主创新。

团队带头人梁文灏院士，1964年毕业于同济大学铁道建筑专业，当年入职地处甘肃兰州的铁道部第一勘察设计院；1994年任铁道部第一勘察设计院分管隧道专业的副总工程师、教授级高级工程师；1995年任西康铁路秦岭特长隧道项目总工程师；2000年任秦岭终南山公路隧道项目总工程师；2001年主持青藏铁路的重点控制工程、世界上海拔最高的昆仑山隧道和风火山隧道两座隧道的勘察设计；2005年当选中国工程院院士，同时受聘为中国铁道建筑总公司副总工程师。

在梁文灏院士的带领下，团队依托国家重大工程及全国重点实验室创新平台创新性构建了5大工

梁文灏院士

程建造关键技术体系：长大铁路隧道钻爆及TBM建造成套关键技术体系；特长公路隧道运营通风及防灾救援综合技术体系；超长水工隧道长距离施工通风、岩爆及突涌水防治综合技术体系；挤压性围岩大变形控制技术体系；高速铁路大断面黄土隧道建设成套技术体系；青藏铁路多年冻土隧道关键技术体系。团队主持编撰行业规范：《铁路黄土隧道技术规范 Q/CR 9511-2014》《铁路挤压性围岩隧道技术规范 Q/CR 9512-2019》《水工隧洞施工通风技术规范 DB 61/T 1417-2021》《铁路隧道运营通风设计规范 TB 10068-2022》《铁路瓦斯隧道技术规范 TB 10120-2019》。团队创新成果先后荣获"国家技术发明奖"二等奖1项，"国家科学技术进步奖"一等奖1项，"国家科学技术进步奖"二等奖4项，"国际咨询FIDIC大奖"4项，省部级奖40余项。

精心布局秦岭隧道群，贯通南北交通大动脉

秦岭终南山高速公路隧道总体剖视图

铁路建设作为关系国计民生的大动脉，是重大民生工程和综合交通运输体系骨干，在经济社会发展中的地位和作用至关重要。梁文灏院士自1964年同济大学毕业后，从上海来到荒凉贫困的大西北，与隧道结缘至今，用他自己的话说，隧道就是我的梦想。

西安至安康铁路是中国南北交通的大动脉，如何穿越秦岭是工程的最大难点。而秦岭自古以来为中国地理南北分界，为天下之大阻，广袤的秦岭山区地质构造更是极其复杂，具有艰险山区山高坡陡、沟壑纵横、高差巨大、水系发育等典型地形地貌特征。在这样一座横贯中国西部的宏伟大山腹地上修建一座当代国内第一长的铁路隧道，将面临高地应力、高能岩爆、涌突水、溶腔及放射性物质等特殊地质情况。在这样极端复杂的环境下，需要进行1500平方千米范围内的线路、经济、安全综合选线，寻找一条地质构造最稳定、工程施工安全、工程造价经济的隧道平纵线位，其挑战非常艰巨。

为了选择合适的隧道方案，梁文灏院士带领勘察设计团队综合考虑地质条件、工程设置条件、施工方法、工程投资等因素，收集了全院地质精英勘察宽达460平方千米领域内的地质构造，在1500平方千米范围内优化组合了四组17个越岭线路方案，对1200多千米的定线进行了分析比选，确定了工程地质及水文地质条件相对较好、洞口位置合适、隧道长度约18.4千米的青岔方案。在施工过程中，团队通过反复的推敲、论证，首次提出在铁路隧道建设中采用TBM施工的可行性，建立了我国TBM围岩等级划分标准及支护参数成套体系，推动了TBM技术在铁路隧道建设中的全面推广和应用；硬岩平导快速掘进技术取得了重大成果，创造了最高工时日利用率58.31%、日最高75%的世界纪录，创造了东线隧道18个月贯通的奇迹，节省投

资 3.2 亿元。2004 年 2 月 20 日,"国家科学技术进步奖"颁奖大会在北京人民大会堂举行。大会宣布铁道第一勘察设计院勘测设计并完成的西康线秦岭特长隧道荣获"国家科学技术进步奖"一等奖,作为团队带头人的梁文灏院士心情格外激动,当他高高举起金色奖牌时,雷鸣般的掌声响彻人民大会堂,梁文灏院士的眼眶湿润了。

2000 年,梁文灏院士担任秦岭终南山公路隧道的项目总工程师,承担这座长达 18 千米、世界排名第二的双线四车道公路隧道的总体设计任务。设计团队因地制宜、善于创新,提出铁路、公路、水利隧道(洞)互为利用的勘察设计和建设理念,研究决策了最优的越岭公路隧道线位及设计方案;并提出利用已贯通的铁路隧道作为公路隧道施工的运输通道和通风管道,降低了施工难度,仅用 32 个月就开挖贯通了总长 36 千米长的单洞隧道,缩短建设工期 2.5 年,节约投资 3.97 亿元。

秦岭隧道群将铁路、公路、水工隧道统一布设,形成由秦岭特长铁路隧道(18.456 千米)、终南山特长公路隧道(18.020 千米)、"引乾济石"(18.050 千米)特长引水隧洞等五座隧道组成的庞大隧道群,单洞总长近百千米。隧道群的成功修建,不仅打通了中国南北的交通瓶颈,而且大大地缓解了西安市引水匮乏现状,建成了世界规模最大的隧道群。其中,秦岭铁路Ⅰ、Ⅱ号隧道为两座基本平行的单线隧道,线间距 30 米,最大埋深约 1600 米。Ⅰ线为国内首座采用直径 8.8 米的敞开式 TBM 施工的铁路隧道。终南山特长公路隧道利用秦岭铁路隧道资源修建,设计为双向单洞高速公路隧道,为世界第二,总建设规模居世界第一,是代表中国隧道和高速公路建设水平的标志性工程。引乾济石调水工程是陕西省南水北调规划的重大调水工程之一,利用公路秦岭隧洞施工的有利条件修建输水隧洞。

团队围绕该隧道建设共组织实施了近 30 个国家级、省部级科研技术攻关,取得了系列创新科技成果,形成了具有自主知识产权的铁路特长隧道修建成套技术。秦岭铁路隧道荣获"国家优质工程金质奖"、"国家科学技术进步奖"一等奖,秦岭隧道群荣获 FIDIC "百年经典工程优秀奖"。

"飞雪弥漫、寒气砭骨"已不再,长隧迤逦相接关内外

远望乌鞘岭,像极了一条蜿蜒盘旋的乌龙,山岭及岭上的树木植被一律呈墨绿色,没有植被的山石及裸露的土坡呈现灰黑色,给人留下乌黑厚重的印象,谓之"乌鞘岭"实至名归。素以山势险峻、地势险要而驰名于世,乌鞘岭为丝绸之路的东大门,扼守要冲。

乌鞘岭特长隧道位于兰新线兰武段打柴沟车站和龙沟车站之间,设计为两座单线隧道,隧道长 20050 米。隧道地质条件极其复杂,沉积岩、火成岩、变质岩三大岩类

均有，且以沉积岩为主，其分布主要受区域断裂构造控制，不可预见的地质灾害多，施工中可能出现围岩失稳、突泥、突水及软岩流变、瓦斯等地质灾害，因此被隧道建设工程专家称为兰武二线的咽喉工程。

乌鞘岭特长隧道为中国第一座长度超过20千米的隧道。设计采用增设辅助坑道，"长隧短打"的理念，仅用40个月就建成通车，建设速度之快创造了世界隧道修建世上的奇迹。该特长隧道的建成，使本段线路标准得到了极大的改进，越岭线路长度较既有线缩短30.4千米，货运时间由6小时缩短至4小时，客运时间由4小时缩短至2.5小时，经济效益十分显著。同时，梁文灏院士及其团队在国内首次采用了适应高原、小净空环境，维护量小和性能优良的隧道刚性接触网系统，创建了高寒地区特长隧道运营安全综合配套系统技术。此外，红外线车体自动监测系统、旅客"疏散点"、防爆防火和减震轨道等新技术首次在乌鞘岭隧道中得以应用。

做"生命禁区"的开路先锋，打赢青藏铁路攻坚战

2001年，举世瞩目的青藏铁路全线开工。青藏铁路是国内外都未曾实践过的探索性工程，梁文灏院士及其团队迎难而上、再次出征，主持被列为全线头号控制工程的昆仑山、风火山隧道。昆仑山隧道全长1686米，海拔高度4648米，是世界高原多年冻土区第一长隧，洞身穿越多条地质断裂带，进口处有厚层地下冰，中间有裂隙水、地下水和融冻泥流，被称为高原地质的"万花筒"，面临诸多设计施工难题。风火山隧道地处风火山垭口，该区域高寒缺氧、气温低、昼夜温差大，最高海拔5010米，年均气温零下7摄氏度，寒季最低气温达零下41摄氏度，空气中氧气含量只有平原地区的50%左右，被喻为"生命禁区"；隧道全长1338米，洞身全部位于冻土、冻岩中，地质岩层复杂，集饱冰冻土、富冰冻土、裂隙冰、泥砂岩等恶劣地质环境于一体，设计施工难度巨大。在高原永久冻土隧道的线路选择上，梁文灏院士带领团队提出了大埋深、长隧道、穿行于永冻层、减少工作面的指导原则，最大限度减少对冻土环境和地下水的破坏，从而保护冻土的稳定性。在隧道结构设计细则中，团队创造性地提出了将洞口区分为过渡段和中间稳定段的双层结构的设计思想，开创在两层衬砌支护中添加隔热保温层的全新设计思路和计算原则，形成一整套高原冻土隧道的设计原则和方法，全面提升了中国高原多年冻土区修建隧道的技术水平。这两座世界海拔最高的高原高寒冻土隧道只用不到一年的时间就顺利贯通，打响了青藏铁路建设战役的开门红，是世界铁路隧道建设史上的奇迹。团队攻克了"多年冻土、高寒缺氧、生态脆弱"三大世界性工程难题，不仅为青藏铁路的顺利建设奠定基础，更为广大西部地区尤其是高寒地区的重大工程建设提供了宝贵的技术积累。

穿秦岭黄河长江牵手，汉江清流润秦川大地

2000年年初，为解决关中水资源短缺难题，陕西省规划了三条省内南水北调线路，东、中、西分别为"引乾济石""引汉济渭""引红济石"，其中"引汉济渭"调水工程是骨干调水线路，是实现全省水资源优化配置的永久性措施，是影响全局改变缺水局面的战略性工程，对改善生态环境，保障和促进工农业发展、城市建设和经济社会的可持续发展具有重要意义。

其中，梁文灏院士领衔的隧道创新团队主持了"引汉济渭"秦岭隧洞全长81.779千米的工程勘察设计，在该段布置了10条施工支洞。通过大面积的空天地地质、环保、安全、经济选线，综合地形地貌，将3号支洞以南的约26千米洞段、6号支洞以北的约16千米洞段设计用钻爆法施工。3号支洞与6号支洞之间穿越秦岭主脊的约39千米主洞采用敞开式TBM施工。两台TBM分别由3、6号支洞进入，在洞内组装，南北相向掘进。

秦岭隧道群

2023年7月16日，随着位于西安市周至县的"引汉济渭"黄池沟分水池闸门的开启，一股股水流通过黑河供水连通洞进入黑河金盆水库西安供水管线。这意味着经过十多年的建设，陕西有史以来最大的水利工程——"引汉济渭"工程向西安先期供水。"引汉济渭"工程建成后，汉江水将被调引至渭河流域的西安、咸阳、渭南、杨凌4个重点城市及渭河两岸11个中小城市，预计年调水量达到15亿立方米，惠及人口1000万人以上。

结　语

中国国土面积广大，工程涉及区域地形条件复杂，高压富水岩溶、岩爆、高地应力软岩等特殊、不良地质广泛分布，高寒、高地温、高海拔等环境条件恶劣，尤其是隧道工程，建设运营规模越来越大、遇到复杂地质越来越多。梁文灏院士及其团队将不忘初心，以更加坚定的信念投身于隧道建设事业中，在复杂环境下勇攀隧道建造关键技术前沿高地，为我国的交通发展和经济建设做出贡献。

坚持三链融合发展
以玻璃自立自强助推科技自立自强

——中国工程院院士彭寿科技创新团队

玻璃工业是我国材料产业发展中一个重要的行业，其技术创新和产业发展在我国经济建设中起着非常重要的作用。中国工程院院士、中国建材集团有限公司（以下简称中国建材集团）首席科学家、中建材玻璃新材料研究总院党委书记、院长彭寿带领创新与产业化团队踔厉奋发、不懈奋斗，多年来，坚持目标导向、应用导向、需求导向，聚焦先进玻璃材料科技与产业水平提升，持续深化产学研用合作，探索出创新链引领工程链、工程链支撑产业链的"三链融合"创新模式，攻关突破了系列关键核心技术，转化孵化出显示玻璃、新能源玻璃、特种功能玻璃等先进玻璃材料技术，构建了产业网络，助推中国玻璃科技与工业实现了"从'跟跑'到'并跑''领跑'"的革命性转变，在玻璃"小行业"摸索出产学研深度融合的创新"大方案"。

团队和带头人简介

中国工程院院士彭寿科技创新团队（中国建材集团创新与产业化团队）（以下简称

团队）以彭寿院士为学术带头人、中青年科技骨干为主体，紧紧围绕国家在信息显示、新能源、半导体、航空航天和高端装备等领域对先进玻璃材料的重大战略需求，开展硅质原料提纯、玻璃成分及配方设计、新型熔化、超薄成形等关键核心技术开发、工程与产业化。团队坚持原始创新、集成创新、开放创新一体设计，坚持创新链、工程链、产业链一体推进，取得了世界最薄 0.12 毫米超薄触控玻璃、国内首片自主研发高世代浮法玻璃基板、国际领先 30 微米柔性可折叠玻璃、世界最高转换效率薄膜发电玻璃冠军组件、国内首支高品质中性硼硅药用玻璃管等系列标志性原创科技成果，填补了多项国内外空白，成功实现科研成果的产业化，满足了多个国家战略性领域对关键功能材料的迫切需求，产生了显著的经济效益和社会效益。团队荣获"国家科学技术进步奖"一等奖 2 项，"国家科学技术进步奖"二等奖 3 项，"全国优秀工程勘察设计金奖" 1 项、省部级科技果一等奖 10 余项。

团队带头人彭寿院士，1960 年 10 月出生，博士生导师。1982 年 7 月毕业于武汉理工大学，2001 年 12 月在武汉理工大学获得硕士学位，2004 年入选新世纪"百千万人才工程"国家级人选，2006 年当选全国工程勘察设计大师，2010 年获"全国优秀科技工作者""光华工程科技奖"，2015 年获"何梁何利基金奖"，2016 年获"国际玻璃协会主席终身成就奖"，2018 年获"美国陶瓷学会硅酸盐技术创新领袖奖"，2019 年当选中国工程院院士，2024 年获国家卓越工程师团队表彰，兼任国际玻璃协会顾问委员会主席、国家制造强国战略咨询委员会委员、国家产业基础专家委员会委员、中国硅酸盐学会副理事长等职务。

彭寿院士

深化产学研用合作，加速实现从"0"到"1"的突破

彭寿院士从事玻璃新材料科技与产业化工作超 40 年，自 2000 年担任团队负责人以来，坚持以国家战略为导向，以原始创新为核心，以开放合作为路径，构筑高能级创新平台体系开展科技攻关。团队聚焦国际优势创新资源，获批联合国开发计划署建设中国玻璃发展中心，与美国新泽西理工大学开展战略合作打造美国新泽西新能源材料研究中心，整合德国 Avancis、德国 CTF 研发团队建设光电材料研发中心，构建集项目研发、成果中试、人才培养一体化海外研发平台；聚焦国家战略科技力量，2010 年牵头建设行业唯一企业浮法玻璃新技术国家重点实验室，2021 年汇聚行业 80 家企

业、高校院所等建成"十四五"首批、行业唯一国家玻璃新材料创新中心。目前团队已经参与建设国家级创新平台12个，省部级创新平台30余个，通过平台体系布局正在持续完善和强化我国玻璃领域"原创技术策源地"作用。

国家玻璃新材料创新中心

依托海内外创新平台体系，团队围绕行业关键共性与核心技术难题开展科研攻关，从"十一五"到"十四五"累计承担国家重大研发计划10余项，特别是承担的国家科技支撑计划"浮法玻璃高效节能关键技术研究"，通过首创开发高效节能熔化工艺技术与装备、全熔窑计算机仿真模拟技术及玻璃熔窑低成本余热发电技术与装备，实现了高效节能技术国内全覆盖，推动了我国玻璃行业的节能减排与绿色转型；承担国家"863计划"的"玻璃粉末法制备高性能空心玻璃微珠技术与生产工艺"，在国内率先开发出具有自主知识产权的高性能空心玻璃微珠，作为深海浮力材料成功应用于我国万米深海潜水探测器，作为航空耐腐蚀材料通过了我国"神舟"系列飞船返回舱测试，在深海深空关键材料领域填补一项国内"空白"；承担的"十三五"国家重点研发计划"高世代电子玻璃基板和盖板核心技术开发和产业化示范"，攻克了高效熔化、复合澄清、长程高温成形等核心技术，实现了关键装备的完全国产化，建成投产了中国唯一拥有自主知识产权的8.5代TFT-LCD浮法玻璃基板产业化示范线，产品顺利导入大尺寸显示产业链，获"2022年度建筑材料科学技术奖技术发明类一等奖"，亮相国家"十三五"科技创新成就展，得到党和国家领导人的高度肯定；与国内领先终端企业创新合作模式联合开展的"柔性可折叠玻璃关键核心技术与装备"前沿攻关，突破了超薄柔性可折叠高断裂韧性玻璃组分设计、高效混合熔化与非线性成型等关键技术难题，成功开发出厚度为30～70微米超薄柔性可折叠玻璃系列产品，形成了国内唯一覆盖"高强玻璃—极薄薄化—高精度后加工"的全国产化超薄柔性玻璃产业链，已成功批量应用在国内主流终端企业产品，2022年入选中国十年来重大工程和标志性成果，亮相国家"奋进新时代"主题成就展和2023中关村论坛重大科技成果专场发布会，引领了全球柔性玻璃发展方向。

团队在系列科技创新成果基础上，围绕新型显示、新能源汽车、绿色低碳、5G（6G）通信、航空航天等关键领域持续开展新一代玻璃材料与前沿交叉技术攻关，申报并获批的重点研发计划项目"OLED显示玻璃材料关键技术开发""高世代大尺寸玻璃基板超精密超净磨抛工艺技术""5G用电子级超细高纯球形二氧化硅"等，牵头承担的行业"揭榜挂帅"项目"玻璃熔窑氢能利用成套技术装备与工程示范""民用航空透明件及玻璃原片关键技术开发"等，对填补我国关键战略性领域技术和产品空白、持续提升我国产业链供应链韧性，以及在新一轮科技与产业竞争中实现引领发展产生重要作用。

深化"三链融合"发展，加速科技成果转化转移

团队通过构建基础与应用基础研究、产业技术攻关、高端装备研制、工程服务转化的完整创新链条，使原创科研成果能够更有效、更直接地转化为现实生产力，加速了创新链、工程链、产业链的深度融合，实现了基础创新推动材料升级、技术创新推动成果转化、工程创新推动产业转移，以卓越的工程链、产业链彰显了创新价值。目前团队原创技术成果在国内外高端玻璃技术工程市场中的占有率达65%以上，高端装备市场占有率超50%，为50多个国家和地区提供高端玻璃技术装备服务，在国际玻璃市场中树立了中国玻璃技术品牌。

团队在国内率先研发出超低微缺陷高品质浮法玻璃技术，开发出世界最大规模的每天产1200吨的玻璃生产线核心技术与成套装备，为福耀、南玻、信义等企业在国内服务建设超80条高品质浮法玻璃生产线，为日本AGC、韩国现代等十多个外国企业服务建设超30条生产线。近年来又通过技术装备的持续创新创造了多项中国玻璃技术装备出口第一，已经实现浮法玻璃领域的技术引领发展；团队在国内首创的超薄高透光伏玻璃核心技术，2006年实现了技术成果的产业化转化，打破了国外垄断，产品良品率达到70%以上，远超当时国际先进水平40%左右的水平。近年，团队坚持推进原始创新与技术提升，2016年开发建成全球单体规模最大的全氧燃烧光伏玻璃生产线；2018年建成投产国内首条轻薄高透光伏玻璃智能生产线，500吨产能创造千吨效益，实现了光伏玻璃行业内"轻薄化程度、自动化程度、信息化程度、智能化程度"四个世界第一，稳定量产的世界最薄1.5毫米超薄高透光伏玻璃使光伏双玻组件工业化生产成为现实；2022年开发建设了全球首创"一窑八线"光伏玻璃生产线，

实现了全球光伏玻璃技术的又一重大突破。目前，团队采用该项技术成果在国内外建成了超 70 条光伏玻璃生产线，推动了中国光伏玻璃全球市场占有率稳居 90% 以上，为"双碳"目标的实现提供了关键的基础材料支撑。

彩色薄膜太阳能电池　　　　　　　　　　30 微米柔性可折叠玻璃

团队抢抓制造强国、数字经济等战略机遇，结合工业互联网、AI、机器学习等新技术、新领域、新业态，以玻璃新材料技术与装备开发为核心，创新开展高性能玻璃开发数字化驱动和材料仿真技术研究、工业机器人智能化装备开发、玻璃工厂全生命周期孪生体系研究，以及玻璃跨行业、跨领域工业互联网研究等，不断提高玻璃数字化研发设计、集成化方案验证和体系化平台建设能力，持续提升全产业链、全价值链贯通的数字化和智能化服务水平，加速先进玻璃材料数字化、绿色化、智能化转型。团队创新建设的玻璃工业互联网平台成功入选工业和信息化部"2023 年新增跨行业跨领域工业互联网平台清单"，成为建材行业唯一的国家级双跨工业互联网平台，将为产业链协同发展持续赋能。

深化人才梯队建设，为行业高质量发展夯实基础

彭寿院士高度重视创新人才的引进、培育，依托国家重大科技任务和创新平台，凝聚造就具有前瞻战略眼光、卓越组织能力、精深学术造诣的科技领军人才和中青年科技骨干，以"不求所有、但求所用"的开放模式，组建了由两院院士和 5 名国家高层次人才领衔的博士创新团队，3 个省部级"115"产业创新团队，3 个省部级高层次人才团队，打造了一支与学科发展、科技攻关、产业培育相适应的高水平创新团队。

团队坚持国际人才培养路线，立足海外创新平台组建了一支百名博士创新团队，并加强与法国圣戈班、美国通用公司、日本 AGC 等海外知名企业、科研机构的人才合作，每年定期选拔科研、技术、管理人才赴海外培训和参与研发，进一步提升其专业技术水平，开阔人才国际化视野；强化人才的双向流动，发挥国际玻璃协会顾问委

员会主席的资源优势，争取促成国际玻璃协会冬令营永久落户中国，连续多年组织国外玻璃领域学者、学生来华交流。同时，通过产学研用合作强化本土人才培养，与中国科学院、清华大学、武汉理工大学、大连理工大学等高校建立良好的人才合作关系，把学校的科教资源、学科优势充分利用起来，采取产教融合、教师共培、人才共育、产研共推等方式，为行业及团队培养集聚了一批科学素养高、充满创新创造活力的"生力军"。

彭寿院士积极推进创新体制机制改革，激励科研人员实施科技成果产业转化，先后培育了碲化镉发电玻璃、空心玻璃微珠、透明柔性导电膜、纳米钛酸钡等产业化创新团队，通过核心科技骨干持股、超额利润分享等方式实施中长期激励，持续激发科研人员创新活力，探索推广"揭榜挂帅""市场赛马"机制，形成鼓励承担国家重大科研任务、潜心基础前沿研究、突出重大产业成果的人才收入分配制度体系，为人才的创造性活动"松绑""鼓劲"，充分激发"人才链"的活力和动能。

结 语

团队经过数十年创新坚守，在产学研用合作、科技成果转化转移方面探索建立了一条"科技研发—工程服务—产业转化"耦合联动的创新道路，实现了原创科技成果从"0"到"1"、到"100"的根本性转变，助推了中国玻璃科技与工业在全球实现"并跑、领跑"。团队将继续践行"材料创造美好世界"的时代使命，联合国内外优势创新及产业力量，聚焦"四个面向"，服务国家战略，强化交叉融合，持续推动先进玻璃材料向泛半导体、深海深空、先进制造等领域深入发展，以玻璃产业自立自强助推材料自立自强、科技自立自强，以科技创新开辟发展新领域新赛道、塑造发展新动能新优势！

倾力投身黄河流域灾害研究 保障国家重大工程地质安全

——中国科学院院士彭建兵科技创新团队

黄河流域是我国重大基础设施建设的重要战略区，油、气、煤开采的重要能源基地和大型农业水利工程的重要分配区域。然而，黄河流域内地质构造活跃、内外地质动力作用强烈、地貌演化过程特殊，这导致上游青藏高原地震灾害、中游黄土高原滑坡灾害、下游华北平原地裂缝灾害等重大灾害频繁发生，从而构成了一个复杂的巨灾系统。这些重大灾害分布广、类型多、突发性强，且灾害往往致灾后果严重，直接破坏黄河流域生态地质环境安全，严峻挑战黄河流域的长久宜居性，严重制约着黄河流域生态保护和高质量发展重大国家战略。长安大学彭建兵院士团队立足黄河流域，围绕这些地质灾害开展了40余年的科学研究，从地球动力系统相互作用的层次上创新了地质灾害成因理论，推动我国地质灾害理论研究走向国际前沿；基于灾害成因理论成果开发出一系列关键技术，成功解决了我国地铁、高铁、高速公路、长输管线等不同类型的重大工程防灾减灾技术难题，为国家经济工程建设和灾害防控做出重要贡献。

团队与带头人简介

中国科学院院士彭建兵科技创新团队（以下简称团队）组建十余年，汇聚了中国科学院院士、教育部长江学者、国家级人才项目获得者、国家基金委杰出青年科学基金及优秀青年科学基金获得者、中组部青年拔尖人才支持计划获得者等一大批高层次人才，长期扎根黄河流域，致力于流域内区域地壳稳定性和地质灾害研究并取得了系统性的成果，提出地裂缝成因新观点，创新了黄土滑坡成因新理论，独创区域稳定动力学理论，研发了地裂缝和黄土滑坡系列防控技术，突破了西安地铁适应地裂缝变形的技术瓶颈和高速铁路、东非铁路的地裂缝减灾难题，降低了西安、北京等城市的地裂缝灾害风险；成功指导多个滑坡治理工程的实施，并多次提前成功预警黄土滑坡的发生，避免了重大人员伤亡，为国家经济工程建设和防灾减灾做出重要贡献。

多年来，团队先后承担了国家"973计划"、重大基金、重点基金等50余项国家级与省部级项目，共发表科技论文500余篇，申请国家发明专利70余项，出版专著10本，获"国家科学技术进步奖"二等奖1项，"陕西省科技进步奖"一等奖4项，"甘肃省科技进步奖"一等奖1项，"国土资源科学技术奖"一等奖1项，"测绘科技进步奖"一等奖1项，"国家级教学成果奖"二等奖1项，并被授予"国土资源部科技创新团队"称号。

团队带头人彭建兵院士，1953年4月出生，湖北麻城人。工学博士，教授，博士生导师，中国科学院院士。现任长安大学黄河研究院院长、地质灾害研究院院长等职务，享受国务院政府特殊津贴。曾担任国家"973计划"项目首席科学家、国家重大基金项目首席科学家，学术兼职国家自然科学基金委员会地学部咨询委员会委员、中国地质学会工程地质专业委员会主任、国际减灾协会指导委员会委员等职务。曾获得第三届"全国创新争先奖""李四光地质科学奖"，被授予"2014年全国模范教师""2015年陕西省师德楷模"等荣誉称号。

彭建兵院士

追求科学真理，服务工程建设

产学研深度融合是我国科技创新从量的积累向质的飞跃、点的突破向系统能力提升的关键环节，这就要求科学家进行原创性、引领性科技攻关，在加强基础研究和交叉学科研究能力建设、服务国家重大战略等方面发挥重要作用。彭建兵院士一直围绕国家重大战略需求找准发力点，以团队学科优势为基础，大力推进有组织科研，充分发挥创新资源聚集、基础研究深厚、交叉平台广布的优势，开展集成性、系统性科研攻关，开辟了一条理论创新—技术突破—指导工程—服务国家的系统科学研究之路。

国家重大工程必须建在地质上比较稳定安全的地方，20 世纪 90 年代黄河上游梯级水电工程面临的最大困难就是选址问题。自 1988 起到 2003 年，彭建兵带领科研团队先后十余次进入黄河黑山峡河段，丈量着黑山峡的山山岭岭，沉湎在区域稳定动力学思想体系的构思中，并最终写就了《区域稳定动力学研究》《区域稳定动力学的应用实践研究》两本专著，独创性地建立了区域稳定动力学的新概念，构建了由区域深层稳定动力学、区域浅层稳定动力学、区域表层稳定动力学、区域活动构造动力学和区域地震动力学组成的区域稳定动力学系统。基于所创立的理论，解决了黄河黑山峡、黄河积石峡等水电工程区域数十个滑坡的成因、稳定性评价及控滑措施等关键问题，为该工程的施工与运营安全提供了保障；在陕西省黑河水库工程的工程地质论证研究工作中，发现并厘定了侧翼锁固的旋转变形体及其动力学机制，解决了坝址高边坡稳定性、大坝渗透稳定性、库区滑坡稳定性等重要技术问题。以上成果获省部级科技一等奖 2 项。

黄土滑坡是黄河中游最大的问题，严重影响着区内人居安全与工程建设。40 余年来，彭建兵院士带来团队年年穿行在黄土高原的塬面、梁顶、峁头和沟畔，去解读和破解黄土滑坡的地质密码，追踪着黄土滑坡的孕育、形成和演化的蛛丝马迹，寻找着黄土滑坡的"元凶"和"帮凶"。他们发现区域构造活动塑造了黄土滑坡分区分带高发的空间格局，成为黄土滑坡第一"元凶"，黄土边坡应力作用形成的结构面，控制着黄土单体滑坡的原型和规模，成为黄土滑坡第二"元凶"，黄土的特殊土性和特殊结构是黄土滑坡的灾变之源，构成了黄土滑坡第三"元凶"，动水渗透应力驱动了黄土滑坡的启动和运动，构成了黄土滑坡的"主凶"，工程扰动应力助发了灾难性黄土滑坡的频发，构成了黄土滑坡的"帮凶"，由此提出了构造应力驱动、边坡结构控制、动水液化启动和工程应力促发的黄土滑坡多因耦合成因理论。基于上述黄土滑坡成因理论，构建了天—空—地一体化的黄土滑坡实时监测预警系统，数次提前数小时成功预警黄土滑坡的发生，避免了重大人员伤亡，从而在黄土滑坡区域风险预测和临灾预警方面取得一些突破。黄土滑坡的治理与预报预警一样"劳神费力"，但关乎国家和人民的安危。黄土高原是中国人的精神高原，延安是中国共产党的精神家园，宝塔山是中国人民的历史灯塔。但在过去相当一段时间内，延安市区不断遭受着黄土滑坡灾害的侵扰，宝塔山不断地被崩塌滑坡蚕食而渐渐缩小，严重威胁着圣地延安和巍巍宝塔的安全。针对这一重大灾害风险难题，团队基于前述成因理论，通过大型物理模拟试验，再现了滑坡与抗滑结构体系的相互作用过程和抗滑结构设计的合理性，提出了黄土滑坡治理的微型桩设计原则及合理的计算方法、锚索抗滑桩对黄土滑坡的抗力参数和设计方法、格构梁的设计标准及计算方法等，并成功应用这些技术治理了延安宝塔山等滑坡，保障了历史灯塔的安全，并形成了黄土滑坡防治工程示范。针对延安城区灾害高风险，建立了黄土山城滑坡风险防控体系，指导了延安及其他城镇的建设规划与防灾减灾。团队怀着浓浓的家国情怀和深深的责任感，秉承科研报国之初心，不断地攻克着黄土滑坡防控技术难题，在黄土高原防灾减灾道路上留下自己的足迹和贡献。以上成果获省部级科技一等奖2项。

黄河下游主要涉及华北平原地裂缝，此区域地裂缝发育，尤其是西安14条地裂缝，大同10条地裂缝不断肢解着这两个城市的肌体，实属世上罕见。团队注意到地裂缝的形成是一个复杂的动力学过程，具有不同阶段的力学响应规律，看似简单的地表裂缝却有着深刻和复杂的内在地质背景和原因，它是大陆动力与区域构造动力、深部动力与浅部构造动力、内动力与外动力等多重耦合作用的结果，由此提出了"构造控缝、应力导缝、抽水扩缝和浸水开缝"的多因耦合共生成缝新观点，并成为国际主流观点。基于以上成因理论，团队通过大型物理模拟试验，再现了地裂缝活动破坏的机制过程，成功开发了地裂缝变形处理关键技术，成功应用于西安地铁、大同—西安高铁、京沈高铁、东非铁路和多条高速公路设计建设，减轻了北京、大同、咸阳等城市的地裂缝灾害风险。如今，团队的地裂缝研究又走向了国际，在国际合作重大项目支持下，已开始系统地研究东非裂谷地裂缝，并发现东非裂谷地裂缝的形成既与现代板块拉张构造运动有关，也与地球深部火山活动相关，还与地表水入渗侵蚀有关，基于这一成因认识提出了东非铁路安全跨越地裂缝的工程应对措施，不仅支撑了"一带一路"项目东非铁路建设，而且占领了国际地裂缝研究的前沿高地。以上成果获"国家科学技术进步奖"二等奖1项，省部级科技成果一等奖3项，出版专著3部。

培养卓越人才，引领科技创新

创新是社会进步的驱动力，也是国家在全球竞争中取得优势的关键因素，人才是推动创新的重要力量，人才队伍的建设是实现创新驱动发展和人才强国战略的重要基础。彭建兵院士深感人才是国家的重要资产，是实现国家创新发展目标的关键，始终坚持将人才培养和科研队伍建设作为首要任务，用好育才"广角镜"，用好选才"透视镜"，用好用才"指挥棒"，立足长安大学教育部西部矿产资源与地质工程教育部重点实验室，以科技进步为基础，以人才培养为核心，以陕西省黄河科学研究院、黄土与全球变化国家重点实验室的建设为契机，全面推进人才队伍和科研机构的建设，努力将科研团队建设成防灾减灾和生态治理的前沿高地。

经过多年的探索，彭建兵院士引领的科研团队构建了一套目标明确、专业多元、高效协作的地质灾害防治人才科研培养体系。团队致力于深化产教融合、校企合作、工学结合，通过共设博士后科研流动站和院士工作站，充分利用高校的科研资源和实验条件，培养了一大批面向实际地质灾害解决方案的复合型科研人才。通过重大科研平台建设，坚持高位引才，吸纳引进了一批具有国际视野的高层次地质灾害防治人才，有力推动了我国地质灾害防治和生态绿色发展的科研革新。团队秉持凝聚青年人才，夯实强国之基的理念，搭建多元化青年人才成长舞台，重点培育一批能突破地质灾害防治领域"卡脖子"问题的青年人才，为科研团队不断注入新鲜血液。

在40余年的一线教学工作中，彭建兵院士始终秉持有教无类的教育原则，深入工程地质和地质灾害学科领域，将前沿理论与实际应用相结合，着力于培养科研素养高，思考问题勤，动手能力强的各级本科生和研究生。在多年的教学和科研实践中，在黑山峡水库的春秋寒暑，在西安地铁的黢黑隧道中，在黄土高原的炎炎烈日下，彭建兵院士深感关系国计民生的重大科研项目对人才培养的重要性。在这一思路引导下，彭建兵院士联合团队，构建了一整套重大科研项目驱动下的创新人才培养体系，培养了一大批产学研俱佳，贴合国家战略需求的地质灾害防治人才。彭建兵院士作为导师，他注重培养学生的科研能力和创新能力，同时强调培养学生的人文关怀和社会责任感，鼓励学生将研究做到祖国大地上，将论文写在祖国大工程上。截至目前，彭建兵院士共培养硕士博士研究生130余人，博士后30名，所培养的学生已经在地质灾害防治的各个领域为国家的绿色发展和人民的安居乐业发光发热，他本人也被评为全国模范教师。

家国情怀守初心，良心使命铸师德

"心有大我、至诚报国"始终是彭建兵院士所带领团队的价值底色。为了这一句话，彭建兵院士扎根西北，聚焦三秦整整45年，将自己最美好的年华全部奉献给了这一片厚重的黄土地。科学研究紧密与国家需求相结合是彭建兵院士团队的一个重要特色，只要国家有需要，无论是青藏高原还是东非裂谷，彭建兵院士总是第一时间亲赴第一线，来不及整装，只拿上常伴身边的登山杖就出发。在这种多年如一日的身体力行中，他率领团队基于成因理论，突破了地铁、高铁、高速公路、输油输气管线和地下管网等线性工程适应地裂缝变形的重大技术难题；解决了黄土高原重大工程的滑坡防治技术难题，为"一带一路"倡议在非洲的推进保驾护航。

以新时代师德师风，为党育人、为国育才是彭建兵院士作为一名教育者最根本的初心和使命。作为一名教育者，彭建兵院士始终以高尚的师德师风示范着学生和同行，他本人也被评为陕西省师德楷模。彭建兵院士同时以敏锐的触觉，积极适应高等教育发展的新要求，在教学育人和科研创新中，团队始终践行生态文明理念，探索生态治理协同机制。从秦岭林—土—岩—山—水"五体"互馈协同演化作用到"山水林田湖草"共生—共演—共损规律，再到宜居黄河科学构想，团队更多地着眼于经济社会的绿色健康发展，努力进一步当好政府的智囊团，提供专业化、多样化、时代性的意见和建议，真正做到产学研深度融合，为科技创新提供了强劲的内生驱动力。

结 语

面向第二个百年新征程，在重大战略工程指引下，彭建兵院士团队将继续潜心探索"松散层大变形"的基础科学问题，并攻关"人类如何有效防控松散层大变形灾害"的减灾科学难题。继承和发扬老一辈科学家心系祖国、服务人民的优秀品质，聚力攻克防灾减灾关键科技难题，推动更多优秀科技成果落地生根，继续为我国重大工程地质安全保驾护航贡献硬核科技力量，为我国经济社会的可持续发展做出新的更大贡献。

发展健康产业　助推食品营养科技自立自强

——中国工程院院士谢明勇科技创新团队

我国食品工业已进入以"营养与健康"为导向的深度转型期，迫切需要依靠科技创新，突破"卡脖子"技术瓶颈，实现食品工业健康转型升级。谢明勇院士创新团队坚持面向人民生命健康，立足食品学科国际前沿，强化政产学研合作，开展基础和应用基础理论研究及关键技术攻关，坚持把论文写在祖国的大地上，创制了一批有影响力的标志性成果，促进了食品营养科技进步和产业升级，为国家和地方经济建设做出重要贡献，为新时代产学研深度融合发展树立了典范，对促进高校和科研院所的科技成果转化具有很强的借鉴作用。

团队和带头人简介

中国工程院院士谢明勇科技创新团队（南昌大学食品营养科技创新团队）（以下简称团队）以谢明勇院士为学术带头人，团队成员有国务院学位委员会学科评议组成员，国家杰出青年科学基金项目和优秀青年科学基金项目获得者，国家高层次人才特殊支持计划科技创新领军人才、国家教学名师、青年拔尖人才，教育部国家重大人才工程青年学者，国家"百千万人才"，江西省"双千人才"，江西省"井冈学者"等国家级和省部级高层次人才20余人。团队坚持面向人民生命健康，服务"健康中国

2030"国家战略，紧紧围绕食品营养与人体健康，长期聚焦食源性多糖与果蔬发酵方向开展研究，取得了系列工程化创新成果：创制了改善胃肠道功能和益生菌发酵果蔬等系列营养健康产品，并实现了产业化，催生出全新的养胃食疗和果蔬发酵绿色制造产业。团队获得"国家科学技术进步奖"二等奖、"国际食品亲水胶体基金会大奖"、"国家级教学成果奖"二等奖、"江西省科学技术特别贡献奖"、"中国产学研合作创新与促进奖创新成果奖"一等奖、"教育部自然科学奖"二等奖等 20 余项奖励；入选"全国高校黄大年式教师团队"；在支撑南昌大学食品科学与资源挖掘全国重点实验室以及食品学科建设方面（ESI 进入全球前 0.326‰）做出重要贡献。

团队带头人谢明勇，南昌大学教授，中共二十大代表，中国工程院院士。德国波恩大学营养学博士，全国优秀博士学位论文指导教师，国家高层次人才计划教学名师，食品科学国家重点学科带头人；国务院学位委员会第六届、第七届学科评议组成员，第六届、第七届教育部科学技术委员会农林学部委员，中国食品科学技术学会副理事长，首批中国食品科学技术学会会士。现任南昌大学食品科学资源与挖掘全国重点实验室主任。近年主持国家自然科学基金重点项目、国家重点研发计划课题等国家级课题 10 余项。以通讯作者发表 SCI 收录论文 200 余篇，出版著作 3 部；获国际、国家发明专利授权 50 余件；以第一完成人获"国家科学技术进步奖"

谢明勇院士

二等奖 1 项、"国家级教学成果奖"二等奖 2 项、"江西省科学技术特别贡献奖"等奖励。2012 年获"全国优秀科技工作者"荣誉称号。2016 年当选国际食品科学院院士。2018—2023 年连续 6 年入选科睿唯安全球"高被引科学家"榜单。

立足世界科学前沿，探索食源性多糖结构理论创新

碳水化合物是动物的主要能量来源，具有多种生理功能，对动物体的生长发育起着重要作用。近年来，诸多研究关注碳水化合物的营养代谢及生理调节的作用机制。现已发现，碳水化合物中的多糖在生物体内不仅作为能量资源或结构材料，更是一类重要的生物分子，具有一系列功能活性。糖类的生命科学几乎与蛋白质的生命科学同时诞生，但由于其结构的复杂性和研究手段的局限性，使其研究远远滞后于蛋白质和核酸。

糖生物学作为生物医学和生物化学交叉点的最前沿领域，得到各国政府和科学家的高度重视，美国、日本等发达国家都建立了相应的机构，并启动了相应的糖生物学研究

计划。自20世纪50年代末真菌多糖抗癌效果的发现，迄今已有数百种植物、微生物多糖被分离提取。随着对碳水化合物结构的逐步深入了解，功能性碳水化合物的生物活性研究得以迅速发展。近年来，各国学者从各种生物体内提取研究了大量具有免疫调节、抗肿瘤、降血糖、降血脂等生理活性的功能性碳水化合物（尤其是多糖），发现它们大多数无毒，是比较理想的药物和保健食品基料，越来越多具有不同活性的功能性碳水化合物将会被发现并得到进一步应用。创新是引领发展的第一动力。团队坚持面向世界科技前沿，勇于挑战科学难题，从源头做出有价值的科研成果。针对以多糖为代表的复杂碳水化合物结构复杂性和结构理论的局限性，团队首次提出了表征以多糖为代表的复杂碳水化合物结构应满足的两大核心前提要素："多糖均一结构的多维性"和"多糖结构的相对有序性"；创新了复杂基质中复杂碳水化合物提取制备的"全流程"纯化理论，并成功应用和实践了复杂碳水化合物结构创新理论，成功解析了阿拉伯胶、芦荟多糖、决明子多糖等几十种食物原料中复杂碳水化合物的结构；创建了食源性多糖免疫调节功能评价体系，较早提出并发展了食源性功能多糖免疫调节作用理论：发现"多糖的抗氧化活性很大程度上源于多糖复合物中酚类化合物和蛋白质等成分的共同作用""多糖可以通过调节机体免疫功能起到抗肿瘤作用""TLR-4是多糖发挥免疫调节作用的重要受体"等科学规律。成果荣获2014年度和2017年度江西省自然科学一等奖、2020年度教育部自然科学二等奖等奖励，入选2021年度江西省十大科技成果。谢明勇院士荣获2014年度国际食品亲水胶体基金会大奖，是迄今唯一获该奖项的中国学者。

面向国家重大需求，破解果蔬加工"卡脖子"难题

我国是世界最大的果蔬生产国，但加工率却不及发达国家的1/4，每年新鲜果蔬采后损耗率高达25%，损失超数千亿元，已严重影响果蔬业发展。寻求先进的果蔬精深加工技术，提高果蔬产品加工率，降低采后损耗，成为团队研究的主攻方向。

针对传统果蔬加工技术存在的问题，团队决定将益生菌发酵技术引入果蔬现代加工领域。益生菌发酵果蔬不仅能解决传统果蔬加工能耗偏高、污染较大、生产周期较长的问题，还能显著改善果蔬加工产品的风味和口感，保留或增加其营养功能成分，产品市场前景非常广阔。然而，发酵果蔬产业发展面临诸多挑战：果蔬发酵专用菌种缺乏，果蔬发酵专用复合菌剂规模化制备技术落后，发酵果蔬产品种类单一，难以满足不同人群的多样化需求，等等。

近20年来，团队致力于果蔬益生菌发酵关键技术与产业化应用研究，从科学、技术、工程到产业化（STEI）全过程，创制了果蔬益生菌发酵上、中、下游全产业链关键技术创新体系，突破了果蔬发酵专用优良益生菌种高通量筛选、专用复合益生菌剂

规模化制备等技术瓶颈,发明了直投式益生菌发酵果蔬系列生产新工艺,破解了果蔬精深加工产业的"卡脖子"问题,催生出全新的果蔬发酵绿色制造产业。团队筛选保藏果蔬发酵专用菌 8000 多株,建立了我国首个果蔬发酵专用菌种库;采用高通量筛选技术获得果蔬发酵专用优良益生菌种 300 多株;创制了直投式益生菌发酵果蔬原浆、发酵果蔬饮料等果蔬发酵生产新工艺,开发出 13 类具有"安全、营养、美味、方便"等鲜明特征的益生菌发酵果蔬全新系列产品。团队先后获国际、国家发明专利授权 20 余项,制定产品标准 10 余项,研发的成果在江中食疗、蜡笔小新、北京三元、新疆天苗、江西旷达等全国 20 个省(区、市)100 多家企业推广应用;产品通过了清真食品国际论证,并完成陪伴国家科考队奔赴南极等多项国家任务;成果荣获 2016 年度"国家科学技术进步奖"二等奖、2015 年度"中国产学研合作创新与促进奖创新成果奖"一等奖、2015 年度"江西省技术发明奖"一等奖等。

谢明勇院士团队荣获 2016 年度"国家科学技术进步奖"二等奖

强化政产学研合作,助推新兴食疗产业健康发展

团队深入学习贯彻党的二十大精神,持续加强政产学研用深度融合,充分发挥人才、平台等学科优势,将产教融合作为促进地方经济社会发展的重要举措,产生了显著的经济和社会效益。

我国胃病患者位居全球前列,目前胃肠道功能障碍主要采用药物治疗,但其周期长、有副作用且易产生耐药性。"食药同源"是我国人民在长期实践中总结的智慧结晶,食疗食养文化源远流长,"食药同源"食品在日常食补或健康保健中扮演着日益重要的角色。谢明勇院士提出,要充分利用"食药同源"资源宝库,将传统中医理论与现代营养学相结合,将传统食疗配方与现代食品工艺相结合,生产出以普通食品形态为载体,可有效预防和降低慢病风险或调节亚健康状态的营养健康食品，使之成为传承和弘扬中国"食药同源"传统文化的重要载体，为实现我国食品营养健康的中国式现代化助力。

团队致力于开发系列"食药同源"食疗产品，探索了一条政产学研有效结合、协同创新促进食疗产业发展的新路径。在各级政府高度重视和相关部门的大力支持下，南昌大学与江中食疗深度合作，"用中医理论指导、用食药同源原料、用制药工艺技术、用临床观察验证"研发营养健康食疗产品，创制的猴姑米稀、猴姑饼干等"养胃"食疗食品得到市场认可，深受消费者喜爱。

团队针对口腔、胃部、小肠、大肠的人体胃肠道生理环境特点，创制了全自动模拟人体胃肠道消化酵解装置，结合动物实验，构建了胃肠道功能评价技术体系。与江中食疗开展产学研合作，结合传统中医理论与现代营养学方法，明确了"食药同源"食材选择的依据，为改善胃肠道功能食材选择与科学配方奠定理论基础；构建胃肠道功能评价技术体系并完成食材及其成分的功能评价；构建"食药同源"原料前处理及质量控制技术平台，突破改善胃肠道功能产品制造关键技术瓶颈，创制出改善胃肠道功能系列健康产品并实现规模化生产，催生出全新的"养胃"食疗绿色制造产业。为验证产品的"养胃"效果，以猴姑米稀为例，在中国循证医学中心、江西中医药大学、南昌大学附属医院等5所三甲医院开展临床试验，并在美国政府临床试验注册平台（Clinical Trials.gov）上注册，成为该平台注册的首个食疗食品。临床试验数据证实猴姑米稀具有显著的"养胃"效果，相关临床研究方法及结果在国内外医学期刊上发表。2020年2月，江西省中医药管理局发布了《江西省新型冠状病毒肺炎中医药防治方案（试行第三版）》，猴姑米稀作为辅助食疗品被列入该防治方案，成为全国首个入选政府方案的中医食疗食品。成果荣获2023年度"国家科学技术进步奖"二等奖，2018年度和2021年度"江西省科学技术进步奖"一等奖，2018年度"中国食品科学技术学会科技创新奖——技术进步奖"一等奖，并于2022年入选首届"中国食品科技十大进展"。

结 语

党的二十大报告为我国依靠科技创新引领和支撑社会主义现代化建设进一步指明了方向和路径。食品营养科技是民生科技，是改善国民营养健康状况的重要支撑，是我国食品工业健康转型的重要发展方向，是建设科技强国不可或缺的重要保障。团队勇担历史使命，坚持服务国家战略，强化有组织科研，将基础研究和学科交叉融合的优势转化为打造国家战略科技力量的重要驱动力，打造食品领域一流的产学研科技创新团队，加快推进食品营养科技实现高水平科技自立自强，推动食品产业高质量发展，为人民生命健康事业做出突出贡献。

秉承"材料强国"初心
抢占高端关键材料技术领域制高点

——中国工程院院士谢建新科技创新团队

科技成果只有转化为实际生产力，才能成为推动经济社会发展的现实动力。怎么做好科技成果转化，特别是高校科技成果的转化，是个制约性的难题。中国工程院院士谢建新科技创新团队（以下简称团队）积极探索、勇于实践，聚焦我国工业制造业高质量发展战略需求，坚持源头科技创新和可持续的产学研合作，突破实验室基础研究到企业生产的瓶颈，实现多项科技成果的高速、高效、高质量转化，形成了具有示范和推广意义的"全方位、全流程、可持续"的产学研合作创新模式，为促进高校和科研院所的科技成果转化提供了新思路与新方法。

团队和带头人简介

团队以谢建新院士为学术带头人、中青年科技骨干为主体，紧紧围绕国家在航空航天、轨道交通、电力能源和国防军工等领域对高端关键材料的重大科技需求，开展新材料短流程、近终形、高效、低成本制备加工技术的研究开发、工程化与应用。团队始终坚持"把论文写在车间、写在现场，促进科技成果转化为生产力"的建设理念，在铜铝复合材料连铸直接复合成形、高性能铜及铜合金板带材和管材短流程高效制备加工、大型高性能铝型材挤压成套工模具设计制造、高性能钎具特钢和高温合金等方面取得系列标志性创新成果，填补多项国内外空白。团队依托"全方位—全流程—可持续"的产学研合作创新模式，拓展了科技成果转化通道，突破了"最后一公里"障碍，相关技术已转让20余家企业，并孵化1家上市公司，成功实现了科研成果的产业化落地，满足了航空航天等领域对高端关键材料的迫切需求，产生了显著的经济效益和社会价值。团队荣获"国家技术发明奖"二等奖1项，"国家科学技术进步奖"二等奖3项，省部级科技成果一等奖10余项，国际学术奖励2项，"中国产学研合作创新与促进奖创新成果奖"1项。

团队带头人谢建新，北京科技大学教授、博士生导师，中国工程院院士，现任北京科技大学学术委员会主任、北京材料基因工程高精尖创新中心主任，兼任中国材料研究学会常务副理事长、国家材料基因组工程重点专项专家组组长和国家新材料产业发展专家咨询委员会副主任等职。谢建新院士曾入选教育部国家级重大人才计划，获得国家杰出青年科学基金资助，并获"全国留学回国人员成就奖""全国优秀科技工作者"等奖励奖项及荣誉称号。

谢建新院士

服务重大战略，敢于源头创新

铜作为战略性资源，对信息电力、轨道交通、新能源、国防军工和海洋工程等关键领域的发展具有至关重要的影响。我国每年用于国民经济建设的铜消耗量巨大，据统计铜的年消费量占全球的 40% 以上。由于我国铜资源紧缺，导致大部分需求依赖进口满足。早在 1998 年铜价格较低时期，谢建新院士团队以发展的视野和战略的眼光预测到未来国家建设发展需求，科学研判铜资源的短缺及铜价格大幅上涨趋势。团队决定充分利用我国铝资源禀赋优势，分析出使用铜铝复合材料进行替换、以铝节铜的作用和路径，辨析出新模式对于保障国家资源安全的重大意义，因此提出了铜铝复合材料的选题。在铜铝复合材料中，铜占 20%～30%，铝则占到 70% 以上，如果能够利用趋肤效应还能获得基本接近铜的导电性能从而实现纯铜替代，则可节省 70% 的铜材料并大幅度节省成本和生产加工费用。团队科学预测，铜铝复合材料的推广应用将极大地缓解我国对铜资源的需求压力，满足我国经济建设的需要。事实证明了谢建新院士团队的判断的正确性与前瞻性。我国目前是全球最大的铜消费国，在全球总需求量中占比超过一半，过度地依赖进口造成国际市场借机炒高铜的价格。铜原料的短缺已成为我国经济发展的严重制约因素，铜业发展已经上升到国家安全战略的高度。

祖国的需要是创新的第一动力。团队坚持科学研究要面向世界科技前沿、面向国家重大需求，勇于独辟蹊径，从源头做出原创性的科研成果。经过调查，国际上缺乏铜铝复合材料大规模生产方法，只有欧洲的静液挤压法能生产出满足使用要求的产品，但该方法存在生产流程长、成材率低、生产成本高、不能大批量生产的弊端。团队深刻地认识到只有创造性地提出新原理、新方法，攻克铜铝复合材料大规模生产的关键核心技术，才能牢牢把握发展的主动权，缓解我国铜资源短缺的现状。谢建新院士带领团队不盲从权威，颠覆传统，创造性地提出铜铝连铸直接成形方法，即在铜管连铸成形的同时往铜管里连续注入铝液，克服了液态铝和铜直接接触发生剧烈而快速的反应生成金属间化合物等技术瓶颈，利用液态铝与铜之间有扩散形成更高的界面结合强度，一步制备出高品质的复合坯料。该技术的关键就在于如何控制两种金属反应的界面，让界面达到冶金结合，同时避免生成脆性大的金属间化合物，导致在后续的加工过程中铜和铝界面开裂的问题。

面对研发过程中出现的困难，谢建新院士带领团队攻坚克难，凭借着不达目的誓不罢休的韧劲，最终发明了连铸过程固液界面精确控制成套技术与装备，解决了铜铝复合材料连铸直接成形关键技术难题。在此基础上，团队相继开发了连铸复合—特种孔型轧制加工—强制润滑拉拔定型的高效生产铜包铝复合电力扁排、扁线、圆线产品的短流程新工艺，解决了双金属凝固行为、界面层结构和性能、双金属加工协调变形等基础性问题，突破了连铸过程、界面反应、轧制变形、组织和性能均匀性、复合产品退火等精确控制技术，研制了连铸复合设备、连铸过程和连铸质量控制系统、产品加工成形和在线连续退火等关键装备。

创新合作模式，促进成果转化

团队坚持学以致用的创新理念，高度重视研究成果的推广应用，以推动技术进步和国民经济的发展作为科技创新的最终目标。多年来，谢建新院士团队始终坚持把论文写在车间、写在现场，促进科技成果转化为生产力。

2006年，铜铝复合材料进入中试阶段，适逢铜价大幅上涨，铜导体材料生产企业纷至沓来寻求合作。团队将企业技术人才和基础、社会推广能力等技术转化要素放在第一位，优选产学研创新合作伙伴，与烟台孚信达双金属股份有限公司签订了铜铝复合坯料连铸复合成形技术的专利使用许可协议，并开始了"水平连铸法生产铜铝复合导体材料"工艺技术及装备的研发。团队总结了很多产学研成效不高，甚至失败的案例，打破了很多产学研合作为"一锤子"买卖，科研成果由高校向企业转让以后未形成持续合作的传统模式，与合作企业签订了长效化的合作协议，建立了全方位、全流程、可持续的产学研合作机制，双方组建专门的联合攻关队伍，共同承担国家"863计划"的"铜包铝电力扁排连铸复合短流程制备技术开发与中试生产"项目和"高性能铜包铝导体材料产业化关键技术开发与生产应用"项目。作为团队带头人，谢建新院士始终坚持亲力亲为，负责工程化整体方案设计、关键设备设计，制定工艺试验研究方案，组织团队指导、参与设备安装调试和工艺试验研究，全方位解决企业在产业化过程中出现的问题，进一步推动技术的创新和升级。在一次又一次的论证、试验和攻关后，终于突破了双金属复合铸造最核心的冷却控制问题，历经6年时间终于成功实现了工业化生产。2013年年底，高性能铜铝复合电力扁排系列产品开发与应用项目通过了国家鉴定，成为国内外首创技术，填补了国内外空白。为了新技术与新产品的推广应用，谢建新院士团队牵头制定了2项国家标准《连铸轧制铜包铝扁棒扁线》和《连铸铜包铝棒坯》，制定了1项美国材料实验协会（ASTM）国际标准 *Copper-Clad Aluminum Bar for Electrical Purposes*（*Bus Bar*），并已于2017年5月11日正式颁布，成为我国近年来有色金属材料领域的首个国际标准，抢占了全球复合导体材料领域的技术标准制高点。

在产业化的过程中，团队克服重重困难，为企业提供成套工艺技术和设备方案，指导生产线建设，建成生产线后继续提供技术指导，协助产品开发和应用研究，过硬的技术和知难而进、排除万难的精神赢得合作企业的良好口碑。双方在可持续的产业化过程中互惠互利，合作共赢，形成了良好的产学研合作长效机制，携手推动我国材料加工与制备技术的发展。

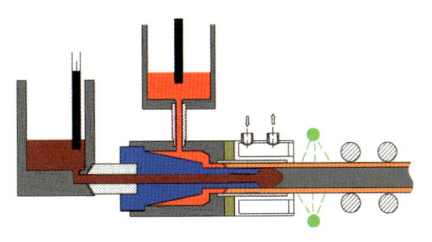

- 流程短、界面完全冶金结合
- 生产效率高、成材率高
- 适合于成形大断面、异型断面的复合导体材料

铜铝复合导体材料连铸复合原理及产品

创新推动发展，技术服务社会

20多年来，团队秉承"材料强国"初心，面向国家重大战略需求，坚持源头科技创新和可持续的产学研合作模式，推动产学研深度融合发展，多项标志性科研成果实现产业化落地，突破了一系列国民经济和国防发展亟须解决的新材料技术瓶颈，满足了高端制造业和高新技术发展对新材料的迫切需求。

铜铝复合材料连铸直接成形技术的转化，大大缩短工艺流程，生产效率高，节能降耗效果显著。与国外产品相比，研发的复合电力扁排和扁线界面结合强度提高10%以上，工艺流程缩短40%～60%、节能30%～40%、综合成材率提高20%～30%、成本降低30%～50%。目前依托团队核心技术生产的四大系列100多个产品在满足国内动车、地铁、新能源等领域的需求以外，已经扬帆出海，进入共建"一带一路"诸多国家和地区，在波音和空客的大飞机项目等大面积使用。

我国电子信息、新能源所需精密铜板带和空调、制冷所需精密铜管年用量大，传统生产工艺存在流程长、成材率低、能耗大、碳排放量较高、成本高、投资大及所生产的产品质量和性能难以满足高标准使用要求等缺点，尤其是高端精密铜板带和铜管材等一度长期依赖进口，价格畸高，严重制约了下游相关国民经济高新技术领域和国防军工尖端领域的发展，有些甚至成了"卡脖子"关键材料。针对上述问题，团队与中铝洛阳铜业有限公司、金龙精密铜管集团股份有限公司、无锡隆达金属材料有限公司和中色（宁夏）东方集团有限公司等企业紧密合作，发明了铜及铜合金板坯和管坯特种水平连铸成形新技术，突破了高性能铜及铜合金板带材和管材特种连铸与高效加工等关键技术，开发了铜及铜合金板带材和管材变革性制造工艺，实现了工业化应用。与传统生产工艺相比，变革性制造工艺的流程缩短30%～50%，成材率提高30%～40%，能耗降低30%，成本降低40%，推动了铜及铜合金加工技术的进步，显著提升了中国新技术实施企业的国际竞争力。

针对我国高温合金材料和产品存在的短板问题，团队与企业在高温合金领域开展了全方位的深度产学研合作，促成了江苏隆达超合金股份有限公司的成立，并且取得了显著成效，成功孵化出上市公司隆达股份。

团队联合中铝西南铝业（集团）有限公司、北京有色金属研究总院、沈阳新鑫模具有限公司等单位，共同完成了大型高性能铝型材挤压成套模具设计制造技术开发，突破了大断面、高精度铝型材挤压的技术难题，开发了航空航天、列车车辆等用复杂大断面铝合金型材100余种，打破了少数国家的技术、产品的垄断与封锁，显著提升了我国大型铝合金型材生产技术水平。该项成果已在50多个单位获得应用，项目完成后前三年单位新增产值10.4亿元，间接经济效益超过100亿元。

秉承"钢铁摇篮"的底蕴和强大实力，团队与山东三山集团有限公司在高性能钎具特钢领域开展了深度融合的产学研合作，开发了系列高性能钎钢成形新技术，在国内首先实现高品质特种钎钢产品的批量生产，钎具寿命比国内现有产品提高50%～200%，一举扭转了我国钻孔用钎具特钢长期依赖进口的局面。合作单位依托高性能钎具特钢批量化生产的核心技术，在激烈的市场竞争中一跃成为国内钎具特钢的龙头老大。

结　语

加强科技成果转化是推进中国式现代化、建设创新型国家的必然要求。团队在产学研合作、促进科技成果转化的道路上取得如此辉煌的成绩，来自科学研究面向国民经济主战场，始终坚持源头创新，建立起全方位、全流程、可持续的产学研合作机制，实现了科研成果向实际生产力的跨越。

面对新一轮科技革命，团队践行新时代"北科人"的历史使命，主动拥抱时代的变化，联合国内外优势科研及产业资源和力量，力争打造材料领域一流的产学研科技创新团队，形成"基础研究—应用技术—工程转化"一体化产学研融合创新体系，为加快建设教育强国、科技强国、人才强国竭尽所学和竭尽所能。

设计成就梦想　支撑中国创造
——中国工程院院士谭建荣科技创新团队

　　制造业是国民经济和国防建设的重要基础，装备制造业是制造业的基础，而高端装备设计是装备制造的核心之一，其设计水平是衡量国家制造能力、科技实力和综合国力的重要标志。开拓复杂装备数字化智能化设计的理论研究领域，并以此推动核心技术的创新，对于促进我国从"制造大国"迈向"制造强国"起到至关重要的作用。中国工程院院士谭建荣科技创新团队（以下简称团队）面向国家重大需求和科学前沿，集中优势队伍，承担重大科研项目，形成了复杂装备数字化智能化设计前沿基础研究与重大工程应用齐头并进、高水平科研带动高水平团队建设协同发展的特色。

团队和带头人简介

谭建荣，中国工程院院士，著名机械工程专家，浙江大学求是特聘教授，首届国家杰出青年科学基金项目获得者，国家"973项目"首席科学家，浙江省高档数控机床技术创新中心首席科学家、浙江大学学术委员会副主任、浙江大学工业技术研究院总工程师、浙江大学设计工程及自动化系主任，中国工程图学学会名誉理事长，中国大数据技术与应用联盟理事长。

谭建荣院士领衔的团队主要从事复杂装备数字化智能化设计制造、数字孪生、工业机器人、机器视觉等方面的研究。团队现有教职工 16 名（教授、研究员 10 人），包括中国工程院院士 1 人、"长江学者"特聘教授 1 人、浙江大学求是特聘教授 2 人、国家优青 1 人、国家青千 1 人、海外优青 1 人，研究生 130 余名。近 5 年，团队承担了国家科技重大专项等 9 项国家级重大科研项目，年均经费 4000 余万元。团队自 2013 年入选了国家创新研究群体，至今已滚动了三期，并且优秀结题。

谭建荣院士

团队崇尚宁静致远、上下求索的精神，提倡时间观念、组织观念、大局观念、协同观念，重视创新人才培养，注重广泛国际合作。在谭建荣院士的带领下，团队师生共同努力，面向国家重大战略需求，采取"大团队、大项目、大成果"的发展思路，开展工业母机等高端装备的创新设计与智能制造的科学研究与人才培养，攻克了复杂装备结构性能全链路整机正向设计、大数据和知识驱动的复杂装备创新设计、虚实融合的复杂装备数字孪生设计等技术难题，研制了行业首创的复杂装备数字化设计制造工具集，支撑了高档数控机床、工业汽轮机等一批国家急需的高端装备自主设计，突破了发达国家对我国数字化智能化设计技术的封锁。研发的装备成功替代了进口，对提高我国高端装备国产化率与自主创新能力等发挥了重要作用。荣获"国家技术发明奖"二等奖 1 项，"国家科学技术进步奖"二等奖 4 项，省部级科研奖励 12 项，教学成果获"高等教育国家级优秀教学成果奖"6 项（其中一等奖 1 项，二等奖 5 项），"国家优秀教材建设奖"一等奖 1 项。

正向设计：高端装备自主创新之路

数控机床被称作"工业母机"，是国家战略层面的基础制造装备，事关国家经济命脉。我国已跻身数控机床全球第一大产销国，然而"低端过剩、中端受压、高端不足"的状况仍未得到根本扭转，与国外先进水平相比仍存在差距。在相当长的一段时间里，我国数控机床领域创新能力不强，采用的是"执果索因"的逆向设计，由实物反推设计、反推图纸、反推需求。然而，尽管低端产品模仿了高端产品的外观、结构型式和尺寸等，却始终"形似而神不似"，在性能上逊色不少。究其原因是设计过程中"知其然而不知其所以然"。西方发达国家对高档数控机床的先进设计技术与专用设计软件严格封锁。如何攻克难关，走出一条中国特色的高端数控机床自主创新设计之路，是始终萦绕在谭建荣院士心头的问题，也是谭建荣院士早期在湖州机床厂从事技术员工作15年期间萌发的梦想。

谭建荣院士与团队成员讨论设计方案

在国家科技重大专项（04专项）课题的支持下，谭建荣院士带领浙江大学、清华大学、大连理工大学等国内从事数控机床设计研究优势单位的相关研究人员，合作开展了高档数控机床正向创新设计与数字化设计理论、方法与技术的研究。为了尽可能多地获取机床的模型和数据，谭建荣率领团队长期扎根在机床企业一线，付出了很多努力，攻克了一个又一个的技术难题。

高端装备的正向设计涉及高档数控机床的各部分机型及其布局匹配、大行程精度的均衡设计、大惯量进给爬行与振动抑制等独特技术。针对这些设计空白，团队创新性地提出了高档数控机床整机骨架型谱自适应布局设计方法，通过构建整机布局方案骨架型谱，实现整机配置设计优化。发明了大行程几何量分段控制精度均衡技术，通过提出自顶向下和自底向上的几何误差双向互反馈修正方法，实现了精度均衡性能的突破。研发出大惯量动部件低摩擦稳定运动系统，避免了机床进给系统的运动件运行速度低时的爬行现象，解决了大惯量运动部件低速失稳的难题，提升了加工工件表面粗糙度等技术指标。

十年磨一剑，通过一次次的尝试、失败、再尝试，终于创建了我国首个完整的具有自主知识产权的高端数控机床正向设计技术体系，研发出高端数控机床正向设计专业软件、设计知识库和设计集成平台，并广泛应用在高档龙门加工中心等装备的设计制造中。例如，应用于宁波海天精工HTM—35GE动梁龙门五面加工中心等四个系列的高端龙门加工中心自主设计，打破了发达国家对大型精密动梁龙门五面加工中心的技术垄断，技术指标大幅提升，X、Y、Z轴进给速度由3m/min提高到8～10m/min，转台热浮升变形由0.2mm减小到0.05mm，整机几何精度达到发达国家同类产品I级标准，成功替代进口产品，显著提高了我国大型精密龙门加工中心的国产化率。成果推广应用到沈阳机床、大连机床、北一机床、宁波海天精工等机床行业领导企业的高端加工中心设计研发中，在西飞航空铝合金薄壁件、南车V型柴油机缸体、哈电核电主泵电机等国家重大工程的关键部件精密加工中得到成功应用，提升了我国龙门加工中心制造企业的自主设计能力，引领了行业的设计技术发展。相关研究成果获得了"国家技术发明奖"二等奖。

"任何一项研究都不是一帆风顺的，比如为了尽可能多地获取机床骨架模型，构建骨架型谱，我们调研了很多企业，进行了长时间的分析、综合，克服了许多意想不到的困难。"谭建荣院士回忆起当时的情景感慨道。也正是团队成员们百折不挠、精益求精的付出，开启了我国高端装备正向设计的"逆袭之路"。

大批量定制：大幅提升企业价值链

从全球化大市场发展趋势来看，随着客户个性化的要求越来越高，企业以"产品"为中心逐渐转向以"客户"为中心。大规模生产虽然效率高，成本低，但难以满足客户个性化的需求，而定制生产虽然能满足客户个性化需求，但存在产品设计制造周期长、成本高等问题。谭建荣院士在对200种国产典型装备抽样研究的过程中，发现这些定制装备的平均开发周期长达18个月，而美国早在1990年起就开始用大批量定制技术，将产品平均开发周期缩短至3个星期。由于研发效率较低，而产品设计阶段又决定了产品生命周期累计成本的70%～80%，导致国产装备在国际竞争中长期处于劣势。为此，谭建荣院士下定决心要攻克大批量和定制之间存在的壁垒。

大批量定制生产模式对产品设计技术提出了新的要求。在传统的产品设计中，客户的定制需求主要通过对产品功能、结构、性能等进行新的设计来完成，而新的产品设计必然要增加产品的制造成本与时间。如何避免企业为满足客户的个性化需求，耗费过多的设计制造成本与时间，是大批量定制设计需要解决的重要问题。

团队在深入研究国产典型装备和国内生产企业特点的基础上，经过建模和多次反复的论证和优化，对关键技术进行科研攻关，提出了大批量定制的产品配置设计技术、大批量定制的产品变型设计与递归设计技术、大批量定制的产品虚拟设计技术、大批量定制的产品网络化协同设计技术，形成了创新性的大批量定制设计技术体系。综合客户千差万别的个性化需求，在产品标准化、模块化的基础上，建立可变型的产品族模型。通过产品零部件的不同选配、部分零部件的快速变型、少数零部件的研发，以尽可能少的产品内部多样化，满足客户的定制要求，使企业能够高效率地设计与制造按客户需求定制的产品。

团队研发了大批量定制设计制造系统，将大批量生产和定制生产两种完全不同的生产方式有机地融合在一起，以接近于大批量生产的成本和时间，提供满足客户个性化需求的产品和服务。解决了设计个性化与低成本之间的矛盾问题，使得国产装备的设计周期达到了国际先进水平，在支持和推动国产重要装备设计与创新的同时，也大大提高了我国高端装备大批量定制产业的竞争力。

谭建荣院士的大批量定制技术在我国得到了广泛应用，杭州汽轮机股份有限公司、浙江巨人电梯有限公司等企业的装备设计与开发都采用了大批量定制技术，大大增加了企业产品定制的品类，提高了产品设计定制的速度。例如，将以往需15天完成的电梯设计方案缩短为4小时；让大型订单定制的设计时间由平均42小时缩短至6小时等，对推进企业自主创新起到了重要作用。研究成果获得"国家科学技术进步奖"二等奖，并被国家自然科学基金委员会工程与材料科学部和中国机械工程学会列为当年机械工业科学技术9项重大进展之一。

数字孪生：构建复杂装备虚实空间的桥梁

模拟仿真是继理论建模、实验验证后工程科学的三大手段之一。谭建荣院士很早就意识到，将虚拟现实与设计技术结合将是设计史上一场划时代的革命。虚拟环境提供的沉浸感、交互性与实时性促进了设计者直觉、想象力与创造力的充分发挥。通过数字样机替代物理样机进行产品功能验证、性能分析，能够有效降低产品开发成本、缩短产品开发周期，是支撑企业自主研发、自主设计、自主创新的主要手段。因此，从21世纪初开始，谭建荣院士就带领团队开展了复杂装备数字样机技术的研发与应用。

为了提高装备数字样机建模与仿真分析的准确性，团队在数字样机中融入了真实的测量数据，提出了虚实融合的数字样机技术，为装备功能验证、精度分析与性能预测等提供了强大的技术支持。他们构建了面向不同领域、不同层次、不同规模制造企业的复杂装备数字样机集成仿真平台，提出了复杂装备机电液系统与工艺工装多精度协调分析技术，实现了复杂装备数字样机多学科设计、分析工具的无缝集成，解决了复杂装备数字样机机械、控制、电子、液压等多学科耦合建模与分析问题。

近些年，谭建荣院士又从更宏大的视角开启了数字孪生技术的研究。与数字样机更注重在产品设计制造阶段进行仿真和验证不同，数字孪生是现实世界物理装备实体的虚拟数字镜像，其贯穿于物理装备的全生命周期，并随着物理装备多维多尺度动态演化和虚实共生。数字孪生模拟了物理装备在现实中的行为，并通过数据融合、特征提取和状态预测等技术，为物理装备增加支持或扩展功能。

团队围绕复杂装备数字孪生技术，提出了多源传感数据驱动的复杂装备数字孪生建模技术，实现了复杂装备的虚实映射与同步镜像。提出了基于降阶计算的复杂装备数字孪生全生命周期多性能预测方法，解决了复杂装备运动学、动力学、应力场、温度场耦合的多性能预测问题。提出了基于虚拟现实、增强现实的数字孪生交互可视设计技术，解决了复杂装备数字化智能化设计中交互反馈的实时性与可控性难题。他们还自主开发了基于沉浸式混合现实的复杂装备数字孪生平台，实现了复杂装备结构、精度、布局、工艺的全生命周期创新设计。

该项技术在大型舰船、相控阵雷达、离心机、工业汽轮机、地下工程装备、大型风力发电机等一批重要国产机电系统与装备的研发中得到了成功应用，有效支撑了我国高端装备制造企业的自主研发和技术创新。相关研究成果获得了"国家科学技术进步奖"二等奖。

结 语

在中国全面推进制造强国战略的形势下，团队将以高端装备自主设计制造的国家重大需求为牵引，继续深入开展高端装备的创新设计、数字孪生与智能制造研究，解决高端装备数字化智能化设计的"卡脖子"问题，进一步促进机械与电子、信息、控制多学科的交叉与融合，推动高端装备产学研用协同创新及高水平科研和工程技术人才的培养，促进我国装备设计与制造产业向高端化、智能化发展，为我国成为高端装备制造强国做出更大贡献。

创制镁基新材料
为节能减排和能源转型开拓新途径

——中国工程院院士潘复生科技创新团队

我国能源结构"一煤独大",为了实现"双碳"目标,保障国家能源安全,能源转型和节能减排极端重要。镁合金密度约为铝合金的2/3、钢的1/4,比强度高、阻尼减震性好、电磁屏蔽效果好、储能特性优良,在航空航天、军事工业、交通等领域是最有效的节能减排轻量化材料之一,在能源领域是最有潜力的清洁能源及绿色储能材料之一。我国镁矿资源储量在世界上最为丰富,发展镁合金节能材料和镁基储能材料对加速我国能源转型、保障国家能源安全和"双碳"目标的实现、推动我国经济高质量发展、缓解我国金属矿产资源紧缺等具有非常重要的战略意义。

30多年来,中国工程院院士潘复生科技创新团队(以下简称团队)围绕镁合金及其轻量化应用、镁电池、镁储氢开发及标准国际化,开展了卓有成效的科技攻关工作,发展了一批高性能镁基材料和若干关键技术,培养了一批专注于镁基结构材料和储能材料研发的高水平人才,是国际刊物、国际标准和国际组织负责者,在国际上有重要话语权。团队推动了镁基轻量化节能材料的大规模应用,储备了一批颠覆性镁基储能新材料技术,为服务国家战略做出重要贡献。

团队和带头人简介

潘复生，中国工程院院士、澳大利亚昆士兰大学荣誉教授，著名轻金属材料专家。现任重庆大学教授，重庆市科学技术协会主席，中国工程科技发展战略重庆研究院院长，国家镁合金材料工程技术研究中心名誉主任，高端装备铸造技术全国重点实验室和国家储能技术产教融合创新平台首席科学家，重庆市新型储能材料与装备研究院院长。兼任国际标准化组织（ISO）"镁及镁合金分技术委员会"主席、Elsevier 出版社 SCI 收录的 *Journal of Magnesium & Alloys* 国际刊物主编、国际镁学会主席、中国材料研究学会副理事长等。潘复生长期从事轻量化材料（镁合金、铝合金）、储能材料、复合材料、生物材料等方面的研究，在镁及镁合金新材料与新工艺、镁基储能材料、铝合金板箔材与锻件等方向取得多项原创性成果，获得国家技术发明奖和科技进步奖 4 项，授权发明专利 200 多项，制定国际标准、国家标准和行业标准 30 余项，是"全国杰出专业技术人才"、"全国优秀科技工作者"、何梁何利基金奖和（美国）杜邦科技创新奖获得者。

潘复生院士

团队现有教授、副教授等骨干 70 多名，研究生 500 名，形成了一支以院士领衔、"长江学者"、国家杰青、万人领军等多层次高水平人才聚集的研究队伍。团队立足于我国能源安全和能源转型重大需求，以节能材料与技术、储能材料与装备两个方向为重点，在镁基轻量化结构材料、镁电池、镁储氢及标准化工作等方面取得重要进展，创建了我国唯一的国家级镁合金专业研发平台——国家镁合金材料工程技术研究中心，共建了高端装备铸造技术全国重点实验室和国家储能技术产教融合创新平台，组建了重庆市新型储能材料与装备研究院，有力推动了我国轻量化镁合金材料的发展和规模应用，为以镁基材料为主的新型储能材料与装备的颠覆式发展奠定了基础。近年来，在潘复生院士的领导下，团队涌现出"长江学者"、国家杰青、万人领军人才、青年长江、国家优青等一批先进典范，吸引了多名国内外优秀人才加入。团队已成为国家基金委创新群体、科技部创新团队和教育部创新团队。

镁合金轻量化材料开发及应用成效显著

镁合金是最有潜力的轻量化金属材料，其大规模应用对节能减排、实现"双碳"目标有非常重要的意义。面对我国镁合金产业存在合金牌号少、产品质量较差、应用规模小等瓶颈难题，团队开拓创新、攻坚克难，提出了镁合金"固溶强化增塑"合金设计新理论，研发了一大批综合力学性能优异的新型镁合金材料，开发了熔体深度纯净化、新型非对称加工等一批新技术，显著提高了镁合金产品质量，并与企业深度合作，推动了镁合金构件的大规模应用。

镁合金是密排六方结构，可动滑移系少、成形性差、塑性低，不能很好满足交通工具、航空航天等关键领域应用的迫切需求，潘复生揭示了 Gd、Y、Mn、Ca 等元素对镁基体滑移系作用差异，发现特定元素可以显著减少基面滑移和非基面滑移之间的滑移阻力（CRSS）差异，促进非基面滑移，使合金强度与塑性实现同步增加。由此提出了"固溶强化增塑"镁合金设计新理论，突破了传统金属固溶强化损害塑性的难题，实现镁合金强塑同增。在"固溶强化增塑"镁合金设计新理论的指导下，团队发展了一批新型铸造和变形镁合金，其中 16 个新合金批准为国家合金牌号，9 个新合金成为 ISO 国际标准牌号，开发批准的变形镁合金牌号，占世界同期批准牌号的 1/4。提出的"固溶强化增塑"合金设计理论也获得了国内外的广泛认可。

对称均匀塑性加工有利于钢、铝等立方金属的组织和性能均匀化，但却致使密排六方镁合金基面织构很强、塑性成形性差。潘复生团队发明的新型非对称加工技术，突破了传统对称加工充型不均匀、分流焊合差，产品精度低等关键难题，显著提高了镁合金的成形性，与山西银光镁业集团等企业紧密合作，建立了大规模生产线。成功制备了复杂截面中空型材（宽 502 mm）、超宽热轧板材（宽 3.3m）、挤压板材（宽 500mm，厚 1～3mm）等世界最宽变形镁合金产品。变形镁合金板材已大批量用于国际品牌电脑公司，复杂型材已规模用于高铁构件和纺织机械；高精度复杂型材供给华为公司；复杂关键产品成功批产用于航空集装器、新一代北斗卫星、卫星型号和运载火箭等，对重要型号顺利推进和性能提升起到关键作用。与企业合作，在世界上首次实现镁合金板材年产 5000 吨以上大规模生产，成品率提高近 1 倍，部分板材价格降至 2.5 万元～3 万元/吨，大批量用于微软电脑外壳、通用医疗器械外壳、卫星板材等。

大型镁合金汽车压铸件结构复杂，镁合金航空航天构件热节点多，极易形成气孔疏松、热裂、线性氧化物等严重缺陷，成品率很低。为此，团队开发了镁合金熔体深度纯净化技术，集成无溶剂纯化技术、多重反重力过滤技术、大容量镁合金熔体的深度纯净化装备，压铸件均匀凝固和缺陷控制技术、重力铸件抗氧化和气孔协同控制技术等，形成了系列大型铸件质量控制技术。合金熔体中的杂质元素 Fe 含量和氧化夹

潘复生院士与团队成员开展实验研究

杂数量大幅降低。技术推广应用至重庆博奥镁铝金属制造有限公司、万丰镁瑞丁新材料科技有限公司、上海航天精密机械研究所、中航工业哈尔滨东安发动机（集团）有限公司等镁合金汽车零部件、航空航天零部件生产头部企业。联合开发的镁合金零部件已大规模应用于世界著名汽车品牌和航空航天装备，产生了显著的轻量化效果和节能减排效益。此外，团队率先开发出世界最大的新能源汽车电池包壳体和后地板等镁合金一体化压铸件，投影面积不小于 $2.2m^2$，为新能源汽车未来单车用量超百斤提供了重要技术基础。

镁电池关键技术取得重要创新突破

锂离子电池是目前应用最广泛的电化学储能器件，为全球经济发展做出重大贡献，但我国锂、镍、钴资源对外依存度高，锂电池本质安全尚未根本解决，影响国家能源安全、资源安全和人身安全。相比之下，全球镁资源极为丰富，而且我国镁资源占世界总储量的 70% 以上。镁二次电池具有安全性高、比能量高、成本低、环境负担小等优势，已被广泛认为是最具潜力的下一代安全储能电池技术之一。团队结合 20 多年镁电池关键组分材料的研发实践，建立了镁离子传输动力学优化理论，研发出多种高性能正负极材料、电解液及其宏量制备技术；开发了国际首款安时级可充镁软包电池，实现了镁空气电池、海水激活电池、镁干电池等一系列成果的技术转化，大力推动了国内镁电池电极材料、电解液和电芯组装技术的发展。

高比能高安全的镁电池想要在众多电化学储能技术中脱颖而出并实际应用，就需要解决镁离子传输动力学缓慢、正负极材料与电解液无法同时兼容等本征技术难题，同时需要针对高容量金属镁负极建立独有的电芯组装和制备工艺。潘复生整合材料、物理、化学等方面的科技人员，组建了正极材料、负极材料、电解质等交叉学科课题组，提出了创新思想和技术途径，建立了世界最大的镁电池团队。突出原创性和颠覆性，团队提出了晶内和表界面协同调控优化镁离子扩散动力学和材料结构稳定性的新思路，提出了高电化学可逆性的超薄镁合金负极、集流体一体化新途径，创制了系列高性能储镁电极材料和新型镁基电解液，形成核心专利群。其中，高容量钒系正极材料、镁稀土合金负极材料及箔材加工技术、低成本镁二次电池水系电解液等取得了突破性进展，研制的普鲁士蓝镁离子电池能量密度与磷酸铁锂电池相当，处于世界领先水平，创制出世界上第一款安时级镁离子电池软包电芯。

团队的镁电池研究成果受到了国内外的高度关注。开发的新型镁离子电池在意大利荣获 2022 年国际镁协"未来技术奖"，这是国际镁协成立几十年来全球第一个未来技术奖。2021 年，广东省国研科技有限公司与重庆大学合作对镁储能材料研究开发项目投资 5 亿元，在粤港澳大湾区建立了镁基储能研发中心及产业化应用示范基地，镁电池进入试制和示范应用阶段。2022 年，重庆两江新区与重庆大学合作首期投资 15 亿元建设重庆新型储能材料与装备研究院，瞄准国家能源战略和能源转型前沿技术，聚焦科技成果转化，旨在实现新型镁电池等技术的大规模储能示范应用。2023 年，团队与超威电源集团、青海盐湖等龙头企业签订协议，计划投资 4 亿元开展镁二次电池产业化合作研究。以此为基础，团队牵头整合国内镁电池优势研发团队获批了我国第一个镁电池国家重点研发计划项目。

镁基固态储氢正在向产业化推进

氢是潜力巨大的清洁能源载体，具有储量丰富、热值高、零污染等优点。找寻高效安全的储运氢技术，是实现氢储能大规模应用和氢能战略实施的关键和核心。镁基固态储氢是金属氢化物中储氢密度最高的材料之一，具有资源丰富、安全性高、成本低等优点，发展潜力巨大，可实现从高压储氢、低温储氢到常温常压储氢的突破性转变，有望形成颠覆性新型储能技术。

团队针对储氢量与吸放氢温度和速度难以兼容的工程难题和构建固态储氢装置与系统时氢热需要有效耦合的技术问题，建立了基于成分及结构的多目标性能预测理论及模型，发现了催化—复合化效应的协同作用，发明了镁基储氢材料多参数设计调控技术、研发出高性能镁基储氢材料及其宏量制备技术；开发了高效安全固态镁基储氢示范装置，完善了装置的氢热耦合技术和方法，为推动镁基储氢材料的产业化应用奠定了技术基础。开发的镁固态储氢材料储氢密度实验室样品可超过 7wt.%，工业中试产品可以稳定到 5wt.% ～ 6wt.%，超过 70MPa 高压气罐的储氢密度。近年来，特别是在粗颗粒镁基储氢材料、无催化剂镁基储氢材料、循环次数和稳定性等方面取得了重要进展，吸放氢温度可以降低到 200℃以下，安全性大幅度提高，成本显著降低，回收利用价值也将大幅度提升。

团队的镁储氢研究成果受到了国内外的高度关注，正在向产业化快速推进。2023 年，"镁基固态储氢材料及系统"在加拿大荣获国际镁协"未来技术奖"。团队与广州、深圳等地科研院所和企业合作创建了大湾区氢能研究基地，旨在打造世界级镁基储能材料研究和应用示范基地。2023 年，团队与宝钢集团、中铝集团等国内头部企业签订合作协议，目标 2 ～ 5 年实现镁基储氢合金材料的工业化生产。

镁基材料标准化取得显著成效

没有高质量标准，不可能有高质量发展。镁合金标准的制定和修订对扩大镁合金及产品应用、规范镁合金产品市场具有重大意义。我国早期由于镁合金材料的开发应用起步较晚，缺少系统的深入研究，技术成果少，20多年前的镁及镁合金标准主要局限于镁及镁合金化学成分测试标准和原生镁锭、铸造镁合金锭、变形镁合金锭等最基本的材料制备工艺与测试方法标准，镁合金产品标准大量空白，许多镁合金产品工程化"无准可依"，对我国镁合金产品大规模应用影响极大。

潘复生十分重视我国镁及镁合金标准的研制，带领团队和组织国内相关单位积极参与我国镁及镁合金领域的标准制修订。随着我国镁产业的发展壮大、技术水平的稳步提高，技术成果不断涌现，镁合金标准工作成效显著，制修订了一批高质量镁及镁合金标准。自2005年以来，团队牵头和参与制定了29项镁及镁合金的国家、行业及团体标准，其中国家标准16项、行业标准8项、团体标准5项。制修订的标准包含术语、检验方法、生产设备、产品等方面，形成了多层次的综合性标准体系，对我国镁产业健康发展和镁合金产品大规模应用提供了重要的标准保障。

潘复生组织国际标准化组织（ISO）中相关会员国对镁合金国际标准的研制做了大量工作，很好体现了中国的影响力和话语权。自2016年其当选为国际标准化组织（ISO）镁和镁合金分技术委员会（ISO/TC 79/SC 5）主席以来，提出了镁及镁合金领域的标准发展战略，多次赴日本、英国、葡萄牙、美国、法国等国家主持ISO/TC 79/SC 5镁合金分技术委员会全体会议，组织英国、法国、德国、日本、韩国、中国等国家的镁合金标准制定团队开展深入的标准研讨，负责协调各国的意见。截至2024年年初，潘复生带领ISO/TC 79/SC 5镁合金分技术委员会制修订并颁布了9项镁及镁合金领域的ISO国际标准，其中8项国际标准为我国主导制定，进一步体现了我国在国际上的话语权。

在标准制修订过程中，潘复生培养了一批既精通专业又精通标准的复合型标准化人才，有力地提升了我国在镁合金国际标准领域的影响力和更好服务全球镁产业的能力。

结　语

面向新一轮科技革命的机遇和挑战，以及我国能源转型的重大战略和紧迫需求，团队将继续奋力拼搏，攻坚克难，服务国家战略需求和经济建设急需，进一步突破制约镁基材料发展和应用的基础理论问题和关键技术瓶颈，为镁产业做大做强、为助推能源转型和"双碳"目标实现做出持续贡献。

追求极致　不负使命

——中国科学院院士薛其坤科技创新团队

低维量子物质研究是21世纪上半叶物理学最活跃的前沿研究领域之一,与未来的信息处理、储存、传输和显示等一系列信息技术密切相关,对我国在新一轮技术革命中引领世界具有重要的意义。在国家对基础研究的长期稳定支持下,薛其坤院士及其带领的研究团队面向世界科学前沿,结合分子束外延、扫描隧道显微镜、角分辨光电子能谱和低温输运测量等研究手段,在低维量子物质制备与新奇量子效应和物态的实验研究中取得了一系列重要学术成果,在国际上产生了广泛的学术影响,尤其是他们在实验中发现了量子反常霍尔效应和铁硒界面高温超导,均属凝聚态物理里程碑性的突破,引领了相关方向的发展。

团队和带头人简介

薛其坤院士

薛其坤，中国科学院院士，清华大学物理系教授，南方科技大学校长，北京量子信息科学研究院院长，粤港澳大湾区量子科学中心主任，中国物理学会副理事长。他的主要研究方向为扫描隧道显微学、表面物理学、拓扑量子物理和高温超导物理。他曾获"国家自然科学奖"一等奖 1 项、"国家自然科学奖"二等奖 2 项，还曾获"第三世界科学院物理奖""陈嘉庚数理科学奖""求是杰出科学家奖""何梁何利科学与技术成就奖""未来科学大奖——物质科学奖""2023 年度国家最高科学技术奖"等奖项。薛其坤作为首位中国籍科学家荣获国际低温物理最高奖——"菲列兹·伦敦奖（2022）"和国际凝聚态物理最高奖——"奥利弗·巴克利奖（2024）"。

中国科学院院士薛其坤科技创新团队（以下简称团队）创建于 1998 年，主要研究工作包括早期的低维纳米结构控制生长与量子现象研究，以及目前的量子反常霍尔效应与拓扑量子计算、低维高温超导等凝聚态物理前沿研究，取得了多项原创性基础研究重要成果，受到国内外同行的广泛关注。团队多年来承担与低维量子物质科学相关的科技部的重大研究计划项目，以及自然科学基金委的创新研究群体项目、重大国际合作项目、重点项目等重要研究任务。在瞄准国际前沿的同时，薛其坤院士一直秉持着严谨务实的科研作风，始终追求实验数据的严谨性和实验的精确性，认为"要获得本征的实验数据就离不开高质量的样品和精密的实验技术，要不惜花大力气和投入大量的时间制备高质量的样品和发展尖端的实验技术，要追求极致不能急功近利"。薛其坤院士不仅是言传，还注重身教，在工作中严格、勤奋、乐观，为团队从事科研、追求真理并坚持不懈树立了榜样。从 1998 年至今在团队里长期工作的成员有 16 位，薛其坤院士培养博士研究生 100 多位（含共同培养），指导过的博士后有 20 位，其中一半以上在国内外从事科学研究，他们中有近 40 位获得了国家级人才称号。

坚持创新，在极限尺度上控制低维量子结构的生长与性质

由于量子效应，纳米材料的电子结构明显不同于体材料，其物理性质和化学性质等会发生戏剧性的变化。大面积制备全同、完全有序排列的纳米结构阵列是一个难

题。分子束外延和金属有机化学气相沉积的异质薄膜外延生长中应力导致的自组织和化学合成中的自组装可以实现这类体系的大面积生长，但是其尺寸和空间排列的均匀性基本上得不到保障。其原因是这些薄膜生长技术中内在的热力学涨落会不可避免地导致生长过程的不确定性。因而无论从基础研究还是从应用的角度来讲，低维纳米结构的控制生长是亟待解决的极具挑战性的课题。2001 年，团队巧妙利用周期纳米模板上的幻数原子成簇现象，利用分子束外延方法在硅衬底上制备出由全同的金属纳米团簇周期排列而成的两维人造晶格。这类新物质的形式提供了一个探索新的基本物理现象和规律的理想系统，在纳米电子学、超高密度信息储存、纳米催化和量子计算及信息处理等方面有潜在的应用价值，是多年来凝聚态物理和纳米科学领域的一个重要发现。此外，团队还利用扫描隧道显微镜/谱，并结合理论计算，确定了金属纳米团簇的原子结构，澄清了周期点阵的稳定性及形成原因，为理解其电子结构、建立宏观物性和微结构关系及发现其新的效应奠定了基础。

根据量子力学，电子在一维方势阱中受限运动时，其能级将变成分立的，这些分立的能级称为量子阱态。半导体或绝缘体衬底上的金属薄膜材料是一个理想的一维方势阱体系。由于金属电子的费米波长很短，要观察到显著的量子效应，薄膜的厚度就要达到纳米尺度且其形貌要有原子级的平整度。但对于绝大多数金属或半导体异质结体系（如铅、硅），要有控制地、重复性地制备出高质量的薄膜材料是极其困难的。2000—2008 年，团队采取低温生长方法，在硅衬底上制备出了具有原子级平整度且在宏观范围内均匀的铅薄膜，并实现了对薄膜厚度变化的精确控制，实际上就制备出了一个理想的、势阱宽度可调的一维方势阱体系。在此基础上，他们深入研究了量子效应对电子结构的影响，完美解释了量子效应调制铅薄膜的特殊生长模式和薄膜的幻数稳定性，发现了由量子效应导致的超导转变温度振荡。此后，团队又观察到量子阱态的形成对费米能级附近电子态密度和电声子耦合强度的调制行为，以及由量子效应导致的一系列的奇异材料性质随薄膜厚度（原子层数）的振荡现象。这是国际上首次从实验上实现了对金属体系"一维方势阱问题"的系统研究，并利用它实现了对物质基本参量的量子调控。其中关于超导转变温度振荡的文章在美国《科学》杂志上发表后在国际上引起了很大反响，同期的"Perspectives"栏目专门撰文对该工作进行了评价。此项工作在固体物理的发展上也具有重要意义，开辟了研究量子效应和物性关系的新领域。

迎难而上，率先观测到磁性掺杂拓扑绝缘体中的量子反常霍尔效应

从 20 世纪 80 年代初开始，一系列量子霍尔效应的发现，不但开启了拓扑量子物态这一新研究领域，还为发展未来的低能耗电子器件指明了新的方向。整数和分数量

子霍尔效应的发现分别获得 1985 年和 1998 年的诺贝尔物理学奖。然而，量子霍尔效应的产生需要非常强的外加磁场，这对其研究和应用都带来了极大困难。1988 年，美国的霍尔丹教授（F. D. M. Haldane，2016 年诺贝尔物理学奖获得者）在理论上提出有可能存在不需外加磁场的量子霍尔效应，然而它只是一个"玩具模型"，离实际材料体系相距甚远。因此，在真实材料中实验发现量子反常霍尔效应一直是凝聚态物理学的重大科学目标之一。2005 年拓扑绝缘体的概念被提出后，理论预言在拓扑绝缘体薄膜中引入铁磁性，有可能获得量子反常霍尔效应。但是从实验方面考虑，反常霍尔效应的量子化需要材料的性质同时满足三项非常苛刻的条件：材料的能带结构必须具有拓扑特性，从而具有导电的一维边缘态，即一维导电通道；材料内必须具有长程铁磁序，从而无需借助外磁场而存在反常霍尔效应；材料的体内必须为绝缘态，从而对导电没有任何贡献，只有一维边缘态参与导电。在实际材料中实现以上任何一点都具有相当大的难度，而要同时满足这三点对实验物理学家来讲是一个巨大的挑战，因为这三个要求通常是相互矛盾的。美国、德国、日本等国家的多个世界顶级研究组都未能取得成功。

从 2008 年起，团队结合分子束外延、低温强磁场扫描隧道显微镜、角分辨光电子能谱技术开展了对拓扑绝缘体的研究。他们建立了拓扑绝缘体薄膜的生长动力学，利用分子束外延技术生长出国际最高质量的拓扑绝缘体样品。他们所提出的生长方法现已成为国际上通用的拓扑绝缘体样品制备方法。在此基础上，他们首次利用角分辨光电子能谱绘制出三维拓扑绝缘体在二维极限下的电子结构演化，利用低温扫描隧道显微镜技术揭示出拓扑绝缘体表面态的拓扑保护性和朗道量子化等独特性质。该团队与国内相关科学家的努力使中国在拓扑绝缘体领域研究中处于国际领先行列。从 2009 年起，团队与清华大学、中国科学院物理所、斯坦福大学的合作者开始对量子反常霍尔效应的实验进行攻关。他们生长出组分、厚度均精确可控的三元拓扑绝缘体 (Bi, Sb)$_2$Te$_3$ 薄膜，实现了通过 Bi/Sb 比例调控拓扑表面态的能带结构和薄膜的载流子类型、浓度；他们通过在此种拓扑绝缘体薄膜中掺杂磁性 Cr 原子在其中建立了铁磁序且实现了垂直于薄膜面的易磁化轴，并发现此材料可以兼具铁磁性和体绝缘性，是实现量子反常霍尔效应的理想材料系统。在此基础上他们生长测量了超过 1000 个样品，一步一步地克服了重重障碍，最终在 2012 年年底，在 Cr 掺杂的 (Bi, Sb)$_2$Te$_3$ 薄膜中通过极低温测量在世界上首次在实验中观测到了量子反常霍尔效应。关于此项研究成果的论文很快发表于美国《科学》杂志。

通过量子反常霍尔效应的实验发现的成果发表后在国际学术界引起巨大影响，得到了杨振宁先生等知名物理学家的高度评价。因为这项成果，薛其坤院士受邀在第 156 届、第 166 届诺贝尔论坛（Nobel Symposium）、第 18 届国际分子束外延国际会议和第 32 届国际半导体物理会议等重要学术会议上做了大会特邀报告。2016 年诺贝尔物理学奖授予了三位在拓扑相变和拓扑物质领域做出开创性贡献的理论物理学家。诺贝尔评奖委员会介绍此次获奖的科学背景时将量子反常霍尔效应的实验发现作为拓扑物质代表性实验进展之一。此发现推动了量子反常霍尔效应相关研究的快速发展。在接下来的几年，研究者们通过对磁性拓扑绝缘体材料性质的改进，已将量子反常霍尔效应的实现温度从 0.03 K 提升到 1 K 以上。量子反常霍尔效应的电阻的精确度已经达到了 10^{-8}，初步满足了应用于电阻量子标准的条件。美国、日本、德国等国的国家计量机构已经开展了基于量子反常霍尔效应的电阻量子标准的研究。量子反常霍尔态还在超冷原子系统、转角石墨烯、转角过渡金属硫化物系统中被观测到。可见，量子反常霍尔效应的相关研究已经成为国际上物理学发展最快的研究方向之一。

勇于质疑，提出异质界面设计实现高温超导的新思路

铜氧化物高温超导体的发现已过去了 30 多年，高温超导机理作为物理学一个重大科学难题仍然没有得到解决。通过分析铜氧化物高温超导体和铁基高温超导体的晶体结构及载流子掺杂机理，2008 年团队提出了利用异质结界面设计高温超导体系的学术思想，同时在二维极限厚度的超导体的制备与超导机理研究中取得一系列重要研究成果。2009 年，他们利用分子束外延技术成功在硅衬底上制备出仅一个原子单层厚度的金属薄膜，并观测到其超导电性，从而实现了世界上最薄的超导材料。2011 年，他们首次把分子束外延技术拓展到铁基超导材料的制备中，成功实现了铁硒 FeSe 薄膜的生长，直接观测到其超导能隙的节点和二重对称性。2012 年，团队在钛酸锶 $SrTiO_3$ 衬底上外延生长的单层铁硒薄膜中发现了界面增强的高温超导电性，其超导转变温度大大超过体相材料。该发现完全出乎意料，因为很薄的薄膜材料的超导转变温度一般会被压制。而对于 $FeSe/SrTiO_3$ 界面高温超导体系，界面电荷转移和界面增强电声耦合作用对其高温超导电性的产生起到关键作用。这不但是目前除铜氧化物体系之外的常压下超导转变温度最高的超导体，而且也为理解高温超导机理和发现新的高温超导材料提供了全新的途径。此发现引起了巨大国际影响，美国《科学》杂志曾对其进行特别报道，英国《自然·物理学》杂志也先后对相关工作进行了专题报道。团队将其原子级精度制备和测量技术应用到铜氧化物超导体研究工作中，率先开展了基于铜氧化物的铜氧面直接探测与超导机理研究。他们实现了不同转角的原子级平整的铜氧化物约瑟夫森结的制备，并研究其超导配对对称性，发现铜氧化物中 $s-$ 波配对占主导地位，这对铜基高温超导是 $d-$ 波配对的主流认识提出了挑战。相关工作不单是铜氧化物高温超导研究的一个重大进展，同时也为破解高温超导机理这一科学难题指明了新的方向。

重视技术，精密的实验技术成为实现重要科学突破的重要保障

团队致力于高稳定性和高能量分辨率扫描隧道谱的发展，在国内首先实现了单个电子自旋探测的非弹性隧道谱技术。他们在国际上率先发展的分子束外延—低温强磁场扫描隧道显微镜—角分辨光电子能谱原位综合实验系统一直是国内外研究组效仿的对象。团队的一系列工作也标志着我国在原子水平上控制材料的生长及原位高灵敏度实验探测技术的发展等方面进入国际先进水平之列。近年来，团队还着重探索和研制了低维量子物质非平衡态物理性质原位综合实验研究平台。该平台结合了实空间、动量空间、时间域内的不同探测手段，可以在超高真空环境下进行量子材料的原位生长和多自由度精细探测，为更好地开展高温超导、量子反常霍尔效应、拓扑量子物理等前沿研究打造了新的利器。

结 语

团队仍在低维量子物质科学领域继续努力与前进，争取在国际上率先取得新的重大突破。同时，也期望当代青年科学家坚定理想，不断提高自己的科研能力、科学素养和学术品位；不负国家的支持，不负时代赋予的历史使命，共同为高水平科技自立自强和社会主义现代化强国建设做出应有的贡献。

产学研界领军人物

科技创新团队

深耕数字地球领域　筑梦美丽中国愿景

——中国地质大学（武汉）王力哲科技创新团队

科技成果只有转化为实际生产力，科技创新只有服务于国家战略和发展需求，才能真正具有意义和价值。中国地质大学（武汉）王力哲科技创新团队（以下简称团队）深耕数字地球领域，为了国家资源环境和谐共生及"美丽中国"的伟大愿景不懈努力。多年来，团队坚持钻研攻关数字地球领域关键技术，致力于推动可持续发展和"美丽中国"建设。

团队和带头人简介

团队以王力哲教授为团队带头人，中青年科技骨干为科创主体，围绕国家综合防灾减灾规划、地理信息智能处理及国土空间优化等领域的重大需求，开展数字地球理论研究，助力实现"美丽中国"愿景。团队始终以"科技报国"作为远大抱负，发动科技创新成果转化的强大引擎，让"科技之花"绽放在祖国的大地上。团队在产学研合作、促进科技成果转化等方面加强联合攻关，数次攻克数字地球领域的多项重大技术问题，开创了地学遥感领域一流产学研科技创新成果转化的新通道、新模式。依托高效的产学研合作机制，团队在面向复杂山区自然资源勘查的无人机遥感装备及数据处理关键技术等方面获得"中国产学研合作创新成果奖"一等奖、二等奖各 1 项，在地理大数据、遥感大数据、地质大数据等领域获得"国际学术"奖励 6 项，其他省部级科技成果奖一等奖 8 项。

团队带头人王力哲教授，中国地质大学（武汉）教授、博士生导师，"十三五"重点研发计划"全球变化及应对"总体组专家、指南编制专家、中国科学院 A 类先导专项"地球大数据科学工程"技术总体组副组长、自然资源信息管理与数字孪生工程软件教育部工程研究中心主任、湖北省科技创新团队负责人。2012 年入选中国科学院"百人计划"（A 类），2018 年入选国家高层次人才计划，2019 年获国家自然科学基金杰出青年科学基金资助。2021 年当选电气与电子工程师协会会士（IEEE Fellow），2022 年当选国际光学学会会士（SPIE Fellow）、爱思唯尔"中国高被引学者"。2022 年当选欧洲科学院（Academia Europaea）院士。

中国地质大学（武汉）副校长
王力哲教授

无人机助力资源勘查，点亮"美丽乡村"

自然资源勘查是生态文明与绿色发展的基础且重要型技术体系，直接对接"推动绿色发展，促进人与自然和谐共生，全面提高资源利用效率"是国家重大战略需求。团队以全面建设"美丽乡村"为科创愿景，历时 6 年，系统研究了复杂山区无人机遥感数据采集和分布式处理环境下海量遥感数据高性能处理等关键技术，有效地解决了复杂山区自然资源勘查工作中的核心技术难题，取得了集理论、方法和设备于一体的具有自主知识产权的系列成果。

为解决无人机遥感在应用于复杂山区场景自然资源勘查时出现的特殊问题，团队联合江西核工业测绘院集团有限公司和中国科学院空天信息创新研究院，优化飞机机翼、发动机和减震系统，设计了起降空间灵活、稳定性更高、少地面控制依赖的无人机遥感系统。随后，团队联合江西核工业测绘院集团有限公司，开展深度融合的产学研合作，将科研成果融入无人机产业创新，对无人机发动机、机翼和减震系统进行了一系列的升级改造，设计出可同步接收多定位信号的差分 GNSS 系统（北斗卫星导航系统），有效减少了空中设备对地面控制数据的过度依赖，显著提升了无人机遥感平台面对复杂山区的数据采集能力，形成了一套不受山区起飞和降落限制、机动性和稳定性更高的无人机平台；设计出可同步接收多定位信号的差分 GNSS 系统，开发无地面控制约束的平差系统，大幅度提升无人机低空航摄过程的稳定性与操控性。

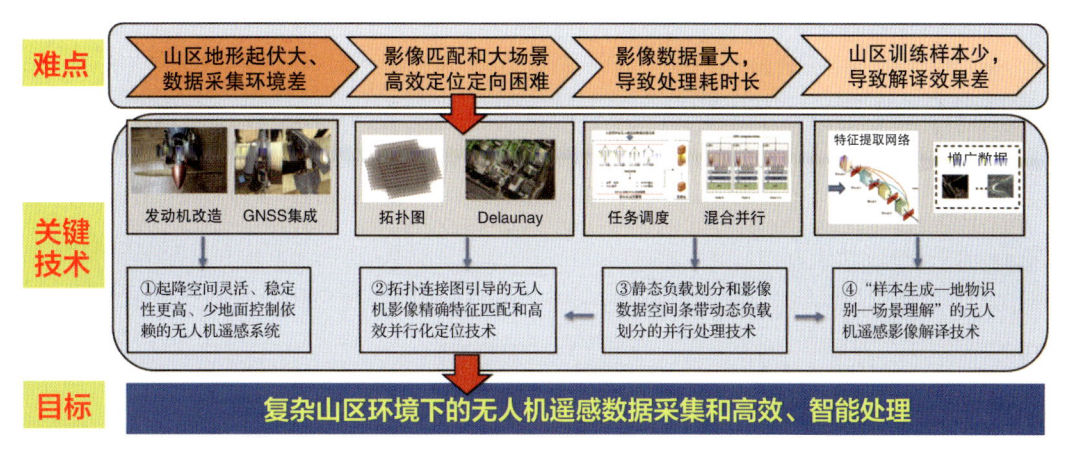

复杂山区环境下无人机遥感数据采集和高效、智能处理总体思路

为实现高精度的无人机遥感影像定位定向，王力哲教授带领团队系统研究了利用拓扑连接图分析的无人机遥感影像定位定向方法，有效解决了传统利用POS（机载定位定向系统）数据和地面高程导致的复杂山区影像对预测不准的问题。首次建立了基于无人机影像处理任务的作业调度模型，显著提高了无人机影像数据处理效率。该技术在江西、四川、贵州等地的国土、农业、住建等部门得到了广泛应用，并取得了显著的社会效益，中央电视台财经频道对此进行了专题新闻报道。

GIS 支撑应急管理，服务"美丽城镇"

社会公共安全是开展美丽中国建设不可或缺的重要因素，为人民的安居乐业、生态环境的保护和社会的稳定提供了坚实的保障。在追求"美丽中国""美丽城镇"建设目标的道路上，智慧的公共安全应急管理发挥着至关重要的作用。团队以打造"美丽城镇"为服务愿景，针对城镇社会公共安全应急管理中的应急信息获取手段单一、突发事件预警预报不准确不及时、灾情信息表达不直观、多灾种联防联控不协同等管理问题，依托"基础理论研究—核心技术研发—关键产品研制—产业应用推广"的产学研用深度融合机制，提出了城镇公共安全应急管理空间信息模型及决策支持方法。

在王力哲教授带领下，团队突破了动态流式城镇公共安全数据存算一体的实时接入、多源异构城镇公共安全数据的一体化协同管理、多层级网格城镇公共安全信息的融合分析等关键技术，打通了城镇公共安全事件天空地立体化监测、多源异构数据集成管理、全流程应急处置（事前、事中、事后）的分析链路，形成一套可复制、易扩展、可推广的城镇公共安全数据集成管理模式。团队构建了定性、定量、定位相结合的警情研判分析、城市管网预警等城市公共安全应急管理空间信息模型，通过推演分析形成应急响应调度决策，精准地形成事件研判结果，基于时空大数据可视化方法将决策结果进行动态展示，支持多部门实时分析与实时指挥，强化协同性与联动性，显著提升城镇公共安全突发事件应急响应决策的科学性和精准性。团队突破了城镇公共安全应急管理空间信息模型与大数据耦合集成技术，研发了"云—数—网—端"架构的城镇公共安全应急管理空间决策支持信息平台，实现了城镇公共安全应急响应态势分析、统一指挥调度、监测预警、模拟演练、辅助决策、事件过程管理、研判分析、智能服务等全功能整体提升，为城镇公共安全应急管理和应急响应提供数据交换、计算服务、模型服务、数据分析、数据挖掘等服务，打破了各地区各部门间的数据壁垒，从多个维度提升了城镇公共安全应急管理效率。

城镇公共安全应急管理空间信息模型及决策支持方法

目前，该研究成果已推广应用在湖北、广东、江苏、山东、贵州、广西、江西、辽宁、内蒙古等 10 个省、自治区的 40 余个城市的相关部门单位，在技术改进提升的同时，帮助政府节省了大量的人力、物力，为现代城市应急管理提供高度智能化、全面信息化、重点可视化的决策支持手段。

遥感赋能地灾治灾，共建"美丽中国"

王力哲教授带领团队针对遥感技术中的"质量、生产、解译、服务、应用"全链条业务建立了光学遥感卫星大数据高效处理技术方法体系，在高精度遥感数据处理、高可信遥感影像解译、高效率遥感信息服务、地质灾害防治应用等关键技术上取得了重要理论突破，全面收集资源环境遥感数据，为地质灾害防灾减灾及时提供必要且关键的支撑。

针对遥感数据质量提升这类常见的制约性问题，团队首次在理论上证明了高低分辨率的遥感图像映射关系满足压缩感知模型，构建了能够刻画空域降采样关系且具有一定随机性的半随机采样矩阵，发展了半盲压缩感知恢复模型。针对遥感数据的语义专业性、流程复杂性和用户需求的语义模糊性导致遥感服务智能化能力不足的问题，团队对接用户多样化的需求，对遥感数据、算法流程、应用需求三个要素进行可解析、可量化的语义建模，创新性地提出了定量语义动态解析的遥感信息智能服务方法，实现了支持40种时空连续遥感共性产品业务化、系列化、智能化服务的目标，有效支撑了"多层级、全链条"的地质灾害预报系统相关业务。

为高效分析地灾遥感数据，团队研发了多卫星多源数据融合和知识驱动的地质灾害立体制图技术，建立了不同比例尺的嵌套地质灾害三维地质模型。该项成果以三峡库区为示范，研制了"三峡库区"地质灾害立体制图系统，在国际上首次实现地质知识和监测数据融合驱动的地质灾害制图。相比较欧盟的 TU1206 COST Sub-Urban 计划和英国地质调查局的多尺度三维地质模型，本系统实现了从 0 到 1 的突破，并建立了 4 项行业标准。

结 语

经过多年的科研攻关，王力哲教授带领团队联合国内外知名科研院所和行业企业，建立了具有一定深度的可持续的产学研合作机制，携手全社会力量不断推动"美丽乡村""美丽城镇""美丽中国"建设。

创新实践引领海上风电
国产化带动产业高质量发展

——中国长江三峡集团有限公司王良友科技创新团队

近年来，在全球共同应对气候变化、实施能源绿色低碳转型行动的背景下，能源发展领域开辟出由资源禀赋依赖向高新技术驱动转移的新赛道，以风电为代表的新能源产业不断壮大，激发了高质量发展的新动能新优势。

团队和带头人简介

中国长江三峡集团有限公司王良友科技创新团队（以下简称团队）面向国家能源安全、海洋强国战略需求，汇集海上风电人才队伍、技术积累和工程建设经验的先发优势，探索出一条"以大国重器为载体、工程实践为导向、产学研用为纽带、要素投入为保障，推动重大装备和关键核心技术国产化"的创新路径，为保障我国能源安全和实现"双碳"目标提供了可行方案。

团队以王良友为带头人、中青年科技骨干为主体，团队现有专业化技术人才200余人，涵盖技术研发、工程建设、运行维护、融合发展等领域，具备自主创新能力和技术引领能力。团队积极承担国家重大科技项目，以服务国家战略需求为目标，以重大工程项目为载体，以解决工程实际问题为导向，以产学研用一体化发展为纽带，紧密围绕"海上风电引领者"战略目标，扎实推进海上风电全生命周期科技创新体系建设，突破行业关键共性技术，加快科技成果转化，引领海上风电行业技术进步。

在超大型海上风电机组设计与研发、海上柔性直流输电、海上资源评估、地质勘察和建设施工、海上风电数字化智慧化运维，海上风电融合发展等研究方向，团队取得了重要创新示范成果。团队提出了海上风电机组多级测试验证体系和多系统稳定耦合设计方法；研发了全球单机容量最大、我国完全自主知识产权的16兆瓦海上风机；突破了高精度主轴承国产

三峡集团原副总经理王良友

化、超长柔叶片轻量化、超紧凑高功率密度传动链等一系列关键技术；形成了国际领先的超大容量海上风电机组总体技术方案；具有环境适应性强、电力生产安全可靠、运行维护智能友好的特点，并在福建海域示范验证，标志着我国风电装备产业从"跟跑"到"并跑"再到"领跑"的历史性跨越，创造了全球海上风电装备发展的最新标杆。团队在江苏如东海上风电场，实现国内首个海上风电高电压柔性直流输电的示范应用，推动换流阀、海底电缆、控制保护系统、海上换流平台等国产化进程。团队在国际上首次提出海上风机整体安装施工技术，构建初定位、软着陆与精定位的一体化安装技术，实现风机陆上高效装配、海上快速安装的目标；提出海上风机整体式安装与分体式安装总体施工技术，形成我国近海风场风电机组安装的成套技术和装备；研制自升式专用风电安装平台船，攻克在深厚软土地基条件下桩腿上拔难题。团队为应对国内复杂海上运维环境，建设了防灾预警气象综合服务系统，形成一整套国内独有的海上风电运维数据分析管理系统。团队创新探索海上风电与海洋牧场深度融合的发展方式，推进"水上水下立体开发利用"，打造"绿色能源 + 蓝色粮仓"新样板。近年来，团队开展海上风电领域科研项目 117 项，其中承担国家级重点科研项目 5 项，省部级重点科研项目 2 项，累计授权国家发明专利、实用新型专利 500 余项。累计获得国家级奖励 10 项，省部级奖项 81 项。

团队带头人王良友，1963 年 9 月生，工学博士，教授级高工，现任中国电机工程学会副理事长，中国水力发电工程学会副理事长。他主要从事电力系统规划、建设和运行、科研等创新工作，曾主持广东南澳多端柔性直流关键技术研发与工程、大规模电力储能技术研发与应用、三峡如东海上风电柔性直流输电关键技术与示范工程、千万千瓦级沙戈荒多能互补新能源基地关键技术研究与示范应用等多项重大科研项目。

瞄准高端海上风电装备迫切国产化需求，攻克超大型海上风机核心技术

企业是实现科技自立自强的创新主体和微观基础，具有强大的创新潜力和实干动力。王良友科技创新团队聚焦国家有需求、地方有基础的重点领域，深入海上风电工程一线，借助企业先发布局积累优势，精准判断海上风电规模化开发、平价化利用、国产化替代的行业发展形势，整合资源，下功夫突破一批海上风电"卡脖子"技术，实施一批填补国内空白、突破瓶颈制约的技术攻关。

海上风电是风电装备与海洋工程深度融合的战略性新兴产业，是拉动海洋经济发展的重要抓手。在王良友带领下，团队瞄准超大容量海上风电机组全面国产化目标持续发力。通过全要素耦合分析攻克机组多系统耦合稳定性难题，识别失稳风险并界定

判别标准，将系统稳定性约束边界改为载荷约束，使机组载荷进一步降低5%。研发粗糙度不敏感高升阻比翼型，运用弯扭耦合自适应降载控制方法，实现123米叶片高性能设计，运用自主研发载荷计算软件与国外软件背靠背验证叶片的风能利用效率不低于0.49。突破第三代中速传动链核心技术，创新提出"免对中"传动链新架构，三级行星齿轮箱扭矩密度大幅提升20%，发电机扭矩密度超过12KNm/t，结合衍生拓扑优化技术，实现底座减重10%。采用安全极限气隙设计原则，减小气隙磁阻和磁钢的用量，降低10%的电机重量。自主研发搭载高功率密度模块的变流器，变流器体积功率密度超过$1180kW/m^3$，运用点平衡控制算法和保护控制策略，额定功率效率达到98%，平均无故障工作时间超过30000小时。在保证可靠性方面，团队建立覆盖关键材料－零部件、子系统、整机、场网四级实验体系开展测试验证；采用模块化设计，沿用技术平台优势；增强机组关键回路冗余设计，保障超大容量海上风电机组的可靠性和稳定性，最终形成了国际领先的超大容量海上风电机组总体技术方案。

通过团队不懈努力，2022年11月全球首台16兆瓦海上风电机组在福建三峡海上风电国际产业园下线，有序推进国产化替代，突破了风电产业链存在的整机仿真软件、PLC主控系统、IGBT、主轴承、变压器、GIS等"卡脖子"技术，成功入选2022年度央企十大国之重器。这台机组于2023年6月28日完成全部吊装任务，7月19日实现并网发电。为确保这台海上"巨无霸"安全、稳定、高效运行，团队成员对机组主控程序、变桨系统、发电机等重要设备的运行状态和参数趋势进行24小时跟踪研判，逐步放开机组功率限制。9月1日，机组抵御台风影响，实现24小时满功率运行，单日发电量达38.41万千瓦时，创全球风电单机单日发电量新纪录。创新团队自主研发、设计和制造的16兆瓦海上风电机组，关键核心部件全面国产化，在风机安装、运行过程中，成功应对多个台风考验，机组监测各项振动数据及指标平稳，标志着我国海上风电大容量机组研发制造及运营能力再上新台阶，达到国际领先水平。

(a) 全球单机容量最大16兆瓦海上风电机组　　(b) 全球首台16兆瓦风机完成安装

2022年度央企十大国之重器：16兆瓦海上风电机组

聚焦深远海海上资源开发利用需求，突破海上柔直送出和浮式风电技术

近年来，海上风电开发走向深远海连片规模化开发的道路，催生了对大规模远距离海上输电的需求。柔性直流输电具备无源系统运行能力和直流方式在成本上的优势，让其在远海风电送出方式中成为主要解决方案，但是技术复杂、工程组织难度高，国内海上站尚无工程应用。王良友创新团队立足深远海海上风电柔直送出技术，通过成套设计，多维度分析计算确定工程的核心技术方案和所有直流相关设备的技术参数，确保众多设备的组合体能够实现直流系统的整体功能，并以此为基础，开展仿真建模、系统谐波特性分析、控制保护策略研究、设备优化设计研究及系统调试等技术攻关。经过团队多年探索与开发，技术难题相继被攻克，研究成果最终在过如东柔性直流输电工程集合运用，并填补国内行业多项空白，加快海上风电柔性直流技术"国产化"进程：换流阀、联接变压器、柔性直流控制保护系统等关键设备规模化应用，国产化比例达84%；长达108千米、能耐受840千伏的叠加雷电冲击，目前国内最长、电压等级最高的±400千伏柔性直流输电电缆成功研制；长89米、宽84米、高约44米、重2.2万吨，亚洲首座海上换流站平台的示范应用；如东项目可靠性指标高达98.51%，高于欧洲±320 kV项目：SylWin1 97.60%，DolWin1 97.10%，DolWin2 96.50%，平均值97.07%。2021年12月三峡江苏如东海上风电柔性直流输电工程全面投运，总装机容量110万千瓦，实现中国海上风电柔性直流输电技术"零"的突破。

相比于固定式海上风电，漂浮式海上风电在深远海的生态优势、经济优势及运维优势明显。我国漂浮式风电技术研究整体起步较晚。2018年，王良友创新团队立依托广东省自然资源厅海洋发展专项资金项目《浮式海上风电平台全耦合动态分析及其装置研发》，开展我国首台漂浮式风电机组"三峡引领号"研发工作。"三峡引领号"漂浮式海上风电试验样机位于三峡阳江沙扒海上风电场三期工程内，所处海域台风频发、波高较大，控制策略及与漂浮式基础的适应性缺乏设计和调试经验。团队在研发设计时，创新性提出抗台风型三立柱半潜式基础设计方案：采用大跨距、大直径的三立柱高稳性设计方案；消斜撑结构解决疲劳问题；移除立柱以外的垂荡板结构，消除系泊缆与垂荡板相互干涉；动态电缆创新性地采用双波型复杂系统，以适应极端天气下平台巨大偏移；特别关注关键部件设计和控制策略优化，形成基于我国特殊地理环境的半潜式风电基础创新设计方案。2021年12月"三峡引领号"并网发电，2022年2月实现5.5MW满发运行。2022年"三峡引领号"机组、漂浮平台和系泊系统经受住12级台风考验。"三峡引领号"的成功投运，实现了我国在漂浮式海上风电零的突

破，2023年入选国家能源局第三批能源领域首台（套）重大技术装备（项目）名单，引领我国漂浮式海上风电迈入了新的时代。

（a）换流站上部组块浮托运输　　　　（b）"三峡引领号"拖航系泊系统安装

海上风电科技创新实践

针对规模化发展海上风电迫切需求，融通创新海上风电产业链发展新模式

大规模发展海上风电，是实施海洋强国战略、带动海洋经济提速的有效途径。王良友创新团队发挥产业带动作用，联动产业链与创新链，发挥协同合力，调动各创新参与主体的积极性，推动海上风电产业链上中下游、大中小企业融通创新。建立海上风机"试验场"和"产业园"模式推动全产业链提质创新，加快推进形成海上风电全产业链格局；从需求优化产业链，打造产业发展集聚地和技术创新策源地。在福建福清兴化湾样机试验风场引入GE、金风科技、上海电气、明阳智能等国内外8家主流风机厂商的14台5至6.7兆瓦风机同台竞技，打造海上风电"奥林匹克"赛场，为大规模开发福建优质海上风电资源奠定基础。这是我国首次批量运用5兆瓦及以上大型风机的海上风电场，也是全球首个多机型同台对比海上风电试验场。福清兴化湾样机试验风场的建设是掌握海上风电关键技术、促进海上风电连片规模开发的有益探索，同时也为后续福建省乃至全国大规模海上风场建设提供了可靠的数据和经验。在福建投资建设智能化、信息化、生态化的福建三峡海上风电国际产业园，引进金风科技、江苏中车、东方风电、艾尔姆风能叶片制品公司等国内外知名风电机组制造厂商及配套企业，实现海上风电全产业链集聚。2020年，福建三峡海上风电国际产业园年产值为50亿元，下线机组正式出口共建"一带一路"国家。2022年，产业园年产值增长至205亿元，使福建成为全球最大的海上风电基地和国际一流的海上风电装备

制造产业基地。福建三峡海上风电国际产业园作为国内首个海上风电全产业链园区，提升了国内海上风电产业链协同能力，依托便利的海上运输，降低运输成本和协调成本，形成海上风电产业集群，确保海上风电产能，进一步降低海上风电建设成本，出口产品将覆盖全球 6 大洲 20 多个国家，成为我国高端装备制造业"走出去"的新名片。

"围绕海上风电产业链部署技术和装备创新链，围绕创新链布局产业链"，王良友创新团队着力在核心装备设备的国产化替代，关键技术的突破与应用上下功夫，逐步推动海上风电关键装备设备产业升级，助力海上风电产业发展和降本增效，推动引领海上风电产业持续稳定健康发展。

结　语

海上风电是我国发展深蓝经济、建设海洋强国的重要领域，也是构建清洁低碳能源的必由之路。团队将在海上风电领域继续开展深入研究，技术改革与科技创新双向联动，牢牢掌握核心技术，解决"卡脖子"难题，为我国海上风电装备高端化、国产化、大容量发展贡献力量。

面向场景应用 以大联合激发 AI 源头创新
——科大讯飞股份有限公司方明科技创新团队

团队和带头人简介

科大讯飞股份有限公司方明科技创新团队（以下简称团队）以科大讯飞副总裁、产业加速中心总经理，教授级高级工程师，俄罗斯外籍院士方明为带头人，通过建设公共服务平台，推动产业链上中下游、大中小企业融通创新，支持创新型中小微企业成长，激发人才创新活力，打造欣欣向荣的产业生态，讯飞产业加速中心以创业孵化、产业聚集、强基工程、产业赋能和国际合作五大业务板块为主体，致力于各地人工智能产业生态的规划、建设和运营，推动人工智能与实体经济的深度融合，提升区域产业竞争力。科大讯飞已在合肥、北京、长春、天津、青岛、苏州等全国超 20 个城市建立产业加速中心和双创基地，总面积超过 50 万平方米，落地孵化开发者团队和公司 2000 余家，带动就业超 5 万人，实现人工智能科技产业规模约 2000 亿元。科大讯飞人工智能产业生态获评工业和信息化部"两化融合突出贡献奖"，入选工业和信息化部制造业双创典型案例。

团队带头人方明，现为科大讯飞股份有限公司副总裁、教授级高级工程师，科普产品国家地方联合工程研究中心执行主任兼总工程师，中国科学技术大学客座教授、博导，清华大学首届长三角创新领军工程博士，俄罗斯外籍院士；入选国家科技专家库专家，科技部火炬创业导师，国家标准化技术委员会委员，中国职业技术教育学会学术委员会委员；安徽省人才办直管专家、合肥市高层次人才、苏州金鸡湖科技创新领军人才，安徽省儿童智能机器人工程研究中心副主任，安徽省无线电技术学会理事长，合肥市科协副主席。曾任中国电子学会青年科学家俱乐部轮值主席。长期致力于5G+AI产业化融合应用方向的科研和教学工作，成功创办和运营多家国家级科技企业孵化器和高科技公司，在人工智能赋能实体经济数智化转型升级领域取得显著成就。个人专利百余项、论文40余篇、专著译著10本，承担多项国家重点研发计划和省部级重要科研项目。获"国家级科普产品研发团队带头人""工业和信息化部先进个人""中国科普产品博览会金奖""全国优秀首席信息官""中国年度科普人物""安徽省青年科技创新奖""2023第三届全国创新争先奖"等荣誉。

科大讯飞副总裁方明教授

团队核心成员

团队产品负责人——刘鹏博士，科大讯飞产业加速中心产品总监，负责人工智能技术在企业数字化转型方面的创新与应用工作，主导制造业企业数字化转型解决方案规划及开发。

人工智能与云计算10年从业者，从事物联网、云计算、人工智能等新一代信息技术在企业数字化转型的应用创新及技术落地。先后参与法国电信NB-IoT网络建设的标准制定、印度TATA公司的语音数据格式转化及加解密技术研发、雄安智慧城市标准制定、国家电网居民用电智能调控的技术方案设计等大型项目，主导了诺基亚青岛云测试实验室的规划建设与运营、海尔集团智能家居ToB业务解决方案产品的规划和架构开发。

团队创新负责人——王洪源，科大讯飞产业加速中心大企业联合创新总监，智能制造高级研究员。高级数字化工程师，未来城市研究院专家委员会委员。15年制造业履历，涉足机械设计、工业设备、工业自动化、工业互联网、工业智能化等众多领域。擅长智能工厂诊断、咨询、规划，复杂工业场景的跨领域技术融合应用，工业智能化项目管理。曾负责多个灯塔工厂的规划咨询和方案落地，具有丰富的实战经验。

团队成员——闫新宇，科大讯飞产业加速中心产品经理，负责AI产品设计及落地，在工业AI、智能家居、智能座舱领域有丰富的产品设计落地经验。主持设计了AIUI工厂语音助手、海尔全系家电语音套件、车载对话系统等产品设计。参与撰写了《智能家电语音交互标准》《声学结构设计及测试标准》《多模态（设备端）人机交互规范》等多项规范标准，其中多项被国标收录。

特色大企业联合创新模式，助力"高端制造业+人工智能"加速转型。当前，人工智能技术快速发展，在教育、医疗等各领域的应用日趋广泛，然而其在工业制造业领域的应用尚不充分，人工智能技术攻关难、人工智能人才资源短缺等是国内大多数企业的痛点和难点，限制了工业制造业企业在新技术应用上的发展空间。高校和科研院所拥有技术、人才、实验室，企业拥有生产能力、市场渠道，团队致力于构建人工智能领域产学研用协同机制，通过产学研合作的开展使得两者形成优势互补，让科研人员参与解决产业实际问题，助力人工智能科技成果快速落地应用。

2019年起，山东省青岛市发起"高端制造业+人工智能"新场景攻势，赋能传统行业转型升级，推动区域人工智能产业和生态发展，团队积极探索人工智能技术落地工业制造业应用场景的新路径，提出了大企业联合创新的产学研合作新模式，携手大企业行业专家与高校人工智能技术专家，从生产制造到产品的深化升级开展全链条的融合创新，联合研发行业领先的标志性前沿技术成果和应用解决方案。

团队联合科大讯飞研究院（AI、大数据、云计算）、各大高校院所的人工智能专家、产业链标杆企业的行业专家组成技术专家团队，通过走进工业制造业企业工厂车间，现场听取企业业务专家、技术工人提出的痛点问题，现场解答技术难题或提出初步解决路径，用系统化思维，为企业提供行业专家经验，为企业智能化升级提供整体规划咨询。针对高价值的企业应用场景需求，联合企业与高校共同成立联合创新中心，高校提供人工智能技术，企业提供行业专家与行业数据，共同研发前沿的技术方案，并在企业落地验证，解决实际应用问题。同时，借助众多联合创新中心建立高校研究生联合培养基地，为高校研究生提供充分的项目实习机会，综合提升人工智能领域学生解决实际问题的能力，更加符合企业的实际人才需求。

大企业联合创新中心专家组实地走访调研企业

在大企业联合创新产学研合作模式下，企业在人工智能领域的现实需求、实际问题得到了解决，技术支持和项目得以落地实施；高校院所的前沿技术实现了成果转化与价值兑现；高校人才在项目中得到了提高与成长；企业与人工智能专业的学生得以互相了解，为就业及招聘简历搭建桥梁，总体实现了产学研合作多赢的新局面。

入企"问诊"，挖掘应用场景。团队全面梳理青岛市近 500 家规模以上制造业企业，整合科大讯飞核心技术专家与高校院所的技术专家组成 12 人团队，走访重点行业领军工业企业 70 余家，进行人工智能应用场景咨询与诊断，梳理行业应用场景需求 300 余个，与海尔智家、赛轮、澳柯玛、一汽解放等龙头企业战略共建智能家居、橡胶轮胎、家电、汽车等 16 个行业级大企业联合创新中心。

共克难题，构建联合研发能力。团队通过联合国家智能语音创新中心和中国科技大学大数据学院共建工业数据智能应用联合创新中心，邀请国内顶尖的智能传感、人机交互、风力发电、机器视觉等方向专家教授参与联合创新，围绕 AI+ 工业的设备智能运维、智能质检、工业语音交互、智能服务、智能排产 5 大应用方向，共同开展科技成果转化和场景应用研发。与中国石油大学（华东）在工业智能化软件、油田数字化建设、石油设备预测性维护等方向展开科研合作，共同申报青岛西海岸创新中心、青岛市第一批场景应用实验室等平台项目；与山东科技大学签订战略合作协议，成立工业智联网研究院，与宋振骐院士团队就设备预测性维护在矿山开采设备的应用展开技术合作，探索通过螺杆振动信号分析岩层性质新方向；与中国海洋大学薛宇教授（中央组织部"千人计划"专家）就风力发电机故障检测开展合作，双方筹建风力发电机器听觉实验室，共同探索通过风力发电机叶轮转动的声音预测故障信息的新方向等。

目前产学研联合创新中的 10 余个课题已研发完成，相关项目已经落地实施或正在推进，其中澳柯玛智能客服、一汽解放智能排产、台玻设备运维、赛轮橡胶设备声纹库、山东矿机潍坊港口皮带机预测性维护、西海岸新区陡崖子水厂泵设备预测性维护等重点示范项目已落地验证成效，目前正在全力推进声纹质检、工业语音交互、风力发电机故障检测等方面的联合研发项目。截至目前，已形成了工业设备预测性维护、工业产品声纹质量检测、生产计划排程、园区级智能物流仓储、智能工厂管理平台等综合解决方案 16 个，获得国家发明专利 3 个，软件著作权 2 个，联合开发的关键设备预测性维护系统已开始复制推广。

推进校企合作产教融合，助力复合型技术人才培养

建设高校实训、场景教学基地。与中国石油大学（华东）签订校级产学研合作协议，共建省级研究生联合培养基地、省级产业学院，累计联合培养人工智能相关专业研究生 34 人；与中国石油大学石油工程学院共建人工智能特色班，共同开发人工智能企业实习实训课程并组织现场考察人工智能场景；与哈尔滨工程大学签订校企合作战略协议，共同打造高校实训基地，联合讯飞研究院为哈尔滨工程大学青岛创新发展中心水下声学本科专业定制暑假智能语音 7 天实训课程；与中国海洋大学自动化专业定制"智能语音认识与行业应用现状"课程，帮助学生快速建立智能语音认知；接待青岛理工大学、山东科技大学、中国石油大学等本科生 20 余场，1200 多人，帮助其建立对人工智能的总体认知与理解；建立中国石油大学大学生志愿者服务基地，为大学生搭建参与科普传播的平台。与英国南安普顿大学 CORMSIS 中心共同开展毕业生实习项目，累计完成 6 个课题，其中 9 名参与硕士研究生以优异的成绩毕业；建立留学生实习实训中心，为疫情期间滞留国内的留学生提供实习岗位，累计 16 名留学生在中心完成实习工作。

以市场为需求，以技术为导向，开展联合创新技术攻关

团队与赛轮集团、台玻集团、山东矿机等企业积极开展联合创新工作，通过多轮现场调研与技术交流，发现工业现场中电机、减速机、风机、泵等大型设备的运维有智能化升级的场景需求，发现当前的主要问题，一是大型设备的非计划故障停机会导致停产进而引发高额经济损失；二是临时设备维修及备品备件会带来高额的资金占用成本；三是人员巡检难度大、危险系数高、压力大。

现场调研中发现，负责设备运维的老师傅经常通过设备声音、用手摸设备感受温

度与振动的方式判断设备健康情况。受此启发，团队联合各方技术资源，提出通过采集设备振动及声纹数据，用人工智能诊断算法进行分析，预测设备的运作情况并给出维护建议。为解决人工智能核心算法和专业领域的设备机理模型与模拟数据的需求，团队与中国石油大学在油田领域建立抽油机设备的创新团队，与山东科技大学宋振骐院士团队就智慧煤矿领域掘进机、采煤机设备展开合作，与中国海洋大学对海上风电领域风机叶轮的维护展开合作。经过一年多的联合创新，针对能源、电力、橡胶、钢铁、化工等行业大型工业设备的智能声纹综合诊断系统开发完成，故障预测准确率领先于同行业，能够大幅减少计划外停机时长和巡检工作量，精准预测性运维，隐患提前维修，避免了大故障发生，减少了停机产能损失，解决了工业行业设备运维场景的刚需痛点问题。

联合创新研发过程中，人工智能专业的硕士研究生参与16人，申请国家发明专利4个，软件著作权2个。系统已经开始推广应用于港口皮带输送机电机机组、玻璃行业关键生产设备、自来水厂泵类设备，大幅减少计划外停机时长和巡检工作量，精准预测性运维，隐患提前维修，避免大故障发生，充分保障连续生产，为使用企业带来巨大的经济价值。

青岛西海岸公用事业集团水务有限公司的供水范围涵盖东西部城区的多个区域，服务数十万用户。其中水泵机组是关键工业设备之一，一旦因故障发生计划外停机，将直接影响到市民用水，损失巨大。以往依赖人工经验对设备进行监测，报警时已是故障晚期，且维护成本高。通过智能传感器实时采集机器运行时的声振温数据，借助先进机理算法与AI算法融合建模，从而精准预测机器健康状态，在故障发生前预警隐患，对重大故障的预警识别率达95%以上。从目前运行情况看，这套系统可减少关键水泵计划外停机时间约45%，让机器总体运维成本降低30%，生产效率提升25%，有效地保障了市政供水设备的不停机运行。该案例被人民日报以《科大讯飞助力数字化转型，为建设"数字中国"贡献力量》为题进行专题宣传报道。

智能声纹综合诊断系统创新应用于山东矿机皮带输送机大型机组的故障预测，大幅减少计划外停机时长和巡检工作量，精准预测故障隐患，在故障前期提前保养维修，避免大故障发生，为用户带来巨大的经济价值。

与台玻青岛公司战略共建的"玻璃行业智能制造联合创新中心"，在玻璃行业率先应用了压缩机、泵机的人工智能预测性维护系统，在使用的一年期间，智能声纹综合诊断系统已准确预警5次，根据高报提示更换易损件2次，成功地避免了小故障劣化导致的大故障停机和维修。减少计划外故障停机时长的同时降低了50%的人工点巡检工作量，为保障玻璃窑炉不停机生产、少人化运维带来了直接的经济效益。

人工智能技术中的图像识别在工业制造业领域的应用最早，在团队与青岛的工业制造业企业交流的过程中，采集了大量的图像识别与视觉测量需求。如台玻集团玻璃生产完成切割下线前，要人工变换角度检查玻璃有无杂质、有无色差，赛轮轮胎生产下线要人工检测有无缺料色差，出口中东的轮胎阿拉伯文标签容易出现印刷错误，五菱汽车冲压件要进行划痕检测，大型汽车纵梁的冲孔数量需要人工挨个检查，团队联合中国石油大学（华东）控制科学与工程学院成立视觉质检联合创新团队，对钢铁表面划痕、印刷物质量检测、大尺寸产品的视觉质检等方面展开技术研究。项目实施两年间，累计培养硕士研究生15人，申请国家发明专利6项。

结　语

作为新一轮科技革命和产业变革的核心驱动力，人工智能势必成为未来经济增长的关键推动力，对全球经济发展、社会进步、生活方式产生重要影响。方明院士团队将坚定不移地贯彻国家新一代人工智能发展规划，深入落实人工智能与实体经济深度融合决策部署，推动产学研协同创新，不断提升科技创新能力，打造人工智能产业新生态、新模式，为我国数字经济高质量发展贡献力量。

减少出生缺陷　助力健康中国
——深圳华大基因科技有限公司尹烨科技创新团队

　　近年来，高龄产妇明显增加，多因素的影响导致出生缺陷发生率呈总体上升趋势，出生缺陷已经成为重大公共卫生问题之一，更是影响人口质量的重要风险因素。在孕前、孕期到产后的出生缺陷综合防控三级体系中，做好产前筛查是阻断出生缺陷疾病的有效手段之一。随着基因组测序的发展，无创产前检测（NIPT）的应用无疑开辟了产前筛查的新纪元。NIPT具有高灵敏度和特异性，安全高效的筛查有效降低了出生缺陷，对出生人口质量的提高有着重要意义。深圳华大基因科技有限公司尹烨科技创新团队（以下简称团队）依托自主的DNBSEQTM核心技术，与多中心合作，率先进行无创产前检测技术的研发、转化应用研究，于2014年推出由中国国家药监局审批的首个无创产前基因检测产品NIFTY®，于2018年在国内率先推出单基因病无创产前筛查检测。10年来，尹烨团队积极推动基于国产化测序仪平台的无创产前检测产品的开发和应用推广，开启了量产临床级别国产测序仪和大规模开展普惠精准民生项目的新篇章，为全球出生缺陷防控做出突出贡献，具有重大的临床意义和社会价值。

团队和带头人简介

团队聚集了众多在医学、基因组学、生物信息等领域具有多年研究和实践经验的多学科交叉人才，员工专业背景包括生物学、医学、数学、物理、计算机和信息学等领域。团队具备深厚的学术背景、临床经验和工程思维，成功打造了自主可控的技术平台，通过民生项目等创新模式，以普惠价格让民众便捷地享受到领先的基因技术成果。

在国内，尹烨博士团队以"健康中国"和"精准脱贫"等政策为指引，于深圳、长沙、河北等70余个地市通过政府主导的公共卫生服务形式将NIPT应用于临床，实现基因技术普惠于民，卫生经济学的成本效益比可达1∶11，节约了大量社会成本。10年来，无创产前基因检测项目的应用大幅提高了我国产前筛查能力，显著降低了我国唐氏综合征患儿的活产率，为我国出生缺陷防控做出突出贡献，具有显著的临床意义和社会价值。

在全球，截至2024年1月，团队所开展的无创产前基因检测项目已覆盖全球60多个国家和地区，与超过2000家医疗机构开展项目合作，累计完成超过1470万例检测，产业收入超过100亿元，并衍生至NIPT应用领域的上下游产业端，形成了百亿级的产业规模效应，具有重大经济效益，真正实现研究发现、产品研制和推广应用的产学研一体化发展。

华大集团首席执行官尹烨博士

团队带头人尹烨，哥本哈根大学生物工程博士，基因组学研究员，大连理工大学兼职教授，现任华大集团首席执行官、华大基因副董事长。同时，尹烨博士还是第三届中国人类遗传资源管理专家组成员、中国计量测试学会生物计量专业委员会委员、中国抗癌协会肿瘤科普防治专业委员会常务委员、第四批国家"万人计划"科技创业领军人才、"南粤创新奖"获得者。

先行先试，率先突破

在 NIPT 诞生之前，唐氏综合征的筛查（简称唐筛）一直采用血清学生化筛查及影像学检查来完成，并需要辅以侵入性的诊断手段才能对筛查结果阳性的患者进行确诊。血清学筛查的灵敏度和特异性有限，检出率只有 60% 左右，甚至有时在七八个 21 三体高风险中只有一个真正的唐氏儿。在这样的数据下，亟需一个高灵敏度的新技术出现来提升检出率。尹烨博士团队积极与多个临床中心合作开展无创产前检测技术的研发、转化应用研究，有效推动了新型产前检测技术在临床的应用。

相比传统的血清学唐筛，NIPT 的好处首先是安全，只要采集孕妇 5 毫升的外周血就可以检测。对于羊水穿刺有顾虑的孕妇，或是有先兆流产、出血倾向等禁忌症的孕妇，NIPT 的出现无疑成为一个更优、更安全的方案。2012 年，团队发表了基于全国 49 个医疗机构的万人以上的 NIPT 临床检测数据文章，阐释了 NIPT 在临床应用中对染色体 21 和 18- 三体综合征的检测数据优异（灵敏度达到 100%，特异度达到 99.96%），这表明 NIPT 技术在临床应用中有效解决了原有血清学产前筛查灵敏度和特异度低、假阳性率及假阴性率高的问题，可以降低假阴性患儿的活产风险，并且大幅降低了（约 98%）创伤性的产前诊断（羊水穿刺等）引起的胎儿感染和流产风险等一系列问题。

坚守造福，直面挑战

随着 NIPT 在产前诊断领域逐渐崭露头角，临床应用越来越广泛的同时也迎来了新的转折点。医生、受检者认知度提升带来的最显著的变化是与华大合作的医疗机构越来越多。到 2013 年，已经有超过上百家医院与华大签署了合作协议。然而，市场铺开后 NIPT 并未被广泛接受，相反，由于媒体的误解，这项技术再次遭到了质疑。2014 年，NIPT 正开展得如火如荼时，国家食品药品监督管理总局等部门叫停了基因测序相关产品和技术在临床医学上的使用，NIPT 在临床的应用也受到了巨大的影响。尹烨博士立即组织团队联合国内 20 家产前诊断机构，开始按照新规要求进行医疗器械许可证资质的申报。在国家药监局的指导下，各医疗机构对华大再次进行临床试验给予了大力支持。2014 年 6 月，团队推出了由国家药监局审批的首个无创产前基因检测产品 NIFTY®，成为国内首个获批的"第二代基因测序诊断产品"。随着这一技术在世界范围的广泛应用，其可靠性也得到进一步的验证，美国医学遗传学和基因组学学院（ACMG）也推荐将 NIPT 用于常规孕妇的产前筛查。

2016年华大基因启动"千万家庭远离遗传出生缺陷"计划新闻发布会

工具自主，提速降费

随着基因测序技术的发展和应用，各种各样的精准医疗需求纷至沓来，但带来了"用不起""用不上"的问题。"精准医学不能是精英医学，不能把一个好的科技做得让大家都用不起。如果生命科学的发展是让生命不平等，那么宁愿不去做，医学也要回归到公益性。"尹烨说。

因核心工具"受制于人"，华大基因科技有限公司（以下简称华大基因）的 NIPT 项目成本优化及技术迭代升级曾一度受限。为解决这一"卡脖子"问题，2013 年，尹烨博士与团队成功收购美国完整基因组公司（以下简称 CG），从零起步，对 CG 原有测序仪技术进行吸收与再创新，开启测序仪国产化研发之路。此后 10 年，由华大基因研发生产、拥有完全自主知识产权的多款国产基因测序仪与配套试剂耗材陆续上市，一举突破技术壁垒，提速降费，实现了我国在无创产前检测乃至高端生命健康仪器领域的国产化突破。

2015 年，贝勒医学院和香港中文大学作为第三方独立研究对全球胎儿染色体非整倍体无创基因筛查技术进行测评，其中包括美国生物科技创业公司（Ariosa Diagnostics）、华大基因、Natera、Sequenom 和因美纳（Illumina）等检测技术平台。数据显示华大基因的各项指标均优于其他同类技术，全球表现最佳。同年，医学期刊《新英格兰杂志》（The New England Journal of Medicine）"Cell-free DNA Analysis for Noninvasive Examination of Trisomy"的数据显示，胎儿染色体非整倍体无创基因筛查技术在普通人群中对染色体 21-三体、18-三体、13-三体的筛查表现，在灵敏度、特异度、阳性预测值、阴性预测值、假阳性率、假阴性率等指标上均显著优于传统血清学唐氏筛查方法。随着该技术筛查的普及率逐步提高，检测价格再创新低，该技术筛查替代传统产前筛查逐渐接近可能。其中对于21-三体综合征的检测，该技术的灵敏度和特异度均超过99%，显著优于传统的血清学筛查（灵敏度约78%，特异度约94%），从而证明了国产化平台的实力，也为NIPT"人人可及"和"天下无唐"愿景的实现奠定了更坚实的基础。

普惠精准，人人可及

深圳是全球第一个推广NIPT的城市。数年前，当美国的妈妈需要花费1000美元才能享受到这项服务时，深圳的妈妈只需要支付455元就可以享受无创产前基因检测。深圳市已率先实现了千万级人口城市有效控制以唐氏综合征为代表的胎儿染色体异常。河北省是率先采用NIPT进行免费产前筛查的省份，初步实现了对超过7000万人口区域的染色体三体类出生缺陷的防控。截至2024年5月，河北省已为191万人次孕妇提供无创产前基因检测服务，全省建档立卡孕妇实现产前基因免费筛查全覆盖、应筛尽筛。

NIPT的应用已大幅提高我国产前筛查能力，显著降低我国唐氏综合征患儿的活产率，为我国出生缺陷防控做出突出贡献，具有重大的临床意义和社会价值。根据湖南大学公共管理学院最新调研数据结果显示，唐氏综合征患者例均生命周期产生的社会经济负担高达499万元，由于NIPT的应用，避免了潜在的（唐氏儿综合征病例的发生可能造成的）社会经济损失超过1571亿元。

全球推广，造福九州

团队积极推动NIPT的国际临床应用，在丹麦、英国、澳大利亚、俄罗斯、泰国等15个国家和地区建立独资或联合实验室，完成无创产前检测技术转移，实现在当地的本地化交付。2017年，团队的"胎儿染色体非整倍体检测试剂盒"产品取得欧盟CE认证，2021—2022年相继取得沙特、印度注册认证。部分专利同时获得美国、日本、韩国、俄罗斯、澳大利亚、加拿大、新加坡及欧洲专利授权，进一步提升了项目成果的产品在国际的核心竞争力，向全球同行展示中国在出生缺陷防控体系建设与应用方面做出的努力与贡献。

"五同步"助力高质量发展

尹烨博士创新性地提出科学、技术、知识产权、标准、质量"五同步"发展模式，有效推动以科学发现带动技术发明，以技术发明带动产业发展，再通过早期的专利、标准、资质部署，确保项目在全球应用推广。在该项目开展过程中，团队共计发表该领域研究论文92篇，其中SCI论文71篇，总影响因子381.9，其中《细胞》（Cell）1篇，影响因子64.5；代表性论文19篇，先后获得"深圳市科技进步奖"二等奖、"2021'科创中国'榜单先导技术奖""经济观察报2023年度卓越创新产品奖"；计算机软件著作24项；授权发明专利106项；连续主办基因组学国际会议18次；牵头或参与标准研制3项，协助国家卫生计生委起草了《国家卫生计生委办公厅关于规范有序开展孕妇外周血胎儿游离DNA产前筛查与诊断工作的通知》的临床指南和操作规范。同时，为响应国家出台的《"健康中国2030"规划纲要》和广东省卫健委发布的《省卫生健康委贯彻2021—2030年广东省妇女儿童发展规划实施方案》号召，团队以各种形式开展遗传咨询相关人员培训工作，每年培训5千余人次，并与中国出生缺陷监测中心和全国妇幼卫生监测办公室合作，建立"出生缺陷咨询工作站"（优生智库），为医生及时提供最新的出生缺陷风险咨询信息，实时获取最新资讯，实现一站式智慧智能服务，覆盖全国所有省份，从而极大地推动了我国产前筛查方法的进步，促进了我国基因组学在医学的发展，为我国在此领域的领先地位奠定了坚实的基础。

校企合作、协同育人

华大教育中心与武汉大学、华中科技大学、东南大学等近30所高校签署联合培养协议，合作培养基础科研创新人才。与哥本哈根大学、新加坡国立大学、南洋理工大学、丹麦技术大学、奥尔胡斯大学、香港中文大学、香港城市大学、哈佛大学等多所境外高校开展硕博研究生联合培养、交换交流等项目合作，为行业发展培育跨学科的产学研贯穿人才。目前，累计招收培养学生2670人，本科联培班学生1173人，与境内高校联合培养硕博研究生1281人，硕士872人、博士409人；与境外知名高校联合培养硕博研究生216人，硕士83人、博士133人。联合培养学生主导及参与发表SCI文章1000多篇，其中GCNNs系列文章400多篇（第一作者或并列第一作者的文章有90多篇），主导及参与申请发明专利600多项，主导及参与软件著作权200多项。

推动科普、提升认知

团队积极承担起了科普社会责任，以研究热点和民众日常需求关切为切入点，创作出一系列贴近生活的科普内容。尹烨博士"天方烨谈"系列音视频科普节目和《生命密码》系列科普读物，以独具特色的创作手法和通俗易懂的语言，解读技术发展史，讲解科学基础知识，介绍最新的研究进展，使深奥的概念变得通俗易懂，提高人民群众的科学认知。尹烨博士多次应邀在各类大讲堂开展科普主题讲座，介绍产业前沿进展和发展机遇，为制定行业规划政策提供参考，促进产业发展。尹烨博士撰写的《生命密码：你的第一本基因科普书》《生命密码2：人人都关心的基因科普》《生命密码3：瘟疫传》《你一定想不到：趣解生命密码系列（全四册）》等科普书籍，广受大众喜欢，累计发行55万册。团队自2015年3月开始在"尹哥聊基因"微信公众号撰写并发布科普文章，已发表文章2059篇，累计阅读量超过1240万次；以"天方烨谈"系列为代表的生命科学科普音视频内容先后在11个平台上发布，总播放量超9亿次，总粉丝数超574万人。

结　语

华大基因在业界率先研发推广的无创产前基因检测可以以更加简便的方式，大幅降低新生儿出生缺陷风险。尹烨博士说，他们最有成就感的是在于将这个项目的价格做到了大约只有发达国家的几分之一，让过去的"王谢堂前燕"，如今很容易地飞进寻常百姓家，人人可及，有望实现天下无"唐"的理想。

打造"国之大材"
构建多功能复合材料创新基石
——沈阳航空航天大学卢少微科技创新团队

复合材料因其轻质、高强等特点，被广泛应用于航空航天飞行器、汽车、导弹、舰船、风电叶片等军民用重大装备结构领域。然而复合材料存在导电性差、电磁波透射、易燃烧及破坏形式复杂等不足，无法满足现代重大装备服役的功能性需求。沈阳航空航天大学多功能航空航天复合材料创新团队聚焦提高复合材料零部件的尺寸精度，围绕碳纳米管、石墨烯等纳米材料在树脂基复合材料成型过程中出现易团聚、难以分散的技术难题，攻克了多功能碳纳米纸复合材料、基于石墨烯三维网络的多功能热塑性复合材料、含石墨烯界面过渡层的双马纳米复合材料三个关键技术攻关，成功应用于电动飞行器、型号缩比验证机、汽车、复合材料储氢气瓶、风机叶片、储能电池电极等领域，为我国军民用飞行器复合材料发展提供了材料基础，对提高未来复合材料零部件的服役安全性做出重要贡献。

团队和带头人简介

沈阳航空航天大学卢少微科技创新团队（以下简称团队），以国家级人才卢少微教授为学术带头人、中青年科技骨干为主体，团队现有教授、副教授、讲师等50余人。团队坚持以多功能材料产学研一体化建设为导向，紧密围绕航空航天复合材料与器件，重点开展多功能纳米复合材料研发及工程化、复合材料结构健康监测工程应用、航空复合材料构件制造技术等领域的研究。团队以辽宁省先进复合材料重点实验室、辽宁省航空结构健康监测工程创新中心、沈阳市先进碳材料产业技术研究院为平台，依托航空宇航科学与技术、材料科学与工程、机械工程等学科开展科学研究和研究生培养工作。团队秉承科技赋能理念，主持完成军委科技委国防创新特区、国家基金、国防基础科研、工业和信息化部民机专项、辽宁省揭榜挂帅、沈阳市揭榜挂帅等项目40余项，荣获"辽宁省科技进步奖"一等奖2项，"中国产学研合作创新成果奖"一等奖1项，"中国产学研合作创新奖"个人奖1项，"中国航空学会科学技术奖"1项。

团队带头人卢少微教授，1973年5月出生，博士生导师。现任沈阳航空航天大学材料科学与工程学院院长，学校"材料科学与工程"一级学科学术带头人、"航空宇航科学与技术"一级学科学术带头人、"航空宇航制造"国防特色学科学术带头人，校学术委员会委员；辽宁省航空结构健康监测工程创新中心主任；辽宁省五一劳动奖章获得者。先后入选"百千万人才工程"国家级人选、国家有突出贡献的中青年专家、国务院政府特殊津贴专家、辽宁省优秀专家、辽宁省特聘教授、辽宁省"百千万人才工程"百人层次、全国石油化工优秀科技工作者、辽宁省优秀科技工作者、辽宁省高等学校优秀人才、沈阳市杰出人才等荣誉称号。

卢少微教授

兼任辽宁省政府材料学科评议组委员、辽宁省政府材料类教学指导委员会委员、中国复合材料学会教育培训委员会委员、中国复合材料学会智能复合材料委员会委员、辽宁省军民融合产业联盟理事、辽宁省航空宇航协会工艺技术委员会副主任委员、新能源通用飞机国家工程中心学术委员。现担任国家科技奖励评审专家，教育部、广东省、山东省、辽宁省、河北省、河南省、吉林省科技奖励评审专家；军委科技委载人航天项目评审专家、广东省、河南省、辽宁省科学计划项目评审专家、国家自然科学基金评审专家；辽宁省高层次人才会议评审专家、沈阳市高层次人才评审专家。国际 SCI（科学引文索引）期刊 *Frontiers in Materials* 副主编、《航空材料学报》编委，*Small*、*Carbon*、《复合材料学报》等 20 余个国际期刊特约审稿人。

面向航空产业，创新复合材料智能制造和健康监测技术

在"十四五"规划中，创新和关键核心技术自主可控被提升到新的高度，先进复合材料的国产化势在必行。其中，复合材料零部件的智能制造成为攻克新能源飞行器绿色低碳航空关键技术之一。在杨凤田院士的指导下，团队开展树脂/纤维种类、铺层设计、模具形状/模具材料、固化工艺参数（升温速度/时间）的优化，使得碳纤维复合材料变形率下降 22%，缺陷率下降 24%，大大提高了复合材料制造质量，降低了生产成本和设计周期。研究成果应用于锐翔系列电动通用飞机机身、机翼、尾翼、起落架、飞机整流罩等机体结构的碳纤维复合材料，很好地防止了部件带应力装配引起的损伤问题，确保了复合材料部件的高尺寸精度。研发的锐翔电动飞机是世界上第一架取得适航认证的电动飞机，于 2015 年 12 月取得了中国民航局颁发的生产许可证（PC），同时也是第一架商业应用电动飞机，达到了国际领先水平，形成设计、制造、试飞、适航取证及应用体系。该成果荣获 2019 年度"辽宁省科技进步奖"一等奖。

在国产无人机/变体飞机验证机制造及飞行健康监测验证领域，团队研发了基于喷射、印刷和打印工艺的碳纳米纸、石墨烯、MXene 等系列微纳米传感器；基于微纳传感器固化监测理论解决了碳纳米纸复合材料微－纳界面控制及一体化成型难题，揭示了复合材料树脂相态变化与微纳米传感器传感关联机制，发明了复合材料固化过程物性参数实时监测的方法，建立了复合材料构件静动态力学行为、特殊环境服役行为的碳微纳传感器监测基础理论，并成功应用于复合材料结构健康监测。此成果荣获 2017 年度"辽宁省科技进步奖"一等奖。团队研究成果应用于沈阳飞机设计研究所、航天十一院、中国商飞等院所的多型号缩比验证机、飞翼缩比验证机、垂直起降无人机、某无人直升机等 20 余个缩比型号飞机的复合材料设计与制造，大大提高了无人机缩比试飞验证机的制造与装配精度，降低了生产成本和设计周期，同时为无人机设计与制造提供了技术储备。

破解国际性难题，实现复合材料多功能化

碳纳米管、石墨烯等纳米碳材料具有导电、热、电磁及传感特性，被世界各国应用于功能复合材料领域，但其在树脂内的分散是制约其功能性实现的国际性难题，同

时，复合材料的多功能化也是国外严密封锁的关键技术。团队通过独创性地设计开发纳米材料分散的多级拓扑结构高能剪切头，利用机械融合和分散剂辅助联合技术实现碳纳米材料在水溶液中单分散，攻克和掌握了石墨烯/碳纳米管多功能复合材料设计、制备理论基础及核心关键技术，突破了国外的技术封锁，此成果荣获 2020 年度"中国产学研合作创新成果"一等奖。

在石墨烯双马纳米复合材料界面设计及制备领域，团队首次采用马来酸酐对氧化石墨烯进行表面修饰，实现树脂基体中功能化氧化石墨烯良好分散，通过分散纳米组元和树脂基体间强界面作用，显著改善双马树脂固化物脆性大难题，获得强韧性高耐热性树脂基体（树脂冲击强度提高 77.3%）。将石墨烯以化学接枝方式键接到碳纤维表面，构建含石墨烯过渡界面层，有效改善了碳纤维和树脂基体匹配性，复合材料界面黏结强度提高 52.5%。建立碳纤维/BMI 复合材料热固耦合模型，阐明了残余热应力分布规律和演变机制，为复合材料力学性能和服役剩余寿命评估提供理论支撑。

在多功能碳纳米纸复合材料设计制造一体化领域，团队在国际上最先实现了集隐身、电磁屏蔽、阻燃、防雷击及自感知于一体的多功能碳纳米纸复合材料可控制备。自主研发了多通道喷射吸滤碳纳米纸连续成型装置，完成隐身碳纳米纸、电磁屏蔽碳纳米纸、阻燃碳纳米纸功能性设计及可控制备；实现了一体化复合材料结构的多功能性设计制备；建立了基于分型理论的碳纳米纸综合性能评价体系，完成多功能性评价及工程应用验证。团队设计制备的 Fe_3O_4 纳米粒子接枝碳纳米管隐身薄膜、纳米铁/Fe_3O_4 夹层隐身碳纳米纸、高电磁屏蔽碳纳米纸等复合材料在国内外已有文献中性能最优，被美国、英国等国学者引用。该成果荣获 2022 年度"辽宁省科技进步奖"二等奖。

科技赋能，推动复合材料产学研深度融合

团队在卢少微教授的带领下，紧密围绕航空航天复合材料与器件，重点开展多功能纳米复合材料研发及工程化、复合材料结构健康监测工程应用、航空复合材料构件制造技术等领域的研究，形成了众多的技术成果和经济社会效益，在国内外达到先进水平，实现了工业化生产和应用，推动了产学研的深度融合。

在杨凤田院士的指导下，团队依托工业和信息化部民机专项重大项目、国家"863 计划"及辽宁省重大科技攻关等重大项目，参与锐翔双座电动飞机、锐翔增程电动飞机、锐翔四座电动飞机、锐翔水上电动飞机等型号研制工作。以孙聪、王俊、李椿萱、冯培德等四位院士组成的鉴定专家组给出鉴定意见：该成果处于国内领先，世界先进水平，绿色环保，发展潜力大。锐翔系列电动飞机先后与深圳沃特玛新能源

产业联盟、北京欣奕华通用飞机有限公司等签订意向销售协议，目前已经获得了 148 架订单，交付 14 架，总价值 1.48 亿元，总计飞行 2550 小时。该成果保证了中国在世界新能源通用飞机领域的领先地位，创建了自主知识产权民族品牌，在我国航空工业领域建立电动飞机方向，在国际上赢得高度赞誉。

锐翔系列电动飞机复合材料机体结构模具

团队在国际上首次提出利用多传感器（纳米/光纤光栅）实现复合材料制造加工过程监测及缺陷抑制的创新方法，该成果成功应用于沈阳飞机研究所、辽宁通航研究院、苏州富丽达汽车有限公司等 20 个型号飞机、24 个型号汽车 220 种复合材料部件制造领域，降低了复合材料产品废品率，减少了复合材料生产中有害气体和化学物质的排放及不合格产品中环境污染物（如塑料等）的产生，提高了产品的可靠性和安全性，避免了突发性、灾难性事故的发生，产生了显著的经济和社会效益。

中国首架自主知识产权电动飞机——RX1E 锐翔双座电动轻型飞机

研制兼具结构承载功能及导电、隐身、电磁兼容、阻燃和自感知多功能于一体的多功能碳纳米复合材料，可以为我国军民用飞行器复合材料发展提供材料基础，对于提高未来重大复合材料构件的服役安全性具有重要的学术意义。团队依托国防基础科研、国防创新特区项目、辽宁省科技重大项目等项目，设计研发了新一代集隐身、电磁屏蔽、阻燃及传感多功能于一体的碳纳米复合材料，并将其成功应用于辽宁通用航空研究院、沈阳斯林达安科新技术有限公司、沈阳吉地安风电科技有限公司、苏州富丽达汽车配件有限公司等型号电动飞机、无人机的飞机壁板、复合材料压力容器、风机叶片和汽车等系列产品，累计新增产值 2.423 亿元，新增利润 3881.1 万元。

在全球大力发展绿色新能源的背景下，储能电池毡的用量需求旺盛。然而，目前国内储能电池制造企业使用的液流电池电极材料主要依赖进口。高性能碳毡电极材料的研制开发已成为制约液流电池效能的"卡脖子"难题。在卢少微教授的带领下，团队与沈阳富莱碳纤维有限公司开展产学研合作，共建沈阳市先进碳材料产业技术研究院、航空宇航学会服务站、碳材料产学研联盟等产学研载体，研发了独创的聚丙烯腈原丝改性技术，兼顾了石墨毡的液流通过性及足够充分的正负电子交换能力，全面提高了液流电池的综合性能，这对实现节能减排目标具有重大意义。2022 年，团队研发的新型碳纤维毡在富莱公司产品生产线成功转化，实现了高质量碳毡电极材料的国产化、规模化生产及应用，降低储能装置制造成本 30%，相应延长储能电站的使用寿命，两年内预计可以为沈阳富莱年新增产值 2 亿元。国务院和省市主要领导先后到公司生产线进行调研，并对该技术和碳纤维产品给予高度评价。

结　语

加强科技赋能，开展深入产学研合作是深入贯彻加快实施创新驱动发展战略，加快实现高水平科技自立自强，以国家战略需求为导向，集聚力量进行原创性、引领性科技攻关，坚决打赢关键核心技术攻坚战的重要要求。卢少微教授及其带领的多功能航空航天复合材料创新团队将进一步落实着眼于复合材料全球化的需求，加快创新步伐，在科技创新方面发挥示范引领作用，为把握新时代科技创新的要求，推动产学研深度融合，建设新时代科技创新体系，增进我国复合材料领域的自主研发、应用和生产能力与水平贡献力量。

数字化、网络化、智能化并行推进赋能机器人与数字智造高质量发展

——中国科学院深圳先进技术研究院冯伟科技创新团队

制造业是国家经济命脉所系。我国已经成为名副其实的世界制造大国，但还不是制造强国。智能制造是我国推进制造强国的发展方向，采取数字化、网络化和智能化"并行推进、融合发展"是推动我国制造业高质量发展和成为制造强国的技术方针。

近10年来，中国科学院深圳先进技术研究院冯伟科技创新团队（中国科学院深圳先进技术研究院机器人与数字智造创新团队）（以下简称团队）始终秉承"制造强国"初心，步履铿锵，探索构建产学研深度协同新模式，科技服务产业不断取得新成效，助力推动我国制造业的数字化和智能化转型升级，赋能制造业高质量发展。

团队和带头人简介

团队以冯伟研究员为带头人，依托中国科学院国家战略科技力量的平台优势，借助粤港澳大湾区的区位优势和深圳高度市场化的创新创业环境，围绕机器人与数字智造领域，汇聚了一支100余人的高水平创新创业团队，其中发达国家工程院院士1人，国家/中国科学院及地方高层次人才15人，培养了一批国内优秀青年中坚力量，形成了一支国际化的高质量科研梯队。团队建设了面向智能制造领域的创新成果产业化公共服务平台、广东省机器人与智慧建造国际联合研究中心、广东省建筑机器人与

智慧建造重点实验室、广东省柔性工业机器人及智能装备工厂技术研究中心等7个国家和省部级创新平台,与行业龙头企业共建了4个协同创新联合体。

冯伟研究员

团队带头人冯伟,1980年出生,博士,博士生导师,享受国务院政府特殊津贴专家。2006年其毕业于华中科技大学获工学博士学位,同年加入中国科学院深圳先进技术研究院,全过程参与了深圳先进院和深圳理工大学的建设发展。他带领团队秉承"制造强国"初心,以科技创新为主线构建了多链融合的创新生态,探索了产学研深度协同的新模式,在产学研合作领域进行了卓有成效的生动实践。

围绕智能制造和智慧建造等行业的重大应用需求,团队齐心协力不断开拓创新,承担了国家自然重点专项、国家重点研发计划、广东省珠江人才计划创新创业团队等20多项国家和省部级项目,发表各类高水平论文190余篇,申请专利270余件,获得"国家科学技术进步奖二等奖""中国产学研合作创新成果一等奖""中国机械工业科技二等奖""广东省科学技术进步奖一等奖""广东省专利奖""深圳市科技进步一等奖"等20多项国家及省部级奖励和行业学会奖励20余项。团队在工业机器人、建筑机器人、模塑工业互联网生产管控云平台和数字化检测等方面开发了10余台(套)数字化和智能化装备及系统,共有60多项专利实现转化并孵化多家高新技术企业,成功实现了成果转移转化及产业化应用。

面向经济主战场,以创新为动力助力制造业转型升级

工业机器人是衡量国家科技创新与高端制造水平的重要标志,我国工业机器人销量约占全球市场的40%,到2025年我国市场规模预计达到千亿元,市场前景巨大。但是,我国工业机器人产业目前大而不强,国产伺服驱控系统的高精性能低、智能程度低,存在被"卡脖子"的风险与挑战。团队多年前引进韩国工程院韩彰秀院士和汉阳大学申奎植教授、王卫军博士等,组建广东省创新团队和深圳孔雀团队,在国家及

地方政府的大力支持下，与深圳华数机器人有限公司建立长期深度产学研合作，持之以恒专注核心技术研发，在伺服驱控系统高速高精智能化、驱控一体化智能控制系统等方面实现创新突破，成功研制国际先进水平的工业机器人专用高性能伺服驱控系统，满足了高端工业机器人国产化的配套要求，获得"中国机械工业科学技术奖"和"深圳市科技进步奖"。技术成果成功应用于国内首家3C智能制造示范工厂，助力合作企业成为首家国产自主知识产权工业机器人产品逾千台套批量应用于富士康集团产线的企业，还直接服务了50多家3C等行业规模以上企业，并形成广泛应用，对推动我国高端工业机器人的自主可控发展起到重要作用。

制造业与互联网的深度融合是制造业创新发展的核心关键，工业互联网是制造业效率提升的倍增器。近年来，团队积极响应工业互联网创新发展行动计划的有关精神，针对离散工业互联网推动制造业数字化转型的难点和痛点，以模塑行业为切入点，实现了典型离散工业互联网的落地与应用示范。团队与广东省模具工业协会会长单位深圳群达集团开展产学研协同，孵化1家高新技术企业，聚焦模塑行业网络化、数据化和智能化关键核心技术的研发，成功开发了基于高精度注塑机控制系统的数字化"智能装备"，在不改变注塑机机械系统的情况下，仅升级控制系统即可实现低成本、高精度的智能闭环控制，提升注塑机的控制精度和生产效益，成为注塑企业新旧动能转换的"利器"。该相关技术已成功用于富士康集团的批量设备改造，以高精度注塑机控制系统为核心实现注塑周边设备的集成管控和互联互通，构建基于工业互联网的模塑生产管控系统MES（制造执行系统），实现了注塑生产全过程数据化管理"智能车间"。同时，与OA（办公自动化）、ERP（企业资源计划）、WMS（仓储管理系统）等管理信息化系统联通集成，实现了跨地域跨车间的智能制造企业云平台集成与示范应用"智能工厂"，为行业解决了生产过程中对工艺优化与智能管控的迫切需求，促进行业企业的提质降本增效。团队孵化企业，成为华为云在该行业深度合作的联营合作伙伴，成为广东省上云上平台工业互联网资源池供应商，并获得工业和信息化部高度认可与支持，相关技术和产品已在20多家模塑企业广泛应用。未来，团队将在此基础上，整合模塑行业资源，与华为云继续深度合作，建立以技术服务为中心的模塑产业云平台，实现行业生产要素的交易协同与技术服务，重塑模塑行业新业态。

我国90%的建筑从业者都在从事大量繁重的体力劳动，且建筑行业从业人员多、年龄结构已出现断层，实现建筑施工自动化迫在眉睫。如何用高新技术实现数字化、智能化转型升级是建筑业发展的大势所趋。针对建筑行业发展的迫切需要，团队及时在建筑机器人与智慧建造研究方向布局，着重开展建筑机器人、远程无人作业和智慧工地3个方面的研究，解决了柔性冗余、行为安全、协作智能、群体协同4个方面的挑战，成功开发了仿生六足履带协同玻璃幕墙智能安装机器人、智能远程无人挖掘机、面向金融担保风险评估的智慧工地等智能化装备及系统。在智慧工地方面，采用人工智能手段对工地施工人员行为进行识别和目标跟踪，并对风险做出评估和警示，服务合作企业对建筑公司的担保风险进行评估，在风险评估基础上，通过金融担保方式解决农民工工资直接支付的问题，产生了良好的社会和经济效益。团队相关技术成果除在建筑施工场景中应用外，还获得了应急及救援部门的青睐，用于城市应急救援等危险作业的急需场景，加快推动建筑业和城市应急救援行业的转型升级。

仿生六足履带协同玻璃幕墙智能安装机器人

此外，针对IC产业对半导体工艺内部缺陷检测的迫切需求和高频超声扫描显微镜被国外少数几家企业垄断的"卡脖子"状况，团队开展了基于高频超声IC无损显微检测关键技术研究，实现了无损、精细、高灵敏度地观察其内部及亚表层结构，观察不同深度存在的微米到百微米尺度的结构，并形成了可取代国外设备的系统，目前正在产业化阶段。结合深圳黄金加工产业链的巨大需求，团队与深圳黄金加工龙头企业进行深度产学研合作，布局研发黄金加工生态链技术及装备，开发出用于黄金实时在线回收的智能装备——"黄金ATM机"，将为黄金回收透明化、标准化做出重要贡献。

坚定产学研合作，探索协同创新新模式

团队在坚定产学研合作创新助力制造业转型升级的过程中，不断总结和凝练产学研协同创新的新模式、新机制。在"创新链、产业链、人才链、资金链"多链融合的全链条融通创新背景下，团队持续聚合创新要素，进行价值创造，构建多链融合的创新生态，践行深圳先进院"0-1-10"纵向融通重构和"10-∞"横向跨界整合的科学与产业一体推进的"蝴蝶模式"，探索产学研深度协同创新的新机制。

在创新链上，团队创新管理机制，提升科研和产业化效率效益。建立了科研项目和产业应用一体设计一体部署的"双螺旋"机制，团队所主持的科研项目在立项时就

必须同时进行产业化布局，让科研布局充分瞄准市场需求，让项目成果更宜贴近市场。团队建立了产业导向的考核评价体系，侧重对高质量发明专利、专利转移转化及孵化企业成效、企业横向合作经费等指标的评估，有利于促进科研与产业协调发展，并将成果与转化并重。

在产业链上，团队联合企业成立创新联合体，针对行业共性关键技术进行攻关，赋能产业链，实现创新链、产业链有机结合。团队与富士康集团合作共建广东省制造业创新中心；团队与深圳联合蓝海合作成立协同创新中心，助力其高端电子制造电沉积工艺及装备的研发；团队与深圳群达集团合作成立联合实验室，共同开发面向模塑行业的离散工业互联网平台等系统；团队与深圳华数机器人有限公司联合项目攻关，成功研发国内领先的工业机器人驱控一体控制系统。总之，团队通过成立多种不同形态的企业创新联合体，创新产学研协同的新模式。

在人才链上，团队践行产教融合、科教融汇，创新青年人才培养模式，形成面向产业的卓越工程师队伍。团队与比亚迪、大疆等行业龙头企业建立博士后联合培养机制，产学研协同培养后备科研产业并重的科技骨干；团队与宁波诺丁汉大学、澳门大学、河北工业大学等高校建立博士生联合培养机制，开放性培养高水平青年学术人才；团队将所有研究生的培养均依托和贯穿在国家及地方重要科技项目或企业合作项目实施过程之中，将科学研究能力与工程应用能力并重，培养面向产业的卓越工程师；团队与粤科金融、一创投资等金融企业联合培养从事行业投资策略研究的博士后，为团队科研布局优化和成果转移转化及产业化提供战略支撑。总之，通过不同定位、不同层级的优秀青年人才的联合培养形成科研与产业兼顾的复合型人才链，形成打通创新链、产业链和资金链的人才基础。

在多链融合中，团队构建开放式协同创新生态，形成团队产学研融合发展文化。通过团队所在国立新型科研机构的创新引领作用，发挥其"科研、教育、产业、资本"四位一体的"微创新体系"基础和优势，依托研究团队成立产业联盟/协会，整合产业链上中下游企业，共同承担国家及地方产业项目，强化产业链创新能力，构建"大手牵小手"的产业合作生态，实现产业伙伴协同发展和合作共赢。团队参与成立我国第一个机器人产业协会，每年参与组织编撰《深圳市机器人产业发展白皮书》，连续12年参与组织举办高交会机器人专展，参与承担工业和信息化部成果转化中心平台建设等。团队在多链优化、跨界融合中，探索典型创新成果的新应用场景，积极推动相关技术成果的示范应用。

十年奋进路，阔步新征程。站在新的历史起点，团队将持续深入实施制造强国战略，加强面向产业迫切需求的科技创新，助力制造业转型升级，必将为我国制造强国建设交出更为精彩的答卷！

以混合所有制激发自主创新
产学研一体化实现重点跨越

宝银特种钢管有限公司庄建新科技创新团队

随着国家重大能源装备和国防建设的发展需要，特别是碳达峰、碳中和目标的提出，对有着"国之重器"之"主动脉"的高端特种无缝管的研制需求愈加迫切。宝银特种钢管有限公司庄建新科技创新团队以振兴民族工业为己任，主动对接国家发展方向和国产化需求，坚持自主创新，着力打造国家重大装备关键材料的创新基地，解决了多项高端装备关键材料的"卡脖子"难题，并成功实现产业化，取得了显著的经济效益和社会效益。

团队和带头人简介

宝银特种钢管有限公司庄建新科技创新团队（以下简称团队）以庄建新劳模为技术带头人、中青年技术骨干为主体，始终坚持生产高端产品、占领高端市场、服务高端客户的"三高战略"，紧紧围绕国家在火电、核电、航空航天、军工、轨道交通、石油化工等重点领域高端装备用关键材料的重大需求，开展无缝管材加工成型技术研发、组件套装的研发，最终实现产业化应用。

团队注重产学研用深度融合及以创新驱动赋能高质量发展，重视传承并发扬"讲正气，说真话，办实事"的文化理念。团队依托公司"三站四中心"平台（院士工作站、博士后科研工作站、研究生工作站、先进钢铁材料技术国家工程研究中心银环分中心、江苏省高性能特种精密钢管工程技术研究中心、江苏省企业技术中心、JITRI—宝银钢管联合创新中心），聚焦火电、核电、航空航天、军工、轨道交通、石油化工等领域关键装备用管材及组件的研发及制造，取得了一系列标志性的研发成果，填补了国内外技术空白，先后获得了"国家科学技术进步奖"二等奖 1 项、省部级科技成果奖 6 项、"中国产学研合作创新成果奖" 3 项、"中国先进技术转化应用大赛金奖" 2 项，以及荣获第一届"全国示范性工程专业学位研究生联合培养基地""中国产学研合作创新示范企业"等荣誉。

团队带头人庄建新，1961 年 7 月出生。中共党员，高级经济师，江苏省产业教授，江苏大学客座教授，国务院政府特殊津贴专家。现任银环集团有限公司党委书记、董事长，宝银特种钢管有限公司创始人、总经理，江苏省第十二、十三、十四届人大代表，江苏省劳动模范，江苏省优秀企业家。兼任中国核能行业协会常务理事、中国能源研究会核能专委会副主任、中国核学会高温堆分会副理事长、江苏省能源行业协会副会长及江苏省石化装备行业协会副会长等职。

宝银公司创始人、总经理庄建新

以混合所有制强化产学研融合发展

团队带头人在体制改革上敢为人先，率先建立混合所有制，充分发挥体制新优势。2014 年，宝银特种钢管有限公司（以下简称公司）完成企业资本重组，引入宝钢、中广核、华能等三家央企股东资本，率先实现混合所有制，充分挖掘和利用股东方资源，集"原料冶炼、管材研制、工程应用、项目一体化"，形成能够自主控制的能源装备产业链，有效融合和发挥出央企和民企各自的体制。

在团队带头人庄建新的带领下，公司确立了"担负起国家高端管材研发和生产的重任，维护国家能源和军工产业用特种管材的战略安全"的企业使命，明确了"坚持自主创新，保持国际领先，打造百年企业，持续改进、稳健发展，建设成国家重大装备关键材料制造基地"的企业愿景，明确了以振兴民族工业为己任的国产化项目研发发展路线，先后研发生产了 30 余种进口替代新品，为国家节约了大量的建设资金。

团队明确了由央企股东方委派、民企股东方培养及董事会从行业内知名企业引入的优秀职业经理人团队，组建了以博士、硕士为核心成员的技术团队，打造了一支拥有卓越领导团队和具有高度自主创新能力的专业研发队伍。

团队以国家科技工作方针和创新驱动发展战略为导向，结合公司实际情况，制定科技发展创新战略及目标任务，以"探索一代—研制一代—生产运用一代"的发展思路，制定有效的科研创新体系，并确定年度及中长期发展计划。

团队设立由团队带头人领导牵头、主要业务部门负责人参与的技术中心委员会，决策公司技术创新战略，以技术中心为科技管理职能部门，负责公司科研管理、科技规划、平台建设、科研成果及奖励管理工作，以及对外技术交流等。

团队高度重视产学研用一体化合作，充分利用各方资源积极搭建产学研平台资源，通过与科研院校建立联合开发实验室、引进高科技成果等合作方式，充分利用有关科研院所的研发力量，实行联合研发，或构建面向关键产品的全产业链协同创新平台，形成"材料设计与生产—部件成形与制造—服役性能与可靠性"研发创新链，先后与有关方面合作建立省级工程技术研究中心、博士后科研工作站、研究生工作站等产学研平台。团队还积极加入快堆联盟等协会组织，并和清华大学、江苏大学、原子能科学研究院、先进钢铁材料技术国家工程研究中心、江苏省产业技术研究院等科研院所围绕项目研发、人才培养等开展全方位合作，实现资源优势互补。团队还以技术为纽带，以项目为载体，组织和应用国内外的技术和智力资源，开展范围广泛的、多种形式的技术交流与合作，加速企业科技创新引领。

宝银公司重组揭牌仪式

依托产学研协同创新平台，团队先后与院校和科研单位合作完成省部级以上科研项目6项、国家重大专项高温气冷堆项目子课题4项。目前，团队正与华能山东石岛湾核电有限公司合作开展国家科技重大专项子课题——高温气冷堆蒸汽发生器传热管高温蠕变性能测试分析。

坚持面向国家重大战略需求布局研发和创新

团队以振兴民族工业为己任、以实业报国为使命，始终坚持面向国家重大战略需求布局研发与创新工作。

核电蒸汽发生器用690合金U形管材于2006年被列入16个国家科技重大专项之一。庄建新带领团队在国外技术封锁、国内无借鉴经验的条件下，完全依靠自主研发，解决并掌握了核电蒸汽发生器用690合金U形管材多项关键技术，如蒸汽发生器用690合金传热管原材料的高纯净冶炼工艺技术、高信噪比的多道次冷轧变形控制技术，攻克了超长管材的脱脂技术难点，研究并掌握了低冷变形硬化矫直技术、高精度弯管技术、U形传热管的内涡流检测技术等。他带领团队成功研发生产了CPR1000、CAP1400、ACP1000、HPR1000等核电关键管材，填补了国内空白，扭转了长期依赖进口的局面，为核电关键管材的国产化做出重要贡献。宝银特种钢管有限公司因此成为全球第四、国内首家具有核电蒸汽发生器用690合金U形管研发和制造能力的企业。目前，宝银特种钢管有限公司参与研制核电首个"中国芯"防城港1号、2号、3号、4号机组、出口巴基斯坦卡拉奇的华龙一号机组等重大工程项目。

高温气冷堆示范电站作为我国自主设计、建造、调试和运营的第四代核电技术，2006年被列入16个国家科技重大专项之一，其固有安全性好、发电效率高、环境适应性强、应用前景广阔，是我国优化能源结构、保障能源供给安全、实现"双碳"目标的重要路径。高温气冷堆如正式并网发电，标志着我国成为世界少数几个掌握第四代核能技术的国家之一，这对推动我国在第四代先进核能技术领域抢占全球领先优势具有重要意义。

庄建新带领团队主动对接这项国家科技重大专项，承担了高温气冷堆项目蒸汽发生器换热组件的研制任务，坚持自主创新，攻关解决了300多项工艺技术难题，攻克了超长直管制造、多头螺旋管束成型、螺旋管束空间弯管工艺技术和专用装备等技术难题。团队还与清华大学合作并取得了几十项发明专利和专有技术，具备了批量化生产能力，于2016年12月完成了高温气冷堆示范电站用全部换热单元制造。2022年10月，年产238套换热单元产线改造完成。团队将全力保障高温气冷堆关键部件核心技术的安全，为实现核电技术的"中国引领"贡献宝银力量。

结 语

特种无缝管是基础工业和基础建设的重要材料，随着国家基础建设的加快，钢管需求日益增加，对钢管产品质量要求也愈加严格。团队将继续紧跟国家战略步伐，坚持自主技术创新，全力突破关键技术和"卡脖子"难题，为我国国防建设、国家战略安全的保障做出更大的贡献。

秉承"强核报国"信念
打造核级高温管道蠕变分析新力量

——中国核电工程有限公司刘诗华科技创新团队

当前,更安全、高效地利用核能技术,尤其是设计和建造拥有更高热转换效率、能源供应能力更强的高温堆型,是解决全球能源危机的重要手段之一,也是实现我国核能战略发展的必经之路。在高温堆型的设计过程中,如何准确计算核级管道在高温下的材料蠕变效应,从而降低蠕变失效对核电站安全运行的影响,是一项制约核能行业发展的世界性难题。中国核电工程有限公司刘诗华科技创新团队(以下简称团队)多年来秉承"强核报国"的信念,聚焦国家核能战略需求,问题导向,突破多项关键技术,积极探索研究了一套工程适用的核级高温管道蠕变分析技术。在新一代核能技术深化应用中,团队坚持创新驱动发展,结合自身产业优势与多家单位充分联合形成可持续的产学研合作关系,为我国设计研发新一代核电站提供了技术支撑,为我国实现碳达峰、碳中和目标贡献了新力量。

创新　使命　担当

中国产学研百佳科技创新团队

团队和带头人简介

团队由中国核电工程有限公司核工程力学中心人员组成，现有人员47人，硕士及以上学历人员占比80%，具有高级技术职称人员占65%。团队成员富有活力、勇于创新、勤奋有担当。团队长期投身于我国核工业设计建设一线，围绕国家核工业发展战略部署，承担了具有我国完全自主知识产权的三代核电技术"华龙一号"示范工程、大亚湾、岭澳、秦山、方家山、海南昌江及重点军工项目等重大工程的力学分析设计和技术服务工作，参与了国家国防科工局、科技部等部门部署的多项重点科研任务及先进堆型的研发工作，为推动我国核工业发展做出了重要贡献。团队积累了大量的核工程力学领域的设计经验和科学研究手段，在知识产权、产学研合作、人才梯队构建等方面成果丰硕，成绩斐然，产生了十分可观的社会效益和经济效益，于2022年获得"全国工人先锋号"荣誉称号。

刘诗华总工

团队带头人刘诗华，现任中国核电工程有限公司北京核工程研究设计院副总工程师兼力学中心主任，研究员级高级工程师。他曾担任多个核电项目的设计总工程师，是我国三代堆型"华龙一号"设计团队的核心骨干，在"华龙一号"总设计师邢继的指导下，参与实现了我国先进核电自主设计、管理、制造和建设的重大技术突破。刘诗华在多年的核电工作中取得了丰硕的成果，先后荣获了"国防科学技术工业委员会国防科学技术奖"一等奖、"核工业部级优秀工程咨询奖"一等奖、"工业和信息化部国防科学技术进步奖"三等奖、"第十届中国技术市场协会金桥奖"一等奖等重大奖项。

刘诗华不断推进实施精细化项目管理和人才管理方案，牵引团队实践科研指导工程—工程反馈科研的产学研路线，培养了一支既具有工程实践能力，又具备核心科研能力的创新集体。他带领团队承担了国家和省部级各级重点科研任务，涉及力学计算分析、型号研发及"卡脖子"技术研究等具体工作。在核电、核化、核军工的设计中扎实推进专业技术水平不断提升，有序开展数字化、智能化分析平台的研发测试，稳步布局行业内自主可控的专业分析软件的研发应用。刘诗华带领团队与高校、企业开展合作，利用多种方式，通过多种渠道，助力新堆型研发和拓宽科研发展路线，为团队成员搭建锐意创新、攻坚克难的阵地，既提高了团队的创新能力和专业素质，又推动了专业科技创新发展。

聚焦行业难题，勇于创新突破

团队始终围绕国家重大战略需求、聚焦重大工程科技问题，坚定立足岗位进行创新创造的信心和决心，在前瞻性、战略性领域打好主动仗，逐步实现了管道或设备CAE（计算机辅助工程设计）软件、LBB（破前泄露）分析、疲劳蠕变、地震PSA（核电厂地震概率安全评价）、运输容器、CAPS（中核集团先进项目支持系统）系统、数字化、智能化力学分析等核心关键技术突破，填补了多项国内空白。

团队以谋求长远高质量发展为出发点，优先布局、重点聚焦先进堆型研发设计中的关键力学问题研究，在新堆型的研发、新技术的创新应用和新产品开发推广等方面逐步突破。团队研发的核级高温管道蠕变分析评定软件拥有完全自主知识产权，是国内首个核级高温管道蠕变分析软件，实现了从"无"到"有"的突破，成果经过行业领域内专家组评定，达到国际领先水平。团队通过校企联合、试验室共建等举措，已形成了深入、持续、稳定的产学研合作模式。团队与多所高校、多家企业联合研发课题和开展技术交流，搭建了多种创新研发平台，利用多种方式为新堆型研发和拓宽科研发展路线注入新能量、新思路和新优势。

栉风沐雨数十载，团队始终坚定科技报国的赤诚之心，步履坚定地夯实技能，矢志不渝地传承"强核报国、创新奉献"之志。经过团队的持续发展和开拓，累计荣获"国防科学技术奖"一等奖、三等奖，"国防科学技术进步奖"一等奖、三等奖，"中国核能行业协会科学技术奖"二等奖、三等奖，"中核集团公司科学技术奖"等科技荣誉20余项。发布GB、NB、企标等专业标准6项，授权国内、国际专利68项，在知识产权方面为核电出口战略打下了坚实基础。团队研制的多个软件程序具有开创性，获软件著作权12项。这些关键技术研发成果能有效地突破制约核技术的发展瓶颈，引领专业发展方向。

产学研深度融合，创新成果丰硕

加强产学研合作能够凝聚多方优势，促进科技创新成果应用和持续发展。团队立足自身扎实的理论基础和丰富的反应堆结构力学分析经验特长，发挥深入、持续、稳定的产学研合作模式的研发优势，获得了诸多成果，突破了我国在国防建设、能源发展等领域的重大关键技术瓶颈，攻克了多项"卡脖子"技术，为核工业现代化建设贡献了力量。其中，团队与西安交通大学成立了"核工程力学联合实验室"，共同搭建产学研创新平台，加强产学研深度融合，着眼于高端技术研发、科技成果转化、高端人才培养和产业化水平提高，打通企业大量的工程积累和高校深厚的理论基础之间的融合通道，推动创新链、产业链、资金链和人才链深度融合，助力团队实现高水平科技自立自强，力争在核工业自主创新的新发展阶段实现大作为。

自2019年至今，团队面向国家重点战略需求，坚持产学研合作模式，承担了科技部重点研发项目2项、集团科研3项、公司级科研31项，参与科技部"科技助力经济2020"重点专项、国家能源局和集团重大专项。团队科研氛围浓厚，注重质量管理，多次获得国家、核工业协会和核工业集团奖项。其中，《核电站管道系统计算机辅助设计力学计算与管理程序开发及工程应用》获"国防科学技术奖"一等奖，《通用计算优化方法研究与工程应用》获"中核集团科学技术奖"二等奖、"国防科学技术奖"三等奖。

团队以稳扎稳打的工作态度和兢兢业业的工作精神诠释了核工业人高度的使命感和责任感，以精益求精的工作理念和突破自我的工作动力书写新时代核工业人的时代担当和理想信念。团队凭借在引领产业技术前沿及打造产学研合作模式等方面的贡献和价值，先后获得"中央企业青年文明号""北京市工人先锋号""全国工人先锋号""国际质量管理小组大会（ICQCC）金奖"等荣誉。

突破关键技术难点，打造创新强核之力

作为国内首次研发的高温管道蠕变分析功能，在开发及应用过程中存在多项极难的技术挑战与风险。面对风险与挑战，团队发扬勇于担当、攻坚克难精神，通过创新思路和不懈努力实现了突破。

团队研讨高温蠕变试验测量系统的原理与使用方法

随着新型核电站的设计参数需求不断提高，在高温气冷堆、快中子增殖堆等高温堆型中会出现材料的蠕变失效问题，如果不加以分析，则存在极大的安全风险。目前，核行业无相关计算软件，这就使设计的保守性很大，甚至无法设计。为了解决该

问题，团队在某高温堆工程设计建设的紧迫阶段，对国内外高温管道的蠕变分析及评定方法展开大量的调研与研究，建立了一套满足 ASME（美国机械工程师学会）规范高温管道设计要求的复杂的核电厂核级高温管道蠕变分析评定流程，达到了蠕变理论分析与规范准则对标，打通了工程实际应用的通道。同时，团队研发了核级高温管道蠕变分析评定程序，实现示范快堆核电站高温管道的蠕变分析评定的程序化，解决了现有程序无法对核电厂高温管道进行蠕变分析评定的难题，突破了核级高温管道蠕变分析评定的难关。经过专家评定，该科技创新成果达到国际领先水平。研发成果不仅保障了工程进度节点，而且极大地提高了设计精度，降低了设计成本。

在研发过程中，关键技术难点为实现同一系统管道中每个节点的分析结果与该节点的许用限值一一对应，体现了高温管道蠕变分析在同一载荷工况下，同一系统管道不同位置许用限值不同的特性，避免了简化计算只能应用最为保守的工况条件下的许用应力限值作为整个系统管道的评定依据而间接造成经济性成本的大量增加。研发成果可对系统管道进行逐点、逐载荷工况的详细蠕变分析，应用创新团队研发的分析评定程序，提高了效率，避免过于保守的设计，节省了建设成本。

本项技术可推广应用到其他高温堆型核电站的设计中，如高温气冷堆、气冷微堆和聚变堆等，是国内首个能够进行核级管道蠕变分析评定的程序，推动了国内核行业管道分析软件自主研发。该技术成果对承受高温载荷的核电厂的设计及建设均有现实意义，为工程实践提供了重要技术支持。

锚定前沿战略目标，助力核工业高质量发展

团队将重点聚焦制约国家重大核工程任务和研发先进堆型中的关键性技术和核心科学问题，在解决制约我国国民经济和国防建设发展的"卡脖子"问题方面发挥理论基础和工程应用的纽带作用。在 5~10 年内，团队将重点寻求新材料、新技术的突破，实现原始创新、平台建设和人才培养的有机结合，培养一批在国内外有一定影响力、高层次、高水平的复合型人才，将理论研究、实验研究和工程应用三者有机结合，取得高质量科研成果。

结　语

展望未来，重任在肩，定当"初心如磐践使命，奋楫笃行启新程"。团队将继续以良好的精神风貌，秉承"强核报国，创新奉献"的新时代核工业精神，埋头苦干，开拓创新，扎实工作，与时代共发展，为中国核工业的发展不断努力！

自主精研核工程安装先进工艺
系统推进主力军装备革命

——中国核工业二三建设有限公司刘海珂科技创新团队

先进安装工艺与装备是核工程建造自主创新发展的"加速器",是核工程建造先进技术迭代升级的"推进器",是核工程建造企业持续提升核心竞争力的"驱动器",是决定核工程建造效率和水平的关键因素。随着国家"双碳"目标的提出,国内核电审批持续提速,核电市场再次迎来重大发展机遇,新一轮核电建设高峰已近在眼前。本轮核电具有多堆型、多技术路线的突出特点,核电监管方、建设单位和总包单位的管理要求趋严。为有效应对新一轮核电群堆建设特点及内外部形势变化,中核核工程安装工艺与设备工程技术研究中心坚持守正创新、励精图治,牢牢把握核工程建造核心技术方向和发展趋势,以"工期更短、造价更低、质量更优"为目标,积极谋篇布局、精准发力,打造匹配新发展阶段的核工程建造先进安装工艺与装备研发与应用能力,奋力谱写核工程高质量发展新篇章。

团队和带头人简介

中核核工程安装工艺与设备工程技术研究中心始创于 2013 年 3 月,由原中国核工业建设集团有限公司批复设立。随着两核重组,其纳入中国核工业集团公司研发平台体系,2020 年调整为中核核工程安装工艺与设备工程技术研究中心(以下简称研究中心)。

研究中心以中国核工业二三建设有限公司（以下简称中核二三公司）为主体和依托，参与单位有中国兵器装备集团特种机器人研发中心、深圳普达核工业数字测控有限公司、北京雷蒙赛博机电技术有限公司及哈尔滨工业大学。

刘海珂，男，1973年1月出生，河北邢台人。1997年参加工作，研究生学历，机械专业，高级工程师，中共党员。他现任中核核工程安装工艺与设备工程技术研究中心主任，兼任国际原子能机构核电建设国际培训中心（ICTC）讲师、国家能源行业核电标准化技术委员会调试安装组副组长、中核集团核工业特种机器人工程技术研究中心理事。其先后参与岭澳核电一期、田湾核电一期、广东大鹏液化天然气、岭澳核电二期、宁德核电一期、山东新泰光伏、山东中穆光伏、江苏宝应光伏等大型工程项目。

刘海珂主任

刘海珂不仅具备扎实的核电工程及非核工程建造施工与管理经验，同时在核工程科技创新方面也取得了一定业绩，共承担中核集团内外部科研项目研发8项，参编3项行业标准、2项集团企业标准，发表学术论文6篇，拥有发明专利1项、实用新型专利1项、软件著作权4项、企业工法2项，荣获"中国核能行业协会科技进步奖"二等奖1项、"中核集团2022年管理创新成果"三等奖1项、"中国安装协会科技进步奖"二等奖1项、"2020年全国安装人'五小'成果短视频大赛"二等奖1项、"2022年安装企业创新发展优秀案例"1项。

团队资源配置

研究中心下辖8个创新工作室（国家级1个），现从事科研项目研发人员共217人，包括高级职称及以上人员91人、全国劳动模范2人、中核集团科技带头人2人、中核集团青年英才2人，中核二三公司外部专家4人、内部首席技术专家7人、高级技术专家10人、技术专家41人，为研究中心科技攻关、重大疑难问题解决、技术人才培养等保驾护航，形成了可持续发展的科技人才梯队。

团队定位及研究方向

研究中心是核工程安装工艺与设备领域创新引领、课题开发、自主研发、成果转化、技术咨询、人才培养的专职科技创新机构，以中核集团主导产业核心技术研发与产业化应用为目标，通过资源整合和体制机制创新，研究开发核工程产业关键共性技术，加快科研成果向现实生产力转化，不断夯实自动化、数字化、智能化科技基础，打造核工程全产业链先进技术研发和推广示范科研平台。

研究中心积极践行中核集团"强核心、大协作"科技创新理念，坚持自主研发和协同创新，以核工程项目建造为中心，以核工程项目施工需求为驱动，以核工程等建到运维的全周期重大技术攻关为目标，聚焦核工程先进工装与智能化装备研发及应用、先进施工工艺研发、数字化建造技术研究、高精度测量设备研发与技术应用、先进管理技术及理论体系研究五大研发方向，突破国际技术垄断，解决"卡脖子"技术难题，加快核工程建造产业化升级。

研究中心近年来围绕中心发展方向及目标，多措并举拓宽了对外合作的渠道，与多家科研院所、高校、优质企业签订战略合作协议，与中核工程公司、中广核工程公司共建联合实验室，加入"国和一号"产业链联盟，引进具备定制化生产能力的设备供应厂家，以谋求更多的合作，推动产学研用一体化落地，实现多方共赢。

团队突出业绩

为保障公司所承担的国内VVER、高温堆、"华龙一号"、"国和一号"、钠冷快堆等首堆或示范工程的核岛安装任务稳步推进，研究中心积极探索开发新工艺、新设备，研发应用新技术，同时积极承接公司内部科研项目研发，累计承担科研项目研发共78项，共获得经费批复29762.89万元。研究中心全面掌握了首堆或示范工程的核岛安装核心关键技术，具备了为各堆型提供成套解决方案的能力，解决了核电、JG等重大工程项目生产经营中的技术难点及疑难问题，提高了施工效率，保障了施工进度、安全和质量，获得了业主和项目组的一致好评。同时也产出了一系列原创性成果，部分成果已达到国际领先、国际先进、国内领先水平，具有较好的社会效益、经济效益和广泛应用前景。

研究中心共获省部级科技奖项40项，如"国防科学技术进步奖"特等奖2项，"中国安装协会科学技术进步奖"一等奖1项，"中国机械工业科技进步奖"一等奖1项，"中国安全生产协会科技进步奖"三等奖1项，"中核集团科技进步奖"特等奖1项、一等奖1项，"山东省科技进步奖"一等奖1项；代表中核二三公司参与国家、行业、协会团体、集团企业标准的制定，共主参编制定各级标准76份，得到了能源行业核电标准化技术委员会、中核集团标准化研究所的广泛认可和高度赞誉；共受理授权知识产权381项，其中《大厚壁管道窄间隙全位置自动焊接方法及其制造的管道》《用相控阵超声检测核电站主回路管道焊缝质量的方法》分别荣获第二十一届、第二十三届"中国专利优秀奖";共发表论文 140 篇,其中核心期刊论文 16 篇;荣获"2022 年安装行业优秀论文"26 篇;入选第二十三届太平洋地区核能大会征文 3 篇。

研究中心近年来积极开展成果转化,以核工程生产和建设为主,对外积极推动科技成果转化,合同金额共 6528 万元;对内大力推动 300 多项科技创新成果在核电项目的推广应用,累计节约经济效益 12000 万元。

团队典型案例

针对市场上成熟的机械化、自动化施工装备较难满足核工程复杂的应用场景需求,施工装备传统低效、施工装备自动化应用不足,人工成本高、劳动强度大、作业风险高、施工效率低等问题,研究中心聚焦生产一线,以服务核工程项目为目标,以核工程项目建造为中心,以核工程项目施工需求为驱动,全面开展核工程安装施工中痛点、难点的分析和评估,深入工程项目实地调研、交流,形成核工程项目典型安装场景型谱化研发需求,并积极与科研院所、高校等优质单位对接,发挥双方各自在尖端科技、技术特长、研发能力及在核工程施工领域技术要求、需求分析、应用场景等方面的优势,以联合研发、重点攻关、揭榜挂帅等模式开展合作,形成了一套具有自主知识产权的先进安装工艺与装备。

(1)自动化垂直水平运输装置。针对核岛厂房内运输不畅、路径复杂等问题,通过对核岛主厂房的结构和特点、工程物项的水平、垂直运输路径和方式进行研究分析、设计、研发、制造了智能越障运输小车及自动化垂直吊运系统,大幅提升核岛厂房内物料的水平、垂直运输的自动化能力,节约人力和成本,改善施工作业环境。

(2)激光三维智能放样系统。针对核岛反应堆厂房管道支架安装工程量巨大、精度要求高、技能人员要求高等问题,研发了激光三维智能放样系统,现已在核工程现场应用,与传统的放样模式相比较,极大地提升施工效率,降低了质量风险,实现施工放样的自动化、智能化。

(3)支架装拆机器人。针对核岛支架安装抓举、搬运的劳动强度大、效率低等问题,设计、研发支架装拆机器人,现已在核工程支架安装中应用,大幅提升支架安装施工效率,降低劳动强度。

(4)智能打孔作业车。针对当前核岛安装打孔作业,存在人力成本投入高、作业强度大、效率低、废孔率高及灰尘污染严重等问题,设计、研发智能打孔作业车,实现了自主识别打孔位置、自动化打孔、无尘化作业功能,达到降低劳动强度、减少用人数量、提升施工质量的目标。

(5)智能管道组对系统。针对管道组对作业人员技能要求高、劳动强度大、安全风险高、效率低下等问题，设计、研发智能管道组对系统，可用于核岛施工现场地面、核岛管道模块化组装、核岛管道预制等多场景下管道组对作业，实现管道组对作业全过程智能化，在保证管道组对质量、提升本质安全的同时降低人工劳动强度及人力成本。

（6）自动化精密组对调整装置。针对核岛主管道组对安装精度要求极高、人因失误容错率低、劳动强度大等问题，研发自动化精密组对调整装置，可主动避开管道上的接管支座，保证自动焊机正常运行，有效控制主管道组对间隙、错边要求。

（7）多吊点受力均衡调节平衡装置。针对重型设备、模块多点吊装作业中调整难度大、安全性受影响等问题，设计开发调节多吊点受力均衡的液压监测平衡装置，解决多吊点模块吊装难点，保证每个多吊点模块高质量安全就位。

（8）电缆敷设机器人。针对大截面电缆敷设困难，人力投入多、效率低等问题，设计研发电缆敷设机器人，根据电缆预设路径，实现了在满足转向需求的同时防止电缆损伤，大幅提高了大截面电缆敷设效率，缩短电缆敷设工期，降低工程成本。

（9）管道内部作业系列机器人。针对管道内部充氩、内部清洁、中心曝光等不可达场景下的施工作业，设计开发管道内部系列作业机器人，以满足辅助管道现场作业、管线内部系列作业及管道充氩、内部清洁、运输射线源等功能需求。

（10）便携式焊接烟尘净化装置。针对核岛内各项施工活动频繁，焊接、打磨等施工活动产生大量的烟尘问题，通过在核岛临时通风系统的基础上，设计研发便携式空气净化装置，并对现场已有临时通风系统进行优化，形成一套具有推广价值的核岛受限空间焊接烟尘净化控制装置与净化设计方法。

结 语

核工业是高科技战略产业，对国家安全和发展具有重要意义，在碳达峰、碳中和的目标下，核电发展迎来新的政策机遇期。未来，研究中心将坚持系统观念，加强前瞻性思考、全局性谋划，整体性推进核工程安装先进建造技术不断突破与创新。通过科研院所、校企共建、博士流动工作站，以及联合"长江学者""杰青"等领军人物，以资源互补的形式"汇聚英才、研产融合"。在不断提升自主研发能力的同时，积极融入所在区域的创新发展环境，借助珠三角及粤港澳大湾区的创新政策优势，集聚力量进行原创性、引领性科技攻关，促进优势产品产业化，加快核工程建设产业升级，为"双碳"目标的实现和核电"走出去"提供动力支撑。

泥沙利害细权衡　　清淤利用求多赢

——黄河水利科学研究院江恩慧科技创新团队

湖库泥沙淤积是全世界共同面临的难题，我国的湖库淤积问题尤为严重。对于极度缺水的黄河流域而言，湖库的每一方库容都弥足珍贵，泥沙淤积损失的每一方库容不仅危害湖库综合效益的发挥，更对流域的水沙调控能力、洪水资源利用效率的提升造成不可逆转的损害。多年来，黄河水利科学研究院教授级高级工程师（二级）江恩慧带领的湖库清淤与泥沙资源利用创新团队，聚焦重大国家战略需求，积极探索，勇破困局，变传统理念上淤积泥沙的被动处理为泥沙资源的主动开发利用，建立了湖库清淤与泥沙利用"测—取—输—用—评—管"全链条技术体系，搭建了"基础研究—应用技术—工程转化"政—产—学—研融合的创新平台，成果直接应用于黄河流域生态保护和高质量发展重大国家战略工程实践，为从根本上协调水沙关系、确保黄河长久安澜提供了重要的科技支撑，也为全国乃至世界湖库泥沙淤积问题的解决提供了借鉴和样板。

团队和带头人简介

黄河水利科学院江恩慧科技创新团队（黄河水利科学研究院湖库清淤与泥沙资源利用创新团队）（以下简称团队），是一支以江恩慧教授级高级工程师为学术带头人、年龄结构合理、梯次有序、充满创新活力的研究队伍。团队紧紧围绕着黄河流域生态保护和高质量发展重大国家战略需求，针对湖库泥沙淤积等造成的湖库功能丧失、生态环境恶化问题，变泥沙灾害被动防御为泥沙资源主动利用，按照"微观机理揭示—室内系列试验—成套技术研发—运行机制构建—现场示范应用—综合效益评估—技术标准制订"的整体研发思路，开展了黄河流域湖库清淤与泥沙资源利用整体架构、非水泥基泥沙固结胶凝机理、泥沙资源利用成套技术与装备、清淤与泥沙资源利用运行机制和综合效益评价方法等系统研究，取得了丰硕成果和显著成效，提出了多项前沿性、原创性的理论和技术成果。相关技术已在黄河、长江、海河、淮河、塔里木河等流域得到广泛应用，被水利部科技推广中心整体推广应用5年以上，获国家专利26项、软件著作权2项。颁布《胶结泥沙人工防汛石材》等水利团体标准4项、《水电站库容超声波法测量规程》电力行业标准1项、《全自动振动挤压耦合成型机》《黄河泥沙胶结蒸养砖》企业标准2项，13项技术列入《水利先进实用技术重点推广指导目录》，4项技术列入《成熟适用水利科技成果推广清单》，建立泥沙资源转型利用产品生产示范基地4处，成功实现科研成果产业化落地，生态环境效益、社会经济显著，具有广阔的应用前景和推广价值。

黄河水利科学院副院长江恩慧教授

团队带头人江恩慧，博士，教授级高级工程师（二级），黄河水利科学研究院副院长，兼任郑州大学、河海大学、华北水利水电大学等高校博士生导师，任中国湖库清淤与泥沙利用协同创新平台理事长，中国水利学会流域发展战略专委会、中国大坝工程学会水库泥沙处理与资源利用专委会主任委员等。获"全国创新争先奖先进个人"、"全国十佳优秀科技工作者"、国家"有突出贡献的中青年专家"、"享受国务院政府特殊津贴专家"、"水利部领军人才"等称号，入选国家"'百千万人才工程'国家级人选""水利部'5151'人才工程""水利部青年科技英才""河南省优秀科技专家"等；先后获"钱宁泥沙科学奖"、The Women with Hydro Vision Awards、水利部《中华人民共和国黄河保护法》编撰记功表彰等。主持和参与完成国家重点研发计划、黄河水科学研究联合基金集成（重大）项目、国家自然科学基金重点项目等国家级和省部级重大项目200多项。发表论文300余篇，SCI/EI收录100余篇，出版专著21部，获国家专利40项。获"国家科学技术进步奖"一、二等奖各1项，省部级"科技进步奖"特等奖、一等奖11项。

面向重大国家需求，创新湖库清淤与泥沙资源利用技术

水少沙多、水沙关系不协调，是黄河复杂难治的症结所在。长期治黄经验和工程实践，逐步形成了"拦—调—排—放—挖"综合处理与利用泥沙的五字治河方略，几十年来对减轻黄河泥沙灾害发挥了巨大作用。然而，从长远看，这些措施只是在空间尺度上改变了泥沙灾害链的分布、在时间尺度上延缓了泥沙灾害的发生。当今，河流治理开发已步入后工程时代，迫切需要转变传统观念，变泥沙灾害被动防御为泥沙资源主动利用，实现防洪减淤和区域社会经济发展的有机协同；特别是黄河流域生态保护和高质量发展重大国家战略实施以来，亟待破解泥沙资源利用途径方向不明、成套技术装备缺乏、转型利用成本高、综合效益评价方法和运行机制缺失等瓶颈问题，为从根本上协调水沙关系、确保黄河长治久安奠定了坚实的基础。

基于上述认识，江恩慧和她的研究团队历时17年联合攻关，采用"微观机理揭示—室内系列试验—成套技术研发—运行机制构建—现场示范应用—综合效益评估—技术标准制定"的技术路线，从"理论与发现—技术与装备—模式与机制"三个层面，取得了普适性强、理论创新突出、技术装备领先的黄河泥沙资源"（探）测—（抽）取—输（送）—（利）用—评（价）—管（理）"全链条技术。

在泥沙资源探测方面，研发了深水水下泥沙高保真探测技术，实现了河湖库塘的三维地形、地质结构等实时监测；在泥沙资源抽取和输送方面，研发集成了普适的多沙河流湖库泥沙抽取装备和低成本远距离输送技术，提高了不同粗细泥沙分区抽取和利用效率；在泥沙资源产品研发方面，突破了非水泥基黄河泥沙固结胶凝技术研发瓶颈，从机理层面阐明了黄河泥沙"解构—重构—凝聚—结晶"非水泥基激发胶凝过程，系统揭示了直接激发、单项激发、复合激发的固结胶凝机理；在泥沙资源利用效果评价方面，量化了不同区域泥沙资源可利用量和利用潜力，构建了黄河泥沙处理与资源利用有机结合的整体架构和泥沙资源利用综合效益双层三维评价指标体系和评价模型；在湖库清淤和泥沙利用管理方面，提出了包括动力、运行、约束三大机制的湖库清淤与泥沙资源利用运行机制与产业化运行模式，开发了湖库清淤与泥沙资源利用全流程实时监管系统。

"黄河泥沙资源利用关键技术与应用"先后荣获黄河水利委员会"科学技术进步

奖"特等奖、河南省"科学技术进步奖"一等奖，获国家专利 26 项、软件著作权 2 项。颁布行业标准、团体标准、企业标准 7 项。

推动成果转化，助推湖库清淤与泥沙资源利用产业化

湖库中清淤出的巨量泥沙处置与产业化利用，是湖库清淤与泥沙资源利用工程中的关键难题。江恩慧团队努力促进成果转化，在中低产田改造、防汛石材制作、产品研发等领域持续发力、久久为功，取得了丰硕成果。

民以食为天，沿黄河南、山东等省区肩负着保障国家粮食安全的重要责任。河南省现有耕地一半以上是中低产田，山东省约 60% 是中低产田。砂质土壤、黏质盐碱地是河南、山东沿黄河中低产田的典型种类，对这类耕地进行改良的需求迫切，粮食增产潜力巨大。江恩慧带领团队骨干成员充分利用黄河泥沙富含有机质及氮磷钾等微量元素等特点，开展一系列土地改良，有效地降低了成本。2013 年，小开河灌区黏质盐碱土经配沙改良后，小麦籽粒产量增加 30%～60%；2016 年，在中牟县雁鸣湖镇黄河滩区开展中低产田综合改良应用技术试点，试验田小麦亩产有效提高 30% 以上。

泥沙资源多途径利用示意图

黄河流域汛期降水集中、强度大、暴雨多，游荡型河道附近易出现险情，往往需要准备大量防汛备防石用于除险加固，因此需要开采大量原石，造成生态环境损害，江恩慧带领团队成员采用"固沙成石"的方式制造人工防汛备防石，性能满足防汛石材的强度要求。为了实现批量化生产和规模化应用，江恩慧团队积极与生产企业洽谈合作，在河北承德、河南孟州、山东菏泽和新疆库尔勒地区建设了4处泥沙资源利用示范基地，生产的人工防汛备防石28天抗压强度平均达到10.7MPa，满足防汛抢险要求。已在巩义神堤、兰考东坝头、原阳武庄、开封欧坦、孟州化工、刘庄险工等黄河控导工程机械化抢险中示范应用，截至2021年10月，武庄工程人工防汛备防石投入水中13年后，平均强度仍达到10.5MPa，产品冻融性能、结构性能等指标基本稳定。

为了满足区域建筑行业与建设工业用料旺盛的多元化需求，江恩慧带领研究团队针对泥沙颗粒级配、物化特性及矿物组成，通过集成胶凝、蒸压、晶化等先进生产技术制备出绿色环保、低耗能的蒸压砖、型砂及陶粒等产品。所制备的轻质高强陶粒各项指标均达到或超出规范最高等级要求，制作的型砂广泛应用于铸造行业、外墙防水、外保温层及建筑砂浆，需求量巨大，仅郑州市中牟县每年消耗黄泛区沉积泥沙约100万吨，郑州市太隆实业有限公司采用所研发的黄河泥沙蒸压胶凝技术制备蒸压砖、加气混凝土砌块等产品，年产蒸压砖、加气混凝土砌块5000万块，具有良好的经济效益。

江恩慧认识到湖库清淤与泥沙资源利用是一项系统工程。"政—产—学—研—用"各环节的力量必须统筹，才能突破当前面临的运行机制障碍。特别是要充分发挥政府、高校和科研院所、企业的三方合力。其中，政府和相关管理机构主要从监管者角度保证湖库泥沙处理与利用的有序化和规范化，高校和科研院所从学术研究与产品研发角度提供理论支撑和试验方案，企业则从产品研发、产业化、规模化利用角度开展实践。三方只有形成合力，发挥各自优势，协同攻关，才能更好地推动湖库清淤与泥沙资源利用向前发展。

为了更好地突破湖库泥沙处理与资源利用技术实践探索上的认识壁垒和技术瓶颈，2017年，江恩慧领衔发起成立中国大坝工程学会水库泥沙处理与资源利用技术专业委员会；在担任国际大坝委员会水库泥沙专委会主席期间，倡导编写的《水库泥沙处理与资源利用进展及推广应用》学术公报已全球发布，湖库清淤与泥沙资源利用理念逐步得到国内外学术界、工程界和管理界的广泛认同。

2020年和2023年，江恩慧先后倡议主办了"黄河泥沙之辩""黄河泥沙之变"玉渊六人谈主题沙龙，邀请了产、学、研、政各界嘉宾，分享了泥沙处理与资源利用工程实践经验，引起了广泛关注。2023年3月，在中国产学研合作促进会的支持下，由黄河水利科学研究院牵头，联合企业、高校、科研院所、园区及政府相关部门等共同组建了中国湖库清淤与泥沙利用协同创新平台，旨在加快湖库清淤与泥沙利用科研成果向新质生产力转化，加速推动规模化、产业化，带动区域社会经济高质量发展。

中国湖库清淤与泥沙利用协同创新平台成立

结 语

正如中国大坝学会理事长矫勇所说："清淤的本质是向已建水库要库容。""淤积物的再利用实际上是一种变'废'为'宝'的过程，把类似固废的淤积物变成了新的资源。"江恩慧团队正在践行新时代"治黄人"的历史使命，联合国内外优势科研及产业资源，打造一支一流的产学研科技创新团队，形成"基础研究—应用技术—成果转化"一体化产学研融合创新体系，加快我国湖库泥沙资源综合利用产业化进程，为贯彻落实国家"江河战略"、从根本上协调江河水沙关系、带动区域社会经济高质量发展提供有力支撑。

深耕传动与能源领域
构建引领性新能源产业链
——传孚科技（厦门）有限公司许水电科技创新团队

解决能源危机、环境污染与产业升级时代深层次矛盾，关系着国家安全和社会稳定。如何应对国际科技竞争，实现高水平科技自立自强，构建现代产业体系的新发展格局？这不仅需要前沿导向性的基础研究，而且需要市场导向型的应用研究，有效贯通原始与集成创新，通过一系列从源头和底层解决问题的关键核心技术，创造出具有标志性和引领性的产业链，全方位提升产业集群的质量，才能让科技创新的关键变量转化为高质量发展的强大增量。历经三十四年科研创新，传孚科技（厦门）有限公司许水电科技创新团队（以下简称团队）成功将对数螺旋曲线进行工程化应用，形成了一整套颠覆性的科学理论，打造出一系列实用性的技术体系，从科学源头和底层技术，有效解决了进口替代的"卡脖子"问题，填补了科技领域战略空白，为产业探索出一条独特的创新发展方向，为实现"双碳"目标提供了技术支撑和解决路径，将带动生产模式和商业模式发生转变。

团队和带头人简介

团队坚定长远价值目标，锚定科研方向，保持科研定力，在科研"无人区"拓荒，潜心研究对数螺旋曲线及其工程化应用。团队以原创智能摩擦技术为依托，专注于高端基础传动件、新型动力装置与安全高效绿色新能源系统解决方案，积极参与国家国防工业多个重点领域项目研发与应用，助力国防科技工业强基工程，解决关键基础零部件进口替代的"卡脖子"难题。团队成功融资研发经费 1.5 亿元，扎实践行技术研发—示范应用—标准研制—产业发展—人才培养全链条协同发展，成功整合产业链上下游资源，与国内大型轴承企业开展项目合作，以技术服务、委托开发等形式，帮助企业解决技术痛点问题，助推产业由低端制造向高端制造转型升级。已实现技术输出合计 1247.4 万元，申请专利 106 项，在核心刊物发表论文 38 篇。

团队带头人许水电教授，将多学科交叉融合，以深厚的科学素养，从科学源头和底层技术成功揭示了对数螺旋曲线的规律。在全球开展研发成果的专利布局，国际专利在美国、日本、俄罗斯、印度和南非等获得授权。主导参与国家、福建省重大科技专项十余项。曾获得国家"万人计划"创业领军人才、"中国产学研工匠精神奖"、厦门市"双百计划"领军型创业人才、"福建省五一劳动奖章"等荣誉称号，承担的福建省科技重大专项"轴承式单向超越离合器研发及产业化"获"厦门市科技进步奖"一等奖。

传孚科技董事长许水电教授

源头创新，突破"卡脖子"难题

我国机械传动零部件生产起步较晚，在 20 世纪 80 年代前，还没有专业生产机械传动零部件的厂家，主要由主机厂自行生产配套。改革开放以来，经过 40 多年的发展和全行业的共同努力，我国机械传动零部件制造业经历了引进消化、自主开发及产品升级换代等发展阶段，行业技术水平显著提高，但核心装备中所使用的高端零部件水平仍有所欠缺。以美国为首的发达国家对我国进行制约，装备制造业已成为全球制造业价值重构、竞争格局改变和创新驱动的主战场。机械传动零部件行业提高自主创新能力和技术水平，尽快走向高端智能制造，具有十分迫切的重要意义。

许水电教授通过对对数螺旋曲线的深入研究与探索应用，依托原创的智能摩擦理论体系，带领团队科技攻关，经过反复的研究、设计、制造、试验、迭代与优化，实现对机械传动件智能摩擦与有效控制，有效解决了机械传动特别是核心零部件在交变载荷作用下因为摩擦、磨损及变形等一系列参数变化而导致零部件早期失效的问题。该技术的应用颠覆了传统产品的结构形态，实现"从0到1"的突破，有效解决了"卡脖子"难题，实现核心技术的自主可控，具有自主知识产权，打破了国外技术垄断。

系列基础零部件包括新型超越离合器、新型齿轮、新型轴承、空气能发动机和气动采储应用。系列项目产业化实施，将助推工业核心基础件发展，实现高端产品自主化。新型轴承产品开展试验验证，与同类产品进行性能对比实验，团队全程驻点试验现场，第一时间获取检测数据，承载、扭矩、转速、使用寿命等指标实现或超出国际同类产品。公司搭建福建区域首家智能摩擦与新型轴承公共检测平台，推动行业检测设备升级，为高水平轴承产品提供检测保障。新型超越离合器扭矩和线速度是国际同规格产品的3倍以上，并大量投入市场应用。新型齿轮的平均接触疲劳寿命是同等材料渐开线齿轮的3.5倍，通过磨削装备加装修整器，轻资产即能提升齿轮产品的质量升级。

提供技术解决新方案，引领新能源领域创新发展

实现碳达峰、碳中和是高质量发展的内在要求，也是中国对国际社会的庄严承诺。领跑"双碳"新时代，打赢技术创新和产业化硬仗，加强绿色低碳重大科技攻关和推广应用至关重要。许水电教授带领团队坚持研发积累与深耕，厚积薄发创造的系列创新成果，除新型轴承、新型齿轮、新型离合器的底层关键核心基础零部件以外，颠覆性地设计出新业态的空气能发动机。该项技术利用对数螺旋曲线特性，以压缩空气作为介质，通过气体膨胀做功实现高效率功率输出，且其冷机特性易于批量制造，适用于广阔的应用场景，是高效、清洁、可持续的动力引擎，以该产品安装应用于汽车，并在厦大百年校庆展出空气动力汽车。

团队矢志源头创新，开发引领性的风力储能，并与基础传动件系列原始创新有机融合、系统集成，形成以风力储能为基础的庞大应用体系。团队用对数螺旋形采风叶轮，将波动性和间歇性的风能采集，用压缩空气形式将能源存储下来，风能存储空气，实现风能在时间上转移和空间上能量可控，全过程不耗电。这是大规模、低成本和高安全的储能技术，与传统的空气储能，通过空压机压缩空气存储，二者有本质的区别。它打破储能领域的技术瓶颈，成功破解了新能源产业的技术壁垒，在能源产业历史剧变的当下，形成以风力储能为基础的系列应用，为"双碳"目标提供了技术支撑，贡献了有效的解决路径。根据不同需求，不论是分布式还是集中式的储能，这套系统都提供了解决方案，适用于各种应用场景。

聚力成果转化，开辟新能源技术应用新场景

绿色低碳是全球能源发展的鲜明底色。推动供给侧清洁能源替代传统化石能源及实现消费侧清洁电力替代，实现碳中和目标，需要系统性的创新技术支撑，同时加强绿色低碳重大科技攻关和推广应用至关重要。为加速成果产业化，许水电教授带领团队围绕风力储能建设开展系列应用示范，涵盖了电、气、冷、热的多种能源形式。团队通过压缩空气驱动空气能发动机，并有效带动发电机，实现持续稳定的优质电力，形成储能式风力发电，有效解决了传统风电、光伏不确定性和电网不稳定性。这是全新的绿色电力，它同时满足了清洁低碳、安全高效和经济性能。许水电教授指导团队用空气能发动机驱动汽车，将新型的轴承、齿轮和离合器应用于汽车的传动系统，实现了汽车极简约的动力结构和传动系统。风力储能为原创的空气动力汽车快速充气续能，实现了空气动力汽车完整的产业链闭环，为新能源环保汽车产业贡献了智慧的领先方案，将带来交通和运载工具的重大变革。结合原创冷热技术，应用压缩空气，便能在不需要电的情况下，实现清洁冷暖，涵盖民用和工商业的冷热，如烧水、烹饪、空调、冷库、地暖等的多样化需求。

风力储能系列应用，形成了以绿电为中心的电、气、冷、热的多种能源形式，支撑非化石能源为主体的现代能源体系多元化发展，它刷新了清洁可持续能源的新高度，这是"双碳"目标行之有效的转化路径与发展模式，将极大推动社会经济的高质量发展，服务国家战略，服务国家参与全球科技治理。将在乡村振兴、清洁冷暖、低碳交通等领域发生重大变革，推动大规模清洁能源应用，形成产业链上游、中游和下游的一体化联动，显示出广阔的应用前景，将极大有利于人与自然的和谐共生。

空气能发动机成果展示现场

34年的研发积累与深耕，团队成果已从技术积淀走向产业应用快车道，在不同发展阶段，团队实施具体工作举措，及时将创新成果推向实际应用。

党的二十大报告，为乡村振兴提供了政策保障，风力储能系列应用为乡村振兴提供了技术保障。能源危机与产业升级的时代深层次矛盾，需要通过建设现代化产业体系，推进产业绿色转型，保障能源安全。风力储能系列应用示范，提供了有效的技术支撑和解决路径，它展示了确定性的发展方向和稳定性的增长空间，将带动万亿级的产业规模，驱动一场能源革命，通过战略性新兴产业发展把握未来发展主动权，为不稳定不确定的环境注入更多确定性。

坚持人才为本，注重创新本领培育

许水电教授带领厦大年轻老师团队，指导青年教师开拓创新，勇攀科学高峰，引导他们围绕对数螺旋曲线开展基础研究与应用研究取得系列成就。其中李延福申请国内外专利获得授权达49项，作为核心成员承担省部级科技专项3项，承担国防科技工业多个立项研究，完成结题验收；在许水电教授指导下，团队核心成员曾景华完成省科技区域专项及省科技重大专项各一项。

团队积极开展原创发明技术传承和技术迭代更新，持续保持创新活力，不断超越自我，注重理论引领、有文化自觉、有科技自信。许水电教授带领博士生团队，围绕国家强基工程与战略性新兴领域进行课题研究，已在国内外高水平期刊和国际会议上发表了32篇高水平学术论文，包括"Journal of Manufacturing Processes""The International Journal of Advanced Manufacturing Technology"，以及IEEE机械工程与智能制造国际会议等。他培养学生许涛参加第二届中国"互联网+"大学生创新创业大赛获全国金奖，参加全国大学生创业大赛第十届"挑战杯"大学生创业计划竞赛获全国银奖。许水电教授积极为人才团队营造开放型与平台型的科技创新阵地，努力培养大学生创业创新意识，为学生提供最直接且有效的帮扶，鼓励学生奋发作为、勇挑重担，投身科技事业。

结　语

三十四载砥砺钻研，团队取得了系列0~1原创关键核心技术成果。面对瞬息万变的新时代挑战，团队将在许水电教授带领下，以原创科技为导向，以产业化为目标，加快成果应用新示范和产业化，努力在服务国家重大战略，参与全球科技治理，解决能源危机、环境污染与产业升级进程中勇于担当，再立新功！

数据创造价值　创新驱动未来

——贵州大学李少波科技创新团队

　　建设省部共建公共大数据国家重点实验室，是建设公共大数据国家战略的科技力量，是解决公共大数据技术国产自主可控的国家战略需要，也是贵州经济、社会发展的重大需求。

　　公共大数据是指可以公开使用与共享的政府大数据、政务大数据、公共管理与服务大数据等的统称。公共大数据是大数据变成数据要素的重要载体。对公共大数据资源进行有序高效的开发，从而将其转换为可使用、可流通的数据要素，对于抢占核心技术创新的制高点、把握关键科技发展的主动权具有重要的时代意义。

团队和带头人简介

　　贵州大学李少波科技创新团队（公共大数据科技创新团队）（以下简称团队）依托贵州大学省部共建公共大数据国家重点实验室进行建设，具有研究人员 150 余名，其中包括国家级、省部级人才 30 余人次。团队聚焦公共大数据治理融合、安全可控、流通共享中的关键科学问题展开研究，先后承担了国家级、省级各类科研项目 160 余项，发表高水平论文 500 余篇，授权发明专利、软著等 200 余件，出版专著 30 余部。

目前承担在研国家级项目 40 余项，牵头及参与大数据标准编制 20 余项。团队紧扣经济社会需求，聚焦定位与主攻方向，重点开展公共大数据治理与区域治理、公共大数据安全与隐私保护、大数据融合与分析等研究。

李少波教授

团队带头人李少波教授，1973 年 11 月出生，博士，二级教授，博士生导师。现任贵州大学省部共建公共大数据国家重点实验室主任。教育部新世纪优秀人才，贵州省核心专家、省管专家、省高层次创新型人才（十层次人才），高等学校学科创新引智基地（以下简称"111"基地）——公共大数据学科创新引智基地负责人，中国科协决策咨询专家团队"大数据驱动的区域治理"团队首席专家；入选斯坦福大学发布的人工智能&图像处理领域"2022 全球前 2% 年度影响力顶尖科学家"。

奋力建设国家级平台，打造一流科研与产业服务人才团队

团队支撑省部共建公共大数据国家重点实验室建设。省部共建公共大数据国家重点实验室是我国大数据领域第一个国家重点实验室。2023 年，贵州大学获批高等学校学科创新引智基地（以下简称"111"计划）——公共大数据学科创新引智基地、"文本计算与认知智能教育部工程研究中心"。依托公共大数据科技创新团队申建的"大数据驱动的区域治理"团队入选中国科协决策咨询专家团队；3 名教授入选斯坦福大学发布的"2022 全球前 2% 年度影响力顶尖科学家"。

团队承担在研国家重点研发计划项目（课题）4 项、国家基金 29 项。获"贵州省研究生教学成果特等奖" 1 项、"贵州省高等教育教学成果特等奖" 2 项。出版教材 5 部，其中教育部"十四五"规划精品教材 1 部、新工科规划教材 1 部。1 项成果获"2023 中国数博会'领先成果奖'"，3 项成果获"2023 中国数博会'贵州十大优

秀成果'"。2023年发布公共大数据优秀成果10项、公共大数据重点实验室系列成果5项。在第十八届"挑战杯"全国大学生课外学术科技作品竞赛中，获专项赛特等奖2项、黑科技特等奖1项（"星系级"）。

积极开展大数据人才培养，提高大数据人才培养质量，培养数字经济现代产业人才，为产业发展提供人才支撑。建成了一流的公共大数据算力中心，具有分布式存储能力12PB，人工智能算力达120Petaflops；服务贵州大学"计算+"相关学科与专业的人才培养和科研需求；2023年累计提交任务超过3万个，平均每日提交作业数约120个，CPU峰值使用率超过80%，GPU峰值使用率超过90%。

建设了贵阳贵安大数据产业技术创新中心，打造"强省会"大数据科技创新平台，帮扶大数据骨干企业20余家。组建多个数字经济产业服务团队，积极服务于贵州数字经济发展。协助建设国家级数据存储中心和国家级信息灾备基地、金融系统服务和灾备中心。协助组织和承办"大数据博览会"相关工作；承办2023中国国际大数据产业博览会公共"大数据第二届高峰论坛暨贵州省十大优秀科技成果发布会"，产生重大影响，发布贵州省十大优秀科技成果，公共大数据优秀成果10项。

推动数据要素化，支撑大数据健康发展

针对大数据治理体系不健全、数据流通共享不足的瓶颈，团队研究公共大数据开放共享及开发利用机制不畅的问题；优化、完善大数据治理体系，实现数据治理关联性、完整性和一致性；打造公共数据开放共享及开发利用新模式，研发大数据驱动的区域治理典型应用。突破所有权和管理权分离的可信数据确权机制、数据全流程处理安全验证机制、跨域行为轨迹的攻击关联推理方法、跨域数据滥用证据留存与溯源机制等关键技术，协助研究发布了《数据要素流通交易规则（试行）》《数据交易合规性审查指南》等9个规则指南，特别是《培育数据要素市场亟待强化系统思维与精准施策》《发展高标准数据流通市场、推进贵州数字经济发展创新区建设的研究报告》得到了有关领导高度关注。

团队与贵州省大数据发展管理局、数据空间技术与系统全国重点实验室联合开展公共数联网研究及成果转化；与北京大学合作，推动产业数联网研究与成果转化。研究设计智慧人大整体方案，被省人大采用；研究人大数据服务大模型，实现智能化手段辅助立法工作。团队研发的数据基础平台，服务华创证券、中天国富、酒交所、股交所等贵州主要市场交易平台，每年支持产生1.5亿元交易量。

积极开展大数据标准的修订工作，累计制定数据标准20余项。面向省内外党政干部、企业骨干开展大数据系列讲座，参与人数超过1万人次。

安全关键技术助力数据共享交易可信监管

针对数据共享交换不安全、隐私保护不足的瓶颈，团队研究数据可用不可见未突破的问题；提出访问控制函数加密形式化模型，制定可证明安全细粒度的访问控制具体方案，形成具有自适应功能和协同计算能力的理性隐私计算群体博弈模型，解决数据效用与安全之间的均衡；服务区域大数据密码应用、区域大数据安全监管、国家大数据安全靶场。

李少波教授团队在开展科研工作

团队积极推进"一云一网一平台"国产密码研发与应用。以安全统一理论和极限攻防模型指导靶场顶层设计，使贵阳国家大数据安全靶场成为全国首个具有安全统一理论支撑的靶场。实网攻防是安全靶场的主要抓手，重点实验室协助靶场连续四年成功举办网络攻防大赛，使大赛从最初的面向单一城市的攻防比赛，发展成为以全球工业互联网平台为实网对抗靶标的精英对抗赛，在全国首次实施跨层级、跨地域、跨系统、跨部门、跨业务的合成式体系对抗。为贵州培养了大批具有实战经验的大数据安全人才。作为"贵阳国家大数据安全靶场"的技术支撑单位，围绕大数据与网络安全攻防关键技术，对815个政务、工业互联网平台进行了真实靶标攻防演练。

突破政务大数据治理融合技术，助推公共治理现代化

针对公共大数据自动汇聚难、语义不清、数据质量差异大的瓶颈，团队研究大数

据融合与分析缺乏重大创新的问题，取得公共大数据语义表征和领域知识图谱构建及融合与分析重大创新。

团队研究政府公共大数据治理机制，系统性地解决了政府公共大数据"聚、通、用"的问题。贵州在全国率先实现统揽省、区、市三级政府信息系统和数据，实现系统网络通、数据通、应用通，贵州省级政府电子政务服务能力综合指数排名全国第一，贵州统筹"一云一网一平台"建设提升"一网通办"效能的做法得到国务院通报表彰，"贵州省政务信息系统整合共享应用实践"被中央网信办、国家发展改革委评为"数字中国建设"年度最佳实践。

利用数据智能分析技术挖掘劳动用工大数据的多维价值，用大数据技术解决农民工欠薪问题。已服务360万农民工、1万多家施工企业。建立了基于大数据的信用价值评估体系，有助于更准确地评估农民工的信用状况，为金融机构给予金融服务提供了准确依据。在2023年的第十八届"挑战杯"全国大学生课外学术科技作品竞赛"公共大数据要素化"专项赛中，"劳动用工大数据要素化，助力农民工就业新途径"荣获特等奖。

团队汇集司法大数据，实现司法领域智能化应用，发布探究者一号司法问答大模型，仅用70亿参数即可实现强大的法律问答系列功能，远超国内同领域的司法大模型。与贵州省高级人民法院合作，开展司法数据融合级语义分析方法研究，在司法实践中进行审判职能辅助应用方法的研发，提升法院审判过程的智能化水平。

数实融合，用大数据助力传统产业转型升级

面向贵州传统产业转型升级需求，开展制造大数据融合与集成研究，数实融合，用大数据助力传统产业转型升级。聚焦多模态数据融合机理，对数据驱动的决策机制科学问题持续研究，在数据自适应特征抽取融合、数据驱动的装备创新设计方法、制造大数据多层次融合集成可视化技术等方面进行创新。开发制造大数据融合与分析系统，在航空航天、民族医药等400余家企业推广应用。

团队突破了以仙灵骨葆胶囊为代表的苗药制造过程质量控制关键技术。构建了生产全过程质量管控技术体系，建成国内单品种生产规模最大的苗药制剂全流程自动化生产线。该项成果创新性强，拥有自主知识产权，达到同类技术的国际先进水平。

汇聚航空装备制造企业全产业链数据，在中航贵飞无人机制造产业链中进行了应用，处于行业领先水平；应用该成果，无人机一次交检合格率≥99%，一次试飞合格率>95%；服务产业链300余家企业。异形物体柔性智能分拣系统整体水平处于国际领先水平，该成果已在快递、医药、烟草等行业19个物流系统中应用。

构建多源异构制造大数据融合分析贵州工业云平台，在贵州等多个省市的389家单位中推广应用，该成果总体技术水平和主要技术经济指标达到国内领先、国际先进水平。开发了具有自主知识产权的云边协同的多类型、低延时工业设备采集与服务终端，支持15种以上服务功能，形成省部级以上试点100余项。

数据高速传输存储计算一体化技术服务"东数西算"

应用大数据、人工智能技术，研究建立具备网络、安全、计算、存储等能力的面向边缘计算的算力网络任务调度与资源管理体系，在负载和网络流量调度技术、网络传输性能优化技术、基于边缘云的零信任网络安全技术中取得重大突破。

针对仅依靠HTTP（超文本传输协议）响应分析进行Webshell（命令执行环境）攻击检测的难题，提供了"高精度、低时延"的在线Webshell智能检测组件，检测准确率从原来的75%提高到99%以上，单条响应体处理时间控制在8毫秒左右。跨媒体政务数据实体、属性、边的抽取准确率≥85%，召回率≥85%，F1≥80%。多模态数据关联融合技术Mscoco测试集中达到的图像文本关联性能指标：R@10指标≥87%，R@5指标≥85%，Median Rank指标≤3.0；政务数据分类准确率≥85%，政务数据分级准确率≥80%；网络流量预测准确率提高到90%以上，数据传输效率提高30%以上。

通过多项行业的技术创新和突破成功解决了数万台服务器大规模分布式协同的技术问题，高效连接全球数百家网络运营商，用于统一承载着包括CDN（内容分发网络）、视频直播、应用加速、WAF防火墙、DDoS防护、爬虫防护等各项核心业务。成果在多个行业中应用，现服务于1000余家企业客户，包括全球500强、SMEs及跨国公司，覆盖互联网、政府、电商、游戏、能源交通、金融、制造、医疗、地产等行业。

破解科学本源与核心关键技术
多维协同共创绿色智能新未来

——青岛理工大学李长河科技创新团队

微量润滑是替代传统浇注式冷却润滑，从源头实现零件绿色制造的清洁生产加工工艺，但是生物润滑剂热失稳与纳米添加相团聚失效机制不清、纳米粒子与携带流体介质微（纳）界面热交换机理不明、高温高压高速边界硬脆材料延—脆转变判据不足、低导热率难加工材料热损伤控制策略缺失，限制了微量润滑的工业应用。面对易热力损伤、材料加工难的磨削加工及压缩空气携带可降解微量润滑剂的抗磨减摩性能与热耗散技术瓶颈，青岛理工大学李长河科技创新团队（青岛理工大学智能与洁净精密制造创新团队）（以下简称团队）在国家重点研发计划、国家自然科学基金、山东省重点研发计划等项目的持续支持下，攻坚克难，以低温冷风赋能纳米生物润滑剂微量润滑磨削技术成功解决了难加工材料热损伤的技术难题，填补了制造领域零件准干式制造过程特征参数检测的技术空白。

团队和带头人简介

青岛理工大学智能与洁净精密制造创新团队是国内在"微量润滑"领域率先成

立的、起引领作用的协同发展团队。团队针对准干式绿色加工制造，依托快速制造国家工程研究中心青岛示范中心平台，立足产学研用相结合的创新模式，在基于防团簇防沉淀机理纳米流体制备、砂轮或工件楔形约束空间纳米粒子微液滴参数化可控输运、纳米粒子微液滴气雾射流冷却磨削温度场预测模型与主动控制、纳米流体热物性换热参数及磨削性能的检测等关键技术取得了突破性进展，攻克了一系列准干式绿色加工制造关键技术的难题，提出了基于纳米粒子射流强化换热基础理论的系列关键工艺技术，设计发明了系列智能化新型配套设备，为推进可持续发展贡献了重要力量。团队论文在国际切削液领域 ESI（基本科学指标数据库）排名第二，发明专利在微量润滑领域位于国际第一，研究成果和创新事迹被《科技日报》、中央电视台、光明网等媒体报道。

团队带头人李长河，博士、二级教授、博士生导师，俄罗斯工程院外籍院士、科睿唯安高被引科学家、爱思唯尔高被引学者、全球前 2% 顶尖科学家、山东省泰山学者特聘专家（二期）、山东优秀发明家、山东省优秀科技工作者、山东省教学名师、山东省优秀研究生指导教师、宝钢优秀教师、全国挑战杯优秀指导教师、青岛市劳动模范等。主要从事磨削与精密加工、智能制造等方面的研究工作。连续承担国家自然科学基金面上项目 5 项，国家重点研发计划课题 3 项，国家机床重大专项课题 1 项，山东省重大科技创新工程项目 1 项、山东省重点研发计划 4 项、山东省自然科学基金 4 项、青岛市及西海岸新区项目 5 项，其中 2 项国家自然科

青岛理工大学党委副书记李长河教授

学基金面上项目被遴选为机械工程领域国家自然科学基金优秀结题项目。

李长河教授先后发表 SCI/EI 收录论文 247 篇，其中 SCI/JCR（1-2）区 77 篇，并有 60 篇 ESI 高被引论文，9 篇热点论文，总被引 12000 余次，2022 年国内学者学术影响力排行榜排名第 24 名（机械工程领域全国仅 70 人），2023 全球学者终身学术影响力排名第 10 名（国内机械工程领域仅 43 人）。在国内外同领域具有较高学术地位和知名度。出版专著 7 部，主编教材 9 部。以"纳米流体微量润滑"为主题词在谷歌学术检索，总篇数中 50% 来自本项目团队。获得美国、韩国、澳大利亚等发明专利授权 69 项，PCT《专利合作条约》国际专利 52 项，国家发明专利授权 137 项，软件著作权 56 项，其中 6 项获"中国专利优秀奖"。他还曾获"山东省技术发明奖"一等奖、"山东省高等教育教学成果奖"一等奖 4 项、"山东省自然科学奖"二等奖、

"山东省技术发明奖"二等奖、教育部"高等学校科学研究优秀成果奖"二等奖、"山东省专利"一等奖3项（连续三届获得）。此外，还曾获得"中国商业联合会科学技术奖"一等奖2项、"中国产学研合作与促进奖——创新成果奖"一等奖、"中国循环经济协会科学技术奖"一等奖、"中国机械工业科学技术奖"二等奖、"中国石油和化学工业科学技术奖——技术发明奖"二等奖、"山东高等学校优秀科研成果奖"一等奖4项、"青岛市科学技术进步奖"一等奖等科研教学奖励20余项。

绿色制造，引领工程前沿

团队自2007年至今，历经15年持续开展产学研合作攻关，通过使用传统切削液5%～10%用量（每小时小于50毫升）的"纳米增强生物润滑剂"成功替代矿物性切削液。同时，利用科学理论突破了当下制造业面临的诸多瓶颈问题：①利用不同分子结构的植物油成分制备高性能的生物润滑剂，保证生物润滑剂在加工中使用时不会因高温失效，这一方法突破了传统的高温高压边界生物润滑剂热失效机制及纳米添加相团聚抑制物理化学机制，引起国内外同行的持续关注；②利用多能场雾化技术，大幅降低润滑剂使用量的同时又能满足和常规用量同样的性能，突破了传统的润滑剂双级雾化机理及牵引输运动力学多场协同增效机理，这一突破为提高润滑剂使用效率、降低使用量、减少加工车间$PM_{2.5}$提供了重要依据；③利用纳米润滑剂降低加工过程中的力和热，实现零件的高精度和低损伤成型，有效突破了有纳米生物润滑剂参与的切削区减摩抗磨力学行为与热耗散科学本源。

上述理论突破为技术在航空航天、轨道交通等领域的应用奠定了理论基础，有效解决了难加工材料绿色高效加工的技术难题。目前，团队已经与中车青岛四方机车车辆股份有限公司合作研发型腔铝合金车身减振降噪与智能洁净精密制造工艺装备，其技术成果成功应用于300～350千米/小时高速列车上；与青岛卡沃斯智能制造有限公司、海尔工业智能研究院进行产学研联合攻关，成功突破了坦克履带、空调等关键零部件的加工产线工艺全流程智能感知与协同管控关键技术；与青岛海科佳电子设备制造有限公司合作的全国首个主食产业化领域产学研联合研究院，发挥团队创新优势，强化协同发展，服务区域经济发展，多项技术和产品填补国内空白，现占有国内挂面自动化包装设备80%以上的市场。

此外，依托于团队技术成果，青岛理工大学、即墨区科技局、汉格斯特（青岛）新能源有限公司共同成立青岛理工智能与洁净精密制造产业创新研究院，携手打造集科技成果转化、项目孵化、企业加速于一体的新型科技产业园——青岛即墨智能制造科技产业园。产业园区计划投资5亿元，截至目前，引进企业35家，产值3.5亿元，税收 2000 万元。

在积极推动科技成果青岛本地转化的基础上，团队先后与上海金兆节能科技有限公司、国华智能科技有限公司等高新技术企业开展合作并签署技术合同，促成成果与技术落地转化。目前，团队的技术成果已成功应用于航空航天、轨道交通、模具和汽车等领域，其产品遍及国内 500 多家制造企业。

智能产线，助力动能转换

团队积极响应《中国制造 2025》制造强国战略与山东省新旧动能转换产业发展需求。

随着工业 4.0 的推进，具备感知、分析、推理、决策、控制功能的智能装备与技术将逐步推广应用到各行各业的装备制造中。团队先后与汉格斯特（青岛）新能源有限公司联合开发了"汽车轮毂智能与洁净精密加工生产线"，有效解决了轮毂生产加工柔性化差、定位误差大及智能化问题，使自动化生产线生产效率提升 22% 以上（以平均生产节拍为参考）。

团队与宁波三韩合金材料有限公司联合开发了机器人调度下的硬质合金刀片多工序集成自动化生产线，实现了刀片精化、刀片清洗烘干、刀片涂层等多道加工工序自动化，解决了现有刀具生产线时间调度与产线布局柔性度不高的问题。

与青岛卡沃斯智能制造有限公司联合开发了"坦克履带行动支架智能产线"，实现了坦克行动支架的离散化生产的智能制造，解决了生产设备（生产线）的传感物联、生产数据的采集存储和建模、生产大数据分析与数据挖掘等技术瓶颈问题，满足了生产行动支架六大类 23 种工件中的 56 个规格工件的数控加工，平均每个工件加工占用机床的辅助时间不超过 1.2 分钟，其中单个最复杂工件的最长加工时间不超过 80 分钟。

与力鼎智能装备（青岛）集团有限公司、山东金利特桥箱有限公司联合开发了变矩器壳体加工智能生产线，解决了变矩器壳体生产过程中生产管理困难、工艺技术要求不明确、自动化程度较低导致的生产进度缓慢、残品率较高的技术难题，实现变矩器壳体规模化、透明化、高效化的生产，通过优化算法可提高工艺效率 10% 以上、降低能耗 5% 以上。

与淄博汉龙机械有限公司联合开发了金属料棒锯切智能产线，实现了锯切加工从上料到锯切，再到下料全过程的自动化加工，锯切装置安装微量润滑装置，从而实现了棒料锯切最佳润滑效果，保证了加工质量，解决了对上料的控制性不足、金属切削液废液处理成本高及上下料过程不能有效衔接的问题。

与四川明日宇航工业有限责任公司联合开发了航空发动机叶片自动化激光冲击强化工艺装备系统，解决了运动夹持机构松动、重复夹装精度及机械手干涉激光等问题，实现了航空发动机叶片三维反求、工作路径规划与自动化激光冲击强化集成工艺。

变矩器壳体加工智能生产线

基于多年来的科研攻关及智能产线累进创新经验，团队构建了用于研究生教学的智能制造产线案例库，入选山东省优质专业学位教学案例库，案例库案例来源于科研项目并具有鲜明的工程特色。由科研成果形成的专业教学案例，在培养和锻炼研究生工程实践能力和工程创新能力方面具有较好的优势。案例库通过整合教师、学生、企业等资源，不断地得到教学和市场检验，从而使智能制造产线设计的数量不断增加，质量不断提高，其中《微量润滑智能与洁净精密制造案例库设计》和《智能制造产线案例库》已出版并应用于生产实践和研究生教学中。

多维协同，赓续科学育人

李长河教授对学术要求深刻严谨，对育人要求科学博爱。在30年的从事授教、课题探究及为人处世的经历中，李长河教授孜孜以求、不停探索的精神，给身边的学生及团队成员树立了学习的榜样。

科学研究的另一个重要目的在于反哺教学、提高人才培养质量。针对机械专业人才培养各环节不能有效融合、培养模式不能满足社会对应用创新型人才需求，且实践动手与创新能力尤其是解决复杂工程问题的能力不强的实际问题，提出并实施了教产赛研创五阶融合提升、多过程协同培养、系统化递进式的应用创新型人才培养新模式，在大学生应用创新能力培养方面取得了显著效果。在研究生教学与人才培养方面，探索高端装备制造领域研究生科教产教协同共育培养模式，通过提出符合机械工程学位培养定位的素质模型，解决培养目标要素不明确问题；构建装备制造特色课程体系，解决课程体系与能力产出导向不协调问题；建设多级协同的工程实践体系，解决实践教学规划与基地建设滞后问题，以此提升研究生培养质量，培养高层次、复合型的创新人才，获批了山东省研究生教育教学改革研究重大项目和山东省首届十佳研究生导学团队。在培养人才过程中，他领导教学团队先后承担了国家级特色专业、国家级机械工程实验教学示范中心、国家级工程实践教学基地、卓越工程师教育培养计划等在内的国家及省部级教学质量工程建设项目67项，获得省部级以上的教学成果奖励15项，出版教材24部，发表教研论文69篇，获批国家级教学团队1个、省级教学团队3个、国家精品课程2门、省级精品课程15门；共建产学研合作研究院（基地）37个。创新教学成果获得"山东省教学成果奖"特等奖1项，一等奖3项。

面对日益增长的产业需求，他时常教育学生要学会从需求中发现并揭示科学问题，以科学研究为支撑发明技术方案，并针对工业实际推动产业化应用。而在开展科学研究过程中，他也时常与学生沟通："为什么做、做什么、如何做、凭什么做、做的结果这一逻辑关系主线。以此才能快速地深挖科学本源、找准技术瓶颈、突破关键技术、实现工程应用。"在团队科研生活中，每个人都学会了规划、勤奋、坚持、严谨、协作，不断丰富和完善自己，使自己在学习和工作中不断赋能。要认识到互相成就方能成就团队，做科研不仅需要科学观也需要方法论，多与同行交流和学习，方法赋能少走弯路，使自己的成就和利益最大化，不断打造一个更优秀的自己。

结　语

做真学问，只有将论文写在科技创新与成果转化的祖国大地上，才能快速地深挖科学本源，找准技术瓶颈，突破关键技术，实现工程应用。李长河教授将带领他的团队继续围绕国家重大需求，并结合山东省新旧动能转换重大工程，为区域经济发展尤其是半岛制造业智能化改造升级贡献智慧和力量。

立足建设海绵城市　开拓创新雨水管理

——北京建筑大学李俊奇科技创新团队

自古以来,"理水营城"一直是城市规划建设的核心内容,但在高密度城市开发过程中如何实现人水和谐发展是其面临的难题之一,其中人—水争地矛盾突出、蓝—灰—绿等基础设施统筹协调不足、城镇排水系统蓄—排设施不完善等仍是当前城市基础设施的突出短板,从而加剧了城市内涝灾害、径流污染、水资源短缺等危及城市公共安全、居民健康和生命财产安全的重大社会和民生问题。

北京建筑大学李俊奇科技创新团队(北京建筑大学海绵城市建设理论与实践团队)(以下简称团队)面向新型城镇化和城市高质量发展的重大需求,立足于城市化发展过程中面临的一系列雨水突出问题,围绕城市水安全、水环境、水资源、水生态等可持续雨水排水系统构建核心子系统,以安全韧性、低碳减排、智慧管控为指导思想,通过组建跨学科团队、与企业联合建立产学研合作模式,突破了源头减排、截留控污、调蓄排放等关键技术及维护管理难题,先后提出了一系列城市雨水管理创新理论、方法与技术,填补了业内多项空白,为城市多目标雨水系统构建及海绵城市建设提供了支撑,并实现多项科技成果转化,产生了显著的环境、经济和社会效益。

团队和带头人简介

团队始建于20世纪90年代，针对我国北方城市面临的水资源短缺问题，在国内较早地开展了城市雨水资源利用的理论研究和工程实践。2000年后开始围绕雨水资源化利用、雨水径流污染控制、城市排水防涝等多目标雨水综合控制利用方面开展系统的理论研究与工程实践。团队现有骨干成员22人，其中教授8人，博导6人，获评"长江学者"、青年北京学者、长城学者、师德先锋、科技新星、青年拔尖人才等省部级人才称号18人次，具有博士学位的占92%；此外还有"海聚工程"教授6人，企业特聘研究人员20人。团队始终秉持"以实际问题为导向、以行业和社会发展面临的重大需求为引领"，注重研究成果的转化和工程应用，特别是围绕城市雨水资源化、雨水径流污染控制、城市洪涝多功能调蓄控制、城市水环境生态修复并结合到绿色建筑、城市景观规划设计等方面进行创新性的研究和工程实践，具有较强的前瞻性。

团队负责人李俊奇教授，城市雨水系统与水环境教育部重点实验室主任，担任住房城乡建设部海绵城市建设技术指导专家委员会专家、中国城镇供水排水协会海绵城市建设专业委员会副主任委员等职务。长期从事城市雨水控制与海绵城市、水环境生态技术与管理领域的研究及人才培养工作。基于产学研协同，先后主持完成包括低影响开发与绿色雨水基础设施、径流污染与溢流污染控制、内涝控制、雨水资源化、绿色建筑水系统、历史城镇水环境保护等在内的工程实践项目60余项。主持的3个示范项目曾获好评并作为全市示范，作为负责人承担北京城市副中心、济南、白城、大连等多个国家级海绵城市建设的技术咨询，是我国海绵城市建设的领军者和实践者。

北京建筑大学副校长李俊奇教授

坚持创新引领发展，突破多项技术难题

近年来，团队重点聚焦我国城市内涝频发、水体黑臭、水环境生态恶化、缺乏灰绿协同的设计方法和技术设备等城市雨水系统系列突出问题及国家重大需求，以全过程—多目标雨水系统构建为目标导向，开展了以雨水径流总量控制、径流污染控制、集蓄利用、峰值流量控制、合流制溢流控制为核心目标的城市雨水量质协同全过程控制理论、方法与技术集成应用研究。

研发了数十项关键技术和基于"体积—流量—污染物"协同控制的多目标雨水系统设计方法。基于城市开发建设后水文影响最小化原理，提出以"径流总量控制、集蓄利用、径流污染控制"为核心目标的城市雨水径流总量控制理论与方法，基于该理论绘制的我国年径流总量控制率分区图和降雨量等值线图已成为我国海绵城市建设规划设计的重要依据，雨水径流总量控制指标已被我国近5年来在制定、修订多部城市排水领域国家标准时采纳，有效支撑了我国海绵城市核心理论体系构建。提出了基于分段分析的初期冲刷评价和初期弃流量确定方法，并率先提出评估不同初期弃流量相应污染控制效果的量化方法。针对我国城市老城区普遍面临的合流制溢流污染问题和关键技术瓶颈，提出了合流制溢流口溢流量（调蓄池池容）和污水处理厂厂前溢流量计算方法，填补了我国合流制溢流污染控制调蓄池设计方法的空白。建立了超标雨水径流地表行泄通道等大排水系统设计方法。提出了基于行人安全的城市道路大排水系统设计关键参数及其临界失稳阈值和危险等级划分方法，填补了我国城市超标雨水径流排放系统理论空白。

建立了绿色雨水源头减排与过程控制成套技术。针对传统透水铺装在工程应用中普遍存在的易堵塞、耐冻性差、抗压强度低等难题，围绕材料、构造、设计参数等方面开展了创新性研究，研发了基于孔隙导流和蓄水腔"蓄、渗"功能相结合的新型结构透水砖及其铺装方法，突破了传统透水砖在工程应用中易堵塞、耐冻性差、抗压强度低等难题。研发了新型倒置生物滞留技术，突破了传统生物滞留设施存在的水土流失、污染物表层累积、填料层难更换等难题。通过对不同尺度场地雨水径流的多年连续监测，揭示了雨水径流初期冲刷现象的响应机理，研发了多项基于降雨量控制的初期弃流技术，突破了传统容积式、固定时间间隔初期弃流装备普遍存在的弃流效率低、截留水质不稳定等难题。研发了融雪剂自动渗滤弃流与抗冻融透水铺装技术，突破了北方地区城市道路冬季融雪剂对绿化带植物生长不利影响的难题。研发了多种适用于不同场地条件的截污雨水口，破解了截污效率与过流能力无法兼顾的难题，SS（悬浮物）去除率显著提高。研发了多种适用于不同管径，基于重力—离心力复合驱动、导流—溢流分级调控原理的旋流沉砂技术，突破了旋流沉砂技术在雨水排水管道应用过程中存在的水头差小、沉积物易二次悬浮等技术难题。

团队先后承担了多项国家水体污染治理重大专项课题或任务，如"低影响开发城市雨水系统研究与示范""雄安新区城市综合节水与雨水利用方案""海绵城市规划设计、监测评估关键技术及案例""海绵城市建设的多层级雨水径流调控与污染削减技术研究"等，"十四五"国家重点研发计划及科技支撑课题"城市径流污染基于自然生态控制的关键技术和设备研发"、"城市重要基础设施内涝风险阈值和临近预警技术及装备研发"、国家自然科学基金"区域雨水径流源头控制关键参数及其确定方法研究"、"建筑与小区绿地的径流削减效果影响因子及径流系数研究"等国家级雨水相关课题 36 项。先后承担完成"城市洪涝控制—多功能调蓄利用技术研究""北京延庆中心城区雨洪控制利用规划""济南市海绵城市建设试点区海绵城市建设系统化实施方案""北京城市副中心海绵城市系统方案与建设试点区技术咨询""全国海绵城市监测与评估（2019—2021 年）"等部门和企业委托课题 100 余项。获得国家发明专利 100 余项，获"华夏建设科学技术奖""北京市科学技术进步奖"等省部级以上科技奖 10 项。主编我国首部城市雨水管理的纲领性文件——《海绵城市建设技术指南》，联合主编我国首部海绵城市建设标准——《海绵城市建设评价标准》，也成为我国首部由国际水协（IWA）英文出版的城市排水领域国家标准，为国际排水领域健康发展提供了中国经验。参与编制《城市排水工程规划规范》《城镇内涝防治技术规范》《城镇雨水调蓄工程技术规范》《低影响开发雨水控制利用、设施运行与维护标准》等 10 余部雨水相关国家标准规范。

产学研用深度融合，推动行业科技进步

把科学技术转化为生产力是科学研究的终极目标，产学研用是实现这一目标的关键路径。团队通过校企联合、校地联合、国际合作（海聚人才项目）等搭建国内外学术交流平台及科技合作平台，促进科技成果的推广应用。先后与中国城市规划设计研究院、中国城市建设研究院、北京市城市规划设计研究院、北京城市排水集团有限责任公司、北京泰宁科创集团股份有限公司、仁创生态环保科技股份有限公司等行业龙头企业建立了长期的合作机制，推动科研联合攻关、人才联合培养和创新成果共享。配合中国城镇供水排水协会编制完成行业发展纲领性文件《城镇水务 2035 年行业发展规划纲要》，团队多项研究成果被采纳。2019—2022 年连续参与住房城乡建设部全国海绵城市监测评估项目，为海绵城市建设相关政策制定提供了有力支撑。

团队骨干成员先后负责完成了北京、济南、大连庄河、安徽池州等 10 余个国家级海绵城市试点（示范）城市的规范标准、技术导则、系统化实施方案的编制，团队科技成果在 30 个国家级试点城市和 100 余个省级试点城市进行了大规模推广应用，推动多个城市开展了海绵城市建设立法工作。许多成果已在实际中开始应用并发挥效益，如北京东方太阳城雨水综合控制利用、北京市政府大院雨水集蓄利用、北京经济技术开发区多功能调蓄公园、北京城市副中心海绵城市系统化实施方案项目，为北京市已建区排水防涝提标改造、雨水资源化利用、径流污染控制，以及新建区高质量建设提供了样板。成果应用服务面积超过 900 平方千米，服务人口超过 700 万，经济效益超过 20 亿元，对我国城市雨水控制与利用、水环境综合治理等领域起到积极的促进作用。团队成果多次参加全国科技创新成就展，并被中央电视台等主要媒体报道。

加强科研平台建设，提升科技创新水平

科研平台建设是开展技术创新、成果转化、汇聚人才的重要保障，是提升科技创新水平的有效载体和加速器。近年来，团队依托科研平台建设得到快速发展，为取得高水平科技成果提供了有力保障。目前拥有城市雨水系统与水环境教育部重点实验室、北京节能减排与城乡可持续发展省部共建协同创新中心、北京市可持续排水系统构建与风险控制工程技术研究中心、未来城市设计高精尖创新中心等省部级科研平台。可开展"降雨模拟与径流雨水控制利用实验平台""水质监测与全水质分析实验平台""水环境数值模拟与计算实验平台""基于降雨量控制的水环境风险预警与控制平台""透水铺装新材料研发及促渗减排实验平台""生物滞留净化机理及优化设计实验平台""城市道路大排水模拟平台""全天候多参数水文观测平台"等10余个特色足尺试验研究。拥有大型实验仪器设备40余台套，其中包括300平方米的人工模拟降雨大厅，可模拟大陆地区所有城市不同重现期降雨。

人工模拟降雨大厅

教研相长促学科发展，多培联动育特色人才

团队成员"不忘初心、牢记使命"，以生态文明建设精神为指引，在学生培养方面，为党为国育英才，搭建团队与学生的"爱心桥"，融通学生"成长之路"。团队所在党支部获得教育部首批"全国党建工作样板支部"，所依托的环境工程专业获得国家一流专业建设点，实现人才培养、专业建设与海绵城市建设"同步推进"，在通识大类—专业基础—专业核心环境类课程基础上，同步构建低年级—高年级—研究生梯级递进的海绵城市特色课程体系。以海绵城市建设试点及示范城市技术咨询项目带动、依托校内外现场实验基地平台，构建海绵城市工程现场实习—课程设计—专题毕设—科学研究全链条式实践教学体系。邀请跨学科海外高层次人才、企业大师与本校

名师，持续开展"城市雨水大讲堂""国际学术月""交叉学科论坛"等 80 余场，培训专业技术人员 2 万余人。通过"大手拉小手"方式，走入中小学课堂，参加海绵城市进中小学课堂的教师达到近百人次，开展专题活动数十场次。

经过十余年突出海绵城市特色的环境类创新人才培养体系构建与实践，培养研究生 500 余名。毕业后从事海绵城市领域相关工作研究生超过毕业总人数 80%，毕业论文研究方向包括城市雨水径流水文调控机理及监测设备、雨水控制利用新材料研发、绿色雨水基础设施优化设计、雨水径流原位促渗减排调控机理、合流制溢流关键设计参数与控制策略、城市雨水激励政策与管控制度、城市排水防涝规划设计及模型模拟、城市道路大排水系统构建、城市洪涝预警预报方法及装备等。培养的学生在全国系统化全域推进海绵城市建设中发挥了骨干作用，培养人才质量获得了高度的行业认可和社会评价。团队获评"北京市高水平科研创新团队""北京高校优秀创新育人团队"和"首都环保先进集体"，为国家海绵城市建设输送了大量急需人才。

结 语

展望未来，北京建筑大学海绵城市建设理论与实践团队将会继续立足于国家和行业发展的重大需求，以问题和目标为导向，通过学科交叉和多元协同，加强产学研用深度融合，为我国海绵城市高质量建设及创新实践型人才培养做出更大的贡献。

北京建筑大学大兴校区雨水花园

守正创新 "追光"前行
——福建福光股份有限公司何文波科技创新团队

　　福建福光股份有限公司是全国首批、福建省第一家科创板上市企业，是福建省混合所有制和军民融合企业的成功典范，是国内最重要的特种光学镜头、光电系统提供商之一，是全球光学镜头的重要制造商。精密及超精密光学产业创新团队是福建福光股份有限公司的一支精英科技创新团队，作为公司主要科研力量，数十年间专注研发，不断创新，研究新技术、开发新产品、探索新需求，科技攻关和成果应用转化取得了显著成效，在推动行业技术进步、产业发展等方面发挥了重要作用，为促进我国光学产业高质量发展提供了重要的人才支撑和技术保障。

团队和带头人简介

　　福建福光股份有限公司何文波科技创新团队（福光精密及超精密光学产业创新团队）（以下简称团队），作为"福建省产业领军团队"，集聚了国家级科创领军人才及光电领域顶尖专家，技术实力雄厚，实践经验丰富，科研成果丰硕。团队攻坚克难，砥砺创新，解决光学前沿"卡脖子"难题，带领公司获得"中国质量奖提名奖"、专精特新"小巨人"企业、"国家技术创新示范单位"等诸多重磅荣誉。团队成员肖维军是技术总工、教授级高级工程师，曾获"全国劳动模范""第十九届中国科协求是杰出青年成果转化奖""福建省首席科技官""福建省优秀科技工作者"等称号，多年来主持和参与完成数百项项目成果。团队成员屈立辉是技术副总工、高级工程师，曾获得"福州市青年科技奖""福建省科学技术进步奖"二等奖等荣誉。团队成员刘辉是光学设计课课长、高级工程师，曾获得"福州市十佳职工发明人""福建省科学技术奖"三等奖等荣誉。团队成员周宝藏是研发部部长、高级工程师，曾获得"福州市十佳职工发明人""福建省专利奖"二等奖等荣誉。团队成员汪建平是销售部部长、高级工程师。团队成员邵东生毕业于北京大学物理系，是检验中心主任、高级工程师。

团队带头人何文波，福建福光股份有限公司党委书记、董事长，研究员级高级工程师、"中国产学研合作突出贡献奖"获得者、国家"万人计划"科技创业领军人才、福建省A类高层次人才、福建省科技创新创业人才。何文波将"国家需要的"作为自身和企业的奋斗目标，带领团队在国家尖端领域做出卓越的贡献。2006年，何文波带领国营八四六一厂（福光股份有限公司前身）

福建福光党委书记、董事长何文波

从一家濒临破产的国有企业在3年内实现扭亏为盈的漂亮转身，并于2019年成为全国首批、福建省第一家科创板上市企业。

瞄准行业前沿，实现技术跨越

在何文波的带领下，团队参与"天问一号""嫦娥探月""神舟"系列等国家重大科研任务及高端装备；承担国家重点研发计划"大科学装置前沿研究"重点专项"高海拔地区科研及科普双重功能一米级光学天文望远镜建设"项目，研制世界最大口径的折射式望远镜；承担多光谱共口径镜头的国家研发探索项目；全球首创大口径透射式光学系统设计及加工技术，国内首创8K、10K、1亿、1.5亿像素超高清镜头，引领安防监控领域超高清视频技术的创新应用，为国防事业、行业技术进步及社会经济发展做出突出贡献。

大口径透射式天文观测镜头的设计与制造技术。达到国际先进水平，大幅提高了我国天文观测、空间目标精确定位的系统探测能力。

复杂变焦光学系统设计技术。率先实现进口替代，拥有二组元到多组元的设计技术，掌握校正特殊二级光谱的设计技术，特别是在高变倍比、长焦距变焦镜头的设计等领域，具备完整的工艺加工流程。相关技术产品获得"福建省科学技术进步奖"一等奖、二等奖、三等奖，"福建省专利奖"二等奖。

多光谱共口径镜头的研制生产技术。光谱范围覆盖面广，包括紫外光、可见光、近红外光、中红外光、远红外光及激光等，同时具备多光谱镜头系统集成技术，突破国外技术封锁，提高无人机光电吊舱等系统性能。

小型化定变焦非球面镜头的设计及自动化生产技术。非球面镜头提高光学性能，解决了大光圈镜头像差补偿、超广角镜头的影像扭曲补偿，以及定变焦镜头的小型化技术，在特种及民用领域均有广泛运用空间。

精密及超精密光学加工技术。球面镜片、非球面镜片、二元曲面、离轴面、不规则透镜和自由曲面（包括红外材料、紫外材料、玻璃材料、塑胶压铸材料等）形状误差可达 0.1 微米，表面粗糙度可达 1 纳米，处于国内先进水平。

专注产品创新，助推行业技术进步

填补产品空白，打破技术垄断。团队研究推出安防监控变焦镜头，打破外国监控镜头领域垄断，实现国产化，保障了国家安防监控产品自主可控。全球首创的大口径透射式天文观测镜头设计与制造技术，填补了我国天文观测、空间目标精确定位系统探测能力的空白。研制的多光谱共口径镜头生产技术，突破国外技术封锁，提高了无人机光电吊舱等系统性能，填补了国内工程化的技术空白。

开展主要关键产品自主创新。团队在国际上首创大口径大视场透射式光学系统的设计与加工技术。在国内实现多个技术产品首创，包括：首创超短焦激光投影电视专用镜头核心组件；首创多点变焦镜头，替代进口产品；首创采用塑料非球面镜片的变焦镜头；全国首创 4K、8K、10K、1 亿、1.5 亿像素超高清镜头。在国内率先实现采用塑料模具结构，制造世界领先的同步聚焦镜头；率先实现光学元件主要加工流程的自动化；率先实现自主工艺技术的全制程镜头自动化生产；率先实现红外光学元件高效加工工艺；复杂变焦光学产品达到国际先进水平。

开展重大项目研究与成果应用。团队承担重大科研项目"火星探测星载系列光学镜头"课题，主要承担中国首次火星探测任务"天问一号"探测器光学系统的研发和生产，覆盖红外、可见光等波段，综合考虑火星探测飞行器的复杂空间环境，需解决耐辐射、环境温差大、飞行环境不可预知等技术问题，目前相关产品已经交付使用。

承担重大科研项目——"大口径空间望远镜改正镜组"课题，根据国家对空间目标探测和编目的需求，研制出大口径的光电阵列。该项目已全部交付使用。承担科技部立项在拉萨建造一台世界最大的米级折射式望远镜研制任务。此项目研制成功后将克服光学系统重量重、光学质量差、复消色差难、视场小、渐晕大、畸变大、相对口径小、加工及装调难等重大难题。团队解决了安防、车载、星载镜头杂光问题，消除镜头杂光，提高产品的成像质量。同时，将大靶面超高清变焦镜头技术转化为民用技术产业化，实现精密光学镜头小型化，高像素，并降低成本，满足民用安防市场对高端产品的需求。团队研制成功三移动组 4K 超高清连续变焦镜头，该镜头不需要自动聚焦可实现变焦全过程画面清晰。

砥砺前行，铸就辉煌

从"神舟飞船"到"天问一号"，从全球首创的大口径大视场透射式光学系统设计与加工技术，到全国首创的 4K、8K、10K、1 亿、1.5 亿像素超高清镜头……凭借雄厚的研发实力和领先的技术能力，福光股份有限公司在光学领域深耕细作，厚积薄发，开创了诸多技术从无到有、从有到优的先河。目前，福光产品已经成为国内一批高精尖重大项目的"眼睛"，上天可"窥探"月宫嫦娥，下海可"远望"五洋鱼鳖！

这些亮眼成绩的背后是潜心光学，十年如一日"追光"而行，攻坚克难，解决一道道光学难题，突破一项项技术瓶颈，在不断地创新中孕育着助推企业发展壮大的团队。

数十年来，这支团队参与了"天问一号""嫦娥探月""神舟"系列等国家重大科研任务，但其中印象最深的一个项目，是全球首创大口径透射式天文观测镜头的设计与制造技术的项目——"近地空间目标监视光电望远镜阵"项目。

这是一个大口径透射式镜头项目，前后耗时近 7 年，光是论证就花了 2 年时间，评审不下 10 次，在当时项目难度可谓"前无古人"。2007 年接到这个项目时国际上已不做大口径透射镜头，全球范围内没有任何同类产品。设计难度系数极高、没有经验可以借鉴、研发周期较长，使得这个项目从一开始就不被看好。这样的研究，需要耗费相当长的时间，以及相当多的精力、人力和物力，这对当时的福光股份有限公司而言并不是小的投入。

何文波依旧坚定无悔。"既然别人没有做出来过，那我们就做第一个吃螃蟹的人！项目需要花多少钱就花多少钱，即使最终失败了，我也认。"何文波强有力的支持和鼓励成了团队成员巨大的精神支持。

为了攻下这个项目，满足技术指标要求，团队核心成员肖维军潜心钻研，埋头苦干，带领团队查询资料，不断创新突破，直至设计出自己满意的作品，并奔波于一次又一次的论证会，按照专家的要求一遍又一遍地优化方案。两年多的时间里，设计修改了不下七八稿。团队成员坚决表态，"我们会全力以赴，确保项目完成！"

2009年，在整个团队的努力之下，"近地空间目标监视光电望远镜阵"第一台样机完成，团队便开始了样机调试。当时普通镜头调试1天就能完成，但是这个项目难度太大，第一个镜头仅调试就花了3个月时间。"因为没有经验可以借鉴，大家就摸着石头过河，在实践中积累技术经验，到了后期1天就可以调试2个镜头。"肖维军记得，由于镜头重达100多千克，每次调试都要动用起吊机，数据出来后镜头拆下修正，完成后再上架重新测试，一次调试就要花近3个小时。道路虽有曲折，前途却是光明，尽管不易，但看着项目一步步平稳推进，团队成员心里充满了成就感。

在对中调试时，大家遇到了一道难题。当时，对中调试想要达到好的效果，必须采用国外设备。然而经费有限，也受限于进口条件，无法采买进口对中仪。怎么办？这时，一个老师傅想出了改造设备自制对中仪的法子。经过摸索，一台简单的对中仪出炉了，但是其中磅秤的测量精度却无法达到要求。何文波绞尽脑汁，冥思苦想。终于有一天，他突然想到了自己青年时从事海产生意时称量用的秤。长期在海水里浸泡过的秤，结构稳固，几乎不受周围环境影响，用做对中仪的磅秤再合适不过了！没多久一台高精度的对中仪自制完成了，在随后的调试中发挥着不可替代的作用。如今，"磅秤"仍在实验室里静静地发光发热，见证着公司光学技术的更新迭代，更见证着福光股份有限公司创新精神的代代传承。

团队带头人何文波与研发人员讨论攻克难关问题

2012年，历经5年时光打磨的"近地空间目标监视光电望远镜阵"完成全部批量生产并联试成功，项目获得了巨大的成功，其中全球首创大口径透射式天文观测镜头的设计与制造技术更是填补了我国天文观测、空间目标精确定位系统探测能力的空白，成为"神舟"系列、"嫦娥探月"等国家重大航天项目的"眼睛"，进一步奠定了公司在国内乃至全球大口径镜头领域的地位。

团队成员在大口径透射式光学系统技术领域深入钻研，敢为人先，不断突破"卡脖子"问题，取得了一个又一个可喜的成绩。

2013年，团队与中国科学院国家天文台联合研发"18厘米宽视场望远镜"项目，该项目为中法天文卫星（SVOM）项目中重要的地基观测设备——地基广角相机阵（GWAC），由36个望远镜组成，项目由中、法两国政府共同投资16亿元，主要目标是观测并描绘宇宙中能量最强的现象"伽玛射线暴"的特征。2017年，团队承担了"900毫米大相对口径中高轨目标探测望远镜研制"项目，同年与福建师范大学等合作的"高分辨率空间探测与工业检测光学系统研制及产业化"项目，获得2017年度"福建省科学技术进步奖"二等奖；2020年，团队承担了科技部立项的全球最大口径透射式天文望远镜项目——"高海拔地区科研及科普双重功能一米级光学天文望远镜"，将为我国下一代望远镜的大视场改正技术奠定坚实的基础，满足我国在天文观测、国家空天安全观测方面的望远镜研制需求。2021年，福光股份有限公司与福建师范大学、中国科学院紫金山天文台联合研发"空间安全预警望远镜研发及应用示范"项目，将针对我国中高轨道空间碎片探测的迫切需要，应对未来的空间安全技术瓶颈问题，研发一款望远镜阵系统，产品将用于国家光电阵建设中。

结 语

新征程上，福光股份有限公司将继续自信自强、守正创新、踔厉奋发、勇毅前行，以"国家需要的，就是我们的奋斗目标"为使命，增强自主创新能力，攻坚关键核心技术，造就拔尖创新人才，加快实现高水平科技自立自强，全力打造中国光学镜头第一品牌，为实现制造强国、质量强国、航天强国，推进中国式现代化贡献科技力量。

深耕零能耗零碳建筑
助力建筑"双碳"目标实现

——中国建筑科学研究院有限公司张时聪科技创新团队

推动建筑行业持续节能降碳,逐步迈向超低能耗、近零能耗和零能耗零碳是全球应对气候变化和极端天气的重要技术路径。世界主要发达国家通过制定建筑领域节能降碳中长期路线图、节能降碳技术体系与关键技术研究研发,快速推动建筑业绿色低碳转型与产业升级。我国建筑运行能耗和碳排放占终端能耗和碳排放的20%以上,以2030年前实现碳达峰为目标,还存在低碳、零碳建筑相关定义不明、技术体系未建立、关键技术亟须研发、建筑节能降碳协同双控技术路线不明晰等关键问题。为解决上述问题,在中国建筑科学研究院有限公司首席科学家、全国工程勘察设计大师、环能院徐伟院长的指导下,中国建筑科学研究院有限公司张时聪科技创新团队(中国建研院环能科技发展中心团队)(以下简称团队)通过长期理论研究和示范工程验证,提出适用于我国能源结构、建筑特点、气候特征和人员使用习惯的建筑节能降碳递进式解决方案,为实现建筑领域碳达峰、碳中和目标提供了重要的技术支撑。

团队和带头人简介

团队以推动建筑和社区"节能降碳双控、主动被动协同、储能柔性适配"为主线,长期开展零能耗建筑、零碳建筑与社区技术体系及关键技术研究,主持(参与)

"十二五""十三五""十四五"国家重点研发计划项目"近零能耗建筑关键技术及技术体系研发""零碳建筑标准研编与技术集成示范研究"等国家级科研项目及课题 15 项。牵头开展亚太经合组织"APEC 零能耗建筑研究项目"等多边及双边国际科研合作 10 项。获得住房城乡建设部"华夏建设科技奖"一等奖 2 项、二等奖 6 项,"北京市科技进步奖"二等奖 1 项,"中国建筑学会科技进步奖"一等奖 2 项、二等奖 1 项,"中国节能协会科技进步奖"一等奖 1 项。团队多名成员作为主要起草人参与编制《近零能耗建筑技术标准》GB/T 51350-2019、《建筑碳排放计算标准》GB/T 51366-2019、《零碳建筑技术标准》(在编)等国家标准 10 项。编制英文专著 3 部、发表科研论文 120 余篇,其中 SCI 论文 33 篇,11 篇论文入选学科前 1% 高被引、高下载论文,累计下载 1.9 万次,被引 532 次。

团队带头人张时聪,博士、研究员,中央企业第四届青联委员,联合国可持续建筑建造专家委员会委员,科技部近零能耗建筑国际科技合作基地副主任,中国建筑学会零能耗建筑学术委员会秘书长,中国建筑节能协会超低能耗建筑分会秘书长,获得"中国能源研究会优秀青年科技工作者""中国工程建设标准化协会优秀青年人才"荣誉称号。2016 年,其博士论文《超低能耗建筑节能潜力及技术路径研究》为我国本领域首部博士论文,提出我国不同气候区超低能耗建筑节能目标和技术路径,现主持"十四五"国家重点研发计划"零能耗居住建筑研究与示范""中瑞零碳建筑项目"等 5 项省部级科研项目。

张时聪研究员

紧盯行业重大需求、科学制定控制指标

建筑行业在应对全球气候变暖问题中有重要作用,建筑能耗占全球终端总能耗的 36%,由此产生的碳排放量占总碳排放量的 40%,世界各国积极应对气候变化,建筑领域净零排放承诺国家不断增多并开展行动,推动建筑节能降碳是行业重大需求,推动近零能耗建筑规模化发展是全球应对气候变化和我国建筑领域实现碳达峰、碳中和的必然发展趋势。

团队构建了适合我国国情的超低、近零能耗建筑定义体系,提出超低、近零能耗建筑的节能潜力与实现技术路径,并通过工程实践完成技术验证,与 2016 年建筑能效水平相比,不同气候区超低、近零能耗建筑一次能源消耗可降低 60%～75%,团队同时提出实现超低、近零、零能耗建筑能耗目标的主被动技术约束指标,纳入我国首部引领性建筑节能标准《近零能耗建筑技术标准》GB/T 51350-2019。团队开展超低、近零能耗建筑长期运行能耗水平追踪与技术后评估研究，开发了基于复杂能源系统下建筑智慧调适系列方法工具，通过能源系统优化调适实现建筑使用率增加20%的同时，系统运行能耗较设计目标再降低20%，运行能耗较同类建筑降低80%以上。

碳达峰、碳中和目标提出后，团队通过构建建筑领域主要政策减碳综合影响评估模型，分析现有政策下建筑领域碳排放的达峰时点、峰值排放和去峰周期，提出我国建筑领域和相关基础设施碳排放于2030年达峰，设定27.5亿吨 CO_2 为控制目标的建议。系统研判我国人口与经济发展、城镇化率与人均住房需求、新技术研发与应用、政策制定与实施效果，明确碳达峰、碳中和目标下建筑领域与单体建筑的低碳技术发展方向及政策需求，完成5省市建筑领域碳达峰路线图研究与制定。《人民日报》特邀团队带头人张时聪研究员撰写文章《释放建筑领域减碳潜力》《加大超低能耗建筑应用推广力度》。

在房地产业高质量发展和打造"好房子"创造高品质生活的目标下，如何科学制定低碳、近零碳、零碳建筑碳排放控制指标，引导建筑和区域降碳是行业重大需求。团队提出了以强制性工程建设规范《建筑节能与可再生能源利用通用规范》GB 55015-2021为基准的低碳、近零碳、零碳建筑碳排放分级控制指标确定方法，规范了建筑碳排放控制指标标准化计算的电碳因子取值方法，提出了适用于5大气候区下4个太阳能资源分区的各类建筑碳排放控制指标建议，明确了绿电交易、碳抵消等非技术措施应用在零碳建筑中的约束方式，成果全面纳入国家标准《零碳建筑技术标准》。

支撑产业提质升级、提升国际话语地位

产业高质量发展是建筑工程规模化推广的行业基础。2013年，受国家发展改革委高技术司委托，团队开展《低碳技术创新和产业化示范工程专项指南》建筑行业板块研究与编写，支撑国家发展改革委会同住房城乡建设部科技司启动建筑减碳重点领域项目征集，最终，结合团队研究结论遴选7个领域的8个建筑行业重大低碳项目，中央直接支持研发经费2亿元，并由住房城乡建设部科技司节能处组织中国建筑科学研究院有限公司成立项目管理办公室，落实项目实施计划。2016年，开展住房城乡建设部《建筑节能与绿色建筑标准体系与实施路径研究》项目，通过建筑节能标准、建筑能效标识、绿色建筑认证等中外比对研究，结合我国建筑节能及绿色建筑标准编制计划，提出"十三五"和中长期发展建议与实施路径，纳入住房城乡建设部标准提升工作计划，支撑住房城乡建设部建筑节能标准体系提升与实施路径制定。

积极开展国际双边多边科技合作，提升本领域国际话语地位。2013年，为支持

APEC 2014 中国年系列活动，能源局批准立项"APEC 零能耗建筑研究"项目，由团队牵头亚太地区 21 个经济体 35 个科研机构联合开展研究，出版 3 部英文专著，在亚太经合组织官网累计下载 1.3 万余次，《中国建设报》专题报道"彰显中国实力，带领亚太迈向零能耗"。2020 年，为庆祝中国瑞士建交 70 周年，住房城乡建设部与瑞士联邦外交部签署《瑞士联邦外交部与中华人民共和国住房和城乡建设部关于在建筑节能领域发展合作的谅解备忘录》，由中瑞双方联合开展"中瑞零碳建筑项目"，本团队是中方负责单位，项目在我国北京、上海、深圳等 10 个城市遴选 10 栋零碳建筑示范工程，以实现零碳排放为目标，由中瑞双方专家联合参与并确认示范工程技术路线和关键技术，示范工程总面积为 40 万 m²，较我国现有水平降低碳排放 50%，平均降低建筑碳排放为 20kg CO_2/m²·a，可节约建筑运行费用 800 万元/年。

"中瑞零碳建筑项目"签约仪式

团队研究成果被联合国政府间气候变化专门委员会（Intergovernmental Panel on Climate Change，IPCC）《第六次气候变化评估报告》等具有社会影响力的著作引用。关于近零能耗建筑、零碳建筑及建筑领域碳达峰等的一系列论文在《建筑科学》、*Energy*、*Energy and Building*、*Advances in Climate Change Research*、*Energy Policy*、*Journal of Life Cycle Assessment* 见刊，在 Web of Science 网站，以"nearly zero energy community"为关键词进行论文搜索，发文量前八位全部为团队负责项目的研究成员。

科研成果集成实践、标杆示范行业引领

完成海南省首个零能耗零碳建筑项目。2022 年，团队承担中国绿发集团"海南淇水湾旅游度假综合体双零咨询项目"，其是中国绿发集团积极践行国家碳达峰、碳

中和目标,推动低碳城市产业发展的缩影。2022年3月团队首次现场勘察,在经历了海南疫情反复、木兰台风过境、文昌海域军演、高温拉闸限电等诸多不利影响因素下,顺利完工并于9月18日通过现场验收,亮相中国绿发集团"'双碳'引领、绿色征程"922品牌系列活动。海南省勘察协会组织专家鉴定结论:本项目是海南省首个零能耗零碳示范建筑,成果对海南省建设国家生态文明示范区和推广零碳示范区建设起到重要的示范作用,成果达到国际领先水平。项目的投入运行标志着海南省"双碳"领域开发技术研究取得重大突破,是响应《海南省碳达峰实施方案》城乡建设重点任务、推动文昌市等地创建一批低碳建筑试点的有力支撑。

完成山西省首个近零能耗示范项目。山西综改示范区由省会太原市和晋商故里晋中市的8个国家级、省级产学研园区组建而成,规划面积600平方千米,是省委省政府落实"建设国家资源型经济转型综合配套改革试验区"这一重大历史使命做出的战略决策,担负着为山西加快转型升级、创新驱动、实现高质高速发展探路领跑的重大任务。新源智慧建设运行总部A座位于山西综改示范区潇河产业园区太原起步区中心区,于2021年6月顺利完工并入住,是山西省首个近零能耗示范项目,采用高性能可调围护结构、温湿度独立控制、智慧监控平台等多项先进技术,建筑综合节能率达到62%,项目集"近零能耗+AAA装配式+绿建三星"于一体,达到国内同气候区近零能耗建筑的领先水平。

完成夏热冬暖地区首个场馆类近零能耗建筑与低碳园区改造实践技术支撑。深圳低碳城会展中心占地4.8万平方米,是惠州、东莞等粤港澳大湾区城市联动的重要枢纽,被规划为深圳市重点发展区域,是龙岗区绿色低碳高质量发展路上的"先行者"。2021年团队承担深圳国际低碳城改造咨询项目,采用120多项低碳技术,实现单位建筑面积碳排放强度较《深圳市近零碳排放区试点建设实施方案》(以下简称《实施方案》)中近零碳排放建筑试点项目54kg $CO_2/m^2 \cdot a$的控制目标降低93%,园区人均碳排放较《实施方案》中650 kg CO_2/人的控制目标降低77%。本项目是国内首个投入运行的近零能耗场馆项目。

结 语

在碳达峰、碳中和目标的指引下,推动建筑节能降碳行业产学研融合发展,打造高品质好房子已经成为行业共识,面向未来,团队将更加坚定地推动零能耗零碳建筑与社区"前瞻性、公益性、国际化"的产学研合作,推动更多零能耗零碳建筑在不同气候区试点示范和规模推广,为建筑领域节能降碳和"双碳"目标的实现做出更大的贡献。

文绿融合　新旧共生
产学研协同保护中国城市

——清华大学张杰科技创新团队

我国城市老旧片区量大面广，现状普遍衰退劣化，是"历史文化自信"与"城市更新"两大国家战略的交汇点。清华大学张杰科技创新团队（清华大学城市保护与更新创新团队）（以下简称团队）对此开展了贯通"区域—城市—片区—建筑"多尺度的、精细化的理论研究、技术研发与工程化应用：从源头上揭示了中国古代聚落空间模型，构建了反映中国历史文化特色的城市保护要素体系；拓展建立了基于城市片区节能形态、既有建筑隐含碳、功能空间关联适配等多因子的评估方法，创建了以数智化为先导的"文绿融合、新旧共生"城市保护与更新设计技术体系。探索出了一条中国特色城市保护体系及多层次保护与更新工程的长期有效技术途径，创新技术水平与工程综合效益在该领域达到国际领先水平。在全球城市保护与更新领域提出了"中国方案"，讲好中国故事，提升了国际影响力。

团队和带头人简介

团队由清华大学牵头,以高校作为技术研发和教学主体,以北京清华同衡规划设计研究院有限公司、北京华清安地建筑设计有限公司、清华大学建筑设计研究院有限公司等大型城市规划与建筑设计机构为实践应用平台。团队秉持"源于工程、高于工程、服务工程"宗旨,致力于攻克城市保护与更新行业的共性关键技术难题,以及高校科研成果距离市场产业化有距离、企业对创新成果转化承接力弱、科技成果整合运营力度弱等科技成果转化不理想的问题,以实践需求端导向对接国家"坚定历史文化自信""城市更新""双碳"等目标。团队各方形成了从创新团队及合作平台建设、示范基地打造、协同流程及技术体系研发到产业化推广的全面紧密合作,建立起创新资源及创新要素高效有序流动、运行机制完善、合作内容丰富、合作形式规范的产学研相结合的技术创新体系、知识产权体系,形成产学研用目标一致、凝心聚力持续发展的合作局面。

张杰教授

团队带头人张杰教授,1985年毕业于天津大学,1991年在英国约克大学高等建筑研究院获博士学位,后回国在清华大学执教至今;2020年获评"全国工程勘察设计大师",2021年荣获"首届中国建造匠心人物",2023年成为中国首位也是目前唯一一位当选"国际古迹遗址理事会终身荣誉会员"的专家。团队以张杰教授为学术带头人、中青年科技骨干为主体,自20世纪90年代至今,30余年紧紧围绕我国城市历史文化保护传承与城市更新领域的重大科技需求,共承担"十三五"国家重点研发计划项目课题、国家自然科学基金项目、国家社科基金冷门绝学研究专项学术团队项目、美国能源基金会项目、住建部科技计划项目、北京市社会科学重大决策咨询项目、江西省经济社会发展重大课题等各级各类重点项目10余项,出版专著20部,发表国内外论文百余篇,主持完成福州三坊七巷、景德镇陶阳里、陶溪川、清华大学南口全国重点实验室基地等全国城市保护与更新领域重大工程70余项。荣获"文化部创新奖"、"中国产学研合作创新成果奖"一等奖、"华夏建设科学技术奖"一等奖、"中国建筑学会科技进步奖"一等奖、"联合国教科文组织亚太遗产保护奖"创新奖与杰出奖,以及"德国国家设计奖"金奖、"英国皇家建筑师学会国际杰出建筑奖"、"美国IDA国际设计奖"金奖、"全国工程勘察设计奖"一等奖、"全国城乡规划设计奖"一等奖、"中国建筑学会建筑设计奖"一等奖等国内外大奖 40 余项。

"以产促学促研""以学研促产"联合创新，传承城市文脉

城市老旧片区具有多历史时期层积、多空间尺度关联的复杂性，现状遗存普遍新旧混杂叠加、功能差、性能低，甚至破坏严重，对其系统全面的保护传承迫在眉睫。与此同时，这些老旧片区亦是国家城市更新战略的重点对象。以往粗犷式增量发展也遗留了诸多问题，简单的"大拆大建"割断了城市文脉与记忆，大量建筑过早拆除造成资源浪费和环境污染，老城区功能与设施环境长期得不到重视和改善、品质低下等，亟待落实"适用、经济、绿色、美观"的新时期建筑方针，提升功能品质。

团队通过"以产促学促研""以学研促产"的联合模式，针对城市保护与更新领域历史文化遗产保护利用不充分、存量与新建空间环境综合规划设计方法欠缺、产业功能定位"程式化"、非标状态既有建筑改造提升缺乏统一标准等共性关键技术难题，进行技术研发和产业化实践，成效巨大。

例如，我国存量老旧街区、老旧厂区中含有大量代表着中华优秀传统文化、革命文化与社会主义先进文化的载体，但长期服役后，文化价值载体濒临灭失、整体人居环境品质衰退严重。如何充分保护、充分利用、进行新旧结合的综合规划设计，是广大规划设计单位在城市保护与更新实践工作中长期面临的瓶颈。针对这一难题，企业与高校联合开展文化遗产保护与城市空间环境综合提升技术研发，将包含教师、学生、设计师在内的 100 余人的相关实践经验凝练和创新，形成了国家社科基金中华学术外译项目《中国古代空间文化溯源》、"十三五"国家重点图书出版规划项目《历史城市保护规划方法》等专著，主编《城市老工业区功能提升技术规程》T/ASC 25-2022、《老工业区工业遗产保护利用规划编制指南》T/UPSC 0009-2021、《民用建筑用固体氧化物燃料电池热电联供系统安装设计与工程安全技术规范》T/ZHFCA 1006-2023 等团体标准，以及《济南商埠区街道设计导则》《福州市历史建筑保护利用系列导则》等多部应用于地方的技术标准，开发相关调研、分析、管理的数智化技术，申请或授权专利、软件著作权 20 余项，相关技术被纳入国家标准，推广至全国指导相关工作。

自 2008 年起，团队在美国能源基金会项目、低碳能源大学联盟资助项目、清华大学自主科研计划课题等资助下开展节能城市设计方法研究，与美国麻省理工学院、英国剑桥大学、德国慕尼黑工业大学及重庆大学、上海交通大学等在北京、济南、太原、上海等地陆续开展联合教学工作坊。基于 SEM 结构方程建模计算及全国 286 个地级以上城市的全样本实证，得出节能空间环境形态量化测度指标，出版专著《节能

城市与住区空间形态研究》，发表 SCI 及中文核心期刊等论文 20 余篇，直接培养毕业博士、硕士研究生 10 余人。研发遗产保护要素与空间环境节能因子结合的更新规划设计方法，指导了景德镇等工业遗产地保护与更新项目实践。

随着移动通信网络的大规模部署，移动互联网得到全面发展，这一新兴技术为城市更新领域借助大数据进行更为量化精准的定位辅助分析奠定了基础。团队立足"十三五"国家重点研发项目课题"既有城市工业区功能提升与改造规划设计方法研究"开展相关研究，研发基于时空数据分析的多尺度空间环境与产业功能更新适配技术，有效解决了景德镇、重庆、昆明、南昌等地的城市在更新规划设计实践工程中"程式化"地套用标准而脱离地方实际的难题。开发了"全国老旧厂区更新数据平台"软件，发明"基于数据容器的老旧厂区功能提升的数据分析方法和系统""一种面向老旧厂区更新及运营监测用的数字化展示装置"等专利，发表 *Nature* 子刊等 SCI 和中文核心期刊论文 10 余篇，直接培养毕业研究生 5 人。

三坊七巷保护与更新后局部院落鸟瞰（拍摄：贾玥）

"产学研"一体化推广城市保护更新，彰显城市特色

广州具有两千年城建史，也是我国当代国家级中心城市之一。其城市保护与综合发展是国际性难题。团队在张杰教授的主持下，早在 2003 年就启动工作，投入了大量研究生与规划设计师，历时 10 余年，开展了跨越"市域—城区—街区—建筑"多

尺度的深入研究，率先建立了反映中国历史进程的多维度价值评估指标体系及整体保护方法，提出保护广州"山水城田海"的特色区域格局、自然与人文相交融的城市风貌与保护要素体系，制定了与战略发展规划相结合的空间保护策略，是我国首个在20年前就实现保护传承工作"空间全覆盖、要素全囊括"目标的规划。这一工程不仅推动了系列地方法规的制定、广泛的公众参与及遗产活化利用、综合环境整治等工作，也影响了我国城市保护体系的建立与国家技术标准的制定。

福州三坊七巷历史文化街区有"里坊制活化石""明清建筑博物馆""一片三坊七巷、半部中国近现代史"的美誉，但曾一度破败不堪、面临被整体拆除的危机。团队针对城市文化展示交流的迫切需求、"以用促保"的现实需求，通过深入历史文化挖掘与研究，将历史文化空间特色与新功能进行适配设计，塑造文化空间，实现了500余个院落物理空间环境残值的再利用，以及古城老旧片区土地利用价值的激活和提升。开辟了我国首个城市开放社区博物馆，推动了民生改善与文化产业发展。有力支撑了三坊七巷被列入首批中国十大历史文化名街、中国世界文化遗产预备名单、福建省唯一一个城市内的国家5A旅游景区。保护与更新后的三坊七巷2016年累计接待境内外游客超1090万人次，主营业务收入超7000万元。

景德镇陶溪川街区原为计划经济时期建设的宇宙瓷厂、陶瓷机械厂等若干个具有代表性的国营老瓷厂集群，在国企改制重组的背景下，瓷厂生产、生活一体化的组织形式逐渐解体，以瓷厂为中心的街区也走向衰败。团队针对这一我国老工业城市的普遍难题，进行了广泛而深入的工业遗产保护、既有工业建筑功能与性能提升等理论研究与技术研发。通过环境提升与产业功能更新设计，将原废弃的工厂转化为包含40余种文旅、商业等业态的功能混合区；以文化产业创新扩大就业渠道，汇聚2万余"景漂"、142家文化企业，成功孵化创业实体2600余家，带动上下游就业6万余人，园区每年客流量达300万人次。街区更新后激发的陶瓷产业销售、文化企业及创业实体经营收入、文化展示及文旅收入等，近三年总营收近60亿元。在陶溪川的推动下，景德镇陶瓷直播电商年交易额超70亿元，微博、小红书中"陶溪川"话题浏览量累计达5000万次。2024年清明小长假期间，景德镇占据了旅行消费目的地热度涨幅的榜首，同比上涨331%。街区成为国内外老旧工业区高质量转型发展样板，被列入"景德镇国家陶瓷文化传承创新试验区"重点工程，荣获住房和城乡建设部"城市双修产业升级与园区整合规划示范验本"、文化和旅游部"首批国家级夜间文化和旅游消费集聚区""首批国家级文化产业示范园区"、中央台办"海峡两岸青年就业创业基地"等多项国家殊荣。在全过程产学研紧密合作的模式下，这一工程还被列入"十三五"国家重点研发计划项目示范基地，作为全球经典案例，被纳入哈佛大学、都灵理工大学等知名院校课程，向世界讲好新时代中国故事。

景德镇陶溪川街区示范区保护与更新后实景（拍摄：曹百强）

结 语

　　团队依托清华大学国家遗产中心及联合国教科文组织文化遗产保护规划与社会可持续发展教席、中国建筑学会城市设计分会和工业建筑遗产学委会、中国城市规划学会历史文化名城规划学委会、中国工程建设标准化协会城市更新分会等国内外教学、科研与学术交流平台，聚集整合高校多学科交叉、专家、师生和企业项目、软硬件等资源，旨在攻克城市保护与更新行业共性关键技术难题、市场竞争和人才培养需求。团队合作模式创新在于，先通过产学研联合体服务于政府、城投平台、产权主体等城市管理与开发建设的一级对象，再通过实施项目传导服务于文化企业、创客人群、周边社区、文旅消费群体等二级受众，逐级反馈至研发端、教学端进行技术迭代更新，形成可持续良性循环互动机制。真正实现了以城市为科技创新的"实验室"、"把论文写在祖国大地上"。

　　面向未来，团队将坚持走产学研深度融合的科技创新道路，为高校学科建设、人才培养及企业的技术研发与工程产业化注入源源不断的新的活力，为祖国城市保护与更新领域的发展贡献力量。

挑战矿产资源输送"科研盲区"
为"一带一路"送去中国方案
——力博重工科技股份有限公司张媛科技创新团队

矿产资源是"工业粮食",能源资源安全乃"国之大者",长距离带式输送装备是打通"工业运粮咽喉通道"的不可替代的重大装备。力博重工科技股份有限公司张媛科技创新团队(以下简称团队)在张媛教授的带领下,常年深耕于矿产资源输送高端装备行业一线,既勇于创新又注重转化。他们大力弘扬胸怀祖国、服务人民的爱国精神,勇攀高峰、敢为人先的创新精神,追求真理、严谨治学的求实精神,淡泊名利、潜心研究的奉献精神,集智攻关、团结协作的协同精神,甘为人梯、奖掖后学的育人精神,肩负起历史赋予的科技创新重任,针对解决我国战略性矿产资源输送中的"卡脖子"问题,从理论、方法、技术、装备上建成了矿产资源输送高端装备自主可控的技术体系,用科技创新成果打破了一个又一个国外技术垄断,大大提高了我国矿山输送装备在国际上的地位,在本领域为"一带一路"建设提供了坚强的支撑。

团队和带头人简介

团队带头人张媛，二级教授，博士生导师，现任力博重工科技股份有限公司（以下简称力博）副董事长，系国家级重点人才工程专家及有突出贡献专家、享受国务院政府特殊津贴，获"中国产学研工匠精神奖""齐鲁杰出人才提名奖""齐鲁最美科技工作者团队负责人""山东省有突出贡献的中青年专家""山东青年五四奖章""山东省高端智库专家""'科创中国'试点市建设引领人物"等荣誉。

张媛教授是我国矿山输送装备领域杰出的创新创业领军人才，主持国家重点研发计划课题、中央引导地方科技发展资金项目、山东省重点研发计划等省部级以上科研项目10项；制定国家、行业标准5项；获2019年"国家科学技术进步奖"二等奖、"山东省科技进步奖"一等奖、"中国机械工业科技进步奖"一等奖、"中国煤炭工业科技进步奖"一等奖等省部级以上科技奖励14项；申请专利100余项，发表论文20余篇。她带领团队与澳大利亚纽卡斯尔大学、中国矿业大学、华中科技大学、北京航空航天大学、太原理工大学、山东科技大学等十几家高校和科研机构建立了长期稳定的合作关系，通过产学研协同创新实现了高水平的科技自立自强，打破国外技术垄断，引领了行业科技进步。

力博重工副董事长张媛教授

齐鲁最美科技工作者

团队二十余年来立足经济主战场、面向国家重大需求开展了一系列的艰苦攻关，先后攻研了制约行业的空间转弯、永磁直驱、安全保障等多项关键核心技术，团队研发的重大技术成果100%实现转化，广泛应用于国内外矿山资源输送重点工程。团队获"2019年国家科学技术进步奖"二等奖、"第五届中国先进技术转化应用大赛"铜奖、"2023年'科创中国'专利信息创新应用大赛"全国特等奖、"山东省科技进步奖"一等奖2项、"中国机械工业科学技术奖"一等奖等科技奖励43项；团队荣获"2023年齐鲁最美科技工作者"。成员荣获多项国家级高层次人才称号及"中国产学研工匠精神奖""中国技术市场协会金桥奖突出贡献个人奖""山东省科学技术青年奖""全国党员干部现代远程教育'全国优秀电教片展播'榜样""山东省五四青年奖章""山东省巾帼建功标兵""山东省杰出工程师""齐鲁巾帼科技创新之星"等。

创新点

团队通过自主创新，突破了制约矿山长距离大运力带式输送系统设计关键技术、状态监测技术和安全保障技术等关键共性技术难题，实现了大型带式输送系统的国产化。

创新点1：研发了长距离大运力带式输送系永磁电机直驱、沿线张力分布式可控、空间转弯等本体关键技术，解决了传统大型带式输送系统起动力矩小、冲击大、张力波动大等问题；建立了输送系统转弯段运行参数设计体系，确定了三维空间转弯输送系统的受力分布规律，研制了适应不同转弯半径的自适应调节托辊组，确保了输送带不同空间转弯半径下的自动调整和稳定转向，实现了高强输送带的小半径转弯，增强了对矿山复杂地形的适应能力。

创新点2：研发了长距离大运力带式输送系统控制与监测技术，提出了集中驱动+多点分布式驱动的主从控制模式，实现了长距离大运力带式输送机转矩精确分配和转速实时同步；通过对上运、下运、起伏和空间变向等复杂工况进行状态辨识和负载跟踪控制，避免了控制不合理导致的超速、叠带、飘带和断带问题。实现了输送系统的自适应控制、实时自主巡检和事故预警，提高了输送系统运行的安全性与可靠性。

创新点3：研发了长距离大运力带式输送系统安全保障技术，解决了输送带反弹控制、物料防滚滑、断带抓捕保护等难题，为大型带式输送系统的重载高速运行提供了安全保障。实现带式输送机大倾角上、下运可靠运输，有效地防止因物料滚滑而造成的输送带磨损及沿线撒料、伤人等事故，提高了安全性，延长了使用寿命。开发的断带抓捕装备实现了上下带的全断面同步可靠抓捕，避免误动作和输送带抓捕等问题。

力博一带一路示范工程：越南蓝河水泥集团（VISSAI Group）码头到厂区的永磁驱动长距离转弯输送机

团队开发的具有自主知识产权的长距离大运力带式输送系统在国内煤炭、建材、冶金、电力等行业实现了大规模产业化，支撑了国家重点建设千万吨矿井——斜沟煤矿、中建材集团四川利森建材有限公司石灰石矿山、国家"西电东送"重点工程——华能集团公司龙开口水电站等国家重点工程建设。并出口到俄罗斯、巴基斯坦、刚果金、塞尔维亚、塞拉利昂、越南、印度、美国等几十个国家，为国家"双碳"目标和"一带一路"建设提供了坚强的支撑。

力博科技创新团队研发的长距离下运弯曲带式输送机应用现场

突出业绩

团队携"绝技"创办高新企业，贡献多个智能节能重磅新品。

传统带式输送系统采用多条输送机接力方式，转载次数多、故障多，污染大；大坡度、大转弯地形条件下采用汽车运输方式，增加了运输距离和道路建设投资，生态环境破坏严重，安全问题频出，无法满足国家建设大型现代化绿色矿山的战略需求。团队攻克了矿山输送高端装备产业链多项核心技术，突破了长距离大运力带式输送系统永磁电机直驱、沿线张力控制、空间转弯和安全保障等共性关键技术难题，研制出复杂地形下长距离大运力带式输送机，获得了"国家科学技术进步奖"二等奖；开发出了带式输送系统大功率永磁电机直驱技术并实现应用，解决了传统异步电机加中间传动环节的驱动方式存在的起动困难、冲击大、效率低、能消耗大和维护烦琐等难题，并不断刷新、升级技术，累计销售5000余套产品，有力地推动了国家矿山输送装备智能化升级。

团队创业近20年来，已经贡献出多个行业领先重磅新产品，助力力博成长为我国矿山散料物流输送行业规模大、产业链条长的国际化企业，我国矿山输送装备行业领军企业，世界大型的带式输送机研发制造基地，荣获"2021 年国家制造业单项冠军示范企业""2021 年中国重机行业'专精特新'冠军企业""2020 年国家绿色工厂""2023 年国家知识产权优势培育企业""2019 年中国产学研合作创新示范企业""2021 年中国重型机械行业'十三五'科技创新标兵企业""2022 年中国煤炭机械工业 50 强企业""2020 年工业和信息化部工业企业知识产权运用试点企业""2020 年全国煤炭工业社会责任报告发布优秀企业""2022 年山东省'十强产业雁阵形集群'领军企业""2021 年山东省科技领军企业""2021 年山东省技术创新示范企业""2021 年山东省瞪羚企业""2020 年山东省高端装备产业 10 强企业""2021 年山东省民营企业创新 100 强""2022 年山东省知识产权优势培育企业"等荣誉。

团队建设了"四链"融合的力博创新研究院、国家博士后科研工作站、山东省新型研发机构、山东省绿色智能矿山输送装备工程研究中心、山东省企业技术中心、山东省带式输送机电工程技术研究中心、山东省绿色矿山输送高端装备产业知识产权联盟等二十余个创新平台，打造了颇具特色的"开发原创成果→形成自主知识产权的矿山输送装备技术体系→制造国际领先水平的高端装备→用于国内外重大工程→孵化国家制造业单项冠军、国家专精特新"小巨人"企业→促进产业升级发展→助力国家战略"的产业报国模式，为我国矿山输送装备产业高质量发展做出了杰出贡献。

团队创办的山东省新型研发机构——力博工业技术研究院（山东）有限公司，瞄准了攻关"卡脖子"技术和科技成果转化难题，打造了一个集人才、项目、科研、产业、教育于一体的国际化、开放式创新创业生态系统，连续 3 年山东省绩效评估获"优秀"。

团队以市场需求为导向，在巩固扩大各种矿山装备市场份额的同时，拉长产业链条，创造出"资本＋产业""建设＋运营服务"的多元化、国际化发展的新商业模式，将新型研发机构建成一个独具特色的"原创科技的策源研究院、行业技术进步的促进研究院、国际一流的创新研究院"。2023 年力博承担了"十四五""战略性矿产资源开发利用"国家重点研发计划和山东省重点研发计划（竞争性省级创新平台）专项。

团队积极响应国家"一带一路"倡议，不断推动产品向高端化、智能化、绿色化、服务化转型，远销亚洲、欧洲、北美洲、非洲等，改变了国外客户对"中国制造"低价低质的偏见，树立了"中国造，高科技"的新形象，多个海外项目成为"一带一路"典范工程。力博获评为"2021 年'科创中国'试点市建设示范平台"。

典型案例

挑战科研"无人区"，立志科技自立自强，摘取"国家科学技术进步奖"二等奖。

带式输送是煤炭、金属与非金属等矿山物料运输的主要方式。但传统带式输送系统难以适应复杂地形下的长距离大运力物料输送的要求。团队瞄准科研"无人区",从基础理论到技术研发,再到工程应用,用十几年的青春芳华换来了国家战略急需的重大装备诞生,摘取了2019年度"国家科学技术进步奖"二等奖。

院士、专家评议认为:这一项目突破了长距离大运力带式输送系统永磁直驱、沿线张力控制、空间转弯、安全保障等共性关键技术难题,达到了国际领先水平,引领了我国带式输送行业的技术进步。

上述成果在很多国内外重点工程上成功应用,做出多个亮点示范工程,支撑了国家"双碳"目标和"一带一路"建设。

走遍"一带一路",贡献中国方案解决世界难题。

"一带一路"沿线已探明煤炭、铁、铜、铝、稀土等百余种资源,散料输送需求巨大。

团队的足迹遍及亚洲、欧洲、非洲等十几个国家的几十个矿山项目,在攻坚克难中一次次刷新"中国方案"的技术高度。在印度国企 Adriyala 煤矿,他们解决了世界上单机驱动数量最多的带式输送机的控制技术问题;在巴基斯坦萨希瓦尔燃煤电站,他们的带式输送系统成为核心产品之一,被巴基斯坦时任总理授予"杰出成就奖""中巴经济走廊第一个竣工项目"至高荣誉称号;为塞尔维亚 RTB BOR 铜矿项目提供了输送机,该工程受到该国总统武契奇的赞誉,称:"这是中国企业投资塞尔维亚的典范!"

结 语

"国之所需乃吾志所向,服务国家矿产资源,让中国力博的输送机满世界转动,是我们的使命。"家国情怀,初心使命促使张媛教授团队面向世界科技前沿,面向经济主战场,面向国家重大需求,面向人民生命健康,不断向科学技术广度和深度进军,探索"科研盲区",投身产业报效国家,为我国绿色低碳发展战略、资源保障、能源安全的短板技术持续攻关,支撑"一带一路"这条造福世界的幸福之路铺得更宽更远。力博这支国内一流的科技创新团队有信心、有意志、有能力登上科学高峰,为实现中华民族伟大复兴、为推动构建人类命运共同体做出应有的贡献。

自主创新
解决核电站泵技术"卡脖子"难题
——上海阿波罗机械股份有限公司陆金琪科技创新团队

秉着"创新是引领发展的第一动力""抓创新就是抓发展,谋创新就是谋未来",上海阿波罗机械股份有限公司陆金琪科技创新团队(以下简称团队)锐意进取,不断创新,先后研发出百万千瓦级压水堆核电站混凝土蜗壳海水循环泵、核电站海水循环泵,彻底解决了核电站泵技术"卡脖子"难题,实现了我国新一代核电机组设备设计自主化、制造国产化,提高了我国核电设备的自主研发、产品设计和加工制造能力,降低了设备价格及核电站的建设成本和运营成本,多项成果填补了我国核电水泵行业空白,为国家培养了一批掌握国际先进核泵技术的研发、制造及管理人才,不仅带动了上下游产业链的技术进步,也带动了国内双相不锈钢铸造、大型立式行星齿轮箱、大型立式电机等相关配套企业迅速发展,提升了我国核设备产业的整体水平和核心竞争力。

团队和带头人简介

在2006年前,海水循环泵的重要技术全部受控于国外厂家,研发"自主设计、自主制造、自主建设、自主运营"的泵技术势在必行。为此,2006年上海阿波罗机械股份有限公司（以下简称上海阿波罗）联合原核工业第二研究设计院、江苏大学等国内科研院所及配套厂家建立由陆金琪挂帅的产学研自主创新团队，开展海水循环泵国产化的研制工作。经过2年多的奋斗努力，团队终于完成首个核电站重要非核级泵的样机研制。2008年11月28日，由国家能源局、中国机械工业联合会在上海组织召开了《百万千瓦级压水堆核电站混凝土蜗壳海水循环泵样机鉴定会》，会议确认该泵组适用于百万千瓦级压水堆核电站，其重要技术指标达到了国外同类产品的先进水平，可替代进口产品。

2008年12月28日，公司与中核签订了百万千瓦级压水堆核电站混凝土蜗壳海水循环泵的第一份国产化合同——福清核电站1#、2#和方家山核电站1#、2#机组共计8台循环泵的供货合同，逐步发展成为中国核电重大装备自主供货的关键核心战略供货商之一。2008年至今，团队已累计为国内外核电站100台海水循环泵提供了设备研发、现场技术服务。

2022年3月10日，团队研发的"核电站海水循环泵关键技术研究及工程应用"通过中国机械工业联合会与中国通用机械工业协会组织的成果鉴定。运用这一技术，团队陆续为国内核电站进行了各类大小改进和改造项目50余项，彰显了其在海水循环泵技术上所拥有的强大综合实力。陆金琪提出必须搞"设备+数字化"，基于这一创新成果，2021年3月与中核集团华龙一号总设计师邢继团队合作开展科技部重点研发计划219课题"网络协同制造和智能工厂"重点专项——"数据驱动的制造企业智能决策技术与系统"项目核电泵类设备智能诊断，通过团队几个月的共同努力，在同年11月完成了该课题的验收评审，通过该课题的研究，将帮助核电检修人员提供在复杂工况下及时做出正确判断、采取正确措施，最终实现提前预报故障，及时诊断故障原因并预测故障发展，同时提供精准的应对措施建议，显著提高所有核电站的安全性。基于该课题，上海阿波罗与西安交通大学成立了超级装备AI4S（AI for Science）高能级创新研究院，目前该项目已在福清5号机组部署，运行良好，开启了解决世界级难题——高可靠性顶级装备求解易损件疲劳寿命曲线的先河。

团队研发的"核电站混凝土蜗壳海水循环泵"，拥有授权发明专利5项，实用新型专利15项，相关软件著作8项。先后被评为"国家重点新产品""上海市首台重大技术装备""上海市优秀发明金奖""最具自主创新能力企业成果"，并荣获2022年"上海知识产权创新奖"三等奖、"中核集团科学技术奖"特等奖——中国自主三代核电技术华龙一号首堆工程、2022年度"机械工业科学技术奖"二等奖、2022年度核能行业协会"科学技术奖"二等奖，跻身"国家火炬计划""上海市科技创新行动计划（先进制造领域）"。

团队带头人陆金琪，中共党员，高级工程师，目前是上海交通大学在读博士，为上海阿波罗机械股份有限公司法定代表人、董事长、总经理及中国核能行业协会副理事长、上海市国防教育基金会理事、国家能源核电站核级设备研发中心学术委员会委员。其创新成果曾获"2020年上海市工匠"、"2009年全国机械工业劳动模范"、"2009年上海市科学技术奖"三等奖、2010年"国家能源局科技进步奖"一等奖、2022年度"机械工业科学技术奖"科技进步二等奖、2022年度"中国核能行业协会科学技术奖"二等奖、"上海市第四届知识产权创新奖"专利三等奖及2010年、2011年、2015年"中国核能行业协会科学技术奖"三等奖等奖项。负责起草多项团体标准，授权发明专利38项，发表论文10余篇，培养了高级工程师13名，中级工程师20余名。他提出必须构建创新型研发体系基础研究到技术开发再到工程应用的上海范式，凝练国家需求，凝练科学问题—技术问题—工程问题，用人工智能方法解决重大装备疲劳寿命曲线，打通科学到工程的"最后一公里"。

上海阿波罗陆金琪董事长

团队创新点：抽芯结构，泵力澎湃

海水循环泵为核电站三回路"心脏"，其功能是向汽轮机的凝汽器和辅助冷却水系统提供必需的冷却水。循环水泵属于大型设备，核电站每台机组通常配备两台循环水泵同时工作，无备用泵，该泵的稳定可靠运行对于核电站的经济性和安全性极为重要。

核电站海水循环泵组由混凝土蜗壳、叶轮、行星减速齿轮箱、电机、润滑系统、辅助设备管道及阀门仪表组成，进水流道和泵蜗壳采用混凝土浇筑而成，内有上、下预埋件和分水角。采用水泵水轮机设计技术，叶轮、主轴、导轴承、泵盖、齿轮箱、电机等部件，采用可抽芯结构直接从泵体内抽出。

创新点一：高效率水力模型的设计技术

通过 ANSYS 有限元 CFD（计算流体动力学）流场分析，利用小比例模拟件的反复试验验证，将试验数据导入 CFD 有限元分析软件进行寻优迭代计算，掌握了高效、超低汽蚀余量水力模型的设计方法，开发出了可应用于核电站循环系统海水循环泵的优秀水力模型。

创新点二：超大直径异形薄壁双相不锈钢叶轮铸造技术

双相不锈钢叶轮（直径 1900～3200mm）铸造关键技术在于叶轮尺寸、化学成分、机械性能、相比例、点蚀当量等方面，国内从未生产过，国外仅芬兰一家供应商。

经过大量的调研工作和工艺论证，2008 年 6 月成功完成了首个叶轮的铸造，并安装在循环水泵样机上参与验证试验。

创新点三：大功率行星齿轮减速箱

齿轮箱与电机的输入方式采用鼓形齿联轴节（柔性联轴器），齿轮箱与泵采用直联方式（刚性联接）。

齿轮箱主要由输入联轴器、行星包、组合轴承、箱体、输出联轴器及润滑油站等组成。根据装置使用场合要求及结构特点，该减速箱的主要技术关键有以下几点。

- 大型内斜齿轮精密加工。
- 立式装置的密封。
- 高精度齿轮和箱体加工。
- 齿轮和滑动轴承的润滑冷却等。

创新点四：核电站海水循环泵变频技术

变频技术的主要原理是通过变频器输入变频信号给海水循环泵，使得海水循环泵实现转速调整。目前可实现调频范围为 32.8～50Hz，关键技术如下。

- 准在线切换功能的控制系统双冗余控制技术。

变频系统建议设置旁路和冗余配置，以满足核电工程高可靠性的要求。

在变频装置发生故障时，可以利用旁路功能将电机电源从可变频电源紧急切换到厂用工频电源，使系统以固定的转速运行，将对生产的危害降低到最小。

- 低压穿越技术。

每个功率单元的母线电压通过光纤上传至主控系统。

功率单元电压低于某一限值时，动能缓冲低电压穿越（LVRT）功能激活，限值转矩输出值，通过转矩输出限值，进入动能缓冲模式，维持功率单元母线电压，电网恢复，母线电压恢复至设置值后，动能缓冲低电压穿越（LVRT）功能退出，正常调速，实现低电压穿越功能。2.3%～40% 电网电压下降可长期降额运行。

- 海水循环水泵的转速优化控制技术。

目前，海水循环冷却水泵的流量控制是按照季节进行控制的，不同的季节，由于海水温度变化和海水潮位变化等，系统所需冷却水量不同，因此可通过调整循环水泵电机转速，达到调节系统冷却水量作用。

根据海水温度和负载工况，采用系统的转速优化控制技术，确定系统冷却水量进而得出循环水泵所需转速，换算至变频装置所需频率，实现系统冷却水量最优，从而达到循环水泵节能降耗。

团队典型案例：紧跟用户需求不断迭代进化

2008年11月通过鉴定的循环水泵样机为定频驱动循环水泵，应用于福清1/2、方家山1/2、福清3/4、防城港1/2、田湾3/4、海南1/2、陆丰1/2、徐大堡1/2。

2011年，为满足用户节能需求，开发了变频驱动循环水泵，应用于田湾5/6。

2013年，为满足三代核电技术堆型安全需求，开发了"华龙一号"机组循环水泵，应用于福清5/6、漳州1/2、海南3/4、防城港3/4、三澳1/2、惠州太平岭1/2；VVER（水－水高能反应堆）机组变频驱动循环水泵，应用于田湾7/8、徐大堡3/4。

2015年，团队负责了巴基斯坦卡拉奇K2/K3核电的海水循环泵项目，2023年2月2日，巴基斯坦举办卡拉奇核电站3号机组（K3）落成仪式，该核电站是我国自主研制三代核电站华龙一号出口巴基斯坦2台百万千瓦机组，建成后正式交付巴基斯坦，这标志着进入21世纪以来中国核电"华龙一号"走向世界实现了重大飞跃，是推动构建人类命运共同体和"一带一路"倡议走深走实的坚实行动。

2015年，为满足用户特殊参数设计需求，开发了电机直连循坏水泵，应用于示范快堆1/2项目。

结 语

核泵的国产化为我国节约了大量外汇，降低了设备价格，提高了我国核电设备的自主研发、产品设计、加工制造能力，降低了核电站的建设成本、运营成本，填补了我国水泵行业的空白，也为上海阿波罗带来了可观的经济效益。2015年6月上海阿波罗成功登录新三板，成为新三板上炙手可热的纯核电概念"第一股"。2022年8月，上海阿波罗获得了中华人民共和国工业和信息化部专精特新"小巨人"企业，2023年获得了国家级知识产权优势企业、绿色工厂示范企业，这是国家对阿波罗多年深耕核电细分领域在自主创新、科技成果转化、市场占有率等方面取得了实质性成果的认可和鼓励。陆金琪将带领团队继续坚持走专精特新发展之路，充分挖掘和释放企业创新发展潜能，努力为提升我国核设备产业的整体水平和核心竞争力做出更大贡献。

洪涝共治谱水治理新篇
全流域协同筑水安全网

——珠江水利科学研究院陈文龙科技创新团队

暴雨洪涝灾害与水生态环境损害是当前最突出的城市水问题，人口密集、产业集聚的高密度城市尤为显著。在全球气候变化和强人类活动干扰下，城市洪涝污问题受自然和社会双系统共同影响、共同作用，呈现"洪涝同源、洪涝致污、洪涝污交织"的特点，增加了水治理的难度和复杂性。因此，如何实现经济、低碳、高效、系统治水，就成为行业和社会广泛关注的焦点。

水利部珠江水利委员会珠江水利科学研究院陈文龙科技创新团队（以下简称团队）面向国家水利重大战略需求，提出了"多学科融合、宏中微并重、产学研协同"的发展思路，宏观上以理论创新推动行业进步，中观上以观念创新支撑行政决策，微观上以技术创新服务社会及市场需求，积极探索、勇于实践，持续聚焦城市洪涝治理、水环境治理与水生态修复、洪涝污协同调控三大研究方向，在机理研究上取得了重大进展，在治理理论上取得了重大创新，在技术研发应用上取得了重大突破，有力推动了高密度城市水问题治理领域的理论进步和技术发展。

团队和带头人简介

团队集聚了水利部科学技术委员会委员、水利部科技英才、水利部青年拔尖人才等一批高层次人才近 50 人，聘请城市水文、水环境治理与水生态修复、水力学及河流动力学等学科领域具有深厚学术造诣和丰富实践经验的夏军院士、杨志峰院士、唐洪武院士为团队顾问，以学科交叉融合、人才优势互补赋能科技创新，先后与河海大学、中山大学、华为等全国著名高校、企事业单位签署战略合作协议，开展深度合作、联合攻关。团队还积极充当粤港澳大湾区各级水行政主管部门参谋智库，在水问题治理方面为广州、深圳等现代化高密度城市提供全方位技术支撑。

团队带头人陈文龙，二级正高级工程师，水利部科学技术委员会委员，博士生导师，现任珠江水利科学研究院院长、中国产学研合作促进会粤港澳大湾区水安全保障协同创新平台理事长。他长期从事城市洪涝灾害防御、水环境治理与水生态修复、河流河口治理等领域研究，创新性地提出了"洪涝共治"的城市洪涝治理理论、"中医思维"水生态修复理念、"先泥后水"水环境治理模式，以及粤港澳大湾区水安全协同调控理论框架，产生了广泛的社会影响。他先后主持或主要参与国家和省部级重大科技项目 80 余项，获省部级科技奖励 8 项，出版代表性著作 8 部，发表学术论文 30 余篇，授权国家发明专利 20 余项。近 3 年来，他主持了国家科技基础资源调查专项《西江流域水资源与生物多样性综合科学考察》、水利部重大战略科技项目《珠江河口治理和粤港澳大湾区水安全保障战略研究》等项目，以第一完成人完成的《粤港澳大湾区高密度城市暴雨洪涝系统防治关键技术与装备》获 2021 年度"大禹水利科学技术奖"一等奖第一名，以第一完成人完成的《城市河湖污染底泥处理与资源化利用关键技术及应用》获 2021 年度"中国产学研合作创新成果奖"一等奖，以第一作者在《水利学报》等水利行业顶级期刊发表代表性学术论文 5 篇，有 2 篇论文被刊登于"学习强国"平台，其核心观点由中国科协呈送中共中央书记处参阅。

珠江水利科研院陈文龙院长

宏中微并重，系统创新结硕果

长期以来，高密度城市普遍深受暴雨洪涝灾害困扰，且城市洪涝高标准设防与城市用地紧张两者之间矛盾突出，传统"水利不上岸、市政不下河"的"洪涝分治"模式应用于高密度城市存在明显局限性。

为此，团队打破传统思维，创新性地提出了高密度城市暴雨洪涝治理理论，该理论揭示了城市下垫面变化是城市洪涝灾害程度加剧的决定性因素，提出了以"流域树"和"洪涝共治"为核心理念的流域系统整体观，确立了"防御体系有韧性、基础设施有韧性、极端暴雨少损失"的城市洪涝韧性治理新目标，采用"统一目标、统一规划、多维共治、系统优化"的规划设计新方法，研发出城市暴雨洪涝监测、预报、预警、调度成套技术和装备，破解了高密度城市用地高度紧张下如何大幅提升洪涝设防标准及防御韧性的难题，实现了从顶层设计到实施层面、宏中微全方位全链条的洪涝共治。

城市水环境治理和生态系统构建是世界性难题，主要存在城市河道汛期冲击负荷高、底泥内源污染长期累积、河道生态功能缺失三大痛点，在截污得到有效控制的前提下，构建可持续的城市河道稳健型生态系统，是当前推进幸福河湖建设的关键。团队查阅大量学术资料、对粤港澳大湾区近100条内河开展调研和试验分析，发现了污染底泥垂向自上而下呈现"好氧活性层—厌氧活性层—厌氧惰性层"的分层规律，同时发现底泥具有"源"与"汇"双重属性，它作为"源"不断向水体释放污染物，作为"汇"有助于净化上覆水体，从而得出结论，在管控污染少入河的前提下，"削弱源，强化汇"以提高河流"免疫力"是城市水环境治理和水生态修复的关键所在。为此，团队提出了基于"中医思维"的水生态修复理念和"先泥后水"的水环境治理模式，该模式突破了城市河道底泥内源治理、溢流污染控制、生态系统构建等关键技术瓶颈。

此外，团队还以微生物代谢网络调控理论为指导，揭示了泥—水界面有氧条件菌藻协同代谢机制及厌氧条件底泥碳氮硫物质循环机制，并据此创新性地提出了"先泥后水"三步走的城市水环境治理模式与实现路径：第一步，研发厌氧条件底泥碳氮硫污染物同步去除新技术和产品，从而实现底泥碳氮硫等耗氧物质的高效去除，快速恢复泥—水界面天然复氧环境，使底泥从对水质不利的"污染源"转变为有助于水体净化的"天然污水处理厂"；第二步，调控水位、流速、流态等水动力要素，加强水体有氧自净能力及泥—水界面接触氧化效率；第三步，基于"相生相克"的中医思维理念逐步"调理"构建河流生态系统，提升城市河流韧性。基于"先泥后水"模式，团队提出了城市径流型河道低水位运行水生态系统的构建方法，该方法不仅实现了上覆水体有氧硝化反应与底泥厌氧反硝化反应的"协同驱动",而且使水体净化处理效率比传统高水位运行时的处理效率提升 50～100 倍。

水是入河污染物的载体,面源污染和雨污溢流等问题导致城市河道经常性出现雨季黑臭,暴雨产流不排则地面水淹、排则河流水脏,治涝和治污先天矛盾,因此洪涝污治理必须坚持各个击破与系统治理有机结合,既要研究各自致灾机理、精准调控,又要厘清之间的逻辑关联、协同治理,避免"按下葫芦浮起瓢"。团队基于流域系统整体观,从城市内河流域洪涝污协同调控着手,提出了粤港澳大湾区水安全协同调控理论。该理论阐述了粤港澳大湾区水问题空间联动、"四水"关联、多灾同源的多维交织特性,梳理了技术上可控、逻辑上关联的五大水安全调控子系统,这五大水安全调控子系统包括河势调控、外江咸潮调控、外江洪潮调控、内河水生态环境调控和城市暴雨洪涝调控。基于调控子系统内部运行机理及子系统间协同作用原理,团队还构建了水安全协同调控综合模型。粤港澳大湾区水安全协同调控理论框架,不仅为流域及区域水问题系统治理提出了重要理论依据和技术支撑,也为河流的全流域治理找到了一条新路。

产学研协同,成果转化创佳绩

团队一直保持着深厚的水利情怀和强烈的社会责任感,坚持科技创新、科学普及、科技转化三管齐下,重视产学研融合,牵头发起成立了中国产学研合作促进会粤港澳大湾区水安全保障协同创新平台,聚集了华为技术有限公司、河海大学等 23 家知名企业和高校共同参与,拥有 16 位专家委员(其中院士 12 人,行业知名专家 4 人),在整合创新资源、提升创新能力、转化创新成果等方面取得显著成效。

在城市洪涝治理方面,一是成功地把高密度城市暴雨洪涝治理理论应用于广州、深圳、澳门的治水实践,编制了新时期《深圳市防洪(潮)及内涝防治规划(2021—2035)》《广州市防洪(潮)及内涝防治规划(2021—2035)》《澳门防洪(潮)排涝规划》,将珠三角地区高密度城市现状洪涝防治标准由普遍的 10～20 年一遇提升至规划的 50～100 年一遇。二是其防洪排涝作为城市建设刚性约束的城市洪涝管理理念被广州市政府采纳,牵头编制的《广州市城市开发建设项目洪涝安全评估技术指引》被广州市政府印发实施,成功破解了广州城市洪涝风险源头管控的难题。三是针对当前洪涝监测设备适用性不高、覆盖范围不够、监测对象不全、智能感知缺乏等问题,与北京师范大学及华为技术有限公司、高德软件有限公司等知名企业紧密合作、协同攻关,自主研发了声波水位计、声波雨量计、微型地面积水监测装置等洪涝防御成套装备,推广应用至全国 17 个省。四是广泛开展城市洪涝防治科普宣传,解答社会对城市暴雨洪涝的困惑，传播"洪涝共治"理念，聚焦行业难点、群众盲点和政府关切。原创制作的"洪涝共治，让城市不再看海"科普微视频，获得2022年广州市科普作品大赛人气第一名、2022年全国科普微视频大赛人气第二名，社会反响强烈，其在各大媒体平台获超过500万的点播量。

在城市水环境治理与水生态修复方面，将"中医思维"水生态修复理念和"先泥后水"水环境治理模式，广泛应用于广州、澳门、深圳、佛山、东莞、中山、珠海等地200余项城市河湖水生态修复工程中。其中，支撑广州市水务局论证提出的城市河道低水位运行水生态系统构建方法在广州市100多条河道成功实践，取得显著成效，经过治理的河道不仅消除了底泥黑臭，而且逐步形成了浅水生态系统——河道沙洲、浅滩、深槽交错，水生物种明显增加，植被丰茂，鱼虾成群，白鹭成行。仅此一项，就为广州市节约了工程投资400多亿元。

猎德涌自然低水位运行生态修复成效

不忘初心，将论文写在祖国的江河湖库上

长夜孤灯，唯有梦想相伴；呕心沥血，自有壮志来酬。团队一直秉承"民生为上，治水为要；水利之利，利国利民"的初心，几十年如一日，兢兢业业奋斗在水利科研一线，坚持把论文写在祖国的江河湖库上。

在广州遭遇2020年"5·22"特大暴雨灾害后，陈文龙快速响应，亲自带领团队走访现场，夜以继日地调查研究分析暴雨致灾成因。2020年9月2日，陈文龙受邀参加广州市防暴雨内涝工作情况专题新闻发布会，分享了团队的研究成果，其洪涝治理建议被纳入广州市"十四五"规划。2021年"7·20"河南郑州特大暴雨后，团队第一时间从广州奔赴郑州洪涝现场，调研灾害成因，收集宝贵的第一手科研资料。

西江生物多样性科学考察实地调研

城市河湖水生态环境与全流域互通互联、息息相关。陈文龙主持的国家科技基础资源调查专项《西江流域水资源与生物多样性综合科学考察》，首次对西江流域及珠江河口区的资源环境与生物进行全面系统的"体检"，体检范围覆盖西江源头云南马雄山至粤港澳大湾区浅海，总长2200千米。翻越高山深谷，踏过急流险滩，陈文龙带领团队在极端艰苦的条件下考察探索，获得宝贵的第一手资料，采集了5000余条水文水资源数据，20000余条生物信息，构建了西江流域"三库一平台"（资源环境数据库、水生生物数据库、水生生物标本库及数据共享平台），为我国水生态学发展提供宝贵的科研数据，也为珠江流域生态文明建设提供了扎实的基础支撑。

结 语

"牢固树立创新科技、服务国家、造福人民的思想，把科技成果应用在实现国家现代化的伟大事业中。"这是团队在科技创新和产学研合作上不断取得成绩的动力源泉。

面对水安全领域面临的新形势、新挑战、新问题和新风险，团队始终不忘初心，心怀"国之大者"，坚持问题导向和目标导向，积极集聚力量开展原创性、引领性科技攻关，努力提高科技成果转化和产业化水平，以为系统解决我国城市水安全问题、打造韧性城市提供更强有力的理论支撑、决策支持和技术支撑。

聚焦生命健康科创高地
推进中药产业高质量发展

——浙江工业大学陈素红科技创新团队

为深入贯彻党的二十大精神,大力弘扬创新精神,浙江工业大学陈素红科技创新团队(以下简称团队)面向人民生命健康和国家重大战略需求,坚持原创中药创新研发和可持续的产学研深度合作,开展了一系列"符合中医药特点"的理论与应用研究,突破了多项行业产业关键研发技术,发明了多个原创中药新药与大健康产品,产生了显著的经济、社会和生态效益,推动中药全产业链的高质量发展,为产学研融合创新及高校科技成果转化提供了新范式。

团队和带头人

团队拥有国家重点研发计划项目首席科学家、国家中医药管理局重点学科学术带头人、浙江省级领军人才、省新世纪151人才、省高校中青年学科带头人等一批高层次人才。团队积极响应"健康中国"国家战略,坚持科技创新"四个面向",践行高质量发展中"两个先行",依托长三角绿色制药协同创新中心(国家2011计划)、天然产物开发利用浙江省国际科技合作基地、浙江省中药大健康产品创新研发与数智化制造重点实验室等平台,重点围绕百亿市场规模的铁皮石斛、西红花等浙产名药及特色中药资源，在中药功效挖掘、产品创新研发、数智化应用等领域，开展基础科学研究、关键核心技术开发、质量标准提升、资源综合利用、产品研发和成果转化，硕果累累。

团队带头人陈素红，二级研究员、博士生导师，浙江工业大学运河特聘教授、中药健康产品研究所所长，国家重点研发计划项目首席科学家、浙江省中医药重点实验室主任，世界中医药学会联合会中药专委会常务理事、中国药理学会常务理事、中国中西医结合学会中药专委会副主委、中华中医药学会中成药分会副主委，是浙江省级领军人才及浙江省151第一层次人才、浙江省"三八红旗手"，是"庆祝中华人民共和国成立70周年纪念章"获得者。

陈素红教授扎根中药研究20余载，主要从事中药药理与中药大健康产品开发，主持国家重点研

陈素红教授

发计划项目、国家重大新药创制专项、国家自然科学基金等20多项，发表论文350余篇。20年间，她积极发挥中医药防病治病独特优势，开发降尿酸原创系列中药新药和铁皮石斛健康产品，为推动中药产业转型升级、形成百亿产业提供关键技术和新产品做出积极贡献。培养博士生及硕士生100余名。曾获"国家科学技术进步奖"二等奖、"浙江省科学技术奖"一等奖等10余项，成果入选国家"十三五"科技创新成就展。

科技赋能中药大健康产业，助力健康中国建设

中医药作为大健康产业的重要组成部分，具有产业经济和健康公益性特征。团队选择社会需求大的功能，以中医药理论指导，建立稳定且具有中药特色的现代科技筛选技术和方法，开展中药特色大健康产品研发，突破新产品研发关键技术与中药数字化研发与制造关键技术，创建了"拟人化动物模型—肠源性代谢机制解析—核心功效新功能挖掘—高效特色产品创制"的中药功效评价与产品研发关键技术，促进了中医药资源的开发，推动了产学研事业的健康发展。

铁皮石斛是大品种中药材，团队针对铁皮石斛"滋阴益胃"核心功效与免疫—代谢—血压尿酸内在关联等科学问题，找到了核心功能因子—改善胃黏膜损伤的LDOP-1和具有降尿酸功能的黄酮碳苷类（主持3项国家自然科学基金），发现了基于肠—肝/肾轴 LPS-TLR4/NF-κB 信号通路等分子机制，并在瑞士、美国等国际知名

期刊 *Int. J. Biol. Macromol.*, *J. Ethnopharmacol.* 等发表相关 SCI 论文 40 余篇，优化了"增强免疫力"等 10 余项功能评价新方法，构建了"有助于维持尿酸健康水平"新功能评价体系，拓展了现有国家 24 项保健功能目录外产品的研发新思路。研发上市的铁皮石斛国草饮、铁皮石斛刺五加马鹿茸等系列新产品（国家重点研发计划项目首席科学家）及相关增强免疫力产品多次用于一线抗击新冠疫情。

团队牵头立项制定全国首个铁皮石斛超微粉标准、铁皮石斛花食用标准等，助力 100 余家企业入选生产基地动态名录，并赋能浙江森宇、云南品斛堂等国家龙头企业，推动了铁皮石斛全产业链高质量发展，形成了铁皮石斛"生态种植—特品研发—康养研学"为一体超百亿产业集群，成果入选 2021 国家"十三五"科技创新成就展（获科技部感谢信），亚运会官方指定功能性产品。陈素红教授因此入选浙江省科协封面人物。

成果入选 2021 国家"十三五"科技创新成就展

科学研究不忘初心，致力原创中药新药研发

团队坚持"把论文写在祖国大地上，助力人民美好生活"的初心，依托长三角绿色制药协同创新中心（国家 2011 计划）等重大平台开展科学研究工作，面向人民生命健康和国家重大战略需求，有效提升社会服务能力。通过产学研融合创新，围绕高尿酸血症、高脂血症、高血压、糖尿病等社会涉及面广、发病率高重大慢病及亚健康、免疫低下等，校企地联合攻关原创中药新药和特色产品研发。

团队建立了性味结合归经层面的"中药药性—证候—功效药效谱"评价体系，突破了"适宜人群模型—核心功效细化—特色产品创制"等多项行业产业关键研发技术，阐释了基于现代应用的温凉中药药性共同规律，基于该体系研发出多个原创中药新药（第二完成人获"国家科学技术进步奖"二等奖），发明了首个治疗湿热内蕴型高尿酸血症新药—松葛降尿酸颗粒，联合完成国家重大新药专项，其成果获国家药物临床批件、授权发明专利。

彰显科创中国巾帼力量，助力乡村振兴共同富裕

民族要复兴，乡村须振兴。团队深入贯彻落实浙江省委、省政府深化山区26县结对帮扶、助力共同富裕示范区建设等部署，忠实践行"八八战略"。团队负责人陈素红教授作为浙江省第十五次党代会代表（科研一线）、浙江省巾帼科技创新工作室执行主任、浙江省三八红旗手、浙江省女科技工作者协会常务理事兼副秘书长、杭州市女科技工作者协会副会长，先后在首届"西湖科技她论坛""科技·健康·创新—她力量"高峰论坛等高端学术会议作大会报告，主持圆桌论坛。她还先后走进浙江森宇、浙江省女科协等单位宣讲党代会精神10余次。

作为"科创中国"—生命健康科技服务团核心专家，陈素红教授先后到湖州长兴/德清、温州乐清/平阳、衢州开化等地区，实地走访园区、企业、乡村等，科技对接当地铁皮石斛等中药产业发展。她积极参与科技赋能"六进"行动，助力打造共同富裕示范区城市范例。受中国药理学会、中国中西医结合学会、浙江省中西医结合学会等组织委派，团队先后扶贫对接18个省市贫困地区，为其中药产业转型升级提供技术指导，助力当地农民脱贫致富。

陈素红教授主持国家重点研发计划项目"铁皮石斛大健康产品研发"，以铁皮石斛大健康产业链带动美丽乡村建设，助力合作企业建成森山健康小镇、"铁定溜溜"石斛田园综合体、"科创中国"省级创新基地森山半岛等康养研学基地，其成果由科技部选送2022中国国际高新技术成果交易会（深圳）、第二届中国（安徽）科技创新成果转化交易会，其创新模式被学习强国等媒体广泛报道。

结　语

陈素红教授带领团队面向人民生命健康和国家重大战略需求，坚持原创中药创新研发和可持续的产学研深度合作，开展"立地"项目，培养"落地"人才，提供"益地"服务，汇聚人才队伍，形成了以应用研究为重点，"学科—专业—产业链"协同创新发展的产学研融合创新体系，为健康中国建设提供有力支撑。

瞄准国家重点科技攻关
勇当风电自主创新排头兵

——运达能源科技集团股份有限公司陈棋科技创新团队

在碳达峰、碳中和目标背景下，能源绿色低碳转型成为"双碳"战略目标实现的重要路径，风能作为清洁能源排头兵，在能源绿色低碳转型中占据着举足轻重的地位。深耕风电领域50余年的运达能源科技集团股份有限公司（以下简称运达股份），依托其国家技术中心创新团队，始终坚持以科技创新引领行业发展，取得了世界领先的技术成果，填补了多项国内空白，极大地提高了我国风能资源的可开发利用规模及风电度电成本的经济性优势，对我国风电从补充能源转向主力能源、尽早实现碳达峰、碳中和能源发展目标提供了有力支撑。

团队和带头人

运达能源科技集团股份有限公司陈棋科技创新团队（运达能源科技集团股份有限公司国家企业技术中心创新团队）（以下简称团队）以陈棋为学术带头人，是一支多学科交叉、整体专业结构合理、年龄和梯队结构合理、实力雄厚的科研队伍。团队整体水平达到国内相关领域的领先地位，其研究成果大幅降低了风电设备的制造成本，极大地提高了我国风能资源的可开发利用程度，其所开发产品的大规模应用，为改善自然环境与生态做出巨大的贡献，每年可发电约 600 亿千瓦时，节约标准燃煤约 2000 万吨，为改善我国大气质量，构建清洁低碳、安全高效的现代能源体系做出突出贡献。

团队带头人陈棋，教授级高级工程师，享受国务院政府特殊津贴专家。现任运达能源科技集团股份有限公司国家企业技术中心主任、运达欧洲风电研究院院长、中国可再生能源学会风能专业委员会委员、中国铸造协会风电铸件分会副理事长、浙江省高新技术企业协会理事会常务理事、中国复合材料学会风电复合材料专业委员会委员等职务，

陈棋博士

主要负责大型并网型风力发电机组整机平台开发及关键部件技术研究。他从事风电技术研究 19 年，突破了大型风力发电机组轻量化设计、大规模风电电网主动支撑与协同控制和高海拔山区风电机组控制等关键技术，以第一完成人获得"浙江省科学技术奖"二等奖，作为主要完成人获得"国家能源科技进步奖"一等奖、"浙江省科学技术奖"一等奖、"北京市科学技术奖"一等奖、"云南省科学技术进步奖"二等奖等省部级科技奖励，于 2016 年入选浙江省 151 人才工程第二层次，于 2017 年入选杭州市 131 人才工程第一层次、2020 年入选浙江省"万人计划"青年拔尖人才，2023 年入选浙江省有突出贡献中青年专家，其技术成果应用于公司 3.X-10.XMW 等陆上/海上风电机组的系列化开发，奠定了公司在国内外市场始终处于技术领先地位，为公司实现年销售额超百亿元。

创新成果。主持或参与了"7MW 级风电机组产业化关键技术研发""3MW 级系列智能风电机组开发""2.5MW 变速恒频风力发电机组国产化攻关""大功率风电轴承性能和耐久性强化试验技术及规范"等近 10 项国家科技支撑计划重大项目、国家重点研发计划和浙江省重大科技专项；主持完成了 120～180 米高度的钢—混凝土、全钢柔性塔架及桁架式塔架的开发，创造了全球最高塔架风电机组的纪录；开发完成适用于各种特殊环境条件下的风电机组，包括高原型机组、高温型机组、抗台风机组、抗冰冻机组等产品，助力实现全球最高海拔风电场的建设，相关整机技术达到国际领先水平并通过了国际、国内权威机构的认证。

学术成绩。开展风电机组新型整机结构、新型传动链技术研究，同时掌握了风资源评估、载荷计算、模拟仿真、部件受力分析等主要设计环节的核心技术，对国外原有整机模拟仿真软件进行二次开发，使整机设计精度和开发效率得到了很大提升。在

风力发电机组整机设计、风力发电机组环境适应性研究、关键零部件设计等专业技术领域共授权发明专利 22 项;发表核心论文 20 篇,其中多篇被 SCI(科学引文索引)、EI(工程索引)收录;主持起草国家标准《风力发电机组—机械载荷测量》(GB/T 37257-2018),并参与其他 5 项国家标准的编制。

突破国外垄断,实现核心技术自主可控

团队作为浙江省首批重点企业技术创新团队,其前身属于浙江省机电设计研究院风力发电研究所,是国内最早从事风电技术研究与产品开发的队伍,拥有多个"国内第一、国际第一、最大、最高"头衔。早在 1972 年,团队便成功开发出了国内首台 18kW 并网型风电机组,实现了我国风电史上零的突破,随后研制了我国第一款批量运行的商业化风电机组,在国内最早推出自主研发的风电控制系统和远程 SCADA 系统(数据采集与监视控制系统),研发出全球首创的台风型风力发电机组并实现大规模应用,率先开发出全球陆上最大的 6.X 系列风电机组,率先在西藏地区完成风电机组安装。创新团队先后承担了"六五"至"十四五"期间国家重点科技攻关(科技支撑、863、973)计划中的风力发电课题,开发完成的"网源友好型风电机组关键技术及规模化应用"项目,并因此荣获"国家科学技术进步奖"二等奖。

团队在突破性创新技术方面成就不凡,其自研的风资源平台"运风"突破了国外商业软件无法准确描绘高边坡地形的限制,打破了国外商业软件的技术封锁,是目前唯一同时拥有致动盘技术和大规模风电场工程尾流评估技术的平台,在行业内首次实现了对降噪方案主动寻优。

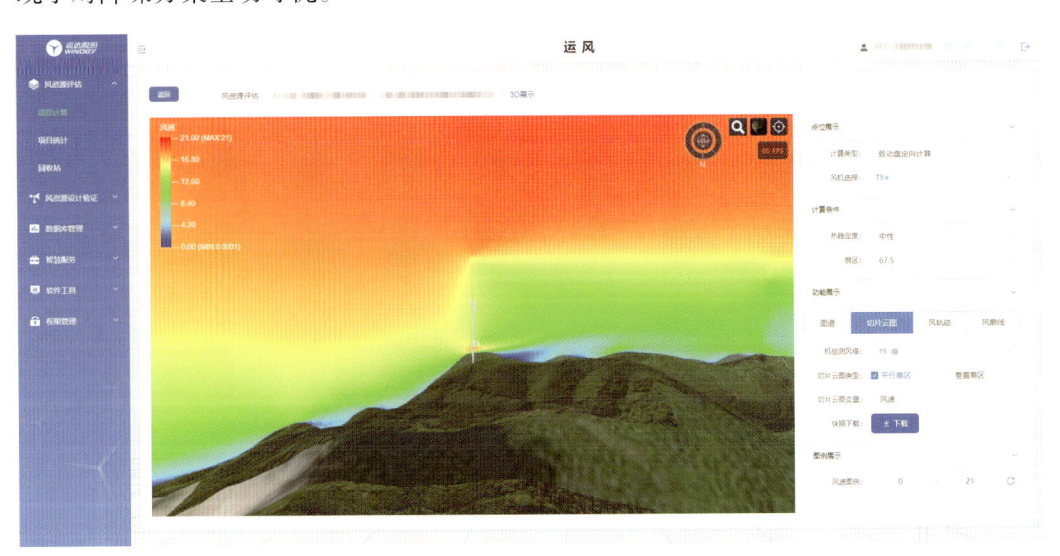

"运风"风资源计算评估公共服务云平台

团队推出以机组覆冰安全保护模式和叶片除冰系统为代表的解决方案。目前，叶片除冰系统已然成为运达股份抗冰冻型风力发电机组的"核心法宝"，并广泛应用于我国华中、西南等区域，特别是在湖南、湖北、贵州等南方易受冰冻灾害的山地风电场。在长期冰冻环境下，经该系统受住了考验。2021年，运达股份主持的"抗冰冻型风力发电机组的关键技术及产业化"项目荣获"浙江机械工业科学技术奖"二等奖。

抗冰冻型风力发电机组

深耕新能源领域50余年来，团队始终坚持自主创新，目前已实现风电核心技术的自主可控，并填补了国内外多项技术空白，先后制定国际、国家、行业标准210余项，承担国家及省部级重点研发计划40余项，获得"国家科学技术进步奖"等省部级以上科技奖励40余项。创新团队研发的2.XMW～10.XMW系列陆上风电机组及9.XMW～16.XMW系列海上风电机组，在全球装机超过1700台，依托企业2023年度实现营业收入187.27亿元，较上年同期增长7.72%，主要经营指标再创历史新高。据彭博新能源财经发布：运达股份2023年新增风电装机容量10.4GW，国内市场占有率13%，国内排名第三，全球排名第四。

注重人才培养，筑牢团队创新基石

通过制定完整的考核制度，建立良好的信息沟通渠道，形成了专业、高效、凝聚力强的技术团队，并成为国内风电行业最早掌握整机开发的技术团队。

目前，团队人员600余人，专业技术涵盖风资源开发、风力发电机组研发、智能制造与维护等风力发电机组全生命周期。团队成员中享受国务院政府特殊津贴专家 4 人、浙江省特级专家 1 人、浙江省有突出贡献中青年专家 3 人、浙江省 151 人才 6 人、浙江省万人计划 1 人、博士 22 人、副高以上职称 78 人，已形成一支多学科交叉、整体专业结构合理、年龄和梯队结构合理、实力雄厚的科研队伍，其整体水平达到国内相关领域的领先地位。团队技术骨干大部分在德国、丹麦受过风力发电专业技术培训，具有较强的创新能力和较高的专业技术水平，在风力发电机组的总体设计、控制技术、载荷计算、结构强度分析等核心技术的掌握与应用方面居国内领先水平，是国内少数几家具有控制系统开发和控制软件设计能力的企业。在产品开发、技术更新及风场设计、运行、维护等方面对企业构成强有力的技术支撑。

运达股份陆上 10MW 级风电机组

团队还通过和高校及科研院所设立博士后科研工作站和省级院士专家工作站，保证其流动人员的专业结构合理和实力水平。目前，团队中的流动人员达到 30 余人，主要有中国工程院院士，浙江大学、上海交通大学、浙江工业大学教授及其各自的研究团队成员。

尤其值得一提的是，团队多名专家担任能源行业风电标准化技术委员会风电机械设备分技术委员会副主任委员及全国风力机械标准化技术委员会、能源行业风电标准化技术委员会风电电器设备分技术委员会、能源行业风电标委会风电场并网管理分技术委员会、全国高原电工产品环境技术标准化技术委员会、江苏省风电装备标准化技术委员会委员。迄今，技术中心已有 16 位技术专家成功注册成为 IEC/TC88 的中国专家，参与国际标准编写工作。

搭建创新平台，全方位产学研合作促成果转化

团队积极搭建国家企业技术中心、博士后科研工作站、院士专家工作站、省级重

点企业研究院、重点实验室、省级国合基地、欧洲研究院等一系列高端科技创新平台，通过院士驻企指导、博士后联合培养、设立实验室开放课题、外聘专家等方式开展校企产学研合作。

团队通过院士工作站引进了中国工程院孙优贤院士团队，并与浙江大学共建"智慧能源联合研究中心"，联合控制科学与工程学院、机械工程学院、电气工程学院共同开展前沿技术研究，进一步加强资源整合、技术迭代，实现更多顶尖技术突破，推动新能源前沿技术研究、科技创新和成果转化与产业化。通过成立博士后科研工作站，与浙江大学、浙江工业大学等高校开展高端人才联合培养，还通过设立"浙江大学实践基地""浙江工业大学机械工程专业学位研究生联合培养基地""杭州市大学生见习训练基地"等实践平台，为创新团队培养及引进人才。通过成立浙江省国际科技合作基地，与国外一流的科研机构建立良好的合作关系。团队还代表中国风电整机商参与了 *IEC 61400-6 Wind Turbines：Tower and foundation design* 的起草，并参与多个国际能源署（IEA）合作项目研究。目前，团队与国外多所知名高校、科研院建立了长期合作关系。先后与英国的 Garrad Hassan，德国的 Fraunhofer（弗劳恩霍夫）、Aerodyn（埃若旦）、Lehnhoff，挪威的 DNV-GL，丹麦的 Risø DTU 可再生能源国家实验室，荷兰的 MECAL 等国际知名风电研究机构在风能领域开展全方位技术合作，不仅了解和掌握了国际最前沿的风电技术动态，也在研究方向上和国际接轨，确保研发技术水平始终保持在国际先进水平。

结　语

面向未来，团队将坚定不移地贯彻国家创新驱动发展战略，积极助力我国能源结构优化转型，不断提升科技创新能力和产品研发能力，为国内风力发电行业加速发展贡献力量。

挂帅争先报国防　明德精工攀高峰

——北京理工大学林德福科技创新团队

　　我国拥有广阔的国土地缘战略环境复杂，具有高海拔、大纵深、长边线等特点，边防安全对制导飞行器提出了严苛的环境适应性要求。因此，平台适应性广、稳定性强、交汇精度高的制导飞行器研究成为国家发展之重。北京理工大学林德福科技创新团队（北京理工大学飞鹰科技创新团队）（以下简称团队）以国防迫切需求为牵引，围绕高过载发射飞行器在新时代战争中的转型需要，集中人才联合攻关长期制约我国制导飞行器的技术难题，研制出适配多型高过载发射平台的制导飞行器，使高过载发射制导飞行器实现"远、稳、准"的跨越式发展。技术迁移应用于无人系统和人工智能的前沿领域，带动实现了人才培养、前沿理论探索、关键技术研发、科研成果转化、国际合作和社会服务的六位一体有机融合和协调发展。

团队和带头人简介

　　团队是由北京理工大学宇航学院国家级领军人才＋"四青"骨干＋"四有"本研学生组成的科技创新团队。团队紧密围绕国家、社会和国防的重大需求，着眼于无人系统和人工智能领域的前沿科学问题和瓶颈技术，走出了一条以揭榜挂帅为引领、以重大科研为基础、以高端赛创为抓手的特色科创路，提出"自主求创学、高端论剑赛、装备攻关研、创业引领用"四维一体的"教研创、学技产""双螺旋"创新模式，在基础研究、科技竞赛、技术转化、社会服务等方面都获得了较好效果。近五年获"国家科学技术发明奖"二等奖1项、"国防科技进步"二等奖2项、中国发明协会"发明创业奖创新奖"1项、"中国航空学会技术发明"二等奖1项，授权专利150余项，获"日内瓦国际发明展"金奖2项，研究生累计发表高水平SCI论文200余篇。团队两次蝉联阿布扎比MBZIRC国际智能无人挑战赛冠军，多次获中国国际"互联网+"创新创业大赛、挑战杯特等奖等国内外高端赛创金奖，荣获"全国工人先锋号"称号，团队荣获"2022年国家级教学成果"一等奖。

林德福教授，1971年9月出生，博士生导师。2005年6月在北京理工大学宇航学院获工学博士学位。入选国家百千万人才工程，并被授予"有突出贡献中青年专家"。长期致力于无人智群领域前沿基础理论和制导控制领域先进技术的研究，先后主持国家自然科学基金、基础加强、国家重大领域研究等20余项，担任全国航空器标准化技术委员会无人驾驶航空器系统委员会委员，指挥控制学会空中多智能体系统控制副主任，获"国家技术发明奖""国防技术发明奖"和"国防科学技术进步奖"二等奖各1项，荣获"全国工人先锋号"、"首都劳动奖章"、"北京市教学成果奖"一等奖和"国家级教学成果奖"一等奖。

林德福教授

科技报国，攻坚克难，实现突破

高过载发射飞行器因其具有点目标精准打击、技术成熟、作战效费比高、附带损伤小等优势，在现代战争中得到广泛应用。我国地缘战略环境复杂，具有高海拔、大纵深、长边线等特点，对制导飞行器提出了严苛的环境适应性要求，因此，平台适应性广、稳定性强、交汇精度高的制导飞行器的研究成为国家发展之重。围绕高过载发射飞行器在新时代的转型需求，使高过载发射制导飞行器实现"适、稳、准"的跨越式发展，团队以国防迫切需求为牵引，突破了高过载、高速度、高旋转等环境下精确交汇自主导航与控制的核心技术瓶颈，攻克了制导飞行器在高过载环境下姿态角速率实时精确获取，以及机体在强耦合、弱阻尼条件下自主导航与控制等关键技术，解决了长期制约我国制导飞行器的技术难题，研制了我国能够适配多型高过载发射平台的制导飞行器，跨越性地提升了制导飞行器的多平台适应能力。

随着人工智能、自主控制等先进技术的快速发展，以智能化、自主化牵引的各种智能无人系统大量涌现，智能无人技术在农业、物流等领域发挥重要作用。党的二十大报告指出，要推动制造业高端化、智能化发展，构建新一代信息技术、人工智能、高端装备等一批新的增长引擎，实现前沿关键技术的吸收、整合和突破。

为此，团队在研究精准制导飞行器基础上，瞄准国家重大战略需求和关键"卡脖子"问题，勇闯智能无人技术科技前沿的"无人区"，结合无人系统和人工智能领域发展动向，制定技术方案，集中攻克了无人系统结构设计、视觉识别与感知、导航制导与控制、协同分配与路径规划等系统模块的技术难题，实现了对空间目标的精准识别与定位、强干扰下的无人机航迹跟踪控制与姿态控制技术，以及高动态、多目标场景下的协同任务分配等技术突破。

揭榜挂帅，矢志创新，为国争光

"探索揭榜挂帅，把需要的关键核心技术张出榜来，谁有本事谁就揭榜"，团队响应国家对青年科技工作者"尽快在核心技术上取得突破"、探索"揭榜挂帅"科研形式的号召，于2016年组建核心科研力量，攻关智能无人系统领域。秉承"急国家之所急，研国家之所需"的宗旨，快速开展智能无人领域基础知识体系构建、前沿科学问题凝练、高端赛事梯度化遴选、国际国内合作需求对接等工作，以汇聚全球智慧、吸引全球顶尖智能无人科研团队的国际高端科研赛事为依托，以赛促研、以研促产，着力攻关无人系统领域和人工智能领域的技术瓶颈和实际问题。

为突破拒止环境下智能无人飞行器与海陆移动平台协同难题，阿联酋在2017年面向世界举办了第一届阿布扎比国际智能无人挑战赛（MBZIRC2017），设置在无GPS环境下无人机智能自主精准降落在地面移动车辆的赛事科目，旨在模拟未来无人机与车辆、船舰动态协作为物流业和战场赋能增效的任务场景。为突破城市复杂场景下多无人机空中精准交汇难题，第二届阿布扎比国际智能无人挑战赛（MBZIRC2020）设置多无人机协同自主空中夺球赛事科目，旨在为解决城市黑飞"低慢小"无人机精准反制提供无附带损伤、高效可靠的新思路。两届阿布扎比国际挑战赛汇聚麻省理工、宾夕法尼亚大学、佐治亚理工、苏黎世联邦理工学院、东京大学等欧、美、亚、澳顶尖高校和科研机构，代表全球顶尖科研力量与水平的比拼。

围绕科目设置内涵，通过凝练科学问题、突出技术重点难点，团队制定严密的备赛方案及技术路线，依托北京理工大学无人飞行器自主控制研究所平台，带领飞鹰科技创新团队成员集中攻关赛事。面对备赛过程中的每一次挑战，团队牢记"为国争光、使命在肩"的责任，发挥迎难而上的奋斗精神。在2020年备赛冲刺阶段，恰逢新冠疫情特殊时期，面临核心力量缺失和物资保障无法到位的困难，面对在国际该领域屡立战功的强敌，以及境外组织的压力，团队调整工作安排，将各项技术验收节点提前，在做好疫情防护的基础上，充分发挥艰苦奋斗的革命精神，牢记为国争光的光荣使命，夜以继日，集中攻关。在零下十几摄氏度的北风和大雪中，队员每天坚持10个小时以上的室外飞行试验，最终突破各项关键技术。2017年，团队以满分及可靠性最高的成绩获得赛事冠军；2020年，团队作为唯一一支中国队伍，以唯一满分的成绩获得赛事冠军，在国际赛场上赢得关注、尊重，也赢得了信任。在取得成绩之外，更重要的是团队成员在备赛奋斗中深化了爱国主义情怀，在国际比拼中更加强化了民族自信。

基于MBZIRC2017异构平台自主起降技术，面向物流和应急救援中对智能无人机—车辆或船舰高效协作作业需求，团队自主研发车载、舰载自主起降无人机，获"国际日内瓦发明奖"，并于2022年获得"第八届中国国际'互联网+'大学生创新创业大赛"全国金奖；基于MBZIRC2020多无人机空中精准交汇技术，面向城市复杂环境下"低慢小"无人机群精准反制需求，团队自主研发"猎鹰"无人机反制系统，成立猎鹰卫科（北京）科技有限公司，在第六届中国国际"互联网+"大学生创新创业大赛中获得全国金奖、北京市一等奖。

团队所研发的技术为中国高等院校科研水平赢得了良好的学术声誉，获得中央电视台、新华社、《人民日报》、美国商业咨询、阿联酋国家通讯社等国内外知名媒体相继报道，引起强烈的社会反响。同时，为深化中阿科技教育合作奠定良好基础，促成了北京理工大学和阿联酋相关院所的共建。通过高层次人才交流促进中阿双边文化互信，真正将两国教育文化交流与科技本地化相结合。

团队获2017年和2020年国际智能无人挑战赛MBZIRC冠军

知行合一，成果转化，服务社会

"把论文写在祖国的大地上，把科技成果应用在实现现代化的伟大事业中"是广大科技工作者的使命和责任。我国发展无人系统与人工智能有良好的基础，但在视觉识别、自适应自主学习、群体智能等领域的基础理论和核心算法与发达国家还存在一定差距，核心关键技术有待突破，同时缺乏重大原创成果。

团队以培养领军人才为目标，立足于国家建设和国防事业的需求，坚持通过参加无人系统领域高水平科研竞赛实现科研成果转化。团队多项核心关键技术已实现转化应用，满足国家国防重大急需，突破装备研制核心技术瓶颈，得到行业和社会高度认可和赞誉。如由 2017 年 MBZIRC 赛事牵引的异构协同自主降落技术已经在军民两用无人机自主化起降平台得到应用；MBZIRC2020 赛事设立的"多机协同自主空中夺球"项目，通过赛事牵引，可大幅提高无人系统自主能力，应用于空中预警、战场监视、合作和非合作目标的高动态对接、低小慢无人机目标的管控、多约束条件下的无人机自主回收、战场多点覆盖侦查、智能交通、无人智群一体化组网等军事和民用领域。在现实装备、产品发展需求的牵引下，团队所研究的"猎鹰无人机防控系统""新型车载无人机系统"获"2022 年日内瓦国际发明展金奖"，多个技术现已服务于国防装备建设，专利转化累计经费数千万元。

在服务社会方面，团队坚持践行"学以致用，科技兴农"，先后赴河北阜平、山西吕梁、福建浦城、吉林柳河等贫困地区调研对接，因地制宜地研发无人机集群果林精准管理系统，以实际行动助力农村振兴，为帮扶地区经济转型发展提供智力支撑。同时团队心系青少年科普事业，多次在人大附中、北京七中、理工附中、哈尔滨三中等中小学开设讲座和科技创新课程，培养青少年创新精神和实践能力。团队受邀录制由北京市教委和北京电视台主办的《老师请回答》特别节目，受众 10 余万人次；为中国科协《知识就是力量》撰写科普专刊，领读"科学星主播"主题活动，点燃 5 万青少年的科技报国梦。

结　语

"路虽远行则将至，事虽难做则必成，漫漫长路必见曙光"，新时代、新形势，团队将继续瞄准科技前沿和国家重大需求，担时代重任，积极探索创新，做敢于突破的开拓者；勤奋执着，做追求极致的奋斗者；志存高远，做进德修业的追梦者；脚踏实地，做视野宽广的奉献者，勇攀科学高峰，服务国防建设，带领队员坚定信念，胸怀壮志、顽强拼搏、探索真理、知行合一，报效祖国，为建设社会主义现代化强国贡献力量！

破解沙改土力学"密码"
创造"绿进沙退"人间奇迹
——重庆交通大学易志坚科技创新团队

让沙子"土壤化",进而让沙漠"土壤化",实现人类沙漠变绿洲的梦想,让沙漠化土地重新披上绿装,这是一个"疯狂"的想法,而这个想法竟然由一位来自中国的力学家将它变为了现实。

重庆交通大学易志坚科技创新团队(重庆交通大学"沙漠土壤化"快速生态恢复技术创新团队)(以下简称团队)基于颗粒约束决定颗粒物质状态的力学发现,通过科技赋能,跨学科创新,破解了沙子向"土壤"转换的力学"密码",提出了"沙漠土壤化"的理论与方法,形成了一整套较为成熟的技术、施工工艺和方法。从2016年至今,易志坚团队成功将自己的发现应用于内蒙古乌兰布和沙漠、新疆塔克拉玛干沙漠、若羌戈壁、四川若尔盖沙化草地、西沙岛礁、西藏沙化地、中东代赫纳沙漠、非洲撒哈拉沙漠等不同条件下的4万亩(1亩≈666.67平方米)沙漠中,创造了"绿进沙退"、沙漠变良田的人间奇迹,产生了显著的生态效益、社会效益和经济效益,其具有原创性、突破性的26项科研成果先后获得中国、澳大利亚、摩洛哥等国家的发明专利授权。

团队和带头人简介

科技创新团队以中青年科技骨干为主体。团队经过十余年的持续探索和实践验证,提出了基于生态力学的"沙漠土壤化"生态治理技术,并推广应用于荒漠化防治、水土流失治理、石漠化治理、沙化草地修复、生态系统碳汇等方面,形成了典型退化生态区域生态治理、生态产业、生态固碳、生态富民相结合的系统性解决技术方案。目前,该技术方案已在典型沙漠化和生态退化区如内蒙古、新疆等地及中东阿拉伯半岛代赫纳、北非撒哈拉等沙漠完成规模化示范应用,生态、经济、社会等综合效益显著。

团队的创新成果先后得到中央领导的多次批示,以及专家的高度评价和社会的充分肯定。

2020年,"沙漠土壤化快速生态恢复一体化技术"获得中国产学研合作促进会创新成果一等奖。

2021年,中国产学研合作促进会组织由中国工程院院士任组长,著名农学家任副组长,涵盖力学、农业、生态、环境、生物等学科专家组成的评价委员会,在内蒙古沙漠土壤化基地召开了"沙漠土壤化关键技术与生态治理示范工程"成果评价会。评价委员会认为:该成果是一项原创性、突破性成果,对国家生态安全、粮食安全等具有重要的战略意义,为全球沙漠治理提供借鉴,成果达到国际领先水平。

同年,央视《大国重器》第三季《动力澎湃》将"沙漠土壤化"技术收入其中(第六集),是重庆市唯一进入《大国重器》第三季的技术。

2022年,团队的项目成果荣获英国威廉王子和皇家基金会创设的全球生态环境大奖"为地球奋斗奖(The Earthshot Prize)"之"保护和恢复自然风貌(Protect & Restore Nature)"奖项第二名。

团队带头人易志坚,1963年出生,重庆交通大学教授、博导,力学治沙与生态碳汇教育部工程研究中心主任。他本科就读于重庆大学,研究生就读于华中科技大学。1988年分配至重庆交通大学任教,32岁时被破格晋升为教授。易志坚教授在力学、桥梁、道路、材料等研究中取得不少创新成果,是首批国家"百千万人才工程"第一、二层次人选,国家有突出贡献中青年专家,享受国务院政府特殊津贴专家。

2021年,易志坚教授获中共中央宣传部、中国科协、科技部、中国科学院、中国工程院、国家国防科工局颁布的2021年全国十大"最美科技工作者"。

重庆交通大学原副校长易志坚教授

易志坚教授获 2021 年"最美科技工作者"

从 0 到 1 的创新突破，跨界创造治沙奇迹

全球沙漠化面积已达到地球陆地面积的 1/4，而且每年还以 5 万到 7 万平方千米的速度疯狂扩张，我国沙漠化土地面积也有近 170 万平方千米，每年造成的经济损失上千亿元，近 4 亿人直接或间接受到沙漠化的影响。作为世界上受土地沙漠化危害最严重的国家之一，我国长期以来一直都非常重视沙地沙漠生态修复治理。

2008 年，团队带头人易志坚发现土壤颗粒间存在一种特定的约束，这让他瞬间想到了沙子可以变为土壤，也就是让沙子改变离散状态、获得土壤的力学状态，湿时为流变状态（稀泥），干时为固体状态（干土块）。团队在实验室里反复模拟实验，最

终从植物里提取了约束材料，进而实现了沙子从离散状态向土壤固体、流变体两个力学状态的转变，并使沙土具有了保水保肥和滋生微生物的能力。

"我国近170万平方千米沙化土地，如果采用沙漠土壤化技术成功改造其中的1%，就将获得2600万亩可利用土地。这个意义多大呀！"因此，易志坚教授毅然放弃了其他领域的研究，并决定自筹经费，带领团队投身中国沙漠化治理的伟大事业中。

此后，易志坚组织了一支横跨力学、材料、土壤、植物等学科的科研队伍，从前期扎根实验室，到后期转战大漠边关，始终"真研究问题""研究真问题"。自2016年首次沙漠实地试验成功以来，团队已在内蒙古乌兰布和沙漠、新疆塔克拉玛干沙漠、四川若尔盖沙化草地、西沙岛礁、中东代赫纳沙漠、非洲撒哈拉沙漠等国内外不同条件下的沙漠或沙地，进行了20多个点、总面积4万亩的试验示范，人们在示范区看到了沙漠一步一步变成了绿水青山，叹为观止。

多年的规模化中试，团队检验了土壤化原理的科学性和技术的有效性：经土壤化改造的沙漠，微生物群落和数量构建迅速，微生物种群丰富，结团保水透气，可供柠条、花棒等耐旱植物自然生长，无须人工灌溉，而一般农作物的灌溉量明显低于当地农牧业生产取用水限额；沙漠土壤化后，生态恢复显著，植物生长旺盛，根系发达，生物量普遍高于周边农地。2019年，阿拉善盟组织专家对高粱测产，平均亩产789千克，远高于全国平均亩产324千克。同时，沙改土可规模化施工、经济性好，仅需一次加入约束材料，土质即可持续保持且改造技术易操作、见效快，宜大规模机械化施工，一次性改造投入约束材料及旋耕的施工成本每亩只需要2000元至3000元。经改造的"土壤"不仅可以即刻起到防沙固沙的作用，而且当即可以开展农牧业种植，防沙固沙、生态恢复与农牧业生产等功能兼具。通过中试验证和数据测算，团队还发现，沙漠土壤化技术在实现沙漠变绿洲的同时，植物光合作用能将CO_2固定在植株和土壤中，可有效降低大气中的CO_2浓度，碳汇效果卓越。在内蒙古乌兰布和沙漠的试验表明，种植耐旱植物，3年期CO_2吸收量约33～55吨/公顷；种植乔木，3年期CO_2吸收量约18～33吨/公顷。

从1到N的成果转化，万亩沙漠变良田

沙漠治理对生态恢复、环境改善有重要的长远意义和现实价值。为帮助遭受沙害困扰的地区恢复生态环境，使受沙化困扰的地区驶入"治沙+致富"的"快车道"，易志坚带领团队主动肩负其助力沙区乡村振兴重任，他要以实际行动把"科研论文"写在富民兴农的"战场"上。

塔克拉玛干沙漠南缘的和田地区和田县，人均耕地不足 1 亩，当地有养羊的习惯，但苦于人多地少饲料缺乏，无法扩大养殖规模。2018 年，团队在这里建立了万亩基地，种植牧草、高粱等作物获得巨大成功。当年即实现御谷狼尾草牧草亩产 6 至 10 吨，青贮饲料亩产值超 3000 元，有力解决了当地养殖业饲草料的难题，同时也优化了当地的生态环境。

与此同时，内蒙古阿拉善乌兰布和沙漠的示范基地也取得骄人的成绩。数据显示，当地"沙漠土壤化"技术种植高粱平均亩产达 789 千克，萝卜亩产 8000～15000 千克，辣椒亩产 2500～3000 千克，番茄亩产 6000～10000 千克，部分果蔬类产值超过 6000 元/亩。最让人兴奋的是，基地上有 10 多种农产品还获得了国家绿色食品认证。

2022 年，"沙漠土壤化"技术驶入产业化快车道，其签约项目涉及 13 万亩沙漠和戈壁。团队不仅与重庆辰砂生态科技有限公司在库布齐沙漠共建项目基地，还与洽洽食品等企业进行联名品牌合作，以品牌合作推动产业化做大做强。

结　语

以科学原理为基础，让防沙治沙与生态产业同频共振，助力打造新质生产力，助推经济社会绿色高质量发展。易志坚和他的团队 15 年的艰苦努力，既有成功的喜悦，也会伴随着一些不为人理解的烦恼，但对于团队来说，更多的是执着与坚定。易志坚教授说："从 0 到 1 的创新突破，再从 1 到 N 的成果转化，我们一直走在用科学原理和事实说话的道路上。'沙漠土壤化'是一项伟大的事业，始于梦想，成于实干，我的一生都会献给这项伟大的事业。"

致力杀菌剂生物学研究 确保粮食安全

——南京农业大学周明国科技创新团队

粮食是国之大器，随着人们对美好生活的日益追求和世界百年未有之大变局的快速演变，保障粮食安全和食品安全成为农业科技工作者的重大科研任务。南京农业大学周明国科技创新团队（南京农业大学靶向杀菌剂创新与应用技术研发团队）（以下简称团队）针对农业有害生物抗药性发展对我国粮食生产和食品质量安全的重大威胁，面向国家现代农业发展重大需求和国际科技前沿，自觉履行科技自立自强使命担当，几十年埋头科研和生产一线，取得了农业有害生物抗药性发生发展基础研究等重大突破，研发出一系列安全高效的抗性治理技术，通过产学研紧密合作，实现了大规模产业化应用。为国家农业安全、高效、绿色发展贡献了自己的力量。

团队和带头人简介

团队由光华工程科技奖获得者、"973 计划"咨询专家、两次第一完成人国家科技奖获得者、江苏省专利发明人奖获得者周明国教授牵头组建。团队一直致力于杀菌剂生物学基础理论与应用研究。历时 40 年，建成了一支坚持"四个面向"、科研道德素质过硬、研究方向明确、研究特色鲜明、团结协作的队伍。多年来，团队针对小麦赤霉病、水稻恶苗病等重要农作物病原菌抗药性发展和难防难治问题，围绕杀菌剂作用机理、抗性发生机制及风险、抗药性病原群体发展规律、抗药性早期预警、抗药性治理技术等领域，开展系统深入的研究，形成了以"现象—机制—技术—产品—应用"的理论基础与应用研究紧密结合的创新研究模式体系。通过广泛的国际合作科学研究和产学研合作研究，试验示范基地与研究生实践基地/工作站、专家工作站相结合，技术产品研发与国内外农药企业及农业技术推广部门紧密合作，形成了优势互补、特色明显的技术研发、成果转化、技术推广的长效机制，取得多项重大成果。

团队现为中国植物病理学会化学防治专业委员会、中国农药发展与应用协会杀菌剂专业委员会和南京农业大学农药抗性及治理技术研究中心的依托单位。现有5名中青年科技骨干，其中入选国家"万人计划"青年拔尖人才、教育部霍英东教育基金会高等院校青年教师基金、江苏省特聘教授、江苏省"六大人才高峰"计划、江苏高校"青蓝工程"培养对象等6人次。团队先后与英国布里斯托尔大学、英国洛桑试验站、法国农科院、意大利巴里大学、日本筑波大学、美国密歇根州立大学、美国德州农工大学、美国普渡大学、先正达和巴斯夫等跨国农化企业建立了紧密合作关系。培养的毕业生有多名被用人单位直接破格聘为教授和副教授，成为我国植物病害防控专家骨干，有5名毕业生列入世界上近20年本领域发表论文数前10名作者。

周明国教授校订杀菌剂生物学专著

团队带头人周明国教授，主要从事杀菌剂生物学及植物病害化学防控的基础理论与应用技术研究。现任国际植物病理学会病害综合防控委员会执委，中国农药发展与应用协会杀菌剂专委会主任委员，农业农村部植物保护咨询专家组专家，全国农业有害生物抗药性风险评估与治理对策专家组专家。自20世纪90年代初先后主持完成了数十项重大国际合作项目、国家重要科技计划项目、国家自然科学基金重点及面上项目。获"国家科学技术进步奖"二等奖3项（第一完成人2项，第三完成人1项），第一完成人获省部级"科技进步奖"一、二等奖共5项。发表论文500多篇,爱思唯尔"中国高被引学者",获国家发明专利40余件、欧美国际专利8件。主编和参编《中国植物病害化学防治研究》《中国农业百科全书》《植物化学保护学》等科技著作和教材10多部;参与制定和主审杀菌剂登记药效试验准则、抗性风险评估技术规程等一批国家或行业标准。主办国际和国内学术会议及技术培训20多次,受邀在国际学术会议上作专题报告10多次。先后荣获"教育部高校骨干教师""中国科协先进工作者""中国植物病害化学防治杰出贡献奖""农药创新奖——突出贡献奖",以及"江苏专利发明人奖""中国工程院第十三届光华工程科技奖"等多项荣誉。

立足重大粮食病害防控,坚持基础创新

小麦是我国最重要的农作物之一,小麦赤霉病是危害小麦最严重的病害之一,且有愈演愈烈之势,不仅会造成小麦严重减产甚至绝产,还会让患病的小麦产生并积累真菌毒素等有害物质,严重危害人畜健康,完全失去食用和饲用价值。

为了有效地应对小麦赤霉病的威胁,周明国教授带领团队详细研究小麦赤霉病的发生机制和规律、防控的基础理论、研究相关杀菌剂的基础生物学(抗菌谱、疏导性、作用机理、抗性机制、病原菌抗性群体发展等)和抗药性治理新理论(靶向杀菌剂、协同增效复配剂、增效剂、核酸农药等)等,力图做到知己知彼、百战百胜。与此同时,团队聚焦于稻麦油菜等其他重大病害,付出最大的努力保障粮食安全。功夫不负有心人,经过40多年的潜心研究,团队在抗药性群体发展规律、抗药性发生机制、药物靶标发现及药—靶互作等方面取得了突破性进展,为抗药性检测、预警及治理的新药取代奠定基础,为我国农作物重大病害防控提供了有力的技术保障。

周明国教授详细分析了现代选择性杀菌剂发展趋势和生产上出现日益严重的抗药性问题,带领团队成员结合不同杀菌剂抑制病原菌生长发育或诱导作物抗病性的作用方式,构建了系列病原菌对杀菌剂敏感性基线、抗药性监测及风险评估方法,为杀菌剂的应用和降低抗药性风险提供保障。1985年在我国最早报道"杀菌剂与病原物"或"杀菌剂—病原物—寄主"相结合的抗药性鉴别和测量通则。自1986年开始,连续35年监测江苏和全国重要作物病原菌抗药性群体发展态势,在国际上最早报道小麦赤霉病菌抗药性、水稻白叶枯病菌多抗超级细菌及各种类型选择性杀菌剂的抗性风险,明确了抗药性病原群体发展是导致防治失败和农药滥用的主要原因。

团队连续多年系统监测或检测了我国稻麦油菜重要病原菌抗药性,结合田间试验

明确了药靶基因变异、病害程度和药剂选择压是影响抗药性发展的三个关键因素;阐明了杀菌剂靶基因点突变是发生抗药性的主要机制,明确了重要病原菌的抗药性基因型,为制定抗药性治理策略提供了依据。该团队发现的两个选择性新靶标 β2-微管蛋白和肌球蛋白-5 是近年来杀菌剂发展和病害防控领域的重大突破,在百余年的杀菌剂发展史上,科学家一共才发现了 20 多个选择性分子靶标。团队探明了这两个靶蛋白与药剂特异性结合的功能域及关键氨基酸位点,揭示了杀菌剂与靶蛋白分子互作的精确性。在杀菌剂发展史上,肌球蛋白是继相对容易发现的酶蛋白和结构蛋白等杀菌剂分子靶标之后发现的首个第三类安全性极高的马达蛋白类选择性新靶标。国际杀菌剂抗性行动委员会(Fungicide Resistance Action Committee,FRAC)基于该项目成果,2016 年将原来"有丝分裂和细胞分裂"的杀菌剂作用方式重新命名为"细胞骨架和马达蛋白",将氰烯菌酯的作用方式单独分类为 B6,开辟了马达蛋白抑制剂农药创制新方向。以上成果分别获得 2012 年和 2018 年"国家科学技术进步奖"二等奖。团队进一步成功解析了氰烯菌酯及靶标肌球蛋白的复合体晶体结构,这是首个植物病原菌肌球蛋白晶体结构,揭示了氰烯菌酯与肌球蛋白结合的分子机制。采用计算机辅助药物设计策略,基于氰烯菌酯结合Ⅰ型肌球蛋白马达结构域口袋信息设计,部分目标化合物表现出高于氰烯菌酯或广谱的生物活性,有进一步开发为新型肌球蛋白抑制剂的潜力。

瞄准生产重大需求,研发病害防控系列技术

现代选择性杀菌剂的抗药性问题极大地影响了药剂的使用效果和使用寿命,团队基于抗性机制研发了高通量检测技术;基于抗药群体发展规律研发了早期预警技术,防止突发危害;基于杀菌剂作用机制研发了一系列抗药性治理技术。发明了检测抗药性 β2-微管蛋白基因及基因型的 PIRA-PCR、Tetra-primer ARMS-PCR、Real time PCR with Cycling Probe 和 LAMP 等 10 种高通量抗药性诊断技术,准确率 99.5% 以上,其中 LAMP 检测技术已形成 4 种试剂盒,这些技术引领了国际上单碱基变异的高通量检测技术发展。针对不同病原菌生物学和杀菌剂作用机制,研发了防治抗药性种传病害的浸种灵,亩用有效成分 0.1 克,防效 99% 以上,全国应用 5 亿亩以上;防治灰霉和菌核病的福菌核、异菌脲·福美双在常熟市义农农化有限公司和江苏快达农化股份有限公司转化并大面积应用;戊唑醇·福美双在南京南农农药科技发展有限公司转化;与江苏苏研农业集团有限公司合作研发的氰烯菌酯大面积推广应用,解决了抗药性赤霉病的流行危害;基于在国际上率先开展的杀菌剂与分子靶标结合的毒理学及病原菌的调控机制基础研究,研发出杀菌剂的靶

向增效剂技术，研发并产业化了系列靶向抑制真菌毒素和甾醇生物合成的生物—化学协同增效用药技术，其中井冈·戊唑醇、井冈·叶菌唑等实现成果转化，成为江苏及江淮黄河流域麦区示范推广防控小麦赤霉病和控制 DON 毒素污染的关键技术。

团队突破了植物和丝状真菌药敏性蛋白与小分子化合物相互作用研究的理论与技术障碍，在杀菌剂史上首次解析了植物免疫诱抗剂茉莉酸受体蛋白结构，揭示了植物与小分子化合物相互作用的免疫与脱敏机制；在 *Nature*、*PNAS*、*PLos Pathogens* 等刊物上发表了一系列高水平论文，并提出"靶向农药"发展新理念，探明了药—靶互作的特异性和精确性的结构生物学机制，指明了未来农药创新发展方向。在周明国教授的带领下，团队针对有害生物药敏性分子靶标的结构特征，开始了靶向小分子农药创制。经过近两年的艰苦探索，目前已经获得多个具有极高活性的选择性靶向小分子化合物，其中有 4 个新型化合物已经与多家农药企业合作进入田间防治多种疑难病害的防治试验，防治小麦赤霉病和马铃薯晚疫病等重大作物病害每亩使用剂量仅需 1-5 克，展现出靶向农药发展与应用的光明前景。同时，团队还针对重要作物病原菌编码药敏性蛋白的基因结构特征，研发出新型靶向核酸杀菌剂，攻克了植物和病原菌对 RNA 杀菌剂的吸收与传导、复制与降解、变异与抗性的分子机制，研发并不断完善了 RNA 农药与杀菌剂协同增效的应用策略与技术。

周明国教授带领团队调查"靶向农药"田间药效

注重产学研合作，多模式促进技术落地

团队注重产学研合作，发展运用合作研发、合作推广、技术服务等多种模式实现科技成果的落地生产。团队与泰州飞星农化有限责任公司合作开发浸种灵，具有高效、广谱的特点，且使用方法简便安全、无残留、无抗药性风险，对恶苗病、干尖线

虫病防效超 99%；与浙江新农合作，探明了噻唑锌的防病原理及科学用药技术，促进了产品的推广和企业发展上市；与苏研合作研发的全球首个肌球蛋白抑制剂、强烈抑制真菌毒素合成的"氰烯菌酯"，成为农民家喻户晓的技术产品，解决了抗药性稻麦病害无药可用的重大生产问题；与先正达合作，研发嘧菌酯应用技术；与众多农药企业合作，为企业杀菌剂提供安全性、有效性、抗性风险评价，并提供产品开发技术服务；与部、省、市、县植保技术推广部门合作（如全国农机推广中心、江苏、安徽、山东、河南、湖北等省站）开展培训，举办全国培训班 14 次，在各地培训讲课 300 多次，在全国市县植保站进行培训数百场，监测抗性发展，推荐、试验、示范治理技术，大力促进将技术应用于一线生产。

结　语

科技基础能力是国家综合科技实力的重要体现，是国家创新体系的重要基石，是实现高水平科技自立自强的战略支撑。粮丰农稳安天下，周明国教授创新团队一直致力于促进科技成果转化、切实解决老百姓的实际问题，多年来取得的辉煌成绩也验证了这条道路的可行性和正确性。多项成果的广泛推广，实现了减药增产，大大降低了小麦真菌毒素，减少了多项经济损失。"听到农药二字，老百姓常常谈药色变。不过我有信心，我们研制的农药比有的医药还安全。"第三次获奖后的团队带头人周明国如是说，"现在还不能高枕无忧，尽管有了缓兵之计，但是抗药性迟早还会卷土重来。是考虑研发具有一定反抗性能力的靶向杀菌剂的时候了。"周明国教授带领团队已踏上这场粮食保卫战的新征程。

打破视频行业国际垄断
勇立民族视频行业潮头

——北京新奥特集团有限公司郑福双科技创新团队

以字幕机起家的新奥特集团，始终瞄准视频领域的世界前沿科技，打破行业国际垄断，创立民族视频品牌，引领中国智慧广电和媒体融合产业高质量发展。当前，我国广播电视和网络视听科技创新深入发展，大数据、云计算、4K/8K超高清、VR/AR、5G、区块链、人工智能和物联网等重大关键技术在广电系统广泛应用，有力支撑了智慧广电建设和媒体融合发展。至2025年，科技创新将驱动智慧广电业务能力和服务能力显著提升，智慧广电建设和媒体融合将进入关键发展时期。北京新奥特集团有限公司郑福双科技创新团队（以下简称团队）立足中国市场，主动对接广电行业发展重大需求，集中技术和人才优势，不断深化产学研融合，为广电行业的发展提供了一系列关键技术支撑，为实现我国智慧广电建设和媒体融合发展提供了可行方案。

团队和带头人简介

团队汇聚了众多国内广电行业的知名专家、学者和优秀青年科技工作者等一批高层次人才。团队长期致力于数字视音频、超高清的基础理论、关键技术及工程应用研究，在4K/8K超高清、VR/AR、5G、人工智能等领域取得了一系列创新成果，为推动我国超高清技术和5G应用与产业发展做出了重要贡献。郑福双团队在融媒技术研发、投入、布局领域深耕细作，承建了CGTN"一带一路新闻交换云平台"、中华云、北京云、江苏"荔枝云"、云南"七彩云"、湖北"长江云"和光明日报社融媒、"中国篮球"融媒等国内知名大型融媒体平台建设，处于全国领先水平。在超高清领域，牵头发起成立工业和信息化部与北京市共建的"超高清协同中心"，建设世界顶尖技术水平的全球首台5G+8K超高清转播车，提供的8K慢动作、8K图文、8K多通道收录等超高清产品，打破了国外厂商长期垄断，处于国际领先地位。

截至2023年，团队共获国家授权专利707项、发明专利663项、实用新型专利44项、软件著作214项；获"国家科学技术进步奖"一等奖1项、2023年"中国电影电视技术学会'北京广播电视台8K超高清技术系统升级与应用项目'科技进步奖"一等奖 1 项、"'中央广播电视总台 4K 超高清频道包装及资讯播出系统'科技进步奖"二等奖 1 项、2022 年"中国广播电视设备工业协会科技创新企业奖"1 项、2018 年"中关村 5G 创新应用大赛一等奖"1 项。

团队带头人郑福双董事长，研究生学历，硕士学位。现任民建中央第十二届中央委员、民建中央对外联络委员会副主任、中国和平统一促进会理事、国家广播电视总局科技委电视专业委员会委员、中华见义勇为基金会理事、中国产学研合作促进会副会长、中关村民营科技实业家协会常务副会长、中关村虚拟现实产业协会会长等职务。曾获"国家科学技术进步奖"一等奖、"中国优秀民营科技企业家奖"、"北京市第 5 届'科技之光'优秀企业家奖"、"香港'紫荆花杯'杰出企业家奖"、北京市"优秀青年企业家"金奖、北京市"五四奖章"、"中国红十字人道服务奖章"、中华思源工程扶贫基金会"脱贫攻坚爱心集体"、北京市海淀区"党建之友"称号等荣誉。

新奥特集团郑福双董事长

自主创新，打破洋品牌字幕机国际垄断

从 20 世纪 50 年代中国建立第一家电视台到 20 世纪 80 年代末的 30 多年，中国电视制作人只能用清一色的进口设备为老百姓制作电视节目。1990 年北京亚运会前，为了提高中央电视台电视转播质量，亚运会组委会找到某日本公司，希望他们修改字幕机软件，让屏幕上参赛国的国旗飘动起来，以使画面更美。一边要得急，一边索价高，最终只好作罢。严酷的现实摆在了国人面前，要么臣服要么奋进。郑福双团队选择迎难而上、奋起直追，想在竞争中赢得主动，必须研制出自主创新的字幕机。当时，最稳妥、高效的办法，是在 DOS 系统上直接开发，抢占市场。但是，郑福双团队却走了一步险棋，在 Windows 系统上开发。Windows 系统是世界千万个优秀工程师智慧的结晶，其编制十分艰难，令人望而生畏，国内视频界尚无人涉足。团队深知其中的风险，从选择这一行开始，就有这个准备，即使连滚带爬，也要引领新潮流！收集数据，阅读资料，编制几十万行程序。终于，基于 Windows 系统的新奥特 NC8000 字幕机以其强大的功能特性、稳定优良的图像质量后来居上。中央电视台做出权威性结论："新奥特 NC8000 系统功能全、字体多、字形全、运行速度快，在字

幕机厂家中处于领先地位。"中央电视台订货 26 台，至 1998 年年底，该台拥有 160 多台，占其同类设备的 60%。NC8000 还雄居省级电视台市场占有率第一位。在 1996 年的天津第 43 届世乒赛上，国际乒联决定，直播由中国中央电视台承担，向海外各国转播，由美国 ESPC 有线电视网通过卫星传送，美国人希望由中国提供信号，但字幕由新加坡提供。中央电视台、天津电视台据理力争，我国完全有能力提供字幕服务，公开向美国人"叫板"。结果，用 NC8000 制作字幕的世乒赛专题节目获得"中央台优秀节目一等奖"，直播信号被美国有线电视网评为 A 级信号。在随后的一年内，NC8000 应用于篮、乒、排、足、羽、网等一系列球类转播，后又完成了亚冬会、亚运会、亚特兰大奥运会、悉尼奥运会的直播任务。中央台、各省台占有率最高，国产字幕机进入了"新奥特时代"。"新奥特"旋风使洋品牌字幕机的主流市场丧失殆尽，进口字幕机从此退出中国字幕机市场，郑福双团队一举打破了长期以来的国际垄断格局。

新奥特集团郑福双董事长带领团队进行字幕机开发

联合开发，推动民族视频工业走向世界

20 世纪 90 年代，广电行业开始从线编到非线编模式的改变，一直深耕字幕机领域的新奥特敏锐地发现商机，凭着新奥特强大的技术储备，完全有能力在非线编领域大有作为。为使中国广电行业编辑制作系统少走弯路和世界接轨。郑福双团队不仅高度重视对科研团队的投入与攻关力度，还创新提出"联合开发"模式，与 30 余家省市电视台联手开发，这次民间发起、民间投资的"联合开发"活动，后来被纳入国家广电部"九五科技攻关计划"。

1996 年北京国际电视设备展会上，郑福双团队自研的国产非线性编辑设备并非预期那样火爆，对于长期使用线编的电视人来说，非线编是个新生事物，从操作到理念都是全新的，很多业内人士都在观望。郑福双董事长敏锐地意识到，这种等待、观望将会贻误战机。要解决这个问题需要加速新产品与客户的"磨合"，不能闭门造车，于是他迅速转变思路，决定和各大电视台搞联合开发，请省市电视台直接参与开发，由他们做测试、挑毛病、提要求。这样就能开发真正有用的非线编系统。

很快就有人对他的想法产生质疑，觉得这简直就是天方夜谭。一是大大增加企业的开发费用，二是民办企业怎么可能把互不隶属、牛气十足的全国省级电视台召集到一起。出乎意料，没想到郑福双董事长的提议得到各省台的强烈响应，起初 2 家，后增加到 25 家、27 家，最后到 30 家，几乎吸引了所有省级电视台参与。大家齐集北京，分成若干小组，针对国产非编产品存在的问题与郑福双团队一项一项探讨、争论，常常熬夜到通宵。贵州电视台一位副台长说："非线编国外产品占领了我国太大的电视市场，令我们电视工作者内心很不平衡，作为用户和开发者双重身份的电视人，我们真心希望新奥特在这场阵地争夺战中成功！"郑福双团队深深感受到一种强大的责任和动力。在大家的奋力攻关下，凝聚很多中国电视人心血，拥有我国自主知识产权的第一台非编系统 NC97 终于诞生了。随后郑福双团队又完善了世界上第一台中文版 windows 平台上开发的 NC9000 字幕机总体设计方案，为国产字幕机和非编系统的革命性变革打下了基础，极大地推动了民族视频工业的发展。

新奥特字幕机和非线编系统迅速占领国内市场，国外客户也迅速认可了中国品牌字幕机，香港亚视、联合国粮农机构、美国中文台、美洲东方之星电视台、美国波音公司、日本广播公司等均大批量选购了 NC9000。2000 年在北京 LG 杯亚洲职业篮球赛上，中央电视台一位著名体育节目主持人在现场直播中突然惊讶地问同事："咱们这次直播也有世界先进的场内积分和技术统计技术了，这不意味着咱们的直播水平已经和国际接轨了吗？"在得到肯定的回答后，整个转播现场一片欢腾。中国电视人盼了多少年，终于盼来了这一天！郑福双团队的研发成果，使国产字幕机如虎添翼，实现了中国电视与国际先进水平的最终接轨，民族视频工业开始走向世界。

凝心聚力，央视科研项目获"国家科学技术进步奖"一等奖

2012 年年初，郑福双团队中标中央电视台"新一代电视台网络化制播系统及重大应用"科研项目。这个项目对于国际、国内广播电视行业都是全新的课题，也是对行业发展的巨大挑战。对于新奥特来说也是团队成长、创新能力提升的重大机遇。机遇与风险同在，郑福双董事长立即行动，成立由自己为组长的科研攻关小组，组建由全体研发人员参加的突击攻坚团队，隆重召开项目启动誓师大会。郑福双董事长亲自带队多次深入中央电视台调研，与中央台总工程师、技术团队进行广泛交流，对接项目总体规划、目标和需求，探讨系统总体框架和设想；与各部门负责人、工作人员多次沟通，征求一线人员的工作需求和意见建议；进入机房查看系统、设备情况，面对机器设备国际、国内品牌交叉、厂家繁多、型号多样、标准不一的现状。团队成员与中央台专家深入研究、广泛探讨、多番论证，加强统筹考虑和顶层设计，确保做到各系统、各节点、各站点都兼顾、都全面、都清晰。研发团队自觉取消节假日、夜以继

日地奋战在研发第一线，新产品不断问世，在各系统中进行不间断的运行测试。随着研发的进展，各分系统之间也展开联调联试，验证网络系统的可靠性、稳定性、可行性。郑福双团队与中央台专家成员经过近一年的联合科研攻关，"新一代电视台网络化制播系统及重大应用"项目成功上线，顺利通过专家组验收，同时获评"国家科学技术进步奖"一等奖。该项目的核心技术和关键应用均由国内独立研发，具有完全自主知识产权，项目涵盖了以文件为载体的电视节目网络化制播的全流程，首创了一系列的技术标准、工艺报告和生产体系，其中发明专利 20 项、软件著作权 11 项、电视技术规范 12 项。在项目研发和实施中培养了一大批青年技术骨干，建立了国际领先的新一代电视节目制播技术体系，为我国广播电视产品的产业化开发和可持续发展打下了重要的技术基础。

再创辉煌，高标准高质量服务北京"双奥"

新奥特成立 10 周年庆典上，一位员工高声祝福"新北京、新奥运、新奥特"，由此拉开了为期七年的新奥特争取参与北京奥运的序幕，此时距离我国申奥成功还有 7 个月。郑福双董事长抱着中国一定成功，新奥特定能如愿的信念义无反顾地投入了自己的"申奥"进程。在他的带领下，团队首先对所有体育比赛软件进行了完善开发，并在各类比赛转播中大量应用，把每一项技术改进当作迈向奥运的一大步，把每一次技术服务当作奥运转播的实战演练。郑福双董事长果断决策为研发奥运转播产品投入大量人力、物力进行各类测试和演示，为奥组委正确决策提供丰富精准的依据。功夫不负有心人，2007 年 7 月 31 日，北京奥组委宣布，新奥特成为北京 2008 年奥运会电子中文翻译服务供应商，新奥特成为国内广电行业唯一一家正式进入 2008 年北京奥运的产品供应商，也由此开创了百年奥运史上现场双语——英文与主办国语言信息同步显示的先河。在北京奥运会和残奥会中，新奥特现场中文显示系统全面无差错地运行于 27 个比赛日的 43 个比赛项目，新奥特根据国际奥委会及单项联合会和北京奥组委的要求，为每一项运动大项或分项提供了比赛现场公共记分牌和图像大屏中文信息显示所需的硬件和软件系统及专业技术服务支持。这是郑福双团队 17 年积淀的能量和 7 年"申奥"努力的总爆发，同时也实现了郑福双董事长多年的奥运情结。

2022 年，郑福双团队应邀继续为北京冬奥会提供现场转播及赛事相关的技术服务。团队于 2019 年参与了科技部国家重点研发计划"科技冬奥"重点专项《面向冬奥的云转播平台关键技术》课题研究，担任"云上转播中心"的课题负责单位，多项自主知识产权科技成果投入体育展示主控制作中心（MCR）技术系统中。冬奥会举行期间，郑福双团队的北京冬奥技术人员全部入驻冬奥主媒体中心（MMC）及各赛事场馆，在闭环管理的环境下，紧张有序地服务在现场转播及赛事技术服务第一线。入驻主媒体中心（MMC）的团队，主要负责国际广播电视中心IBC实时收录及后期制作，承担冬奥、冬残奥开/闭幕式，冬奥15个大项，冬残奥6个大项的全部赛程收录；体育展示所需的赛场一日、冬奥一日、金牌时刻、奥运纪录、中国运动员集锦、非竞赛花絮、致敬英雄、金银铜牌集锦、MV改编及其他，计10类视频分类的剪辑、审片、分发，15个赛事场馆的实时现场体育展示业务，通过编解码器信号回传和素材成片文件回传方式，返送至IBC。入驻奥运场馆团队，携带天鹰云非编系统、VSE xMotion视频制作回放系统、石墨在线包装及大屏互动展示系统等多款行业顶尖产品"全线出击"，为赛事注入专业的科技力量，向15个场馆提供赛事实时多通道收录、实时慢动作编辑、实时慢动作回放、在线图文包装等技术支持，以领先的技术手段，将冬奥赛场上的精彩瞬间，以更丰富的画面形式，毫无遗漏地展现给世界观众。

新奥特视频处理系统保障2022冬奥会比赛现场

郑福双董事长在接受媒体采访时表示："誓把民族视频工业进行到底，这个底就是站在国际前沿，引领新技术的潮流，把我们的企业建成技术一流、产品一流、人才一流的国际化大企业，为国家、为社会提供一流的服务。"

结 语

进入新时代，在"四个面向"的战略指引下，进一步推动民营企业产学研深度融合，促进自主创新能力的提升和创新体系的再造，已经成为创新型国家建设的重要突破口。面向第二个百年新征程，郑福双团队将更加坚定地投身科技创新的初心使命，继承和发扬老一辈科学家心系祖国、服务人民的优秀品质，凝心聚力奋斗在民族视频工业的科技前沿，推动更多优秀科技成果落地生根，继续为建设科技强国贡献硬核力量，为我国经济社会的可持续发展做出新的更大的贡献。

秉承"交通强国"初心
打造跨海大桥国家名片

——中交公路规划设计院有限公司孟凡超科技创新团队

我国疆域辽阔、资源丰富，河流纵横、海湾众多，构建快速道路交通网络，打造交通强国，高质量建设跨海跨江大桥是我国经济社会发展的必然要求，也是国家综合国力的体现。我国交通运输发展规划和科技发展规划明确提出，依托大型跨海桥梁工程建设，加速实现我国交通强国的宏伟目标。进入新时代，国内外跨海大桥无论是数量、规模还是科技含量，都正以其磅礴的气势和无限的活力展现在世人面前，跨越四海，通向未来。

"海纳百川，有容乃大"。中交公路规划设计院有限公司孟凡超科技创新团队（以下简称团队）瞄准国家重大工程建设需求，立足跨海跨江交通基础设施建设，胸怀国之大者、打造国之重器，将论文写在祖国大地上，主动对接大型跨海大桥发展重大需求，汇聚技术和人才优势，不断深化产学研融合，为跨海桥梁工程全产业链的发展提供了一系列关键技术支撑，为推进我国实现世界桥梁强国、交通强国目标，打造国家桥梁名片做出了突出贡献。

团队和带头人简介

孟凡超团队汇聚了全国工程勘察设计大师、国务院政府特殊津贴获得者、新世纪百千万人才工程国家级人选、中国青年科技奖获得者及十大桥梁人物获得者、正高级工程师等一批高层次人才。团队长期致力于国内外大型跨海桥梁领域的基础理论、关键技术及工程技术研究，在大型跨海桥梁工业化建造、大跨径桥梁结构等方面取得了一系列重大创新技术成果，为推动我国跨海桥梁和大跨径桥梁的技术链与产业链发展，以及交通强国建设做出了重大贡献。

团队构建了大型跨海桥梁工业化建造成套技术体系，攻克了海上装配化桥梁建设技术难题，并实现规模化工程应用。多年来，团队承担国家级重大工程项目20余项，编制国家及行业标准30余项，有力推动了我国跨海通道工程的工业化体系建设；获授权中国发明专利60余件、国际专利3件；获"国家科学技术进步奖"二等奖2项，省部级科技进步奖特等奖6项、一等奖7项，"土木工程詹天佑奖"6项，"全国优秀工程设计金奖"3项、银奖4项，省部级设计奖一等奖18项，"全国优秀工程咨询成果奖"一等奖4项，"全国工匠精神奖"1项，出版专著10余部。

团队带头人孟凡超，正高级工程师，全国工程勘察设计大师。现任中国交通建设股份有限公司副总工程师，装配化钢结构桥梁产业技术创新战略联盟理事长，历任中国土木工程学会桥梁及结构工程分会副理事长、中国土木工程学会混凝土及预应力混凝土分会副理事长、中国公路学会桥梁和结构工程分会副理事长。先后荣获国务院政府特殊津贴、首批新世纪百千万人才工程国家级人选、交通运输部新世纪十百千人才工程第一层次人选、中央组织部联系专家、中国交通建设十大桥梁人物、四川省网络协会授予的"改革开放40年·影响四川40人"、北京光华设计发展基金会授予的"改革开放四十年·中国设计40人"、《文汇报》授予的"我和

中交建副总工程师孟凡超

我的祖国70年70人"等荣誉称号。从事公路特大型桥梁勘察设计与研究40余年，先后主持、参加完成了20余座国家级、世界级特大型桥梁工程设计工作，主持完成了多项国家级、省部级重大攻关项目研究，先后担任港珠澳大桥总设计师、厦门海沧大桥总设计师、武汉阳逻长江大桥主桥总设计师、南京长江第三大桥总设计师、杭州湾跨海大桥总设计师、青岛胶州湾跨海大桥总设计师、深圳湾跨海大桥总设计师、钱塘江嘉绍大桥总设计师、马来西亚槟城第二跨海大桥总设计师等。

发扬工匠精神，推动跨海大桥建设自立自强

跨海大桥不同于内陆桥梁，大型跨海大桥建设及运营具有典型海洋环境特征，其设计建造技术、耐久性技术、结构性能演变特征及运维管养均具有挑战性和鲜明的特点。

创新 使命 担当
中国产学研白佳科技创新团队

港珠澳大桥夜景

孟凡超设计大师主持设计的超级工程——港珠澳大桥，是世界上最长且最具挑战性的跨海大桥，全长 55 千米，由青州航道桥、江海直达船航道桥、九洲航道桥、非通航孔桥、人工岛、海底沉管隧道、香港珠海澳门换道立交及通关口岸人工岛等组成；大桥集桥岛隧于一体，海中桥岛隧主体工程长 29.6 千米，设计使用寿命 120 年。

港珠澳大桥总体

港珠澳大桥桥岛隧集群工程是当今世界最具挑战的跨海通道工程，是世界上里程最长、外海钢结构桥梁最长、海底公路沉管隧道最长、设计使用寿命最长、钢结构体量最大、施工难度最大、技术含量最高、知识产权和投资金额最多的跨海大桥。大桥建设条件极为复杂：大桥穿越中华白海豚保护区，环保要求高；桥位处海域宽度超 40 千米，离岸作业距离长；气象条件恶劣，台风频繁，高温高湿；桥区通航密度大、通航要求高；桥区海洋腐蚀环境恶劣等。大桥位于"一国两制"区域，工程建设面临着四大挑战，即工程技术挑战、施工安全挑战、环境保护挑战及建设管理挑战。

面对复杂的建设条件与艰巨的挑战，孟凡超设计大师带领团队自工程可行性研究开始，历时 14 余年，秉持工匠精神潜心研究并攻克大桥建设技术难题，提出"桥岛隧"综合解决方案，主持完成了港珠澳大桥总体设计，最终实现了港珠澳大桥高质量建成的目标，惊艳了世界。期间，他曾带领团队踏勘寻找大桥西岸登陆点，以脚步丈量并确定了伶仃洋西岸登陆点；他曾带领团队敢啃"硬骨头"；他曾带领团队采用"在海上搭积木"方式，实现了大桥建设安全、高质量、长寿命、与自然和谐共生的目标。

孟凡超设计大师团队以颠覆传统的设计施工技术方法，首次在超大型桥岛隧跨海大桥集群工程中提出"大型化、工厂化、标准化、装配化"设计建造理念，创造了工程设计建造新范式，并形成系列标准体系，促进了产业化发展，在交通运输领域得到了广泛认同与实践。为提升跨海大桥结构工程的美学价值，彰显"设计是工程的灵魂"作用，将港珠澳大桥打造成为世界级地标性建筑，孟凡超设计大师团队创新提出了"结构+艺术+文化"融合的桥梁顶层设计理念，创新提出"珠联璧合""伶仃珠链"景观设计理念，研究并提出了"中国结""海豚形""风帆形"桥塔建筑结构，极具标志性、独特性。基于港珠澳大桥特殊的地理位置，设计建造环境复杂，施工及风险防控难度大等特点，孟凡超设计大师团队提出以桥岛隧组合的方式解决工程结构功能、路径节点、空间布局及周边环境控制等关键问题，确保了建设运营期桥岛隧总阻水率<10%及施工期人员安全、航行安全、装备安全，在全年仅180天有效工期的情况下，确保了施工人员装备"避台抗台"，创造了施工零排放、零伤亡的纪录，并对白海豚等生物及环境的扰动降到最低。

中国是世界桥梁文明古国，桥梁连接着过去与未来。孟凡超设计大师团队提出，世界桥梁建设领域20世纪70年代以前看欧美，八九十年代看日本，21世纪则要看中国。港珠澳大桥的高质量建成，标志着在超级跨海通道领域里我国已经进入强国之列，意味着中国已经开启建设"交通强国"新征程。

坚持科技创新，踏出"无路之路"

创新是人类一个永恒的主题，我们在创新中不断实现自我价值，推动社会进步，为社会创造价值。什么是好的创新？我们要怎样看待工程领域的创新？孟凡超设计大师团队一直坚持认为：对于工程领域，立足于当下、目标明确，能够解决工程实际问题，能够聚焦"痛点"、疏通"堵点"且能够创造社会价值的创新就是好的创新。港珠澳大桥在设计建造过程中，有诸多的难题是工程师们第一次遇见。为此，孟凡超设计大师带领团队针对工程实际问题不断创新，基于已有工程经验又不拘泥于经验，开拓思维来寻找解决问题的创新之路，在蜿蜒曲折中不断前行，实现从"0"到"1"、再从"1"到"N"的积累与创新实践，打造"中国桥梁"名片。

港珠澳大桥工业化建造实景

港珠澳大桥是集科学技术大成之作，孟凡超设计大师团队从 13 个方面实现了技术创新和突破，涵盖了工程材料、设计技术、文化艺术、工业化制造、施工装备、钢桥面铺装、结构耐久性、管理养护等。

孟凡超设计大师团队提出了钢管复合桩结构技术与考虑泥皮效应的非线性计算理论，大大提升了桩基工程承载能力和抗灾变性能，颠覆了钢管作为桩基临时护壁结构的传统，缩小了基础规模；提出了全预应力短线法低收缩弹塑性仿真计算理论，研发了长寿命、抗撞击及抗震性能好的 3000 吨级高精度制造安装的埋床法墩台结构技术；研发了超大悬臂钢箱梁结构技术与非线性仿真计算理论，实现了 3000 吨级逐跨整体高精度制造安装，提升了结构工程设计建造水平和抗疲劳性能。孟凡超设计大师团队创新提出了中国结桥塔结构形式，体现了中国元素与桥梁技术的完美融合；创新提出了海豚形钢结构桥塔形式，构建了高精度整体制造安装的 3000 吨级桥塔技术与非线性仿真计算理论，建立了"一钩法"安装桥塔工法，填补了异形复杂钢结构桥塔技术空白；创新提出并研发了风帆形桥塔总体结构技术方案，使复杂结构与建筑艺术达到有机统一。

港珠澳大桥从设想到图纸，从开工建设到建成开通，14 年来，孟凡超设计大师团队开展了 100 余项协同攻关、集成应用课题研究，形成了跨海桥梁成套创新技术群，向世界桥梁行业贡献了"中国方案"，赢得了国际同行的赞叹，荣获了多个国际顶级奖项，主要包括：国际桥梁与工程协会（IABSE）"杰出结构奖"、国际桥梁大会（IBC）"超级工程奖"、国际焊接学会"Ugo Guerrera Prize"奖等。孟凡超设计大师感慨道："正是依靠国家先进的科技实力和强大的工业化实力，依靠国家力量自主构建的超级跨海通道全技术链、全装备链、全产业链作为支撑，最终使港珠澳大桥以高质量高颜值完美呈现于世界面前，走出了一条属于我们自己的'无路之路'。"

孟凡超设计大师团队牵头构建的港珠澳大桥成套技术成果已在全行业范围内实现产业化推广应用，大桥的钢箱梁抗疲劳关键技术及钢箱梁自动化制造技术已成功推广应用于南山大桥、深中通道、狮子洋跨海通道、黄矛海跨海通道、厦门翔安跨海大桥、厦门第二东通道跨海大桥、美国纽约市拉扎诺大桥、挪威 Halogaland（哈罗格德兰）大桥等诸多重大工程，带动了我国钢桥制造业的全面升级；大桥的装配化建设技术已在全国桥梁建设领域快速推广应用，已成功推广应用于厦门第二东通道跨海大桥、厦门第三东通道跨海大桥等重大工程，大大提升了桥梁高质量发展的速度；大桥的快速筑岛技术和沉管隧道技术已推广应用于深中通道和有关海上人工岛工程；大桥的 GMA 浇筑式长寿命钢桥面铺装技术已应用于多座国内特大型桥梁工程建设。港珠澳大桥这棵巨树，已经结出累累硕果，造福于社会和人民。

搭建创新平台，绽放"科技之花"

"路漫漫其修远兮，吾将上下而求索。"虽然孟凡超设计大师已步入花甲之年，但他作为"桥痴"自信而清醒。2016 年，孟凡超设计大师带领团队聚集中国桥梁行业有竞争力、创新能力的产业群体，在北京牵头成立了装配化钢结构桥梁产业技术创新战略联盟，致力于探索先进的钢结构桥梁建设理念与技术，创建钢桥国家科技创新平台，提高研发核心技术能力，提升中国桥梁的工业化、智能化设计建造水平。

由孟凡超设计大师牵头成立的装配化钢结构桥梁产业技术创新战略联盟主持研发了具有世界先进水平的装配化钢结构桥梁系列通用图，构建了工字组合梁和箱形组合梁技术与低收缩非线性仿真计算理论，具备了"工厂化、标准化、模块化、装配化、无模化、非预应力"等特点；《装配化工字组合梁钢桥通用图》（共八册）、《装配化箱形组合梁钢桥通用图》（共八册）已作为我国交通行业首部行业标准图集公开发布实施，开启了我国常规跨径钢结构桥梁工业化建造的新时代，极大地推动了我国钢结构桥梁建设的转型升级和高质量发展。孟凡超设计大师团队通过将该系列通用图技术成果推广应用于贵州都安高速公路、福建蒲炎高速公路及河南安罗高速公路等重大工程，目前已获得直接经济效益约 2200 万元，经济效益和社会效益十分显著。

牢铸家国情怀，永担时代使命

不忘初心，以"桥"为桥，全身心地投入国家改革开放发展的洪流中，对于孟凡超设计大师而言,"桥"不仅是一份事业,更是一份家国情怀。孟凡超设计大师坦言:"作为一名新时代桥梁建设者,首先感谢这个伟大的时代,没有国家改革开放,自己可能就没有参加高考的机会,也学习不到工程技术知识,也没有报国的机会;时代是根本的舞台,实践是根本的标尺。爱国奋斗、建功立业只有通过符合时代的实践才能变成实实在在为祖国、为人民的贡献。我们赶上了一个新时代,也赶上了一个好时代,只有更加珍惜时间,努力在实践中、在创新上再多做些贡献,才无愧此生。"

如今,孟凡超设计大师正带领团队开展千米级跨径中承式钢箱拱桥关键技术的研发工作,希望通过多维度研究,攻克千米级跨径钢拱桥结构体系、结构构造、超高强钢材、结构稳定、抗风抗震、工业制造、施工安装等诸多技术难题,旨在打造拱桥强国。孟凡超设计大师希望有一天能够在长江三峡和山川峡谷之上架起一座座"虹"桥,带给世间和人们以美的感受。孟凡超设计大师还带领团队开展我国海洋综合工程勘测船的研发工作,通过攻克"基于北斗的远海智能综合勘测系统研发及应用"重大科技专项,填补国家空白,打造集世界先进水平的地质勘察、地形测绘、水文勘测、气象勘测、空间定位、岩土试验研究等勘察装备与技术于一体的海洋工程综合勘测船,提升我国海洋工程勘察设计一体化水平,此研究成果将为台湾海峡跨海通道、渤海湾跨海通道、琼州海峡跨海通道、"一带一路"有关重大海洋工程等高质量勘察设计奠定坚实的科技支撑,补齐我国海洋工程、跨海跨江通道工程的勘察技术短板,彻底改变在这一领域"渔船绑钻机"式和碎片化式的勘察技术现状。

结 语

作为一名桥梁工程师,孟凡超设计大师认为应该把个人的命运与国家和中华民族伟大复兴的梦想融为一体,努力做一名真正的工匠,修炼纯粹的匠心精神。他认为一名纯粹的工匠,其匠心精神应包含谦虚之心、恒定之心、仔细之心、执着之心,还应具备战胜困难的心、追求品质的心、追求极致的心、百年意识的心、精品意识的心、不断创新的心、不计名利的心。

孟凡超设计大师希望国家早日启动琼州海峡通道、渤海海峡通道、台湾海峡通道的建设计划,最大的期待是能够亲自参加这些超级跨海通道的建设。这些超级跨海通道的建设将进一步提升国家的综合实力,更加彰显国家的战略发展宏图。

牢记"交通强国"使命
突破复杂山区铁路勘察技术瓶颈

中铁第一勘察设计院集团有限公司孟祥连科技创新团队

中铁第一勘察设计院集团有限公司是中华人民共和国成立的第一批铁路勘察设计单位，70余年来，先后主持设计建成了以中国西部铁路网为代表的4万多千米铁路（其中高速铁路7500千米），先后奉献了我国第一条电气化铁路、第一条沙漠铁路、第一条盐湖铁路，世界第一条高原冻土铁路、第一条在湿陷性黄土地区修建的高速铁路……

无论是高寒缺氧的青藏高原、苍凉雄浑的大漠戈壁，还是巍峨雄奇的秦岭深处，中铁第一勘察设计院集团有限公司孟祥连科技创新团队（复杂艰险山区"天空地"一体化综合勘察技术创新团队）（以下简称团队）成员始终贯彻铁路工程综合勘察技术"产学研用"的科研攻关与工程实践理念，坚守国家重大工程项目建设与科研攻关一线，以解决工程实际问题为目标，践行地质工作者的初心和使命，服务祖国、造福人民。

团队和带头人简介

团队以孟祥连大师为学术带头人,中青年工程师为骨干,紧密围绕国家交通战略、西部经济社会发展创新需求,依托中铁第一勘察设计院集团有限公司极端环境岩土和隧道工程智能建养全国重点实验室、陕西省铁道及地下交通工程重点实验室、中国铁建BIM工程实验室等高层次研发平台,围绕党的二十大"构建现代化基础设施体系"要求,以服务青藏高原、秦岭、黄土高原等地区重大铁路、引水隧洞等工程的勘察、设计、施工为目标,针对高原、山区工程地质勘察面临的进场难度大、勘察效率差、勘探深度浅、资料盲区多等困难,研究形成了"复杂艰险山区'天空地'一体化综合勘察技术体系"。研究成果支撑了以川藏铁路、青藏铁路、郑西高铁、兰渝铁路、银西高铁、西宁—成都铁路、西康铁路、中尼铁路、引汉济渭为代表的复杂艰险山区重大工程规划建设。相关成果获"国家科学技术进步奖"一等奖、二等奖等20余项科技奖励,团队主要成员成长为全国勘察设计大师、陕西省三秦学者、陕西省青年拔尖人才等国家和省部级技术专家,并获得"全国劳模""中国青年五四奖章""全国火车头奖章"等系列荣誉。

团队带头人孟祥连在分析勘察设计资料

团队负责人孟祥连,正高,中共党员,西南交通大学本科毕业,中国铁建股份有限公司首席专家、中铁第一勘察设计院集团有限公司副总工程师。他先后主持完成了川藏铁路、青藏铁路、西成高铁、银西高铁、西安地铁、宝成铁路109隧道地震抢险等几十项国家重点工程勘察设计工作,为推动"一带一路"项目实施做出积极贡献。主持20余项国家级、省部级等各类科研攻关项目,创造了我国现代交通工程领域多个"第一",为交通强国建设贡献了智慧和力量。他解决了青藏高原地区、复杂艰险山区、西北湿陷性黄土地区、戈壁大风地区、东北严寒松软土地区高速铁路勘察工作的重难点问题，形成了在高海拔、特殊气候、复杂地质条件下进行项目勘察的一整套理念和方法。先后荣获"国家科学技术进步奖"一等奖、"全国优秀工程勘察金奖"等奖项17项，撰写学术专著3部，发表科技论文26篇，编写行业标准规范6部，授权专利23项，是我国铁路地质勘察设计行业公认的领军专家，获"全国工程勘察设计大师""全国劳动模范""全国五一劳动奖章"等荣誉称号，并享受国务院政府特殊津贴。

以科技攻关、团结协作，创新交通工程技术

复杂艰险山区"天空地"一体化综合勘察技术体系。在20世纪90年代西康铁路秦岭特长隧道首创综合勘察技术解决方案的基础上，围绕新的世纪工程高原铁路，大力发展和创新了复杂艰险环境交通工程"天空地"一体化综合勘察技术，创建了实景三维增强现实表达技术和智能选线技术，率先实现了广区域、多时相、高精度地理地质勘察和"米级—亚米级—厘米级"多层次隐蔽性地质灾害快速识别，效率提升800%；首次实现极端环境长大干线航空物探勘察，探测深度3000米以上；建立了千米级多角度工程勘探及孔内测试技术，创造了竖向工程钻探全取芯2219米的纪录；首创了以立体三维真实感场景为基础的协同设计方法，建立了网络化的计算机设计平台，实现了多专业的高效协同勘察设计。

艰险复杂山区隧道不良地质预报与防控技术。创建了基于多目摄像与三维重构的掌子面风险快速识别技术，形成了全生命周期的实时水文监测与预警技术，研发了隧道超前地质预报信息系统，构建了深部岩土体地质灾害的多源物性信息获取技术，创立了艰险复杂山区隧道综合超前地质预报技术体系，形成了复杂环境不良地质灾害防控体系。有效支撑了高原铁路、黔张常铁路、引汉济渭引水工程等多项国家重大交通、水利工程建设。

青藏铁路多年冻土勘察与路基设计技术。首次系统查明了青藏铁路多年冻土区冬季冷生不良地质和暖季不良地质发育和分布特征，为线路方案优化和工程设置提供了依据；制定了"评价多年冻土热稳定性的地温分区和工程分类标准"，查明了铁路沿线冻土特征，为工程设计奠定了基础；提出了"主动降温、冷却地基、保护冻土"的勘察设计思路，首次将冻土地温和含冰量综合评价系统应用于冻土工程设计，为攻克高原冻土修建铁路这一世界性工程难题奠定了坚实基础。

秦岭山区铁路工程地质勘察与选线技术。西康铁路秦岭特长隧道穿越秦岭山脉，全长18.46千米，最大埋深1600米，地质条件异常复杂，是20世纪中国建成最长、

埋置最深的铁路隧道。在项目实施过程中，团队通过建立地质参数与TBM（隧道掘进机）掘进效率、刀具消耗间的关系模型，创立了我国首个TBM围岩等级划分标准，助力秦岭特长隧道成功修建，标志着我国隧道工程的建设规模和整体技术水平跨入了世界先进行列。同时，针对秦岭复杂地质环境，制定了秦岭山区以纵断面选线为主、大巴山区以横断面选线为主的地质选线原则，确立了西成高铁最优的越岭隧道方案。创立了"点、线、面结合，深浅结合，多层次、多参数、立体化"综合勘探方法，确定西康高铁最优的越岭隧道方案。

西北黄土地区高铁、地铁工程勘察综合技术。编制了首部黄土地区高铁《工程地质勘察大纲》《西安地铁岩土工程勘察实施大纲》和系列专题研究报告，确立了科学合理的黄土地区高铁、地铁工程勘察技术路线；开展了湿陷性黄土区多项专题研究工作，形成了一整套湿陷性黄土地区高速铁路地质勘察技术，相关研究成果已纳入修订的国家标准；研发了新型遥感地质解译专利技术应用于黄土地区高铁不良地质勘察工作，形成了黄土区域地质选线新的技术思路。

以报国之心、创新之力，助力国家重大工程建设

团队在青藏高原、秦岭、黄土高原多项交通水利基础设施勘察设计中，面对多年冻土、深厚湿陷性黄土、巨型地质灾害等"世界级工程地质难题"，多次拿出"世界级解决方案"，刷新了多项国内纪录，以报国之心、创新之力，助力高原铁路、青藏铁路、西成客专、西康高铁、引汉济渭、西安地铁等国家重大工程建设。

针对高原重大工程，历经1000多个日夜钻研，创新形成极复杂高原艰险山区"天空地"一体化综合勘察技术体系，并在全球首次全面应用于铁路勘察，将高原铁路的勘察技术提升至国际领先水平。

针对秦岭首条近20千米特长隧道工程，组织完成了近600平方千米的地质勘察，分析总结归纳万余组数据，一举攻克硬岩TBM相关性技术、软岩大变形技术及突水和岩爆等诸多技术难题，工程实现了第一次从底部横穿秦岭，隧洞超长深埋位居世界前列，TBM单机连续掘进位居世界第一。

针对首条黄土高速铁路，研究形成了具有自主知识产权的黄土地区高速铁路修建成套技术体系——"高速铁路路基工程湿陷性黄土地基沉降控制技术"，具有先进、成熟、经济、实用、可靠等特点。

针对首条黄土地铁，攻克了"湿陷性黄土、地裂缝、文物保护"三大世界性技术难题，组织编制的《西安地铁岩土工程勘察实施大纲》是我国湿陷性黄土地区地铁勘察的首部纲领性技术文件，在地铁建设史上具有里程碑式的意义。

以聪明才智、勤奋奉献，补画西部交通留白

高原铁路是世界上第一条在青藏高原东南部复杂艰险山区规划建设的高等级快速铁路。自2018年以来，在孟祥连的组织下，团队勇挑重担，开展了"天空地"一体化综合勘察技术、区域构造及稳定性、高地温勘察、重点隧道水文地质、山地灾害等9大类80项的地质科研、专题研究工作。针对地质构造最为复杂的昌都至林芝段，团队30余次进藏，奋战在海拔3000米至5000米高原，翻越十几座4000米以上高山，往返2万余千米，踏勘调研近4000平方千米，靠毅力、靠信念忍受着高原反应带来的胸闷、气短和头疼，每天工作10个小时以上。凭借聪明才智和勤奋奉献，团队多次拿出"世界级解决方案"，刷新了多项国内纪录，历经1000多个日夜钻研，形成了极复杂高原艰险山区"天空地"一体化综合勘察技术体系等多项创新成果，并在全球首次全面应用于铁路勘察设计。这些成果不仅助力青藏高原多条铁路的勘察设计和顺利开工，同时也被应用于中尼、中吉乌等多条西部跨境铁路勘察设计中，为持续保持和巩固我国高速铁路勘察技术水平的国际领先地位和补画西部交通留白做出了贡献。

以技术定力、攻坚克难的毅力，提升铁路抗震能力

2008年汶川地震，在宝成铁路109隧道抢险期间，孟祥连作为铁一院抢险队技术负责人，第一时间带队赶赴现场，实现比预计时间提前7天恢复通车，改线工程提前1个月交付使用。抢险队荣获"全国抗震救灾英雄集体"荣誉称号，孟祥连获得"抗震救灾优秀共产党员"荣誉称号。

创新团队带头人孟祥连（左二）在勘察现场进行技术指导

2019年4月24日，墨脱县发生6.3级地震，这是自勘察设计以来，高原铁路沿线发生的第一次大型破坏性地震。为取得现场第一手资料，确保工程安全，孟祥连迅速组织团队与中国地震局、中国地质调查局的专家组成联合调查队。队员们冒着余震与震后山地灾害的风险，第二天就深入震中附近的墨脱县城、背崩乡及铁路沿线开展连续一周的深入调查，并及时追踪、收集国内外对于该次地震的相关报道。通过详细的致灾情况总结和理论分析，及时编写完成震后应急调查报告，为项目后续阶段的设计、施工和运营提供了宝贵资料和理论基础。

结 语

铁路工程作为国家重大基础设施和综合交通运输骨干，贯彻执行国家交通强国发展战略，构建现代化基础设施体系，关键在于铁路先行。创新团队始终保持"开路先锋"和"先行官"的光荣传统，在国家重大铁路规划建设发展中，攻坚克难，以改革创新的精神，推动铁路在实现高质量发展的道路上不断取得新进展。

不负韶华守初心　铸造电力最强芯
——北京智芯微电子科技有限公司赵东艳科技创新团队

工业对于每一个国家来说，都是最重要的支柱性产业。而芯片又被称为"工业粮食"，是各种工业设备的核心，其重要程度可想而知。与民用消费级芯片相比，工业产品长期处于极高/低温、高湿、强盐雾和电磁辐射的恶劣环境，使用环境苛刻，因此工业领域对芯片的要求是必须具备稳定性、高可靠性和高安全性，且具备长服役寿命。其中，电力芯片属于要求极为严苛的工业级芯片，且还需要根据电网的特定技术标准，开展针对性设计方案。

为了研发出高性能高质量的电力芯片，北京智芯微电子科技有限公司（以下简称智芯公司）赵东艳科技创新团队（以下简称团队）以智能电表安全芯片作为切入口，并以极快的速度达到行业领先水平，搭建了一流的覆盖芯片研发设计、芯片测试、芯片生产实验等环节的软硬件环境，开启了电力芯片版图的征程。在赵东艳团队的带领下，智芯公司作为电力系统内唯一的工业芯片设计企业，聚焦国家重大战略需求，十三载披荆斩棘，连续十年获评"中国十大集成电路设计企业"，同时获得了国家高新技术企业、国家技术创新示范企业、国家规划布局内重点集成电路设计企业等一系列高等级的资质认证。

团队和带头人简介

智芯公司赵东艳总经理

作为国家电网公司芯片产业发展的使命担当者，智芯公司赵东艳科技创新团队于2010年正式组建。2018年，公司建成国家级院士专家工作站，瞄准芯片关键核心技术，与十余名院士及业内顶级专家，共同开展技术攻关。拥有国家"百千万人才工程"国家级专家（2020年获评），国务院政府特殊津贴专家，中国密码学会密码芯片专家、世界知名失效分析专家，形成以院士为引领，以领域专家为核心，以专业技术人员为支撑的金字塔形人才结构，科研队伍总人数超过1800人。智芯公司科技创新团队13年来始终坚持以"铸造工业最强芯"为使命，不断提升以智能芯片为核心的整体解决方案提供能力，形成了"安全、主控、通信、传感、射频识别、计量、人工智能、模拟"八大类280余款芯片产品，业务范围覆盖能源电力、轨道交通、汽车电子、石油石化等领域，并积极承担国家科研任务，承担省部级以上科技项目100余项。

团队带头人、智芯公司总经理赵东艳是国家电网公司半导体技术首席专家，长期从事电力工业芯片关键技术研究和工程实践，入选"百千万人才工程"国家级人选、国务院政府特殊津贴专家。她带领团队攻克了系统级芯片架构设计、多物理场仿真建模、流片工艺、动态模拟测试等关键技术，构建起电力工业芯片设计、制造、测试全链条的迭代技术体系。

深耕科研，推动芯片自主可控

由于电力设备大多安装在户外，需要在高温、低温、强电磁、高湿等恶劣环境下7×24小时连续稳定运行15年以上，现场应用失效率小于百万分之一。为保障电力系统安全稳定运行，亟待研发在电力恶劣工况下还能实现高可靠、长寿命运行的国产电力芯片。赵东艳大胆提出要从芯片退化机理、可靠性架构设计到制造工艺进行全链路技术再造。

为了从根本上揭示芯片退化机理，她带领团队深入应用现场采集数据，用了8年的时间，从 -50℃ 极寒的漠河，到 43℃ 极高温的吐鲁番；从高湿的成都，到海拔近 4000 多米的阿里，足迹遍布祖国大江南北。最终，他们收集整理出覆盖全国 31 个省级地区，涵盖极寒、极热、高湿、高盐雾、强电磁干扰等 10 余种 30 多类环境因素下电力系统各类设备运行的关键数据，为后续电力芯片高可靠设计奠定了基础。

电力系统运行数据的收集仅仅是"万里长征迈出的第一步"。"芯片研制是个庞大的工程，过程复杂，环节众多，这就要求我们依托庞大的现场运行数据，在设计、制造各环节协同优化研发才能取得突破"，赵东艳说。自 2016 年起，赵东艳带领团队扎进了国产工业芯片可靠性设计、制造协同技术的研究中。从毫米级封装、微米级电路到纳米级器件，她带领团队开创性地建立了涵盖多物理场、工艺节点、器件结构、材料和工艺偏差的全要素高精度可靠性模型，解决了工业芯片设计阶段难以精准预测寿命的技术难题。作为科研团队的技术负责人，赵东艳从不做"甩手掌柜"，每当遇到复杂技术难题和重点技术问题，她就和团队一起加班加点，常常直接住在公司。通过 2 年的攻坚克难，2018 年终于带领团队开发出满足电力复杂环境要求的特色器件结构与材料，研制出宽温区、抗强电磁干扰、耐高压、长寿命的芯片电路，将电力芯片产品工作温度范围从 -25℃ ~ 85℃ 拓展至 -50℃ ~ 125℃，动态抗电磁能力提升 20 倍。该技术成果经 6 位院士鉴定，达到国际领先水平，为智芯公司 8 大类百余款芯片的研发提供了核心技术支撑，为电力芯片在国内外的大规模应用提供了有力技术保障。

近年来，我国电力系统发展十分迅速，新型电力系统建设呈现实时业务响应快、管理业务计算复杂的一系列特殊要求，赵东艳再次迎难而上。2019 年，她带领团队巧妙地提出了簇内对称、簇间非对称的多核异构芯片架构，设计了集状态感知—复杂计算—实时控制于一体的电路结构及协同调度机制，有效实现了芯片的高集成、强实时、大算力，保障电力装备具备实时在线监测、故障快速响应、系统自动恢复等功能，目前已经在继电保护高端主控芯片领域成功规模应用，实现该领域芯片的自主可控。

锐意进取，自主创新硕果累累

集成电路行业是典型的知识产权密集型行业，智芯公司科技创新团队的高效产出离不开科学、完善的知识产权体系建设。赵东艳深知科技工作的重要性，在她的带领下，智芯公司一直以来认真贯彻国家知识产权方针政策，完善知识产权管理制度规范，配备专业管理团队，积极开展知识产权保护和运用，实施专利分级管理、服务机构遴选考核、重点项目专利导航等系列措施，持续加大研发创新投入和知识产权保护力度，支撑工业芯片龙头企业地位。

为深入贯彻落实党和国家关于建设知识产权强国的战略部署，智芯公司多措并举，激励科研人员的知识产权创造能力，知识产权保护工作成绩斐然。截至目前，累计申请专利2463件，其中发明专利申请1951件，授权专利1564件，其中授权发明专利1062件。公司发明专利《一种分组加密算法防攻击的掩码方法和装置》荣获"第二十三届中国专利奖"银奖，所属杭州万高发明专利《 种无晶体计量SoC芯片及其时钟获取方法》荣获"第二十一届中国专利奖"银奖，智芯公司连续四年获得"中国专利奖"。

知识产权体系建设也日趋完善，智芯公司本部及所属杭州万高同时入选2022年度国家知识产权优势企业，实现国家级知识产权资质的首次突破；所属芯可鉴和电科智芯分别获批北京市知识产权示范、试点单位。各项成果充分表明公司已经建立了扎实的知识产权管理体系，实现了知识产权管理的专业化、系统化、规范化，对于进一步完善公司创新体系建设、推动产品研发创新进程具有重要作用。

辛苦耕耘结出累累硕果，智芯公司荣获"国家科学技术进步奖"二等奖1项、"中国专利奖"银奖2项、"中国专利奖"优秀奖7项，"北京市科学技术进步奖"一等奖等省部级奖励67项，"中国电力科学技术进步奖"一等奖等行业级奖励124项，国家电网有限公司级奖励48项，其他科技奖励200余项。这些奖励是各级政府部门对智芯公司科技创新团队的研发工作成绩的高度肯定，是对科技水平、科技导向的集中反映，更是激励广大科技工作者努力奋斗的加油站和指路明灯，作为公司全面提升科技成果质量的重要抓手，将继续在激励科技创新、激发人才活力、营造良好创新环境中发挥着重要作用。

协同创新，打造产学研新平台

芯片产业具有长产业链和多学科交叉融合的明显特征，传统意义上的基础研究、应用研究、技术开发和产业化的边界日趋模糊，科技创新活动不断突破地域、组织、技术的界限，科技创新链条更加灵巧，技术更新和成果转化更加快捷，产业更新换代不断加快，迫切需要产学研合作模式的协同创新。

作为国家电网有限公司战略性新兴产业布局中的一员，智芯公司始终注重加强企业主导的产学研深度融合，与高校、科研院所、相关企业保持着良好的合作关系，构建"企业为主体、市场为导向、产学研深度融合"的技术创新体系，不断提高科技成果转化和产业化水平。

通过与高校的合作，智芯公司能够充分利用高校的科研优势和人才资源，共同开展前沿技术研究和创新项目。与科研院所的紧密合作则为公司提供了更多实验验证和技术转化的机会，推动了科技成果从实验室走向市场。同时，与行业内领先企业的合作，使得智芯公司能够及时了解市场需求，将技术成果转化为具有竞争力的产品和服务。

智芯公司构建了以企业为主体、市场为导向的产学研深度融合体系，这一体系确保了科技创新与市场需求的有效对接。通过持续的研发投入和技术创新，公司不仅提高了科技成果的转化效率，更实现了科技成果的产业化应用，推动了整个行业的发展和进步。

除此之外，智芯公司作为主编或参编单位联合行业其他单位积极制定技术和产品规范，对推动技术进步和产业发展具有重要的作用。目前，智芯公司共参与发布国际标准3项、国家标准50项、行业标准23项、团体标准66项。2021年，由智芯公司牵头组建的中国电力企业联合会电力集成电路标准化技术委员会在北京成立。第一届中国电力企业联合会电力集成电路标准化技术委员会由47名委员组成，分别来自国内包括芯片设计、终端设备、高等院校及科研机构等40家产业上下游单位，智芯公司为秘书处单位。中国电力企业联合会电力集成电路标准化委员会主要负责电力集成电路设计、集成电路制造及封装、集成电路检测和电力集成电路应用的团体标准制定和修订，并推动相关集成电路标准向国家标准、行业标准转换的工作。

2021年，由智芯公司牵头组建中国电力企业联合会电力集成电路标准化技术委员会在北京成立

着眼未来，建设高级人才梯队

在潜心研究的同时，赵东艳还特别注重人才的培养。她经常开设技术讲座和培训，将自己的所学所想毫无保留地倾囊而赠，培养了一批又一批专业性强、科研能力过硬、工作作风优良的技术人才，包括1名"十佳中国电子学会优秀科技工作者"、3名"北京优秀青年工程师"、20余名集成电路方向的高级工程师。团队成员陈燕宁加入智芯公司的时候，还是刚进入电力芯片领域的工程师，通过赵东艳13年的悉心指导和培养，已成长为公司的核心科研骨干，取得了一系列具有原创性的科技成果，牵头及参与重大科技项目25项，累计发表及合作发表SCI（科学引文索引）论文26篇，获专利授权80项，获得"第二十四届北京优秀青年工程师"等11项荣誉称号，为企业高质量发展提供了有力科技支撑，彰显了科技传承的强大力量。赵东艳所带领的团队也在各类科技竞赛和评比中屡获佳绩，充分展现了团队在人才培养和技术创新方面的实力和潜力。随着团队的逐步壮大，赵东艳深深意识到，科技创新和人才培养是相辅相成、相互促进的过程，只有不断推动科技创新与人才培养的有机结合，才能更好地实现科技创新引领产业发展的目标。赵东艳及其所带领的团队将继续秉承着"创新、协作、共赢"的理念，以更加饱满的热情和更加扎实的工作作风，不断探索新的科研方向和技术应用领域，推动科技创新与产业发展的深度融合，为实现中华民族伟大复兴的中国梦贡献自己的力量。同时，她也将一如既往地注重人才培养，努力打造一支素质高、能力强、有担当的科技人才队伍，为中国科技创新事业的发展做出更大的贡献。

结 语

坚持走科技创新道路奠定了智芯公司的发展基础，产学研深度融合为智芯公司注入了新的活力。面向未来，团队将坚定不移贯彻国家创新驱动发展战略，始终秉持着前瞻性的思维和严谨的科学态度，通过不断的技术创新和深入研究，推动企业与高校、科研院所的产学研深度合作，不断提升科技创新能力和产品研发能力，加强原创性、引领性科技攻关，坚决打赢关键核心技术攻坚战，为建设科技强国贡献智芯力量。

建设电力装备制造强国
抢占电力开关装备领域国际制高点
——西安交通大学荣命哲科技创新团队

电力开关装备是实现电力能源调度、运行模式转换、各类故障切除的核心装备，是电力系统的安全卫士，一旦开断失败，将导致系统瘫痪甚至大面积设备损毁。然而，电力开关装备中包含电磁、发热、机械运动、绝缘、放电等复杂耦合过程，这为研发相关技术和产品带来了极大的困难。随着能源结构转型、电力系统向直流化和智能化发展，电力开关装备的设计、操控和维护面临更高、更新的要求，甚至已经成为电力系统发展的瓶颈。

团队和带头人简介

西安交通大学荣命哲科技创新团队（以下简称团队）以电力开关装备科技自立自强为目标，围绕电力开关装备数字化设计、大容量直流开断和电力开关装备智能化，取得了重要的创新性成果。团队创立了电力开关装备计算学理论体系，开发出多组分放电等离子体基础数据库和电力开关装备数字化设计软件，实现了电力开关装备设计方法变革；突破了电流转移与零点制造、电压建立与介质绝缘恢复、击穿强度与能量吸收中的关键技术问题，占领了大容量直流开断技术领域国际制高点；创建了电弧能量作用下电接触表面动力学理论模型，揭示了电力开关装备电接触系统劣化规律，提出了状态评估与寿命提升方法，为电力开关装备智能化奠定了基础，引领了电力开关装备智能运维技术发展方向。近年来，团队承担国家973计划项目、国家重点研发计划项目、国家自然科学基金创新群体项目、国家自然科学基金杰出青年基金项目等国家级、省部级科研项目50余项。

团队带头人荣命哲教授，1963年9月生，于1984年、1987年、1990年分别获得西安交通大学电气工程学科工学学士、硕士和博士学位。曾获国家杰出青年基金，是教育部"长江学者"、"973计划"项目首席科学家、国家基金委创新群体带头人、中国电工技术学会副理事长、教育部科技委委员。出版了"国际第一部开关装备计算学专著"，发起了电力装备绝缘与放电计算学国际研讨会；获"国家技术发明奖"二等奖1项（排名第1）、"国家科学技术进步奖"二等奖2项（均排名第2）、"国家自然科学奖"四等奖1项（排名第2）、"教育部科学技术奖"一等奖2项（均排名第1）、"中国产学研合作创新与促进奖——产学研合作创新成果"一等奖1项（排名第1）、"国家级教学成果奖"二等奖2项（均排名第1）、"全国创新争先奖状"、首届"高景德科技成就奖"和"中国电力科学技术杰出贡献奖"；发表期刊论文491篇（被引7380次），出版专著4部，授权发明专利109项，其中专利优秀奖3项、美国专利15项、欧洲专利2项。

西安交通大学
党委常务副书记荣命哲教授

创立了开关电器计算学理论方法体系，实现了电力开关装备从"经验设计"到"数字化设计"的变革

电力开关装备操作中会发生强烈的电弧放电，物理过程非常复杂。过去主要依靠经验设计，存在成本高、周期长、性能不理想等问题，亟须实现数字化设计的变革。然而，电力开关设备开断电弧过程的数值建模面临电弧基础参数匮乏、电极表面过程复杂、移动边界数据交互困难等问题，导致行业内一直缺乏成熟的数字化设计方法。

针对开关电弧基础参数匮乏的问题，团队提出了库伦作用与粒子密度迭代、粒子

相变与非平衡度关联的计算方法，解决了既往基础参数计算必须依赖实验辅助的难题，获得了电弧建模必需的全套基础参数，相比于国外数据库在计算方法、数据类型、放电气体种类上都有新突破。针对电力开关装备开断电弧仿真，团队发明了分裂电极弧根电流密度测试方法和电弧烧蚀原位测试方法，揭示了电弧与电极材料相互作用规律，解决了电弧模型边界条件不清的难题，建立了包含电弧发生、发展与熄灭全过程的磁流体动力学模型，为电力开关装备设计软件提供了核心支撑；进而考虑电力开关设备的实际运行场景，突破移动边界重构、有限元—有限体积网格全映射、数据高速交互三大难题，实现了电磁—流体—机构等特性的协同仿真，并开发了电力开关装备数字化仿真分析软件。

团队建立了国内首个放电等离子体基础数据库，已经公开发布，并可免费下载使用。该数据库已被 21 个国家 172 家机构采用，并被编入美国《热等离子体手册》和意大利《等离子体化学物理基础》，还被国际著名软件公司 COMSOL 和 ANSYS 推荐使用。团队依托电弧热力学参数、输运系数及辐射系数等全套参数建立了电力开关电弧仿真模型，发明了以电弧自身能量为核心的电弧综合调控新技术，联合中国西电集团有限公司（以下简称西电集团）研制了国内首台利用电弧自身能量开断的 126kV 自能式高压断路器，操作功下降 40%，成本下降 20%，解决了传统压气式断路器体积大、成本高的问题。在此基础上，建立了考虑喷口烧蚀的 SF_6 电弧开断模型，提出了 550kV 电压等级大容量开断灭弧室设计准则，突破了 80kA 开断难题，联合平高集团研制了 550kV/50kA 高压地理信息系统（GIS），开断容量世界最高。团队还依托自建等离子体数据库开发了开关电弧数字化仿真设计软件，被推广应用于中国船舶重工集团有限公司、华为、上海电器科学研究所（集团）有限公司、西电集团、平高集团有限公司（以下简称平高集团）、韩国 LSIS 等 12 家国内外企业，被评价为"实现了设计方法的变革"。

研制了系列大容量直流断路器，开断容量世界最高，应用于国防和民用国家重大工程

直流电力系统是支撑国家能源战略变革、促进国防关键装备升级换代的重要选择，在可再生能源规模化应用、城市配电、轨道交通、大型船舶供电、飞机供电系统等领域具有重要的应用前景。其中，直流电力开关装备是保证直流供电可靠性和灵活性的核心装备，由于直流电流无自然过零点，短路电流上升速度快，系统要求切除短路故障时间短，长期以来，直流开断是困扰国际电工领域的一大难题，严重制约了直流电网的发展和大规模推广。

大型舰船××系统的故障短路电流达上百千安、要求的开断容量达数百MVA，这对系统的安全运行和可靠保护提出了极大的挑战，该系统大容量直流开断技术一直以来无法突破，成为制约我国大型舰船技术发展的一大瓶颈。团队从2006年起承担国防"973计划"项目研究，围绕制约大型舰船××系统更新换代的关键技术研发，迈上了漫漫求索创新之路。鉴于国内还没有相应的测试条件，团队自筹经费建设大容量直流开断实验测试平台，揭示了大容量直流电弧的运动与发展规律，提出了利用电弧自身能量调控大容量直流电弧的开断方法，发明了自能式气吹和自适应磁吹相结合的灭弧室新结构。经过团队的不懈努力，大容量直流断路器原理样机到工程样机研发进度，从3年压缩为1年。团队开发的大型舰船用直流断路器，开断容量世界最高，与国际最先进产品相比，故障切除速度提高1.6倍，体积减小28%，飞弧距离缩短22%，应用于国防××演示验证和型号工程，被国防应用单位评价："解决了舰船××系统中的一大瓶颈"，"满足了国家重大亟须"。相关技术拓展至轨道交通领域，打破了瑞士赛雪龙在轨道交通直流断路器的垄断地位，相关设备价格降低至30%以下，被用户评价为"打破了轨道交通电力装备国产化的最后一道壁垒"。

电力系统直流化是新能源电网接入、城市电网发展等国家重大需求的必然选择。中高压直流断路器是构建直流电网，实现故障快速隔离和保护不可或缺的关键装备。然而，直流故障电流无自然过零点且上升速率高，使得中高压直流开断技术成为制约新能源城市直流电网发展的瓶颈问题。荣命哲教授作为我国直流开断领域第一个国家重大研究计划的首席科学家，在国际上首创弧压增强电流快速转移方法，提出了混合式直流开断新拓扑，突破了电流快速转移与断口过零相互耦合机制、电压建立与耐受相互作用机理、复合式能量耗散方法与调控3个关键科学问题，开发了系列化的10 kV直流开关装备并通过了型式试验，成本较传统混合式开关降低30%以上，引领了国内外直流开断理论和技术的发展。通过与平高集团、西电集团、西安西电高压开关有限责任公司等单位合作，开发了系列10kV直流断路器及直流负荷开关装备，并通过了权威机构的试验测试。团队开发的城市直流电网用开关装备，实现了直流短路电流ms级开断，在国内外规模最大的城市直流电网示范工程（苏州）率先批量应用，为国内外城市直流电网发展提供"中国样板"。产品通过平高集团和西电集团被推广应用于张北小二台柔直示范

团队开发的10kV直流断路器

站、吴江中低压直流配网示范工程庞东中心站、九里开关站、宝通光伏升压站等重大工程。中国电力企业联合会成果鉴定："为中压直流配电网的灵活构建和安全运行提供了支撑，达到国际领先水平"。

提出了电力开关装备状态评估方法，开发了系列智能化开关装备

智能开关装备是建设智能电网的关键装备，状态感知和寿命评估是开关装备智能化的核心，对保障电力系统安全运行和巨额资产合理更换具有重要意义。然而，高电压、大电流下，电弧等离子体界面效应强烈，导致电力开关装备劣化机理复杂、状态参量提取困难，成为限制开关装备智能化的关键瓶颈。

团队创建了电弧能量作用下电接触表面动力学理论，从快速相变、电磁搅拌等维度揭示了电力开关装备电接触系统的劣化规律，提出了表征电力开关装备绝缘、温升、寿命等状态的特征参数；发明了高温、高压、强电磁等复杂环境下，痕量 SF_6 分解产物、高电位电接触系统温升和真空开关灭弧室真空度在线监测技术，解决了电力开关装备绝缘、温升和电寿命状态的在线感知难题；发明了抑制电弧弧根电流集聚的新型电接触材料，以及提高刚分速度减小合闸弹跳的智能操作机构，突破了电力开关装备电寿命提升难题。研制了国内首套智能中压开关柜，并在"国家高压电器质量监督检验中心"通过全套性能试验，应用于国家电网、南方电网的多个智能变电站。联合平高集团、西电集团等行业龙头企业开发了 126～800kV 系列电压等级的智能高压电力开关装备，应用到世界第一座特高压智能变电站（750kV 洛川站）、三峡水电站等重大工程，并推广至马来西亚、新加坡等国家和地区。

立德树人成效显著，助力电气学科发展与人才培养事业

荣命哲教授坚持在教学一线 30 余年，每年教授的本科生和研究生超过 200 人。践行为党育人、为国育才的教育理念，培养研究生做对国有用的科研，着力解决国家重大需求中的科技难题。推动研究生培养的国际化水平，促使西安交通大学与国际著名大学联合培养了首批双学位博士和硕士生。主持国家级教改项目"面向新工科大电类领军人才的国际化实践培养体系探索与研究"，教学成果"构建国际化课程体系和实践培养体系，探索电气工程应用型高层级人才培养模式"获得 2016 年"中国研究生教育成果"二等奖。主持国家级教改项目"面向新工科，以行业学会为纽带，产教融合、校企合作的电气工程人才培养模式探索与实践"，建立了主动服务需求的专业结构规划管理制度，形成了主动应变的专业改革建设路径，提出了适应专业变革的要

素升级系统方法，构建了专业评价调整闭环的新机制，形成了富有生命力的专业建设生态系统，教学成果"规划—改革—建设—评价一体化专业结构调整和内涵建设改革与实践"获 2022 年度"国家教学成果"二等奖。指导毕业的学生大部分成为电力行业骨干人才，其中 1 人成长为全国劳动模范，2 人成长为长江/杰青国家领军学者，4 人成长为国家"四青"人才；2006 级硕士生袁志兵担任正泰电气股份有限公司总经理，2007 级硕士生代贵生担任北京冬奥会保电副总指挥。

荣命哲教授作为教育部科技委委员，服务于教育部能源领域科技规划发展咨询工作；作为科技部 2035 能源领域战略研究专家组分组长，参与研究制定国家能源领域的战略发展规划；作为首席科学家，组织全国 10 余家单位的电气工程专家完成了中国科学技术协会《2018—2019 电气工程学科发展报告》的编撰工作。荣命哲教授发起了"电力设备绝缘与放电计算学"国际研讨会，已成功举办 4 届，成为电力装备数字化设计领域最有影响力的国际会议；还联合日、韩和国内学者发起了"电力装备开断技术（ICEPE）"国际会议，成为电力开关领域最有影响力的国际会议，显著提升了我国在电力装备学术领域的国际话语权。

结　语

30 多年来，荣命哲教授团队始终与中国电力强国的崛起同频共振，瞄准国防和民用电力系统升级换代中的瓶颈和卡脖子难题，持续引领电力开断技术发展方向。面向我国能源变革和新型电力系统的发展，团队将继续努力，为电力装备技术进步和产业升级，做出新的更大贡献。

聚焦肉牛种业"卡脖子"技术
甘做科技创新"拓荒牛"
——西北农林科技大学昝林森科技创新团队

作为国家战略性与基础性的核心产业,种业是整个农业产业的"芯片",也是关系产业可持续发展的"牛鼻子",更是社会民生的"生命线"。如何以国家战略需求为出发点,以科技创新为引领,破解重大育种科学难题,突破一批育种核心关键技术,创制一批突破性畜禽种质资源,培育畜禽新品种(系),培养种业领军人才,带动养殖业高质量发展,是当前种业发展中急需解决的难点问题。30多年来,西北农林科技大学昝林森科技创新团队(以下简称团队)始终围绕国家重大战略需求,聚焦肉牛种业"卡脖子"技术展开教学科研联合攻关,积极探索产学研创新合作新模式,围绕推进创新链与产业链"两链"深度融合持续发力,努力打通成果转化"最后一公里",打造出一个个新时代产学研融合发展的典型案例,为促进高校和科研院所的科技成果转化提供了有力借鉴。

团队和带头人简介

团队由昝林森教授领衔,现有教授 5 人、副教授 8 人、博士生导师 3 人、硕士生导师 7 人。团队成员中,国务院政府特殊津贴专家、全国肉牛遗传改良计划专家组副组长、国家畜禽遗传资源委员会顾问委员会委员、全国畜牧业标准化技术委员会副主任、教育部肉牛奶牛遗传改良与种质创新团队首席专家、农业农村部肉牛遗传改良与生物技术育种创新团队首席专家、国家肉牛牦牛产业体系岗位科学家、陕西省肉牛产业技术体系首席科学家、宝钢优秀教师入选者、陕西省中青年科技新星、陕西省高校科协青年人才各 1 人,校级人才计划入选者 3 人。

团队先后荣获教育部"长江学者和创新团队发展计划"、农业农村部"全国农业科研杰出人才及其创新团队计划"支持,并于 2015 年获农业部中华农业科技奖优秀创新团队奖,2021 年获陕西省"西迁精神"先进团队。团队成员先后共主持承担了国家"863 计划"、科技支撑计划、重点研发计划、自然科学基金等国家级、省部级项目 50 余项,主持完成的成果获省部级科技奖励 16 项(一等奖 10 项、二等奖 6 项),出版著作教材 20 多部,获批专利 20 余件,登记计算机软件著作权 30 余项,制定国家、行业和省级标准 50 余个。

团队带头人昝林森,二级教授,博士生导师,中国发明协会会士,第十四届全国政协委员,享受国务院政府特殊津贴专家。兼任民盟中央常委、民盟陕西省委副主委,曾任第十三届全国人大代表。其先后被评为全国黄牛遗传改良先进工作者、中国畜牧行业先进工作者、全国农业科研杰出人才、全国农业科技推广标兵、陕西省三五人才、全国优秀科技工作者、当代发明家等称号。曾获"陕西省十大杰出青年""中国农学会青年科技奖""CCTV 三农人物奉献奖""中国改革开放 30 年农村人物奖""宝钢优秀教师奖""第七届振兴中国畜牧贡献奖(杰出人物)""中国发明创业奖"特等奖"中国产学研合作突出贡献奖"等荣誉。

昝林森教授

打响本土黄牛产业品牌突围战,跑出中国牛种改良"加速度"

中国拥有 55 个地方黄牛品种,是世界上牛品种资源最为丰富的国家。以秦川牛为代表的我国地方黄牛,作为一项传统的农耕生产工具,在农业产业中发挥过无可替代的作用。随着农业机械化程度不断提高，"牛"从役用转向肉用，地方黄牛种群数量不断缩减。地方黄牛普遍生长缓慢、回收周期长、养殖成本高，导致其养殖规模下降。而生长周期短、产肉性能高的国外品种及其杂交品种因可观的经济效益，在国内肉牛市场中的份额不断增长，客观上挤压了秦川牛等地方黄牛市场空间甚至生存空间，引发肉牛产业发展出现相应的问题。相关数据显示，20世纪80年代前后，陕西省秦川牛数量达180万头左右。进入21世纪后，秦川牛数量不断下降，且近几年下降态势更为明显。肉用定向选育缓慢、杂交改良不科学等问题，导致秦川牛种质混杂、群体锐减，严重威胁了我国肉牛的品种保护和产业发展。同期，奶牛产业也同样存在着奶牛良种率低，优秀种源依赖于进口等类似问题。因此，挖掘地方黄牛优秀种质资源，加强地方黄牛遗传资源保护和种质创新利用，从而将种源牢牢把握在自己手里，打破畜牧业种业"芯片"垄断，推动我国肉牛、奶牛产业可持续健康发展，是当前畜牧业提质升级的难点和重点。

中华人民共和国成立前夕，团队先辈邱怀先生胸怀科学报国之志，告别故乡福建来到母校西北农学院任教，将毕生所学奉献给我国黄牛改良事业，创建了全国唯一部级黄牛研究室，组建秦川牛选育改良协作组，创新性提出了"点上保种、面上改良"的学术观点，在中国牛业勇开先河，为我国养牛事业的发展做出不可磨灭的重要贡献。近30年来，昝林森教授带领团队不忘初心，薪火相传，接棒前行，扎根中华农耕文明重要发祥地、首个国家级农业高新技术产业示范区、中国自贸试验区中唯一的农业特色自贸片区——陕西杨凌，创建了国家肉牛改良中心，组建牛业科技创新团队，秉持先辈优良传统，继往开来谋发展，矢志不移做奉献。团队立足西北面向全国，围绕肉牛奶牛遗传改良与种质创新，开发了秦川牛遗传资源评价和开放式四级保种选育扩繁模式，选育出了性能突出的秦川牛肉用新品系，研发了首款中国黄牛高密度基因芯片，构建了秦川牛全产业链优质高效标准化生产技术体系，解决了种群锐减和种质退化及肉牛育种难、繁育慢和无序杂交等关键技术问题；团队通过指导并实施奶牛群体遗传改良策略、创建奶牛标准化健康养殖技术体系、研发集成高产奶牛性控冻精及低剂量人工授精技术等系统性工作，实现了奶牛良种良法配套和节粮增效。团队率先在秦川牛、荷斯坦牛遗传改良和高效繁育等方面取得一批标志性重大成果。团队阐明了秦川牛具有以普通牛血统为主、受瘤牛影响小的遗传背景，其多态信息含量、杂合度、有效等位基因数分别为0.77、0.79和5.3，群体近交程度较小、遗传多样性丰富等学术机理，并创建了秦川牛原种保护群、选育核心群、繁育基础群及遗传种质资源库相结合的开放式四级保种选育扩繁模式，为中国黄牛资源保护和定向选育提供了科学依据和成功示范。近年来，借助基因组测序技术，团队首次完成了我国北方、中部、南方代表的秦川牛、南阳牛、鲁西牛、延边牛、云南黄牛、雷琼牛、大额牛等7个地方黄牛品种的基因组测序工作，解析了中国代表性地方黄牛遗传多样性和起源进化规律，发现了中国黄牛的瘤牛血统比例由南向北逐渐递减，推测出中国南方是瘤牛的起源地之一的可能性；团队检测到了5722万个SNPs和527万个InDels，超过一半的SNPs（59.90%）和InDels（72.45%）为最新发现，极大地丰富了世界牛遗传变异数据库；基于上述研究结果，团队研发出首个针对中国黄牛的600K高密度SNPs芯片，对加快我国肉牛分子育种及打破国外SNPs芯片垄断具有重大意义。团队利用全基因组关联分析等组学技术，解析了中国肉牛重要经济性状形成的分子及表观遗传调控机制，创建了分子标记辅助育种技术体系。该项技术应用于秦川牛的早期选种，加快了秦川牛肉用新品系的选育进程，突破了肉牛传统育种周期长、难度大、育种效率低等制约瓶颈。经过多年的努力，团队选育秦川牛肉用新品系1个，筛选安秦、和秦、和安秦优势杂交组合3个，解决了我国肉牛育种难、繁育慢和无序杂交等关键问题，实现了种质创新利用。研究成果被新华社、人民网、光明网、凤凰网等媒体进行宣传报道。团队围绕提高奶牛乳脂率开展了大量的研究工作，发现多个调节乳脂合成的生物标志物和潜在的治疗靶标，为改善牛乳中的有益成分提供重要参考。发现了外源性褪黑激素的添加能显著降低乳脂浓度，为褪黑素调节奶牛原料乳中的脂肪含量奠定了基础。上述创新性研究工作在本领域 *Molecular Biology and Evolution*、*Journal of Pineal Research*、*Meat Science*, *Journal of Animal Science and Biotechnology*、*journal of Agricultural and Food Chemistry* 等国际权威期刊发表。

围绕创新链打造产业链，依托产学研推动产业化

科研成果要实现成果落地，就必须实现成果转化，链接创新链和产业链，实现学术价值与经济价值的互促循环。团队坚持不断完善科技创新平台体系，有效整合政、产、学、研各类资源，贯通研发、孵化、转化等关键链条，全面提升科技成果转移转化效率与转化成效，推动科技创新赋能经济高质量发展。团队先后创建了国家肉牛改良中心、现代牛业生物技术与应用国家地方联合工程研究中心2个国家级平台，以及陕西省肉牛工程技术研究中心、陕西省现代牛业工程研究中心、陕西省奶业工程技术研究生3个省部级平台，强化联合创新与技术转化能力。中心依托西北农林科技大学的人才优势和科技优势，叠加杨凌示范区的政策优势和区位优势，广泛吸纳各方技术创新力量，与国内外专家学者密切交流合作，共同打造出集肉牛奶牛遗传改良、繁育饲养和产业化示范等功能于一体的共用开放平台，助力肉牛奶牛遗传改良和高效养殖等共性关键技术联合攻关，激发原始创新和集成创新的产业动能，共同打造区域性肉

牛奶牛遗传改良研究中心、新技术研发中心及繁育饲养新模式的集成示范中心。团队以陕西省为创新基地，通过探索"政校企"等产学研合作新模式，在陕西、甘肃、宁夏及其周边地区，以及六盘山革命老区、吉林延边等边疆地区建立产学研合作研究院（中心）3个、试验示范基地15个，积极推动科技成果批量化、规模化转化为第一生产力，有力地促进了各地市肉牛奶牛产业提质增效和行业科技进步，从专业维度以专业手段服务脱贫攻坚和乡村振兴。团队以支撑肉牛奶牛全产业链开发为目标，通过创建示范"注入式＋链接式＋捆绑式"的政产学研合作模式，创新了"公司＋专家＋协会＋农户"技术推广模式、"母牛银行"扶贫养殖模式、"合作社＋贫困户＋基地"的抱团发展模式，不断提高产业的组织化程度和整体生产水平，强化创新链、延伸产业链，促进了良种良法配套和技术优化，助推脱贫攻坚。团队根据产业需要不断完善"宝鸡市专家大院模式"，建立了"宝鸡市国家秦川牛星火科技示范园"和"渭南国家级农业（秦川牛）科技示范园"，以点带面推进技术产业创新发展。

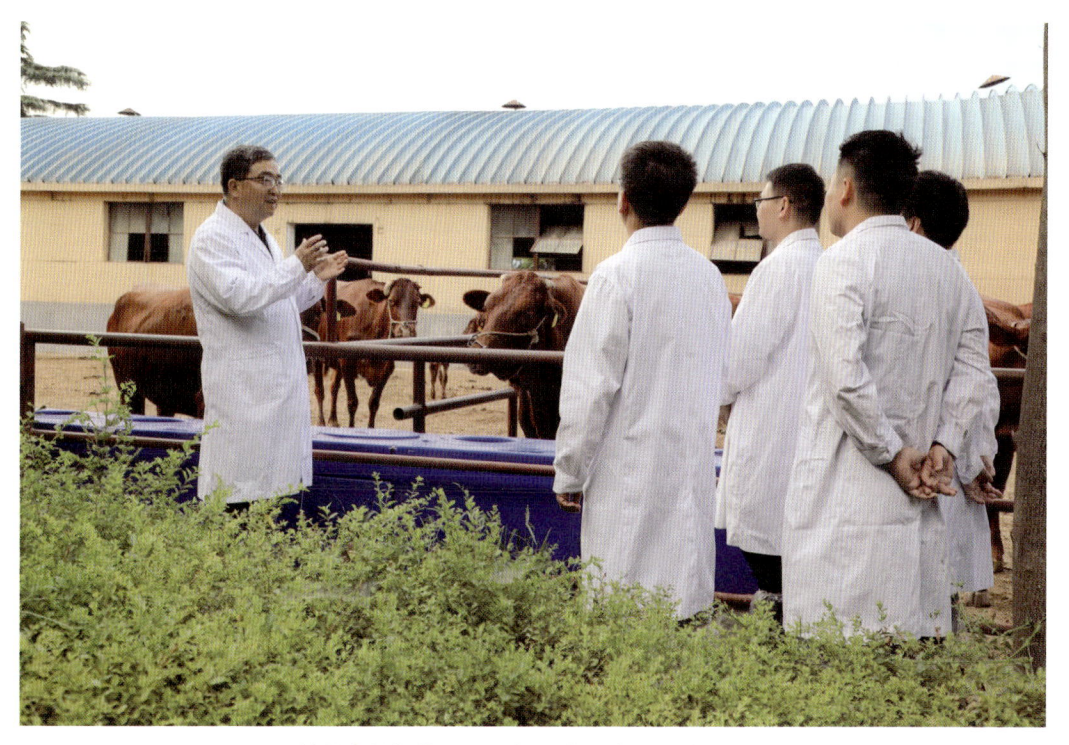

昝林森教授带队调研指导秦川牛保种选育工作

团队师生不断加强对秦川牛、巴山牛保种选育和荷斯坦牛高效繁育及肉牛奶牛标准化生产工作的科技支撑。在陕西镇巴、河南伊川等地通过组建养殖合作社支持农村经济抱团发展，实现了农民每头牛年均养殖收益3500元以上，成效显著；在宁夏西海固贫困地区，团队将基础母牛以赊销方式投放给贫困农户，解决了贫困户养牛缺资金的难题。该模式入选"中国企业精准扶贫优秀案例"；团队与宁夏海原县政府及华润集团共建"宁夏西海固高端牛产业研究院",常驻专家、研究生20余人,根据一、二、三产深度融合需要,深入一线开展全产业链技术服务和精准扶贫,受到了各级政府的充分肯定和当地农户的广泛好评。在多年的创新产业和技术扶贫探索工作中,团队成员扎根一线,培训各类基层技术人员13780人次、养殖户40200余人次,充分发挥了"点灯一盏,照亮一片"的示范效果。在第二十四届全国发明展览会,团队"肉牛科技创新服务助力陕甘宁脱贫攻坚"和"科技创新服务海原县高端牛产业发展和脱贫攻坚"两项成果荣获"科技助力扶贫专项奖"。团队专家挂职副县长开展扶贫工作的宁夏海原县荣获"全国脱贫攻坚先进集体"。2021年,团队荣获陕西省"西迁精神"先进团队称号。秦川牛成为农业农村部2022年发布的全国十大优异畜禽种质资源中唯一入选的牛品种。

注重团队文化建设,为社会输送创新人才

牛业科技创新团队奉行"经国本、解民生、尚科学"理念,认真践行"胸怀大局、无私奉献、弘扬传统、艰苦创业"的西迁精神,聚焦种业发展,助力乡村振兴,以服务祖国塑造"诚朴勇毅"集体人格,培养出一批批理想信念坚定、畜牧情怀深厚、德智体美劳全面发展,具有坚实基础理论、学科创新能力、专业实践能力和国际视野的卓越畜牧人才,为社会人才培养提供教学资源、教材资源、科普资源、技术资源,为推动西部地区和我国畜牧业现代化高质量发展做出重要贡献。

截至目前,团队已培养博士54名,硕士158名,大部分就业于国内外高校与研究机构(美国凯特琳癌症研究所、德州大学安德森癌症中心、中国农业科学院、南京农业大学、华南农业大学、云南农业大学、上海农业科学院、宁夏大学、青海大学等)、行业龙头企业(华润五丰、华大基因、首农食品、上海光明、中地种业等)。一部分自主创业,立足用知识改变生产方式,创办畜牧业研发或服务企业。毕业生中2人获陕西省优秀博士学位论文,2人入围2021全球农业基因与遗传学高产作者及高质量论文排名Top100,1人荣获"全国乡村振兴青年先锋"称号,1人获"陕西省教学名师"称号,1人获"陕西省师德标兵"称号,4人入选国家现代农业产业技术体系岗位科学家。

团队紧扣时代发展脉搏,发挥产学研合作优势,让每个成员积极践行"把论文写在祖国大地上,把成果留在生产一线中"的信念,努力打造"接地气、重应用、产实效"的科研成果。先后制订了《秦川牛》和《秦川牛及其杂交后代生产性能评定》两项国家标准,农业农村部《奶牛性控冻精人工授精技术规范》行业标准,陕西省地方标准《秦川牛生产技术规范》和《荷斯坦牛生产技术规范》两套共38个单体标准。

团队承担了农业农村部《巴山牛》行业标准编制工作，并出版了"十三五"国家重点图书"中国特色畜禽遗传资源保护利用丛书"之《秦川牛》，宣传科技知识，广泛服务秦川牛后续开发利用和优质肉牛生产。团队编制了全国农林高等院校"十三五"规划教材《牛生产学》和《牛生产学实习指导》，荣获"全国农业教育奖"优秀教材奖、"陕西省优秀教材奖"特等奖，在教书育人的同时并为肉牛、奶牛产业从业人员提供了专业知识和技术指导。一项教学成果荣获"国家级教学成果"二等奖。

自改革开放以来，中国畜牧获得长足发展，生产增长速度远远超过世界平均水平，但是畜牧业的人均产量或产值仍低于世界先进水平。西北农林科技大学昝林森教授率领的牛业科技创新团队将直面差距，与产业企业联合加强学科建设与人才培养，不断为我国畜牧业创新发展培养输送更多的专业人才。

结　语

昝林森教授立足陕西杨凌，面向西北乃至全国，带领团队师生长期致力于肉牛奶牛遗传改良、种质创新、健康养殖和全产业链开发，在陕西、甘肃、宁夏、青海、新疆、河南、山西、内蒙古、四川、云南、吉林、安徽、福建等省区常年开展调研指导和技术服务，深受赞誉和好评。主持培育秦川牛肉用新品系1个，筛选肉牛优势杂交组合（类群）3个，指导培育肉牛新品种2个，授权发明专利20余件，登记软件著作权30余件，制订国家、行业和省级标准50余个。这些成果的研发和推广应用，有力地促进了我国现代牛业的发展和提质增效，为西部地区和老少边贫地区脱贫攻坚、乡村振兴做出了重要贡献。作为牛业科技工作者，昝林森教授将继续带领团队，聚焦现代生物技术在肉牛种业创新中的应用，加快秦川牛肉用选育改良和新品种培育步伐，为中国黄牛资源保护利用和现代肉牛产业高质量发展提供科技支撑。

坚守科技创新初心　勇担泵业报国使命

——南通大学施卫东科技创新团队

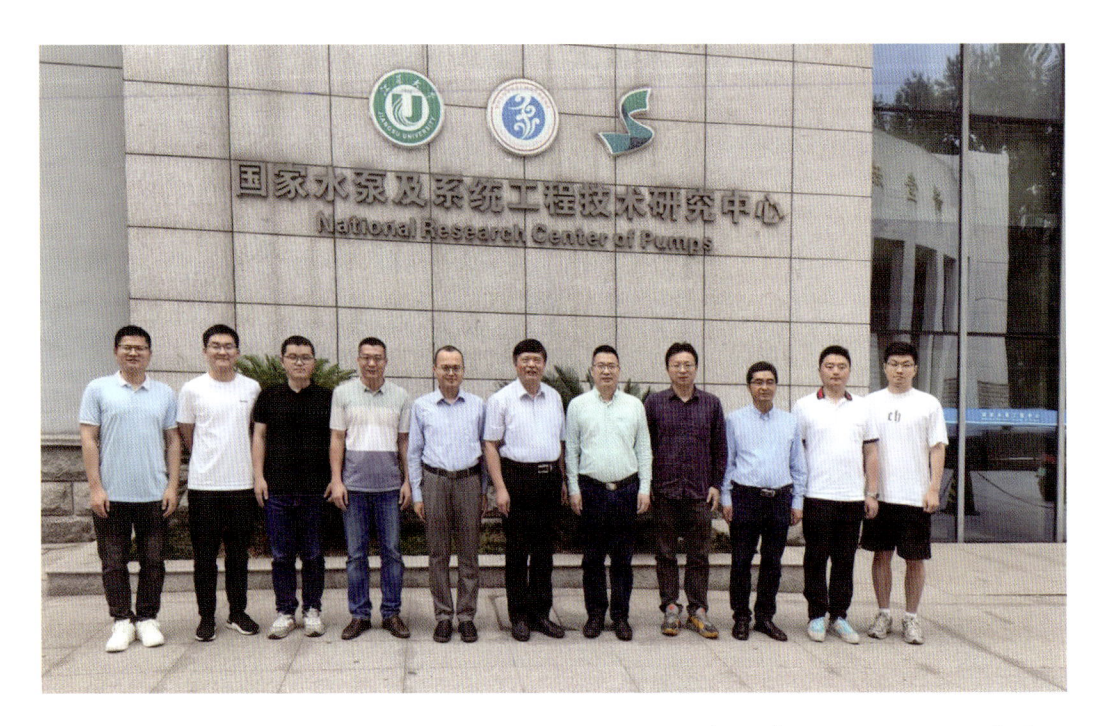

泵是流体输送的"心脏",广泛应用于水利工程、农田灌溉、石油化工、市政工程和国防军工等国民经济的各个领域,发挥着重要作用。此前,为满足国内重大工程建设需求,特别是在南水北调、核能发电和国防军工等关系到国家安全和民生工程的重要领域,大部分产品不得不依赖进口。为了突破国外的技术封锁,提高我国泵行业的自主创新能力和国际竞争力,江苏大学和南通大学联合成立了南通大学施卫东科技创新团队[流体机械(泵)节能技术研究及工程应用科技创新团队](以下简称团队),在施卫东教授的带领下,集中优质资源和人才技术优势,促进了产业界、学术界和研究界的深度互融互通,合力推进我国高端泵产品关键核心技术攻关,为我国泵行业的发展提供了一系列技术支撑和产业解决方案,实现了高端产品的进口替代,构筑起了属于我国的知识产权壁垒和中国标准。

团队和带头人简介

团队汇聚了俄罗斯工程院外籍院士、"新世纪百千万人才工程"国家级人选、教育部"青年长江学者"、科技部"青年拔尖人才"、"联合国可持续发展目标青年工程师奖"等一批国家和省部级高层次人才。团队依托流体机械及工程国家重点学科、国家水泵及系统工程技术研究中心、流体工程装备节能技术国际联合研究中心等，致力于对泵基础理论、现代设计方法与节能技术、可靠性及工程应用等方面的研究，在农田水利、能源电力和石油化工等领域取得了一系列创新成果和突出成绩，促进了我国流体机械（泵）行业的高质量发展。团队创新地提出了高性能轴（斜）流泵、高效无堵塞泵、海水淡化泵、自吸喷灌泵、新型深井离心泵等的设计理论和方法，突破了国外技术壁垒，攻克了关键技术难题。系列产品实现了规模化工程应用并在南水北调、西气东输等国内外重大工程上广泛应用，取得了巨大的经济和社会效益。近年来，团队先后承担了国家和省部级课题80余项及大量的产学研合作项目，制定国家和行业标准9部；授权美国、英国、中国等发明专利100余件；出版著作10余部，发表高水平论文500余篇；获"国家科学技术进步奖"二等奖2项、"高等教育国家级教学成果奖"二等奖2项，"中国产学研合作创新与促进奖创新成果奖"一等奖3项，省部级科技进步一、二等奖40余项。

团队带头人施卫东，博士，二级教授，博士生导师，俄罗斯工程院外籍院士，中国化工学会会士，江苏高校优势学科机械工程学科带头人。第十三届、十四届全国政协委员，九三学社中央委员。曾任江苏大学副校长、南通大学校长。兼任江苏省特种泵及系统工程研究中心主任、石油和化工行业泵及系统节能技术重点实验室主任等，教育部农业工程类专业教学指导委员会

南通大学原校长施卫东教授

委员，中国农业机械学会常务理事兼排灌机械分会副主任委员，江苏省工程热物理学会理事长。荣获"庆祝中华人民共和国成立70周年"纪念章，享受国务院政府特殊津贴，"新世纪百千万人才工程"国家级人选，江苏省"333工程"第一层次中青年首席科学家，全国"杰出工程师奖"。团队获"中国机械工业优秀创新团队""中国石油和化学工业联合会创新团队奖"等。

坚持创新驱动，助力泵业创新发展

高校是培养人才、推动科技创新的高地和从事基础研究的重要阵地，高校科技人员位于产学研协作创新链的前沿。施卫东教授以科技创新为导向，结合团队的研发实际，分析行业所面临的共性问题和关键技术需求，通过攻克关键技术难题，持续深入推动产学研合作和国产泵关键技术的创新。

针对南水北调东线工程战略需求，在施卫东教授带领下，团队经过长期理论分析和实验研究，创新性提出了低扬程大流量泵节能设计技术，建立了瞬态特性预测理论与方法，实现了我国在低扬程泵设计理论上的重大突破，为南水北调工程等大型高性能水泵机组研制提供了理论基础。在高扬程多级泵的创新研发上，创建了叶轮极大扬程设计方法和三维曲面反导叶设计方法，解决了泵单级扬程低、轴向力过大的行业难题，提高了效率。在高效无堵塞泵的创新研发上，发明了涡旋前伸式叶轮结构，创新性地总结和提出了高效无堵塞泵设计理论与方法，该成果平均效率比及国内同类产品高5%~10%。在自吸喷灌泵的创新研发上，团队揭示了回流阀启闭、回流孔位置对自吸泵效率的影响规律，创新设计了导叶蜗壳组合式压水室和回流阀自动关闭结构，突破了自吸喷灌泵效率和自吸性能难以同时提高的瓶颈。目前，团队的研究成果已广泛应用于南水北调、高标准农田建设、市政工程、核能发电和国防装备等领域，实现了规模化应用。部分技术也被荷兰、日本、德国等国际泵业巨头采用，有效提升了我国在相关领域的国际话语权。相关研究成果荣获江苏省、教育部、中国机械工业科学技术一等奖，中国国际工业博览会银奖，首届中国军民两用技术创新应用大赛银奖等。

团队带头人施卫东深入企业一线破解技术难题

担当时代使命，推进产学研协同创新

施卫东教授在参加全国两会时说："要持续深化企业与高校院所的合作，构建产学研创新体系，推动产学研深度融合，共享高质量发展成果。"

团队自创立至今，合作共建了50余个工程中心、重点实验室、产学研基地、研究生联合培养基地等。先后与江苏双达泵阀集团有限公司（以下简称江苏双达）共建了"江苏省特种化工泵工程技术研究中心",与南京蓝深集团共建了"江苏省潜水泵工程技术研究中心",与南通中远共建了"机械工业船舶海工用特种泵及绿色修造技术重点实验室",还与南京蓝深、山东双轮、浙江新界等联合共建了国家企业博士后工作站、企业院士工作站等。与亚太泵阀有限公司、江苏双达等企业合作获批江苏省重大科技成果转化专项资金项目等。

为进一步聚焦国家重大发展战略,团队大力开展国家重大工程急需的关键技术研究,扎实推进科技成果转化,积极服务经济建设和社会发展。提出的无堵塞泵、轴（混）流泵、深井泵等设计理论与方法,80%以上科研成果已成功转化为生产力,与全国数百家企业进行了技术合作,开发新产品200余种,促进了产业结构的调整与优化升级,提高了企业技术创新能力。全国约70%的泵CAD软件、60%的无堵塞泵、50%的小型潜水电泵、40%的轴流泵水力模型为团队设计开发,大量替代进口并出口创汇,在南水北调、三峡工程等国内外重大工程上广泛应用,引领了行业发展。

秉持育人宗旨,培养高素质创新人才

人才是第一资源,创新人才是科技创新的驱动力。团队充分利用国家级创新平台优势,积极面向国内外吸引人才,努力打造国内一流的流体机械（泵）高层次人才汇聚地,形成一支高素质的人才队伍。

团队积极构建"高效能"科技创新创业人才培养体系,促进人才培养链与产业链、创新链有效衔接,培养具有家国情怀、国际视野的拔尖创新人才和堪当民族复兴重任的时代新人。团队成员深知作为高校教师的崇高使命和重大责任,始终坚守在教学科研的最前沿,时刻关心爱护学生的学习生活和科研进展。多年来,团队以重大科研项目为载体,通过培养学生的科研创新思维、鼓励学生参加科技实践和学术交流、充分发挥主观能动性等方式,逐渐实现了研究生培养规模和质量的双丰收。"卓越引领,产教协同,本研互融的能源动力类卓越工程人才培养与实践""构建复合载体强化工程能力培养创新型工学研究生"均荣获国家级教学成果二等奖。团队培养江苏省优秀博士学位论文3篇、优秀硕士学位论文5篇,"茅以升科学技术奖家乡教育奖"（优秀学生）1名；获"挑战杯"全国大学生课外学术科技作品竞赛特等奖1项、一等奖2项,获"全国大学生节能减排社会实践与科技竞赛"一等奖1项、二等奖1项,获"挑战杯"全国大学生创业计划竞赛金奖2项、铜奖1项,获"国际大学生智能农业装备创新大赛"特等奖1项等。培养的许多研究生已经成长为各自领域的学术、技术骨干,有的已成为国家、省、市级高层次人才等。

团队带头人施卫东教授指导学生开展创新实践

团队积极打造"流体机械"领域科技创新人才培养高地，不断推进与国家重大工程和相关企业合作，积极推动产学研为主导的项目赋能人才成长，培养具有卓越研究能力与实践能力的创新人才。多年来，团队以学科建设为基础，以重大科研项目为抓手，在科研团队建设和拔尖人才培养方面取得显著成绩。团队于 2009 年荣获"江苏高校优秀科技创新团队"，于 2016 年荣获江苏省"六大人才高峰"高层次创新人才团队，于 2016 年荣获"中国机械工业优秀创新团队"，于 2022 年获批为江苏省"青蓝工程"优秀创新团队。先后培育出"新世纪百千万人才工程"国家级人选，享受国务院政府特殊津贴专家，教育部"青年长江学者"，科技部"青年拔尖人才"，江苏省"333 工程"一、二层次培养对象，"泰山产业领军人才"，"侯德榜化工科学技术创新奖"及"联合国可持续发展目标青年工程师奖"等一批高层次人才等。科研团队综合实力的增强及拔尖创新人才的不断涌现，不仅为国家级科技创新平台提供了有力的智力保障，同时也为提高研究生培养质量奠定了坚实的基础。

书就家国情怀，助推经济可持续发展

"坚持守正创新，勇担时代使命"是团队的核心价值所在。团队坚定守正不渝、创新不止的信念，在施卫东教授的带领下，不断以中国式现代化全面推进泵业的复兴发展。团队始终以国家战略需求为导向，集聚力量进行原创性、引领性科技攻关，充分发挥在流体机械及工程学科领域的领先优势，围绕国家经济建设和产业政策需求进行关键技术研发攻关。

"五谷者，万民之命，国之重宝"。团队早早意识到节水灌溉装备在农业领域中的重要性，积极投身国家相关重大专项研究。在国家"863计划"、"十五"重大专项等项目支持下，团队经过10余年系统深入的研究，在节水灌溉技术领域提出了新型喷头设计理论与方法，发明了隙控式全射流喷头、多功能喷头和变量喷洒喷头，实现了射程、雾化程度可调和变域变量精确喷洒，解决了传统喷头驱动机构复杂、功能单一和水量分布不均匀的技术难题。创建了新型深井泵和新型自吸喷灌泵设计方法，解决了效率和扬程、效率和自吸性能难以同时提高的行业难题，深井泵效率最多提高了8个百分点、单级扬程平均提高15%～50%，自吸喷灌泵自吸时间缩短20%。同时制定了9部国家和行业标准，研制出20余种新型机组及产品，关键技术达到国际领先水平，研究成果广泛应用于农田、大中型灌区、园林、设施农业等领域，应用面积约占国内喷灌面积的22%。团队研发的系列产品已被行业主要骨干企业批量生产，产品远销欧美、东南亚等20多个国家和地区，在引领行业发展、抗旱减灾、节能减排等方面发挥了重大作用。由施卫东教授主持完成的"新型低能耗多功能节水灌溉装备关键技术研究与应用"成果荣获2015年度"国家科学技术进步奖"二等奖。

长期以来，"国家需要，我们就要去做！"是施卫东教授带领团队坚定不移地做项目搞研发的宗旨，团队通过积极承担和组织实施重大科技项目，不断推进国家重大技术装备国产化进程。团队相继在水利工程用泵、海水淡化用泵、大型矿用泵、石化装备用泵、核电泵和节水灌溉装备等重要领域取得了一系列重要进展。先后承担了国家科技支撑计划重点项目"典型离心泵关键技术研究及工程示范应用"，国家科技支撑计划项目"万吨级膜法海水淡化关键技术装备研究与工程示范——大型高压泵开发与示范"，国家重点研发计划项目"海工装备用长寿命耐腐蚀液压元件及系统关键技术""山区和边远灾区应急供水与净水一体化装备"等。"潜水泵理论和关键技术研究及推广应用"荣获2007年度"国家科学技术进步奖"二等奖，开创了一个持续高速增长和繁荣的潜水泵行业，为解决"三农"问题、实现乡村振兴做出重要贡献。

结 语

当今世界，科学技术是第一生产力、第一竞争力，新一轮科技革命和产业变革深入发展，学科交叉融合不断推进，科学研究方式发生深刻变革。流体机械（泵）节能技术研究及工程应用科技创新团队始终坚持"四个面向"，坚持目标导向和自由探索"两条腿走路"，把自身优势学科前沿同国家重大战略需求和经济社会发展目标结合起来，担当起国家赋予的职责与使命，传承老一辈科学家以身许国、心系人民的光荣传统，不断攻克国外技术封锁，推进产学研深度融合，不断提高科技成果转化和产业化水平，把论文写在祖国的大地上，把科研成果应用在全面建设社会主义现代化国家的伟大事业中。

响应健康中国与体育强国战略
提出运动医学发展中国方案

——北京大学第三医院敖英芳科技创新团队

北京大学第三医院敖英芳科技创新团队（以下简称团队）始终面向我国运动医学领域科技发展重大需求，针对运动创伤组织修复与重建进行了大量开创性工作，在关节软骨、韧带损伤与修复重建相关基础与临床研究方面取得了重大的理论与技术突破，同时不断深化产学研融合，其创新成果不仅解决了运动系统伤病临床诊治中的多个重点与难点问题，还产生了显著的经济效益与社会价值，为我国运动医学事业的发展提供了重要支撑，并助力健康中国建设。

团队和带头人简介

团队带头人敖英芳教授从事运动医学教研与国家运动员医疗保障一线工作40年，在运动损伤发病机制、临床诊疗与功能康复、微创外科修复重建技术、组织工程研究与临床转化，以及国家运动创伤区域医疗中心建设方面取得重要成果；开创我国运动伤病现代微创治疗技术先河，牵头制定行业标准与管理规范，建立了全国运动伤病防治体系；率先建立国家运动员伤病监测、预防与治疗体系，为国家奥运争光计划及全民健身做出重要贡献；针对难治性运动伤病交叉韧带断裂和关节软骨损伤深入开展系列临床转化应用研究。

带领团队为 6000 余名国家队运动员提供奥运医疗保障，1300 名国家队运动员微创治疗术后重返赛场，百余人再夺世界冠军。发起创建中华医学会运动医疗分会（第三届主委）、中国医师协会运动医学医师分会（创始会长）、亚洲关节镜学会（会长），曾任中华医学会常务理事。主导 30 个省（区、市）建立运动医学学术组织，牵头成立中国医师协会关节镜医师培训学院，制定关节镜诊疗培训教材与管理规范，提高运动医学整体医疗技术水平。推广关节镜微创外科技术至全国 623 家医院，引领我国运动伤病微创治疗与功能康复发展。获首届"全国创新争先奖"、"吴阶平—保罗·杨森医学药学奖"（简称吴杨奖）一等奖，是国家卫健委突出贡献专家、全国优秀科技工作者、教育部创新团队负责人、入选"国之名医·卓越建树"榜单，享受国务院政府特殊津贴，2010 年至今任中央保健委会诊专家。

北京大学运动医学研究所名誉所长
敖英芳教授

创新点

随着"健康中国"战略与"全民健身计划"的实施，参与运动的人数激增，2020 年我国运动人口已超 4 亿人。运动创伤是发生于竞技体育、群众体育活动和日常生活的常见伤病，发病率高达 10%～20%，严重影响国民劳动能力和生活质量。运动医学产业具有技术含量高、涉及学科领域广、产业关联度高、市场需求广泛等特点，然而我国运动创伤治疗及康复研究成果与临床转化应用严重脱节，医疗设备，关节韧带、肌腱及软骨组织修复材料和内固定物，生物制剂和干细胞等产品的研发和销售，均处于国外医疗公司的垄断之下，且由于缺乏企业、科研机构、医疗机构之间的长期、稳定、有效合作机制和模式，各大高校和医院附属科研机构的研究成果和专利技术转化与市场应用脱离，导致专利技术转化动力不足，严重制约了成果向产品的转化和应用，阻碍了我国运动创伤治疗与康复水平的提高，无法满足国民日益增长的对运动健康的高质量需求。

为此，2018 年敖英芳教授牵头成立了中国运动医学产学研创新联盟（以下简称联盟），整合我国运动医学领域优势企业、科研单位、医疗卫生机构等成员单位的创新资源，建立医学成果转化的全链条服务体系。联盟成立 5 年多来，紧密围绕运动创伤治疗和康复领域中"转化速度慢、进口依赖强、国产器械弱"的重要问题，进一步强化联盟产学研创新联合体赋能，从临床需求出发，突破手术器械的微创化、植入类器械的仿生化及康复器械的智能化等关键技术难题，借助北京大学"双一流"建设中的"临床医学+X"学科模式和北京大学第三医院完备的医企研发平台机制，已建立多方有机合作基础，研发高质量的创新国产器械，实现成果项目转化3项，获得第二十二届中国专利金奖。培养了运动创伤治疗与康复领域复合型人才，并为推广先进的研发转化理念建立了新范式。联盟的成立，对运动医学事业和产业的发展具有里程碑式的重要意义，将引领中国运动医学产业实现重大技术突破，提升产业核心竞争力，促进产业结构优化升级，全面推进我国运动医学产业跨越式发展。

典型案例

提出前交叉韧带生物力学止点解剖重建创新理念

前交叉韧带（Anterior Cruciate Ligament, ACL）是最容易受伤的膝关节结构之一，ACL断裂后会遗留膝关节不稳并造成膝关节半月板、关节软骨的继发性损伤，关节镜下重建ACL重塑膝关节的稳定，被广泛接受为治疗ACL损伤的最佳选择。目前ACL重建手术方法尚未达到精准解剖与生物力学重建，单束重建术后易遗留膝关节前内旋不稳，且手术方法容易对外侧半月板前角造成医源性损伤，双束重建费用高、损伤大，远期效果无明显优势，难以满足运动员高强度运动需求。敖英芳教授在国际上率先提出ACL生物力学止点重建的创新理念，开展ACL生物力学止点解剖重建的临床转化研究，通过解剖基础研究及有限元分析，建立生物力学止点解剖重建的手术模型，通过随机对照试验验证其临床效果，实现临床研究转化。研究旨在更好地恢复膝关节稳定性，尤其是旋转稳定性，保护外侧半月板前角附着部不受损伤，改进目前ACL重建研究的观念和临床治疗方法，创新ACL重建方法并进行临床转化应用，建立我国自主创新前交叉韧带重建的标准。使我国交叉韧带研究和临床治疗达到国际领先水平，从而助力运动员更好地恢复运动与竞技水平。

提出自体、原位、一次性软骨损伤修复新理念

关节软骨是人体骨关节重要组成部分，在运动中发挥关键作用，一旦损伤难以修复，严重影响运动功能并导致骨关节炎。因此，关节软骨损伤修复是国际运动创伤与骨关节外科领域的重大难题。本团队就此课题开展系列研究，2004年提出基于脱细胞骨基质材料结合自体、原位干细胞一次手术修复关节软骨损伤的新理念，历时十九年从基础研究、转化研究到临床应用，取得显著临床疗效。建立自主、原研、微创修

复关节软骨损伤技术与理论体系，有效解决了现有临床软骨损伤修复需要自体软骨细胞取材、体外培养扩增、二次手术回植等重大问题，实现了我国关节软骨损伤修复技术突破。2018年7月，团队与北京万洁天元医疗器械股份有限公司进行签约，实现了该项重大技术成果转化，突破高新医疗产品国产化困难这一"卡脖子"难题，可有效节约医疗成本、降低国家医疗费用，更好地为北京和国家医药卫生战略服务。

建立冰雪运动创伤院前院内一体化急救系统，为北京冬奥会提供高效优质的医疗保障

为完成北京冬奥会医疗保障任务，作为张家口赛区第一转诊救治定点医院北医三院崇礼院区院长和北京冬奥会医疗卫生保障核心专家，敖英芳教授带领团队承担3项科技部与河北省"科技冬奥"专项，围绕冰雪运动损伤的应急医疗救治体系建设开展系列研究，建立院前院内预警联动信息与救治平台，构建疫情防控下的冰雪运动创伤空地转运、全流程闭环综合救治体系，打破时间和空间局限性，实时预警、多级监督，实现伤病早发现、早诊断、早转运、早治疗，极大地提升了救治效率。完成北京冬奥会46.7%、冬残奥会59.0%的医疗救治任务，成功保障北京冬（残）奥会。国际冬奥组委称赞"医疗设施、服务堪称顶级，为中国雪上运动发展留下了宝贵遗产"。带领团队受到党中央和国务院表彰，获"北京冬奥会、冬残奥会突出贡献集体"。

北京冬奥会5G+院前院内一体化急救系统应用实例

结 语

未来团队将继续深耕运动医学领域产学研用一体化体系建设，致力于解决关节运动伤病预防、治疗与康复的基础与临床转化问题，从而实现骨与关节健康乃至运动促进人体健康。

面向海洋强国建设　攻关水下观测难题

——大连海事大学徐敏义科技创新团队

水下观测系统通过实时获取水下环境、水下目标和水下活动等相关信息，为国家海洋安全保障、深海能源与资源开发、海洋灾害预警预报等提供关键技术支撑，是世界各海洋强国竞争的前沿与热点。我国是海洋大国，拥有漫长的海岸线和广袤的海洋领土，但是在水下观测技术领域研究起步较晚，仍面临众多"卡脖子"难题。大连海事大学徐敏义科技创新团队（大连海事大学海洋微纳能源与自驱动系统创新团队）（以下简称团队）近年来面向海洋强国建设，攻关水下观测难题，开展水下能量捕获、水下信息感知与水下新型观测平台研究，取得了一系列基础与应用创新成果，形成"产学研用赛"创新人才培养模式，为海洋强国建设贡献团队力量。

团队和带头人简介

团队成员主要来自大连海事大学船舶与海洋工程、信息科学与技术等专业的教师和研究生，并与北京大学、中国科学院北京纳米能源与系统研究所、大连理工大学、西澳大学、新加坡国立大学、中船集团第七六〇所、大连中远海运川崎船舶工程有限公司等科研院所建立了深厚的合作关系，形成了一支跨领域、跨部门、跨学科的创新团队。

团队紧密围绕水下观测关键技术，通过产学研合作，在水下能量捕获、水下信息感知与水下观测平台等方面取得了重要创新成果，产生了显著的经济效益和社会效益。团队荣获"中国产学研合作创新与促进奖创新成果奖"一等奖、"中国发明协会发明创业奖成果奖"一等奖、"中国航海学会科学技术进步奖"一等奖、"中国航海学会青年科技奖"、"第二十一届中国国际高新技术成果交易会优秀产品奖"、"中国发明协会第二十二届全国发明展览会金奖"等科技奖励。

徐敏义教授指导研究生开展能量捕获技术研究

团队带头人徐敏义教授2012年毕业于北京大学工学院，获得理学博士学位，同年7月入职大连海事大学轮机工程学院，任教至今，2016年赴美国佐治亚理工学院王中林院士课题组研修，在国际上率先将摩擦纳米发电技术应用于水下观测技术领域。徐敏义教授牵头组建了大连市海洋微纳能源与自驱动系统重点实验室，主持1项国家重点研发计划纳米前沿专项项目、3项国家自然科学基金和多项省部级项目，在 Nature Communications、Research、Nano Energy、ACS Nano、Applied Energy、Ocean Engineering 等国内外权威期刊发表学术论文150余篇，其中5篇论文入选ESI（基本科学指标数据库）工程领域前1%高被引论文，3篇论文入选交通运输部重大科技创新成果库入库成果，授权国家发明专利20余项。研究成果受到国内外同行广泛关注及引用，并被自然科学基金委、《中国科学报》、Science Daily、美国《大众机械》杂志等20多个国际权威媒体转载报道。徐敏义教授还荣获交通运输部系统"优秀共产党员"，交通运输部"青年科技英才"等荣誉，入选中国科协"青年人才托举工程"、大连市"杰出青年科技人才"等，担任中国仿真学会机器人系统仿真专业委员会副主任委员、中国海洋学会海洋技术装备专委会委员、《水下无人系统学报》和 Soft Science 青年编委等职务，积极服务水下观测领域高质量发展。

发扬创新精神，推动水下观测技术发展

水下观测系统能够为水下资源开发、海洋灾害防治、海洋安全保障等活动提供全面立体的分布式态势感知能力。然而，广泛分布的水下感知节点在复杂恶劣的海洋环境中面临能量持续供给难题。从复杂恶劣水下环境中高效获取能量，并赋能水下感知元件，融合构建水下自驱动感知系统已成为国内外研究热点。其中，复杂海洋环境条件下的高效机电转换是能量收集的核心问题。水下感知节点的工作环境中蕴含丰富的机械能，如波浪能、海流能等。这些环境能量具有分布范围广、可持续性好、能量密度高的优势，是潜在的能量供给源。然而，上述环境能量也存在着无序度高、分散性强的缺点。区别于传统研究思路，团队勇于另辟蹊径，从源头上进行创新，基于一种全新机电转换原理——摩擦纳米发电技术，提出了适应海洋动力环境的高性能海洋能摩擦纳米发电新方法，建立了海洋能摩擦纳米发电高效机电转换模型，设计了适应海洋环境的原创型摩擦纳米发电能量捕获构型，研发了塔式波浪能摩擦纳米发电装置和仿海草型柔性海流能发电装置。其中，塔式波浪能摩擦纳米发电装置因其鲁棒性强、发电性能好、可模块化拓展等优势受到广泛关注，该成果发表的论文连续4年入选ESI前1%高被引论文。仿海草型海流能发电装置因其柔性自适应特性，可在低流速下实现启动和电能输出，该成果在 *ACS Nano* 期刊发表的代表性论文被美国化学学会官网作为研究亮点进行了视频专题报道。相关海洋能发电装置成功应用于海洋浮标供电，成果荣获"全国颠覆性技术大赛优秀奖""交通运输部重大创新成果"等科技奖励。

团队也致力于新型水下感知技术的开发。团队利用摩擦纳米发电机在环境微扰动条件下易产生高压电信号的优势，借鉴海洋生物的灵敏触觉感知特性，结合高精度动力学模型仿真，建立了以精细数值评估为基础的水动力构型优化设计框架，以及可靠性高、响应快速的水下仿生触觉传感器的水动力构型。研究探明了水下运动目标周围流场产生机理，揭示了感知器件在环境流场和障碍物扰动作用下的机电转换机理，提出了自驱动电信号分析新方法，提取了丰富且稳定的水下环境特征信息。该研究开辟了具有自驱动、信号强、适应性高等优势的新型水下感知技术路线。相关成果在 *Science* 与中国科协的合作期刊 *Research* 上发表的2篇论文连续被选为研究亮点工作，并被推荐到 *Science* 期刊新闻官网进行专题报道。在成果应用方面，团队创新性地将水下仿生触觉传感器与水下光学和声学传感器相融合，并集成于水下检测机器人，显著提升了水下检测机器人在复杂环境中的避障能力和巡检能力，成果荣获"中国产学研合作促进会创新成果奖"一等奖。

秉承研以致用，促进水下检测装备迭代

在开展基础科学研究的基础上，团队注重科研工作与国家需求的有机结合，高度重视科研成果的实践检验及转化推广。团队将水下仿生触觉传感器应用于船舶水下检测机器人，丰富了水下感知模式，可以使机器人在能见度不佳、声学信号复杂的水域获得更加全面的感知能力。同时团队与行业领军企业进行深入交流，并与大连中远海运川崎船舶工程有限公司等单位专家组成联合攻关团队，首创了融合触觉传感的三维感知技术，利用声学、光学、触觉传感器，结合即时定位与地图构建建模算法，为水下机器人提供了全面的三维立体视角，极大地提升了机器人对周围环境的感知能力。

团队研发的船体水下检测机器人实船检测应用效果相比于传统检测方法，效率提升5倍以上，成本大幅降低。该船体水下检测机器人作为大连市推荐项目，从3300多家参展商中脱颖而出，荣获"第二十一届中国国际高新技术成果交易会优秀产品奖"。此外，团队研发的船体水下检测机器人项目成果

央视报道了团队研发的船体水下检测机器人

得到了央视权威报道，并一举获得"2021年中国产学研合作促进会创新成果奖"一等奖等荣誉。该船体水下检测机器人在船舶水下快速检测、海上风电导管架基础探摸、核电站冷源拦污网检测领域得到了广泛应用。项目成果有效地推动了我国海洋工程装备水下检测技术的发展。

在水下检测机器人联合研发过程中，团队重视产学研合作并与中国科学院北京纳米能源与系统研究所、中船集团第七六〇研究所、大连中远海运川崎船舶工程有限公司等科研院所和行业领军企业签订协议，建立校企合作联盟。校企合作联盟成员按照约定分享权益和承担义务，形成共同投入、共享权益、共担风险、共同发展的长期、稳定的产学研利益共同体。各联盟成员按照产业链的分工，优化合作，推动水下观测技术创新和产业能力升级。根据生产需求及学业需求，联合组建专家组及导师组，针对具体问题进行具体研发、设计、指导。校企合作联盟以海洋经济行业实际技术需求为导向，促进创新链与产业链的深度融合，良好的产学研合作机制为技术开发提供了保障平台。

肩负时代使命，提高创新人才培养质量

产学研合作创新项目是科技人才培养的重要载体，在产教融合方面，团队创设了"新能源技术"和"机器人概论与实践"本科生课程，这两门课程均获评"辽宁省一流本科课程"。针对"互联网+"的特点，团队从国内外的相关研究入手，立足领域前沿，开展混合式教学，从而弥补了传统的专业技能训练和职业技能训练在培养学生创新能力、探究精神等方面的不足。团队还成功探索出"产学研用赛"五位一体的人才培养模式，以"用"为导向，以"赛"为手段，鼓励团队教师及学生将科研成果带出去参加科研比赛，通过比赛结果对科研产品进行迭代升级。并通过组织开展包括国际水中机器人大赛、水下智能装备创新设计大赛、全国智能无人艇搜救大赛等赛事，为技术交流、成果推广提供平台。建立了以团队、资源、平台为三大支撑，理论、科研、实践、竞赛四个课堂协同，创新教育与专业教育、科学研究、校企协同、创新竞赛、思政教育"五创"融合的"3+4+5"轮机工程专业创新人才培养体系，切实提高了创新人才培养质量。该体系的研究与实践获评"辽宁省本科教学成果一等奖（最高奖）""辽宁省研究生教学成果特等奖"。

以"请进来派出去"的方法，团队聘请多位业内技术专家担任研究生企业导师，赋予企业技术专家新身份的同时，也进一步共享了人才资源、深化了校企合作关系。团队与中国科学院北京纳米能源与系统研究所、大连中远海运川崎船舶工程有限公司等多家单位共建实习基地，使学生能够参与企业的实际生产工作，培养了一批具备科学研究能力及工程实践能力的专业技术人才。团队每年指导本科学生参加创新创业项目30余项，参与全国学术论坛及比赛交流50余人次，指导的学生获得"第八届中国国际'互联网+'大学生创新创业大赛全国总决赛金奖""第十九届'挑战杯'全国大学生课外学术科技作品竞赛全国一等奖"等荣誉，培养的学生获评交通运输部系统"优秀共产党员"、辽宁省高校"研究生党员标兵"、大连海事大学"'五四'青春人物之星"等。团队的"产学研用赛"五位一体创新教学模式也荣获中国高等教育学会"校企合作双百计划"案例。

结 语

未来，海洋微纳能源与自驱动系统创新团队将会继续面向国家海洋战略发展需求，立足于海洋科技前沿领域，加强产学研合作探索，加速基础性、原创性、前瞻性科研成果在水下观测领域的转化应用，以科技创新促进海洋事业可持续发展，为建设海洋强国贡献更大的力量。

41年潜心"15克"
造就"世界透明质酸之都"

——国家糖工程技术研究中心凌沛学科技创新团队

透明质酸（又叫玻璃酸钠、玻尿酸、Hyaluronic Acid，以下简称HA）是一种大分子黏多糖类物质，天然地存在于人、动物体和微生物内。作为一种特定功能的高分子化合物，HA不具抗原性，无致敏作用，无免疫反应，无热原性，具有高黏性和高弹性。HA在人体内只有15克左右，但具有重要的生理功能。我们的眼睛玻璃体透明、关节腔保持润滑及少年儿童皮肤光滑细嫩，全是HA的功劳。随着人年龄增长，HA在体内含量逐渐降低，人就会出现眼玻璃体浑浊、骨刺产生及皮肤皱纹出现等疾患。

团队和带头人简介

1983年，凌沛学从硕士论文涉足HA的研究，迄今41年不懈，因此曾有媒体把凌沛学的经历概括为"15克人生"。从最初的公鸡冠中提取到发酵法生产，从实验室的科学研究到大规模推广应用，从药品、化妆品到食品，HA的产业规模达到千亿级。由于国家糖工程技术研究中心凌沛学科技创新团队（凌沛学教授 HA 研究与开发创新团队）（以下简称团队）的努力和策源作用，HA 的科技研发及产业规模不断实现超越发展，助力济南正在成为"世界透明质酸之都"。

团队依托山东大学国家糖工程技术研究中心、山东省药学科学院、山东福瑞达医药集团有限公司等单位组建，致力于多糖类药物尤其是 HA 相关产品的研究与开发。行业涉及药品、原料药、医疗器械、保健食品和化妆品等，其中主导产品为生物医药。目前拥有 80 多个针对眼科、骨科和皮肤科等疾病的新药品种。建有国家企业技术中心、国家地方联合工程实验室、国家糖工程技术研究中心、国家综合性新药研究开发技术大平台、国家山东创新药物孵化基地、院士工作站等科研平台。

作为团队学术带头人，凌沛学教授潜心从事多糖类生物新药研究，以重要生物医药原料 HA 为核心，开展了规模化创新性工程研究，取得显著成绩，在 HA 研究领域达到国际先进水平。凌沛学教授牵头承担国家火炬计划、国家科技支撑计划、国家重点研发计划等国家级课题 20 余项，担任国家重大新药创制国家山东创新药物孵化基地课题组组长、国家综合性新药研发技术大平台副理事长、国家地方联合工程实验室、国家糖工程技术研究中心和国家企业技术中心主任，兼任中国海洋大学等 6 所高校客座教授。多次在国际学术会议上做多糖药物相关主题报告，为推动国际生化药物学科发展做出突出贡献。他还兼任核心期刊

凌沛学教授

《生物医学工程研究》和《食品与药品》主编，主编多糖领域首部专著《透明质酸》；先后发表论文 500 余篇，获授权发明专利近 200 项（其中国际发明专利 30 余项），主编高校教材 9 部、主译研究生教学用专著 1 部；培养博士后 15 人，博士 16 人，硕士 30 人。作为第一完成人获得"国家科学技术进步奖"二等奖 2 项、三等奖 1 项，"何梁何利科学与技术创新奖""吴阶平医学研究奖—保罗·杨森药学研究奖""山东省科学技术最高奖"等奖励。2021 年，当选国际欧亚科学院院士。

凌沛学教授及其团队首创 HA 高黏度发酵精准控制和连续纯化精制规模化制备技术体系，研发了以 HA 为主的 7 种不同用途医药原料产品，建成全球规模最大、品类最全的 HA 原料及制剂生产园区，占有国内 90%、国际 80% 以上的市场份额；创建眼部给药传递系统和骨关节黏弹剂补充疗法等理论体系，将 HA 用于眼科、骨科新药制剂开发，获批新药证书 12 项，为白内障、干眼症、骨关节炎等疾病开辟了新治疗

途径；创建了以 HA 自有专利技术为主导的产业集群，孵化了境内外 4 家上市公司，市值高时达到 3000 亿元以上。

面向需求，勇于探索开启 HA 产学研融合之路

20 世纪 80 年代初，HA 在国内几乎是一种未知物质，原料十分有限，提取工艺十分复杂，提取成本十分高昂。凌沛学研究生毕业后用仅拨的 3 万元创业经费开启了 HA 开发之路，在两间旧车库里完成了提取法制备 HA 的课题研究及产品开发。

为了克服提取法制备 HA 所受的限制，包括原料来源少，工艺复杂，提取周期长等，凌沛学教授及其团队在国内首创生物制造法生产 HA，奠定了 HA 产业化的技术基础，使这种原来极其昂贵的物质有望实现大众化。技术有所突破之后，凌沛学教授便开始思考，如何将这项技术转化成产品，如何将一项项的创新成果推向市场、服务广大患者和用户。

1991 年凌沛学教授带领其团队组建了集科工贸一体化的集团公司——山东福瑞达医药集团有限公司，开启了 HA 产业的市场化发展之路。他研制、开发和生产一系列 HA 产品，使 HA 在医疗、护肤等众多领域得以广泛运用，真正实现 HA 飞入寻常百姓家。

工作中的凌教授

为了能实现科研成果和产业化的无缝对接，2007 年凌沛学教授牵头成立了山东省药学科学院。这是全国第一家省级药学科研机构。与很多地方科研牵着销售走不同，凌沛学教授及其团队秉承着"市场需要什么，我们就研发什么"的理念，山东省药学科学院的科技成果实现了 80% 以上转化。

药品制剂：不忘初心，惠及苍生

随着我国老龄化日益严重，白内障患者及骨关节炎患者人数也在逐年增多。同时随着保健理念的深入，眼疲劳防治已经不仅是一种概念，更是一种生活习惯。凌沛学教授及其团队成功培育了中国眼科药物的两个著名品牌——治疗眼部感染的"润舒"和缓解视疲劳的"润洁"。眼科手术和骨关节炎用 HA 注射液"爱维""施沛特"两大产品，以其优良的质量和高性价比，分别占领国内 60% 以上的市场份额。

更让人扬眉吐气的是，凌沛学教授及其团队开发的眼科手术和骨关节炎用 HA 注射液不断打败国外产品，大大降低了单位成本，让更多的老百姓用上了物美价廉的好药。

凌沛学教授及其团队国内率先研发成功眼科用 HA 注射剂（二类新药，1993 年卫药证字 X—07 号）填补国内空白，用作眼科手术必备辅助剂，可保护角膜细胞，显著提高术后视力，让过去需住院的手术一举变成了门诊手术。此项技术荣获"国家科学技术进步奖"三等奖。

凌沛学教授及其团队国内首家开发治疗骨关节炎用 HA 注射液"施沛特"，形成特色"黏弹剂补充疗法"。该注射液被评为国家重点新产品，成为治疗骨关节炎临床一线用药，并荣获"国家科学技术进步奖"二等奖。

医美护肤品：专心致志，美化人生

多年来国内市场还面临着消费者偏爱进口化妆品的问题。因成长环境的影响，从 50 后到 80 后的消费者中，很多人偏好进口化妆品，很少会用国产的。这导致一个尴尬的局面：国内企业用最好的产品卖最低的价格，还要引导消费者"其实国内的产品质量并不比进口的差；特别是在 HA 领域，甚至比国外做得更好，国外还是用着我们的原料。"这个过程已持续了几十年，国内企业不断用领先的技术和更高的性价比来提高消费者的认知度和认可度，最终使中国成为全球最大的 HA 研发和生产基地。

作为改革开放成长起来的 HA 行业资深领头羊，凌沛学教授及其团队对 HA 的探索也从未停止。最新一项新的核心技术全分子量分布 HA 技术及应用应运而生。根据分子量大小的不同，HA 可以分为大分子、中分子、小分子、寡聚四种类别，分子量是其全分子量 HA 重要参数，不同分子量 HA 的功能应用领域各不相同。

全分子量分布的 HA，它从小分子、中分子到大分子，进行缓控吸收，达到均衡的浓度，并在血液中形成一个 HA 梯度，平衡补充人体所需的 HA，全天候维护人体所需的 HA 有效浓度。这是大分子 HA 产品难以做到的。在全分子量 HA 技术中，有些 HA 是可以进入细胞里的，这就意味着它的功能和以前在细胞外或皮肤表面发挥的作用是完全不一样的。依此可以研究它对细胞起到的保护作用，包括抗氧化、清除自由基、抗衰老等。

凌沛学教授及其团队用坚持不懈的 41 年，从原来对 HA 一无所知，到成为 HA 的顶级专家，在该领域创造多项世界"第一"，使得中国在 HA 领域，也从此告别了被国际社会貌视或"卡脖子"的窘状，逆袭为可以执行业牛耳的 HA 强国。

保健食品：坚持本质，服务民生

早在 20 世纪 90 年代末，凌沛学教授及其团队就已经开始对 HA 在食品领域的应用展开研究，并最终在全球开创了 HA 的口服应用。凌沛学教授带领中国海洋大学及山东大学博士团队对口服 HA 的吸收、降解、合成原理进行了系统研究，并在权威刊物发表论文及 PCT 专利，为 HA 用于普通食品扫清了技术障碍。口服 HA 在国外的应用已经有 20 年历史，早在 1999 年，凌沛学教授曾发表过一篇论文，论证了口服 HA 如何吸收。2003—2005 年，凌沛学教授及其团队还发表了一系列文章，有力说明了口服 HA 如何实现吸收、代谢和再分布。这为 HA 进入食品领域提供了理论基础。

2021 年 1 月 7 日，国家卫生健康委正式批准 HA 为新资源食品，现已扩大使用到乳及乳制品、饮料类、酒类、可可制品、巧克力和巧克力制品及糖果、冷冻饮品等。这让 HA 市场再次面临新的重大发展机遇。继医药、化妆品、医疗器械后，HA 正式进入"口服食品级时代"。

如今，HA 能被国家批准列入新资源食品，这是一个很大的进步，虽然比国外晚了 20 年，但这是未来的发展方向。因为口服 HA 相比外用 HA 是有独特优势的，可实时补充，外用是达不到作用的；如对关节进行注射，只是解决一个短期的问题，但需一年注射一个疗程，一个疗程要注射五支，而口服 HA 可以较好地解决这些问题。

国家未来还可能会批准更多类似的有功能的活性物质，将会形成一个产业，并在食品产业中分出一个功能食品的赛道。这是一个极富前景的发展方向，对中国的大健康事业非常有意义。但同时也需要广大科研人员、企业家们共同努力，还需要国家政策导向等方面的引导和配套，才能把这个产业持续发展壮大。

结　语

凌沛学教授及其团队在促进产学研合作、促进科技成果转化的道路坚持不断创新，不断努力，带领团队及企业突破产学研"最后一公里"，把论文写在祖国的大地上，实现了科研成果向实际生产力、优质生产力、新质生产力的跨越。

国际标准 ISO 22859 制定者
间充质干细胞技术领跑者
——圣释（北京）生物工程有限公司郭镭科技创新团队

生物技术是当前最具潜力和最富活力的科技领域之一，生物技术每前进一步，都将对人类的生命健康和社会的发展带来深远影响。

特别是以 hUC-MSCs 人脐带间充质干细胞为核心的生物技术和生命科学不断取得重大突破，对满足人类未被满足的健康需求，疾病治疗和健康维护提供了全新的生物技术，对高质量生命延长，实现身体健康、心智健康内心富有的意愿，带来了新的希望。

团队和带头人简介

圣释（北京）生物工程有限公司郭镭科技创新团队（以下简称团队）汇集众多国内国际标准专家、三级甲等医院临床专家、教授，致力于推动干细胞国际标准推进、干细胞再生医学技术和干细胞产学研用创新发展，推出数字孪生技术应用创新模式，解决人类未被满足的健康需求，实现全民身体健康、心智健康和内心富有的意愿。

为了实现这个伟大目标，成立以 hUC-MSCs 干细胞为核心的三个技术小组：国际标准技术工作小组、hUC-MSCs 干细胞多能矩阵表征研究小组、临床研究转化技术小组。国际标准技术工作小组成员池学锋、赵一萌、梁耀民等推进着国际标准新的立项和项目推进；hUC-MSCs 干细胞多能矩阵表征研究小组陶波、陈海旭在生物支架、组织工程、器官再造，以及 mRNA、EOX 外泌体和 Mitochondria 线粒体等领域深度和广度的研究；临床研究转化技术小组李艳萍、候昭娟、许彬将 19# 释胞儿®-UT 干细胞制剂用于"生殖器官功能障碍和生育力重塑"的干细胞临床研究阶段性成果。

团队带头人郭镭是圣释（北京）生物工程有限公司首席科学家，中国国家标准化管理委员会生物技术标准化专家咨询组专家，ISO/TC 276 国际标准化生物技术委员会注册专家，中国产学研干细胞标准转化平台理事长，曾任东京大学医学部附属病院临床外科教授，日本东京大学医学博士。在临床外科移植脏器免疫耐受诱导机理、肝脏再生、干细胞技术临床研发取得系列成果，主导制定国际标准 ISO 22859，发表 32 篇国际核心期刊文章。国际核心期刊综述文章介绍 ISO 22859 和郭镭主导干细胞临床研究项目 10 余篇。并获"美国临床医学移植协会青年研究学者大奖""日本学术振兴会临床医学特别研究学者大奖""加拿大 CIHR 临床医学特别研究学者大奖""中国产学研合作创新奖"等。

圣释（北京）生物工程有限公司首席科学家郭镭教授

历时 7 年，坚持不懈，主导制定 ISO 22859 国际标准

中国是人口大国，从生物资源来源来说将脐带从医疗废弃物转变成医疗新资源具有绝对的优势，随着生物科技的发展，人类面临着越来越尖锐的伦理难题。郭镭在选择脐带作为 hUC-MSCs 干细胞的来源时，从根本上解决了医学伦理与社会伦理问题，即将生物安全性、隐私保护、数据溯源和 hUC-MSCs 干细胞质量恒定性优先考虑的范畴；hUC-MSCs 干细胞技术的应用，以敬畏之心解决疑难危重杂症的适应症，以人为本将使用的尊严放在首位。所以，干细胞生物技术要想健康有序的发展，必须有一个标准。

团队从 2015 年开始代表中国开启了全球首个人脐带间充质干细胞国际标准的制定之路，为了拿下国际标准，让核心技术牢牢地掌握在中国人手里，郭镭教授和团队获得全球首创的各类生物技术自主知识产权，拥有了中国发明专利 ZL 2015 1 0920390.9、美国发明专利 US 11254915 B2、欧盟发明专利 EP3388512 等多项知识产权。

团队于 2015 年 10 月 30 日取得了在国际标准化组织生物技术委员会（ISO/TC 276）推进国际标准 ISO 22859 工作的里程碑，那年年会在日本东京国立癌症中心召开，会议期间各国专家进行多次沟通交流，hUC-MSCs 干细胞在研究和发展中长期处于命名、性质、身份、功能、分离方法和实验处理方面仍然存在大量模糊不清的地方，也未明确 hUC-MSCs 干细胞的多功能性的检测表征，制约了 hUC-MSCs 干细胞多功能性的研发，郭镭提出应从 hUC-MSCs 干细胞治疗疾病的九个生物特性、hUC-MSCs 干细胞数据溯源和数据分发、hUC-MSCs 干细胞多功能性检测矩阵表征来详尽描述，最终各国专家一致通过国际标准 ISO 22859 立项，并由中国专家郭镭主导制定，高度认同郭镭从临床医学维度、干细胞技术维度和移植免疫学技术维度来诠释 hUC-MSCs 干细胞的标准，以全新的视角来呈现 hUC-MSCs 干细胞多项功能检测的矩阵表征。

2018 年 6 月 12 日 ISO/TC 276 专家及中国市场监管总局领导齐聚中国产学研合作促进干细胞标准示范基地北京圣释园区，32 个成员国专家亲临北京圣释园区，参观考察 hUC-MSCs 圣胞儿®干细胞银行、圣胞儿®和释胞儿®工场、干细胞质量检测中心和圣释®数据银行。到访的德国专家 Martin 曾说道："非常欣赏 SCLnow® 圣释®，与我曾经就职的世界 500 强企业 SAP 公司一样，有着花园式的办公环境，人性化的管理模式，数据化的严格监管。"专家们高度认同 SCLnow® 圣释®将专利技术与标准的完美融合；惊叹 hUC-MSCs 干细胞数据孪生技术的领先性；赞赏 SCLnow® 圣释®为满足人类未被满足的健康需求提供了领先的 hUC-MSCs 干细胞生物技术。

ISO/TC 276 专家及中国市场监管总局领导齐聚北京圣释园区

标准之路一走就是 7 年，郭镭率团队参加 ISO/TC 276 的 27 次工作会议，1587 封邮件往来沟通，最终通过 32 个成员国投票通过，于 2022 年 7 月国际标准 ISO 22859 *Biotechnology-Biobanking-Requirements for human mesenchymal stromal cells derived from umbilical cord tissue*（《生物技术－生物样本保藏－人脐带间充质基质细胞保藏要求》）全球颁布，此项标准是郭镭率中国团队主导参与制定，他们也是产学研干细胞标准转换联盟平台的成员。国际标准 ISO 22859 填补了 hUC-MSCs 干细胞技术用于人类未被满足的健康所需的标准化生物技术，世界卫生组织（WHO）、世界贸易组织（WTO）、国际电工协会（IEC）、国际输血协会（ISBT）、国际细胞与基因治疗协会（ISCT）同时开始执行，登陆中国市场监管总局国家标准化委员会官网可直接获取国际标准 ISO 22859。

该标准将 hUC-MSCs 干细胞多项功能检测指标以矩阵详尽描述，成为全球未被满足健康功能需求生物技术的一把"金钥匙"，开启了 hUC-MSCs 干细胞制药和 hUC-MSCs 干细胞疗法的里程碑。国际标准 ISO 22859 详尽规范脐带收集，要求无伦理问题，供者信息数据加密、hUC-MSCs 干细胞命名、检测方法、分离模式、培养方法、特性鉴别、质量控制、数据分发信息溯源、运输、储存保藏、生物银行等均合规进行；明确 hUC-MSCs 干细胞九项细胞多能特性；公布了 hUC-MSCs 干细胞免疫调节的 44 种功能蛋白和旁分泌的 22 种功能蛋白；将 hUC-MSCs 中的间充质基质细胞和间充质干细胞予以区分，称为间充质干细胞的 hUC-MSCs，应具有跨胚层分化能力与干性功能蛋白等。

ISO 22859 国际标准颁布，证明中国 hUC-MSCs 人脐带间充质干细胞技术处于世界领先地位，让中国在世界干细胞再生医学与转换医学领域占领话语权与主动权。该标准从科学性、伦理、生物安全等方面，对 hUC-MSCs 人脐间充质干细胞进行定性与定量，为脐带来源的间充质干细胞储备、干细胞制药、临床研究及干细胞治疗，提供了科学、严谨的质量要求。构建了中国与全球干细胞领域共同发展的良好机制，意味着全球间充质干细胞治疗及细胞制药产业已进入高速发展阶段。

间充质干细胞技术领跑者

该标准为干细胞技术标准化、产业化、规模化的发展奠定了一个好的基础，但是要想真正实现临床应用，必须经过临床研究，团队参与十余项国家干细胞临床研究，其中团队与中南大学湘雅医院参与四项国家重大干细胞项目和国家干细胞临床研究项目：《19# 释胞儿®-CSD（人脐带间充质干细胞）治疗子宫创伤性愈合不良安全性和有效性的临床研究》《19# 释胞儿®-UT（人脐带间充质干细胞）治疗薄型子宫不孕症安全性和有效性的临床研究》《19# 释胞儿®-OA（人脐带间充质干细胞）治疗骨关节炎安全性和有效性的临床研究》《19# 释胞儿®-LC（人脐带间充质干细胞）治疗失代偿期乙型肝炎肝硬化安全性和有效性的临床研究》，在国家卫健委和药监局双备案批复下，严格遵循国家法律法规的监管，经过中南大学湘雅医院科学委员会和伦理委员会批准，分别在湘雅医院产科、生殖医学中心、运动医学科、感染科展开干细胞临床研究，取得阶段性成果。其中 2022 年 3 月 19# 释胞儿®-CSD 干细胞制剂在治疗子宫创伤性愈合不良方面取得阶段性成果，被国际核心期刊《卵巢研究杂志》重点介绍，同时在国际核心期刊《干细胞研究与治疗》发表阶段性成果 I/IIa 期安全有效。19# 释胞儿®-OA 干细胞制剂的骨关节炎干细胞临床研究项目也被国际核心期刊《骨科干细胞外科手术》重点推荐介绍。让干细胞技术成为继药物和手术之后，治疗多种人类疑难疾病的新的生物技术的可能性，造福全人类。

郭镭 1999—2003 年师从慕内雅敏，从东京大学医学博士晋升为东京大学医学部教授，慕内雅敏嫡传弟子，从中掌握并领悟全球领先的精准肝切除手术与肝移植免疫耐受技术精髓，练就了一手精准肝脏外科手术技艺，被慕内雅敏称为"外科手术金手指"，在其导师的影响下进行干细胞与再生医学技术深度研究。慕内雅敏教授于 1993 年开创了首例成人活体肝移植手术的纪录，肝移植手术是腹部外科最为复杂精细的手术之一，其中难度最高、风险也最大的，要属成人活体肝移植。深受慕内雅敏影响，30 多年来，郭镭做了 20 多例肝脏移植手术，及上千例肿瘤切除手术，其中不乏全球首例 24 厘米巨大肝脏肿瘤切除手术、30 多例 15 厘米以上巨大肝脏肿瘤切除手术这样的高难度代表作。郭镭说，自己年轻时特别喜欢挑战有难度的手术，不过现在，他最大的愿望，是能少做甚至不做手术——不是放弃外科医生这个职业，只是手术越少说明病患越少。更重要的是，他希望能找到一种不用做手术，就能治愈肝脏疾病的方法。随着国际标准 ISO 22859 的颁布，郭镭离实现自己的心愿越来越近，用安全、简单、可重复的临床操作实现少做手术或不做手术也可以达到疾病治愈效果。

2019 年突如其来的新冠病毒席卷全球，新冠之后的长新冠成为难治愈后遗症，长新冠得不到治愈，可能诱发其他疾病，如患阿尔茨海默病和痴呆症的风险增高，以及易患生殖系统疾病、心血管疾病、呼吸道疾病、肺和免疫系统疾病等。郭镭与团队研发推出 hUC-MSCs 干细胞技术用于治疗长新冠后对人体细胞水平的修复，hUC-MSCs 干细胞修复，恢复或降低作用机理，修复受损的细胞功能（肺、呼吸道黏膜细胞、心肌细胞等），阻止病情慢性迁延；恢复机体免疫平衡状态；降低重复感染概率。推出释胞儿®Recovery 修复、恢复、降低干细胞制剂，从根本上解决了长新冠后遗症。创新团队目前还有更多的疑难危重杂症在干细胞技术临床研究的道路上，参与在 Clinical Trails.gov 登记注册的 12 种释胞儿® 干细胞制剂针对不同适应症的临床研究。

曾经，我们对于一些难以治愈的疾病感到无助，现有疗法的局限性束缚着我们的思维，使无数需求者陷入绝望的境地。随着 hUC-MSCs 干细胞技术临床研究成果不断出新，并表现出令人叹为观止的卓越效果，郭镭教授和团队将 hUC-MSCs 干细胞技术与循证医学数据结合形成数据孪生医疗应用技术，运用数据化客观诊断、主观评价和荟萃分析，带领圣释团队打造一个有价值、有社会责任感、有全球效应、能盈利创收、有品牌文化精神的全新的生物技术；同时确保人类未被满足的健康需求和无治疗手段的疾病数据的客观性、严谨性、科学性，进而为真正实现人类身体健康、心智健康、内心富有的终极愿景而不懈努力，书写再生医学更加辉煌的新篇章！

攻克永磁电机系统技术
为高端装备打造强大"中国心"

——湖南大学黄守道科技创新团队

永磁电机系统广泛应用于国民经济各领域，已经成为能源、电力、交通、国防等重要领域不可或缺的基础性装备和衡量国家科技创新及高端制造业水平的重要标志。自20世纪末开始，湖南大学黄守道科技创新团队（以下简称团队）持续从事永磁电机系统技术与装备研发，建立了多个电机装备国家、国防科技研发平台，突破了多项大型永磁电机系统关键技术，与产学研合作单位协同研制系列高性能永磁风力发电机和特种车辆驱动电机，并实现产业化推广应用。团队见证了中国风力发电和特种车辆电力驱动从蹒跚起步到蓬勃兴盛的发展历程，也书写了中国风力发电和特种车辆电力驱动产学研用协同创新应用的成功案例。

团队和带头人简介

团队经过20多年，从最初4名教师、两三名研究生，发展到现在的师生总人数接近250人，汇聚了享受国务院政府特殊津贴专家、国家重点研发计划首席科学家、"长江学者"讲席教授和国家优秀青年科学基金（海外）获得者等一批高层次人才。

团队已成为湖南大学电气与信息工程学院主要人才基础和技术力量。团队长期致力于永磁电机系统的基础理论、关键技术及工程应用研究，在风力发电、电力驱动等领域取得系列创新成果，为推动我国风力发电产业发展和高端装备驱动系统升级换代做出重要贡献。团队构建了永磁电机系统"装备研制—安全服役—能效提升"关键技术体系，攻克了大型永磁电机强振动抑制、低速大转矩启动、宽转速高效运行、全工况匹配与优化控制等关键核心技术难题，研制出系列产品并实现了规模化产业应用。近年来，团队承担国家及省部级科研项目50多项，获授权国家发明专利130多件，获"国家技术发明奖"二等奖1项、"国家科学技术进步奖"二等奖4项、"国家科学技术进步奖"创新团队奖1项和省部级、行业科技进步一等奖10余项，"高等教育国家级教学成果奖"二等奖2项。

团队带头人黄守道，1962年10月生，中共党员，湖南大学二级教授、博士生导师，享受国务院政府特殊津贴专家，中国电工技术学会会士，国家重点研发计划首席科学家。现任海上风力发电装备与风能高效利用全国重点实验室主任，兼任中国电工技术学会常务理事、中国能源研究会源网储协调运行与控制专业委员会副主任委员、中国电机工程学会海上风电技术专业委员会委员、湖南电工技术学会理事长、湖南省可再生能源学会会长等。获评湖南省"教书育人"楷模、湖南省"优秀研究生导师"等荣誉称号。

黄守道教授

心怀"国之大者"，勇担电机创新使命

大力开发以风能为代表的可再生能源是我国长期重要的能源战略。但直到2000年，我国风电机组进口占比仍超过90%，仅能小批量生产600千瓦增速型风电机组。

大型永磁风力发电机传动简单、可靠性高，能提高风能利用率，降低造价和并网成本，是20世纪末世界风电大力推崇的新技术（第三代）。在"国家需要"的使命感驱动下，从1998年开始，团队瞄准大型永磁风力发电机这一技术前沿，奋力攻关。团队先后联合湘电股份、中车株洲电机有限公司、金风科技股份有限公司、电气风电、华电电力科学研究院有限公司、中机国际工程设计研究院有限责任公司、株洲时代新材料科技股份有限公司（以下简称时代新材）等企业组建了紧密合作的产学研用团队，历经20多年，攻克了大型永磁风力发电机强振动抑制、低风速启动、宽风域高效运行、强容错设计与运行、故障准确快速预警等关键技术，在大型风力发电装备

自主研制、安全服役和能效提升等方面取得了系统性创新成果，研制出涵盖1兆瓦级到10兆瓦级的系列化低速高效直驱永磁风力发电机和系列化模块化高可靠半直驱永磁风力发电机。技术创新成果在全球20多个国家4万多台套风电机组上应用，为我国风力发电技术与装备大型化发展做出突出贡献。

2019年，由团队牵头，中车株洲电机有限公司、湘电风能、金风科技等企业共同完成的"大型低速高效直驱永磁风力发电机关键技术及应用"项目获"国家技术发明奖"二等奖。2024年，由团队牵头，中车株洲电机有限公司、金风科技、华电电力科学研究院有限公司、明阳智能等企业共同完成的"超大容量风电能量转换系统的高性能服役关键技术及应用"项目获2023年"国家科学技术进步奖"二等奖。

系列化永磁风力发电机

团队面向国家节能减排和科技强军战略需要，突破了水泵机组全工况匹配与优化控制技术，产学研协同研制出系列化高效永磁电机控制系统，广泛应用于湖南、湖北、广东等省大中型泵站。与北京四方利水、湘电集团等企业共同完成的"大型水电站泵站高效运行优化控制与成套自动化装置及其工程应用"项目获2009年"国家科学技术进步奖"二等奖。团队突破了复杂工况、超宽转速条件下驱动系统高效运行控制关键技术，产学研协同研制出的系列化特种车辆永磁电力驱动系统，被列入我国某装备型号研制任务，有力推动我国特种车辆驱动系统升级换代。由团队牵头，与湖南湘电动力有限公司、株洲中车特种装备科技有限公司、中国北方车辆研究所等企业共同完成的"特种车辆永磁电驱动系统关键技术及应用"项目获2020年"湖南省科学技术进步奖"一等奖。

"矢志一流"不渝，搭建科研创新平台

20多年来，黄守道教授先后担任学院副院长、党委书记，作为学院领导班子主要负责人和电气学科电机方向学术带头人，持续为学院科研平台建设、学科发展贡献力量。

在民用领域，团队作为核心技术力量、黄守道教授作为实验室主任，与哈电风能

有限公司、湘电股份共同建设"海上风力发电装备与风能高效利用全国重点实验室"，面向风力发电超大型化、深远海化发展需求，凝练海上风电装备设计制造、风电机组群安全服役和风能高效利用三大研究方向，打造风电领域国际一流科技力量。团队牵头建设并获批国家能源局"国家能源大规模储能技术装备及应用研发中心"（"赛马争先"），致力于推动国家新能源装备技术进步和产业发展。在国防领域，团队牵头创建国家国防科工局"电力驱动与伺服技术国防重点学科实验室"，助推特种电机领域军民融合技术的深度发展。

由团队牵头，获批国家重点研发计划项目、国家自然科学基金重点项目、国家科技支撑计划项目、国家国际科技合作重点专项等国家重大重点项目12项。其中，"重大复杂机电系统服役质量检测及维护质量控制技术研究（2016YFF0203400）"项目获首批国家重点研发计划立项支持，并在之后的绩效评估中被科技部评为优秀，于2022年获国家重点研发计划项目"风电机群服役全周期质量评估与调控技术研究（2022YFF0608700）"滚动支持。

系列国家重大重点项目，获国家级、省部级科技奖励20项，助力湖南大学电气工程入选国家"双一流"建设学科，进入"世界一流学科"建设行列。

甘做"铺路磐石"，培养高水平创新人才

团队依托高水平研究型大学，努力发挥国家科研平台作为技术原始创新策源地的作用，积极调动行业龙头企业、一流院校与科研机构等产学研深度交叉融合，以解决国家重大重点项目需求为导向，从科技创新决策、研发、组织、成果转化全链条培养高水平创新人才。

团队与湘电股份、中车株洲电机有限公司、湖南航天有限责任公司分别在风力发电、高性能电机系统、航天电气装备方向上建设三个科教融合研究生培养基地，深度推动产学研协调育人。与华中科技大学、中车株洲电机有限公司、湘电股份、中国能源建设集团有限公司共同建设长江教育创新带"干热岩能量利用和热电转换关键技术人才培养与科技创新合作体"，积极探索跨区域产学研协同育人新模式。

团队成员一直坚持在一线承担教学和研究生培养工作，开设了电机设计、电机控制、现代电机系统分析、新能源发电专论、电磁场工程应用、电机学等课程。团队成员作为主讲之一开设的"电磁场工程应用""电机学"等课程入选首批国家级一流本科课程。

黄守道教授始终认为，对于电气工程专业的学生，不管是本科生的培养，还是硕士、博士研究生的培养，都需要工程的背景，需要理论联系实际，培养学生从实际工

程中学会发现问题、解决问题的能力。在黄守道教授的带领下，团队对于本科生的培养教学，积极倡导让"每个学生都带着问题来学习"；对于硕士生、博士生的培养，鼓励学生积极参与国家、企业科研项目，在科学实践中育人，在技术创新实战中成才。团队根据每位学生研究方向及工程领域来设置课程计划与实验设计，注重理论创新和技术应用创新的有机结合。截至2022年年底，团队累计培养硕士、博士500多人，很多毕业生成为中国兵器工业集团、中国中车集团、英飞凌科技公司等世界五百强企业的顶尖人才，其中包括国家重大需求背景装备型号总师、国家领军企业高管、国际芯片龙头企业大中华区高管等。

2022年，团队成员主要参与完成的"'双核贯通'的高质量复合型电气信息类创新人才培养体系改革与实践"项目获"高等教育国家级教学成果奖"二等奖。2023年，黄守道教授获评湖南省"教书育人"楷模。

争做"开路先锋"，锚定前沿科技一路向前

我国海岸线总长1.8万多千米，海上风资源极其丰富，其中深远海风能储量达1268吉瓦，占比超过60%（按照国际通用惯例及实际工程经验，一般认为水深大于50米为深海风电，场区中心离岸距离大于70千米为远海风电）。

相比固定式风电，海上漂浮式风电具有海域适用范围广、对海底地质条件限制少等优势，已逐渐成为深远海风电开发的首选技术路线。但现阶段海上漂浮式风电建设成本高，亟须开发20兆瓦级经济型漂浮式风电机组。

自2021年开始，团队牵头组建了由湖南大学、华中科技大学、哈电风能（原湘电风能）、山东中能华源海上风电集团有限公司等单位构成的产学研攻关团队，设计了VX型双叶轮结构，提出了具有风能利用系数高、重心可调、轻量化与低成本等特点的20兆瓦级深远海漂浮式新型风电机组技术方案。2022年，提出的技术方案获国家重点研发计划项目立项支持。

"十一五"期间，团队与湘电股份等企业共同获批了国家"十一五"科技支撑计划重大项目"1.5兆瓦以上直驱式风电机组永磁发电机的研制与产业（2006BAA16）"和湖南省科技重大专项"2兆瓦级以上风力发电机组和关键部件的研制及产业（2006GK1002）"，率先开始2兆瓦、5兆瓦永磁风力发电机的产学研协同研制。"十三五"期间，团队与电气风电、中车株洲电机有限公司等企业共同获批国家重点研发计划项目"面向深远海的大功率海上风电机组及关键部件设计研发（2019YFB1503702）"，率先开始10兆瓦级永磁风力发电机的产学研协同研制。"十四五"期间，团队与哈电风能有限公司、中国科学院力学研究所等单位共

同获批国家重点研发计划项目"20兆瓦级海上新型风力发电实现机理及关键技术（2022YFB4201500）"，率先开始20兆瓦级永磁风力发电机组的产学研协同研制。20多年来，团队一直走在永磁风力发电机大型化科技发展最前沿。

由于20兆瓦级漂浮式风电机组的结构在形式上产生了显著变化，加之新型材料的应用，将无法沿用团队原有的兆瓦级、10兆瓦级永磁风力发电机的技术逻辑和技术路线。未来，团队只有通过底层技术革新，才能走出一条风机大型化的崭新之路。

除了风力发电领域，在电力驱动领域，团队也在锚定前沿科技。2022年，团队牵头获批国家重点研发计划项目"非道路车辆高效大功率无动力中断电驱动传动系统关键技术（2022YFB3403200）"，面向百吨级非道路车辆大功率电驱动传动系统在高效、高功率密度、无动力中断方面的需求，研制高性能、高功率密度非道路车辆大功率无动力中断电驱动传动系统，推动非道路车辆高效大功率电驱动传动系统产业化。

结 语

能源攸关国计民生，特种装备关乎国家安全，永磁电机系统是新能源发电装备和特种车辆装备的"动力心脏"。团队服务于国家高端装备动力系统升级换代，针对风力发电、特种车辆等领域对高性能大型永磁风力发电机系统的迫切需求，将在大型永磁风力发电和特种车辆电力驱动系统技术与装备研发上继续深入，努力建设好海风全国重点实验室、电力驱动国防重点学科实验室等重大科研平台，在永磁电机系统方向上建设打造一支国际一流的科技力量。

聚焦老年共病　助力"健康中国"建设

——解放军总医院曹丰科技创新团队

据国家统计局数据，2023年年末我国60岁及以上的人口达2.97亿，占比21.1%，65岁及以上人口为2.17亿，占比15.4%。解放军总医院曹丰科技创新团队（解放军总医院老年诊疗防控创新团队）（以下简称团队）积极响应人口老龄化国家战略，聚焦老年共病机制与防控。目前拥有国家重点学科、国家临床医学研究中心、国家临床重点专科（军队建设项目）、北京市及全军重点实验室、全军保健人员培训基地"五位一体"老年医学优势学科群，建成了布局合理、专业齐备的人才梯队，为我国老龄化社会养老提供解决方案，助力"健康中国"战略实施。

团队和带头人简介

解放军总医院基于60余年老年医学的发展，于2016年7月获科技部、国家卫生健康委、军委后勤保障部和原食品药品监督管理总局批准建设第三批国家老年疾病临床医学研究中心（以下简称研究中心）。解放军总医院自1962年成立老年病房（南楼）以来，经过几代人付出的心血和汗水，逐步发展成为全国最早、专科最全、规模最大的老年疾病科教研基地。

目前拥有国家重点学科、国家临床医学研究中心、国家临床重点专科（军队建设项目）、北京市及全军重点实验室、全军保健人员培训基地"五位一体"老年医学优势学科群。

建成了布局合理、专业齐备的人才梯队，覆盖老年心内科、呼吸科、神经内科等22个老年医学亚专科及生物信息、统计和流行病学等领域。其中获国家"杰出青年科学基金"6人，军队"国防科技卓越青年科学基金"3人，"全国优秀科技工作者"2人，国家"百千万人才工程"5人，北京市"青年科技新星"15人，H指数大于20的学者23人。

近五年先后牵头5项"主动健康与老龄化科技应对"重点研发计划，获批各级课题399项，累计经费8.07亿元。共发表学术论文2569篇，其中SCI论文1513篇，影响因子10分以上的论文81篇，授权国家发明专利84项。获"国家科学技术进步奖"一等奖1项、二等奖3项，"军队科学技术进步奖"一等奖7项、二等奖9项。在科技部的运行绩效评估中，为全国6家老年疾病临床医学研究中心唯一优秀单位。

团队首席专家范利教授，为国家老年疾病临床医学研究中心（解放军总医院）名誉主任，中国老年医学学会会长，《中华保健医学杂志》《中华老年多器官疾病杂志》主编。她从事老年心血管专业及医疗保健工作50余年，享受国务院政府特殊津贴，荣获"国家科学技术进步奖"二等奖2项，军队医疗及科技成果一、二等奖4项，共发表论文400余篇，主编国家级培训教材5部，心血管专著15部，科普书籍18部。

范利教授

团队带头人曹丰教授，为国家老年疾病临床医学研究中心（解放军总医院）主任，中国老年医学学会副会长；国家杰出青年、全军科技创新领军人才、"百千万人才工程"国家级人选、全国优秀科技工作者，科技部重点专项首席科学家。她长期从事老年心血管疾病诊疗及基础临床研究，牵头6项多中心临床研究，以通信作者发表SCI收录论文145篇，承担国家重点项目等19项资助，获"国家科学技术进步奖"一等奖等16项学术奖项。

曹丰教授

牵头发布老年疾病专家指南，筛选老年共病生物标记物

解放军总医院老年诊疗防控创新团队多年来牵头发布老年疾病相关专家共识、指

南 30 部。其中《感染诱发的老年多器官功能障碍综合征诊断与治疗中国指南 2019》率先提出了适合我国老年人群特点的 i-MODSE（老年多器官功能障碍综合征）的诊断标准、风险评估、处理原则及预后指导意见，是迄今为止首个系统阐述 i-MODSE 诊疗全过程的指导性指南；《中国老年高血压管理指南（2019）》特色鲜明、紧密结合临床，尤其适合我国老年高血压患者，系国内首部针对老年高血压防治的指导性文件，后发布进一步优化老年高血压管理策略的《中国老年高血压管理指南 2023》；《中国老年 2 型糖尿病防治临床指南（2022 年版）》汇总了国内外老年糖尿病相关指南和研究信息，旨在进一步优化老年糖尿病防治理念，促进规范化预防、诊疗临床措施的实施，不断提高老年糖尿病总体管理水平。

此外，团队通过表观遗传、宏基因组等多组学研究，探索了老年共病的交互作用机制和关键分子，筛选 31 个老年共病相关生物标记物，为疾病诊治提供新靶点。其中发现抗肿瘤效应的环状 RNA 可减轻蒽环类药物化疗心肌毒性，该环状 RNA 既增强抑制肿瘤的能力，又同时降低了化疗心脏毒性（*Circulation Research, 2020*）。发现老年钙化性主动脉瓣疾病全新治疗靶点，揭示了 DUSP26 在主动脉瓣钙化中的关键作用及其上、下游调控机制，证实了抑制或沉默 DUSP26 是减缓主动脉瓣钙化进展的有效策略（*Eur Heart J, 2021*），并获美国哈佛大学医学院心瓣膜疾病领域权威专家 Elena Aikawa 同期述评。

率先开展老年衰弱研究，为诊断肌少症提供依据

团队在国内率先开展了衰弱评估手段和危险因素的研究，发现 EWGSOP2（欧洲工作组老年人肌少症的第二版诊断标准）诊断标准和 AWGS（亚洲肌肉减少症工作组）诊断标准对肌少症的诊断均有很好的一致性，为建立适用于我国的肌少症诊断标准提供了依据。在危险因素方面，比较了人体成分与慢病数量的关系和高龄男性肌少症患者的活动能力与下肢肌肉质量和肌力的相关性，为制定以提示维持下肢肌肉量和核心肌群的锻炼措施奠定了基础。团队首先对近年来国内外老年人衰弱的运动干预研究进行探讨，结合在人群中接受度非常高的中国传统锻炼方式"太极"进行研究，结果揭示了长期练习太极拳在防止肌肉力量随年龄增长而减少方面的有益作用。

发布老年共病调查报告，构建协同创新网络

解放军总医院老年诊疗防控创新团队针对老年患者共病多、多重用药等特点，由解放军总医院牵头，联合 4 家协同网络单位，对近 10 年老年住院患者 37 万余人进

行了流行病学调查，发现恶性肿瘤、高血压、缺血性心肌病、糖尿病和脑血管疾病是老年住院患者的前五位疾病，老年共病的比例达91.36%，发布了《中国老年疾病临床多中心报告（2008—2017）》，提出我国近10年老年住院患者入院疾病谱。这一发现为明确我国老年患者疾病谱变化和多重用药情况提供了重要参考依据，也为下一步制定相关政策、指南提供了科学依据。该报告发表在《中华老年多器官疾病杂志》上。

团队积极构建覆盖全国的协同创新网络体，在全国范围内遴选27家分中心，并分批次择优纳入了376家协同网络单位，覆盖全国31个省（自治区、直辖市）和新疆生产建设兵团。构建"中心—分中心—协同网络单位"的三级协同网络体系，为产学研合作和多中心临床研究提供了有力保障。定期开展"基层老年医护万里行活动"，组织100余位医疗专家先后赴河北唐山、四川成都、宁夏固原、广西北海、贵州遵义、江西赣州瑞金等8省11市，通过大型义诊、专题授课、教学查房、典型病例研讨等方式发挥帮带责任，累计培训当地基层单位医疗骨干2000余人，受益老年人数达3万余人。定期举办多学科疑难病例讨论、青年学术沙龙、读书报告会、老年共病学术沙龙、创新工作坊、"宣标贯标指南解读"等线上学术培训活动，累计举办139场次，参会人次达13.6万。

研究中心通过医院官方网站和微信公众号建立科普宣教专栏，组织青委会制订科普文章宣传推广计划，在研究中心、解放军总医院、大医精诚、科普中国等微信公众号推送老年疾病相关科普文章2000余篇，阅读点击量累计超2000万次，其中单篇阅读点击量最高达37万余次。编撰出版《关爱老人系列丛书》等10部科普图书。于2020年获科技部、中央宣传部、中国科协授予的"全国科普工作先进集体"称号，成为唯一获此荣誉的国家老年疾病临床医学研究中心。

首届《全国老年人能力评估师—师资培训班》开幕式授课专家与学员合影留念

聚焦老龄化社会特点，积极提供解决方案

解放军总医院老年诊疗防控创新团队致力于解决我国老龄化社会共性问题与难点，积极提供解决方案，产生了一系列成绩与成果，以下三方面具有代表性。

聚焦老年共病机制与防控，创新医工交叉新应用，打造共病诊疗新技术。建立老年冠心病早期筛查和预警平台：结合冠脉功能学的无创 CT-FFR 建立该平台，同时建设冠心病的诊断、治疗方案及治疗后效果精准评估的流程体系，推动优化老年冠心病介入诊治流程及疾病治疗策略。通过对无创冠脉 MRA 针对冠脉的近段或者中段进行评估，无电离辐射，且无须注射对比剂，构建更加适用于老年人慢性肾功能不全等高危患者安全合理的冠心病筛查普查、深度检查及精准治疗。

基于老年冠脉 CTA 的斑块结构、性质特征和血流储备功能变化，结合临床数据预测心血管不良事件，决定强化药物或介入治疗。通过转录组、蛋白质组和代谢组学技术筛选在斑块进展及破裂中的关键分子标志物，并研发靶向多功能纳米探针；基于多模态分子影像平台从活体水平揭示血管衰老、动脉斑块进展等分子机制，实现了对冠脉斑块进展及破裂的关键分子事件的在体评估，预警易损斑块的发生、发展。

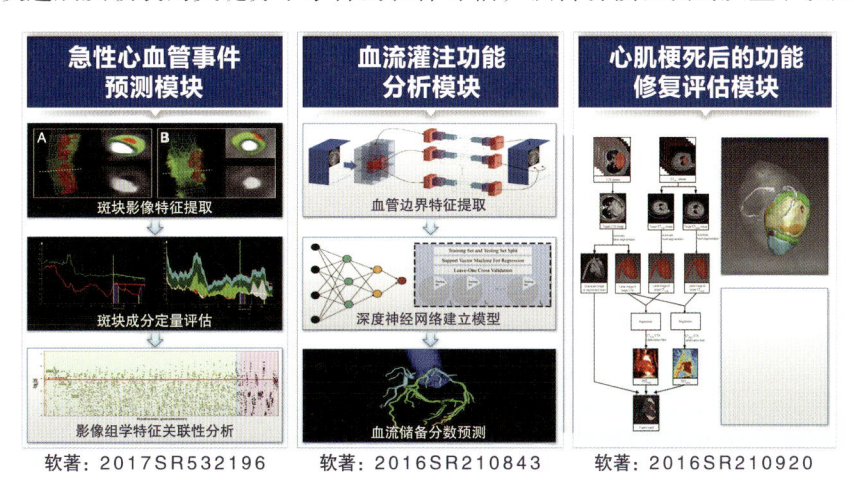

团队针对老年心血管疾病开发设计的预警模型获软著认证

构建老年慢病预测模型：在血管衰老方面，通过头颅 MRA 图像，对 9 条脑血管（右侧颈内动脉、左侧颈内动脉、基底动脉、右侧大脑前动脉、左侧大脑前动脉、右侧大脑中动脉、左侧大脑中动脉、右侧大脑后动脉和左侧大脑后动脉）进行自动化分割，建立脑血管拓扑图模型，定位与提取脑动脉进行三维血管拉直，自动化分析血管的形态学指标，包括脑动脉密度、长度、迂曲度和狭窄分数。基于机器学习算法，尝试构建并验证老年人糖尿病合并冠心病、慢性心血管疾病患者阿司匹林耐药情况、阻塞性睡眠呼吸暂停和认知障碍等疾病的预测模型，以期早期发现、早期干预和早期预防。

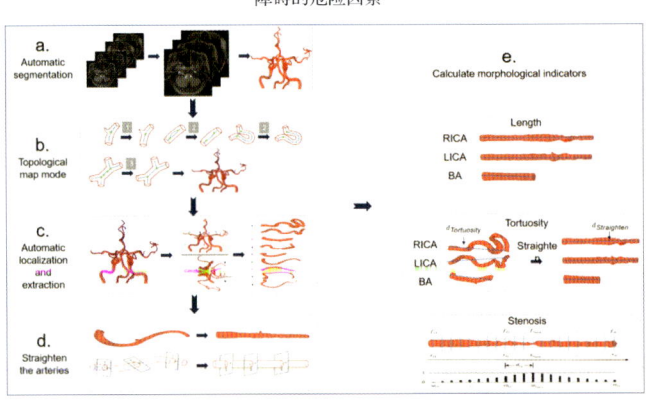

脑动脉影像狭窄评分预测轻度认知障碍（IPCA）窄和影像组学评分增大是认知障碍的危险因素

脑动脉形态学指标AI分析

范利 曹丰 徐贤 杨戈 等. Front. Aging Neurosci. 2023 Feb 3:15:1121152.
ZL 202210326598.8; ZL 202210326060.7; ZL 202210327216.3

团队针对国家老年医学科建设需求，成功申报国家级继续教育项目，建立老年医学专家库，对各级医疗机构的老年科医师开展继续教育培训，组织编写临床实践技能培训教材。累计已举办"老年综合评估技能高级研修班"3期、"老年医学临床实践技能高级研修班"5期。线上+线下累计培训2.06万人次。有效推进全国各层级医疗机构的人才培养和老年医学科同质化建设。

结 语

范利教授、曹丰教授带领团队成员和研究生秉承着"忠诚保健甘于奉献，精益求精勇攀高峰"的南楼精神，以践行"积极应对人口老龄化"国家战略为出发点，砥砺前行，持续推进完善国家老年疾病临床医学研究中心运行管理、平台建设等各项工作，不断地利用科技创新带动高质量发展，通过覆盖全国的三级协同网络体系将适宜技术深度下沉辐射，着力推动老年医学科同质化建设，以实际行动落实健康中国战略。

厚植人民情怀—15次老年医护基层万里行
共培训帮带2000余名老年专科医护骨干，义诊1200余名老年患者

"老年医护基层万里行"系列活动

技术创新引领电气行业智能化转型
智能用电赋能千行百业高质量发展

——盛隆电气集团有限公司谢洪潮科技创新团队

自2020年我国提出碳达峰、碳中和目标以来，各行各业正逐步迈入以"绿色""低碳""生态"等为理念的技术创新和产业转型之路。电力行业作为国民经济发展的命脉和重要支柱产业，其智能化转型亦是大势所趋。盛隆电气集团有限公司（以下简称盛隆电气）谢洪潮科技创新团队（以下简称团队）深耕智能电网及智慧能源管理领域，坚持自主创新，先后与清华大学、中国电科院、武汉科技大学等单位建立科研项目合作关系，开展关键性技术和前沿引领技术研究，最终在智能设备、智能电网及智慧能源管理等方面取得突破并加以推广和应用，引领传统配用电行业从"功能化时代"向"智能化时代"转型升级。

以科技创新为引擎为企业高质量发展注入新动能的同时，团队不断深化产学研融合，提出"让一度电创造更多GDP，智能用电使幸福生活更幸福，智慧能源使美丽中国更美丽"的目标和愿景，并以创新成果和应用实践服务社会，赋能千行百业，产生了良好的经济效益和社会价值，为构建安全、可靠、绿色、高效的智能电网和智慧城市建设提供了可借鉴、可持续的配用电解决方案。

团队和带头人简介

盛隆电气始终坚持引进有重大学术影响的拔尖人才和高水平的科研骨干，最终形成了一支学历结构、职称结构、年龄结构合理的高水平研发团队。其中，"iPanel 智能品牌柜"及"iDrip 智慧物联网系统"两款新产品研发团队，以谢洪潮博士为带头人，有成员 40 人，其中博士占 30%，研究生占 35%，本科及以上占 35%，平均年龄 36 岁。团队中有 12 人拥有高级职称，28 人拥有中级职称。

团队带头人谢洪潮，毕业于清华大学，工学博士学位，现任盛隆电气集团有限公司总裁。他从事电力智能化研究多年，参与研发的项目累计获专利 30 项、计算机软件著作权 40 项，所主持开发的具有自主知识产权的智能化产品，被广泛用于海内外重点项目。2014 年，谢洪潮获得第七批"3551 光谷人才计划"创新人才奖，并入选湖北省委组织部、湖北省经济和信息化委员会重大人才工程"123 企业家培育计划"；2016 年，他被湖北省委组织部、省教育厅评为产业教授；2019 年，当选教育部冶金自动化工程研究中心技术委员会委员。

盛隆电气总裁谢洪潮博士

自主研发 iPanel 智能品牌柜，打破国际品牌长期垄断

在 20 多年前的电力功能化时代，西门子股份公司、施耐德电气有限公司、阿西布朗勃法瑞公司（ABB）等欧洲电气行业巨头，凭借工业化领先的优势，基本占据我国中高端电气设备市场，而众多如盛隆电气一样的国内企业只能成为三大品牌在中国的"代工厂"。

"早在 2010 年，我们便从用户反馈和市场环境变化中发现，世界配用电领域正从以电力保护技术为代表的功能化时代，走向电力技术与数字化技术、互联网技术相融合的智能化时代，便开始了相应的研发工作。"团队领头人谢洪潮博士说。历经多年的探索与研究，团队在智能设备及智能电网方面取得了一系列具有自主知识产权的核心技术成果。2016 年，团队研发出市场上第一款具有自主知识产权的 iPanel 智能品牌柜，拥有 100 余项专利和软件著作权，推动相关国家标准的制定，打破了国际品牌对中国高端市场的长期垄断。

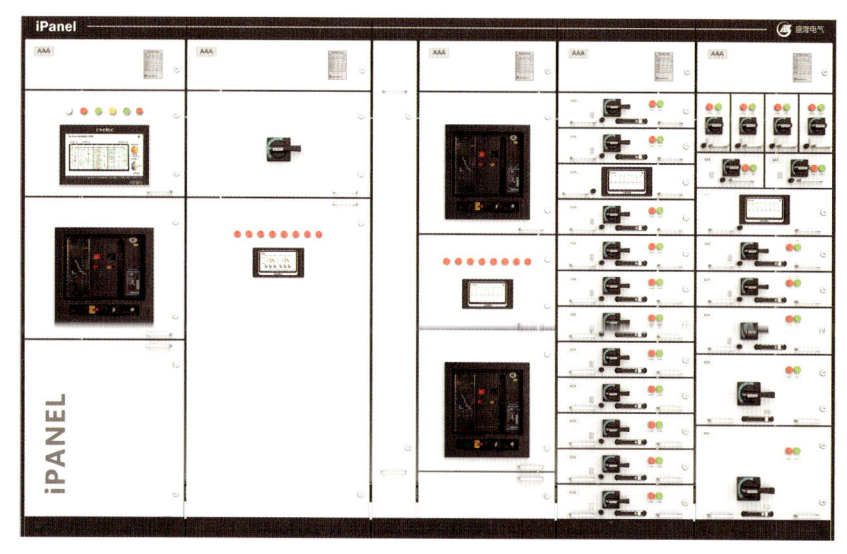

iPanel 智能品牌柜示意图

相比于传统配电柜，团队开发的 iPanel 在安全性方面大大提升，不仅垂直母线额定短时耐受电流、抗故障内部燃弧两项关键参数达到行业最高水平，而且其智能主控系统、智能母排预警和程序化一键操作三项关键技术也居于行业领先地位。

iPanel 的问世，彻底改变了传统配电设备的黑匣子运行状态，使其能够对配电网络进行集中监控和管理，实现了配电设备的数字化、智能化的运行管理，提高了电力运行可靠度，大幅减少运维人力成本。

iPanel 智能品牌柜的智能主控系统示意图

2023 年 8 月，团队研发的新一代 iPanel 智能主控系统 4.0 上市。新系统在保留原有回路实时监测、报警等实用性功能基础上，增加了整体运行状态分析、变压器运行状态分析、断路器监测分析、数据分析四大功能，实现了对关键运行参数的数据分析，帮助用户对负荷进行更精准的预测，同时进行更有效的能源管理。iPanel 智能品牌柜在比亚迪集团、中央直属机关、北京大学、海口美兰国际机场及尼日尔女子学院、缅甸时代广场等海内外项目中应用，展示了其优异的产品性能及智能化技术水平，创造了良好的经济效益和社会效益，深受客户的好评。

迄今，团队已获得专利、软件著作权200余项，并参与制定多项国家、行业及团体标准。2020年，盛隆电气作为主要单位参与起草的国家GB/T7251.8-2020（智能型成套设备通用技术要求）发布。

从智能电力到智慧能源，推动传统产业改造升级

iDrip智慧物联网系统是由谢洪潮团队自主研发的又一项创新成果。该系统涵盖智慧电力系统、智慧能源系统、智慧环境安防楼控系统、智慧运维及物业管理系统、智慧运营管理系统5大系统，以及用电、用水、用气、照明、空调等28个子系统，将强电弱电统一在同一个系统平台，通过强弱电联动，实现电力、能源、楼控等基础设施的智能化和数字化转型，帮助用户提高运行安全和效率，节能降耗。

2023年5月开始试运行的国家科技传播中心采用了iDrip智慧物联网系统，团队将BIM数字孪生技术应用在建筑建设过程中，为这项国家重点工程打造了集物联技术、综合能源管理、能源优化算法、大数据分析、人工智能等20多项核心技术于一体的元宇宙建筑智慧运维平台，成为一大创新亮点。

元宇宙建筑智慧运维平台是团队最新的研发成果，与传统智慧楼宇系统相比，更加安全可靠、更加智能化，能够实现降低70%的运行故障率和50%的运维成本，有效节能15%以上。该系统的核心价值在于让一个静态的建筑也能变得有生命、有色彩，赋予其皮肤、骨骼、器官，使其拥有完善的感知系统、神经系统、动力系统、大脑系统。该平台通过楼宇中上万个物联传感器实现秒级数据上传，突破传统楼宇自控方式，在负荷预测模型、机器学习智慧运行算法的基础上，实现自动感知、AI调控场景，守护建筑的"出生""长大"，实现了建筑全生命周期的数字化、智能化管理。

元宇宙建筑智慧运维平台的成功使用，使得国家科技传播中心项目荣获2022年湖北省大数据十大优秀应用案例，并在今年入围工业和信息化部信息技术应用创新解决方案。

深化产学研合作模式，开辟智能用电新领域

1993年，盛隆电气落户武汉东湖新技术开发区的关东科技工业园，公司与清华大学、北京大学、西安交通大学、中国科学院电工研究所、华中科技大学、湖北工业

大学等多所高校建立了长期的产学研合作关系，为团队的发展提供了肥沃的土壤。

2015年，盛隆电气创建湖北省用户端智能配电自动化工程技术研究中心，团队从高校引进多位专家学者，在智能配用电领域的数十个重大科技项目中展开合作。迄今，研究中心已获得发明专利7项，实用新型专利8项，计算机软件著作权13项。

此后，在中关村管委会的支持下，盛隆电气和清华大学智中能源互联网研究院等单位发起成立了中关村智能电力联盟，开展产学研深度合作，探索国内外智能电力科学健康发展模式，共同推动中国智能电力技术创新和发展。

团队积极参与国家能源局关于能源互联网产业政策的推进实施，以及工业和信息化部关于工业领域需求侧管理产业政策的实施，并作为主要单位参与园区电力智能化领域的相关国家标准制定。

2017年6月，盛隆电气"智能用电保证20年"新商品发布会在西安交通大学召开。谢洪潮说，盛隆电气提出的"智能用电"区别于传统意义上的智能用电技术或产品，它不是仅仅把设备、产品给用户安装好就了事，也不仅仅是限于物质产品安全、节能、环保的技术与效果，不仅仅是显性的硬件服务，而是产品、技术、服务的融合统一，更是交易、操作、运维的全过程、长过程。

结 语

从研发核心配用电设备iPanel智能品牌柜，到多元化协同管理的iDrip智慧物联网系统，再到探索构建智慧城市的多能互补融合的智慧能源管理体系，针对不同领域、不同行业的产业特点与用电需求，探索构建安全、智能、高效、低碳的智慧能源管理系统解决方案，致力于把智能化带给每一个企业级用户，帮助他们打造智慧机场、智慧园区、智慧学校、智慧医院、智慧工厂等，乃至打造智慧城市，这是团队目前的研究方向和重点。

未来，谢洪潮将带领团队进一步发挥在科研、人才和企业方面的优势，将创新成果与企业、行业、社会发展模式相结合，为我国智能电网的发展以及赋能经济社会高质量发展贡献力量。

破解超软土地基处理工程难题
助推建筑废弃物利用可持续发展

——浙江工业大学蔡袁强科技创新团队

多年来，浙江工业大学蔡袁强科技创新团队（浙江工业大学蔡袁强软弱土与地基处理创新团队）（以下简称团队）专注于国家重大战略需求，坚持在源头进行科技创新，与产业和研究机构开展可持续合作，成功突破了实验室基础研究与企业生产之间的瓶颈，实现了多项科技成果的转化，形成了一种全方位、全流程、可持续的产学研合作模式，具有示范和推广意义。这种合作模式产生了显著的经济效益和社会价值，是新时代产学研深度融合发展的典型案例。团队积累的经验为促进高校和科研院所的科技成果转化提供了有益的借鉴。通过超软土地基处理和建筑废弃物资源化利用，为地下工程的可持续发展做出了重要贡献。

团队和带头人简介

团队建立了由国家杰出青年蔡袁强教授带头的、拥有教育部"青年长江学者"、省"万人计划"青年拔尖人才及欧盟"玛丽·居里"学者等中青年科技骨干为主体组成的人才梯队，在软土工程地基处理，软土灾变特性及控制，泥浆、渣土和建筑废弃物处置及资源化利用方面开展了扎实的科研工作，与国内的龙头企业开展了紧密合作，成果已广泛应用于实际工程之中，产生了较好的社会和经济效益。

团队带头人蔡袁强，博士，教授，博士生导师。现任浙江工业大学党委书记、科技部滨海软土工程防灾减灾国际科技合作基地主任、教育部可再生能源基础设施建造技术工程研究中心主任等职务，主要从事饱和土动力学与地基处理等方面的研究。兼任中国岩石力学与工程学会环境岩土工程分会副理事长、中国土木工程学会土力学及岩土工程分会常务理事、浙江省科协副主席、《加拿大岩土工程学报》(Canadian Geotechnical Journal)副主编、《浙江大学学报》(英文版)副主编、《岩土工程学报》编委等职务。获省部级以上教学、科研奖10项，其中获得"国家教学成果奖"一等奖、"国家科学技术进步奖"二等奖、"国家技术发明奖"二等奖各1项，主持国家重点研发计划项目、国家自然科学基金重点基金项目、国家自然科学基金国际合作重点基金项目。首批国家"万人计划"百千万工程领军人才、国家自然科学基金杰出青年基金获得者、浙江省特级专家。

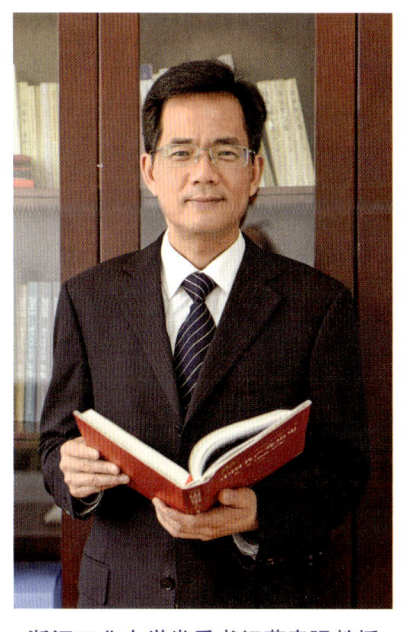

浙江工业大学党委书记蔡袁强教授

"理论—技术—应用"三点一线，破解超软土地基处理困局

滩涂面整治和江河疏浚可以有效地缓解我国沿海地区土地紧缺问题。与天然沉积软土相比，超软土呈流动状态，固结处理过程中土颗粒运移形成淤堵区，导致排水困难，处理效果极差。

现有软土固结理论缺乏淤堵表征依据，不能考虑淤堵区形成与影响。团队首次揭示了土颗粒的运移规律，发现了流态超软土固态转化的渗透系数阈值，提出了淤堵区与非淤堵区土体压缩性与渗透性的表征模型，建立了考虑淤堵影响的超软土固结理论，揭示了超软土地基真空预压处理过程中淤堵区快速生成、缓慢增长、趋于稳定的三阶段演化规律，为超软土地基处理提供了理论依据。

针对细颗粒运移在排水体周边形成不透水淤堵区问题，团队发明了加快排水、减少淤堵的超软土絮凝预处理技术。研制了无机—有机复合［$Ca(OH)_2$-APAM］等絮凝剂，通过注浆等工艺将絮凝剂与超软土混合，减小土颗粒间的排斥力，强化细颗粒絮凝成团，增大颗粒间孔隙，显著提高超软土渗透系数，减缓淤堵区形成，减少淤堵区厚度，节省了真空预压时间。

团队建立了基于土颗粒特征粒径的滤膜孔径设计准则和大变形条件下排水板"S"形弯曲的设计方法，克服传统排水板设计中土颗粒运移堵塞滤膜造成的排水通道淤堵、"Z"形弯折造成的竖向通道淤堵问题，提高排水效果；发明了正负压时间、空间交替的增压式真空预压技术，提高了排水板间水力梯度，并通过淤堵层微裂缓解淤堵，建立了基于土体固结度的增压控制标准，形成了复式防淤堵真空预压成套技术，实现了超软土的高效处理。与传统技术相比，无需砂垫层，大幅缩短了工期，显著提高了地基承载力，土体性质优于同地区天然软土。

该成果应用于我国最大的单体围垦工程——浙江瓯飞工程，总面积49万亩（1亩≈666.667平方米），并推广至台州东部新区等50余项重大超软土工程，实现了超软土防淤堵促排水的高效处理，项目获"2020年国家技术发明奖"二等奖、"2019年浙江省科技进步奖"一等奖。主编中国工程建设标准化协会团体标准《公路吹填流泥地基处理技术规程》。

印尼爪哇燃煤电厂真空预压地基处理现场

"问题—对策—方案"三位一体，解决建筑废弃物利用难题

随着建筑业的快速发展和城市化进程的加快，建筑垃圾和工程渣土、泥浆的产量明显增加。据统计，我国每年仅建筑垃圾的产量已超过9000万吨，而在建筑渣土方面，每1万平方米建筑施工过程将产生500～600吨的建筑渣土，将这些建筑垃圾及泥浆废土直接填埋或焚烧处理都易产生严重的环境污染。另外，由于填埋处理周期长，随着城市人口增加、土地资源匮乏，可供填埋的场地已非常有限，很难找到合适

的地点，造成了大量的偷排、偷弃现象，因此建筑垃圾及渣土、泥浆的处理处置问题日益突出。

随着城市在建工程项目增多，在房屋拆除过程中产生的建筑垃圾、建筑施工所产生的废土泥浆也在大量增加。由于产生的源头多、管理环节多、责任主体多，如建筑垃圾及泥浆废土未能进行规范化处理，将导致土地资源浪费，并且影响填埋场周围的生态环境。尤其是工程项目开发急需大量的土方和砂石料，这些原材料的开采和生产都会产生大量泥浆，且含有化学絮凝剂成分，严重危害环境，给推进"无废城市"建设、保护生态环境和实现生态资源价值转化带来很大挑战。

团队采用最新研发的泥浆脱水技术结合现场资源化利用设备，对泥浆进行就地脱水和资源化利用，解决建设现场泥浆泛滥、环境污染严重、泥浆脱水难度大的问题；生产用水采用活性炭反渗透净化生活污水并循环使用，既可节约用水又可防止污水的再次排放污染环境；采用滤筒式干式吸尘系统，减少水资源利用及避免二次水污染。

针对城镇建筑垃圾高品质、规模化消纳和循环经济低碳转型需求，团队开发泥浆、渣土及建筑废弃物高效低碳处置工艺技术与装备，形成现场和产业园协同模块化处置与利用工艺技术体系，建成示范基地，实现建筑垃圾再生利用产业低碳转型。依托物联网、大数据、虚拟现实和人工智能技术，通过建立建筑垃圾（固废）智能管理和信息统一发布 3D 平台，结合无人机测绘、建模和监控手段，动态掌握城市建筑垃圾产生和资源化利用后使用的相关信息，解决建筑泥浆垃圾随意填埋、运输轨迹无法监控溯源、资源化利用信息流通不畅、无法实现高效再利用的核心问题。以平台大数据信息为基础开展其他类型建筑垃圾处理和资源化利用技术的发布和研究，提高了我国建筑废弃物资源化利用率，解决了因建筑垃圾围城造成的环境污染问题。

结　语

团队以科技创新为源头引领，在超软土地基处理和建筑废弃物利用领域取得了卓越成就，提高了自主创新能力，为我国环保事业和可持续发展贡献了科技力量。在新的百年征程上，团队将继续秉持初心使命，致力于科技创新和产学研合作，攻克更多减污降碳关键科技难题，推动更多科技成果转化为实际生产力，更广泛地造福人民，以促进实现建设"绿色中国""美丽中国"的目标，为我国经济社会可持续发展做出新的贡献。